Kompakt-Lexikon Marketingpraxis

AF167554

Lizenz zum Wissen.

Sichern Sie sich umfassendes Wirtschaftswissen mit Sofortzugriff
auf tausende Fachbücher und Fachzeitschriften aus den Bereichen:
Management, Finance & Controlling, Business IT, Marketing,
Public Relations, Vertrieb und Banking.

Exklusiv für Leser von Springer-Fachbüchern: Testen Sie Springer
für Professionals 30 Tage unverbindlich. Nutzen Sie dazu im
Bestellverlauf Ihren persönlichen Aktionscode C0005407 auf
www.springerprofessional.de/buchkunden/

**Jetzt
30 Tage
testen!**

Springer für Professionals.
Digitale Fachbibliothek. Themen-Scout. Knowledge-Manager.

- 🔎 Zugriff auf tausende von Fachbüchern und Fachzeitschriften
- 😊 Selektion, Komprimierung und Verknüpfung relevanter Themen
  durch Fachredaktionen
- ✎ Tools zur persönlichen Wissensorganisation und Vernetzung

www.entschieden-intelligenter.de

Springer für Professionals    Spring

Springer Fachmedien Wiesbaden (Hrsg.)

Kompakt-Lexikon Marketingpraxis

2.200 Begriffe nachschlagen, verstehen, anwenden

ISBN 978-3-658-03184-8

Die Deutsche Nationalbibliothek verzeichnet diese Publikation in der Deutschen Nationalbibliografie; detaillierte bibliografische Daten sind im Internet über http:// dnb.d-nb.de abrufbar.

Springer Gabler
© Springer Fachmedien Wiesbaden 2013

Redaktion: Stefanie Brich, Claudia Hasenbalg
Layout und Satz: workformedia | Frankfurt am Main | München

Gedruckt auf säurefreiem und chlorfrei gebleichtem Papier

Springer Gabler ist eine Marke von Springer DE.
Springer DE ist Teil der Fachverlagsgruppe Springer Science+Business Media
www.springer-gabler.de

Autorenverzeichnis

Professor Dr. **Christoph Burmann**, Universität Bremen, Bremen
Sachgebiet: Markenmanagement

Dr. **Gunnar Clausen**, Simon-Kucher & Partners Strategy & Marketing Consultants GmbH, Köln
Sachgebiet: Preispolitik

Professor Dr. **Franz-Rudolf Esch**, EBS Universität für Wirtschaft und Recht, Oestrich-Winkel
Sachgebiet: Kommunikationspolitik

Professor Dr. **Alexander Hennig**, Duale Hochschule Baden-Württemberg, Mannheim
Sachgebiet: Handelsbetriebslehre

Professor Dr. **Peter Kenning**, Zeppelin Universität, Friedrichshafen
Sachgebiet: Vertriebspolitik

Professor Dr. **Manfred Kirchgeorg**, HHL – Leipzig Graduate School of Management, Leipzig
Sachgebiet: Grundlagen des Marketings

Professor Dr. **Daniel Markgraf**, AKAD Hochschule, Leipzig
Sachgebiete: Produktpolitik, Internetmarketing

Professor Dr. **Willy Schneider**, Duale Hochschule Baden-Württemberg, Mannheim
Sachgebiet: Handelsbetriebslehre

Professor Dr. **Hermann Simon**, Simon-Kucher & Partners Strategy & Marketing Consultants GmbH, Bonn
Sachgebiet: Preispolitik

Dr. **Georg Tacke**, Simon-Kucher& Partners Strategy & Marketing Consultants GmbH, Bonn
Sachgebiet: Preispolitik

Professor Dr. **Klaus Wübbenhorst**, WB Consult GmbH, Nürnberg
Sachgebiet: Marktforschung

Abkürzungsverzeichnis

a.	anno (Jahr)
Abb.	Abbildung
Abk.	Abkürzung
Abschn.	Abschnitt
Abt.	Abteilung
a.F.	alte Fassung
AG	Aktiengesellschaft; Amtsgericht; Ausführungsgesetz
AktG	Aktiengesetz
allg.	allgemein
amerik.	amerikanisch
AMG	Arzneimittelgesetz
AO	Abgabenordnung
Art.	Artikel
Aufl.	Auflage
AÜG	Arbeitnehmerüberlassungsgesetz
AWV	Außenwirtschaftsverordnung
BAG	Bundesarbeitsgericht
BDSG	Bundesdatenschutzgesetz
bes.	besonders(-e, -es, -er)
BetrVG	Betriebsverfassungsgesetz
BewG	Bewertungsgesetz
bez.	bezüglich
BFH	Bundesfinanzhof
BGB	Bürgerliches Gesetzbuch
BGBl	Bundesgesetzblatt (I = Teil I, II = Teil II, III = Teil III)
BGH	Bundesgerichtshof
BOKraft	Verordnung über den Betrieb von Kraftfahrtunternehmen im Personenverkehr
BörsG	Börsengesetz
bspw.	beispielsweise
BVerfG	Bundesverfassungsgericht
BVerfGE	Amtliche Sammlungen von Entscheidungen des Bundesverfassungsgerichts
bzw.	beziehungsweise
ca.	circa

d.h.	das heißt
DPMA	Deutsches Patent- und Markenamt
engl.	englisch
EStG	Einkommensteuer-Gesetz
etc.	et cetera
EU	Europäische Union
EUV	Vertrag über die Europäische Union
e.V.	eingetragener Verein
evtl.	eventuell
f.	folgende(-r/-s)
ff.	folgende
GewO	Gewerbeordnung
ggf.	gegebenenfalls
GmbH	Gesellschaft mit beschränkter Haftung
GWB	Gesetz gegen Wettbewerbsbeschränkungen (Kartellgesetz)
HGB	Handelsgesetzbuch
Hrsg.	Herausgeber
i.Allg.	im Allgemeinen
i.d.F.	in der Fassung
i.d.R.	in der Regel
i.e.S.	im engeren Sinn
inkl.	inklusive
InsO	Insolvenzordnung
i.V.	in Verbindung
i.w.S.	im weiteren Sinn
Jg.	Jahrgang
Jh.	Jahrhundert
KG	Kommanditgesellschaft
KStG	Körperschaftsteuergesetz

KUG	Kunsturhebergesetz
LMBG	Lebensmittel- und Bedarfsgegenständegesetz
LStR	Lohnsteuer-Richtlinien
MarkenG	Gesetz über den Schutz von Marken und sonstigen Kennzeichen
mind.	mindestens
Mio.	Millionen
Mrd.	Milliarden
m.spät.Änd.	mit späteren Änderungen
n.F.	neue Fassung
Nr.	Nummer
o.Ä.	oder Ähnliches
RfStV	Rundfunkstaatsvertrag
RGBl	Reichsgesetzblatt
s.	siehe
S.	Seite
SGB	Sozialgesetzbuch
sog.	sogenannte(-r, -s)
Std.	Stunde(-n)
StGB	Strafgesetzbuch
u.a.	und andere; unter anderem
u.Ä.	und Ähnliche(-s)
UStDV	Umsatzsteuer-Durchführungsverordnung
UStG	Umsatzsteuergesetz
UStR	Umsatzsteuer-Richtlinien
usw.	und so weiter
u.U.	unter Umständen
UWG	Gesetz gegen den unlauteren Wettbewerb
v.a.	vor allem

vgl.	vergleiche
VO	Verordnung
vs.	versus
VVG	Versicherungsvertragsgesetz
VwVfG	Verwaltungsverfahrensgesetz

Abholgroßhandel → Cash-and-Carry-Großhandel (CC).

Ablaufordnungsfrage – Frage in einem → Fragebogen, die den geordneten Ablauf der Befragung sicherstellt. Dazu gehören z.B. → Filterfragen.

Ablenkungseffekt – Begriff der Werbepsychologie, der neben → Irritation eine Gefahr der Aktivierung beschreibt. Ein Ablenkungseffekt tritt auf, wenn ein aktivierender Reiz von der Schlüsselbotschaft (Marke, Werbebotschaft) ablenkt und damit die Aufnahme derselben verhindert. – Arten: (1) *Vampireffekt:* Er liegt vor, wenn der aktivierende Reiz von der Schlüsselbotschaft ablenkt. – (2) *Bumerangeffekt:* Dieser geht über den Vampireffekt hinaus und liegt vor, wenn der aktivierende Reiz informative und emotionale Wirkungen auslöst, die nicht dem Werbeziel entsprechen.

Ablenkungsfrage – Ablenkungsfragendienen in einer → Befragung dazu, vom eigentlichen Untersuchungsziel abzulenken, um so eine Situation zu schaffen, in der realistischer geantwortet wird. So werden in Tests für Werbefilme diese häufig in einem Film eingebettet und anschließend wird zuerst nach dem Film gefragt, bevor zur Werbung gefragt wird.

Abnehmer – Nachfrager am Markt. Die Abnehmer können hinsichtlich nachfragerelevanter Merkmale (z.B. Präferenzen, Kaufkraft, Größe, Region, → Kaufverhalten) unterschieden werden, sodass die Marketingaktivitäten der Unternehmung segmentspezifisch auf Abnehmer ausgerichtet werden können. – *Beispiele* für Abnehmergruppen sind private Haushalte, privatwirtschaftliche Unternehmen, öffentliche Institutionen.

Abnehmerbefragung – Form der → Befragung, bei der die faktischen und/oder potenziellen Kunden (z.B. Verbraucher, industrielle Abnehmer, Handelsunternehmen) als Informationsquelle dienen. – Vgl. auch → Kundenstrukturanalyse, → Panel.

Abnehmerbindung – Formen von vertraglichen Vereinbarungen über die Absatzpolitik im Rahmen der vertikalen Kooperation von Herstellern und Handelsunternehmen.

Abnehmerselektion – Auswahl einer bestimmten Gruppe von → Abnehmern im Rahmen der Distribution (selektiver Vertrieb). Bei Abnehmerselektion können zwischen der Vertragsfreiheit einerseits und einer sachlich nicht gerechtfertigten Diskriminierung von Abnehmern, die nicht beliefert werden, Konflikte auftreten.

Abnutzungseffekt – *Wear-out-Effekt*, eine absolute (nicht nur relative) Abnahme der Lernwirkung bzw. Abnutzungs- oder Verschleißerscheinung bei wiederholtem Kontakt mit einem → Werbemittel. – Vgl. auch → Werbewirkungsfunktion.

Above-the-Line-Kommunikation – 1. *Begriff:* beschreibt medienbezogene Kommunikationsmaßnahmen im Sinne der klassischen Kommunikationsmittel, die zu einer gestreuten und unpersönlichen Zielgruppenansprache z.B. über die Massenmedien verwendet werden. – 2. *Ausprägungen:* Hierzu gehören Printanzeigen, Fernsehwerbung, Radiowerbung, Außenwerbung (Plakate) oder Kinowerbung, die planbare → Werbeträger darstellen und sich meist an eine weite Zielgruppe richten.

Absatz – unterschiedlich verwendeter Begriff: (1) Die *Menge* der in einer Zeiteinheit veräußerten Güter eines Unternehmens. – (2) Die Menge dieser Güter, multipliziert mit ihren Preisen. In diesem Fall ist der Begriff Absatz mit dem Begriff → Umsatz identisch. – (3) Die *Schlussphase* des innerbetrieblichen Leistungserstellungsprozesses, der aus den betrieblichen Grundfunktionen Beschaffung, Produktion und Absatz besteht.

Absatzanalyse – Bereich der → Marktanalyse. Untersuchung der bestehenden und zu erwartenden Gegebenheiten auf dem Absatzmarkt für das bestehende Sortiment eines Unternehmens, d.h. aller den betrieblichen Absatz berührenden einzel- und gesamtwirtschaftlichen Daten und ihrer voraussehbaren Änderungen. Dies wird entweder mit eigenen Daten (z.B. Umsatzstatistiken, Kundenstatistiken) oder aber mit Marktforschungsdaten (einmalig durch Befragung oder kontinuierlich durch → Panel) durchgeführt. – Vgl. auch → Absatzbeobachtung, → Absatzmarktforschung, → Marktforschung, → Marketingpolitik, → Kundenstrukturanalyse.

Absatzbehinderung – wettbewerbswidrige Behinderung von Mitbewerbern bei der Vermarktung ihrer Leistungsangebote. Dadurch wird der → Leistungswettbewerb beeinträchtigt. – *Beispiele:* Das Ausspannen von Kunden mit unlauteren Mitteln, etwa durch unsachliche Angaben über den Mitbewerber oder die Behinderung durch Errichtung von Vertriebshindernissen, aber auch die Behinderung von schutzwürdigen, weil kartellrechtskonformen Vertriebsbindungssystemen, etwa durch das Entfernen von Kontrollnummern (Herstellungsnummern) durch „graue Händler".

Absatzbeobachtung – (kontinuierliche) Beobachtung der Entwicklungen auf dem Absatzmarkt als Basis für → Absatzanalysen und → Absatzprognosen.

Absatzbindung – I. Handel: Form der → Vertriebsbindung. – *Beispiele:* (1) Ein Hersteller bindet seine Abnehmer im Handel, indem sie ihr Marktverhalten an seiner vorgegebenen Marketingkonzeption für das Produkt ausrichten. Als Gegenleistung räumt er häufig Absatzexklusivität (→ Alleinvertrieb) auf bestimmten regionalen Märkten (→ Gebietsschutz) ein. (2) Ein Hersteller verpflichtet sich, exklusiv nur bestimmte Abnehmer (z.B. Fachhändler) zu beliefern. Werden

die Abnehmer zusätzlich verpflichtet, keine Konkurrenzprodukte zu führen *(Ausschließlichkeitsbindung),* so liegt gleichzeitig eine → Bezugsbindung vor.

II. Wettbewerbsrecht: Absatzbindungen, die sich spürbar auf den Wettbewerb auswirken, unterfallen grundsätzlich dem Verbot des § 1 GWB und Art. 101 AEUV. Eine Gruppenfreistellung ist über die nach § 2 GWB anwendbare Vertikal-GVO bis zu einem Marktanteil des Lieferanten sowie des Abnehmers (Händlers) von jeweils 30 Prozent vorgesehen.

Absatzerwartungen – maßgebende Plangröße bei der → Produktplanung und Aufstellung des Produktionsprogramms. Erkundung des wahrscheinlichen zukünftigen Absatzvolumens bzw. Marktvolumens durch → Marktforschung. Beeinflussung der Absatzerwartungen durch den Einsatz der → marketingpolitischen Instrumente. – Vgl. auch → Absatzplan, Wachstumstheorie.

Absatzförderung → Verkaufsförderung.

Absatzforschung – 1. *I.w.S.:* Synonym für → Marketingforschung. – 2. *I.e.S.:* Synonym für → Absatzmarktforschung.

Absatzgenossenschaft – Bezugs- und Absatzgenossenschaft.

Absatzhelfer – rechtlich und wirtschaftlich selbstständige Personen oder Institutionen im Distributionsprozess, die bei der Waren- und Informationsverteilung mitwirken, ohne selbst Eigentümer der Waren zu werden. Zu unterteilen in akquisitorisch tätige Absatzhelfer (z.B. Handelsvertreter, Kommissionäre, Makler, Versteigerer) und vornehmlich die Logistik übernehmende Absatzhelfer (z.B. Spediteure, Frachtführer, Lagerhalter, Reeder). I.w.S. sind Absatzhelfer auch: Marktforschungsinstitute, Werbeagenturen, Inkassogemeinschaften, Leasinggesellschaften, Factoringunternehmen. Der Begriff ist einseitig, da Absatzhelfer ebenso in die Warenbeschaffung eingeschaltet sind; diese fungieren dann als Beschaffungshelfer. – Vgl. auch → Absatzmittler, → Distributionsorgane.

Absatzinstrumente → marketingpolitische Instrumente.

Absatzkanal – *Marketing Channel, Distribution Channel*; der Teil des → Distributionssystems, der vom Hersteller gestaltet wird, um den Absatz seiner Produkte/Dienstleistungen sowie die Verteilung der erforderlichen Informationen sicherzustellen. Wichtige Entscheidungen sind: Anzahl und Art der Stufen des → Absatzweges, Anzahl und Art der auf jeder Stufe der → Absatzkette eingeschalteten → Distributionsorgane sowie die Gestaltung der Zusammenarbeit zwischen den einzelnen Elementen des Marktkanals.

Absatzkette – die Glieder eines → Absatzweges, die in ihrer Gesamtheit die Distributionsfunktionen übernehmen (→ Distribution). *Unselbstständige Glieder* sind Beschaffungs- und Absatzabteilungen der Produktionsunternehmungen (inkl. Reisender und Außenlager). *Selbstständige Glieder* sind der kollektierende → Aufkaufhandel und die distribuierenden → Handelsbetriebe sowie → Absatzhelfer, in der → Handelsvermittlung Tätige und → Marktveranstaltungen. Konsumenten können selbstständige Beschaffungsorganisationen gründen (Konsumgenossenschaften) oder persönlich Distributionsaufgaben übernehmen: → Selbstbedienung (SB). – Vgl. auch → Absatzmittler, → Absatzhelfer, → Absatzkanal, → Distributionsorgane.

Absatzkommunikationspolitik – Instrument des → Marketings, unterteilt in klassische Absatzwerbung (Werbung), → persönlicher Verkauf, → Verkaufsförderung, Sponsoring und Public Relations (PR). Aufgrund des hohen Anteils an → Fremdbedienung war das *persönliche Verkaufsgespräch* bes. im Handel früher das beherrschende Instrument der Absatzkommunikationspolitik. – Mit Ausweitung der → Selbstbedienung (SB) und Zunahme der Konzentration und Kooperation im Handel wurden auch *breiter*

streuende Werbemittel eingesetzt. Dagegen erfordert die Fragmentierung von Märkten stärker die individuelle Ansprache von Kunden, nicht zuletzt mit elektronischen Medien. Zur Anregung von → Impulskäufen und zur Unterstützung von Plankäufen dient die POP-Werbung (Point of Purchase), oft gemeinsam mit Verkaufsförderungsmaßnahmen der Hersteller.

Absatzkonditionenpolitik → Absatzpreispolitik.

Absatzkosten – Absatzeinzelkosten, Absatzgemeinkosten, → Distributionskosten, → Vertriebskosten.

Absatzleistung – als Leistungsprogramm die Gesamtheit aller Marktleistungen, d.h. Güter und Dienste, die auf den Kunden übergehen bzw. ihm zugute kommen. – *Gestaltung* der Absatzleistung ist Aufgabe der → Marketingpolitik.

Absatzlogistik → Marketinglogistik.

Absatzmarkt – der der Produktion nachgelagerte Markt, auf dem die Produkte einer Firma verkauft (abgesetzt) werden. Gegenstück ist der vorgelagerte Markt, der → Beschaffungsmarkt. Der Absatzmarkt des Verkäufers (Anbieters) ist für den Käufer (Nachfrager) Beschaffungsmarkt.

Absatzmarktforschung – Form der → Marktforschung sowohl für den Binnen- als auch für den Auslandsmarkt. – 1. *Begriff*: Planvolle und systematische Erforschung der → Absatzmärkte. Der Begriff Marktforschung wird häufig synonym für Absatzmarktforschung verwendet. – 2. *Phasen*: (1) Marktbeobachtung; (2) Marktanalyse (→ Bedarfsforschung, → Konkurrenzanalyse); (3) → Absatzstatistik, Betriebsvergleich und sonstige Einrichtungen zur Überwachung der Preisabsatzfunktion. – 3. *Aufgaben*: a) Erforschung von Kaufmotiven (→ Konsumentenforschung). – b) Kontrolle und Vorausschau der Absatzergebnisse in Bezug auf den eigenen Wirtschaftszweig, die Marktstruktur und

-bewegung. – *Anders:* → Beschaffungsmarkt-forschung.

Absatzmethode – Alternativen der → Bedienungsformen im Groß- und Einzelhandel sowie neuere Formen der Abteilungsbildung, z.B. → Rack Jobber im Großhandel oder → Shop in the Shop sowie Depot-Systeme im Einzelhandel. – Vgl. auch → Vertriebsorganisation.

Absatzmittler – *Marketing Intermediaries;* rechtlich und wirtschaftlich selbstständige Absatzorgane, die als Elemente der Absatzkanals bzw. des → indirekten Vertriebs von Lieferanten Produkte kaufen und ohne wesentliche Be- oder Verarbeitung (→ Manipulation) oder Einbau in andere Produkte an andere Absatzmittler oder Endkäufer verkaufen, z.B. Unternehmungen des → Großhandels oder → Einzelhandels. Absatzmittler erwerben das Eigentum an den Waren und tragen das volle Absatzrisiko. Zur Unterstützung der Absatzmittler sind → Absatzhelfer tätig.

Absatzorganisation – Einsatz personeller (Reisende, Vertreter, Bedienungspersonal) und institutioneller (Geschäfts- und Lagerräume, Raumausstattung, Kassenanordnung, Parkplätze) Einrichtungen für die Anbahnung und Abwicklung des Verkaufs. Für den Großhandel zusätzlich Entscheidung über die zu beliefernden Glieder der → Absatzkette. – Vgl. auch → Marketingorganisation, → Vertriebsorganisation.

Absatzplan – 1. *Begriff:* Ausgangspunkt betrieblicher Planung, mit dem meist alle anderen Planungen (Kapazitäts- und Investitionsplanung, Produktions- und Beschaffungsplanung, Finanzplanung) verknüpft sind. Der Absatzplan entsteht aus einer Aufstellung der erwarteten Waren- bzw. Dienstleistungsverkäufe. Der Absatzplan wird mengen- und wertmäßig geführt und ist je nach Bedarf nach Absatzperioden, Absatzräumen und Warengruppen unterteilt. – 2. *Arten:* a) *Langfristiger Absatzplan:* maßgeblich für die Kapazitätsdimensionierung bei Betriebsgründung und -erweiterung, also Grundlage für den Investitionsplan. Da die Verwirklichung dieses Absatzplans durch Marktschwankungen erheblich beeinträchtigt werden kann, sind seine Daten nur als Richtgrößen zu verwenden. – b) *kurzfristiger Absatzplan:* bestimmend für Umfang und zeitliche Verteilung der Produktion sowie für die kurzfristige Finanzplanung und Budgetierung.

Absatzplanung – I. Marketing: 1. *Begriff:* Beinhaltet Entscheidungen über in der Zukunft zu erzielende Absatzmengen und → Umsätze auf den jeweiligen Märkten und Teilmärkten sowie mit den jeweiligen *Kundengruppen* der Unternehmung in den Planungszeiträumen. – 2. *Merkmale:* Der Absatzplanung liegt der geplante Einsatz der → marketingpolitischen Instrumente sowie die Einschätzung des Konkurrenz- und Kundenverhaltens zugrunde. – 3. *Arten:* a) *Strategische Absatzplanung:* Teil der strategischen Planung der strategischen Geschäftseinheiten; dient in Verbindung mit anderen Plänen, z.B. der Forschungs- und Entwicklungs-, Investitions-, Finanzierungs-, Personalentwicklungsplanung sowie der Planung der Ländermärkte und der Markteintrittsstrategien und der Konzeption einer strategischen Unternehmungsplanung. – b) *Operative Absatzplanung:* in detaillierter Form. Absatzplanung sollte stets auf den Daten der Erlösrechnung basieren, die u.a. Informationen über Erlösschmälerungen (z.B. Skonti, Boni) und Erlösverbundenheiten liefert.

II. Plankostenrechnung: Die vom Absatzmarkt her zu erwartende Beschäftigung als Basisbeschäftigung.

Absatzpolitik → Marketingpolitik.

absatzpolitisches Instrumentarium → marketingpolitische Instrumente.

Absatzpotenzial – der mengenmäßige → Absatz, der unter günstigen Bedingungen erreicht werden kann. – Vgl. auch → Absatzvolumen, → Marktvolumen.

Absatzpreispolitik – Instrumente des Marketings, bes. des → Handelsmarketings; Ausdruck ihrer Bedeutung sind die Verbreitung preisaggressiver Betriebsformen sowie die starke Zunahme von Sonderangeboten und Dauerniedrigpreisprogrammen. – 1. *Charakterisierung:* Kalkulation des Verkaufspreises für jeden einzelnen Artikel, Festlegung des Preisniveaus für das gesamte Sortiment (→ Mischkalkulation), räumliche, quantitative und zeitliche Preisdifferenzierung (Rabatte, Zugaben, Mindermengenaufschläge bei → Kost-Plus-Systemen, Preisreduzierungen im Rahmen von Sonder- und Lockvogelangeboten oder Saisonschlussverkäufen) sowie die Grundsätze der Darstellung von Preisen (Preisoptik), z.B. Einzel-, Regalpreisauszeichnung, Ausweis von Vergleichspreisen, Größe und Farbe der Preisschilder, Form und Folge der Preisziffern (etwa bei gebrochenen Preisen), Einhaltung von Preisschwellen. – 2. *Absatzkonditionenpolitik:* Festlegung der Lieferungs- und Zahlungsbedingungen. Zeitpunkt und Rhythmus der Warenzustellung ist v.a. für den → Zustellgroßhandel ein Instrument mit hoher akquisitorischer Wirkung. Die Zahlungsbedingungen umfassen die Form der Zahlung (bar, Scheck, Kreditkarte, Rechnung und Überweisung, Bankeinzug, POS-Banking, Akkreditiv) und den Zeitpunkt der Fälligkeit von Zahlungen. Wegen der bes. Bedeutung der Kreditgewährung in manchen Handelsbranchen (z.B. im Landhandel, Produktionsverbindungshandel, Außenhandel) wird die Absatzfinanzierung oft als eigenständiges Instrument des Handelsmarketing angesehen.

Absatzprognose – empirisch gestützte Vorhersage (→ Prognose) des künftigen → Absatzes bzw. → Umsatzes eines bestimmten Produktes. Es gilt, die Entwicklung des Markt- und Absatzpotenzials (→ Marktpotenzial), des Markt- und Absatzvolumens (→ Marktvolumen) und des → Marktanteils zu ermitteln. – Vgl. auch → Absatzerwartungen. Vor der Markteinführung stützen sich Absatzprognosen v.a. auf Daten von Produkttests oder Testmärkten, auch simulierten Testmärkten, nach der Markteinführung v.a. auf die bisherige Entwicklung, wie sie sich in den eigenen Statistiken oder in Ergebnissen von Panels widerspiegelt.

Absatzprogramm – 1. *Begriff:* Summe der Güter und Dienstleistungen, die ein Unternehmen am Markt anbietet; im Handel wird von Sortiment gesprochen. – 2. *Merkmale:* Herstellende Unternehmen können neben eigenen auch fremde Produkte (Handelsprodukte) anbieten. Damit wird die Breite des Verkaufsprogramms (→ Programmbreite) erweitert. Die → Programmtiefe ist durch die Anzahl der Alternativen gekennzeichnet. Die Höhe des Programmniveaus, wird durch das Leistungs- und Preisniveau im Verhältnis zu Konkurrenzprodukten bestimmt.

Absatzreichweite → Einzugsgebiet.

Absatzsegment → Marktsegment, → Marktsegmentierung, → Absatzsegmentrechnung.

Absatzsegmentanalyse → Absatzsegmentrechnung.

Absatzsegmentrechnung – *Absatzsegmentanalyse, Segmentrechnung, Vertriebskostenrechnung.* 1. *Begriff:* Kostenrechnerische Zuordnung der Absatzeinzelkosten und Absatzgemeinkosten auf einzelne Absatzsegmente (z.B. Abnehmergruppen, Absatzgebiete, Produkte oder Produktgruppen, Absatzkanäle). Methode zum Vergleich der Erfolge der Absatzsegmente, um undifferenziert erfasste und ausgewiesene Absatzkosten transparenter zu machen sowie deren Abhängigkeit und damit Beeinflussbarkeit aufzuzeigen (Erfolgsquellenanalyse). Eine der Grundlagen einer differenzierten → Marketingpolitik. – *Grundlegende Voraussetzung* der Absatzsegmentrechnung ist eine differenzierte Zurechenbarkeit möglichst vieler Vertriebskosten und Erlöse zu den Absatzsegmenten. Die erforderliche Mehrfachzuordnung von Absatzkosten (z.B. einer Ausgangsfracht zugleich zu dem ausgelieferten Produkt, dem belieferten Kunden, dem entsprechenden Absatzmarkt und dem angesprochenen Vertriebsweg) lässt sich am besten im Rahmen eines datenbankorientierten Aufbaus der Kosten- und Erlösrechnung realisieren, wie er heute von Standardsoftwaresystemen angeboten wird. – 2. *Grundformen:* a) *Absatzsegmentrechnung auf Vollkostenbasis:* Nettoerfolgsrechnung; Problem der Ermittlung von Schlüsselgrößen für die Verteilung der Gemeinkosten. – b) *Absatzsegmentrechnung auf Teilkostenbasis:* Meist als Deckungsbeitragsrechnung; Problem der verminderten Aussagefähigkeit der Ergebnisse aufgrund eines zu großen Anteils der den Absatzsegmenten nicht direkt zurechenbaren Kosten. – 3. Weiterentwicklung zur *mehrstufigen bzw. mehrdimensionalen Absatzsegmentrechnung:* Mithilfe problemadäquater Bezugsgrößenhierarchien können mehrstufige und durch Kombination unterschiedlicher „Sichten“ mehrdimensionale Absatzsegmentrechnungen vorgenommen werden, z.B. Kombination der regionalen Analyse mit einer Differenzierung nach Kundengruppen sowie nach Sortiments- und Auftragsgrößenstruktur.

Absatzstatistik – systematische, zahlenmäßige Erfassung der Markttätigkeit eines Unternehmens (betriebswirtschaftliche Statistik). Ausgestaltung der Absatzstatistik hängt u.a. ab von Differenziertheit des Marketings-, Planungs-, Steuerungs- und Kontrollsystems, Art der Marketingpolitik (z.B. differenzierte oder undifferenzierte Marktbearbeitung, direkter oder indirekter Vertrieb), Art der Produkte (z.B. standardisierte oder individualisierte Güter) und Struktur des Verkaufsprogramms. – *Erscheinungsformen:* Anfragen-, Angebots-, Auftragseingangs-, Umsatz-, Außendienst-, Reklamationsstatistiken etc.; gegliedert nach Kriterien der Absatzsegmente (→ Marktsegmentierung).

Absatzvolumen – Gesamtheit des in der Ermittlungsperiode getätigten → Absatzes (im Sinn von Absatzmenge) einer Unternehmung bzw. eines

Teilausschnitts ihres Absatzprogramms (z.B. Produktgruppe). – Vgl. auch → Marktvolumen, → Marktpotenzial, → Absatzpotenzial.

Absatzweg – *Distributionsweg, Vertriebsweg, Marktkanal.* 1. *Begriff:* Weg einer Ware oder Dienstleistung über die Glieder der → Absatzkette von der Erzeugung (Urproduktion, Zwischenproduktion, Konsumgüterproduktion) bis hin zur Verwendung bzw. zum Verbrauch (Weiterverarbeiter, Konsum), d.h. Art und Umfang des Einschaltens von Absatzorganen (→ Absatzmittler, → Absatzhelfer) bei der akquisitorischen und physischen → Distribution von Sach- und Dienstleistungen vom Hersteller zum Endverbraucher. – 2. *Marketingentscheidung:* Die Entscheidung über den Absatzweg wird im Rahmen des Marketinginstruments → Absatzwegepolitik getroffen. a) *Struktur des Absatzwegs* (→ direkter Vertrieb, → indirekter Vertrieb) ist integraler Bestandteil der → Marketingkonzeption und mit den anderen Instrumenten der Marktgestaltung abzustimmen. b) *Gestaltung des Absatzwegs* (→ Vertriebsorganisation) wird u.a. bestimmt von Art, Komplexität, Erklärungsbedürftigkeit und Wert der Produkte, Kundenstruktur, geografischer Verteilung der Kunden und Kundenverhalten, Konkurrenzintensität und Konkurrenzstrategien, Unternehmensgröße. – Vgl. auch → Absatzwegepolitik.

Absatzwegepolitik – Festlegung des → Absatzweges. – 1. Entscheidung über die *Zahl der Glieder* einer → Absatzkette: ein Hersteller liefert an den → Absatzmittler, dieser dann an die Konsumenten (→ indirekter Vertrieb); ein Hersteller liefert direkt an die Endverbraucher (→ direkter Vertrieb). – 2. Entscheidung über die *Kriterien,* unter denen ein Marktpartner beliefert wird (ubiquitärer, selektiver, segmentierender Absatz).

Absatzwirtschaft → Marketing.

absatzwirtschaftliche Nebenleistungen – in Form von → Pre-Sales-Service, → episodenbegleitende Dienstleistungen oder → After-Sales-Service eingesetzte

Leistungen zur Verbesserung des → akquisitorischen Potenzials; sie werden ergänzend zu den Hauptleistungen (Verkaufsprogramm) angeboten. – Vgl. auch → Absatzleistung.

Abschlag – I. Form der Auktion: → Veiling.

II. Effektenmarkt: Disagio.

III. Steuerrecht: 1. *Grundsätzliches:* Im Steuerrecht wird i.d.R., wenn Schätzungen für den Wert eines Wirtschaftsgutes notwendig werden, ein Abschlag vorgesehen, um den Unsicherheiten der Schätzung Rechnung zu tragen oder um Besonderheiten im Vergleich zu Vergleichsobjekten zu berücksichtigen. – 2. *Bewertung von Grundstücken und Betriebsgrundstücken für die Grundsteuer (Einheitswert):* a) Beim Sachwertverfahren (Sachwert) kann zur Ermittlung des Gebäudewerts ein Abschlag für bauliche Mängel und Schäden vorgenommen werden. Die Höhe des Abschlags richtet sich dann nach Bedeutung und Ausmaß der Schäden (§ 87 BewG). – b) Bei der Bewertung des Erbbaurechts wird ein Abschlag vorgenommen, wenn sich der Erbbauberechtigte verpflichtet hat, bei Beendigung des Erbbaurechts das Gebäude abzubrechen (§ 92 IV BewG). – c) Abschläge finden sich sowohl beim Ertragswertverfahren als auch beim Sachwertverfahren (vgl. §§ 82, 86 und 88 BewG). – 3. *Bewertung von Grundstücken für Zwecke der Erbschaftsteuer gemäß §§ 138 ff. BewG (Bedarfswertverfahren):* Bei unbebauten Grundstücken wird ein Abschlag von 20 Pozent von den Bodenrichtwerten vorgenommen (§ 145 III BewG). Bei bebauten Grundstücken wird dem Alter des Gebäudes durch einen Abschlag Rechnung getragen (0,5 Prozent pro Jahr, max. aber 25 Prozent, § 146 IV BewG). In Sonderfällen kann der Abschlag auf die Bodenrichtwerte 30 Prozent betragen (§ 147 II BewG). Bei der Bewertung land- und forstwirtschaftlichen Vermögens ist ein Abschlag von 15 Prozent vorgesehen für die mit der Hofstelle verbundene Betriebswohnung (§ 143 III BewG). – 4. *Bewertung des Betriebsvermögens für Zwecke der Erbschaftsteuer:* Üblicherweise wird die Höhe der Pensionsrückstellung aus dem Ertragsteuerrecht übernommen, jedoch ist das nicht möglich, wenn der Steuerpflichtige ertragsteuerlich nicht bilanziert. Dann muss die Rückstellung nach Bewertungsrecht berechnet werden.

Abschlussgeschäft – Form des → Fremdgeschäfts im Handel: gegenüber einem Lieferanten verpflichtet sich ein → Einkaufskontor des → Großhandels oder die Zentrale einer kooperativen Gruppe (→ kooperative Gruppen des Handels), innerhalb einer festgelegten Frist eine bestimmte Warenmenge abzunehmen. Beim Abschlussgeschäft ist das Aushandeln hoher → Mengenrabatte und sonstiger Konditionen möglich (→ Zentralregulierungsgeschäft). Bleiben die Bestellungen der Mitglieder im Planungszeitraum unter der abgeschlossenen Menge, so übernimmt das Einkaufskontor oder die Zentrale die Restmenge auf eigene Rechnung. Aus dem Fremdgeschäft wird dann für die Restmenge ein → Eigengeschäft.

Abschöpfungspreispolitik – *Marktabschöpfungspolitik, Skimming Pricing;* zeitliche Preisdifferenzierung mit anfänglich hohen Preisen bei Einführung eines neuen Produktes und später sukzessiv verringerten Preisen. – *Gegensatz:* Penetrationspreispolitik.

Abschöpfungsstrategie – Strategie im Rahmen des Portfolio-Managements von Geschäftseinheiten. Eine Abschöpfungsstrategie wird für Geschäftseinheiten empfohlen, die auf einem Markt mit geringer Attraktivität tätig sind, auf dem die Unternehmung allerdings noch einen Gewinn erwirtschaftet. Die Geschäftseinheit wird somit als Cash Cow verwendet und finanziert durch ihren positiven Cashflow andere Geschäftseinheiten des Unternehmens, die sich in der Einführungs- bzw. Wachstumsphase befinden und auf finanzielle Mittel angewiesen sind. Bei zunehmend schlechter werdenden Marktbedingungen bzw. Verlust eines relativen Wettbewerbsvorteils empfiehlt sich u.U. eine Desinvestitionsstrategie.

Die Abschöpfungsstrategie ist mit der Gefahr verbunden, dass aufgrund des hohen Preises und Stückgewinns die Konkurrenz angelockt wird. – *Gegensatz:* Penetrationsstrategie (→ Penetration).

absolute Handelsspanne → Betragsspanne.

Acceptable Quality Level (AQL) – maximaler Prozentsatz fehlerhafter Einheiten, der für die Prüfung einer Stichprobe als befriedigende durchschnittliche Qualität angesehen werden kann.

Accepted Set → Awareness Set.

Account Management → Key Account Management.

Account Manager → Werbeberufe.

Account-Service → Werbeberufe.

Account Supervisor → Werbeberufe.

AdClick – *Clickthrough*; Abk. für *Advertisement-Click*. Zahl der Mausklicks eines Internetnutzers auf ein bestimmtes grafisches werbetragendes Objekt (Werbungs-Klick) wie Werbebanner oder -button (→ Banner), das über Hyperlinks direkt zu dahinter liegenden Informationen (Websites) eines Werbetreibenden führt. Über die Zählung der AdClicks lässt sich die Akzeptanz von Internetangeboten bei den Internetnutzern feststellen. Die Kennzahl erfasst die Reaktion des Nutzers auf Onlinewerbung und dient dem Werbetreibenden als Responsegröße zur Beurteilung seiner Werbeeffizienz.

Add-a-Card-Anzeige → Anzeige, der eine Rückantwort- oder Bestellkarte beigefügt bzw. in die eine Postkarte eingeklebt ist.

Adequacy-Importance-Modell – Verfahren zur Messung von → Einstellungen, das die Merkmalsbeurteilung mit ihren jeweiligen Wichtigkeiten multipliziert und die daraus resultierenden Eindruckswerte aufsummiert – Vgl. auch → Adequacy-Value-Modell, → Fishbein-Modell.

Adequacy-Value-Modell – Verfahren zur Messung von → Einstellungen, das den Eindruck von Merkmalen und ihren Eigenschaften misst, diesen aber nicht mit der subjektiven Bedeutung gewichtet. Die Einstellung zu einem Produkt oder einer Dienstleistung ergibt sich als Summe der Eindrücke aller Eigenschaften bzw. ihrer Ausprägungen. – Vgl. auch → Adequacy-Importance-Modell, → Fishbein-Modell.

AD-ME-SIM – Abk. für *Advertising-Media-Simulation*. – Vgl. auch → Mediaselektionsmodelle.

Adopter – potenzielle Kunden, die mit unterschiedlicher Innovationsfreudigkeit bzw. Risikobereitschaft neue Produkte in einer bestimmten Zeit annehmen (adoptieren) und damit ihre Verbreitung (Diffusion) im Markt fördern. Es bestehen unterschiedliche → Adoptergruppen, die durch bestimmte Eigenschaften charakterisiert sind.

Adoptergruppe – Gruppen bzw. Klassen von → Adoptern. Unterschieden werden die → Innovatoren, die → Frühadopter, die → frühe Mehrheit, die → späte Mehrheit und die → Nachzügler. Die verschiedenen Adoptergruppen weisen soziologische und verhaltenstheoretische Eigenschaften auf, die sie voneinander unterscheiden.

Adoptionsprozess – 1. *Begriff:* geistiger Vorgang, den der Verbraucher in mehreren Phasen bis zur Übernahme einer Innovation durchläuft. – 2. *Phasen:* Allgemein läuft der Vorgang in fünf Phasen ab: a) Wahrnehmung, d.h. der Verbraucher nimmt eine Innovation zwar wahr, verfügt allerdings noch nicht über nähere Informationen. – b) Interesse, d.h. der Verbraucher ist dazu angeregt, weitere Informationen zu einer Innovation einzuholen. – c) Bewertung, d.h. der Verbraucher erwägt (auch anhand von Alternativen), ob es sich für ihn lohnt, die Innovation zu übernehmen. – d) Probieren, d.h. der Verbraucher probiert die Innovation in kleinen Mengen oder für eine kurze Zeit aus, um besser beurteilen zu können, ob das Angebot im einen höheren Nutzen stiftet als eine Alternative. – e) Adoption, d.h. der Verbraucher übernimmt die Innovation vollständig und nutzt sie regelmäßig.

Adoptorkategorien – Einteilungsschema der Innovations- und Diffusionsforschung, das die verschieden schnelle Adoption einer Innovation durch verschiedene Individuen beschreibt. Entsprechend den unterschiedlichen Diffusionsphasen (Diffusion) gibt es fünf Adoptorkategorien: (1) Innovatoren, (2) frühe Adoptoren, (3) frühe Mehrheit, (4) späte Mehrheit und (5) Zauderer. – Die Darstellung dieser Adoptorkategorien in einer Grafik, in der auf der x-Achse die Zeit und auf der y-Achse die Anzahl der Adoptoren abgetragen ist, ergibt im Idealfall eine Glockenkurve (vgl. Abbildung „Adoptorkategorien").

Ad-Rem-Verfahren – *Advertising Registration Measurement*; Methode der Werbemittelanalyse, bei der die Testpersonen eine Mappe mit Anzeigen durchsehen, von denen der größte Teil Kontrollanzeigen sind. Danach müssen Kärtchen mit Produktmarken nach „gesehen", „weiß nicht" und „nicht gesehen" sortiert werden. – Vgl. auch → Folder-Test.

Adressenverlag – *Adressenvermittler*; Unternehmen, das als Dienstleistung die systematische Zusammenstellung von Adressen (vorwiegend für → Direktwerbung) liefert. Vielfach versendet der Adressenverlag auch die vom werbungstreibenden Unternehmen gelieferten Werkmaterialien. Als

Systematisierungskriterien dienen Branchen, Berufsgruppen, Regionen u.a. – Adressenverlage unterliegen *bes. Vorschriften des Bundesdatenschutzgesetzes* (§ 1 BDSG).

Adressenvermittler → Adressenverlag.

Advertainment – Wortschöpfung aus *Advertising* und *Entertainment*; unterhaltende Form der Werbung, die auffällig gestaltet ist und vorrangig Humor und Witz als Stilmittel einsetzt, um bei den Zielpersonen (Rezipienten) aktive → Wahrnehmung und → Aufmerksamkeit zu erzeugen. – Vgl. auch → Infotainment.

Advertising Allowance – ähnlich dem Werbekostenzuschuss, den ein Hersteller einem Händler oft für die prominente Bewerbung seiner Produkte (z.B. erste Seite eines Handzettels/Prospektes) gewährt. – Vgl. auch → Händlernachlass.

Advertising-Media-Simulation (AD-MESIM) → Mediaselektionsmodelle.

Advertising Registration Measurement → Ad-Rem-Verfahren.

Advertorial – Wortschöpfung aus *Advertising* und *Editorial* (redaktioneller Beitrag); → Anzeigen werden so gestaltet, dass der flüchtige Leser sie als solche nicht erkennt und ihnen die Glaubwürdigkeit eines redaktionellen Beitrags beimisst. Um diese Wirkung zu erzielen müssen die Anzeigen jedem

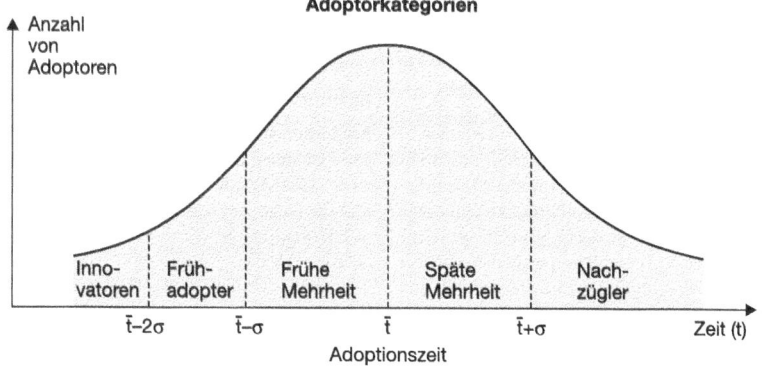

Adoptorkategorien

→ Werbeträger bez. Stil und Redaktionskonzept angepasst werden.

AdView – Anzahl der Sichtkontakte mit einem werbetragenden Objekt (z.B. Werbebanner) auf einer Webpage.

Affekt – spontane, intensive Gefühlsäußerung der Akzeptanz oder Ablehnung, die im Gegensatz zu → Emotionen eher kurzfristig ist und kognitiv wenig kontrolliert wird. Affekte sind nicht zielgerichtet, da intuitiv, aber handlungsorientiert. Als Beispiel für Affekthandlungen gelten → Impulskäufe.

Affinity Group → Affinity Marketing.

Affinity Marketing – Teilaspekt des Marketingkonzeptes. Dabei wird versucht, durch Ausnutzung enger persönlicher Beziehungen zu sog. Affinity Groups (soziale → Bezugsgruppen), die vor dem Hintergrund zunehmender Informationsüberlastung entstehenden Wahrnehmungsbarrieren der → Konsumenten zu überwinden und die Glaubwürdigkeit von Werbebotschaften durch Bezugnahme auf diese Affinity Groups zu erhöhen. Die Einbeziehung von Opinion Leaders, Führungspersönlichkeiten etc., durch materielle und immaterielle Zuwendungen an die Affinity Groups und durch spezielle Angebote für Affinity-Group-Angehörige stellen Kernelemente des Konzeptes dar.

After-Sales-Service – 1. *Begriff*: technische und kaufmännische Dienstleistungen nach dem Kauf (→ Kundendienst), z.B. Schulung des Bedienungspersonals, Wartungs- und Reparaturdienste, Managementleistungen. – 2. *Zweck*: Von großer Bedeutung für die Angebotsdifferenzierung (Qualitätswettbewerb) und Schaffung eines → akquisitorischen Potenzials bei komplexen und erklärungsbedürftigen Produkten und Produktverbunden. Von besonderer Bedeutung im Investitionsgüterbereich. Im Endkundengeschäft darüber hinaus Basis für das → Ersatzteilgeschäft und nachfolgende Services zur Einkommensgenerierung und Kundenbindung. – *Gegensatz*: → Pre-Sales-Service.

Agenda Setting – *Thematisierung, etwas auf die Tagesordnung setzen;* Theorie der Kommunikationswissenschaft, nach der die → Massenmedien, indem sie über bestimmte Themen berichten und über andere nicht, die Konsumenten beeinflussen, sich mit bestimmten Themen kognitiv und emotional zu befassen. Agenda Setting bezeichnet insofern eine Beeinflussungswirkung der → Massenkommunikation. Diese Theorie ist teilweise umstritten, weil sie Zusammenhänge zu stark vereinfacht darstellt.

Agentursystem – Hersteller binden Händler in der Weise, dass sie die Vertragsware im Namen und auf Rechnung des Herstellers vertreiben, also Handelsvertreter werden. Der Hersteller kann seine Absatzkonzeption im → Absatzkanal durchsetzen, bes. die Preise kontrollieren. – Vgl. auch → Depot-System, → Rack Jobber, → Regalmiete.

Agenturvergütung – Vergütung der Leistungen, die eine → Werbe- oder → Mediaagentur für einen Werbungtreibenden erbringt. Die wichtigsten Formen sind (1) die Mittlerprovision; (2) das Service-Fee-System, bei dem alle Rabatte und Provisionen an den Kunden abgetreten werden; (3) Pauschalvergütung, die üblicherweise jährlich mit dem Auftraggeber vereinbart wird; (4) Einzelleistungs-Vergütung, die sich auf definierte Aufgaben (meist projektbezogen) beschränkt. – Daneben bestehen in der Praxis für diese grundsätzlich freien Vereinbarungen zwischen den Vertragspartnern noch diverse Mischformen.

Agenturvertrieb → Agentursystem.

Agglomeration – räumliche Konzentration von Elementen im Raum (v.a. von Unternehmen). Eine Agglomeration ist das Ergebnis und die Folge von Standortvorteilen (Standortfaktoren) bei der Verdichtung von Unternehmen gleicher (localization economies) und unterschiedlicher Branchen (urbanization economies). – *Beispiele*: Branchencluster (→ Cluster), Einkaufszentren, Factory Outlets, Fußgängerzonen. – Agglomeration steht auch für den Prozess der Anhäufung und Verdichtung von Siedlungen und Wirtschaftsbetrieben.

Aggregation Marketing → Viral Marketing.

AgV – Abk. für → Arbeitsgemeinschaft der Verbraucher e. V.

AID-Analyse – Abk. für *Automatic-Interaction-Detector-Analyse, Kontrastgruppenanalyse, Baumanalyse;* Verfahren der statistischen Datenanalyse. Suchverfahren, um die Struktur der Beziehungen zwischen den Variablen aufzudecken. Gesucht wird jeweils die unabhängige (nicht metrische) Variable, die die „beste" Aufteilung der Elemente (Personen) in Bezug auf eine abhängige Variable in zwei Segmente ermöglicht. Dieser Teilungsprozess in jeweils zwei Gruppen wird so lange fortgesetzt, bis eine Stoppregel den weiteren Teilungsvorgang beendet. Es entsteht ein → Dendrogramm. – *Nachteile:* Größe der benötigten Stichprobe (i.d.R. größer als 1.000), Vernachlässigung der Interkorrelation der unabhängigen Variablen. – *Bedeutung:* In der → Marktforschung u.a. zur → Marktsegmentierung verbreitet.

AIDA-Regel – bekanntes, aber veraltetes Werbewirkungsmodell (→ Werbewirkung). Der Umworbene durchläuft verschiedene Stufen, die Teilziele für eine Verhaltensbeeinflussung angeben. Danach muss erfolgreiche Werbung zunächst → Aufmerksamkeit (Attention) auslösen, Interesse bzw. → Motivation (Interest) wecken und durch den anschließenden Wunsch (Desire), das Produkt zu besitzen den Umworbenen in der Kaufsituation zum Kauf (Action) führen. Durch den streng hierarchischen und zwingend linearen Ablauf aller Wirkungsstufen kann diese Regel trotz zahlreicher Modifikationen lediglich als Checkliste für einen Werbeerfolg dienen. Die Relevanz der einzelnen Stufen und der Verlauf des Wirkungsmodells hängen vom → Involvement der Konsumenten (starkes, schwaches), der Gestaltung der Werbung (emotional oder sachlich, bildhaft oder

sprachlich) sowie von der Zahl der Wiederholungen ab.

AIDCA-Formel – Weiterentwicklung der AIDA-Formel (s. → AIDA-Regel), bei der der Phase des Kaufwunsches (Desire) die Vertrauensgewinnung (Confidence) folgt, der sich dann erst die Kaufhandlung (Action) anschließt.

AIDCAS-Formel – Weiterentwicklung der AIDA-Formel (s. → AIDA-Regel), bei der der Phase des Kaufwunsches (Desire) die Überzeugung (Conviction) bez. des Produktvorteils gegenüber anderen, vergleichbaren Angeboten folgt. Das Modell geht weiter davon aus, dass nach der Kaufhandlung (Action) Kundenzufriedenheit (Satisfaction) hergestellt werden muss.

Aided Recall → Recalltest.

Akquisition – I. Strategisches Management: Der Kauf eines Unternehmens bzw. dessen Teilerwerb, um in den Besitz seiner Leistungselemente zu kommen und/oder um dessen Ressourceneinsatz bestimmen und kontrollieren zu können (Mergers & Acquisitions). In der amerik. Managementliteratur impliziert der Begriff Akquisition, dass das Management des zu akquirierenden Unternehmens mit einem Verkauf des Unternehmens grundsätzlich einverstanden ist. – *Gegensatz:* Takeover. – *Akquisition als Strategie:* Im Sinn der strategischen Suchfeldanalyse kann das Suchen nach Akquisitionskandidaten auch als Strategie zum „Kauf" einer anderen (erwünschten) Strategie verstanden werden. Im Fall der Suche nach neuen Geschäften ist Akquisition z.B. eine mögliche Markteintrittsstrategie, die i.Allg. gegenüber der unternehmensinternen Entwicklung oder der strategischen Allianz abzuwägen ist.

II. Vertrieb: Gewinnung von Kunden, Aufträgen oder auch z.B. Ladungen für Transportfahrzeuge, bes. aufgrund kundenindividueller Angebote und Beratungen durch Außendienstmitarbeiter (Akquisiteure).

Akquisitionskanal → Distribution.

akquisitorisches Potenzial – Gesamtheit der bei potenziellen Käufern präferenzschaffenden Tatbestände eines Unternehmens, bestehend aus der Qualität der angebotenen Waren, dem Ansehen des Unternehmens, seinem → Kundendienst, seinen Lieferungs- und Zahlungsbedingungen und ggf. auch seinem Standort.

Aktion – I. Entscheidungstheorie: Auch *Alternative*; Maßnahme, die ein Entscheidungsträger zur Problemlösung ergreifen kann. Aktion kann aus einem Maßnahmenbündel oder einer Einzelmaßnahme bestehen. Formale Voraussetzung für eine optimale Lösung des Entscheidungsproblems ist die Definition der Aktionen in der Weise, dass jede von ihnen den vorhandenen Mittelvorrat voll ausschöpft und dass die Aktionen sich gegenseitig (streng) ausschließen. – Vgl. auch Aktionsfeld, Aktionsraum. – Im Fall mehrstufiger Entscheidungen stellt sich die Aktion als Kette aufeinander folgender Maßnahmen (Strategie) dar. – Vgl. auch Markov-Prozess, flexible Planung.

II. Handel: Sonderangebot mit ggf. zusätzlichen Kaufimpulsen, → Zweitplatzierung, Medienwerbung, Handzettelwerbung, Warenproben am Point of Purchase.

Aktivierungsforschung – 1. *Begriff*: Richtung der Verhaltenswissenschaft bzw. der Psychobiologie, die sich mit der Messung zentralnervöser Erregungsvorgänge (Aktivierung) des Menschen befasst. Die Aktivierung wird als Grunddimension der Antriebskräfte verstanden. – 2. *Arten*: Es wird von einer tonischen Aktivierung gesprochen, wenn die länger anhaltende Bewusstseinslage (Aktivierungsniveau) gemeint ist, wie z.B. Schläfrigkeit oder Wachheit. Daneben gibt es die phasische Aktivierung (kurzfristigen Aktivierungsschwankungen), die die → Aufmerksamkeit und Leistungsfähigkeit des Individuums in bestimmten Reizsituationen steuert. – 3. *Stärke der Aktivierung*: Die Stärke der vorhandenen Aktivierung zeigt an, wie wach, reaktionsbereit und leistungsfähig

ein Organismus ist. Bei zunehmender Stärke der Aktivierung steigt zunächst die Leistung eines Individuums an, von einer bestimmten Aktivierungsstärke ab fällt sie wieder (umgekehrte u-Funktion). Als Leistung werden dabei alle im Individuum ablaufenden Vorgänge wie Wahrnehmung, Denken, Lernen, Speichern etc. verstanden. Dieser Zusammenhang wird als Lambda-Hypothese bezeichnet, der jedoch nur für einzelne Abschnitte empirisch belegt ist. – 4. *Wirkung*: Aktivierung fördert oder hemmt die Effizienz, mit der ein psychischer oder motorischer Vorgang abläuft, nicht jedoch Richtung und Inhalt. – 5. *Messmethoden*: (1) Messung auf der physiologischen Ebene, z.B. → Hautwiderstandsmessung; (2) Messung auf der subjektiven Erlebnisebene, z.B. Aktivierungsskalen, Musterzuordnungsverfahren; (3) Messung auf der motorischen Ebene, z.B. Beobachtung der Orientierungsreaktion. Physiologische Verfahren sind am besten zur Aktivierungsmessung geeignet, da sie universell geeignet sind und sehr exakt den Grad der Erregung messen.

aktualgenetisches Verfahren → psychologisches Testverfahren zur Messung der Wahrnehmung von Vorlagen (z.B. Worte, Geräusche, Musik, Bilder, Gegenstände); gehört zu den → apparativen Verfahren. Die Vorlagen werden den Testpersonen nur für eine minimale Zeit dargeboten, sodass die → Wahrnehmung erschwert ist. Die bei den Testpersonen in bestimmten Phasen entstehende Vorstellung (Aktualgenese) von der Gestalt der Vorlage wird für die einzelnen Phasen der Vorlagedarbietung verbal wiedergegeben und protokolliert. Zur Erschwerung der Wahrnehmung dienen verschiedene Apparaturen wie z.B. → Tachistoskop und → Perimeter. Die gewonnenen Informationen werden zur Gestaltung von Vorlagen benutzt. – Vgl. auch Werbung.

Aktualisierung – Aktualität liegt vor, wenn das Angebot (die Marke) vom Konsumenten als akzeptierte Alternative wahrgenommen und damit bei der Kaufentscheidung berücksichtigt wird. Aktualisierung ist daher ein Beeinflussungsziel der Werbung. Die → Positionierung durch Aktualität ist von marktstrategischer Bedeutung und bietet sich als vorrangiges Werbeziel an, wenn sowohl das emotionale als auch das kognitive → Involvement gering ist, d.h. Bedürfnisse und Informationen für den Konsumenten trivial sind. Die Aktualisierung als Werbeziel ist aus der Theorie des → Agenda Setting abgeleitet. – Merkmal der Aktualisierung ist die starke gedankliche Präsenz der Marke, die sich in der aktiven Bekanntheit (→ Recalltest) der Marke zeigt. – Werbung, die Aktualisierung hervorruft, muss (1) stark auffallen, (2) die Marke in den Mittelpunkt stellen (häufige Kontakte mit dem Markennamen) und (3) einprägsam und leicht zu erinnern sein.

Aktualisierungseffekt – *Präsenzeffekt*; innerer Störeffekt bei einer Fragebogenbefragung (→ Befragung). Die Beantwortung einiger Fragen eines → Fragebogens wird durch vorangegangene Fragen beeinflusst, da die vorangegangenen Fragen bestimmte Vorstellungen und Denkraster aktualisieren und damit den Antwortspielraum für nachfolgende Fragen einengen. Durch entsprechenden Fragebogenaufbau lässt sich der Aktualisierungseffekt manchmal vermeiden. Ist er unvermeidlich, so sind die wichtigeren Informationen zuerst zu erfragen.

Akzeptanz – 1. *Begriff*: Bereitschaft, einen Sachverhalt billigend hinzunehmen. Akzeptanz gegenüber einem Gegenstand wird als Teilaspekt der Konformität im Spektrum zwischen Gehorsam, Anpassung und Verinnerlichung gesehen. Neben der zeitpunktbezogenen Akzeptanz interessiert die Veränderung im Zeitablauf durch Lernen. – 2. *Grundlagen*: Anhaltspunkte für die Erklärung von Akzeptanz gibt die Diffusionstheorie, die sich der Akzeptanz von Innovationen widmet. Die Diffusionstheorie unterscheidet Neuerer, frühe Annehmer, frühe Mehrheit, späte Mehrheit und Nachzügler. Das

Akzeptanzverhalten wird durch Verhaltensmerkmale (z.B. Risikobereitschaft, Neugierde) geprägt. – 3. *Merkmale*: Hohe Nützlichkeit, hohe Übereinstimmung mit bestehenden Strukturen und Wertvorstellungen (Kompatibilität), die Möglichkeit, das Neue sukzessiv einzuführen (Teilbarkeit), gute Durchschaubarkeit der Innovation sowie einfache Mitteilbarkeit fördern die Akzeptanz. Starke Brüche mit bisher Gewohntem erschweren die Akzeptanz. Die Bruchstärke kann sich in der Intensität des Andersartigen und der Menge des Neuen ausdrücken. Eine große Bruchstärke erhöht den Lernaufwand, sie bewirkt Marktwiderstand. Bei gegebenem Beeinflussungsaufwand (z.B. durch Werbung) erhöht die Bruchstärke die Akzeptanzzeit. Eine Verkürzung ist durch eine Steigerung des Marketingaufwandes möglich.

Akzeptanztest – 1. *Marktforschung*: Teil eines jeden → Produkttests und → Konzepttests, der darüber Aufschluss geben soll, ob und ggf. in welchem Ausmaß bei Testpersonen eine rein qualitätsdeterminierte bzw. eine preis-qualitätsdeterminierte, aktuelle oder potenzielle Kauf- bzw. Ge- oder Verbrauchsabsicht besteht. Dabei ist zu beachten, dass die ermittelten Werte i.d.R. positiv verzerrt sind. Die Information der Vergleich der Akzeptanzwerte des zu testenden Produkts mit anderen bekannten Produkten. – 2. *Datenverarbeitung*: → Testen.

Akzeptanztheorie – 1. *Begriff*: Ansätze zur Erklärung der Nutzung und Durchsetzung von Innovationen in Organisationen. Unter → Akzeptanz versteht man dabei entweder eine positive Einstellung zur Innovation, eine Verhaltensabsicht (Intention), die Innovation zu nutzen, oder die tatsächliche Nutzung der Innovation. – 2. *Merkmale*: Die Akzeptanz ist abhängig von den Eigenschaften der Innovation, ihrem potenziellen Nutzen und der Art des Einführungsprozesses: Je größer die Vorteile der Innovation für den Nutzer, desto höher seine Akzeptanz; je aufgeschlossener und gebildeter das Individuum, desto größer ist die Wahrscheinlichkeit der Akzeptanz; je frühzeitiger und offener informiert wird und je mehr Mitbestimmungsmöglichkeiten bei der Auswahl der Innovation angeboten wird, desto höher ist die Wahrscheinlichkeit einer Akzeptanz.

akzidentelle Werbung – Werbung, die eher punktuell und gelegentlich betrieben wird und im Rahmen der gesamten Marketingkommunikation eine nur untergeordnete Bedeutung hat.

aleatorische Werbung – Sammelbezeichnung für Gewinnspiele, Verlosungen, Preisausschreiben, Preisrätsel etc. im Rahmen von Werbung. Aleatorische Werbung ist rechtlich grundsätzlich zulässig, soweit die Veranstalter damit auf die Adressaten keinen psychologischen Kaufzwang ausüben.

allegatorische Werbung – Werbung, die argumentativ Ergebnisse aus wissenschaftlichen Untersuchungen (Warentests etc.) zitiert.

Alleinvertreter – *Eigenhändler.*

I. Binnenhandel: Der Alleinvertreter kauft und wiederverkauft Ware für eigene Rechnung und im eigenen Namen. Seine Tätigkeit ist auf die Erzielung von Zwischengewinnen gerichtet. Durch einen sog. Ausschließlichkeitsvertrag (→ Ausschließlichkeitsbindung) wird dem Alleinvertreter der Alleinhandel (Monopol) für die Erzeugnisse eines industriellen oder sonstigen Unternehmens für einen bestimmten Bezirk oder Zeitraum übertragen. Ein Alleinvertreter ist nicht Handelsvertreter. Während der Dauer des Alleinvertretervertrages müssen dem Alleinvertreter alle Aufträge oder Anfragen aus dem ihm übertragenen Vertreterbezirk zugeleitet werden, für den er Kundenschutz genießt. – Vgl. auch Bezirksvertreter.

II. Außenhandel: Der Alleinvertreter kann seinen Sitz im Land des Herstellers oder im Ausland (Auslandsvertretung) haben und seine Geschäfte auf Kommissionsbasis oder auf eigene Rechnung durchführen. Im letzteren Fall ist er nach dt. Recht nicht Vertreter, sondern selbstständiger → Einfuhrhändler.

Alleinvertretungsvertrag – spezifischer Handelsvertretervertrag zwischen Hersteller und Handelsvertreter. Dem Handelsvertreter wird durch den Alleinvertretungsvertrag das alleinige Vertretungsrecht in einem festgelegten Gebiet eingeräumt.

Alleinvertrieb – *Exklusivvertrieb;* Vertrieb des Absatzprogramms eines Herstellers oder eines bestimmten Teils dieses Programms in einem festgelegten Gebiet ausnahmslos über einen Abnehmer (Hersteller oder Händler), der sich verpflichtet, die Ware nur vom betreffenden Hersteller zu beziehen und nur an bestimmte Kunden in diesem Gebiet zu vertreiben. – *Wettbewerbsrechtliche Beurteilung:* Alleinvertriebsvereinbarungen unterfallen grundsätzlich dem Verbot des § 1 GWB und Art. 101 AEUV. Eine Gruppenfreistellung ist über die nach § 2 GWB anwendbare Vertikal-GVO bis zu einem Marktanteil des Lieferanten sowie des Abnehmers (Herstellers oder Händlers) von jeweils 30 Prozent vorgesehen.

Allgemeinstellen – meist auf öffentlichem Grund befindliche Anschlagflächen (Säulen/ Tafeln), die gleichzeitig von mehreren Werbetreibenden benutzt werden können. – *Gegensatz:* → Ganzstellen. – Vgl. auch → Außenwerbung.

Altarfalz → Gatefolder.

Alternativfrage – Frage in einer → Befragung, bei der sich die Testperson für eine der Antwortmöglichkeiten entscheiden muss. – Vgl. auch → geschlossene Frage.

Altersprofil – auf dem Modell des → Lebenszyklus eines Produktes aufbauendes Verfahren zur Altersbestimmung eines Produktionsprogramms. Grafische Konstruktion von Produkt-, Alterspyramiden durch Gegenüberstellung der Umsatz- bzw. Gewinnbeiträge in Abhängigkeit von der Lebensdauer der einzelnen Produkte.

Alterswerbung – Werbung eines Unternehmens mit einer Altersangabe; sie ist zulässig, wenn sie wahr ist, sonst liegt → irreführende Werbung vor (§ 5 UWG). Erforderlich ist je nach Bezugnahme der Werbung (Firma, Geschäftsgegenstand) Kontinuität über die behauptete Zeitspanne.

Altwarenhandel – *Gebrauchtwarenhandel*; An- und Verkauf von Konsum- und Produktionswaren, die schon von einem oder mehreren Verwendern genutzt wurden, aber noch einen Gebrauchswert besitzen. Werden Abfälle/Wertstoffe gehandelt, so bildet der Altwarenhandel das erste Glied der → Redistribution. – Vgl. auch → Aufkaufhandel.

Ambient Medien – umfassen nicht klassische planbare Werbeformen im „Out-of-home"-Bereich. Hierbei werden → Werbeträger direkt im Lebens- und Freizeitumfeld von → Zielgruppen positioniert. Beispiele hierfür sind Werbung auf Postkarten (z.B. Edgar-Cards), Brieftaschen, Bierdeckeln, Zapfpistolen, Containern, Golflöchern, Fußböden, Kanaldeckeln, Toilettenpapier, Kassenbons oder an Einkaufswagen. – Vgl. auch → Außenwerbung.

ambulanter Handel → Betriebsform des Handels, bei der der Verkauf nicht an festen Standorten stattfindet, sondern mit beweglichen Verkaufsstellen oder ganz ohne offene Verkaufsstelle erfolgt. – *Gegensatz:* → stationärer Handel. – *Formen:* → Hausierhandel, → Hökerhandel, → Markthandel (Messhandel) einschließlich → Straßenhandel, → Jahrmärkte, → Spezialmärkte, → Wochenmärkte, → Fahrverkauf, → Verkaufsrundfahrt. Als → Aufkaufhandel ist der ambulante Handel auch bei Formen des kollektierenden Großhandels möglich. – *Rechtlich:* Reisegewerbe.

Ambush Marketing – 1. *Begriff:* Wird auch als „Schmarotzer"- oder „Trittbrettfahrer"-Marketing bezeichnet. In dieser Kommunikationsstrategie versucht ein werbetreibendes Unternehmen von einem Event oder einer Veranstaltung zu profitieren, ohne selbst Sponsor zu sein. – 2. *Ausprägungen:*

Beispiele hierfür sind die Vergabe von Fanartikeln bei einem Sportereignis außerhalb des Stadions oder die Verwendung von Heißluftballons und Zeppelinen neben dem eigentlichen Event.

Amoroso-Robinson-Relation – Gleichgewichtsbeziehung zwischen Preis, Preiselastizität und Grenzkosten (bezogen auf die Menge), die ausschließlich im Preisoptimum gilt. Die Beziehung lautet: $p^* = \varepsilon/(1+\varepsilon) \, C'$

mit p^* = optimaler Preis, $\varepsilon = \partial q/\partial p \cdot p^*/q$ = Preiselastizität und $C' = \partial C/\partial q$ Grenzkosten bez. der Menge. – Es handelt sich hierbei um eine Fixpunktgleichung, da sowohl die Preiselastizität als auch die Grenzkosten vom optimalen Preis abhängen können.

analytische Frage – Frage in einer → Befragung, die nicht direkt der Ergebnisermittlung dient, sondern für weitere Analysezwecke, z.B. Teilgruppenuntersuchungen, herangezogen werden kann.

Anfragenkontrolltest – Verfahren der → Werbeerfolgskontrolle. In Verbindung mit dem Werbeappell wird die Bitte um Anforderung von Prospektmaterial, Warenproben etc. ausgesprochen. Nicht die tatsächlichen Käufer, sondern die Interessenten werden erfasst. Als Wirkungsmaßstab für den Werbeerfolg gilt der Quotient aus der Zahl der an dem Werbeobjekt interessierten Personen und der Anzahl der Mitglieder der angesprochenen Zielgruppe. – *Ähnlich:* → BuBaw-Verfahren, → Coupontest.

Anfragenselektion – Entscheidungsproblem im Rahmen des Investitionsgüter-Marketings, bes. bei Sondermaschinen, Anlagen und Systemen. Da die Angebotserstellung auf Grundlage einer Anfrage mit erheblichen Kosten verbunden ist und die Auftragserteilung schwerwiegende Auswirkungen auf Ertragslage und Risikosituation der Unternehmung hat, ist die Auswahl der vielversprechendsten Anfragen hinsichtlich verschiedener Kriterien ein wichtiges Steuerungsinstrument der Angebotspolitik. – *Hilfsmittel* der Anfragenselektion:

Checklisten, Punktbewertungsverfahren (→ Nutzwertanalyse) und Kennziffern (erwarteter Auftragserfolg/geschätzte Angebotskosten).

Anfragenstatistik – systematische zahlenmäßige Erfassung der Anfragen nach einem Produkt oder einer Dienstleistung oder beschreibendes Material; Teil der → Absatzstatistik.

Anglemeter – technisches Hilfsmittel bei den → apparativen Verfahren. Eine steuerbare Drehscheibe, durch die der Testperson die relevante Seite eines Objektes langsam zugewandt wird. Damit sollen die in der Wirklichkeit auftretenden verschiedenen Sichten auf ein Objekt (z.B. Produktpackung) simuliert werden.

Animated Gif – Folge von Bildern im Datenformat Gif, die auf HTML-Seiten (HTML) im World Wide Web hintereinander abgespielt werden können, wodurch ein Animationseffekt entsteht. Animated Gif werden v.a. für → Banner verwendet.

Anlagengeschäft – I. *Industriebetriebslehre*: Spezielle Erscheinungsform der Einzelproduktion. Die Produkte als Sachziele im Anlagengeschäft sind Anlagensysteme, bei denen es sich um Anlagen-Dienstleistungsbündel zur Befriedigung eines komplexen Bedarfs handelt. Diese Großanlagen werden von einem oder mehreren Anbietern in einem geschlossenen Angebot erstellt. – *Beispiele* für solche Großanlagen sind Kohle- und Atomkraftwerke, Chemieanlagen, Hüttenwerke, Flughäfen oder Müllverbrennungsanlagen. – II. *Marketing*: Investitionsgütermarketing für komplexe Anlagen, die durch Verkettung einzelner Maschinen oder Aggregate zu einer integrierten Gesamtanlage entstehen (z.B. komplette Fertigungsstraßen). Im Business-to-Business-Geschäft werden kundenindividuelle Leistungen ausgetauscht. Wegen langfristiger Nutzung spielt der Wiederholungskauf eine geringere Rolle im Konsumgütergeschäft. Für begrenzte Zeiträume sind spezifische Serviceverträge möglich. Die kundenindividuelle Leistung kann zur Einmalfertigung und zur Nutzung von Baukastensystemen führen. Gesamtanlagen können von einem einzelnen Unternehmen oder in Kooperationen angeboten werden. Local-Content-Vorschriften in den jeweiligen Importländern können Qualitäts-, Kosten- und Zeitrisiken erhöhen. Im Anlagengeschäft kann das primäre Produktgeschäft hinter das Servicegeschäft (z.B. Feasibility-Studien, Finanzierung, Beratung/Schulung, Wartung, Ersatzteilvorsorge) zurücktreten.

anlehnende Werbung – Werbung unter Nutzung des guten Rufs (→ Image, → Markenimage, → Imagemarketing) von Konkurrenzprodukten für das eigene Leistungsangebot. Anlehnende Werbung ist wettbewerbsrechtlich grundsätzlich unzulässig (Ausbeutung).

Anmutung – Eine *positive Anmutung* ist als Indikator für Antriebswirkung und Kommunikationserfolg geeignet, da mit zunehmend positiver Anmutung die Bereitschaft zur weiteren Auseinandersetzung mit dem Reiz wächst; eine *neutrale Anmutung* kennzeichnet mangelnde psychische Aktivierung oder Verunsicherung durch konfliktäre Wahrnehmungsreize. – *Messverfahren*: Aktualgenetische Verfahren (→ Tachistoskop); Ziel ist die → Werbeerfolgsprognose, bei der die für bestimmte Werbeziele erwünschte Anmutung mit der tatsächlich realisierten verglichen wird.

Anschlusskunde – 1. *Handel*: Mitglied einer → freiwilligen Kette auf der Einzelhandelsstufe. – 2. *Factoring*: Bezeichnung für den Verkäufer einer Forderung.

Anschnitt – Bereich in einer Anzeige, der über den Satzspiegel hinaus bis an den Papierrand läuft.

Anspruch – I. *Recht*: Im Sinn des BGB „das Recht, von einem anderen ein Tun oder ein Unterlassen zu verlangen" (§ 194 I BGB). Ansprüche unterliegen der Verjährung.

II. Marketing Ansprüche bilden die Grundlage für kundenorientiertes Marketing. Ansprüche können umschrieben werden als nahe an der Verhaltensoberfläche liegende gegenstandsgerichtete Wünsche von Stakeholdern (Anspruchsgruppen). Sie resultieren aus verhaltensprägenden Faktoren. Im Mittelpunkt stehen die Verwenderansprüche (private/gewerbliche/gesellschaftliche Verwender). Bei der Konzeption neuer Angebote müssen auch die unterschiedlichen Anspruchsgruppen berücksichtigt werden.

Antizipation – Vorwegnahme eines erst später zu erwartenden Ereignisses. – 1. An der *Börse:* als Zeitgeschäft (Termingeschäfte). – 2. Im *Handelsverkehr:* Zahlung vor dem Fälligkeitstermin; hat z.T. Zinsvergütung oder Diskont zur Folge. – 3. *Bilanz:* rechnerische Vorwegnahme einer erst später fälligen Zahlung als „sonstige Forderungen" bzw. „sonstige Verbindlichkeiten" (antizipative Posten der Rechnungsabgrenzung).

antizyklische Werbung – zeitliche Abfolge von Werbemaßnahmen, die der konjunkturellen Entwicklung entgegengerichtet ist. Bei schlechten konjunkturellen Aussichten werden die Werbemaßnahmen verstärkt, um starken Umsatzminderungen entgegenzuwirken. Das betrifft bes. die Festlegung der Höhe der Werbeausgaben. – Antizyklische Werbung kann sich auch auf die Entwicklung z.B. der unternehmensbezogenen Umsätze und auf den Ausgleich von Saisonschwankungen beziehen.

Anzeige – **I. Allgemein:** 1. *Aufmerksamkeitswirkung* (→ Aufmerksamkeit): entsteht durch textliche und bildliche Elemente, die an das jeweilige Trägermedium hinsichtlich redaktionellem Umfeld und Anzeigengesamtheit anzupassen sind. Erhöhung der → Werbewirkung durch Anwendung gestalterischer und sozialtechnischer (→ Sozialtechnik) Maßnahmen. – 2. *Arten:* (1) nach *Werbeträgern:* Zeitungen, Zeitschriften, Fachblätter, Gratisblätter etc.; (2) nach *Art der Gestaltung:* Bild-, Text-, Couponanzeige sowie Kombinationen aus diesen; (3) nach dem *Ort der Schaltung:* im Anzeigenteil oder Textteil; (4) nach *Berechnungsmodus:* nach Seiten, nach Zeilen oder nach Buchstaben; (5) nach dem *Werbezweck:* unmittelbares oder mittelbares Angebot; (6) nach sonstigen Gesichtspunkten: z.B. Druckart und Werbegegenstand. – 3. *Elemente:* a) Bei *Textanzeigen* zumeist → Headline (→ Blickfang), → Fließtext; → Baseline und Firmen- bzw. Markenzeichen (→ Logo, → Marke); b) Bei *Bildanzeigen* Bilder, zumeist Fotografien und kürzerer Fließtext, der wie Headline ganz fehlen kann. – 4. *Wirkungsmessung* durch Methoden der Marktforschung wie → Pretest und → Posttest, z.B. durch → Tachistoskop und → Blickregistrierung. – Vgl. auch → Anzeigenblätter.

II. Medienwirtschaftliche Perspektive: *Annonce.* 1. *Definition:* Der Begriff Anzeige im Allgemeinen bezeichnet die Bekanntmachung von Informationen. Die Anzeige in der Funktion als Werbeinstrument meint die zielgerichtete Veröffentlichung von Werbebotschaften in einem Printmedium. – Durch die id.R. bezahlte Veröffentlichung einer Anzeige in einer Zeitschrift, einer Zeitung oder in einem sonstigen periodischen → Printmedium verspricht sich der Auftraggeber einer Anzeigenschaltung (Inserent) direkt oder indirekt eine Verbesserung seines Geschäftserfolgs. Charakteristisch für die Anzeige und zugleich Abgrenzungsmerkmal gegenüber anderen gedruckten Werbemitteln wie Plakatwerbung oder Direktwerbung mit Broschüren ist die Integration in ein bereits existierendes, zumeist redaktionell ausgerichtetes Trägermedium (→ Werbeträger). Während letztgenannte Werbemittel separat gedruckt und verteilt werden müssen, übernimmt diese Funktion bei der Anzeige das Trägermedium. – 2. *Varianten:* Anzeigen lassen sich auf vielfältige Arten kategorisieren: – a) *Nach Inhalt und Ziel:* Ankündigungsanzeige, Imageanzeige, Verkaufsförderungsanzeige, Couponanzeige, PR-Anzeige. – b) *Nach Insertionsbranchen:* Markenartikelanzeige, Einzelhandelsanzeige, Dienstleistungsanzeige (insbesondere Banken, Versicherungen, Gesundheitswesen), Investitionsgüteranzeige (insbesondere Telekommunikation, Informationstechnologie), Unterhaltungs- und Kulturanzeige. – c) *Nach Werbeträgern:* Publikumszeitschriftenanzeige, Fachzeitschriftenanzeige, Zeitungsanzeige, Anzeigenblattanzeige, Anzeige in sonstigen periodischen und einmaligen Druckschriften – 3. *Zielsetzung und Nutzen:* Anzeigen werden entweder als einziges Werbemittel oder als Bestandteil einer integrierten Kommunikations-Kampagne eingesetzt. Entsprechend unterschiedlich kann die Zielsetzung einer Anzeige sein. Bei ausschließlichem Einsatz von Anzeigen muss jede Anzeige so gestaltet sein, dass sie ganzheitlich im Sinne der Zielsetzung wirkt. Im Falle eines Zusammenwirkens z.B. mit Fernsehspots, Direktmarketing, Internetwerbung oder Public Relation steht dagegen eine Feinjustierung auf bestimmte Teilziele im Vordergrund. Grundsätzliche Ziele von Anzeigenschaltungen sind die Bekanntmachung von Produkten, Dienstleistungen und Unternehmen, die Erhöhung des Abverkaufs von Gütern oder Dienstleistungen sowie der Aufbau und die Verbesserung des Unternehmens- bzw. Produkt- oder Dienstleistungsimage. – Anzeigenspezifische Zielsetzungen im Rahmen der integrierten Kommunikation sind häufig die Verdeutlichung eines komplexen Sachverhaltes bei erklärungsbedürftigen Produkten, die Vermittlung relevanter Informationen – insbesondere von Vorteilen bei Produktneueinführungen – und die Ansprache von nicht TV-affinen Teilzielgruppen (→ Zielgruppe). – Ein bes. Nutzen von Anzeigen resultiert aus der Integration in ein Trägermedium. So kann der Inserent mit der Wahl des Trägermediums gleichzeitig die Empfänger seiner Botschaft (Leserschaft) und das Umfeld seiner Anzeige (redaktionelle Inhalte) exakt bestimmen. Mithilfe von Mediaagenturen kann der Inserent die Übereinstimmung zwischen Leserschaft und Zielgruppe optimieren und so Streuverluste verhindern (Intermediavergleich). In Zusammenarbeit mit den Kreativagenturen gestaltet der Inserent Anzeigen, die in ihrer Wirkung vom Umfeld unterstützt

Netto-Werbeeinnahmen erfassbarer Werbeträger in Deutschland in Mio Euro								
Werbeträger	2005	Prozent	2006	Prozent	2007	Prozent	2008	Prozent
Tageszeitungen	4 475,60	- 0,5	4 532,90	+1,3	4 567,40	+0,6	4 373,40	- 4,2
Fernsehen	3 929,55	+ 1,8	4 114,26	+4,7	4 155,82	+1,0	4 036,50	- 2,9
Werbung per Post	3 395,12	0,0	3 316,87	- 2,3	3 347,30	+0,9	3 291,55	- 1,7
Anzeigenblätter	1 898,00	+ 3,4	1 943,00	+ 2,4	1 971,00	+ 1,4	2 008,00	+ 1,9
Publikumszeitschriften	1 791,40	- 2,5	1 655,89	+ 3,6	1 822,46	- 1,6	1 693,09	- 7,1
Verzeichnis-Medien	1 197,00	+ 0,1	1 198,60	+ 0,1	1 214,33	+ 1,3	1 224,70	+ 0,9
Fachzeitschriften	902,00	+ 4,3	956,00	+ 6,0	1 015,00	+ 6,3	1 031,00	+ 1,5
Außenwerbung	769,14	+ 6,8	787,43	+ 2,4	820,37	+ 4,2	805,38	- 1,8
Online-Angebote	332,80	+ 22,5	495,00	+ 49,1	689,00	+ 39,2	754,00	+ 9,4
Hörfunk	663,71	+ 7,4	680,48	+ 2,5	743,33	+ 9,2	711,23	- 4,3
Wochen-/Sonntagszeitungen	252,80	+ 5,6	250,20	+ 2,9	269,70	+ 3,7	255,70	- 1,5
Zeitungssupplements	91,00	+ 1,1	89,90	- 1,2	89,5	- 0,4	86,80	- 3,0
Filmtheater	132,39	- 9,8	117,48	- 11,3	105,2	- 9,6	76,65	- 27,5
Gesamt	**19833,71**	**+1,3**	**20350,01**	**+2,6**	**20812,43**	**- 2,3**	**20357,00**	**- 2,2**

Quelle: ZAW (Hrsg.): Jahrbuch Werbung in Deutschland 2010, Berlin.

werden (Anzeigengestaltung, Anzeigenwirkung). – 4. *Bedeutung und Entwicklung:* Die Anzeige gilt als das klassische Werbemittel schlechthin. Die überragende Stellung in der Werbewirtschaft wurde allerdings mit Einzug des Fernsehens in die Privathaushalte durch das Werbemittel der Fernsehspots angegriffen. Insbesondere Markenartikler setzten verstärkt auf die auf diesem Wege deutlich schnellere Durchdringung ihrer Werbebotschaften in breiten Zielgruppen. Dennoch ist bis heute die Anzeige aufgrund ihrer vielfältigen Inserenten aus allen Branchen und ihrer Flexibilität in Bezug auf Gestaltung und Inhalt nach wie vor mit über 50 Prozent Marktanteil am dt. Werbeschaltvolumen das überragende Werbemittel. – Auch der Einzug des Internets hat hier entgegen etlicher Prognosen zu keinen gravierenden Marktverlusten geführt. Es zeigte sich vielmehr, dass das neue Medium sogar auf altbewährte Medien zurückgreifen musste, um neue Kunden zu gewinnen. So nutzt mittlerweile nahezu jeder Inserent seine Printanzeige, um u.a. den eigenen Internetauftritt bekannt zu machen.

Anzeigenblätter – 1. *Begriff:* periodische Druckschriften, deren Aufgabe hauptsächlich in der Verbreitung von → Anzeigen besteht. Der redaktionelle Teil fehlt oder ist nebensächlich (durchschnittlich zwei Drittel Anzeigen). Zielgruppe sind Haushalte. Die Nutzung erfolgt meist zufällig, unregelmäßig und flüchtig. – 2. *Wesentliche Merkmale:* (1) kostenlose Verteilung; (2) Finanzierung ausschließlich durch Werbung; (3) lokale/regionale Verbreitung; (4) Verteilung durch Boten; (5) Erscheinungsweise meist wöchentlich; (6) (wenn vorhanden) im redaktionellen Teil vorwiegend lokale/regionale Ereignisse.

Anzeigentest – Methode der Werbemittelanalyse, bei der eine → Anzeige auf ihre → Werbewirkung geprüft wird. In der Form des → Pretests werden meist Aufmerksamkeitswirkung und/ oder Einstellungsänderung bzw. die zum Kauf motivierende Wirkung gemessen. Dabei kommen häufig auch apparative Verfahren zum Einsatz (z.B. → Blickregistrierung, → Tachistoskop). Beim → Posttest wird – oft in Form des → Werbetrackings – die tatsächlich erreichte Aufmerksamkeitswirkung bzw. Einstellungsänderung gemessen.

Anzeigen-Wirkungs-Test – auch → Anzeigentest, Oberbegriff für verschiedene Testverfahren zur Ermittlung der Wirkung einer Printanzeige. Dabei können die Aufmerksamkeitswirkung und / oder die zum Kauf motivierende Wirkung erfasst werden. Bei manchen dieser Tests werden auch apparative Verfahren wie z.B. die → Blickregistrierung verwendet. – Vgl. auch → Folder-Test.

apparative Verfahren – Teilbereich der → psychologischen Testverfahren und der psychobiologischen Testverfahren. Apparative Verfahren sind einmal die → aktualgenetischen Verfahren und die Verfahren zur Prüfung der Gestaltfestigkeit von Vorlagen (Firmennamen, Warenzeichen, Produktgestaltung etc., → Logo), unter Einsatz von Apparaturen zur Erschwerung der Wahrnehmung durch die Testperson (→ Tachistoskop, → Perimeter, → Anglemeter etc.). Die aus den Tests gewonnenen Informationen werden bei der Gestaltung z.B. von Anzeigen und Verpackungen eingesetzt. Darüber hinaus gibt es apparative Verfahren zur Ermittlung der Aufmerksamkeit. Dazu gehören die → Blickregistrierung und die → Hautwiderstandsmessung. Derzeit noch im Versuchsstadium ist der Einsatz der funktionellen Magnetresonanztomographen, bei der Gehirnaktivität erfasst wird.

Arbeitsgemeinschaft der Verbraucherverbände e. V. (AgV) – wurde 2000 mit dem Verbraucherschutzverein (VSV) und der Stiftung Verbraucherinstitut in den Verbraucherzentrale Bundesverband zusammengeführt.

Art Director → Werbeberufe.

Artikel – 1. *Marketing:* ganz bestimmte Ausführung eines Produkttyps (Bsp. Apfelsaft der Marke XY im 0,75 l Tetrapack). Artikel einer Artikelgruppe unterscheiden sich hinsichtlich einiger Merkmale, wie z.B. Preis, Größe oder Materialien voneinander. Im Handel ist ein Artikel gemäß der → Sortimentspyramide ein Teileelement einer bestimmten Warenart. – 2. *Recht:* Kennzeichnung einer Vorschrift bzw. Regelung in Gesetzen oder Verträgen.

Artikelaufschlag → Handelsaufschlag pro → Artikel. – *Anders:* → Stückspanne (Artikelspanne).

Artikelnummernsysteme – (überbetriebliche) numerische Ordnungssysteme zur Klassifizierung *(ban-System)* oder zur Identifizierung *(EAN-System;* → EAN) von → Artikeln. Artikelnummernsysteme sind Voraussetzung für die Rationalisierung der gesamtwirtschaftlichen → Distribution und für die Steuerung betrieblicher computergestützter Warenwirtschaftssysteme. – Gebräuchlich ist heute im Lebensmittelhandel die *EAN-Nummerierung* mittels Strich-/Balkencodes, die maschinell gelesen werden kann (→ Scanner). Das Nummernsystem wird von der *Centrale für Coorganisation (CCG)* verwaltet, in der die sich Beteiligten (bes. Hersteller und Händler) zur Interessenabstimmung zusammenfinden. – Das *UPC-System* ist in den USA gebräuchlich.

Artikelrabatt → Mengenrabatt.

Artikelspanne → Stückspanne.

Assoziation – I. Allgemein: Vereinigung bzw. Zusammenschluss wirtschaftlicher Organe zur Verfolgung bes. wirtschaftlicher Ziele.

II. Psychologie: automatischer Denkvorgang; eine gelernte Beziehung zwischen zwei kognitiven Elementen, meist einem Reiz und einer belohnten (oder bestraften) Reaktion (→ Behaviorismus). – *Bedeutung für die Werbung:* Durch Ausnutzung von Sprach- und Denkgewohnheiten werden bei den Umworbenen durch Verwendung von (1) informativen Sprachformeln bestimmte *sachbezogene Vorstellungen* ausgelöst und damit indirekt Sachinformationen vermittelt; (2) emotionale Sprachformeln automatisch *gefühlsmäßige*

Vorstellungen ausgelöst und damit indirekt emotionale Eindrücke vermittelt. – Vgl. auch → emotionale Konditionierung.

III. Soziologie: zumeist freiwillige Verbindung von Gruppen (aber auch einzelnen Personen) u.a. sozialen Gebilden (z.B. Organisationen) zu Gruppen-, Zweck-, Interessenverbänden (wie Gewerkschaften, Genossenschaften, Sportverbänden). – Der Begriff *Assoziierung* ist teilweise gebräuchlich zur Bezeichnung aller sozialen Prozesse, die zu Verbindungen unter Menschen führen im Gegensatz zu Assoziationen zur Kennzeichnung aller so zustande gekommenen Kontakte, Vereinigungen etc.

IV. Statistik: 1. Bezeichnung für den *Zusammenhang zweier nominaler Merkmale oder speziell dichotomer Merkmale.* Die Häufigkeitstabelle (Kontingenztafel) wird für dichotome Merkmale als Vierfeldertafel bezeichnet. Zur Quantifizierung der Assoziation werden *Assoziationsmaße* berechnet, etwa der Yule'sche Assoziationskoeffizient oder der Pearson'sche Kontingenzkoeffizient. Zur Prüfung der Existenz von Assoziationen werden statistische Testverfahren eingesetzt. – 2. Assoziation wird auch als Oberbegriff für den *Zusammenhang von zwei Merkmalen beliebiger Skalierung* (Skala) verwendet, umfasst dann also auch Maß- und Rangkorrelation (Korrelation).

Assoziationsforschung – Teilgebiet der Psychologie, das zu erkennen sucht, inwieweit eine Vorstellung durch Außenreize (Interview, Bild, Ton u.Ä.) aufgrund des Gesetzes der Ähnlichkeit bzw. des Kontrastes andere Vorstellungen bewusst werden lässt. Zweck ist das Erforschen der unbewussten Triebkräfte menschlichen Handelns, v.a. im wirtschaftlichen Bereich (z.B. bei Kaufentscheidungen). Anwendung in der → Konsumentenforschung.

Attribute Listing – 1. *Begriff:* analytisch-systematische → Kreativitätstechnik, die eine große Ähnlichkeit mit dem morphologischen Kasten aufweist. – 2. *Ablauf:* Die Methode geht von einem bereits bestehenden Angebot (Produkt, Dienstleistung etc.) aus. Ziel ist die Verbesserung und Weiterentwicklung eines bestehenden Angebotes, nicht die Weiterentwicklung. Die Methode läuft in vier Schritten ab: 1) Zerlegung des Angebotes in seine Merkmale/Eigenschaften. 2) Beschreibung des derzeitigen Ist-Zustandes der Merkmalsausprägungen. 3) systematische Suche und Listung nach alternativen Varianten der Merkmalsausprägungen. 4) Auswahl und Umsetzung der interessanten Variantenkombinationen.

Audience-Effekt – Einfluss der → Einstellung der Empfänger (Rezipient) auf die Wirkung von Botschaften (z.B. Werbung). Botschaften, die der Empfängereinstellung entsprechen, werden als glaubwürdiger empfunden als Informationen, die ihr entgegenstehen bzw. die sogar zu → kognitiven Dissonanzen führen.

Auffrischungstechnik → Reminder.

Aufkaufhandel – kollektierender Großhandel, dessen Hauptaufgabe im Beschaffen (Sammeln) von Waren und deren Zusammenstellung zu verkaufsgeeigneten → Sortimenten besteht. Manchmal sind mehrere Glieder der → Handelskette kollektierend tätig: *Detailkollekteure* sammeln nach bestimmten Auswahlgesichtspunkten kleine Mengen, nehmen eine Vorsortierung vor und verkaufen diese Mengen an *Großkollekteure*. Betriebe des *Aufkaufgroßhandels* sind tätig bei der Beschaffung landwirtschaftlicher Erzeugnisse (Eier, Obst, Gemüse, Teilen der Baumwoll- oder Kautschukernte, Häuten u.a.) und zunehmend bei den verschiedenen Formen des Recycling: Schrott, Altpapier, Glas, Batterien, Müll und einer Vielzahl sonstiger Wertstoffe. Manche Händler haben weiträumige Aufkaufgebiete und sind dem → ambulanten Handel zuzurechnen. – Vgl. auch → Altwarenhandel, → Distributionssystem. – *Gegensatz:* → distribuierender Handel.

Auflage – I. Öffentliches Recht: Nebenbestimmung zum Verwaltungsakt, durch die

dem Begünstigten ein Tun, Dulden oder Unterlassen vorgeschrieben wird (§ 36 II Nr. 4 VwVfG). Auflagen sind bes. häufig bei der Erteilung der Bauerlaubnis.

II. Erbrecht: eine Anordnung von Todes wegen, durch die der Erblasser einen Erben oder Vermächtnisnehmer zu einer Leistung verpflichtet, ohne einem anderen ein Recht auf die Leistung zuzuwenden (z.B. Anordnung über Grabpflege, Bestimmung, 1.000 Euro zu mildtätigen Zwecken zu verwenden; §§ 1940, 2192–2196 BGB).

III. Industriebetriebslehre: Los.

IV. Druckindustrie: Oberbegriff für Exemplarmengen von Zeitungen und Zeitschriften. Grundsätzlich können gemäß IVW unterschieden werden: Druckauflage, Abo-Exemplare (Abonnement), Einzelverkauf, sonstiger Verkauf, Bordexemplare, Lesezirkel (LZ), Verkauf gesamt (Auflage, verkaufte), Verbreitung (Auflage, verbreitete), Freistücke. – Die Auslandsauflage wird in der jeweiligen Kategorie als „Davon-Ausweis" genannt. In der betrieblichen Praxis werden darüber hinaus häufig weitere Auflagenbegriffe verwendet (z.B. Postauflage, Speditionsauflage oder WBZ-Auflage).

V. Umweltpolitik: Umweltauflage.

Aufmerksamkeit – I. Marketing: Fähigkeit des Organismus zur selektiven Erhöhung der Aktivierung. Konstrukt, das die Bereitschaft eines Individuums beschreibt, Reize aus seiner Umwelt wahrzunehmen. Bei Darstellung der Aufmerksamkeit geht es darum, wie stark das Verhalten überhaupt durch das Reizumfeld als Ganzes gesteuert wird und welche Elemente des Reizfeldes das Verhalten vorwiegend steuern. Aufmerksamkeit führt zur Reizauswahl, um bei der Reizüberflutung „relevante" Reize aufzunehmen. Bei einer Reizauswahl werden i.Allg. die starken Reize bevorzugt. Reize, die eine vorübergehende Aktivierung erzeugen, sind: (1) *physisch intensive Reize*: starke Farben, Gerüche, Töne; (2) *kognitiv überraschende Reize*: lösen gedankliche Konflikte durch Widersprüche und Überraschungen aus (z.B. lachende Gesichter auf einem Friedhof) und (3) *emotionale Reize*: Schlüsselreize, die biologisch vorprogrammierte Reaktionen auslösen und die Empfänger weitgehend automatisch erregen (z.B. Kindchenschema). Zusätzlich können Frequenztechniken Aufmerksamkeit erzeugen, denn je öfter eine Werbung dargeboten wird, desto besser wird sie bemerkt. – Vgl. auch → Orientierungsreaktion.

II. **Steuerrecht:** 1. *Lohnsteuer:* Grundsätzlich unterliegen der Lohnsteuer (bzw. Einkommensteuer) sämtliche Einnahmen aus dem Arbeitsverhältnis und als Einnahmen sind nicht nur Geld, sondern auch geldwerte Vorteile anzusehen (§ 8 I EStG); somit stellen Sachen oder Dienstleistungen, die vom Arbeitgeber den Arbeitnehmern gewährt werden, einen Teil des steuerpflichtigen Einkommens dar, selbst wenn dies freiwillig zum geschuldeten Lohn geschieht. Diese Betrachtungsweise ist jedoch überall dort unangemessen, wo der Arbeitnehmer Sachzuwendungen erhält, die bei vernünftiger wirtschaftlicher Betrachtung für ihn keinen wirtschaftlichen Vorteil bedeuten, sondern sich als Ausfluss bloßer Höflichkeit darstellen („Aufmerksamkeit"). Diese Betrachtungsweise bildet den Hintergrund dafür, dass Sachzuwendungen von geringem Wert, die als bloße Aufmerksamkeiten gegeben werden, z.B. Blumen oder Pralinen, nicht zum steuerpflichtigen Arbeitslohn gehören. Die sog. Nichtbeanstandungsgrenze für Aufmerksamkeiten beträgt 40 Euro; bei höheren Zuwendungen muss geprüft werden, ob es sich um eine bloße Aufmerksamkeit oder um ein steuerpflichtiges Geschenk handelt. – Vgl. auch Annehmlichkeit sowie R 19.6 LStR 2008. – 2. *Umsatzsteuer:* Lieferungen und sonstige Leistungen eines Unternehmers im Rahmen seines Unternehmens an seine Arbeitnehmer oder deren Angehörige aufgrund des Dienstverhältnisses, für die der Empfänger (Arbeitnehmer) kein bes. berechnetes Entgelt aufwendet, sofern diese Leistung ohne rechtliche Verpflichtung gewährt wird und nach ihrem Wert im

Verhältnis zum Gesamtlohn des Arbeitnehmers nicht ins Gewicht fällt (z.B. Betriebskindergärten, betriebsärztliche Versorgung). Aufmerksamkeiten sind nicht umsatzsteuerbar, da sie nicht gegen Entgelt erbracht werden und auch der Auffangtatbestand der „unentgeltlichen Lieferungen und Leistungen" (§ 3 Ib, § 3 IXa UStG) hier nicht eingreift. – Was im Rahmen der Lohnsteuer als nicht steuerpflichtige Leistungen oder Annehmlichkeit angesehen wird oder innerhalb lohnsteuerlicher Freibeträge oder Freigrenzen bleibt, ist auch umsatzsteuerlich eine nicht umsatzsteuerbare Aufmerksamkeit (Einzelheiten: Abschn. 12 UStR).

Auftragseingangsstatistik – systematische und zahlenmäßige Erfassung der Auftragseingänge eines Unternehmens; Teil der internen → Absatzstatistik.

Auftragsfertigung → Make to Order.

Auftragsrabatt → Mengenrabatt.

Augmented Reality – 1. *Begriff:* bezeichnet eine computerunterstützte Wahrnehmung bzw. Darstellung, welche die reale Welt um virtuelle Aspekte erweitert. – 2. *Merkmale:* Mit der Integration von Kameras in immer mehr mobile Geräte können zusätzliche Informationen oder Objekte direkt in ein aktuell erfasstes Abbild der realen Welt eingearbeitet werden. Dabei kann es sich um Informationen jedweder Art (bspw. Textinformationen oder Abbildungen) handeln. Die Anwendungszwecke reichen von der Information über die unmittelbare Umgebung, über die ins Sichtfeld eingeblendete Navigation bis hin zu Spielen und Werbung.

Auktion – einmalige oder periodische Form der Marktveranstaltung, bei der die am Auktionsort oder in dessen Nähe untergebrachten Waren im öffentlichen Bieteverfahren an den Meistbietenden veräußert werden. Auf *dt. Großhandelsauktionen* werden vornehmlich leicht verderbliche Erzeugnisse (Obst, Gemüse, Fische, Schnittblumen) angeboten; weitere Auktionswaren sind: Holz, Wein, Vieh, Häute und Felle als Landesprodukte sowie Südfrüchte, Tabak, Häute, Pelze, Elfenbein u.a. als Übersee-Erzeugnisse. Daneben gibt es Auktionen, die sich auch an *Privatleute* richten. Auf ihnen werden u.a. versteigert: Briefmarken, Antiquitäten, Kunstgegenstände, ver- oder gepfändete Sachen, Gegenstände aus Insolvenzmassen, Gebrauchtwaren. Mit der Verbreitung des Internets haben sich verschiedene Formen von Auktionen entwickelt, bekannt ist v.a. die Plattform von eBay. – Vgl. → Versteigerung, → eBay-Auktion.

Ausfuhrhandel – *Exporthandel, indirekter Export;* Handel ins Ausland, bei dem Kontaktanbahnung bzw. Auftragserschließung und Lieferung über zwischengeschaltete fremde (Absatz-)Organe ohne (größere) Möglichkeiten der Einflussnahme durch die Herstellerfirma auf die Art und Weise des (Folge-)Vertriebs an die nächste(n) Abnehmer- oder Verwenderstufe(n) erfolgen. Der Ausfuhrhandel kann über die Einschaltung von inländischen oder ausländischen Fremdunternehmen (aus dem Ziel- oder Käuferland oder aus Drittländern) erfolgen. Es handelt sich bei diesen Firmen hauptsächlich um Eigenhändler, Agenturen/Vermittler oder um Generalunternehmen. Ausfuhr durch inoder ausländische Fremdunternehmen (aus Ziel-, Kauf- oder Drittland); überwiegend Eigenhändler, Agenturen bzw. Vermittler oder Generalunternehmen. Unterscheidung in Verbringung (EU-Mitgliedsstaaten) und Ausfuhr (Nicht-EU-Mitgliedsstaaten). – *Schwerpunkt in Deutschland:* Hamburg und Bremen. – *Bedeutung:* Der Ausfuhrhandel ist wegen der Direktausfuhr deutscher Hersteller rückläufig. – *Gegensatz:* → Einfuhrhandel. – Vgl. auch Ausfuhr, → Außengroßhandel, Incoterms.

Ausfuhrhändler – *Exporteur;* → Ausfuhrhandel betreibende Person. Der Ausfuhrhändler hat zusätzliche Risiken zu übernehmen, z.B. für Valutaveränderungen, lang dauernde (Schiffs-)Transporte, politische Umstürze. Überwiegend nach Absatzgebieten orientiert. Der Ausfuhrhändler tätigt Käufe und Verkäufe auf eigene Rechnung. – *Anders:* Exportkommissionär, Ausfuhragent. – Ausfuhrhändler können sich mit allen Geschäftsarten des Welthandels, einschließlich des Speditionsgeschäfts *(Ausfuhrsortimentshändler, allgemeiner Ausfuhrhändler)* oder mit bestimmten Warengruppen *(Ausfuhrspezialhändler)* befassen; häufig mit Niederlassungen oder zumindest Korrespondenten in ihren Absatzgebieten. – I.d.R. unterhalten sie keine eigenen Warenlager, sondern beraten ihre Abnehmer mithilfe von Mustern und Katalogen, die sie z.T. von den Ausfuhragenten erhalten. – Bei Inanspruchnahme des Ausfuhrhändlers entlastet sich der Hersteller von zahlreichen Schwierigkeiten des Exportgeschäfts, z.B. der Unterhaltung von → Exportmusterlagern. Er kann gegen Kasse ab Werk verkaufen und erhält vom Ausfuhrhändler genaue Anweisungen bez. der Verpackung, Aufmachung und Markierung der Sendungen. Diese Arbeiten werden nur dann vom Ausfuhrhändler selbst übernommen, wenn er kleine Sendungen zu Sammelladungen aus Frachtersparnisgründen zusammenstellen will. – Ausfuhrhändler mit ausreichender Finanzbasis befassen sich darüber hinaus häufig mit Exportwerbung und den verschiedenen Aufgaben der Absatzförderung. Oft gewähren die Ausfuhrhändler den Auslandskunden Kredit, veranlassen den Binnen- und Seetransport und regeln die Weitergabe der Verschiffungsdokumente. – *Bedeutung:* Ihre reiche Erfahrung und Kenntnis der Auslandsmärkte bietet v.a. den Exportartikel erzeugenden Klein- und Mittelbetrieben große Vorteile. Ihre Zahl geht infolge der wachsenden direkten Ausfuhr (Direktausfuhr) zurück. – *Gegensatz:* → Einfuhrhändler.

Ausfuhrmarktforschung – Auslandsabsatzforschung, → Auslandsabsatzmarktforschung, interkulturelle Konsumentenforschung.

Ausfuhrmusterlager → Exportmusterlager.

Ausgleichsgeber – Artikel, deren Kalkulation einen Ausgleich für Preisnachlässe anderer Artikel ermöglicht. – Vgl. → Mischkalkulation.

Ausgleichskalkulation → Mischkalkulation.

Ausgleichsnehmer → Mischkalkulation.

Auskunftsstellen für den Außenhandel – gibt es laut einer Zusammenstellung der IHK-Gesellschaft zur Förderung der Außenwirtschaft und Unternehmensführung in Deutschland und weltweit mehr als 10.000. Gegliedert werden können die Auskunftsstellen nach: (1) Überregionalen, bundesweiten Kontaktstellen: Bundesministerien, Zollbehörden, Verbände und Vereinigungen, Kreditinstitute, Wirtschaftsauskunfteien, Qualitäts- und Preisprüfungsgesellschaften, Messegesellschaften; (2) ausländische Wirtschaftsförderinstitutionen in Deutschland: Botschaften und Konsulate, staatliche und halbstaatliche Außenhandelsförderinstitutionen, Banken; (3) Kontaktstellen in einzelnen Bundesländern: Industrie- und Handelskammern (IHK), Handwerkskammern, Technische Überwachungsvereine (TÜV), Euro-Info-Center, Außenhandelszentren, Wirtschaftsfördereinrichtungen; (4) Vertretungen der dt. Wirtschaft im Ausland: Botschaften, Konsulate, Auslandshandelskammern und Delegierte der dt. Wirtschaft, Auslandsvertretungen der dt. Messegesellschaften, Banken.

Auslandsabsatzmarktforschung – 1. *Begriff:* Teilbereich der → Absatzmarktforschung bezogen auf ausländische Märkte, und zwar aus dem Blickwinkel eines Unternehmens, das bereits auf bestimmten Auslandsmärkten tätig ist oder dies beabsichtigt. Auslandsabsatzmarktforschung und Betriebsforschung bilden die Auslandsabsatzforschung. – 2. *Ziel der Auslandsabsatzmarktforschung* ist die systematische Suche, Sammlung, Aufbereitung und Interpretation von Informationen über Auslandmärkte und ihre Besonderheiten. Im Rahmen der Auslandsabsatzmarktforschung gewonnene Informationen dienen als Entscheidungsgrundlage für die Internationalisierungsentscheidung, für die Wahl der Internationalisierungsstrategie, der internationalen Marktsegmentierung, der Allokation von Marketingbudgets auf die verschiedenen Auslandsmärkte, der Selektion von Auslandsmärkten sowie der Planung und Gestaltung des internationalen → Marketing-Mix. Der Auslandsabsatzmarktforschung kommt somit eine zentrale Stellung im Rahmen der Informationsbeschaffungsfunktionen eines internationalen Managements zu. – 3. *Probleme* können begründet sein in Sprache, kultureller Prägung der ausländischen Wirtschaftssubjekte, Wirtschaftsstruktur des Auslandsmarktes, Gepflogenheiten etc. Problematisch ist die Verfügbarkeit von aktuellen, zuverlässigen und möglichst aussagekräftigen Statistiken und sonstigen wichtigen Informationsgrundlagen bes. im Hinblick auf die Vergleichbarkeit der jeweiligen Länderdaten. – 4. *Bedeutung:* Der Auslandsabsatzmarktforschung kommt wegen des erhöhten Risikos der Auslandstätigkeit, dem Umfang der zur Verfügung stehenden bzw. zu erhebenden Informationen sowie deren Kosten eine bes. Rolle zu. – Vgl. auch interkulturelle Konsumentenforschung.

Auslandshandelskammern (AHK) – Bezeichnung für die dt. Industrie- und Handelskammern (IHK) im Ausland, deren genereller Auftrag in der Förderung und im Ausbau der Wirtschaftsbeziehungen mit dem jeweiligen Partnerland besteht. In 80 Ländern mit 120 Standorten sind mehr als 40.000 Unternehmen Mitglieder der AHK. Mehr als 1.600 Mitarbeiter arbeiten in diesem Netzwerk. In Deutschland werden die AHK vom Deutschen Industrie- und Handelskammertag (DIHK) betreut. Partner der AHK sind auch die Branchenverbände der dt. Wirtschaft.

Auslandsmessen – allgemeiner Begriff für alle → Messen, die im Ausland abgehalten werden. Auslandsmessen sind für die Wirtschaft eines Landes, bes. für den Außenhandel, von großer Bedeutung; sie gelten als „Schaufenster" der eigenen Erzeugnisse am Weltmarkt. – *Anders:* → Internationale Messen.

Auslieferungslager – *Distributionslager;* in der Nähe der potenziellen Abnehmer errichtetes Lager zur Sicherstellung eines hohen Lieferservice (Lagerarten). – *Arten:* a) typisch bei Lieferung an Endverbraucher in einem großen Distributionsgebiet. b) Auslieferungsläger *ausländischer Produzenten* oder *Exporteure* im Inland. c) *Handel:* regionale Auslieferungsläger, um die Filialen mit vorkommissionierter Ware innerhalb kurzer Zeit beliefern zu können. Ferner Auslieferungsläger von Anbietern großvolumiger Waren (z.B. Möbel), die ihre Sortimente an Standorten in Ballungszentren ausstellen/vorführen, während die Belieferung von einem Auslieferungslager außerhalb erfolgt. Infolge der verbesserten Leistungsfähigkeit logistischer Distributionssysteme wurde in den letzten Jahren häufig die Zahl der Auslieferungslager reduziert.

Auslisten – Streichen eines Artikels aus dem → Ordersatz. – Vgl. auch → Delisting.

Auslosung – *Verlosung.* 1. *Wertpapierrecht: Form der Tilgung* von Schuldverschreibungen (Anleihen) während der Laufzeit gemäß den Anleihebedingungen. Es werden nach einer tilgungsfreien Zeit jeweils zu den Zinsterminen anhand der Stücknummern Papiere ausgelost und zurückgezahlt. Man unterscheidet Serienauslosungen und Gruppenauslosungen (Auslosungsanleihen). – 2. *Werbung:* Preisausschreiben als Werbemittel.

Ausschließlichkeitsbindung – 1. *Begriff:* Ausschließlichkeitsbindungen enthalten Beschränkungen, andere Waren oder gewerbliche Leistungen von Dritten zu beziehen oder an diese abzugeben. Ausschließlichkeitsbindungen können positiv (Gebot des Bezuges ausschließlich beim Vertragspartner bzw. der Belieferung ausschließlich des

Vertragsparsners) oder negativ (Verbot einer Geschäftsbeziehung mit Dritten) formuliert sein. – 2. *Wettbewerbsrechtliche Beurteilung:* Verträge mit Ausschließlichkeitsbindungen unterliegen bei hinreichender Spürbarkeit grundsätzlich dem Verbot des § 1 GWB bzw. des Art. 101 I AEUV, es sei denn, im konkreten Einzelfall sind nach § 2 GWB und Art. 101 III AEUV die Freistellungsvoraussetzungen der Vertikal-GVO erfüllt oder eine Einzelfreistellung möglich.

Ausschnittdienst – Dienstleistungsunternehmen, das im Auftrag anderer Unternehmen Printmedien entweder nach der Werbung von Konkurrenten oder nach Presseartikeln zu bestimmten Themen durchsucht und die Funde auswertet (Clipping).

Ausschöpfungsquote – Anteil der Personen, mit denen ein Interview durchgeführt werden konnte unter den Personen, die für eine Zufallsstichprobe ausgewählt wurden. Laut ZAW-Rahmenschema sollte dieser Anteil mind. 70 Prozent betragen.

Außendienst – Reisender, Vertreter.

Außendienstberichtssysteme – ermöglichen Unternehmen, auf direktem Wege an Kunden- und Konkurrenzinformationen zu gelangen. Bei einem systematischen, effizienten und marketing-organisatorisch integrierten Außendienstberichtssystem können Informationen über Kundenprobleme und -anforderungen, Schwachstellen beim Einsatz der Marketinginstrumente, Entwicklungen in den Absatzmärkten etc. unmittelbar und kostengünstig eingeholt werden. Außendienstberichtssysteme werden meist nur von unternehmenseigenen Außendienstmitarbeitern getragen. – Vgl. auch → Berichtssysteme.

Außendienstpolitik – Teilbereich der Vertriebs- bzw. → Marketingpolitik. Außendienstpolitik umfasst Entscheidungen über Höhe und Verteilung des Außendienstbudgets, Zahl und Qualifikationsanforderungen an Außendienstmitarbeiter, Schulungsmaßnahmen, Einsatz des Außendienstes nach geografischen, kundenbezogenen und zeitlichen Kriterien, Steuerungs- und Kontrollfragen sowie Koordination mit den anderen → marketingpolitischen Instrumenten.

Außengroßhandel – Betriebsform des → Großhandels, der seine Geschäfte mit dem Ausland tätigt. – 1. *Funktionaler Außengroßhandel:* Großhandelsgeschäfte, bei denen die Ware eine Grenze passiert; lediglich einer der Vertragspartner muss seinen Sitz im Ausland haben. – 2. *Institutioneller Außengroßhandel:* Großhandelsbetriebe, die ausschließlich oder überwiegend Außengroßhandel betreiben: *Ausfuhrgroßhändler* exportieren (Exportgroßhandel), *Importgroßhändler* importieren Waren (Importgroßhandel). *Transithändler* bringen Waren in- oder ausländischer Herkunft durch ein Land in ein drittes (Transitgroßhandel). Außengroßhandel kann länder- oder produktorientiert sein. – *Gegensatz:* → Binnengroßhandel.

Außenwerbung – 1. *Begriff:* Werbung an öffentlichen Straßen, Plätzen oder an für ein größeres Publikum zugänglichen Stellen mit öffentlichem Charakter. Außenwerbung i.w.S. ist alle Werbung außerhalb geschlossener Räume, Außenwerbung im klassischen Sinn nur das Plakat. – 2. *Charakterisierung:* Entscheidendes Merkmal der Außenwerbung ist die Ansprache einer großen Zahl von Umworbenen gleichzeitig bzw. nacheinander an einem bestimmten Ort. Außenwerbung zeichnet sich durch hohe → Reichweite und Kontakthäufigkeit bei verhältnismäßig geringen Kosten aus. Allerdings setzt dies eine aktivierende Gestaltung voraus, da Außenwerbung mit einer Vielzahl weiterer Reize konkurriert. – 3. *Formen:* a) *Plakatierung:* wichtigste Form der Außenwerbung, Unterscheidung nach Größe, Format und Anschlagort (→ Großfläche, → Ganzstellen, → Allgemeinstellen). b) *Dauerwerbung:* Verwendung von Werbeflächen an feststehenden Werbeträgern wie Hauswänden, -giebeln, Ladengeschäften. c)

Verkehrsmittelwerbung: Verwendung von Transportmitteln des Massenverkehrs als mobile Werbeträger der Außenwerbung (Busse, Bahnen, Taxis etc.). d) *Stadtmöblierung:* City-Lights, beleuchtete Großflächen und Säulen; bei Stadtmöblierung häufig nur Buchung von Netzen möglich; bei Großflächen: Selektionsmöglichkeiten (regional, kommunal) gegeben. Außenwerbung gilt als typisches Massenmedium, das sich an ein heterogenes Publikum wendet, da lediglich eine geografische Segmentierung möglich ist. e) → Ambient Medien: neue planbare Werbeträger im Außenbereich in verschiedenen Arten, Formen und Größen – 4. *Rechtliche Beschränkungen:* Werbemaßnahmen auf Grundstücken und Gebäuden unterliegen den landesrechtlichen Bauordnungen, die sich im Wesentlichen auf die Abwehr von Veranstaltungen und einzelne Reklamearten (z.B. Leuchtreklame) beschränken. Beschränkungen für Kraftfahrzeuge ergeben sich aus verkehrsrechtlichen Vorschriften (§§ 33, 46 StVO, § 9 BFStrG) und für die Werbung an Außenflächen von Taxen (§ 26 BOKraft).

außersprachliche Kommunikation → nonverbale Kommunikation.

Ausstellung – zeitlich begrenzte → Marktveranstaltung, auf der eine Vielzahl von Ausstellern ein repräsentatives Angebot eines oder mehrerer Wirtschaftszweige oder Wirtschaftsgebiete ausstellt und vertreibt oder über dieses Angebot zum Zweck der Absatzförderung informiert (§ 65 GewO). Zielgruppen sind neben den Fachkreisen auch die Allgemeinheit (z.B. Verbraucherausstellungen). Abgrenzung von Ausstellung und → Messe ist fließend.

Ausstrahlungseffekte – 1. *Marketing:* a) *Begriff:* Beeinflussung der Reaktion auf eine absatzpolitische Maßnahme durch Wirkungen anderer → marketingpolitischer Instrumente auf das zu untersuchende Objekt. b) *Arten:* (1) *Zeitliche Ausstrahlungseffekte* (→ Carryover-Effekt): Zeitlich vorgelagerte

Maßnahmen und Ereignisse können in der Untersuchungsperiode nachwirken, z.B. wirkt Werbung häufig auch noch, nachdem sie nicht mehr geschaltet wird. (2) *Sachliche Ausstrahlungseffekte* (→ Spillover-Effekt, Inferenzprozesse): Simultane Maßnahmen und Ereignisse außerhalb einer experimentellen Anordnung können das Untersuchungsergebnis beeinflussen. *Beispiel* Produktpolitik: Schluss von einem Merkmal eines Produktes auf ein anderes Merkmal. (a) *Irradiation* (von einer Teilleistung wird auf einen Teil der Produktqualität geschlossen, z.B. Schaumbildung eines Spülmittels = Reinigungskraft); (b) *Detaildominanz* (von einem Merkmal wird auf Gesamtleistung geschlossen, z.B. Preis = Qualität); (c) → Halo-Effekt (Schluss vom Gesamtmerkmal auf Detailmerkmal, z.B. Sportwagen = hoher Benzinverbrauch); (d) *Kontext-Effekt* (Schluss vom Umfeldeindruck auf das Produkt). – 2. *Marktforschung:* Antwortverzerrungen, die bei Befragungen dadurch auftreten, dass die Beantwortung einer vorhergehenden Frage das Antwortverhalten für die nachfolgende Frage mehr oder weniger stark beeinflusst (Halo-Effekt).

Auswahlsatz – Verhältnis des Umfangs n einer Stichprobe zum Umfang N der → Grundgesamtheit: n/N. Der Auswahlsatz gibt den Anteil der Zielpersonen an, die zu einer Untersuchung herangezogen wurden.

Automatenladen → Betriebsform des Handels mit totaler Selbstbedienung: Sämtliche Waren werden in Automaten präsentiert, der Kunde wählt aus und entnimmt nach Eingabe von Zahlungsmitteln (Münzen oder Scheckkarten) die gewünschte Ware. Automatenladen existieren (v.a. in den USA und Japan) an Einkaufsschwerpunkten (z.B. Bahnhöfen) mit einem begrenzten Angebot von Waren des kurzlebigen Bedarfs, wie Lebensmittel, Getränke, Zigaretten, Süßigkeiten, Filme, Schallplatten, Bücher. – Vgl. auch → Automatenverkauf.

Automatenverkauf – Methode des Verkaufs im Handels, bei der Angebot und Absatz der Ware sowie Zahlung der Ware mittels Automaten abgewickelt wird; Form der totalen Selbstbedienung mit dem Vorteil für den Kunden, auch außerhalb der → Ladenöffnungszeiten kaufen zu können. – *Voraussetzungen:* Automateneignung der Produkte; leicht bedienbare, wenig störanfällige Automaten; problemlose Durchführung des Inkassos (Münz-Geldwechsler, Kartenzahlung); Sicherheit vor Zerstörung, Diebstahl, Raub und Inkassobetrug (Automatenmissbrauch). – *Erscheinungsformen:* Einzelne Automaten am Ladenlokal und an leicht zugänglichen, stark frequentierten Orten großer potenzieller Nachfrage wie Bushaltestellen, Bahnsteigen, Einkaufspassagen, Kantinen, aber auch → Automatenläden. – *Verbreitung* bei Zigaretten, Getränken, Süßigkeiten, Blumen, Filmen, Fahrkarten. – Vgl. auch Automatenumsätze.

automatisierter Absatz → Automatenverkauf.

averbale Kommunikation → nonverbale Kommunikation.

Awareness Marketing → Marketing für ein Produkt und/ oder eine → Dienstleistung zu einem Zeitpunkt, zu dem dieses/ diese im betreffenden Land nicht oder nur in geringem Umfang verfügbar ist/ sind. In einem dem Marktzyklus vorgelagerten Stadium soll auf die Produktpalette eines Unternehmens aufmerksam gemacht werden; bei potenziellen Konsumenten werden Produkt- und Markenerwartungen bzw. -images aufgebaut. Durch Awareness Marketing können u.U. schwer und damit werbeintensiv zu überwindende Wettbewerbs- bzw. Markteintrittsbarrieren abgebaut werden. Die Nichterhältlichkeit der Produkte erklärt sich i.d.R. aus gesetzlich verankerten Importverboten oder Beschränkungen der betreffenden Länder, eine Aufhebung der Handelshemmnisse erscheint jedoch absehbar; erfolgt die Marktöffnung mit erheblicher Zeitverzögerung, sind u.U. überhöhte

Werbeausgaben die Folge und/ oder Irritationen bei den Konsumenten aufgrund technischer Veralterung des Produkts. Angewandt in Entwicklungs- und Schwellenländern, bedeutsam v.a. für Markenprodukte.

Awareness Set – Begriff aus dem → Konsumentenverhalten mit dem die Menge der dem Konsumenten bekannten Produktalternativen erfasst wird. Das Awareness Set umfasst das → Evoked Set, das Inept Set (Menge der abgelehnten Produktalternativen) und das Inert Set (Menge der Produktalternativen, die weder positiv noch negativ vom Konsumenten eingeschätzt werden)

B

B2B – Abk. für *Business-to-Business*. – Vgl. auch → Business-to-Business-Markt, → Business-to-Business-Marketing.

B2B / B2C Pricing – Preissetzung für Geschäftskunden (Business-to-Business) bzw. Privatkunden (Business-to-Consumer). Unterscheidet sich bei nachfragebasiertem Ansatz zur Preissetzung insbesondere aufgrund der Unterschiede in Zahlungsbereitschaften und Nachfrageverhalten (Umfang, Häufigkeit).

B2C – Abk. für *Business-to-Consumer*. – Vgl. auch → Business-to-Consumer-Markt.

Balanced Marketing – Marktbearbeitung, die mehreren Marktpartnern mit z.T. unterschiedlichen Interessen gerecht werden will. Diese Notwendigkeit ergibt sich z.B. im → Social Marketing und im → Handelsmarketing.

Ban – Abk. für *bundeseinheitliche Artikelnummerierung* (→ Artikelnummernsysteme).

Banded Pack – 1. *Begriff*: Maßnahme der → Verkaufsförderung. Zwei komplementäre Produkte werden in einer Verpackung angeboten, wie z.B. Hemd mit Krawatte, Schal oder Pullover; Zahnpasta mit Zahnbürste oder/und Mundwasser etc. 2. *Zweck*: Verfolgte Ziele können sein: a) stärkere Nutzung durch Zielkunden, die die Produkte bereits kaufen, b) Gewinnung neuer Kunden, die eines der beiden Produkte bisher nicht kaufen, c) Erhöhung der Kauf- und Zahlungsbereitschaft durch die Produktkombination, d) Aufforderung an den Handel, das neue Produkt ebenfalls aufzunehmen. – Vgl. auch → Self Liquidation Offer.

Banner – *Werbebanner*; rechteckige Werbeformen, die auf einer Website geschaltet werden und per Hyperlink mit dem Internetangebot des Werbetreibenden verknüpft sind.

Banner können anhand ihrer Größe sowie ihres Interaktions- und Funktionalitätspotenzials unterschieden werden.

Basar – Betriebsform des Handels mit vorwiegender Verbreitung im Orient. Kennzeichen sind ein breites Warenangebot an Konsumgütern (z.B. Fleisch, Fisch, Obst, Gemüse, Gewürze, Textilien, Schuhe) durch zahlreiche Kleinhändler, die Präsentation an einzelnen Ständen in Basarhallen oder auf offener Straße und die freie wort- und gestenreiche Verhandlung der Preise. – Übernahme des Begriffs beim Verkauf von Waren zu Wohltätigkeitszwecken (z.B. Weihnachtsbasar).

Baseline – Schlussaussage oder Schlusszeile einer → Anzeige. Die Baseline soll die wesentliche Aussage des → Fließtextes zusammenfassen und/ oder zu weiteren Aktivitäten des Lesers (Probieren, Kaufen, Genießen) auffordern. – *Gegensatz:* → Headline.

Bauchladenverkauf – Betriebsform des → ambulanten Handels, bei welcher der Verkäufer seinen Waren in einem Bauchladen anbietet, den er mit sich trägt. Verbreitet als Verkaufsform für Eiswaren und Getränken bei Sportveranstaltungen und Konzerten oder für Rauchwaren bei Abendveranstaltungen.

Baumanalyse → AID-Analyse.

Beamtenhandel → Behördenhandel.

Bedarf – 1. *Ergebnis* objektivierbarer → Bedürfnisse, die messbar und in Zahlen ausdrückbar sind. – 2. Ökonomischer *Begriff* für eine am Markt tatsächlich auftretende Nachfrage. – 3. Objektorientierte *Handlungsabsicht*, die einem bestimmten Bedürfnis folgt. – Vgl. auch → Bedarfselastizität, → Bedarfsfaktoren.

Bedarfselastizität – *persönliche Bedarfselastizität*. 1. *Begriff*: Vermögen eines Menschen, auf die Befriedigung einzelner → Bedürfnisse mehr oder weniger verzichten zu können (→ Bedarf). Forschungsobjekt der → Marktforschung. – 2. *Arten:* a) *Statische Bedarfselastizität*, die die Nachfrage verschiedener Käuferschichten zu einem bestimmten Zeitpunkt aufweist. Bestandteil der → Marktstruktur und Gegenstand der → Marktanalyse. – b) *Dynamische Bedarfselastizität*, die im Ablauf der Zeit sichtbar wird, wenn eine bestimmte Verbraucherschicht (oder auch gewisse Industrie- und Geschäftsbereiche) ihren Einkommensstand verändert; Gegenstand der → Marktbeobachtung.

Bedarfserkennung – Die Bedarserkennung kann auf mehreren Ebenen stattfinden. In usage- und attitude-Studien, welche die für eine Warengruppe relevanten Einstellungen und Verwendungen zum Gegenstand haben, sucht man nach sog. „white spots", d.h. Marktbereichen welche noch nicht oder erst wenig von aktuellen Angeboten bedient werden. Bei fertigen Produkten wird in der Marktuntersuchung die Aufnahmefähigkeit des Marktes (→ Marktpotenzial) für eine bestimmte Ware durch Analyse der Bedarfsfaktoren ermittelt.

Bedarfsfaktoren – Tatsachen und Kräfte, die zu einer wirksamen Bedarfsäußerung in Form marktlicher Nachfrage (→ Bedarf) führen. – Die Summe der einzelnen Bedarfsfaktoren enthält: (1) Verbrauchs- und Kaufgewohnheiten; Bedürfnisformer, z.B. Mode, Konvention, Tradition, Brauchtum, Zeitgeschmack, kultureller Stil und zivilisatorischer Standard; Kinderstube als bestimmend für den ideellen → Lebensstandard des Verbrauchers; (2) jetzige soziale Stellung der Verbrauchsträger; (3) Einkommen des Haushaltsvorstandes und der übrigen verdienenden Haushaltsmitglieder; (4) Landschaft in ihren verbrauchsbestimmenden naturräumlichen Bedingungen, z.B. Klima, Bodengestalt, Wegeart u.a.; (5) Verbrauchserfahrungen mit verschiedenen Erzeugnissen (→ Markenkenntnis). – Diese Gesamtheit veranlasst das Streben, geldliche Kaufkraft an

sich zu ziehen, um in Form der → Bedarfsgestalt als marktliche Nachfrage auftreten zu können.

Bedarfsforschung – Teilgebiet der → Marktanalyse. – 1. *Begriff:* Planvolle und systematische Erforschung latenter, aktueller und zukünftiger Bedarfe und deren Einbettung in die Wirkungskette Bedürfnis – Bedarf – Nachfrage (→ Marktvolumen, → Marktpotenzial) als Grundlage betrieblichen Handelns. – 2. *Zu ermittelnde Daten:* (1) wahrscheinliche effektive Nachfrage (die erwartungsgemäß von selbst am Markt auftreten wird); (2) potenzielle Nachfrage des Bedarfs, der zwar existent ist, unter den gegebenen Marktbedingungen aber nicht wirksam werden kann, z.B. weil die Preise zu hoch sind oder entsprechende Produkte nicht angeboten werden. Bei Kenntnis von effektivem und potenziellem Bedarf kann durch Änderung der Marktdaten aktiv darauf hingewirkt werden, die potenzielle Nachfrage wirksam werden zu lassen. – 3. *Probleme:* nach Branchen und Unternehmen unterschiedlich. Zu berücksichtigen sind: Elastizität der Nachfrage, Stellung des anbietenden Unternehmens am Markt, mögliche Auswirkung veränderter Preisstellung auf die Nachfrage.

Bedarfsgestalt – Begriff der → Marktanalyse für das Typische an den Bedarfsäußerungen verschiedener Verbraucherschichten, wobei aufgrund der in ihr wirksamen → Bedarfsfaktoren bestimmte charakteristische Bedürfnisse aus- bzw. eingeschlossen sind. Die Bedarfsgestalt dient in der Marktforschung als Unterscheidungsmerkmal der Verbraucherschichten.

Bedienungsformen – Methoden des Verkaufs im Handel, die abhängig vom Grad der Beteiligung des → Abnehmers am Kaufprozess unterschieden werden: → Fremdbedienung, → Selbstauswahl, → Selbstbedienung (SB).

Bedingtlieferung – Lieferung mit dem Vorbehalt der Rückgabe innerhalb einer bestimmten Frist; bes. im Fernabsatz

(Widerrufsrecht, Rückgaberecht) und im Buchhandel üblich, wo Bestellungen i.d.R. mit dem Remissionsrecht verbunden sind.

Bedürfnis – 1. *Marketing:* Wunsch, der aus dem Empfinden eines Mangels herrührt. Man unterscheidet: natürliche Bedürfnisse, gesellschaftliche Bedürfnisse (Kollektivbedürfnisse) und Grundbedürfnisse. – 2. *Marktpsychologie/Arbeits- und Organisationspsychologie:* → Motiv.

Befragung – 1. *Begriff:* Informationsgewinnungsmethode zur → Erhebung von Daten. Gegenstand von Befragungen ist z.B. die Gewinnung von Informationen über bisheriges Kaufverhalten, zukünftiges Verhalten sowie über Einstellungen und Motive der Befragten. – *Anders:* → Beobachtung. – 2. *Anlässe:* a) Befragung zu wissenschaftlichen oder staatspolitischen Zwecken durch Forschungsinstitute oder freiberufliche Forscher (Enquete). – b) Befragung im Interesse der → Marktforschung bei allen Fragestellungen des Marketings, die aufgrund einer → intervenierenden Variablen oder aus wirtschaftlichen Gründen nicht durch → Beobachtungen beantwortet werden können. – 3. *Formen:* a) Nach dem *befragten Personenkreis:* → Expertenbefragung und → Abnehmerbefragung (Verbraucherbefragung, Händlerbefragung). – b) Nach den *Befragungsformen:* Persönliche Befragung (→ Interview), schriftliche Befragung, telefonische Befragung (→ Telefonbefragung) und Internetbefragung oder → Onlinebefragung. Die Auswahl der Befragungsform erfolgt u.a. nach der Länge der Befragung (persönlich: lange Befragungen möglich, telefonisch ist in der Mitte, schriftlich und online nur kurze Befragungen), nach den Kosten (persönlich: hoch, telefonisch: mittel, online und schriftlich niedrig), nach den notwendigen Stimuli (z.B. kann man Bilder persönlich und online gut zeigen) und nach der erforderlichen Schnelligkeit (persönlich und schriftlich langsam, telefonisch und online schnell). – c) Nach der *Zahl der zu untersuchenden Themen:* → Einthemenbefragung und Mehrthemenbefragung (→ Omnibus-Befragung). – d) nach der Häufigkeit der Befragung: Einmalbefragung (Befragung wird einmalig durchgeführt, auch Ad-hoc-Befragung) oder Wiederholungsbefragung (Befragung wird in regelmäßigen Abständen wiederholt, um Veränderungen zu erfassen), wobei hier unterschieden wird zwischen Panelbefragung (Fragen werden stets an die gleiche Stichprobe gerichtet) und Wellenbefragung (wechselnde Stichproben). – e) Nach den *Arten der Fragestellung (Befragungstaktik):* (1) Direkte Befragung; (2) indirekte Befragung: Die Auskunftsperson wird durch geschickte und psychologisch zweckmäßige Formulierung der Fragen veranlasst, über Sachverhalte zu berichten, die sie bei direkter Befragung aus den verschiedensten Gründen verschwiegen oder verzerrt wiedergegeben hätte, oder Zusammenhänge werden durch Korrelationsanalysen oder experimentelle Anordnungen herausgefunden, ohne dass diese Beziehungen den Auskunftspersonen selbst bewusst werden. Zu den Frageformen vgl. → Fragebogen. – 4. *Probleme:* Problematisch sind Befragungen u.U. deshalb, weil mit dieser Methode nicht das erhoben wird, was sie zu erheben beabsichtigt (→ Validität). Die Antworten können falsch oder verzerrt sein, weil die Befragten keine wahre Auskunft geben möchten, weil sie sich nicht mehr richtig erinnern, weil sie die Frage falsch verstehen oder weil durch die Art der Befragung (z.B. Reihenfolge der Fragen, Art der Antwortalternativen) das Antwortverhalten systematisch beeinflusst wird. – 5. *EDV-Einsatz bei Befragungen:* → computergestützte Datenerhebung.

Behavioral Branding – 1. *Begriff:* Umsetzung der → Markenidentität im Unternehmen nach innen bei den Mitarbeitern. – 2. Ziele: Die Mitarbeiter sollen Identifikation und Commitment zur Marke – → Markencommitment – aufbauen und zu Markenbotschaftern werden. Durch markenkonformes Verhalten der Mitarbeiter wird das → Image der Marke bei allen externen Anspruchsgruppen gestärkt. – 3. *Implementierung*: a) Aufbau von markenbezogenem Wissen bei den handelnden Personen als Grundlage für markenkonformes Durchführen von Maßnahmen im Unternehmen. – b) Identifikation der Manager und Mitarbeiter mit der Marke in Bezug auf die charakteristischen und wesensprägenden Merkmale der Marke. – c) Durch das markenkonforme Wissen und Identifikation soll → Markencommitment aufgebaut werden. – d) Auf dieser Basis soll markenkonformes Verhalten gesteigert werden, sodass dadurch die Marke stärker und aus einem Guss nach außen transportiert werden kann. – 4. *Wirkungen der Maßnahmen*: Unternehmen, deren Mitarbeiter sich committen, verzeichnen einen signifikant höheren Umsatz und Erlös als solche, bei denen Mitarbeiter sich nur wenig dem Unternehmen verbunden fühlen. Je größer das Engagement der Arbeitnehmer ist, desto größer fällt das Einnahmenwachstum des Unternehmens aus, und je geringer das Mitarbeiterengagement, desto höher sind die Kosten pro verkaufter Einheit. – 5. *Probleme*: ergeben sich aus der mangelnden Kommunikation von klaren Informationen aus dem Top-Management, mangelnder Motivation von Top-Managern und Mitarbeitern sowie fehlendem Vorleben des Top-Managements und fehlender Umsetzung von langfristigen Maßnahmen und Verhaltensweisen zur Stärkung des langfristigen Unternehmenserfolges.

Behavioral Pricing – verhaltenswissenschaftlicher Ansatz zur Erklärung beobachtbarer, (scheinbar) irrationaler preisbezogener Entscheidungen. Steht im Kontrast zum Konzept des Homo Oeconomicus, das auf rein rationalen Verhaltensannahmen basiert.

Behaviorismus – verhaltenswissenschaftliche Forschungsrichtung. – *Kerntheorie* ist die unmittelbare Erklärbarkeit menschlichen Verhaltens durch Beobachtung der auf den Menschen einwirkenden Reize und die dadurch ausgelösten Reaktionen. Nach dieser Auffassung werden Verhaltensweisen erworben, entweder durch die Koppelung von Hinweisreizen und Verhaltensweisen oder durch die Belohnung von Verhaltensweisen. – *Grundlage* ist das Stimulus-Response-Konzept (SR-Konzept), das jedem Reiz eine bestimmte Reaktion zuordnet, ohne Berücksichtigung der Vorgänge im Organismus des Menschen (z.B. Denken, Fühlen etc.; Organismus als Blackbox); Käufer- und Konsumentenverhalten. – *Weiterentwicklung des Behaviorismus:* → Neobehaviorismus.

Behavior Scan – experimenteller Mikrotestmarkt der GfK in Haßloch und von Mediametrie in Angers (Frankreich) und Le Mans (Frankreich), der Handels- und Haushaltspanel miteinander kombiniert. Es besteht die Möglichkeit, ausgewählten Haushalten und von diesen unbemerkt im Rahmen des laufenden Fernsehprogrammes Testwerbung vorzuführen. Die Trennung in Test- und Kontrollgruppe (mit/ohne Werbung) erlaubt Aussagen über die Verkaufswirkung der Testspots. Experimentell untersucht werden kann ebenfalls die Wirkung von Zeitschriften- und Handzettelwerbung, Produktbemusterung, Instoremaßnahmen und Plakatwerbung. – Vgl. auch → Experiment, → Handelspanel, → Haushaltspanel, → Testmarkt.

Behördenhandel – *Beamtenhandel*; Betriebsform des Handels mit dem Zweck des Verkaufs von Waren oder der Vermittlung preisgünstiger Einkaufsmöglichkeiten an Behördenangestellte; historisch gewachsene Organisationen der Beamtenschaft (z.B. Beamtenheimstättenwerk BHW, Beamtensozialwerk BSW), heute häufig nur organisierte Kundenclubs mit der Möglichkeit für werbende Unternehmen, Beamte oder Angestellte des öffentlichen Dienstes gezielt anzusprechen.

Beihefter – Prospekte und andere Werbemittel, die fest mit einer Zeitschrift verbunden bzw. eingeheftet sind.

Beikleber – Antwortpostkarten, die auf einer → Anzeige aufgeklebt sind und als

Response-Medium für den Betrachter dienen.

Beilagen → Werbemittel, die Zeitungen und Zeitschriften beigelegt werden, vorwiegend → Prospekte und → Supplements. – *Arten:* Beilagen in Tages- oder Wochenzeitungen; Beilagen in Publikums- oder Fachzeitschriften. – *Vorteile* sind bes. schnelle Durchdringung der → Zielgruppe bei hoher → Reichweite, keine zeitliche Fehlstreuung, intensive Ansprache und leichte Steuerbarkeit in gewünschten Kontaktintervallen.

Bekanntheit → Markenkenntnis.

Bekanntheitsgrad – Prozentsatz der potenziellen Kunden (meist Verbraucher), denen eine Marke bekannt ist. Je nach Untersuchungsmethode (→ Recalltest) werden ungestützter Bekanntheitsgrad („An welche Werbung der Warengruppe XXX können Sie sich erinnern?") und gestützter Bekanntheitsgrad („Können Sie sich an Werbung der Marke YYY erinnern?") unterschieden. Der Bekanntheitsgrad ist u.a. Ausdruck für die Effektivität von Werbemaßnahmen (→ Werbeerfolgskontrolle, → Penetration).

Belegschaftshandel – Verkauf von gesondert bezogenen Waren (→ Betriebshandel) oder von Produkten aus eigener Produktion bzw. des eigenen Sortiments (meist mit nur geringem Aufschlag auf die Selbstkosten) an Betriebsangehörige. Der Verkauf findet zumeist in betriebseigenen Räumen statt und wird häufig vom Betriebsrat organisiert. Zum Belegschaftshandel zählt auch die Vermittlung günstiger Einkaufsmöglichkeiten (oft mittels Berechtigungsausweisen, vgl. Kaufscheinhandel). – Vgl. auch → Personalkauf.

Below-the-Line-Kommunikation – 1. *Begriff:* Kommunikationsmaßnahmen von Unternehmen, die überwiegend nicht die klassischen Massenmedien nutzen; Kurzform: BTL.; – 2. *Merkmale:* Mittels unkonventioneller Kommunikationswege und -maßnahmen wird versucht, die Zielgruppen direkt und persönlich anzusprechen. Below-the-Line Kommunikation versucht, von den Konsumenten nicht immer direkt als Werbemaßnahmen wahrgenommen zu werden. – 3. *Ausprägungen:* Below-the-Line Kommunikation umfasst Promotion-Teams, → Event Marketing, Sponsoring, Aktionen am Point of Sale, → Product Placement, Direct Marketing, → Verkaufsförderung (Sales Promotion), Public Relations, Messen oder neue alternative Werbeformen wie → Viral Marketing, → Sensation Marketing, → Guerilla Marketing, → Buzz Marketing, → Ambush Marketing oder → Ambient Medien.

Bemusterung – Probe von Produkten bei Kunden, z.B. durch Sampling (Tür zu Tür), Couponing (Versand von Coupons an Kunden und Einlösung im Geschäftslokal) etc. – Vgl. auch → Degustation.

Benchmarking – Instrument der Wettbewerbsanalyse. Benchmarking ist der kontinuierliche Vergleich von Produkten, Dienstleistungen sowie Prozessen und Methoden mit (mehreren) Unternehmen, um die Leistungslücke zum sog. Klassenbesten (Unternehmen, die Prozesse, Methoden etc. hervorragend beherrschen) systematisch zu schließen. Grundidee ist es, festzustellen, welche Unterschiede bestehen, warum diese Unterschiede bestehen und welche Verbesserungsmöglichkeiten es gibt. – *Schritte:* (1) Auswahl des Objektes (Produkt, Methode, Prozess), das analysiert und verglichen werden soll. (2) Auswahl des Vergleichsunternehmens. Dabei ist wichtig, festzulegen, welche Ähnlichkeiten zur Gewährungsleistung der Vergleichbarkeit gegeben sein müssen. (3) Datengewinnung (Analyse von Sekundärinformationen; Gewinnung von Primärinformationen, z.B. im Rahmen von Betriebsbesichtigungen). (4) Feststellung der Leistungslücken und ihrer Ursachen. (5) Festlegung und Durchführung der Verbesserungsschritte. – Vgl. auch Betriebsvergleich.

Benefit – Nutzen.

Benefit Segmentation → Nutzensegmentierung.

Beobachtung – 1. *Begriff:* Erhebungsmethode in der → Marktforschung; systematische, planmäßige Erhebung von Daten ohne → Befragung. Bei der Beobachtung wird von einem oder mehreren Beobachtern von außen erkennbares Verhalten registriert. – 2. *Arten:* a) *Nach dem Eingreifen des Beobachters:* (1) *Teilnehmende Beobachtung:* Der Beobachter nimmt aktiv auf der gleichen Ebene wie der Beobachtete am Ablauf des Geschehens teil. Relativ selten, z.B. wenn zu beobachtendes Verhalten erst durch Versuchsleiter induziert werden muss. Stärkere Bedeutung bei der Messung von Wahrnehmung (z.B. → Blickregistrierung, → Hautwiderstandsmessung, Messung der Pupillenreaktion). (2) *Nicht-teilnehmende Beobachtung:* Der Beobachter greift nicht aktiv in das Geschehen ein. Relativ häufig; Anwendung v.a. im Einzelhandel, wobei die Beobachtung durch fotomechanische Apparate durchgeführt wird (z.B. Messung der Kundenfrequenzen und des Kundenstroms, Messung der Abverkäufe durch die Scanner-Technologie). – b) *Nach den Beobachtungsbedingungen:* (1) *Feldbeobachtungen:* Das Verhalten der Beobachtungsobjekte wird in ihrer normalen Umgebung studiert; → Beobachtungseffekte entfallen weitgehend. – Vgl. auch → Feldforschung. (2) *Laboratoriumsbeobachtungen:* Die Beobachtung erfolgt unter künstlich geschaffenen Bedingungen (→ Schnellgreifbühne); Beobachtungseffekte sind häufiger. – Vgl. auch → Laborforschung. – c) *Nach dem Beobachtenden:* Hier ist zu unterscheiden, ob die Beobachtung durch einen Menschen stattfindet oder unter Einsatz technischer Geräte erfolgt (z.B. kann die Erfassung der Verkäufe mit Scannerkassen im Supermarkt als Beobachtung aufgefasst werden). – 3. *Nachteile:* Das beobachtete Verhalten erlaubt nur begrenzt einen Rückschluss auf die dahinter liegenden Beweggründe (→ Einstellung, → Motiv, → Bedarf) des Probanden. Deshalb wird die Beobachtung häufig auch mit der Befragung verknüpft, indem z.B. ein Videofilm

über die Beobachtung abgespielt und der / die Beobachtete dazu befragt wird.

Beobachtungseffekt – Änderung des Verhaltens eines Beobachtungsobjektes unter dem Einfluss der → Beobachtung. Das Beobachtungsergebnis wird dadurch verzerrt und invalide (→ sozial erwünschtes Antwortverhalten). Eine dem → Paneleffekt ähnliche Erscheinung.

BERI – Abk. für *Business Environment Risk Intelligence;* drei spezielle Informationsdienste der BERI S.A. (Genf): 1. *Business Risk Service (BRS):* Ein → Panel, in das ein ständiges Gremium von rund 100 internationalen Experten mit Ländererfahrung und -kontakten einbezogen wird. Beurteilt werden dreimal im Jahr die politischen und wirtschaftlichen Risiken von ca. 50 Ländern. Im Zentrum dieses Panels mit einem relativ hohen Aktualitätsgrad steht das Investitionsklima für Ausländer in bestimmten Auslandsmärkten. Zugleich lassen sich hieraus aber auch strategische Anhaltspunkte für andere Betätigungsmöglichkeiten auf Auslandsmärkten gewinnen. Die Beurteilung der 15 vorgegebenen Kriterien, erfolgt für jedes Land mittels der Noten 4 (sehr günstig) bis 0 (unerträglich). – 2. *Country Forecast Report (CFR):* detaillierte, mehrseitige Informationsreporte. – 3. *Forecast of Country Risk for International Lenders (Forelend):* Auslandsinformationen speziell für Banken und sonstige Kreditgeber bzw. Großanleger. – Vgl. auch → Länderrating.

Berichtssysteme – I. Management: Subsysteme von EDV-gestützten Management-Informationssystemen. – *Formen der Berichterstattung:* (1) Standardberichte: zeitlich und in der Form gleichförmige Abgabe (z.B. Angebotsstatistiken, Umsatzstatistiken); (2) Ausnahmeberichte: flexible Gestaltung von Form, Inhalt und Berichtszeiträumen.

II. Internationale Unternehmen: internationales Berichtssystem.

Beschaffungsbudget – Budget der geplanten Aufwendungen für die zu beschaffenden Objekte (Einkaufsbudget) und für die

Durchführung aller beschaffungswirtschaftlichen Aufgaben (Beschaffungskostenbudget). – *Zweck:* Vorgabe, Koordination und Kontrolle der Wirtschaftlichkeit der Beschaffungspolitik (Beschaffung). – 1. Das *Einkaufsbudget* basiert auf den Planpreisen für das geplante Einkaufsvolumen. Unter Einbeziehung der Zahlungstermine lassen sich liquiditätswirksame Auswirkungen aufzeigen. – 2. Das *Beschaffungskostenbudget* wird verursachungsbezogen untergliedert in Bezugskosten-, Administrationskosten- und Bereitstellungskostenbudget. Die Wertansätze beruhen auf Planpreisen bzw. -kosten.

Beschaffungshelfer → Absatzhelfer.

Beschaffungskonditionenpolitik → Beschaffungspreispolitik.

Beschaffungsmarketing – Aufgaben des *strategischen Beschaffungsmarketings* sind die Nutzung vorleistungsspezifischer Marktchancen, die langfristige Sicherung der Bezugsquellen und die Pflege der Beziehungen zu diesen. Das *operative Beschaffungsmarketing* beschäftigt sich mit beschaffungslogistischen Problemstellungen für den Leistungserstellungsprozess. – Beschaffungsmarktforschung und -analyse, Segmentierung des → Beschaffungsmarktes, Grundsätze zum Verhalten gegenüber den Lieferanten, das beschaffungspolitische Marketing-Mix (Beschaffungs-Kontrahierungspolitik, Leistungs- und bes. Qualitätspolitik, Beschaffungswegepolitik, Beschaffungskommunikation) bilden dem Marketingkonzept entsprechend die Kernelemente des Beschaffungsmarketings.

Beschaffungsmarkt – ein der eigenen Produktions- oder Handelsstufe vorgelagerter Markt, auf dem Güter für eigene Produktions- oder Handelsprozesse beschafft werden können. – *Gegensatz:* → Absatzmarkt.

Beschaffungsmarktforschung – Teil der → Marktforschung. – 1. *Begriff:* Systematische Sammlung und Aufbereitung von Informationen über aktuelle und potenzielle Beschaffungsmärkte zur Erhöhung

ihrer Transparenz (→ Marktanalyse) und zum Erkennen beschaffungsrelevanter Entwicklungen (→ Marktbeobachtung). – 2. Zentrale *Untersuchungsobjekte* der Beschaffungsmarktforschung sind die zu beschaffenden Einsatzgüter (Materialqualitäten, Werkstoffinnovationen, eingesetzte Produktionsverfahren), die Angebotsstruktur auf den Beschaffungsmärkten (geografische Streuung der Zulieferer, Konkurrenzintensität, relative Wettbewerbspositionen, Angebotsvolumen, -elastizität, Entwicklungen auf Vormärkten), die wirtschaftliche und technische Leistungsfähigkeit aktueller und potenzieller Lieferanten (Umsatz, Maschinenausstattung, Fertigungsverfahren, Gewinn, Liquidität, Mitarbeiterqualifikation, Produktqualität, Lieferservice, Konditionen, Konkurrenzbelieferung) und der Preis (Preisstrukturanalyse, -beobachtung, -vergleich). – 3. Als *Informationsquellen* der Beschaffungsmarktforschung sind neben den traditionellen Quellen (Statistiken, Branchenhandbücher, Geschäftsberichte, Kataloge) Messebesuche, Betriebsbesichtigungen und Einkaufsreisen sowie internetbasierte Informationsquellen relevant. Neben der Objektivität und Vertrauenswürdigkeit der Informationsquellen ist deren permanente Pflege und Weiterentwicklung für eine entscheidungsvorbereitende Beschaffungsmarktforschung unerlässlich.

Beschaffungsplanung – 1. *Begriff:* Festlegung von Zielen, Maßnahmen und Ressourcen zur kostenoptimalen Bereitstellung der für eine bestimmte Planungsperiode erforderlichen Inputfaktoren aus den Beschaffungsmärkten. Objekte sind alle für den Leistungserstellungsprozess benötigten Produktionsfaktoren (Beschaffung). In der Praxis wird Beschaffungsplanung regelmäßig auf die Sachgüterbeschaffung beschränkt, enger noch: auf Beschaffungsgüter für die laufenden Betriebsprozesse (Roh-, Hilfs-, Betriebsstoffe; Dienstleistungen). – 2. *Ziele:* (1) Optimierung der Beschaffungskosten; (2) Verminderung der Versorgungsrisiken; (3) Verbesserung der Steuerung und Kontrolle der Beschaffungsdurchführung; (4) Einhaltung der Qualitätsstandards. – 3. *Teilbereiche:* (1) Beschaffungsmengenplanung mit den Komponenten Mengen, Zeit, Kosten (optimale Bestellmenge); (2) Beschaffungsvollzugsplanung (Beschaffungsweg, Lieferant, Beschaffungszeit).

Beschaffungspreispolitik – Instrumente des → Handelsmarketings mit zentraler Bedeutung, da die Warenkosten häufig mehr als 60 bis 70 Prozent der Kosten des Handelsbetriebes (Handlungskosten) betragen. – 1. *Ziel* ist der günstigste → Wareneinstandspreis unter Beachtung von Produktqualität und Beschaffungssicherheit. – 2. *Konditionen:* Die Bedingungen zu denen der Kaufpreis zu entrichten ist erstrecken sich auf Zahlungszeitpunkte (Vorauszahlungen, Kreditfristen, Stundungen, Raten) und Höhe von Skonti, Rabatten und Zinsen. Im Handel werden vom Lieferanten häufig zusätzlich einmalige Zahlungen und weitere Dienstleistungen gefordert: → Regalmiete, → Schaufenstermiete, → Werbekostenzuschüsse, → Eröffnungsrabatte, kostenlose Regalpflege, Bereitstellung von Displaymaterial oder von Propagandisten.

Beschaffungsverhalten gewerblicher Nachfrager → organisationales Kaufverhalten.

Beschaffungswerbung – Instrument des → Handelsmarketings. Die Beschaffungswerbung umfasst Einsatz unpersönlicher Kommunikationsmittel und die persönliche Kommunikation mit dem Lieferanten, z.B. über die Einhaltung von Qualitätsanforderungen oder über Konsumtrends.

Besemschon – Vergütung für Warenteilchen, die an der Verpackung haften bleiben (z.B. bei Chemikalien, Zement, Mehl, Zucker).

Bestellerkredit – Kredit, der dem Besteller nicht vom Lieferanten (Lieferantenkredit), sondern von einer Bank gewährt wird. I.d.R. werden alle Zahlungsverpflichtungen des Kunden mit Ausnahme der An- und Zwischenzahlung durch die Bank erfüllt. Der Vorteil für den Lieferanten liegt in der Entlastung von Bilanz und Kreditlinien.

Bestellmengenpolitik – Instrument des → Handelsmarketings. Bestellmengenpolitik legt fest, welche Waren bestellt und welche (vorübergehend) aus dem Sortiment gestrichen werden sollen. Nachbestellungen erfolgen mithilfe von → Ordersätzen. Bei geschlossenen → Warenwirtschaftssystemen (WWS) kann bei Anwendung geeigneter Methoden zur Bedarfsvorhersage die Bestellentscheidung u.U. automatisiert werden (optimale Bestellmenge). – Vgl. auch → Beschaffungspreispolitik, → Absatzpreispolitik.

Bestellmuster – Ausfallmuster für Waren, die erst nach Auftragseingang angefertigt werden. Nach Bestellmustern werden vorwiegend solche Massenbedarfsgüter (→ Massengüter) produziert, die modeabhängig oder Geschmacksveränderungen unterworfen sind (Textilgewebe, Tapeten etc.).

Beta-Test → Produkttests, die dadurch gekennzeichnet sind, dass sie in möglichst realen Anwendungssituationen direkt beim Nachfrager durchgeführt werden. Damit können Anforderungen der Nachfrager optimal in die Produktentwicklung integriert werden.

Betragsspanne – *absolute Handelsspanne;* absolute Größe der → Handelsspanne in Geldeinheiten. Die Handelsspanne ist der Unterschiedsbetrag zwischen Einstandspreis (→ Wareneinstandspreis) und → Verkaufspreis im Handelsbetrieb. – *Beispiel:* Bei einem Einstandspreis von 4,- Euro und einem Verkaufspreis von 5,- Euro beträgt die Betragsspanne 1,- Euro. – *Anders:* Wird die Betragsspanne zum Einstands- oder Verkaufspreis ins Verhältnis gesetzt, ergibt sich eine → Prozentspanne.

Betriebsbereitschaft – 1. *Produktion:* Bereitschaft des Betriebes, im Rahmen einer gegebenen Kapazität eine Produktionsleistung zu erbringen. Die Gewährleistung der Betriebsbereitschaft verursacht fixe Kosten

(Bereitschaftskosten). Zu beachten ist die Sicherung der Betriebsbereitschaft auch aller Neben- und Hilfsbetriebe, die zur Durchführung der Hauptproduktion erforderlich sind; sie zwingt häufig zur Beibehaltung von Vor- und Hilfsbetrieben, auch wenn deren Vollausnutzung nicht sichergestellt ist und ihre Leistungen bei Fremdbezug billiger beschafft werden könnten. – 2. *Handel:* Instrument des → Handelsmarketings. Betriebsbereitschaft ist die Zeit, während der ein Einzelhandelsunternehmen bereit ist, seine Waren zu präsentieren, zu beraten, Kaufverträge abzuschließen und gekaufte Waren zuzustellen. Es gilt abzuwägen, welche Umsätze zu bestimmten Zeiten erzielt werden können und wie hoch die entsprechenden Kosten der Betriebsbereitschaft sind. Die Betriebsbereitschaft wird durch das → Ladenschlussgesetz (LadSchlG) entscheidend eingeengt, das jedoch nur für den Warenverkauf an jedermann in öffentlich zugänglichen Verkaufsstellen gilt. Warenpräsentation und Beratung sowie Zustellung können auch außerhalb der Ladenöffnungszeiten erfolgen. → Versandhandel und E-Commerce haben den Wettbewerbsvorteil einer unbegrenzten Betriebsbereitschaft.

Betriebsformen des Handels – 1. *Begriff:* Eine Betriebsform des Handels ist die Zusammenfassung realer Erscheinungsformen des Handels, die nach einem oder mehreren Merkmalen ähnlich sind und sich dadurch von anderen Betrieben deutlich unterscheiden. – 2. *Unterscheidungsmerkmale:* Kundenkreis (→ Einzelhandel, → Großhandel) Basisstrategie (→ Versorgungs-, → Erlebnishandel), Betätigungsfeld (→ Binnen-, Außenhandel), Standort (City, Grüne Wiese), Sortiment (Universal-, Spezialhandel), Andienung (Bedienung, → Selbstbedienung, Katalog), Preise (Discount-, Hochpreisgeschäft), Inkasso (→ Automatenladen, persönliches Inkasso), Distanzüberwindung (→ stationärer, → ambulanter Handel), Kundenkreis (→ Belegschaftshandel, Handel für Jedermann), Integration in eine Agglomeration

(→ Einkaufszentrum, Passagen), Organisationsform (→ Kooperations-, → Konzentrationsformen des Handels), Anzahl der Verkaufsstätten (Filialbetrieb, Einzelunternehmen) mit weiteren Differenzierungen nach Betriebsgröße (Umsatz, Verkaufsfläche, Mitarbeiter), Warengruppen, Bedarfen. – 3. *Zielsetzung:* Profilierung mit Merkmalskombinationen, die von den Konsumenten als Ausdruck einer eigenständigen Marketingkonzeption wahrgenommen werden. Der stete Wandel im Handel (→ Dynamik der Betriebsformen, → Ladenverschleiß) sowie vielfältige Überschneidungen der Einteilungskriterien erschweren eine eindeutige Zuordnung und führen zu einer pragmatischen, von Praxis und Wissenschaft weitgehend anerkannten Einteilung. – 4. *Bedeutung:* Einteilungen in der amtlichen Statistik (Handels- und Gaststättenzählung), bei der regionalen Einzelhandelsplanung, bei Betriebsvergleichen, in der Konkurrenzforschung sowie bei Marktanteilsberechnungen zur vereinfachten Marktabgrenzung in wettbewerbsrechtlichen Auseinandersetzungen.

Betriebshandel – Verkauf von eigens zu diesem Zweck erworbenen Waren an Betriebsangehörige; Form des → Belegschaftshandels.

Betriebshandelsspanne – 1. *Begriff:* Von einem Handelsbetrieb innerhalb einer Rechnungsperiode im Durchschnitt aller Verkaufsakte erzielte → Handelsspanne. Betriebshandelsspanne ist damit eine → Durchschnittsspanne, meist als → Prozentspanne ausgedrückt. – 2. *Berechnung:* Warenumsatz einer Rechnungsperiode abzüglich Wareneinsatz, bewertet mit den Einstandspreisen. Der sich ergebende Rohgewinn (→ Warenrohgewinn) wird auf den Warenverkauf der Periode bezogen. – Vgl. Abbildung „Betriebshandelsspanne (Beispiel)".

Betriebstypen – 1. *Betriebstypen der Industrie:* Unternehmungstypen. – 2. *Betriebstypen des Handels:* unternehmungsindividuelle

Betriebshandelsspanne (Beispiel)

Warenverkauf 2009		200.000 Euro
Warenbestand 1.1.2009	40.000 Euro	
+ Wareneingänge 2009	130.000 Euro	
	170.000 Euro	
– Warenbestand 31.12.2009	35.000 Euro	
Wareneinsatz	135.000 Euro	135.000 Euro
Warenverkauf – Wareneinsatz		
= Rohgewinn		65.000 Euro

Betriebshandelsspanne

$$= \frac{\text{Rohgewinn}}{\text{Warenverkauf}} \cdot 100\% = 32{,}5\%$$

Ausgestaltung der → Betriebsformen des Handels.

Betriebstypenmarke – Marke, die sich im rechtlichen Eigentum einer Handelsunternehmung befindet und mit der der Händler seine Betriebstypen kennzeichnet.

bewusste Auswahl – zusammenfassende Bezeichnung für nichtzufällige Auswahlverfahren. Zur bewussten Auswahl gehören bes. das Quotenauswahlverfahren und die Auswahl nach dem Konzentrationsprinzip. Der Einsatz von Verfahren der Inferenzstatistik ist bei bewusster Auswahl nicht zulässig (s. → Repräsentativerhebung).

Beziehungshandel → direkter Vertrieb von Herstellern oder Großhändlern an bestimmte Letztverbraucher, denen sie sich bes. verpflichtet fühlen.

Beziehungsmarketing – alle Unternehmensaktivitäten, die langfristige → Kundenzufriedenheit zum Ziel haben. Darin eingeschlossen sind Kundennähe, Kundenpflege, → Database Marketing und Serviceaktivitäten. Das Beziehungsmarketing setzt eine hohe Qualität der Kundenanalyse voraus und wird zunehmend zu einem entscheidenden Wettbewerbsfaktor.

Bezugsbindung – 1. *Begriff:* Form der → Vertriebsbindung, bei der z.B. ein Händler gebunden wird, seine Waren nur bei einem bestimmten Lieferanten zu beziehen. Dadurch können Querlieferungs- oder Reimportverbote innerhalb von Vertriebsbindungssystemen überwacht werden. – Bezugsbindungen können auch *negativ formuliert* werden, indem dem Gebundenen untersagt wird, bei bestimmten Lieferanten zu beziehen oder bestimmte Waren (z.B. Konkurrenzprodukte) zu führen. Es liegt dann zugleich ein Wettbewerbsverbot vor. – 2. *Wettbewerbsrechtliche Beurteilung:* Bezugsbindungen unterliegen dem Verbot des § 1 GWB und Art. 101 I AEUV. Freistellungsmöglichkeiten sind insbesondere in der Vertikal-GVO geregelt.

Bezugsgenossenschaft → Einkaufsgenossenschaft.

Bezugsgruppe – *Mitgliedschaftsgruppe*; Gruppe, an deren wahrgenommenen Normen sich der Einzelne orientiert, wobei dieser kein Mitglied der Bezugsgruppe zu sein braucht. Der vom einzelnen empfundene soziale Druck der Bezugsgruppe führt nach den Vorstellungen der *Bezugstheorie* zu gruppenkonformen Wahrnehmungen und Beurteilungen und normiert das → Konsumentenverhalten.

Bias – *Verzerrung.* 1. *Inferenzstatistik:* Differenz zwischen dem Erwartungswert einer Schätzfunktion und dem zu schätzenden Parameter. Wünschenswert ist ein Bias von Null; in diesem Fall liegt Erwartungstreue (Unverzerrtheit) vor. – 2. In einem allgemeineren Sinn wird Bias in der → Meinungsforschung und → Marktforschung synonym für *Verfälschung von Umfrageergebnissen* verwendet; z.B. heißt die ungewollte Ergebnisbeeinflussung durch den Interviewer *Interviewer-Bias.*

Bild – 1. *Begriff:* Aufzeichnung eines realen oder fiktiven Gegenstandes, die dem Gegenstand ähnlich ist und deswegen wie der Gegenstand wahrgenommen werden kann. – 2. *Marketing:* Bilder weisen eine sehr hohe Beeinflussungskraft auf, da konkrete Bilder wie die Wirklichkeit wahrgenommen werden, während die Sprache ein verschlüsseltes und wirklichkeitsfremdes Zeichensystem ist. – Vgl. auch → Bildkommunikation, → Schlüsselbild. – 3. *Recht:* Recht am Bild ist Persönlichkeitsrecht, das gegen missbräuchliche Verwendung zivilrechtlich durch Schadensersatz, Unterlassungs- und Verwertungsanspruch und strafrechtlich geschützt ist. Rechtsgrundlage ist das Gesetz betreffend das Urheberrecht an Werken der bildenden Künste und der Fotographie (KUG) vom 9.1.1907 (RGBl. I S. 7) m.spät.Änd.: a) Verbreitung nur *mit Einwilligung* des Abgebildeten, die als erteilt gilt, wenn eine Entlohnung für Abbildung gezahlt wird. Bis zu zehn Jahren nach dem Tod des Abgebildeten ist die Einwilligung der Angehörigen erforderlich (§ 22 KUG). – b) *Ohne Einwilligung* dürfen u.a. verbreitet werden: (1) Bildnisse aus dem Bereich der Zeitgeschichte; (2) Bilder, auf denen die Personen nur als Beiwerk neben einer Landschaft oder Ortschaft erscheinen; (3) Bilder von Versammlungen, Aufzügen und ähnlichen Vorgängen; (4) Bildnisse, die nicht auf Bestellung angefertigt sind, sofern die Verbreitung einem höheren Interesse der Kunst dient. In allen diesen Fällen darf ein berechtigtes Interesse des Abgebildeten oder seiner Angehörigen nicht verletzt werden (z.B. regelmäßig bei Verwendung zu Werbezwecken; § 23 KUG). – Urheberrechtlich gilt § 60 UrhG: Der *Besteller* eines Bildes darf es durch Lichtbild vervielfältigen oder vervielfältigen lassen; die Vervielfältigungsstücke dürfen unentgeltlich verbreitet werden.

Bildenttäuschungstest – *Cartoon-Test, Rosenzweigtest, Picture Frustration Test;* Form des Persönlichkeitstests. Der Auskunftsperson werden Abbildungen mit Strichzeichnungen vorgelegt, die enttäuschende Ereignisse darstellen. Die vom Befragten zu ergänzende Antwort der vom enttäuschenden Ereignis betroffenen Person soll Anhaltspunkte über die Persönlichkeit des Befragten liefern.

Bildkommunikation – 1. *Begriff:* Teilgebiet der → nonverbalen Kommunikation und umfasst die Kommunikation mittels Bildern. – 2. *Wirkungen:* a) Durch Bilder können bei gleicher Zeit mehr Eindrücke vermittelt werden als mit einem Text. Bilder werden i.d.R. vor dem Text betrachtet. – b) Die Bildverarbeitung erfolgt ganzheitlich analog und nicht analytisch sequenziell wie die Sprachverarbeitung. Bilder sind auch besser geeignet als Sprache, Emotionen zu vermitteln, allerdings vereinfachen sie abstrakte Informationen. Bilder werden weitgehend automatisch und ohne große gedankliche Anstrengung verarbeitet. – c) Das Bildgedächtnis ist dem Sprachgedächtnis überlegen (zentrales Thema der → Imageryforschung). Die Bildhaftigkeit einer Information ist eine Schlüsselgröße dafür, wie gut Informationen behalten werden. – d) Die Verwendung von Bildern erhöht die Durchschlagskraft der Kommunikation auf Einstellung und Verhalten. Die Einbeziehung von Bildern in eine rationale und sprachliche Argumentation verstärkt die Möglichkeit, das Verhalten zu beeinflussen. Bei emotionaler Einstellungsbildung wird die Bildkommunikation zum dominanten Weg der Verhaltensbeeinflussung. – 3. *Funktionen:* Die Bildkommunikation soll (1) für Bekanntheit der Marke innerhalb einer Zielgruppe sorgen und (2) Images und innere Bilder zu einer Marke aufbauen. – 4. *Theoretische Grundlagen:* Stammen aus der Hemisphärenforschung, der Imageryforschung und aus der Bildsemiotik.

Bildlogo → Logo.

Bildrecall → Recalltest.

Bildrecognition → Recognitiontest.

Bildschirmbefragungssystem – Methode der computergestützten Datenerhebung, bei der die Fragen den Probanden über einen Bildschirm eingespielt oder in ein Mikrofon gesprochen werden. Die Antworten müssen über eine Tastatur, mit Maus oder durch Berühren des Bildschirms eingegeben werden. Damit wird der gesamte Interviewablauf vom

Computer gesteuert. – *Beispiel:* interaktive → Onlinebefragung mithilfe des Internets.

Billings – Umsätze von → Werbeagenturen, die sich aus Honoraren und Provisionen (→ Agenturvergütung) zusammensetzen.

Binnengroßhandel – Form des → Großhandels, der seine Einkaufs- und Verkaufsumsätze überwiegend im Inland erzielt. – 1. *Funktionaler Binnengroßhandel:* Die Gesamtheit aller Warenverkäufe im Inland durch hier ansässige Unternehmungen mit Ausnahme des → Einzelhandels. – 2. *Institutionaler Binnengroßhandel:* Alle Großhandelsbetriebe, die funktionalen Binnengroßhandel als Hauptgeschäftszweck betreiben. – *Gegensatz:* → Außengroßhandel.

Binnenhandel – Handel von inländischen Käufern und inländischen Verkäufern und damit jener Teil der Güterdistribution, der innerhalb der nationalen Grenzen eines Staates vollzogen wird. Träger des Binnenhandels sind → Binnengroßhandel und → Einzelhandel. – *Gegensatz:* Außenhandel.

bivariate Analysemethoden – Methoden der statistischen Datenanalyse, die Variablen mit zwei Komponenten (zwei Merkmale bei jedem Merkmalsträger) zum Gegenstand der Analyse haben. In der → Marktforschung häufig verwendete Verfahren sind → Kreuztabellierung, Korrelationsanalyse und einfache → Regressionsanalyse. – Vgl. auch multivariate Statistik.

Blickaufzeichnung → Blickregistrierung.

Blickfang – *Eye Catcher;* werbliches Gestaltungsmittel, das → Aufmerksamkeit auf einen Gegenstand lenkt. Aktivierende Elemente (Aktivierung) sind eine Grundlage für eine effiziente → Werbewirkung. – Wesentliche *Gestaltungselemente* sind Größe, Form, Farbe, Dynamik, Bild sowie akustische Reize, die zu einer → Orientierungsreaktion im Sinn der Aufmerksamkeitszuwendung führen. Diese Blickfänge können z.B. bei der Laden- bzw. Schaufenstergestaltung, bei Fernsehspots, bei Anzeigenwerbung oder

der Gestaltung von Messeständen zum Einsatz kommen.

Blickregistrierung – *Blickaufzeichnung;* Verfahren der → Aktivierungsforschung zur Messung des → Blickverhaltens bzw. der visuellen → Informationsaufnahme durch Registrierung der Augenbewegung. – *Verfahrensweise:* Die Augenbewegung (Saccaden = Sprünge des Auges, Fixationen = Verweilpunkte) wird aufgezeichnet. Nur während Fixationen (Dauer ca. 300 ms) erfolgt eine Informationsaufnahme. Technisch realisiert mittels Spezialbrille und Videoaufzeichnung oder durch Beobachtung der Probanden mit versteckter Kamera. – *Anwendung:* Messung der Aufmerksamkeitswirkung von → Anzeigen oder eines → Fernsehspots sowie der Informationsaufnahme einzelner Bild- bzw. Textelemente. – Vgl. auch → Blickverhalten, → apparative Verfahren.

Blickverhalten – visuelle → Informationsaufnahme, d.h. Bewegung der Augen beim Betrachten von Vorlagen. Das Blickverhalten ist z.T. gewohnheitsmäßig bedingt, kann aber auch durch bewusste Gestaltung, d.h. durch aktivierende Reize einer Vorlage (z.B. in einer → Anzeige) gesteuert werden. Blickverhalten erfolgt meist reizgesteuert und wenig bewusst, kann aber auch bewusst kontrolliert werden. – Das Blickverhalten erlaubt Rückschlüsse auf die voraussichtliche → Werbewirkung (→ Werbeerfolgsprognose): Wird ein Element überhaupt betrachtet, wie lange, wie oft und in welcher Reihenfolge (→ hierarchische Informationsdarbietung)? – Die *Messung* des Blickverhaltens erfolgt durch Beobachtung der Augenbewegungen (→ Blickregistrierung). Hierzu werden meist Blickaufzeichnungsgeräte, d.h. Spezialbrillen, die den Blickverlauf sichtbar machen, eingesetzt.

Blindtest – Form des → Produkttests, bei die Herstellerbezeichnung bzw. die Produktmarke neutralisiert wird und somit nicht erkennbar ist, weil das Produkt unabhängig vom Einfluss der Marke beurteilt werden soll.

Blisterpackung – 1. *Begriff:* Verpackung aus einer festen und ebenen Pappunterlage und einem die Ware umhüllenden transparenten und flexiblen Kunststoff, die Raum sparend an Lochwänden in der Verkaufsstelle des Einzelhandels befestigt werden kann. – 2. *Zweck:* Blisterpackungen sind v.a. für die Selbstbedienung von Kleinteilen geeignet und sind u.a. wegen ihrer Größe ein Mittel zur Diebstahlminderung. Überdies wird durch die Verwendung von Blisterpackungen als Mehrstückpackungen die Nachfragemenge erhöht (z.B. Nägel, Schrauben etc.). – 3. *Arten:* Zu unterscheiden sind drei Arten der Blisterpackung: a) Schweißverpackung: Sowohl Vorder- als auch Rückseite bestehen aus Kunststoff und diese werden miteinander verschweißt. – b) Klemmverpackungen: Vorderseite besteht aus Kunststoff und Rückseite aus Pappe, die Folie wird an den Kanten thermisch um die Pappe herumgebogen. – c) Heftverpackung: Kunststoffvorderseite und Papprückwand werden mittels Heftklammer miteinander verbunden.

Body Copy → Fließtext.

Bonus – 1. Im *Geschäftsverkehr allgemein:* Vergütungen, die den Abnehmern als Treueprämie nachträglich (z.B. halbjährlich oder am Jahresende) vom Lieferanten gewährt werden. Die Boni können als (1) Gutschrift, (2) Auszahlung oder (3) zusätzliche Warenlieferung gegeben werden. Höhe der handels- und branchenüblichen oder vertraglich vereinbarten Boni meist prozentual gestaffelt nach dem mit der Lieferunternehmung erreichten Umsatz (daher auch *Umsatzbonus, Mengen-* oder *Treuerabatt* genannt). – *Anders:* Skonto. – Empfangene Boni werden als Einkaufspreisminderungen, gewährte Boni als Erlösungsschmälerungen gebucht. – 2. Bei der *Aktiengesellschaft:* eine neben der Dividende zur Ausschüttung gelangende einmalige Vergütung, die den Aktionären in bes. günstigen Geschäftsjahren oder bei Erzielung eines außergewöhnlichen Gewinns gewährt, und entsprechend der Dividende behandelt

wird. – 3. *Im Spargeschäft der Banken:* nach Ablauf einer bestimmten Anlagedauer zusätzlich gezahlter Betrag auf die eingezahlten Sparleistungen, im Bonussparvertrag geregelt. – 4. *Bestandteil des Einkommens:* in Abhängigkeit vom Unternehmensgewinn gezahlter variabler Bestandteil der Vergütung, v.a. von Managern großer Unternehmen.

Booklet – gedruckte Werbebroschüre.

BoP-Marketing → Bottom-of-the-Pyramid-Marketing.

Bottom-of-the-Pyramid-Marketing – *BoP-Marketing;* marktorientierte Unternehmensführung in sog. Bottom-of-the-Pyramid-Ländern, d.h. Entwicklungs- und Schwellenländern. Seit der Jahrtausendwende wird verstärkt darauf aufmerksam gemacht, dass es Anpassungen der → Marketingstrategien und -maßnahmen multinational tätiger Unternehmen bedarf, um die Armutsproblematik in BoP-Ländern zu lösen und damit zugleich Wachstumsmärkte der Zukunft zu erschließen. Hierdurch soll ein Wandel vom klassischen Spendenmodell in der Entwicklungshilfe hin zu einem nachfrager- und marktbezogenen Ansatz gefördert werden. Marketingkonzepte für BoP-Märkte setzen bei der gezielten Analyse der Bedürfnisse armer Bevölkerungsgruppen und der Förderung ihrer Transaktionsfähigkeit durch Integration ärmerer Nachfrager (*empowerment of the power*) in die Wertschöpfungskette von Unternehmen an. Dies erfordert eine grundlegende Anpassung der Marketingstrategien und -instrumente.

Boutique → Betriebsform des Handels; → Laden, der auf geringer Verkaufsfläche in innerstädtischen Haupt- oder Nebengen mittels meist aufwendig gestalteter Ladenatmosphäre ein begrenztes, auf die jeweilige Zielgruppe ausgerichtetes Sortiment (meist Kleidung, Schmuck) anbietet. Wegen der vorwiegend modischen Ausrichtung häufiger Wechsel im Sortiment und vielfach hohes Preisniveau. – Boutiquen gibt es auch in

→ Warenhäusern gemäß dem Shop-in-Shop-Prinzip (→ Shop in the Shop).

Brainstorming – 1. *Begriff:* → Kreativitätstechnik, bei der mehrere Personen nach bestimmten Regeln in einer Gruppe Lösungsalternativen sammeln. – 2. *Ablauf:* a) Dem Brainstorming wird eine Problemanalyse vorangestellt, aus der eine Fragestellung entwickelt wird. – b) Der Moderator stellt die Fragestellung vor und gibt die Regeln bekannt. c) Während der Sitzung motiviert der Moderator die Teilnehmer zur Abgabe von Ideen, achtet auf die Einhaltung der Regeln und protokolliert die Ideen und Diskussionen. d) Nach der Sitzung werden die gesammelten Ideen geordnet und protokolliert. Diese werden anschließend an die Gruppe oder Experten zur weiteren Entwicklung und Ausarbeitung versandt. – 3. *Regeln:* a) Freies Spiel der Gedanken ist erwünscht, jede Idee ist willkommen. b) Die Quantität und nicht die Qualität oder Realisierbarkeit der Vorschläge ist das entscheidende Kriterium. c) Ideen der Anderen sollen aufgenommen und weiterentwickelt werden, es gibt kein Urheberrecht auf Ideen. d) Killerphrasen, Kritik und Selbstkritik an den genannten Ideen sind streng verboten. – 4. *Kritik:* Obwohl diese Methode vielfach eingesetzt wird, scheint sie doch hinsichtlich Anzahl und Qualität der gesammelten Ideen schlechter zu sein als Methoden, bei denen zunächst in Einzelarbeit Ideen gesammelt werden, mit denen dann in der Gruppe weitergearbeitet wird. Beim Brainstorming wird gesprochen, beim Brainwriting werden schriftliche Impulse weiterentwickelt.

Branchenattraktivität – *Marktattraktivität;* eine in der Portfolio-Analyse verwendete Dimension (Marktattraktivität-Wettbewerbsvorteil-Portfolio), die zum Ausdruck bringt, wie attributiv eine Branche für Aktivitäten des Unternehmens erscheint. – *Kriterien der Branchenattraktivität:* Marktwachstum, Marktgröße, Marktqualität, Versorgungslage bez. Ressourcen, sonstige Umweltsituation.

Brand Attachement – beschreibt eine zeitlich stabile, intrinsische Bereitschaft (*trait*), sich an Marken zu binden. Diese Neigung wird über Bindungserfahrungen erworben und resultiert in spezifischen Verhaltensweisen. Diese Verhaltensweisen sind die menschliche Bemühung, Nähe von anderen Menschen zu bekommen und sie aufrechtzuerhalten. Diese Nähe kann sich neben Menschen auch auf Objekte, Produkte oder → Marken beziehen.

Brand Community – 1. *Begriff:* Community, bei der eine → Marke den zentralen Fokus eines organisierten, sozialen Netzwerkes bildet. – 2. *Merkmale:* Häufig nutzen die Mitglieder von Brand Communities virtuelle Kommunikationsformen, um miteinander in Interaktion zu treten. Ebenso wichtig können physische Treffen sein, die als gemeinsame Events organisiert werden. Brand Communities treten meist als Mischform aus virtueller und physischer Gemeinschaft auf. Brand Communities können sowohl vom Unternehmen als auch von Kunden initiiert werden. Im letztgenannten Fall ist die Einflussnahme vom Unternehmen eher beschränkt. Meist wird versucht, durch bestimmte Formen der Unterstützung vonseiten der Unternehmen (z.B. Weitergabe spezifischer Informationen usw.) einen positiven Einfluss zu nehmen. Brand Communities lassen sich durch das Internet aufbauen und gezielt steuern – 3. *Beispiel:* Harley Davidson Owners Group. – Vgl. auch → Community.

Branded Goods → Markenartikel.

Brand Identity → Markenidentität.

Brand Image → Markenimage.

Brandland – bezeichnet örtlich gebundene Zentren, Ausstellungen und Themenparks, die eine → Marke und ihre Produkte für ihre Kunden direkt und meist interaktiv erlebbar machen. Es handelt sich um Kunstwelten, die die Möglichkeiten und Facetten einer Marke plastisch verdeutlichen. Brandlands sind im Gegensatz zu Messeständen oftmals architektonisch aufwendiger und eindrucksvoller gestaltet. – *Beispiele*: Autostadt der Volkswagen AG in Wolfsburg, Markenwelt von BMW, Swarovski-Kristallwelt, Nivea-Haus in Hamburg, Legoland, Maggi-Kochstudio. – Vgl. auch → Flagship Store.

Brand Reframing – 1. *Begriff*: Veränderung der konzeptuellen und/ oder emotionalen Sichtweise, in der eine → Marke erlebt wird. – 2. *Methodik*: Die Marke wird in einen neuen Rahmen (*frame*) gesetzt, der die Markeneigenschaften der gleichen Marke ebenso gut oder sogar besser repräsentiert und dadurch die komplette Bedeutung der Marke verändert. – 3. *Ziele*: Die Perspektivenerweiterung und der Überraschungseffekt, die durch einen Rahmenwechsel erzielt werden können, erweisen sich als wirkungsvolle Kommunikationstechnik. – 3. *Arten*: (1) *Kontext-Reframing*: geht davon aus, dass jede Markeneigenschaft nur in ihrem Kontext (Situation) eine Bedeutung erhält. Ziel hierbei ist, die Marke in einem Kontext zu kommunizieren, in dem der Betrachter ihre Bedeutung ebenso nützlich oder noch nützlicher bewertet. (2) *Bedeutungs-Reframing*: Im Gegensatz zum Kontext-Reframing wird nicht die Situation verändert, sondern die Perspektive, aus der eine bestimmte Markeneigenschaft betrachtet wird und dadurch ihre Bedeutung erhält. Der Perspektivenwechsel bietet vielfältige Möglichkeiten, Markeneigenschaften für den Betrachter als Innovationen erlebbar zu machen und ohne den Kern der Marke zu verändern.

Briefing – wesentliches Instrument der Zusammenarbeit zwischen Werbeagentur und Kundenfirma. – *Arten*: a) *Kundenbriefing*: In der Planungsphase einer → Werbekampagne erhält die Agentur alle Informationen über Markt, Konkurrenz, Kundenfirma, Produkt etc., d.h. eine Zusammenfassung der sachlichen Aufgabenstellung mit (1) Problemstellung, (2) Situationsdarstellung, (3) Zielsetzung, (4) Strategie, (5) Zeit- und Kostenplan und (6) Kontrolle. – b) (*Internes*)

Agenturbriefing: Aufgabenstellung für die Mitarbeiter der Agentur aufgrund des Kundenbriefings.

Bruttoaufschlag → Handelsaufschlag.

Bruttoeinkaufspreis – der vom Lieferanten dem Händler in Rechnung gestellte Preis. – *Anders*: → Nettoeinkaufspreis.

Bruttopreisliste – Liste mit empfohlenen Richtpreisen (→ Preisempfehlung), die für die Händler eine Kalkulationshilfe darstellt und ggf. durch eine betriebsindividuelle Kalkulation (nach unten) korrigiert wird.

Bruttospanne → Handelsaufschlag.

Bruttoverdienstspanne → Handelsaufschlag.

Bruttoverkaufspreis – Begriff im Handel für den dem → Abnehmer in Rechnung gestellten → Verkaufspreis: Der Bruttoverkaufspreis gemindert um Umsatzsteuer, → Boni, → Rabatte, Skonti und sonstige Abschläge (z.B. wegen Minderung) heißt im Handel *Nettoverkaufspreis*.

BuBaW-Verfahren – *Bestellung unter Bezugnahme auf Werbemittel;* Methode der → Werbeerfolgskontrolle, bei der die Zahl der eingegangenen Bestellungen unter Verwendung eines gestreuten Bestellscheins als Maß für den Werbeerfolg dient. – Vgl. auch → Anfragenkontrolltest, → Coupontest.

Bumerangeffekt – Wirkung von Kommunikation (in erster Linie → Werbewirkung), die genau das Gegenteil von dem erreicht, was sie erreichen will. Die Gründe für dieses Phänomen liegen z.B. darin, dass die Aktivierung nicht zielgerichtet ist oder die Werbeaussage als unglaubwürdig empfunden wird. – Vgl. auch → Ablenkungseffekt.

Bund – 1. in einer *bundesstaatlichen Ordnung* Bezeichnung für den Gesamtstaat („Bund und Länder"). – 2. *Werbung*: Freiraum außerhalb des → Satzspiegels in der Blattmitte oder in der Falz eines Druckwerks. Anzeigen „über Bund" füllen diesen Freiraum aus und treffen in der Blattmitte aneinander.

Bund Deutscher Werbeberater (BDW) – jetzt: → Deutscher Kommunikationsverband.

Bundling – 1. *Begriff:* Bündelung von Leistungsangeboten zu Paketen, die zu einem Gesamtpreis angeboten werden. Neben dem Bundling können die Leistungen auch weiterhin noch einzeln angeboten werden. – 2. *Zweck:* Dadurch sollen verschiedene Zielgruppen (→ Marktsegmentierung) mit differenzierten → Bedürfnissen angesprochen werden. Überdies ist dadurch auch eine → Preisdifferenzierung möglich, die das Preisimage der Einzelleistungen nicht berührt.

Business Environment Risk Intelligence → BERI.

Business Marketing → Marketing.

Business-to-Business-Marketing – engl. Bezeichnung für die kundenorientierte Gestaltung von Geschäftsbeziehungen, die zwischen Unternehmen stattfinden. Gegenstand von Business-to-Business-Geschäften sind → Investitionsgüter bzw. -dienstleistungen, die in Organisationen eingesetzt werden. Der Begriff Business-to-Business-Marketing wird auch als Synonym für die Bezeichnung *Investitionsgütermarketing* verwendet.

Business-to-Business-Markt – *B2B;* übliche Form des Marktes, bei der das Angebot und die Leistungserstellung von Unternehmen an Unternehmen erfolgen. Der Begriff Business-to-Business-Markt dient zur Abgrenzung derjenigen Marktbereiche, in die häufig der E-Commerce eingeteilt wird, um die jeweils spezifischen Gestaltungsparameter zu identifizieren. – Vgl. auch → Business-to-Business-Marketing.

Business-to-Consumer-Markt – *B2C;* übliche Form des Marktes, bei der das Angebot von Unternehmen an → Konsumenten erfolgt. Der Begriff Business-to-Consumer-Markt dient zur Abgrenzung derjenigen Marktbereiche, in die der E-Commerce häufig eingeteilt wird, um die spezifischen Gestaltungsparameter zu erkennen. – Vgl. auch → Business-to-Business-Markt, → Consumer-to-Consumer-Markt.

Business TV – Nutzung der Fernsehtechnik für Zwecke der Kommunikation innerhalb von Unternehmen bzw. Organisationen. Die Kommunikation erfolgt meist durch die satellitengestützte Verteilung digitalisierter und audiovisuell vermittelter Informationen. Im Unterschied zum klassischen Fernsehen sind die Informationen nicht für die Öffentlichkeit bestimmt, sondern ausschließlich für ganz bestimmte Adressaten, d.h. für geschlossene Empfängergruppen. – Business TV wird v.a. von Unternehmen praktiziert, deren Betriebsstätten bzw. Filialen geografisch breit gestreut sind. Die Anwendungsschwerpunkte liegen z.B. in der internen Aus- und Weiterbildung und in der Vermittlung von unternehmensinternen Informationen.

Buygrid-Modell – Kombination von Kaufphasen und → Kaufklassen als Rahmenkonzept für eine differenziertere Betrachtung des → organisationalen Kaufverhaltens. – Vgl. auch → Kaufphasen(ansatz).

Buying Center – *Einkaufsgremium, Decision Making Unit,* theoretisches Konstrukt, bedeutend für die Erklärung des → organisationalen Kaufverhaltens. Alle am Beschaffungsprozess beteiligten Personen bilden das Buying Center; die Zusammensetzung variiert mit → Kaufklassen und Kaufphasen, s. → Kaufphasen(ansatz). – *Analysekriterien* des Buying Centers: (1) nach den *Rollen der beteiligten Personen* (Benutzer, Einkäufer, Entscheidungsträger, Einflussagenten und → Gatekeeper); (2) nach *Tätigkeitsfeldern* (oberste Unternehmensleitung, technisches Personal, Entwicklungs- und Instandhaltungsbereich, Einkauf, Finanzwesen, Verkauf, andere Unternehmungsangehörige, Außenstehende); (3) nach der Art der *Kompetenz* der am Kaufprozess Beteiligten (Personen mit Machtkompetenz: Machtpromotoren, Personen mit Fachkompetenz: Fachpromotoren).

Buy-Response-Funktion → Preisresponse-messung.

Buzz Marketing – 1. *Begriff*: Technik zur Erzeugung von Mundpropaganda (→ Word-of-Mouth). *To buzz*; engl. für *summen* bzw. *schwirren*; wird auch mit *Gerede* übersetzt. – 2. *Merkmale*: basiert auf der Wirkung traditioneller Mundpropaganda, der persönlichen Empfehlungen von Person zu Person. Beim Buzz Marketing sprechen Privatpersonen (sog. Buzz Agents) i.d.R. gegen ein Honorar oder die Vergabe von Gratisprodukten in ihrem sozialen Umfeld (bei Freunden und Kollegen) oder an öffentlichen Plätzen (Bushaltestellen, Warteschlangen) in einem natürlichen und ungezwungenen Kontext positiv über eine zu bewerbende Marke bzw. Produkte, Services und Unternehmen. Das Buzz Marketing kann sich zusätzlich die Wirkungsweise des → Viral Marketings und die Möglichkeiten des Informationsaustausches im Internet via E-Mail sowie Blog- und Foreneinträge zu Nutze machen. Als Multiplikator und zusätzlicher Hebel können zusätzlich unabhängige PR und Medienberichterstattung dienen. – Vgl. auch → Word-of-Mouth, → Viral Marketing, → Sensation Marketing.

C2C – Abk. für *Consumer-to-Consumer*. – Vgl. auch → Consumer-to-Consumer-Markt.

Callcenter – I. Allgemein: Kommunikationszentren, in denen Kundenkontakte mittels moderner Kommunikationsmittel (Telefon, E-Mail, Fax, Internet, Coupon, Brief, Anrufbeantworter etc.) auf der Basis DV-gestützter Informationstechnologien, bes. von Kundendaten aus Datenbanken, abgewickelt werden. In Callcentern werden sowohl Kundenanfragen von Spezialisten bearbeitet als auch Kunden aktiv angesprochen. Callcenter sind oftmals ausgegliederte Organisationseinheiten von Unternehmen oder selbstständige Unternehmen. Ziele sind das Erreichen von Kundennähe, Kundenbindung sowie → Kundenzufriedenheit bzw. Kundenloyalität. Unternehmensziele sind Kostensenkung durch schlagkräftige Konzentration von Know-how und Technologieeinsatz sowie Erhöhung von Umsatz, Verkaufsraten und Wertschöpfung. – Vgl. auch → Telefonmarketing, Direct Marketing, → Database Marketing, → Beziehungsmarketing.

II. Callcenter von Banken: telefonisch Aufträge annehmende Stelle in Banken mit ständiger Erreichbarkeit – auch außerhalb der banküblichen Öffnungszeiten; vorwiegend Nutzung bei Direktbanken. PC-gestützte Auftragsannahme unter Berücksichtigung spezieller Sicherheitserfordernisse (z.B. Kennwort des Kunden).

CAPI – Abk. für *Computer Assisted Personal Interview*; computergestütztes persönliches Interview, bei dem der Interviewer Fragen aus dem PC (Laptop) vorliest und die Antworten direkt eingibt. – Vgl. auch → Computergestützte Datenerhebung, → Interview. Vorteile sind gegenüber der Befragung mit Papierfragebögen, dass komplexere Fragebogensteuerungen realisiert werden können und die

Daten unmittelbar nach der Befragung ausgewertet werden können.

Caravan-Test – in der → Marktforschung willkürliche Auswahl von Auskunftspersonen, vornehmlich auf Messen, Ausstellungen, bei der Verteilung von Warenproben etc. Der eigentliche Test bzw. die Befragung wird in einer mobilen Einrichtung (z.B. Wohnwagen) durchgeführt. Es wird keine repräsentative Auswahl erzielt. Daher ist die Gefahr eines systematischen Fehlers sehr groß.

Carryover-Effekt – 1. *Begriff*: intertemporale Wirkungsübertragung beim Einsatz absatzpolitischer bzw. marketingpolitischer Instrumente, bes. von Werbewirkungen: Ein Teil der Werbewirkung wird nicht im Zeitraum des Instrumenteinsatzes, sondern erst in den Folgeperioden und in abnehmendem Umfang wirksam (→ Werbewirkungsfunktion). – 2. *Arten*: a) *Direkter Carryover-Effekt*: Der Absatz des beworbenen Produktes wird in späteren Perioden von den Werbeanstrengungen in den vorgelagerten Perioden beeinflusst. Nur ein Teil der Werbung wird in der Periode des Werbeeinsatzes wirksam, der andere Teil erst in nachfolgenden Perioden. – b) *Indirekter Carryover-Effekt*: Der Absatz des beworbenen Produktes in späteren Perioden wird von dem durch die Werbung beeinflussten Absatz in der Durchführungsperiode mitbestimmt. Von Bedeutung für Verbrauchs- und Gebrauchsgüterwerbung. – Vgl. Abbildung „Carryover-Effekt". – Im ersten Fall kommt der Carryover-Effekt v.a. über

Carryover-Effekt

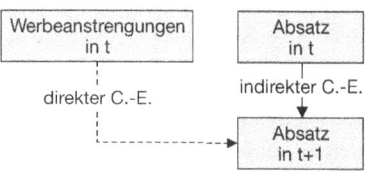

Wiederholungskäufe zustande, im zweiten Fall sind Imitations- und Sättigungseffekte die wichtigsten Ursachen.

Cartoon-Test → Bildenttäuschungstest.

CAS – Abk. für *Computer Aided Selling*; computergestützte Außendienstinformationssysteme zur verbesserten Koordination und Integration von Verkaufsinnendienst und -außendienst mithilfe mobiler Computer und Datenfernübertragung.

Case Management – I. Marketing: Modell der Marketingorganisation, bei dem jeder Auftrag als ein Geschäftsvorfall behandelt wird, dessen gesamter Ablauf von einer Person (bzw. Stelle) betreut wird. Der Case Manager ist das Bindeglied zwischen dem → Kunden und der Binnenorganisation des Unternehmens. – Das Case Management als Organisationsform eignet sich für alle Unternehmen, deren Produkte bzw. Dienstleistungen eine komplexe Marktbearbeitung erforderlich machen (→ Gebrauchsgüter, → Investitionsgüter) und die durch enge, kontinuierliche Interaktionen mit den Kunden gekennzeichnet sind.

II. Health Care Management: 1. *Begriff*: Case Managamentist ein Instrument im Rahmen von Managed Care undumfasst die gezielte und übergreifende Leistungssteuerung von der Planung bis zur Evaluation von Behandlungsmaßnahmen, sog. Hochkostenfälle im Gesundheitswesen. – 2. *Merkmale*: Case Management setzt zum einen auf der individuellen Ebene des Patienten an, wodurch das Selbstmanagement und die Eigenverantwortung des Patienten gestärkt werden soll (Empowerment und Compliance). Zum anderen bezieht sich Case Management auf die institutionelle Ebene. Hierdurch soll die Koordination von Sach- und Dienstleistungen und Kooperationsbeziehungen zu einzelnen Leistungserbringern gefördert werden. Durch die strukturierte und kontinuierliche Begleitung einzelner Hochkostenfälle

soll die Versorgungsqualität unter effizientem Ressourceneinsatz gefördert werden. Symptomverschlechterungen sollen frühzeitig erkannt und die Therapie ggf. angepasst werden. In den USA wurde das Case Management ursprünglich zur Betreuung von Kranken durch Pflegekräfte und Sozialarbeiter eingesetzt. Durch die vermehrte Etablierung von Managed Care gewinnt das Case Management zunehmend an Bedeutung. Obwohl sich das Konzept in Deutschland noch in den Anfängen befindet, sind mittlerweile in der Praxis zahlreiche, sehr unterschiedliche Modellprojekte anzutreffen: klassisches Fallmanagement in der Medizin, Pflegeprozessmanagement in der Pflege, aber auch Unterstützungsmanagement in der Sozialarbeit und Rehabilitationsmanagement in der Rehabilitation. – 3. *Unterschied zu verwandten Behandlungsformen:* a) *Disease Management:* Im Gegensatz zum Disease Management liegt der Schwerpunkt nicht in der Betreuung eines Patientenkollektivs durch mehrere Betreuer, sondern in der Einzelfallbetreuung. Zusätzlich wird kein komplettes Krankheitsbild abgedeckt, sondern gezielt ein Behandlungsplan (Care Plan) an den Bedürfnissen des Patienten und den Anforderungen des Auftraggebers ausgerichtet. – b) *Gatekeeping:* Beiden Formen ist die Übernahme eines bestimmten Versorgungsprozesses durch einen Betreuer gemein. Im Gegensatz zum Gatekeeper führt der Case Manager aber keine Diagnosen sowie Behandlungen durch und verschreibt auch keine Medikamente. – 4. *Typische Krankheitsbilder* die durch Case Management vorrangig betreut werden sind AIDS, Schlaganfall, Transplantationen, Kopfverletzungen, schwere Verbrennungen, Risikoschwangerschaften und -geburten, Rückenmarksverletzungen, neuromuskuläre und psychische Erkrankungen. Des Weiteren können Aufgreifkriterien wie überlange Liegezeiten, fehlgeschlagene Operationen, hohe Fallkosten und sich widersprechende

Behandlungen oder langwierige Behandlungen mit Schmerzmitteln oder Antidepressiva Anlass zum Case Management geben. – 5. *Auftraggeber:* Der Case Manager kann im Auftrag von Leistungsfinanziers oder Leistungserbringern tätig sein. Insbesondere die nach Kopfpauschalen vergüteten Leistungserbringer haben einen großen Anreiz, eine optimale Kosten-Nutzen-Struktur im Behandlungsverlauf zu erzielen. Auch Leistungsfinanziers wie Krankenkassen und ebenfalls der Patient bzw. dessen Angehörige können den Auftrag zum Case Management erteilen. – 6. *Wesentliche Funktionen des Case Managers:* a) *Behandlungsorientierte Aktivitäten* bilden den Schwerpunkt der Arbeit des Case Managers und umfassen alle Aktivitäten, die einen effizienten medizinischen und pflegerischen Behandlungsprozess für den Patienten sicherstellen. Inbegriffen ist hierbei die Kommunikation des Case Managers mit dem Patienten und sämtlichen Leistungserbringern. Die Kommunikation bildet die Grundlage zur Planung, Steuerung und Evaluation der Behandlung von der Erstbehandlung bis hin zum Entlassungsmanagement. Eine patientenorientierte Versorgung steht hierbei gleichrangig auf der Stufe einer effizienten Versorgung. – b) *Finanzielle Beratung:* Der Case Manager fungiert in dieser Funktion als Vermittler von kostengünstigen bis hin zu kostenlosen Versorgungsangeboten zwischen Leistungsfinanzier, -anbieter und Patient. Gespräche zur Kostenübernahme bis hin zur Haushaltsbudgetberatung bei finanziellen Engpässen des Patienten sind Teil dieser Funktion. – c) *Berufsorientierte Funktion:* Hier gilt es den Patienten gezielt ins Berufsleben zu re-integrieren. Bspw. erfolgen seitens des Case Managers Gespräche mit dem Arbeitgeber über zukünftige Erwartungen an die betreffende Person oder aber auch koordinierende Maßnahmen für Weiterbildungsaktivitäten. – 7. *Ablauf:* a) *Informationsphase:* Fallabhängig erfolgt ausgehend von den individuellen Anforderungen des Auftraggebers und in Abhängigkeit des vorliegenden Krankheitsbild eine Bestandsaufnahme. Details zur Kostenübernahme und den Einzelheiten der Behandlung werden erfasst. Zudem wird das Gespräch mit dem Patienten und sämtlichen am Behandlungsprozess beteiligten Akteuren gesucht. – b) *Planungs- und Berichtphase:* Ausgehend von den Bedürfnissen des Patienten wird ein Behandlungsplan erstellt. Dieser wird unter Wirtschaftlichkeits- und Qualitätsaspekten geplant, mit den Betroffenen diskutiert und dem Auftraggeber als Empfehlung vorgelegt. Kosten-Nutzenanalysen zur Überprüfung von Effizienzpotentialen in der Behandlung können in den Bericht integriert werden. Der Bericht ist durch den Auftraggeber zu legitimieren, ggf. anzupassen und in regelmäßigen Abständen zu aktualisieren. – c) *Implementations- und Evaluationsphase:* Nach Genehmigung des Behandlungsplans durch den Auftraggeber ist der Case Manager für die Umsetzung der Maßnahmen verantwortlich. Eine kontinuierliche Überprüfung des Behandlungsverlaufs erfolgt durch telefonische Rücksprachen mit den Leistungserbringern, regelmäßige Besuche, Evaluation von Behandlungsergebnissen als auch durch die Überprüfung des vorgegebenen Zeitplans.

Cash-and-Carry-Großhandel (CC) – *Selbstbedienungsgroßhandel;* Abk. *CC;* Betriebsform des Großhandels (→ Betriebsformen des Handels), in der nach dem Prinzip der Selbstbedienung ein großes Sortiment von Konsumgütern angeboten wird. Die Kunden (Einzelhändler, Gastwirte, Großverbraucher und sonstige gewerbliche Verwender) suchen die Waren aus, bringen sie zur Kasse, leisten Barzahlung und transportieren sie zum Ort der Verwendung. Wird der Umsatzanteil mit Letztverbrauchern (Konsumenten, Privatverbrauch der gewerblichen Käufer) zu hoch, drohen wettbewerbsrechtliche Sanktionen. Kleinflächige CC sind teilweise in → Verbrauchermärkte oder in → Selbstbedienungswarenhäuser umgewandelt worden.

Catalog Showroom → Katalogschauraum.

Category Management – *Warengruppen-management;* Umsetzung des → Efficient Consumer Response (ECR) Ansatzes auf der Angebots- bzw. Marketing-Seite (Pendant zu Supply Chain Management) primär im Rahmen der handelsbetrieblichen → Sortimentspolitik. Grundlage ist die Philosophie, Warengruppen als Strategische Geschäftseinheiten (strategisches Geschäftsfeld) zu führen. Diese sollen in einem kooperativen Prozess zwischen Handel und Hersteller optimiert werden, welcher die Verknüpfung der horizontalen Kompetenz des Handels (optimale Aussteuerung der Warengruppen untereinander) mit der vertikalen Kompetenz des Herstellers (Detailkenntnis der Produktkategorien) beinhaltet. Auf der Basis einer verbesserten Sortimentsstruktur sollen die Wünsche der Kunden besser befriedigt, und damit die Wertschöpfung erhöht werden, um eine Umsatz- und Gewinnsteigerung für Hersteller und Händler zu erreichen. Die Optimierung erfolgt mittels strategischer und operativer Maßnahmen am → Point of Sale (POS) unter Zuhilfenahme EDV-gestützter Planungs-, Analyse-, Steuerungs- und Kontrollsysteme. Grundlage der Umsetzung auf der Handelsseite bildet die organisatorische Integration der Verantwortung für alle Einkaufs- und Merchandising-Entscheidungen einer Warenkategorie an der Stelle des Warengruppenmanagers. Dessen zentrale Zielvorgabe ist die Optimierung der Bruttospannen (Deckungsbeiträge für die gesamte Warengruppe).

Catering – Versorgung mit verzehrfertigen Speisen, die teilweise auch auf industrielle Weise vor- und zubereitet sind; beliefert werden bestimmte Einrichtungen (z.B. Kantinen, Krankenhäuser, Altenheime, Mensen, Gefängnisse, Schulküchen) oder Personengruppen (z.B. Ausrichter einer Party, alte Menschen in ihren Wohnungen).

CATI – Abk. für *Computer Assisted Telephone Interview;* computergestütztes telefonisches Interview, bei dem der Interviewer Fragen aus dem PC vorliest und die Antworten direkt eingibt. – Vgl. auch → computergestützte Datenerhebung, → Interview, → Telefonbefragung. – *Vorteile:* Es können komplexere Fragebogenabläufe realisiert werden und die Daten stehen unmittelbar nach der Erhebung in maschinenlesbarer Form zur Verfügung.

CC-Großhandlung → Cash-and-Carry-Großhandel (CC).

CC-Zeitschrift – Form des Vertriebs von Fachzeitschriften, bei der bestimmte Zielgruppen das Medium (und damit den → Werbeträger) kostenlos erhalten. Da der Empfängerkreis definiert und damit kontrolliert ist, spricht man auch von einer kontrollierten Verbreitung. Die CC-("Controlled Circulation")Publikationen werden ausschließlich durch die Anzeigenwerbung finanziert. Vorteil für die Werbungtreibenden ist aufgrund der kontrollierten Verbreitung der geringe → Streuverlust.

Center Management → Einkaufszentren, → Einkaufspassagen, → Factory Outlet Center (FOC), die von Betreibergesellschaften errichtet wurden, setzen vielfach ein Center Management als Koordinierungsstelle ein, um das Zentrum als Ort des Einkaufens, Erholens, der Unterhaltung einheitlich zu profilieren. Das Center Management plant das Branchenmix eines Zentrums, kümmert sich um gemeinsame Aufgaben, wie Sicherheit, Sauberkeit, Hintergrundmusik, Frühlingsschmuck etc., und greift koordinierend in das Handelsmarketing der einzelnen Centergeschäfte ein. Diese zahlen über ihre Pacht bzw. über umsatzabhängige Abgaben die Gehälter und die Kosten des Center Managements – Vgl. auch → Stadtmarketing.

Channel Management – Funktion der → Distributionspolitik, deren Aufgabe es ist, alle Aktivitäten in den → Distributionskanälen zu planen, zu koordinieren und zu kontrollieren. Aufgrund der zunehmenden Komplexität der Distributionspolitik und der asymmetrischen Machtverteilung zwischen den Marktpartnern (Handelskonzentration,

→ Nachfragemacht) erweist sich das Channel Management bes. für diejenigen Industrieunternehmen als sinnvoll, die eine große Verkaufsorganisation besitzen und in starkem Maße vom Handel abhängig sind.

Churn Rate – *Abwanderungsrate, Kundenverlustrate,* Begriff aus dem Kundenbindungsmanagement, Kunstwort aus *Change* (Wechsel) und *Turn* (Abkehr); gibt den Anteil abgewanderter Kunden einer Periode an, bezogen auf den durchschnittlichen Kundenbestand in diesem Zeitraum. – *Gegensatz:* Retention Rate, Churn Rate + Retention Rate = 1. – Vgl. auch → Retention Marketing.

City Marketing – *Begriff:* Unter City Marketing versteht man die Entwicklung eines umfassenden Marketingkonzeptes, unter Einbindung der Anspruchsgruppen einer Stadt (z.B. Unternehmen und Bürger) die Vermarktung des Produktes „City" ermöglichen soll. Durch eine gewinnbringende Kombination der oben genannten Faktoren soll die Attraktivität der Innenstädte für unterschiedliche Zielgruppen wieder angehoben werden. – *Hintergrund:* In den letzten Jahren verloren die Zentren der Städte zunehmend an Bedeutung. V.a. das Entstehen von großen → Einkaufszentren an den Stadträndern und der zunehmende Verlust von Einwohnern und Besuchern in den Innenstädten haben zu einer Verschlechterung der Situation in der City geführt. Auch zwischen Städten ist ein verstärkter Wettbewerb um Kaufkraftströme, → Image, Ausbau und Sicherung von Arbeitsplätzen, Industrieansiedlungen, Ansiedlung von Einwohnern etc. zu beobachten. Die Attraktivität einer Stadt hängt von der Vielfalt ihres Angebotes wie Wohnen, Einkauf, Freizeit, Kultur, Sport, Arbeitsmöglichkeiten u.Ä. ab. – Vgl. auch → Stadtmarketing.

Click & Mortar – Ausdruck für eine Form des → Multi Channel Retailing, bei der mind. ein → elektronischer Absatzkanal (Click) und stationäre Geschäfte (Mortar) vorhanden sind.

Clipping → Ausschnittdienst.

Closed Bid – Ausschreibung, die keine Nachverhandlungsphase vorsieht.

Cluster – I. Statistik: homogene Gruppe von bezüglich eines bestimmten Merkmals gleichartigen Elementen. – Vgl. auch → Clusteranalyse.

II. Wirtschaftsgeografie: 1. *Begriff:* räumliche Konzentration miteinander verbundener Unternehmen und Institutionen innerhalb eines bestimmten Wirtschaftszweiges. Der Cluster kann neben Unternehmen vernetzter Branchen auch weitere für den Wettbewerb relevante Organisationseinheiten (z.B. Forschungsinstitutionen, Hochschulen, Kammern, Behörden, Finanzintermediäre, Normen setzende Instanzen etc.) beinhalten. Als räumliche Zusammenballung von Menschen, Ressourcen, Ideen und Infrastruktur stellt sich ein Cluster als hoch komplexes Netzwerk mit dynamischen internen Interaktionen dar, das nicht zwingend mit administrativen Grenzen kongruent sein muss. Die Grundüberlegung ist, dass räumliche Nähe die wirtschaftliche Entwicklung sowie die Entstehung von Wissen und Innovationen fördert. – 2. *Dimensionen eines Clusters:* Es lassen sich folgende Dimensionen eines Clusters unterscheiden: a) *horizontale Dimension:* Sie beschreibt die gleichzeitige Präsenz von Unternehmen, die ähnliche Produkte herstellen, und daher in Konkurrenz stehen. Zwar unterhalten sie keine intensiven Kontakte zueinander, profitieren aber von der Kopräsenz an einem Standort, welche sie in die Lage versetzt, sich über Produkte und Produktionsbedingungen der Wettbewerber zu informieren. Dies ist v.a. bei räumlicher Nähe möglich, über längere Distanzen dagegen nur schwer zu erreichen. b) *Vertikale Dimension:* Sie meint die Konzentration vor- und nachgelagerter Unternehmenseinheiten. Sobald ein spezifischer industrieller Cluster existiert, besteht für Zulieferer, Abnehmer und Dienstleister der Anreiz, sich in derselben Region niederzulassen, um Agglomerationseffekte auszuschöpfen. Der Ansiedlungsanreiz ist dabei umso stärker ausgeprägt, je intensiver die Arbeitsteilung innerhalb der Wertschöpfungskette des Clusters ist. c) *Institutionelle Dimension:* Sie bezieht sich darauf, dass regionale Konzentrationsprozesse die Bildung eines spezifischen Regel- und Normensystems begründen. So teilen die Clusterakteure dieselben bzw. sich ergänzende Technikvorstellungen und Arbeitswerte, sodass sich feste Beziehungen und Konventionen bilden, welche die Grundlage für Zuverlässigkeit und Vertrauen in die gegenseitige Leistungsfähigkeit sind. d) *Externe Dimension:* In ihr kommt zum Ausdruck, dass die Offenheit eines Clusters nach außen von substanzieller Bedeutung ist. Die kontinuierliche Integration externer Impulse gilt als unabdingbare Voraussetzung für die Sicherstellung der Reproduktivität und die Generierung von Innovations- und Wachstumsprozessen über clusterinterne Netzwerke. Ein sog. „lock in", d.h. die kreative Austrocknung eines Clusters durch mangelnde Impulse von außen, ist zu vermeiden. – 3. *Eigenschaften und Beispiele:* Cluster divergieren hinsichtlich ihrer Größe, Bandbreite und ihres Entwicklungsstandes. Sie bestehen meist aus kleinen und mittleren Unternehmen (z.B. der italienische Schuhmodencluster oder der Möbelcluster im US-Bundesstaat North Carolina), umfassen gegebenenfalls aber auch größere Unternehmen (z.B. das Silicon Valley oder Hollywood). Die zusammengefassten Unternehmen können modernen Hochtechnologiebranchen entstammen. Beispiele sind u.a. die Route-128-Region im Raum Boston (Minicomputer, Softwareentwicklung, Bio- und Gentechnologie), Sophia Antipolis in Südfrankreich und der M4-Corridor im britischen Berkshire/Thames Valley (Informations- und Telekommunikationstechnologie), die südschwedischen Regionen Lund und Malmö sowie Martinsried bei München (Biotechnologie). Es kann sich aber auch um konventionelle Branchen, wie z.B. die Textilindustrie auf der Schwäbischen Alb, die Messerwarenindustrie in Solingen, das

Fahrradhandwerk in Freiburg, die Uhrenindustrie im Schweizer Jura, den Standortverbund des kalifornischen Weinanbaus oder das Dritte Italien (u.a. Schuhe, Textilien, Möbel, Glas in Nordostitalien), handeln. – Zu beachten ist, dass von einem Cluster auch Gefahren für die wirtschaftliche Entwicklung einer Region ausgehen können. Dies gilt insbesondere dann, wenn der Cluster nur aus wenigen Branchen besteht, auf welche sich die Region, z.B. bei der Bereitstellung von Infrastruktur, der Wirtschaftsförderung oder der Qualifizierung von Arbeitskräften, einseitig spezialisiert. Eine derartige, anpassungsresistente Monostruktur macht eine Region gegenüber strukturellen und konjunkturellen Krisen besonders anfällig. Als Beispiele lassen sich der Niedergang der Montanindustrie im Ruhrgebiet, die Krise des Automobilstandortes Detroit und die nachlassende Wettbewerbsfähigkeit der Schweizer Uhrenindustrie Ende der 1980er-/Anfang der 1990er-Jahre anführen. Zu beachten ist ferner, dass bei einer zu starken Ausrichtung eines Clusters auf lokale Beziehungen und Institutionen wichtige nationale oder internationale Bezügen vernachlässigt werden. Hinzu kommen klassische Agglomerationsnachteile. Denn ein clusterbedingtes Wirtschaftswachstum führt zu regionalen Belastungen durch hohe Immobilienpreise und Mieten, steigende Arbeitskosten sowie eine überlastete Infrastruktur. Ein Anstieg der Lebenshaltungskosten und Umweltbelastungen bewirkt, dass die Zuwanderung qualifizierter Arbeitskräfte und damit die Wettbewerbsfähigkeit wieder nachlassen. – Vgl. auch Industriedistrikt.

Clusteranalyse – deskriptive Methode der multivariaten Statistik zur Strukturierung der beobachteten Elemente durch Bildung in sich möglichst homogener und untereinander möglichst unähnlicher Gruppen oder Cluster. Die Clusteranalyse erfolgt durch Quantifizierung der Ähnlichkeit zwischen zwei (Mengen von) Elementen mittels Ähnlichkeits- und Distanzmaßen und anschließender Clusterbildung durch geeignete Algorithmen.

Hierbei werden bes. Verfahren mit Austauschalgorithmen (partitionierende Verfahren) und hierarchische Verfahren unterschieden, die sukzessive gegebene Cluster zusammenfassen (agglomerativ) oder aufteilen (divisiv). Daneben gibt es noch Verfahren, welche mit Annahmen bez. der Verteilungsform arbeiten, z.B. die Latent Class Analyse. Die Clusteranalyse wird in der Marktforschung insbesondere zur Marktsegmentierung eingesetzt. – *Grafische Darstellung von hierarchischen Verfahren:* → Dendrogramm.

CMA – Abk. für Centrale Marketinggesellschaft der deutschen Agrarwirtschaft; Sitz in Bonn. Die CMA führt das Gemeinschaftsmarketing für die dt. Agrarwirtschaft durch, ohne ein eigenes erwerbswirtschaftliches Warengeschäft zu betreiben.

Co-Branding – Bei einer Co-Branding-Strategie wird das Leistungsangebot durch zwei oder mehr → Marken im Verbund markiert. I.d.R. bringen alle Kooperationspartner ihre Ressourcen und Kompetenzen in größerem Umfang ein. Co-Branding zeichnet sich durch vier wesentliche Merkmale aus: 1) Verbindung von mind. zwei → Marken, 2) die für den Nachfrager wahrnehmbar kooperieren, 3) um durch die Kooperation der → Marken ein gemeinsames Leistungsbündel zu schaffen,4) um sowohl vor als auch nach der Co-Branding-Kooperation aus Sicht der Nachfrager selbstständig zu sein. – *Co-Branding-Strategien* haben in jüngster Vergangenheit an Bedeutung gewonnen, da viele Hersteller sich von diesen Kooperationen eine Imageverbesserung sowie eine Verbreiterung ihrer Markenkompetenz aus Sicht der Nachfrager erhoffen. Die Besonderheit des Co-Branding besteht in der Problematik, mind. zwei Identitäten eigenständiger Marken unter Berücksichtigung der zugrunde liegenden gemeinsamen Leistung verbinden zu müssen, ohne dass es zu Konflikten zwischen den → Markenidentitäten kommt.

Cocooning – Verhaltensform, die im Rückzug von der komplexen, bedrohlichen und unkontrollierbaren Umwelt in die eigenen vier Wände besteht. Daraus resultiert für Unternehmen die Problematik, einerseits die → Bedürfnisse des Konsumenten zu ermitteln und ihn andererseits in seiner Zurückgezogenheit zu kontaktieren.

Commercial → Fernsehspot, → Funkspot.

Commitment → Markencommitment.

Commodities → Standardprodukte.

Commodity Approach – güterbezogene Betrachtungsweise des Marketings. Es werden spezifische Marketingkonzepte für unterschiedliche Gütertypen entwickelt. Bes. wird eine Unterscheidung nach → Konsumgütern (Konsumgütermarketing) und → Investitionsgütern (Investitionsmarketing) und immateriellen Dienstleistungen (Dienstleistungsmarketing) vorgenommen. Die zunehmende Verbreitung sog. digitaler Güter führt zu neuen konzeptionellen Ansätzen des → Onlinemarketings.

Community – bezeichnet ein organisiertes und soziales Netzwerk von miteinander in Interaktion stehenden Individuen, die sich innerhalb eines spezifischen Zeitraums auf affektive sowie auf kognitive Weise wechselseitig beeinflussen und ein Zusammengehörigkeitsgefühl entwickeln. Die soziale Interaktion zwischen den Mitgliedern einer Community unterliegt dabei i.d.R. einem gemeinsamen Ziel, geteilter Identität oder gemeinsamen Interessen. – Vgl. auch → Brand Community.

Community Relations – Teil der Öffentlichkeitsarbeit (Public Relations (PR)), der auf die Pflege der Beziehungen zur örtlichen Gemeinde des Unternehmensstandorts gerichtet ist.

Competitive Bidding – Ausschreibung.

computergestützte Datenerhebung – Methode der → Befragung, bei der Daten über eine Tastatur oder per Spracherkennung in ein Computersystem eingegeben werden. Dies kann persönlich (→ CAPI), telefonisch (→ CATI) oder über das Internet

(→ Onlinebefragung) erfolgen. Neben der Einsparung von Kosten für den Interviewerstab und die anschließende Umwandlung der Fragebogendaten in ein maschinenlesbares Format ist das Ziel der computergestützten Datenerhebung, eine schnelle und methodisch einwandfreie Datenerhebung zu gewährleisten. Eine Weiterentwicklung stellt das → Bildschirmbefragungssystem dar.

Concurrent Validity → Validität.

Conjoint-Analyse → multivariate Analysemethode zur Bestimmung des Einflusses selektierter Merkmale eines Gutes auf den Gesamtnutzen des Gutes. Die Conjoint-Analyse stellt ein indirekte Art der Befragung dar (→ Conjoint Measurement), bei der Befragungsteilnehmer mehrfach jeweils mit mehreren Produktprofilen konfrontiert werden, die verschiedene Kombinationen ausgewählter Merkmalsausprägungen aufweisen. Teilnehmer geben dann ihre Präferenz für das eine oder andere Produkt ab. Auf dieser Basis entspricht die Befragungssituation eher der realen Einkaufssituation, bei nicht die einzelnen Eigenschaften von Produkten separat ausgewertet werden, sondern Kombinationen von Eigenschaften vorliegen und eine Abwägung des Gesamtnutzens des Produkts zur Einkaufsentscheidung führt. – Die Conjoint-Analyse hat eine herausragende Bedeutung im Preismanagement, wo der Einfluss des Preises auf die Kaufentscheidung und somit eine Preisabsatzfunktion sehr gut ermittelt werden können. Auch in der → Produktentwicklung spielt sie eine sehr wichtige Rolle.

Conjoint Measurement – *Conjoint Analysis*, *Verbundmessung*; Verfahren zur Erklärung von Präferenzen aufgrund von Einzelurteilen (→ multivariate Analysemethoden). Ziel ist herauszufinden, welche Bedeutung einzelne Eigenschaften eines Produktes (z.B. Farbe, Geruch, Preis etc.) für die Gesamtbeurteilung des Produktes haben. – 1. *Formen:* (1) *Traditionelles Conjoint:* Unter der Voraussetzung der Fähigkeit der Testpersonen,

Präferenzurteile (→ Ranking) abzugeben, werden den Versuchspersonen Kombinationen verschiedener Merkmalausprägungen von Objekten präsentiert, die sie nach ihren Präferenzen in eine Rangfolge oder Skala bringen sollen (z.B. ein rotes Auto mit Sportlenkrad zum Preis von 25.000 Euro vs. ein blaues Auto mit Sportlenkrad zum Preis von 24.500 Euro). Problem der Datenerhebung: Bei z.B. nur fünf Merkmalen eines Objektes mit jeweils drei möglichen Ausprägungen ergeben sich bereits 243 mögliche Kombinationen, die in eine Rangordnung gebracht werden müssten. Deshalb werden statt voller faktorieller Designs bei Problemen realistischer Größenordnung stets fraktionelle faktorielle Designs (unvollständige Designs) benutzt, also nur einzeln Kombinationen abgefragt. (2) *Hybride Methoden:* Hier wird zunächst für einzelne Eigenschaftsausprägungen abgefragt, wie vorteilhaft diese empfunden werden. Dann werden ganze Produkte zusammengestellt und miteinander verglichen. Durch diese Vorgehensweise können mehr Eigenschaften berücksichtigt werden, was für komplexe Produkte wichtig ist. Die bekanntesten hybriden Methoden sind ACA von Sawtooth und HILCA von der GfK. (3) *Choice Based Conjoint (CBC):* Den Befragten werden mehrmals (bis etwa 20 mal) eine Auswahl von Produkten angeboten und sie werden gebeten, sich daraus jeweils das beste Produkt auszuwählen. Dieses Verfahren hat hohe *Validität*, kann aber nur wenig Produkteigenschaften berücksichtigen. – 2. *Ergebnisse:* Die Conjoint-Analyse liefert je Befragten und je Eigenschaftsausprägung einen Teilnutzenwert, der ein Maß dafür ist, wie sehr der bzw. die Befragte die Eigenschaftsausprägung bevorzugt (bei CBC erhält man individuelle Werte nur, wenn die sog. HB-Schätzung verwendet wird). Addiert man die Nutzenwerte der Eigenschaftsausprägungen eines Produkts auf, so erhält man den Gesamtnutzen des Produkts, und zwar auch für solche Produkte, die gar nicht abgefragt wurden. Eine Verwendungsmöglichkeit ist die

Produktoptimierung. Da die Teilnutzenwerte auf individueller Basis vorliegen, lassen sich die Befragten nach ihren Präferenzen segementieren. – 3. *Grenzen*: Conjoint berechnet den Gesamtnutzen als Summe der Teilnutzenwerte. Es sollte also nur dann angewendet werden, wenn sich die Nutzen der Eigenschaften addieren. Dies ist z.B. nicht bei Mode der Fall, da hier einzelne Elemente nicht sinnvoll kominierbar sind.

Consumer Neuroscience – Forschungsansatz dessen Gegenstand die systematische Integration neurowissenschaftlicher Methoden, Erkenntnisse und Theorien in die Absatzwirtschaft ist.

Consumer Relations – Teil der Öffentlichkeitsarbeit (Public Relations (PR)), der auf die Pflege der Beziehungen zu den Konsumenten gerichtet ist.

Consumer-to-Consumer-Markt – *C2C*; Form des Marktes, bei der das Angebot von → Konsumenten an Konsumenten erfolgt. Durch die verschiedenen Möglichkeiten des E-Commerce und die erleichterte Kommunikation mittels elektronischer Medien können Angebot und Nachfrage im großen Rahmen zusammengeführt und die Transaktionskosten gesenkt werden. Eine der bekanntesten Consumer-to-Consumer-Markt-Plattformen ist eBay. – Vgl. auch B2C (→ Business-to-Consumer-Markt), B2B (→ Business-to-Business-Markt).

Content Validity → Validität.

Continuous Replenishment – kontinuierliche und nicht auftragsbezogene Versorgung des → Handels (v.a. des → Einzelhandels) mit Waren auf der Basis von permanent erhobenen und mittels Informationstechnik übermittelten Abverkaufsdaten.

Controlled Ad Awareness Technique – Methode der Werbemittelforschung, die versucht, graduelle Ausprägungen des Erinnerungsvermögens dadurch festzustellen, dass Testpersonen Anzeigen identifizieren sollen, die sich hinter mehreren teil-transparenten Folien befinden. Es wird angenommen, dass sich die → Anzeige der Testperson umso mehr eingeprägt hat, je weniger Folien sie zur Identifikation entfernen muss. – Vgl. auch → Werbeerfolgsprognose.

Controlled Circulation (CC) → CC-Zeitschrift.

Convenience Goods – (problemlose) Güter des täglichen Bedarfs, die der Konsument möglichst bequem in der Nähe seiner Wohnung oder seines Arbeitsplatzes einkaufen möchte (→ Verbrauchsgüter), z.B. Brötchen, Milch, Zigaretten, Zeitungen. – *Gegensatz*: → Shopping Goods, → Speciality Goods.

Convenience Shopping – Form des Einkaufs zwischen → Versorgungshandel und → Erlebnishandels, bei der Konsumenten Bequemlichkeit sowohl beim Einkauf von Gütern des täglichen Bedarfs als auch bei Dienstleistungen (Reinigung, Foto-, Postservice, Geldautomaten) und gastronomischen Angeboten (Imbiss, Trinkhalle, Bistro, Getränkeautomaten) suchen. – *Voraussetzungen*: Hochfrequentierter Standort, professionelle Logistik, persönliches Engagement des Shopbetreibers, neue, intelligente Convenience-Produkte, konsequente Kundenorientierung (Nähe zum Kunden, schnelle Erreichbarkeit, One-Stop-Versorgung, überschaubare Sortimente, Freundlichkeit, Schnellverzehr, Stressvermeidung, Zeitgewinn, lange Öffnungszeiten). – Vgl. auch → Convenience Store.

Convenience Store – Laden mit begrenzter Verkaufsfläche für die kurzfristige Versorgung mit Waren des täglichen Bedarfs (Kraftstoffe, Zigaretten, Presse, Backwaren, gekühlte Getränke) sowie Dienstleistungen (Lotto, Toto, Reinigung, Foto-, Postservice, Fotokopierer, Internetanschluss, Faxgeräte, Geldautomaten und Gastronomieangebote). Convenience Stores haben oft hohe Preise, jedoch lange Öffnungszeiten, ggf. 24 Stunden. – Vgl. auch → Convenience Shopping.

Convergent Validity → Validität.

Coombs-Skalierung – *Unfolding-Technik;* Verfahren zur Erfassung von Einstellungen. Ausgangspunkt sind Daten, bei denen die Probanden zwischen verschiedenen Objekten Rangordnungen nach ihrer Bevorzugung bilden. Diese werden in einem langwierigen iterativen Prozess, der nicht immer erfolgreich ist, auf eine eindimensionale Skala umgerechnet. Das Verfahren wandelt also ordinalskalierte Daten in eine (fast) metrische Skala um.

Copy-Strategie – *Kreativ-Strategie.* 1. *Festlegung* der Werbeinhalte entsprechend den Bedürfnissen der → Zielgruppen und der angestrebten → Positionierung. Voraussetzung ist die Planung des Werbeziels. – 2. *Kreative Umsetzung* der Werbestrategie, im Wesentlichen bestehend aus: (1) (Bild-)Motiv, (2) Produktversprechen (Formulierung des Produktnutzens), (3) Begründung des Versprechens für die Zielgruppe durch glaubwürdige, verständliche Argumentation, (4) Festlegung von Stil und Ausstrahlung der Werbung. – Vgl. auch → Werbekampagne, → Werbeplanung.

Copy-Test → psychologisches Testverfahren, bei dem den Befragten eine zu testende Vorlage, i.d.R. ein Werbemittel, eine Zeitung oder eine Zeitschrift vorgelegt wird. Copy-Tests messen bes. die Erinnerung und die Wiedererkennung der gesamten Vorlage oder auch einzelner Elemente. – Vgl. auch → Recalltest, → Recognitiontest.

Corporate Advertising – gesamtheitliche Darstellung der Unternehmensleistung in der Werbung. Die Produktwerbung ist diesem Konzept zu unterstellen. – *Effekte:* Stärkung des Zusammengehörigkeitsgefühls in den einzelnen Unternehmensbereichen; höhere Attraktivität im Absatz- und Personalbereich; Goodwill-Transfer für die Produkte (Position und Verhalten des Unternehmens werden zur Diskussion gestellt; Informationsbedürfnis der Öffentlichkeit befriedigt); Darstellung sozialpolitischer und wirtschaftlicher Verantwortung.

Corporate Behavior – Verhalten eines Unternehmens nach innen (Mitarbeiter) und außen (Kunden, Öffentlichkeit etc.), Teil der → Corporate Identity. Zu unterscheiden sind drei *Verhaltensbereiche:* (1) Instrumentales Unternehmensverhalten, z.B. Preispolitik, Führungsstil; (2) Personenverhalten: Verhalten der im Unternehmen tätigen Personen untereinander sowie das Verhalten dieser Personen zu Außenstehenden; (3) Medienverhalten des Unternehmens, abhängig von der politischen und ethischen Grundhaltung des Unternehmens, evtl. auch von gesetzlichen Restriktionen; es umfasst alle Formen der Kommunikationspolitik, z.B. Stil der Öffentlichkeitsarbeit, Verhältnis zu Journalisten, Werbestil, Auswahl der Werbemedien.

Corporate Communication – Kommunikationsstrategie, die durch eine ganzheitliche Betrachtung aller nach innen und außen gerichteten kommunikativen Aktivitäten eines Unternehmens ein klar strukturiertes Vorstellungsbild von der Unternehmung (Corporate Image) in der Öffentlichkeit und bei den Mitarbeitern des Unternehmens erreichen will. Element der → Corporate Identity.

Corporate Design – visuelles Erscheinungsbild eines Unternehmens im Rahmen und zur Unterstützung der von der → Corporate Identity vorgegebenen Ziele. Das Corporate Design soll das Unternehmen nach innen und außen als Einheit erscheinen lassen, bes. durch formale Gestaltungskonstanten, z.B. Firmenzeichen (→ Logo), Typografie, Hausfarbe etc. In Gestaltungsrichtlinien („Design-Bibeln") wird festgelegt, wie diese Gestaltungskonstanten in unterschiedlichen Anwendungsbereichen einzusetzen sind, z.B. Briefbögen, Innenarchitektur, Produkt- und Verpackungsgestaltung und Anzeigen.

Corporate Identity – 1. *Corporate Identity als Kommunikationskonzept:* Das Corporate Identity-Konzept kann als ein strategisches Konzept zur Positionierung der Identität oder auch eines klar strukturierten, einheitlichen Selbstverständnisses eines Unternehmens, sowohl im eigenen Unternehmen als auch in der Unternehmensumwelt, gesehen werden.

Die strategische Verknüpfung eines solchen Konzepts liegt darin, dass im Rahmen einer Positionierung dieses Selbstverständnisses und Selbstbildes auch eine Reihe zentraler strategischer Elemente wie Technologieorientierung, Produkt-/Marktfelder, strategische Grundorientierungen, Beziehung zu Mitarbeitern, Abnehmern, Lieferanten und Konkurrenten, verhaltenssteuernde Normen etc. geklärt werden müssen. Über die Entwicklung eines deutlichen „Wir-Bewusstseins" soll das Corporate Identity-Konzept nach innen eine Unternehmenskultur als Netzwerk von gelebten Verhaltensmustern und Normen etablieren und sicherstellen, dass die Vielzahl der Entscheidungsbeteiligten auf der Basis eines einheitlichen Unternehmensbildes bzw. Firmenimages und Unternehmensleitbildes entscheidet und handelt. Dadurch wird eine wesentlich höhere Kompatibilität und Synergie der Unternehmensaktivitäten ermöglicht sowie über die Identifikation mit dem Unternehmen und deren Politik erhebliches Motivationspotenzial freigesetzt (vgl. auch → Behavioral Branding). Nach außen geht es darum, dass die durch verbales und nonverbales Verhalten gesendeten Signale mit dem erarbeiteten Konzept übereinstimmen und so bei den verschiedenen Adressatenkreisen wie Öffentlichkeit, Kunden, Presse, Kapitalgeber, Lieferanten, potenzielle Arbeitnehmer etc., den Aufbau eines Firmenimages ermöglichen, die mit dem Corporate Identity-Konzept übereinstimmen; man kann hier von *Image-Fit* sprechen. – 2. *Corporate Identity als Konzept strategischer Unternehmensführung:* Das Corporate Identity-Konzept ist in diesem Sinn nicht nur ein Kommunikationskonzept, sondern ein zentraler Bestandteil der strategischen Unternehmensführung und -planung und eine wesentliche Erfolgsvoraussetzung zu einer kontinuierlichen und strategiekonformen Umsetzung strategischer Konzepte ins operative Geschäft. Die Geschlossenheit und Konsistenz der Strategieumsetzung, der Strategie-Fit ist dabei eine der Stoßrichtungen von Corporate Identity-Konzepten. – 3.

Elemente: (1) → Corporate Behaviour, (2) → Corporate Communication und (3) → Corporate Design. – 4. Das Corporate Identity-Konzept stellt zudem den Rahmen für das Brand Identity-Konzept (→ Markenidentität). – Vgl. auch internationale Corporate Identity.

Corporate Image → Corporate Identity.

Corporate Networks – unternehmensweites Kommunikationsnetz, mit dem auch räumlich getrennte Standorte (Produktionsstätten, Niederlassungen, Filialen etc.) sowie Geschäftspartner (Lieferanten) zusammengefasst werden können. – Vgl. auch Intranet, → Business TV.

Corporate Relations – Gesamtheit der Beziehungen des Unternehmens zu seiner sozialen Umwelt. – Vgl. auch Public Relations (PR).

Cost-Plus Pricing – kostengetriebener Ansatz zur Festsetzung eines Preises. Auf die Kosten eines Gutes wird der zu erzielende Gewinn als Aufschlag addiert um den Verkaufspreis festzulegen.

Cost Plus System → Kost-Plus-System.

Country-by-Country-Verfahren → Produktexpansionsstrategie.

Country of Origin – 1. *Begriff:* Herkunftsland eines Produktes. Wird zumeist gleichgesetzt mit dem Herstellungsland eines Produktes, das auf der Produktverpackung angegeben ist. – 2. *Wirkung:* Die Wirkung des Herkunftslandes auf den Nachfrager wird als Country of Origin-Effekt bezeichnet und ist insb. im internationalen Marketing relevant. Für Nachfrager ist der tatsächliche Produktionsort jedoch von eher geringer Bedeutung. Einen deutlich stärkeren Effekt auf das → Markenimage hat die wahrgenommene räumliche → Markenherkunft.

Couponing → Bemusterung.

Coupontest – Instrument der → Werbeerfolgskontrolle, bei dem → Werbemittel (in erster Linie → Anzeigen und → Direct

Mailings) mit Coupons ausgestattet werden (neuerdings auch gebührenfreien Telefonnummern oder Internetadressen). Anzahl und räumliche Verteilung der Rücksendungen bzw. Anfragen ermöglichen Rückschlüsse auf den Werbeerfolg, z.B. über → Reichweite und → Streuung; Zurechnung zu einzelnen Werbeträgern (→ Media) wird durch differenzierte Kennzeichnung der Coupons ermöglicht. – *Bekanntestes Verfahren:* Bestellung unter Bezugnahme auf Werbemittel (→ BuBaW-Verfahren). Zusätzlich können durch Coupons weitere Adressen für Direct Mailings generiert werden. – Vgl. auch → Anfragenkontrolltest.

Coverage – 1. In der → Distributionspolitik die Abdeckung des Absatzmarkts (Marktabdeckung). – 2. In der → Marktforschung die repräsentative Abbildung der → Grundgesamtheit durch die Stichprobe.

CPC – Abk. für *Central Product Classification* bzw. *Zentrale Güterklassifikation;* seit 1989 Güterklassifikation der Vereinten Nationen, die alle Güter, die Gegenstand einer inländischen oder internationalen wirtschaftlichen Transaktion sein können, erfasst. Dazu gehören neben transportierbaren und nichttransportierbaren Waren auch der Dienstleistungsbereich und materielle (Grund und Boden) und immaterielle (Patente, Copyrights) Vermögenswerte. Die CPC dient der Ermittlung verschiedenster Statistiken, denen Informationen über Produkte zugrunde liegen, bspw. Produktions-, Verbrauchs-, Handelsoder Preisstatistiken. In der CPC sind die Produkte gemäß ihren physischen Merkmalen und ihren wesentlichen Eigenschaften angeordnet. Dabei werden auch die verwendeten Rohstoffe, das Produktionsverfahren, der Verwendungszweck der Güter usw. berücksichtigt. Die Codierung erfolgt teilweise in Anlehnung an die für den Außenhandel verwendete Güterklassifikation HS – Harmonisiertes System zur Bezeichnung und Codierung von Waren (HS). Eine Revision erfolgt in unregelmäßigen Abständen, zuletzt zur

CPC Vers. 2. Aufbauend auf der CPC existiert die Güterklassifikation der Europäischen Union CPA. – Vgl. auch Klassifikationen, Güterklassifikationen.

Credential – Präsentation einer Werbeagentur, in der bereits für andere Kunden realisierte Arbeiten bei einem neu zu gewinnenden Kunden vorgestellt werden. Ziel ist es, den Kunden über die eigene Arbeitsweise, die Organisation und das Dienstleistungsangebot zu informieren. – Vgl. auch → Pitch.

Creeping Commitment – Terminus aus dem Investitionsgütermarketing. Bei komplexen organisationalen Beschaffungsprozessen sind mit fortschreitender Prozessdauer die jeweiligen Entscheidungen durch vorhergehende Entscheidungen in früheren Phasen des Beschaffungsprozesses – → Kaufphasen(ansatz) – zunehmend eingeschränkt.

Criterion Validity → Validität.

CRM – Abk. für *Customer Relationship Management, Kundenbindungsmanagement.*

Cross Selling – „*Über Kreuz verkaufen*"; Ausschöpfung vorhandener Kundenbeziehungen durch zusätzliche Angebote, insbesondere (gegenseitige) Nutzung des Adresspotenzials von vertriebsstrategischen Partnerschaften. Im Sinne der Vertriebseffizienz ist eine hohe Cross-Selling-Quote anzustreben, d.h. es soll eine hohe Produkt- bzw. Vertragszahl pro Kunde beim jeweiligen Anbieter erreicht werden, evtl. auch unterstützt durch einschlägige Preisgestaltungen (→ Rabatte). – Vgl. auch Up Selling und Cross Storno.

Crowdsourcing – 1. *Begriff:* interaktive Form der Wertschöpfung unter Nutzung moderner IuK-Techniken (Web 2.0). Zusammengesetzt aus den Begriffen Crowd und Outsourcing. Einzelne Aufgaben, die bisher intern bearbeitet wurden, werden an eine Vielzahl von Nutzern oder Interessenten ausgelagert und häufig in Form eines Wettbewerbes ausgeführt. Die Aufgabe kann sich dabei sowohl auf eine Innovation beziehen oder aber auch bereits bestehende operative Aktivitäten oder

Produkte. Bekanntester Vertreter für die Anwendung des Crowdsourcing dürfte das Online-Lexikon Wikipedia sein. – 2. *Anforderungen:* Grundlegende Anforderungen sollten erfüllt sein um crowdsourcing erfolgreich einzusetzen: a) Klare Aufgaben- und Zieldefinition, b) Auswahl der richtigen Crowd (Zielgruppe/Community) für die Bearbeitung der Aufgabe, c) Respekt vor den Bearbeitern und ihren Ergebnissen, d) Klärung der Rechtslage. – Im Innovationsbereich wird synonym von → Open Innovation gesprochen.

CSAQ – Abk. für *Computer Self Administered Questionnaire.* – Vgl. auch → Bildschirmbefragungssystem, → computergestützte Datenerhebung, → Interview.

Customer Equity – kundenbezogener Wert, der sich auf einzelne Kunden, Kundengruppen oder den gesamten Kundenstamm beziehen kann. Customer Equity wird auf der Grundlage des Customer Life Time Value und indirekten Wertgrößen (z.B. Informationswert, Referenzwert) des Kunden ermittelt. In der → Marketingforschung lassen sich drei Typen von Customer Equity Modellen unterscheiden: *(1) Black Box-Modelle*: Berechnung auf Basis monetärer Größen; *(2) verhaltenstheoretisch orientierte Modelle*: Berechnung auf Basis psychographischer Größen; *(3) hybride Modelle*: Berechnung auf Basis sowohl monetärer als auch psychographischer Größen.

Customer Lifetime Value (CLV) – 1. *Begriff:* Kundenertragswert; investitionstheoretischer Kundenwert; Instrument zur Bestimmung der Rentabilität von Kunden. – 2. *Merkmale:* Beim Übergang vom Transaktions- zum Beziehungsmarketing (→ Relationship Marketing) steht nicht mehr die Vorteilhaftigkeit jeder einzelnen Transaktion mit dem Kunden im Vordergrund, sondern es sind investitionstheoretische Kalküle zur Bestimmung der ökonomischen Vorteilhaftigkeit einer Kundenbeziehung heranzuziehen. Hierbei werden die kundenspezifischen Ein- und Auszahlungsströme über die gesamte Dauer der

Geschäftsbeziehung betrachtet. Zugunsten höherer Kundeneinzahlungen in zukünftigen Perioden können zur Kundenakquisition „Investitionen" getätigt werden, die sich erst im Laufe der Geschäftsbeziehung amortisieren. Wird bei Bestandskunden die Profitabilität für die verbleibende Dauer der Geschäftsbeziehung ermittelt, so wird hierfür der Begriff Customer Lifeshare Value verwendet. – 3. *Berechnung:* In der einfachsten Form wird zur Ermittlung des Customer Lifetime Value die Kapitalwertmethode herangezogen, bei der für die erwartete Dauer der Geschäftsbeziehung T für jede Periode t die erwarteten kundenspezifischen Einzahlungen e (Basisumsatz, Cross-Selling-Umsatz u.a.) den kundenspezifischen Auszahlungen a (Mailings, Beratung u.a.) gegenübergestellt und mit einem Kalkulationszinssatz i entsprechend der Anzahl der Perioden abgezinst werden:

$$CLV = \sum \frac{e - a}{(1 + i)}$$

In weiterführenden Ansätzen wird versucht, den Beitrag von Kundenreferenzen (Referenzwert) und Kundeninformationen (Informationswert) als ökonomische Größen bei der Kapitalwertberechnung zu berücksichtigen.

Customer Lifetime Value Management – Ausrichtung aller kundenrelevanten Schlüsselprozesse und Maßnahmen am → Kundenwert. Dazu werden Kundengewinnung, Produkt- und Dienstgestaltung, Kundenbeziehungsmanagement und Kundenmonitoring „individualisiert" ausgestaltet.

Customized Marketing – 1. *Begriff:* Individualisierung von Massenprodukten, Services oder der Kommunikation. – 2. *Merkmale:* Die Standardausprägung eines Angebotes oder einer Kommunikation wird den individuellen Kundenwünschen angepasst. Beim Customized Marketing wird dem Kunden die Möglichkeit geboten, über einen direkten Kontakt mit dem Anbieter bzw. über interaktive Medien einen Prozess in Gang zu setzen, der eine seinen individuellen Kundenwünschen entsprechende Leistung hervorbringt. Dadurch sind sowohl im strategischen als auch im operativen Marketing Adaptionen notwendig und möglich (z.B. die Festlegung der Interaktivität bei der Geschäftsfeldwahl, die Einbeziehung interaktiver Medien im Kommunikationsprozess, die veränderte Rolle des → Handels, eine variantenorientierte → Preispolitik etc.). – Vgl. dazu auch → Mass Customization und → Open Innovation.

Dachkampagne→ internationales Marketing.

Dachmarke – Im Gegensatz zur Einzelmarke (Produkt bzw. Produkt-Linien z.B. Golf) werden unter einer Dachmarke (Company Brand z.B. VW) alle Produkte eines Unternehmens geführt. In einem Konzern sind mehrere Dachmarken nebeneinander möglich (z.B. VW-Konzern: VW, Audi, Skoda, Seat etc.). – Vgl. auch → Markenstrategien.

Dachmarkenstrategie → Markenstrategien.

DAR-Test – Abk. für → Day-after-Recall-Test.

Database – Datenbank.

Database Management – Direct Marketing.

Database Marketing – zielgruppenorientierte Marktbearbeitung auf der Basis detaillierter Informationen zu den Kunden. Diese Informationen werden in einer Datenbank (Database) gespeichert. Die Kunden-Datenbank enthält als spezifische Informationen Stammdaten wie auch Transaktionsdaten (z.B. Verkaufsdaten) zu Personen bzw. Firmen, also Adressdaten, Profildaten (zur spezifischen Kennzeichnung und Klassifikation), Aktions- und Reaktionsdaten.

Datenerhebung – Erhebung der interessierenden Daten, i.d.R. durch eine Stichprobe. Dies kann durch → Befragung, → Beobachtung oder Experiment geschehen. – Vgl. auch → computergestützte Datenerhebung, → Erhebung.

Datenreduktion – Komprimierung des Datenmaterials einer Erhebung mittels statistischer Methoden auf Graphiken, wenige aussagekräftige Kennwerte oder Reduktion der Anzahl der betrachteten Merkmale. Dem damit zwangsläufig verbundenen Verlust an Einzelinformationen steht die globale Charakterisierung der Gesamtheit als Vorteil gegenüber. – *Verwendete Methoden:* In erster Linie Tabellen, Maßzahlen (z.B. Mittelwerte, Verhältniszahlen, Indexzahlen), empirische Verteilungen, grafische Veranschaulichungen, aber auch → multivariate Analysemethoden, bes. → Faktorenanalyse, → Clusteranalyse und → Regressionsanalyse.

Dauerniedrigpreisstrategie – Preisstrategie, bei der die Preise einer bestimmten Anzahl ausgewählter Artikel dauerhaft abgesenkt werden und dies den potenziellen Kunden kommunikationspolitisch garantiert wird. Bewusste Abkehr vom Angebot wechselnder Sonderangebote, die nach kurzer Zeit ausverkauft sein können. Ziel ist eine Annäherung an die Unternehmenspolitik der → Discountgeschäfte.

Dauerqualität – zeitlicher Gesichtspunkt der → Qualität. Zeitraum, in dem ein Anlagegut (z.B. Werkzeugmaschine) die geforderte → funktionale Qualität und die → Integralqualität ohne wesentliche Beeinträchtigungen aufweist.

Dauerwerbesendung – sind nach § 7 V des Rundfunkstaatsvertrages zulässig, wenn der Werbecharakter erkennbar im Vordergrund steht und die Werbung einen wesentlichen Bestandteil der Sendung darstellt. Sie müssen zu Beginn als Dauerwerbesendungen angekündigt und während ihres gesamten Verlaufs als solche gekennzeichnet werden. Nach Ziff. 3 Abs. 3 der „Gemeinsamen Richtlinien der Landesmedienanstalten für Werbung, zur Durchführung der Trennung von Werbung und Programm und für das Sponsoring im Fernsehen" vom 23.02.2010 sind Dauerwerbesendungen Sendungen von mind. 90 Sekunden Dauer.

Dauerwerbung → Außenwerbung.

Day-after-Recall-Test – *DAR-Test;* Form eines → Werbetests, bei dem die Untersuchungspersonen einen Tag nach der Ausstrahlung des Fernsehspots bzw. einen Tag nach der Betrachtung einer → Anzeige befragt werden ob sie das entsprechende Programm gesehen haben und wenn ja, ob sie sich an die Werbung erinnern können. Das Verfahren wird heute nur noch selten angewendet; statt dessen wird → Werbetracking zur Überprüfung ganzer Werbekampagnen eingesetzt.

Decay-Effekt – Abnutzungseffekt, der bei Rezipienten bei sich wiederholender Werbung auftreten kann und zu einer Verminderung der → Werbewirkung führt. – Vgl. auch → Reaktanz.

Decision-Calculus-Modelle – auf einem von Little (1970) entwickelten Konzept eines Informations- und Entscheidungssystems basierende Modelle. Angestrebt wird eine vereinfachte Nachbildung menschlichen Entscheidungsverhaltens; zugrunde gelegte Modellanforderungen sind entsprechend: Einfachheit, Benutzersicherheit, Anpassungsfähigkeit, Vollständigkeit, Kontrollierbarkeit und Kommunikationsfreundlichkeit.

Decision Making Unit (DMU) → Buying Center.

Degenerationsphase – *Niedergangsphase.* 1. *Begriff:* letzte Phase des → Lebenszyklus eines Produkts, in der die Absatzmenge zunehmend abnimmt. – 2. *Auslösende Faktoren:* Technischer Fortschritt mit der Folge der Veralterung des Produkts, stark auftretende Substitutionsgüter mit besserer Bedürfnisbefriedigung der Käufer, Bedürfniswandel etc.

Degustation – Probe von Produkten (i.d.R. von Genussmitteln) in Geschäftslokalen und/ oder bei Ereignissen (z.B. im Rahmen von Verkaufsförderungsaktionen). – Vgl. auch → Bemusterung.

Delisting – 1. *Handel:* Auslistung eines → Artikels aus dem → Sortiment eines Handelsunternehmens; quantitative Kriterien für die Auslistung eines Artikels sind sinkende/r → Umsatz, → Absatz, → Marktanteil, Deckungsbeiträge, Kapitalumschlag,

Rentabilität, geringer Umsatzanteil, ungünstige Umsatz-Kosten-Relation, starke Beanspruchung knapper Ressourcen, hoher Anteil an den Komplexitätskosten des Unternehmens. qualitative Kriterien für die Auslistung eines Artikels sind Einführung von besseren Konkurrenz- und/oder Substitutionsprodukten, negativer Einfluss auf das Unternehmensimage, Änderungen in der Bedarfsstruktur der bisherigen Kunden, Entstehung von Kannibalisierungseffekten zwischen den eigenen Produkten (z.B. → Handelsmarken), technische Veralterungen und Gesetzesänderungen. Die angeführten Kriterien sind keinesfalls zwingende Gründe für die Auslistung, sondern weisen lediglich auslistungsverdächtige Artikel hin. – 2. *Börse:* Neben den allg. Regelungen des Verwaltungsverfahrensgesetzes (VwVfG) über die Erledigung und Rücknahme von Verwaltungsakten und den Widerruf begünstigender Verwaltungsakte normiert das BörsG spezielle Widerrufsgründe. – Die Geschäftsführung kann die Zulassung von Wertpapieren zum Handel im regulierten Markt *von Amts wegen* widerrufen, wenn ein ordnungsgemäßer Börsenhandel auf Dauer nicht mehr gewährleistet ist und die Geschäftsführung die Notierung im regulierten Markt eingestellt hat oder der Emittent auch nach Ablauf einer ihm gesetzten angemessenen Frist seinen Zulassungsfolgepflichten nicht nachkommt, § 39 I BörsG. – Beim *regulären Delisting* erfolgt der Widerruf auf Antrag des Emittenten, wenn dies dem Anlegerschutz nicht widerspricht. Nach § 46 der Börsenordnung für die Frankfurter Wertpapierbörse (FWB) ist das dann nicht der Fall, wenn auch nach dem Wirksamwerden des Widerrufs die Zulassung und der Handel des Wertpapiers an einem organisierten Markt oder an einem entsprechenden Markt in einem Drittstaat gewährleistet erscheint, oder nach der Bekanntgabe der Widerrufsentscheidung den Anlegern ausreichend Zeit verbleibt, die vom Widerruf betroffenen Wertpapiere im regulierten Markt der FWB zu veräußern. *Gesellschaftrechtlich* bedarf der beantragte Rückzug von der Börse nach der Rechtsprechung des Bundesgerichtshofs (Urt. v. 25.11.2002 – II ZR 133/01 – (BGHZ 153, 47) – „Macrotron") eines Beschlusses der Hauptversammlung und eines öffentlichen Kaufangebots an die übrigen Aktionäre durch die Gesellschaft oder den Großaktionär. Der BGH hat zwar festgestellt, dass die Einbeziehung der Aktien in den Freiverkehr die Abfindungspflicht nicht entfallen lässt, weil die grundgesetzliche Eigentumsgarantie die Verkehrsfähigkeit des Aktieneigentums schütze. Unklar ist jedoch, ob dies auch für die Segmente des Freiverkehrs gilt, deren Regelwerke dem regulierten Markt stark angenähert und geeignet sind, dauerhaft einen funktionsfähigen Markt zu gewährleisten (dann sog. Downgrading oder Downlisting). Das Oberlandesgericht München (Urt. v. 21.05.2008 -31 Wx 62/07) hat die Verkehrsfähigkeit für das Segment M:access der Börse München bejaht. Das Bundesverfassungsgericht hat jedenfalls festgestellt (Urt. vom 11.7.2012, 1 BvR 3142/07, 1 BvR 1569/08), dass der Rückzug vom regulierten Markt das Eigentumsgrundrecht aus Art. 14 I GG nicht berührt, also hieraus etwa keine Ansprüche auf Abfindung der Aktionäre herleitbar sind. Es hat aber nicht bemängelt, wenn Instanzgerichte solche Ansprüche aufgrund einer Gesamtanalogie zu gesetzlichen Regelungen anderer gesellschaftsrechtlicher Strukturmaßnahmen herleiten. – Vgl. auch Going Private.

Delkrederegeschäft – Form des → Fremdgeschäfts im Handel: Übernahme des Delkredere (der Ausfallbürgschaft) für alle Einkäufe der Mitglieder durch das → Einkaufskontor des Großhandels bzw. die Zentrale einer → kooperativen Gruppe des Handels. Zentrale Regulierung aller Einkäufe (→ Zentralregulierungsgeschäft) unmittelbar nach Rechnungszugang, v.a. um das Skonto auszunutzen. – *Vorteile für den Lieferanten:* Prompte Zahlung, kein Risiko des Ausfalls einzelner Forderungen. – *Gegenleistung:* Delkredereprovision.

Delphi-Technik – *Delphi-Methode, Delphi-Verfahren.* 1. *Begriff:* Form der → Expertenbefragung. – 2. *Ziel/Nutzen:* Zusammenführung und Analyse von Expertenmeinungen. Ihr Nutzen ist primär heuristischer Natur. – 3. *Ablauf:* Experten werden in mehreren Durchgängen zu einer komplexen Problemstellung einzeln schriftlich befragt. Die Gesamtergebnisse jedes Durchgangs werden dabei zu Beginn des folgenden Durchgangs jedem der beteiligten Experten zur Kenntnis gegeben. Unterschiedliche Beurteilungen von Eintrittswahrscheinlichkeiten möglicher Ereignisse in der Zukunft werden miteinander konfrontiert. Mit der Zeit ergibt sich eine Konvergenz und Verengung des Bereichs der durch die Experten abgegebenen Schätzwerte, da die „überzeugendsten" Argumente langfristig in dem Kreis der Befragten diffundieren sollten. Oft konvergieren die Meinungen auch zu polarisierenden Standpunkten. – 4. *Annahmen:* Experten kennen die Zukunft besser als andere; mehrere Experten prognostizieren nicht schlechter als ein einzelner. – 5. *Probleme:* Unklar ist, ob die Meinung, gegen die die Gruppe konvergiert, einen tiefgründig reflektierten Konsens oder nur das Ergebnis der Tendenz darstellt, dass sich die weniger Überzeugten den stärker Überzeugten anpassen. Es lassen sich Tendenzen feststellen, dass Befragte sich in Richtung der Allgemeinheit korrigieren. – 6. *Anwendung:* Unterstützung der Szenario-Technik.

Demarketing – *Reduktionsmarketing;* Sonderform des → Social Marketings, die darauf abzielt, die Nachfrage nach einem (z.B. umwelt- oder gesundheitsschädlichen) Produkt zu verringern, v.a. durch kommunikationspolitische Maßnahmen. Preispolitisch kann Fiskalpolitik eingesetzt werden (z.B. Tabakwaren), distributionspolitisch die Lizensierung von Vertriebsstellen (z.B. Alkoholvertrieb in den nordeuropäischen Ländern).

Demigrossist – *Halbgrossist;* Betriebsform des → Großhandels, der auch an

Letztverbraucher verkauft, z.B. Baustoffgroßhändler mit angegliedertem Baumarkt. Meist in Form einer Cash-and-Carry-Großhandlung, s. → Cash-and-Carry-Großhandel (CC). Wettbewerbsrechtlich umstritten wegen möglicher Verbrauchertäuschung wie Nichteinhaltung der Preisauszeichnungsverpflichtung (mit/ohne Mehrwertsteuer) oder Einhaltung des Ladenschlussgesetzes.

Demoskopie – 1. *Allgemein:* Ergründung der öffentlichen Meinung zum Zwecke der Beeinflussung der Gesellschaft oder der Kontrolle von Auswirkungen öffentlich wirkender Maßnahmen. – Vgl. auch → Meinungsforschung. – 2. *Methode der Marktforschung:* → demoskopische Marktforschung.

demoskopische Marktforschung – Form der → Marktforschung; empirische Untersuchung der Handlungssubjekte in ihrer Funktion als Marktteilnehmer (subjektbezogen). Das menschliche Verhalten wird als Ursache der Marktverhältnisse erforscht mittels persönlicher Befragung oder Beobachtung der Marktteilnehmer, d.h. durch Einbeziehung soziologischer, psychologischer und sozialpsychologischer Gesichtspunkte. – *Gegensatz:* → ökoskopische Marktforschung.

Dendrogramm – *Baumdiagramm;* graphische Darstellung der Clusterbildung bei Einsatz von → Clusteranalysen mit hierarchischen Techniken oder → AID-Analyse. Auf jeder Stufe werden jeweils zwei Elemente oder Cluster vereinigt. Der Vorteil dieser Gruppenbildung besteht darin, dass man die Abstände der Gruppen, die zu einer neuen Gruppe zusammengefasst werden, durch die vertikalen Linienzüge verdeutlichen kann. – Vgl. Abbildung „Dendrogramm".

Denotation – unmittelbar mit einem Objekt verbundene Merkmale (wie z.B. Farbe, Geruch). Im Vordergrund steht die Sachbedeutung der Begriffe. Die → Konotation dagegen verbindet mit den Aussagen zusätzliche Vorstellungen (z.B. → Assoziationen und gefühlsmäßige → Anmutungen).

Department Store → Warenhaus.

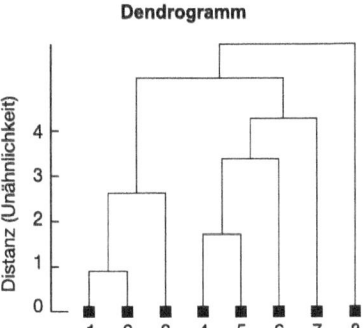

Dendrogramm

Dependenzanalyse – Sammelbegriff für Verfahren der statistischen Datenanalyse, bei denen eine Partitionierung der Datenmatrix stattfindet. Ein Teil der Variablen wird anderen Variablen gegenübergestellt. Die Analyse zielt darauf ab, eine Abhängigkeit (Dependenz) einer oder mehrerer Größen von mehreren anderen Variablen zu analysieren. – *Gebräuchliche Verfahren:* Varianzanalyse, → Regressionsanalyse, Diskriminanzanalyse, → AID-Analyse. – *Gegensatz:* → Interdependenzanalyse.

Depot-System – vertragliche Verpflichtung eines Händlers, das Produktionsprogramm eines Herstellers unter dessen Marke und in einheitlicher Ladeneinrichtung anzubieten. Der Hersteller übernimmt die Ausbildung der Verkaufskräfte oder stellt diese dem Händler zur Verfügung. Verkauf entweder als Eigenhändler (z.B. bei Kosmetik) oder als Kommissionsagenten (z.B. bei Kaffee). – Vgl. auch → Shop in the Shop, → Agenturvertrieb.

Design – 1. *Begriff:* Gestaltung, früher: Formgebung, Formgestaltung. Im Rahmen emotionaler Kundenbindung spielt Design inzwischen eine große Rolle. Neben der gebrauchstechnischen muss die ästhetische Funktion beim Design beachtet werden. Hinzu tritt in jüngerer Zeit die semantische Funktion, der Besitzer möchte sich in seiner Welt durch Produkte ausdrücken. Neben dem Produktdesign (Sonderfälle: Mode- und Schmuckdesign) haben das Grafik- oder Kommunikationsdesign (z.b. werbliche Gestaltung, Gestaltung von Verpackungsoberflächen) und das Corporate Design (der ästhetische Auftritt von Unternehmen) an Bedeutung gewonnen. Vielfältige unterschiedliche Designstile (-prägnanzen) werden angeboten; neben Unternehmen, die sich auf einen Designstil konzentriert haben, gibt es auch solche, die mehrere gleichzeitig anbieten. – Vgl. auch → Produktgestaltung, → industrielle Formgebung. – 2. *Rechtsschutz* durch Hinterlegung als Geschmacksmuster, im Fall einer eigenpersönlichen schöpferischen Leistung durch das Urheberrecht als Werk der angewandten Kunst. Liegen die Voraussetzungen für derartigen Sonderrechtsschutz nicht vor, genießt Design von wettbewerblicher Eigenart ergänzenden Leistungsschutz gegen unlautere Nachahmung (Ausbeutung).

Desk Research → Schreibtischforschung, d.h. Sammlung von Daten ohne eigene → Erhebung. Findet heute v.a. als Internetrecherche statt.

Detaildominanz → Ausstrahlungseffekte.

Detailkollekteur → Aufkaufhandel.

Deutscher Journalisten-Verband e. V. – gegründet 1910, wiedergegründet 1949; Sitz in Berlin. – *Aufgabe:* Gewerkschaft der Journalistinnen und Journalisten sowie Interessenvertretung aller publizistischen Berufe.

Deutscher Kommunikationsverband – früher: *Bund Deutscher Werbeberater (BDW)*, Sitz in Hamburg. – *Mitglieder* sind Fachleute aus den Bereichen Werbung, Öffentlichkeitsarbeit, Verkaufsförderung, Marketing, Marktforschung, Design und Medien. – *Aufgaben:* Bewusstmachung, Begründung und Durchsetzung von Kommunikation als zentralem Steuerungsprozess in Wirtschaft, Technik, Politik und Gesellschaft. – *Tätigkeiten:* Vertretung der Mitglieder nach außen, Beratung von Politik und Verwaltung, Zusammenarbeit mit

Hochschulen, Universitäten etc. zur Verbesserung des Erkenntnistransfers, Förderung des beruflichen Nachwuchses und Information der Öffentlichkeit.

Deutscher Werbefachverband e. V. (DWF) – Dachverband der regionalen Werbefachverbände in der Bundesrepublik Deutschland; Sitz in Fellbach-Stuttgart. – *Aufgaben:* Koordination der überregionalen Interessen der Mitglieder; Zusammenarbeit mit dem Zentralausschuss der Werbewirtschaft (ZAW), Behörden und anderen marktwirtschaftlichen Organisationen; Förderung der beruflichen Fort- und Weiterbildung; Öffentlichkeitsarbeit; Interessenvertretung und -wahrnehmung der Mitglieder.

Deutscher Werberat – vom → Zentralverband der deutschen Werbewirtschaft e. V. (ZAW) gegründete Institution zur freiwilligen Selbstkontrolle in der Werbewirtschaft; Sitz in Berlin. – 1. *Mitglieder:* Durch ZAW gewählte Vertreter der Werbewirtschaft – 2. *Aufgaben:* Korrektur von Fehlerscheinungen und -entwicklungen in der Werbung gemäß den gesetzlichen Regelungen (z.B. UWG, Kartellgesetzgebung, Verbraucherschutzgesetze) sowie den Richtlinien des ZAW und des Internationalen → Werbekodex; v.a. (1) Behandlung von Einzelbeschwerden aus der Bevölkerung zur Korrektur oder Verhinderung zweifelhafter Werbemaßnahmen, (2) Entwicklung von Verhaltensregeln und Entschließungen (Leitlinien) für die Werbung, (3) Information aller Gruppen der Werbewirtschaft über aktuelle Entwicklungen der Verbraucherpolitik, Rechtsprechung und eigene Aktivitäten.

Deutsche Werbewissenschaftliche Gesellschaft e. V. (DWG) – Sitz in Köln. Gemeinnütziger Verein; knüpft an die Tradition der Gelehrtengesellschaft gleichen Namens von 1919 an. – *Mitgliedschaft:* Voraussetzung sind fachliche und berufliche Qualifikation sowie Unterstützung der Gesellschaftsziele. – *Aufgaben:* Vertretung und Förderung der Werbewissenschaft unter dem

Leitsatz „Wissenschaftstransfer in die Praxis, Problemtransfer in die Wissenschaft". Ziel ist die Erhöhung der Werbewirksamkeit und die Vermeidung von Missbrauch der Werbung in allen gesellschaftlichen Bereichen (→ unlautere Werbung). – *Tätigkeitsbereich:* Durchführung einer jährlichen Tagung mit Teilnehmern aus Wissenschaft und Praxis; Herausgabe der wissenschaftlichen Zeitschrift „Transfer Werbeforschung & Praxis".

Dialogmarketing – Marketingstrategie, bei der die Anbieter mit ihren → Kunden bzw. → Zielgruppen in einen Dialog eintreten, der über die Marketingkommunikation hinausgeht. So können Kundenanregungen z.B. für die → Produktpolitik genutzt werden.

Dienstleistungen – I. Allgemein: In Abgrenzung zur Warenproduktion (materielle Güter) spricht man bei den Dienstleistungen von *immateriellen* → Gütern. – Als ein typisches *Merkmal von Dienstleistungen* wird die Gleichzeitigkeit von Produktion und Verbrauch angesehen (z.B. Taxifahrt, Haarpflege in einem Frisiersalon, Theateraufführung). Da die unmittelbare, überwiegend auch personengebundene *Arbeitsleistung* des Produzenten hier den wesentlichen Inhalt der Dienstleistungen ausmacht, werden nur geringe Möglichkeiten zur Produktivitätssteigerung gesehen. Daraus wurde die These eines generellen *Produktivitätsrückstands* der Dienstleistungen gegenüber der Warenproduktion abgeleitet (Drei-Sektoren-Hypothese). In modernen Volkswirtschaften haben derartige *gebundene Dienstleistungen* aber nur noch eine relativ geringe Bedeutung, vielmehr wird die Dynamik des Dienstleistungssektors insgesamt von der Entwicklung *ungebundener Dienstleistungen* bestimmt, für die eine zeitliche und räumliche Entkoppelung von Produktion und Verbrauch durchaus charakteristisch ist. Bei diesen ungebundenen Dienstleistungen, zu denen bes. die *produktions-* oder *unternehmensbezogenen Dienstleistungen* gehören (Finanzdienstleistungen, technische Dienstleistungen), erlaubt der Einsatz technischer Hilfsmittel (EDV, Kommunikationstechniken) Produktivitätssteigerungen, die weit über denen der industriellen Produktion liegen können.

II. Marketing: Dienstleistungsmarketing.

III. Außenhandel: Dienstleistungsexporte liegen vor, wenn Inländer Dienstleistungen für Ausländer erbringen. Von Dienstleistungsimporten spricht man, wenn die Ausländer im Inland oder im Ausland Dienstleistungen für Inländer erbringen. – Vgl. auch Zahlungsbilanz, Dienstleistungsbilanz.

IV. Amtliche Statistik: Statistische Informationen über Dienstleistungen werden im Rahmen der Dienstleistungsstatistik erhoben. Dabei werden Dienstleistungsunternehmen befragt, deren Schwerpunkt der wirtschaftlichen Tätigkeit in den Wirtschaftsabschnitten Verkehr und Lagerei, Information und Kommunikation, Grundstücks- und Wohnungswesen, Erbringung von freiberuflichen, wissenschaftlichen und technischen Dienstleistungen, Erbringung von sonstigen wirtschaftlichen Dienstleistungen sowie in der Abteilung Reparatur von Datenverarbeitungsgeräten und Gebrauchsgütern nach der Wirtschaftszweigsystematik (WZ 08) liegt.

Dienstleistungsbetrieb → Dienstleistungsunternehmen.

Dienstleistungsmarke → Marke für → Dienstleistungen.

Dienstleistungsmarktforschung → Marktforschung auf Dienstleistungsmärkten, z.B. für Banken, Versicherungen, Telekommunikationsfirmen und Verkehrsbetrieben.

Dienstleistungsqualität → Dienstleistungsmarketing.

Dienstleistungstypologien → Dienstleistungsmarketing.

Differenzierung – 1. *Begriff:* → Wachstumsstrategie, bei der ein erfolgreiches Angebot (Produkt, Dienstleistung) genauer an die Wünsche der verschiedenen Zielgruppen angepasst wird. – 2. *Vorgehensweise:* Die

Kunden werden entsprechend ihren unterschiedlichen Anspruchsschwerpunkten segmentiert. Für diese Segmente werden angepasste Produkte entwickelt, die sich in Details unterscheiden. Aus einem Einzelprodukt entsteht eine → Produktlinie. Die Differenzierung kann zur Stärkung des Marktauftritts beitragen. – Vgl. auch → Produktdifferenzierung, → Wettbewerbsstrategie, soziale Differenzierung.

Diffusionsprozess – 1. *Begriff:* Ausbreitung einer Innovation von ihrer Entdeckung oder Kreation bis hin zu ihrer vollständigen Adoption durch den Markt. Die einzelnen Individuen unterscheiden sich dabei erheblich in ihrer Bereitschaft neue Produkte auszuprobieren. Es lässt sich daher eine Innovations-Diffusionskurve erstellen, die der Gaußschen Normalverteilung (Glockenkurve) folgt. Innerhalb der Diffusionskurve lassen sich verschiedene Arten von Adoptern klassifizieren. – 2. *Arten von Adoptern:* a) Innovatoren, sind offen für neues, experimentieren gern und gehen Risiken ein. Sie nutzen gern Alpha- oder Betaversionen eines Produktes um Verbesserungen einzubringen und das Produkt bereits vor der Markteinführung zu nutzen. – b) Frühadopter, sind geringfügig risikoaverser als die Innovatoren und übernehmen die Produkte sobald sie am Markt verfügbar sind. Es handelt sich vielfach um Meinungsführer, die aktiv auf der Suche nach neuen Angeboten sind. – c) Frühe Mehrheit, übernimmt Produkte, wenn Sie bereits eine Weile am Markt eingeführt sind und die Vorteile des Angebotes erwiesen sind. – d) Späte Mehrheit, steht Neuheiten eher zurückhaltend gegenüber, handelt risikoavers und übernimmt Neuheiten häufig erst, nachdem sie nicht nur am Markt etabliert sind, sondern auch über preisliche Anreize verbreitet werden. – e) Nachzügler, übernehmen Neuerungen erst wenn es sich nicht mehr vermeiden lässt.

Direct Mailing – werbliche Ansprache einer bestimmten → Zielgruppe, die auf der Basis einer Adressendatei (evtl. von → Adressenverlagen bezogen) selektiert wurde, d.h. durch adressierte Werbung per Brief mit (individualisiertem) Anschreiben, dem häufig ein → Prospekt beigefügt wird *(Direct Mail)*. Bekannteste Form der → Direktwerbung. – Vgl. auch → Mediaplanung.

Direct-Response-Werbung – Werbekontakt mit Kunden in mehreren aufeinander folgenden Stufen. Durch verschiedene Medien (z.B. Brief, Mail, Telefon, Katalog) werden in regelmäßigen Abständen immer wieder Kontakte hergestellt. Damit wird das Ziel verfolgt, eine dauerhafte → Kundenbindung sicherzustellen. Diese Form der Werbung ist bes. geeignet für das Direct Marketing. Über Massenmedien wird ein Erstkontakt hergestellt, der zum Response führen soll. Die weiteren Kontakte erfolgen dann durch individuellere Ansprechformen.

Direktabsatz → direkter Vertrieb.

direkter Absatz → direkter Vertrieb.

direkter Vertrieb – *Direktabsatz, Direktvertrieb, Direktverkauf, Direktgeschäft, direkter Absatz.* 1. *Vertriebssystem,* bei dem der Verkauf von Herstellern und Großhändlern direkt an Letztverbraucher erfolgt: Die produzierten Güter gelangen ohne Einschaltung des Handels vom Produzenten unmittelbar zum Endnutzer. Marketingentscheidung im Rahmen der → Absatzwegepolitik. – Der Hinweis auf die Hersteller- und Großhändlereigenschaft (entscheidendes Werbeargument) ist nach UWG nur unter bestimmten Bedingungen erlaubt. – 2. *Formen:* → Haustürgeschäfte durch den Erzeuger oder durch Haushaltsvertreter, → Fahrverkauf, Verkauf mittels eigener Stände auf → Wochenmärkten oder über eigene Einzelhandelsfilialgeschäfte (Fabrikfilialen; → Factory Outlet Center (FOC)). – Vgl. auch → Verkaufsbüro, → Verkaufskontor, → Exportmusterlager. – 3. Direkter Vertrieb auch auf dem „grauen Markt": Einkauf der Konsumenten direkt beim Produzenten oder beim → Cash-and-Carry-Großhändler (CC) zwecks Einsparung einer oder mehrerer → Handelsspannen (→ Werkshandel, → Betriebshandel, → Belegschaftshandel, → Behördenhandel und → Beziehungshandel). – Vgl. auch → Demigrossist. – 4. Der direkte Vertrieb an den Letztverbraucher unterliegt u.U. *gesundheitlichen und gewerbepolizeilichen Einschränkungen,* z.B. Verbot des direkten Vertriebs von Arzneimitteln, des ambulanten Handels mit bestimmten Gegenständen; Reisegewerbe. – *Gegensatz:* → Indirekter Vertrieb.

Direktgeschäft → direkter Vertrieb.

Direkt-Kommunikation → Kommunikationspolitik.

Direktmarketing – Direct Marketing.

Direktverkauf → direkter Vertrieb, Factory Outlet.

Direktvertrieb → direkter Vertrieb.

Direktwerbeunternehmen – Unternehmen, die → Direktwerbung für Anbieter durchführen. Das Leistungsangebot der Direktwerbeunternehmen beinhaltet Kreativleistungen, Mediamix-Überlegungen, Druckarbeiten und Versand (→ Werbeagentur); Leistungen können einzeln oder als umfassendes Paket in Anspruch genommen werden.

Direktwerbung – Teil des Direct Marketing. Direktwerbung umfasst alle Formen der individuellen, nicht persönlichen Kommunikation zwischen Anbieter und ausgewählten Nachfragern, vorrangig Werbebriefe, Prospekte, Kataloge, Warenproben. – *Anwendung:* Häufigste Form der Direktwerbung ist das → Direct Mailing als gezielte, durch Post zugestellte, schriftliche Werbung. Zur Einzelwerbung notwendige Adressen können durch → Adressenverlage bezogen oder durch Außendienstmitarbeiter (Kundendatei) oder Coupon-Anzeigen beschafft werden. Zunehmende Probleme durch Datenschutz. Wer keine Direktwerbung empfangen möchte, kann sich kostenlos in die *„Robinson-Liste"* eintragen lassen. – *Vorteile* gegenüber der → Massenkommunikation: Individuelle

Kommunikation, gezielte Ansprache bestimmter Marktsegmente (→ Zielgruppen, → Streuverluste) u.a.

Discountbetrieb → Discounter.

Discounter – *Diskontladen, Disountbetrieb, Discount House,* → Discountgeschäft; Betriebsform des Einzelhandels (→ Betriebsformen des Handels). – *Merkmale:* Preisführerschaft (dauerhaft niedrige Preise) und Erzielung von Kostenvorteilen als strategische Zielgrößen; – *Instrumente:* Einfachheit des Abverkaufs (Selbstbedienung, Verkauf direkt von der Palette oder aus dem Karton), weitgehend standardisierte Filialen, hoher Anteil an Handelsmarken im Sortiment, Verkauf tendenziell grundnutzenorientierter Waren in einem begrenzten Sortiment (geringe Sortimentsbreite und -tiefe) und Erzielung großer Beschaffungsmengen. – *Entwicklung:* Wegen der Dynamik der Betriebsformen im Handel und den damit verbundenen gegenseitigen Anpassungsprozessen der Betriebsformen sind Discounter immer schwerer abgrenzbar. In den letzten Jahren ist ein beschleunigtes → Trading-up der Disounter (→ Image, Kundenschichten, Sortimentsbreite und -tiefe, bes. auch im Non-Food-Sortiment) erkennbar. – *Relevanz:* je nach Abgrenzung erzielen Disounter 20 bis 30 Prozent des Einhandelsumsatzes in Deutschland; bes. starke Position im Lebensmitteleinzel- und Konsumelektronikhandel.

Discountgeschäft – *Diskontladen, Discountbetrieb, Discount House,* → Discounter; Betriebsform des Einzelhandels (→ Betriebsformen des Handels). Angebot eines begrenzten Sortiments von Waren mit hoher Umschlagshäufigkeit ohne großen Aufwand für die Warenpräsentation mittels aggressiver Niedrigpreispolitik und möglichst weit gehender Selbstbedienung und hoher Werbeintensität. Die Discountorientierung kommt in der permanenten Sonderangebotsstrategie oder der Dauerniedrigpreisstrategie zum Ausdruck. Discountgeschäfte werden fast ausschließlich von großen Einzelhandelsunternehmen nach dem Filialprinzip betrieben, denn sie benötigen große, artikelspezifische Einkaufsvolumina und hohe Kundenfrequenzen. – Vgl. auch → Fachdiscounter. – Im Zug der → Dynamik der Betriebsformen im Handel finden laufend gegenseitige Anpassungsprozesse statt, sodass sich die einst klaren Unterschiede z.T. verwischen: Schnellimbissketten übertragen das Discountprinzip auf den Gastronomiesektor; → Fachmärkte und Factory Outlets arbeiten nach dem Discountprinzip.

Discount House – *Diskonthaus*. 1. *Einzelhandel:* → Discounter. – 2. *Bankwesen:* Spezialbanken in Großbritannien, die sich hauptsächlich mit dem Diskontgeschäft befassen. Sie bilden den sog. *Discount Market* (Diskontmarkt).

Discriminant Validity → Validität.

Disintermediation – 1. *Allgemein:* Ausschalten von Zwischenstufen auf dem Weg des Produktes (Ware oder Dienstleistung) vom Hersteller zum Verbraucher. – 2. *Handel:* Direktvertrieb des Herstellers an den Verbraucher unter Umgehung des Groß- und Einzelhandels (Direct Marketing). – 3. *Bankwesen:* Verzicht auf Banken (Finanzintermediäre) und ihre Dienstleistungen bei der Refinanzierung der Unternehmen. Kapitalsuchende erfüllen ihre Finanzierungserfordernisse nicht mit Bankkrediten, sondern mit Wertpapieremissionen, und Kapitalanleger investieren nicht in Termin- oder Spareinlagen bzw. andere Refinanzierungsinstrumente der Banken, sondern nehmen ihre Geldanlage direkt in Wertpapieremissionen vor. Ein fortgesetztes Stadium der Disintermediation ist es, wenn die Banken bei den Emissionsgeschäften nicht mehr vermittelnd tätig sind, sondern die Wertpapiere direkt bei den Investoren platziert werden.

Display – 1. *Form der Warenauslage:* Beim *offenen* Display hat der Kunde unmittelbaren Zugriff auf Ware (→ Selbstbedienung (SB)); bei *geschlossenem* Display hat nur der Verkäufer Zugang zur Ware, um diese den Kunden

zu präsentieren (→ Fremdbedienung). – 2. *Alle* im Rahmen der → Verkaufsförderung eingesetzten *Verkaufshilfen,* wie Verkaufsständer, Regalstopper, Gondeln, Dekorationsmaterial.

Display Advertising – 1. *Begriff:* Unter Display Advertising (auch Display-Werbung) versteht man alle Arten von Online-Werbung, bei der grafische → Werbemittel wie Videos, Animationen oder Bilder verwendet werden. Damit grenzt sich Display-Werbung v.a. von Textanzeigen (z.B. Googles AdWords) ab. Die bekannteste Art ist die → Banner-Werbung. – 2. *Ziel:* Zusammen mit dem Suchmaschinenmarketing (SEM) ist die Display-Werbung die große gängige Werbeart im Internet. Ziel von Display Advertising ist v.a. das Branding, also der Aufbau einer → Marke oder eines → Images, da man hier im Vergleich zur Textanzeige viel größere visuelle Möglichkeiten hat. – 3. *Arten:* Mit Display-Werbung wurde das Prinzip der → Printanzeige auf das Internet übertragen und um dessen Möglichkeiten erweitert. Die Arten von Display-Werbung sind vielfältig, die bekannteste ist jedoch die klassische Banner-Werbung, mit ihren verschiedenen Formaten wie Skyscraper, Rectangle oder Bigsize-Banner. – 4. *Finanzierung:* Finanziert wird Display-Werbung prinzipiell durch zwei verschiedene Modelle. Zum einen ganz klassisch über den Tausender-Kontakt-Preis (TKP), bei dem der Kunde einen bestimmten Preis pro tausend Einblendungen zahlt. Zum anderen über ein erfolgsabhängiges Modell, bei dem nur dann gezahlt wird, wenn durch die Anzeige eine bestimmte Aktion des Users erfolgt. Diese Aktion kann ein Klick sein (Pay-per-Click), eine Registrierung (Pay-per-Lead) oder ein Kauf (Pay-per-Sale), also klassische Elemente des → Performance Marketings.

Display-Nachlass → Händlernachlass.

Distanzhandel – Handel nach dem *Distanzprinzip:* Der Kaufvorgang findet weder persönlich am Standort des Käufers noch persönlich am Standort des Verkäufers statt, sondern wird bei räumlicher Trennung von Verkäufer und Käufer über unpersönliche Kommunikationsmittel abgewickelt, so beim → Telefonverkauf, → Versandhandel und E-Commerce. – *Anders:* → Domizilhandel, → Residenzhandel, → Markthandel.

Distanzhypothese → AIDA-Regel.

Distanzprinzip → Distanzhandel.

distribuierender Handel – Handelsbetriebe, die den Schwerpunkt ihrer Markttätigkeit auf der Absatzseite haben, d.h. Waren in großen Mengen aufkaufen und in kleinen Mengen an ihre Kunden weitergeben. Fast alle Handelsbetriebe sind dem distribuierenden Handel zuzuordnen, eine Ausnahme stellt der → Aufkaufhandel (kollektierender Großhandel) dar.

Distribution – *Verteilung*.

I. Betriebswirtschaftslehre: Gesamtwirtschaftliche Verteilung der → Distributionsobjekte (Waren, Dienstleistungen, Rechte, Entgelte und Informationen). In der Praxis werden häufiger die (engeren) Begriffe → Absatz, → Vertrieb, Verkauf benutzt. Üblicherweise werden als Distribution alle Prozesse bezeichnet, die zwischen Produzenten und Händlern bis hin zum Letztabnehmer im → Absatzkanal ablaufen. Als → Redistribution werden die Prozesse vom Konsumenten/ Verbraucher über Händler zur Warenrücknahme, zum Recycling oder zur Entsorgung bezeichnet. – Vgl. auch → Distributionswirtschaft.

II. Volkswirtschaftslehre: Verteilung von Einkommen (Einkommensverteilung) und von Vermögen (Vermögensverteilung). – Vgl. auch Verteilungspolitik, Verteilungstheorie.

Distributionsforschung – Teilgebiet der → Marketingforschung, das sich mit der Untersuchung der → Absatzwege beschäftigt. Hierzu zählen z.B. auch die Erfassung der Effizienz des Einsatzes verschiedener Formen von Außendienstmitarbeitern.

Distributionsfunktionen – alle Aufgaben, die → Distributionsorgane (→ Handel im

funktionellen Sinn) im → Distributionssystem wahrnehmen. – Vgl. auch → Handelsfunktionen.

Distributionsgrad → Kennzahl für die Verbreitung eines Produkts im Markt. Der Distributionsgrad errechnet sich als Quotient aus der Anzahl der Einkaufsstätten, die das betreffende Produkt tatsächlich anbieten, und der Anzahl der Einkaufsstätten, die das Produkt anbieten könnten.

Distributionskanal – Teil des → Distributionssystems, über dessen Stufen (→ Absatzkanal) die Distributionsobjekte verteilt werden. – Vgl. auch → Distribution.

Distributionskosten – *Vertriebskosten, Absatzkosten*.

I. Handel: 1. *Gesamtwirtschaftlich:* die durch die Warenverteilung verursachten Kosten; also die aufaddierten Vertriebskosten sämtlicher an der Herstellung einer konsumreifen Ware beteiligten Produktionsunternehmungen zzgl. der Kosten sowie des Gewinnaufschlags der in den Absatzweg eingeschalteten Handelsunternehmungen, der Absatzhelfer, der Handelsvermittler und der Marktveranstaltungen (→ Distribution). – 2. *Einzelwirtschaftlich:* Betriebskosten des Konsumgüter distribuierenden Groß- und Einzelhandels einschließlich deren Gewinnaufschlägen (→ Distributionsspanne).

II. Verkehr: Die Kosten der akquisitorischen und physischen Distribution von Produkten. – 1. Kosten der *akquisitorischen Distribution* werden durch die Einrichtung und Nutzung betrieblicher Absatzwege und die Aktivitäten der Absatzorgane (Verkäufer) bei der Herstellung und Pflege von Kundenkontakten und der Gewinnung von Aufträgen verursacht. – 2. Kosten der *psychischen Distribution* (Logistikkosten) entstehen durch die Transport-, Lagerungs-, Umschlags-, Verpackungs- u.a. logistischen Einrichtungen und Vorgänge zur Überführung der Güter vom Betrieb zu den Kunden unter Beachtung räumlicher und zeitlicher Bereitstellungsbedingungen.

Distributionslager → Auslieferungslager.

Distributionsobjekte – Waren, Dienstleistungen, Rechte, Entgelte und Informationen, die im → Distributionssystem nach den gesamtwirtschaftlichen Dimensionen Raum, Zeit, Quantität und Qualität verteilt werden.

Distributionsorgane – die in die (gesamtwirtschaftliche) → Distribution eingeschalteten Organe. Dies sind: (1) Absatzorgane der Hersteller, z.B. Verkaufsabteilungen, Reisende, Verkaufssyndikate; (2) → Absatzmittler, z.B. Groß- und Einzelhändler, Bäcker, Gaststätten; (3) → Absatzhelfer, z.B. Handelsvertreter, Spediteure; (4) → Marktveranstaltungen, z.B. Messen, Ausstellungen, Auktionen, Börsen; (5) Beschaffungsorgane der Abnehmer, z.B. → Einkaufs-, Konsumgenossenschaften, Einkaufsreisende.

Distributionspolitik – alle einzelwirtschaftlichen Maßnahmen zur → Distribution der Güter. Teilbereich der Absatz- bzw. → Marketingpolitik. – Vgl. auch → internationale Distributionspolitik.

Distributionsspanne – Differenz zwischen Einkaufspreis der Konsumenten und Verkaufspreis des Herstellers. – Vgl. auch → Distributionskosten.

Distributionssystem – System bestehend aus mehreren → Distributionsorganen, zwischen denen die einzelnen → Distributionsobjekte über verschiedene Stufen des → Distributionskanals verteilt werden, und zwar in den gesamtwirtschaftlichen Dimensionen Raum, Zeit, Quantität, Qualität (→ Distributions- oder → Handelsfunktionen). In einer weiterführenden Kreislaufwirtschaftsbetrachtung umfasst das Distributionssystem auch die → Redistribution. – Vgl. auch → Distribution.

Distributionsweg → Absatzweg.

Distributionswirtschaft – 1. Sämtliche *Institutionen*, die in die → Distribution von Waren eingeschaltet sind. – 2. Alle *Tätigkeiten* der Warendistribution. Begrifflich und inhaltlich nur unscharf von der Absatzlogistik zu differenzieren. – Vgl. auch → Handel.

Diversifikation – *Diversifizierung*. 1. *Begriff*: Ausweitung des Leistungsprogramms auf neue Produkte und neue Märkte. Diversifikation ist Mittel der Wachstums- und Risikopolitik der Unternehmung (→ Wachstumsstrategie). Weil man weder die Kunden kennt, noch über Erfahrungen mit den Produkten verfügt, gilt diese Strategie als riskant. Die Diversifikation kann entweder intern oder extern erfolgen. Interne Eintrittsstrategien sind die interne Diversifikation, die Eigenentwicklung, die Lizenznahme und der Zukauf von Handelsware. Externe Eintrittsstrategien sind die Akquisition und die Kooperation (Joint Venture, Allianzen u.Ä.). – 2. *Richtungen*: a) *Horizontale Diversifikation*: Ausweitung des Produktprogramms um solche Leistungen, die mit den bisherigen Produkt-Markt-Kombinationen in einem sachlichen Zusammenhang stehen. – b) *Vertikale Diversifikation*: Aufnahme von Produkten, die zu einer vor- oder nachgelagerten Produktionsstufe gehören. – c) *Laterale Diversifikation*: Zwischen den alten und den neuen Produkt-Markt-Kombinationen besteht kein sachlicher Zusammenhang mehr. – 3. *Instrument zur Strategieauswahl*: Produkt/Markt-Matrix. – Vgl. auch Wertschöpfungsstrategie.

Domestic Marketing – Marketingkonzept (→ Marketing), in dessen Mittelpunkt die Bearbeitung des Heimmarktes steht. Der Begriff Domestic Marketing dient lediglich der Abgrenzung gegenüber den auf das Ausland abzielenden Strategien bzw. Konzepten (internationales Marketing).

Domizilhandel – Handel nach dem *Domizilprinzip*: Der Kaufvorgang findet am Standort des Käufers (dessen Domizil) statt, bei Endverbrauchern in der Wohnung und bei gewerblichen Abnehmern am Gewerbestandort, so beim → Hausierhandel. Der Verkäufer bewegt sich zum Käufer. – *Anders*:

→ Distanzhandel, → Residenzhandel, → Markthandel.

Doppelleser – die Leser einer Zeitung oder Zeitschrift, die zusätzlich auch *eine* andere Publikation lesen, die sich an die gleiche Zielgruppe richtet. – Vgl. auch → Exklusivleser, → Mehrfachleser.

Drei-Tage-Markt → Partieverkauf.

Dritte-Person-Technik – *Third Person Technique*; → psychologisches Testverfahren, bei dem der Testperson unterschiedliche Interpretationen zulassende Situationen vorgegeben werden, für die sie die Reaktion Dritter zu erfinden hat. Es wird angenommen, dass die Testperson dabei ihre eigenen individuellen Einstellungen in die Situation hineinprojiziert (→ projektive Verfahren).

Dritte-Welt-Laden → Betriebsform des Handels mit einer Spezialisierung auf Produkte aus der „*Dritten Welt*": Textilien, Keramik, Holzschnitzereien, Teppiche, Schmuck, Gewürze, Tee, Kaffee. Oft Produkte aus sog. „*Fair-Trade-Geschäften*", bei denen ein erhöhter Erlösanteil an die kleinbetrieblichen Erzeuger zur Stärkung deren Selbstständigkeit direkt überwiesen wird. Eng verbunden mit dem Aspekt des Cause-Related Marketing.

Drive-in-Prinzip – Betriebsform im → Einzelhandel, bei der die Angebote von den Kunden nachgefragt und bezahlt werden können, ohne dass sie das Auto verlassen müssen, mit dem sie zum Ladenlokal gelangt sind (z.B. Fast-Food-Restaurants, Freilichtkinos).

Drive-in Stores – Betriebsform des → Einzelhandels, bei welcher der in seinem Fahrzeug sitzende Abnehmer das Auto nicht verlassen muss, um einzukaufen. Heute auch Begriff für Baumärkte, bei denen der Kunde direkt mit seinem Fahrzeug in das Lager mit den Waren fahren kann. – Unter demselben Gesichtspunkt: *Drive-in-Banken* (mit einem Schalter auf dem Bürgersteig am Straßenrand, der außerhalb der Geschäftszeiten versenkt werden kann) und *Drive-in-Restaurants*.

Drop-out-Rate – Ausfallrate, d.h. Anteil der Stichprobe, der die Antwort verweigert. Bei der Panelforschung ist dies die → Panelsterblichkeit.

Druckverfahren – technische Methode zur Übertragung von Druckfarbe auf das Druckmedium. Man unterscheidet: (1) *Hochdruck,* bei dem die zu druckenden Stellen in der Druckform erhaben sind; (2) *Tiefdruck,* bei dem die zu druckenden Stellen in der Druckform vertieft sind; (3) *Offsetdruck* (Flachdruck), bei dem sich die zu druckenden Stellen auf der Druckform mit den nicht zu druckenden Stellen annähernd auf einer Ebene befinden; die zu druckenden Stellen werden zuvor chemisch behandelt; (4) *Siebdruck,* bei dem die Farbe durch eine Schablone auf die zu druckenden Stellen aufgetragen wird; (5) *Digitaldruck,* der teilweise traditionelle Druckverfahren anwendet, jedoch durch verschiedene Techniken auf Belichtungsfilme oder Druckplatten verzichtet.

Drugstore → Betriebsform des → Einzelhandels, die als Mischform aus → Gemischtwarengeschäft und → Kiosk v.a. in den USA weit verbreitet ist: → Nachbarschaftsgeschäfte, die neben Drogeriewaren auch Süßwaren, Bücher, Zeitungen, Zeitschriften, Schreibwaren, Spielzeug, Geschenkartikel sowie einfache Schmuckwaren führen. Zumeist mit Imbissecke und Getränkebar.

Dumpingpreis – Preis eines Gutes, der unterhalb der Herstellkosten bzw. des Einkaufspreises liegt. Im internationalen Kontext handelt es sich um Dumping wenn ein Gut mit geringerem Preis im Ausland als im Inland oder mit einem ausländischen Preis unterhalb der Herstellkosten verkauft wird. Geahndet wird Dumping aber lediglich dann, wenn der Wirtschaft im Zielland dadurch nachweisbar ein Schaden entsteht oder droht. In diesem Fall können Anti-Dumping-Zölle erhoben werden.

Duplikation → Reichweitenüberschneidung.

Durchführbarkeitsstudie → Feasibility-Studie.

Durchschnittskostendeckung – Grundsatz der langfristigen → Preispolitik, wonach die Preise stets so zu stellen sind, dass sie die zugehörigen Durchschnittskosten je Einheit decken. Wegen der in solchen Vollkosten enthaltenen, mit abnehmender Beschäftigung ansteigenden Anteile an fixen Kosten verstärkt die Zielsetzung der Durchschnittskostendeckung häufig eine ohnehin vorhandene Unterbeschäftigung. Kurzfristig ist Durchschnittskostendeckung als Preispolitik vielfach durch andere preispolitische Ziele zu ersetzen. – Vgl. auch → Preisuntergrenze.

Durchschnittsspanne – durchschnittliche Höhe der → Handelsspanne. – 1. *Einzelbetriebliche* Durchschnittsspanne (→ Betriebshandelsspanne): (1) Bezogen auf einen Artikel bei Spannenänderungen im *Zeitablauf;* (2) bezogen auf die Spannen mehrerer Artikel (Artikelgruppen) oder Warengruppen (→ Mischkalkulation). – 2. *Überbetriebliche Durchschnittsspanne:* Ermittlung in Betriebsvergleichen, manchmal sogar für unterschiedliche Betriebsformen oder ganze Handelsbranchen.

Dustbin Check – Form der → Beobachtung, bei der Haushaltsmüll auf die Verwendung bestimmter Produkte bzw. Marken untersucht wird. Der Dustbin Check kann auch im Haushaltspanel durchgeführt werden. Die Methode wird angewendet bei Untersuchungspersonen, die sich einer Befragung entziehen oder einer solchen nicht gewachsen sind.

DWF – Abk. für → Deutscher Werbefachverband e. V.

DWG – Abk. für → Deutsche Werbewissenschaftliche Gesellschaft e. V.

Dynamik der Betriebsformen im Handel – 1. *Begriff:* Anpassung etablierter und Herausbildung neuer → Betriebsformen des Handels wegen Veränderungen der gesellschaftlichen, ökonomischen und wettbewerblichen Umweltbedingungen. – 2. *Zwei Phasen* der Entwicklung neuer Betriebsformen: a) *Erste Phase:* Pionierunternehmer entwerfen das *neue Konzept* mit dem Ziel der Leistungssteigerung und Rationalisierung der Warendistribution durch neuartige Kombination handelsbetrieblicher Einsatzfaktoren (Produktionsfaktoren des Handels). Wichtige Ansatzpunkte: Gezielte Sortimentsbegrenzung auf Waren mit hohem Lagerumschlag, Auffinden preisgünstiger Bezugsmöglichkeiten, drastische Reduzierung bzw. vollständiger Verzicht auf Kundendienstleistungen, starke Verminderung des Personaleinsatzes, funktionelle Bauweise bei einfacher Ladenausstattung, rationeller Einsatz der übrigen Betriebsmittel (Kasse, Lager, Fuhrpark etc.). Dies ermöglicht den Pionierunternehmern so stark ermäßigte Preise, dass wegen der davon ausgehenden Anziehungskraft auf den Einsatz teurer Werbemittel verzichtet werden kann. – b) *Zweite Phase: Wandel der Ziele* bei den Pionierunternehmern: Schrittweises Trading-up aus Furcht, die vornehmlich auf niedrigen Preisen beruhende Anziehungskraft könne nachlassen. Dadurch entsteht unmittelbare Konkurrenzsituation zu den etablierten Betriebsformen, die sich im Zug des Trading-down angepasst und manche Elemente der neuen Betriebsformen kopiert haben. Damit eröffnet der Markt wieder Chancen für das Vordringen neuer, preisaggressiver Betriebsformen. – *Beispiel:* Die Abfolge des Eindringens von → Supermärkten, → Discountgeschäften, → Verbrauchermärkten, → Selbstbedienungswarenhäusern, → Fachmärkten. – Vgl. auch → Ladenverschleiß.

Dynamisches Pricing → Revenue Management.

E

EAN – Abk. ursprünglich für *Europaeinheitliche Artikelnummer,* heute: *Internationale Artikelnummer;* für den Nahrungsmittelbereich international genormte Schnittstelle zwischen der artikelbezogenen Datenverarbeitung der verschiedenen Handelsstufen. 1977 von zwölf Staaten (darunter alle EG-Staaten) vereinbart; inzwischen haben sich mehr als 48 Länder, u.a. die USA und Japan angeschlossen. – *Bestandteile:* Ein zweistelliges *Länderkennzeichen* (für Deutschland: 20, 28, 40 bis 44), eine fünfstellige *Betriebsnummer des Herstellers* (national vergeben), eine fünfstellige *Artikelnummer* (in der Verantwortung des Herstellers) und eine *Prüfziffer.* – Für die maschinelle Erkennung wird die EAN durch einen genormten Barcode (DIN-Norm 66 236) codiert; ein EAN-Symbol besteht jeweils aus der Darstellung der EAN durch das entsprechende *Strichcodesymbol* (parallele Blöcke unterschiedlicher Breite) und der *Zifferndarstellung* in OCR-B-Schrift (optische Zeichenerkennung) für manuelle Eingabe. – Vgl. auch → Warenwirtschaftssysteme (WWS).

EAN Data Matrix – Grafische Kodierung, die einer aus Punkten zusammengesetzten Briefmarke ähnelt und nur von 2D-Scannern gelesen werden kann. Die Informationsdichte pro Fläche ist hier wesentlich höher als bei Strichcodes wie → EAN oder → GS1 Data Bar. Data Matrix eignet sich für sehr kleine Produkte (etwa von Pharma- und Elektronikindustrie) oder für die Überprüfung von Internettickets.

Early Bird – bis zu einem festgelegten Termin befristetes Angebot, sodass sich der potenzielle Käufer rasch entscheiden muss, ob er das Angebot annehmen möchte („Der frühe Vogel fängt den Wurm.").

eBay-Auktion – Auktion über die elektronische Handelsplattform 'eBay', die Onlineauktionen ausrichtet, an denen sowohl private als auch gewerbliche Anbieter und Nachfrager miteinander handeln. – *Rechtsprobleme:* Nach Feststellung des BGH aus dem Jahre 2001 können Willenserklärungen auf den Abschluss eines Vertrages auch durch elektronische Übermittlung rechtsgültig abgegeben werden. Durch eine eBay-Onlineauktion betreffende Folgeentscheidung des VIII. Zivilsenats aus dem Jahre 2004 wurde näher festgestellt, dass allerdings im Gegensatz zur Versteigerung nach § 156 BGB der so geschlossene Vertrag nicht durch Zuschlag sondern durch übereinstimmende Willenserklärung der Handelspartner entsprechend §§ 145 ff. BGB zustande kommt. Ebenso gibt der Verkäufer allein durch Feilbieten seines Angebotes auf der eBay-Website ein verbindliches Verkaufsangebot ab, das sich an den Höchstbieter innerhalb der Laufzeit der Onlineauktion richtet. – Vgl. → Versteigerung.

ECR – Abk. für → Efficient Consumer Response.

EDI – 1. Abk. für → Electronic Data Interchange. – 2. Abk. für *Economic Diversification Index.*

EDIFACT – Abk. für *Electronic Data Interchange for Administration, Commerce and Transport;* unter Federführung der UN entstandener internationaler Standard für den elektronischen Austausch kommerzieller Daten in einheitlichen Formaten für die üblichen Geschäftsvorgänge, wie z.B. Bestellungen, Rechnungen, Lieferscheine, Zollerklärungen, Zahlungsaufträge etc. (Umsetzung von → Electronic Data Interchange in ein anwendbares Protokoll).

Educentives – Wortzusammensetzung aus *Education* und *Incentives;* Motivationsprogramme mit Eventcharakter, die eine Verknüpfung von Bildung und Wissen mit Spaß und Unterhaltung zum Ziel haben und sowohl für Mitarbeiter als auch Kunden eingesetzt werden können.

Edutainment – Kombination der Wörter *Education* und *Entertainment*. – Spielerische Vermittlung von Wissen bei gleichzeitigem großen Unterhaltungswert. Anwendung in der Aus-, Fort- und Weiterbildung sowie im Marketing, z.B. bei Unternehmenspräsentationen.

Efficient Consumer Response (ECR) – 1. *Begriff*: Strategisches Konzept in der Konsumgüterindustrie, in dem alle Partner zur Optimierung der Wertschöpfungskette zusammenarbeiten. Unter Efficient Consumer Response (ECR), d.h. der effizienten Reaktion auf die Kundennachfrage, werden verschiedene Managementmethoden zusammengefasst, die darauf abzielen, die Versorgungsketten effizient und an den Bedürfnissen der Verbraucher orientiert zu gestalten. Konkret agieren Hersteller und Handel gemeinschaftlich mit dem Kunden als Ausgangs- und Orientierungspunkt sowie unter dem Motto „Kooperation statt Konfrontation". Auf diese Weise sollen sich für alle Beteiligten Nutzenpotenziale erschließen, die im Alleingang nicht zu erreichen gewesen wären. – 2. *Ziel*: Abbau von Ineffizienzen entlang der Wertschöpfungskette (logistischer Aspekt), Erschließung von Umsatzpotenzial (Marketingaspekt). – 3. *Elemente*: a) → Electronic Data Interchange (EDI), d.h. ein automatisierter, genormter, zeitgerechter, präziser und papierloser Informationsaustausch zwischen Hersteller, Handelszentrale (Zentrallager), Filiale inkl. Point of Sale (POS); b) Kooperation in der Logistik (Supply Chain Management): exakt auf den Abverkauf abgestimmter, gleichmäßiger Warennachschub aufgrund automatischer Disposition (etwa durch Vendor Managed Inventory = lieferantengeführte Bestände), synchronisierte Produktion, Just-in-Time-Belieferung, Anlieferung an Zentrallager und dort Sortierung vorbereiteter Filialkommissionierungen und Auslieferung (Cross Docking),

Optimierung der Transport- und Ladekapazitäten durch aufeinander abgestimmte Ladeeinheiten, Lager- und Transporttechnik (Efficient Unit Load) und dadurch Senkung der Logistikkosten (durch optimale Nutzung der Transportkapazitäten, Reduzierung von Prozesszeiten und -aufwand) sowie der Kapitalbindungskosten durch Reduzierung der Warenbestände (Continuous Replenishment) beim Hersteller, in Distributionszentren und beim Händler sowie Erhöhung der Produktverfügbarkeit am Point-of-Sale; Kooperation im Marketing durch kunden- und renditeorientierte Sortimentsgestaltung und Produktpräsentation (Efficient Assortment), Optimierung der Produkteinführungen durch umfassenden Informationsaustausch bei der Neuproduktplanung, den Produkttests und bei der Produkteinführung (Efficient Product Introduction), gemeinsame, zielorientierte Planung von Verkaufsförderungsaktionen (Efficient Promotions) sowie c) eine Organisation, die eine wertschöpfungsorientierte, partnerschaftliche Abstimmung der Interessen der Produktgruppen-Manager der Industrie und der Warengruppenmanager des Handels (→ Category Management) ermöglicht. – 4. *Probleme*: relativ hohe Investitionen in IT-Systeme, Offenlegung von (bisher unternehmensinternen) Daten mit dem Risiko des Datenmissbrauchs, Qualifikation des Personals, Anerkennung von Synergieeffekten der Teamarbeit sowohl der Warengruppenmanager untereinander als auch der Warengruppenmanager des Handels mit den Produktmanagern und Key Account Managern der Industrie, nie aufzulösendes systemimmanentes Konfliktpotenzial zwischen Industrie und Handel. – 5. *Perspektiven:* → Kundendatenmanagement, Data Warehouse.

Egonomics – Verhaltenstrend, der die Abgrenzung zu anderen Personen durch differenzierten Konsum zum Ziel hat. Aus dem Trend resultiert eine → Fraktalisierung der Zielgruppen und ihrer → Bedürfnisse für Chance für Anbieter zur → Marktsegmentierung und zum Nischenmarketing. Hierbei kann ein wichtiges Strategieelement die Personifizierung des Angebots durch interaktive Produktgestaltung (→ Mass Customization) sein.

Eigengeschäft – *Propergeschäft*. 1. *Begriff:* Geschäfte im eigenen Namen und auf eigene Rechnung, z.B. bei Importen; getätigt von → Einkaufskontoren des Großhandels, von Zentralen → kooperativer Gruppen (→ kooperative Gruppen des Handels) oder → Filialunternehmungen. Der Warenstrom wird als → Lagergeschäft oder → Streckengeschäft abgewickelt. – 2. *Funktionsweise:* Die einkaufende Organisation trägt das volle Absatzrisiko; bei Handelskooperationen sind Verhandlungen mit ihren Mitgliedern über Abnahmemengen und Preise erforderlich. Zentralen von Filialunternehmungen können die eingekauften Waren auf die Filialen verteilen und deren Verkauf mittels zentralen Handelsmarketings fördern. – *Gegensatz:* → Fremdgeschäft.

Eigenmarke → Marke.

Einfuhrhandel – *Importhandel;* von spezialisierten Handelsunternehmungen betriebene Einfuhr von im Ausland erworbenen Waren zum Zweck des Weiterverkaufs an inländische Fabrikanten und Händler. Einfuhrhandel bildet eine Stufe der → Handelskette. Als Branchenbezeichnung gebräuchlich, z.B. in der Statistik. – *Gegensatz:* → Ausfuhrhandel.

Einfuhrhändler – *Importeur;* Person oder Unternehmung, die → Einfuhrhandel betreibt. Der Einfuhrhändler hat ähnliche Funktionen wie der → Binnengroßhändler, trägt jedoch zusätzliche Risiken, z.B. für Valutaveränderungen (Valuta), Überschreitung der vereinbarten Transportzeit, politische Umstürze. Im Gegensatz zu den Ausfuhrhändlern sind Einfuhrhändler überwiegend nach Waren, nur selten nach Ländern spezialisiert. – *Anders:* Einführer.

Einführungsphase – erste Phase im Lebenszyklus, die auf die Angebotsentwicklung folgt. Der Absatz wächst langsam, da das Angebot eventuell noch unbekannt ist und neu

am Markt eingeführt wird. Gewinne können noch nicht realisiert werden, da die Ausgaben für die Markteinführung noch über den Einnahmen aus dem Angebotsverkauf liegen. – Vgl. → Lebenszyklus.

Einführungswerbung – Werbung zwecks Einführung eines neuartigen Produkts, einer neuen → Marke oder einer neuen Dienstleistung. – *Zweck:* Die Einführungswerbung soll zuerst Aktualität für das Angebot erzeugen. Des Weiteren übernimmt die Einführungswerbung die Aufgabe, die Wahrnehmbarkeit und Eigenständigkeit der Positionierungsbotschaft sicherzustellen und integriert zu vermitteln. – Vgl. auch → Erhaltungswerbung, → Erinnerungswerbung, → Werbeziele.

Einheitspreis – Verkauf eines Gutes an alle Kunden über alle → Absatzkanäle zum gleichen Preis, Gegenteil der → Preisdifferenzierung.

Einkaufsgemeinschaft – 1. *Zusammenschluss* von Unternehmungen zu gemeinschaftlichem Einkauf mit dem Zweck, die durch Großeinkauf erzielbaren Preisvorteile auszunutzen. Für mittelständische Betriebe des Einzelhandels sind Einkaufsgemeinschaften ein Mittel im Konkurrenzkampf mit den großen Filialunternehmungen. Rechtsform häufig die Genossenschaft (→ Einkaufsgenossenschaft), auch AG und GmbH. Teilweise weiterentwickelt zur → Full-Service-Kooperation. – 2. *Erscheinungsformen:* horizontale Kooperation oder *vertikale* Form als sog. *freiwillige Kette* zwischen einem Leitgroßhändler und dessen Anschlusskunden. – 3. *Aufgaben:* Einkauf häufig auf Einkaufstagungen, Musterungen, → Mustermessen, wo die Herstellerangebote ausgestellt werden. Der Einkauf kann erfolgen im: (1) → Eigengeschäft; (2) Vermittlungsgeschäft. – Vgl. auch → Einkaufskontor.

Einkaufsgenossenschaft – *Bezugsgenossenschaft*. Genossenschaftlich organisiertes Beschaffungsunternehmen von Einzelhändlern, Handwerkern oder Landwirten mit der Absicht eines koordinierten oder gemeinsamen

Einkaufs von Rohstoffen, Hilfsstoffen und Betriebsstoffen, → Handelswaren, Anlagen u.Ä. (z.B. Einzelhandels-, Metzger- und Bäckereinkaufsgenossenschaften, landwirtschaftliche Bezugsgenossenschaften, s. Genossenschaft). Durch die Zusammenfassung der Nachfrage ergeben sich für das Genossenschaftsmitglied günstigere Einkaufskonditionen und Lagerkosten. Durch die Bildung von gegengewichtiger Marktmacht auf der Nachfrageseite wird die Wettbewerbsposition der Mitglieder der Genossenschaft gestärkt. Die reinen Einkaufsgenossenschaften haben an Bedeutung verloren, da der genossenschaftliche Geschäftsbetrieb immer mehr an Förderungsleistungen im Absatz- und Servicebereich übernommen hat (Bezugs- und Absatzgenossenschaft).

Einkaufsgremium → Buying Center.

Einkaufskontor – 1. *Begriff:* Horizontale Kooperation zwischen selbstständigen Großhandelsunternehmungen zum Zweck des gemeinsamen Warenbezugs. Hauptziel ist die Senkung der Einstandspreise durch Mengenbündelung (→ Mengenrabatt) und Rationalisierung der Beschaffungstätigkeiten. – 2. *Aufgaben:* (1) Bei der Geschäftsanbahnung: Abhaltung von → Mustermessen sowie Information der Mitglieder über das Warenangebot mittels Rundschreiben oder → Ordersätzen. (2) Bei der Geschäftsabwicklung: → Zentralregulierungsgeschäfte, → Delkrederegeschäfte, → Abschlussgeschäfte, → Eigengeschäfte. (3) Schulung, Beratung der Mitglieder. – 3. *Leistungen der Kontormitglieder:* Möglichst hohe → Einkaufskonzentration, die wegen der fehlenden Bezugsverpflichtungen sowie der üblichen Doppel- bzw. Mehrfachmitgliedschaft in verschiedenen Einkaufskontoren nur schwer zu erreichen ist; aktive Förderung des Verkaufs der über das Kontor bezogenen Produkte; Ausbau eines leistungsfähigen Vertriebsstellennetzes.

Einkaufskonzentration – Konzentration der Warenbeschaffung von der Einzelhandels- auf die Großhandelsstufe in einer vertikal gegliederten Handelsorganisation. Voraussetzung ist hohe Sortimentskongruenz. – *Vorteile:* hoher Lagerumschlag auf der Großhandelsstufe, Verringerung der Lager-, Transport- und Bestellabwicklungskosten. Die Einkaufskonzentration, gemessen auf der Basis des Großhandelssortiments, liegt bei kooperativen Gruppen (→ kooperative Gruppen des Handels) zwischen 50–80 Prozent; bei → Filialunternehmungen kann sie 100 Prozent erreichen.

Einkaufspassage – räumlich konzentrierte Zusammenballung von Handels- und Dienstleistungsbetrieben unterschiedlicher Branchen in einem (zumeist überdachten) Durchgang durch bzw. zwischen Gebäudekomplexen an i.d.R. verkehrs- und passantenreichen Straßen. Einkaufspassagen werden zur Revitalisierung von Innenstädten gebaut, um Menschen das Flanieren in angenehmer Atmosphäre zu ermöglichen, Schaufensterauslagen zu betrachten, (Erlebnis-)Käufe und/oder Umsätze in (oft offen gestalteter) Gastronomie zu tätigen. – Vgl. auch → Einkaufszentrum, → Erlebnishandel.

Einkaufsprämie – *Dealer Loader;* (Sach-)Prämie bei Überschreitung einer vorgegebenen Bestellmenge. – *Arten:* (1) *Buying Loader:* Geschenk, das nach dem Bestelleingang zugesandt wird; (2) *Display Loader:* Das vom Hersteller zur Verfügung gestellte Display-Material geht in das Eigentum des Händlers über. – Einkaufsprämien werden als Maßnahmen der → Verkaufsförderung eingesetzt.

Einkaufspreis → Bruttoeinkaufspreis, → Nettoeinkaufspreis.

Einkaufsring – Einkaufsgemeinschaft von Handelsunternehmen als horizontale Kooperation. Der Einkauf wird durch ein Ringmitglied für die übrigen Mitglieder zentral getätigt. Die einkaufende Unternehmung tritt entweder im eigenen Namen und für eigene Rechnung oder im Namen und für Rechnung der Ringunternehmen auf.

Einkaufsstätte → Laden.

Einkaufsstättentreue – Begriff aus der → Marktforschung zur Systematisierung der Kunden hinsichtlich des Erwerbs gleichartiger Waren in einem, zwei oder mehreren Geschäften. Ziel des → Handelsmarketings ist häufig das Erreichen einer hohen Einkaufsstättentreue (→ Stammkunden). Bei → Handelsmarken kann Markentreue zur Erzielung von Einkaufsstättentreue genutzt werden.

Einkaufsstättenwahl – Entscheidung des Konsumenten bzw. des Kunden in sachlicher Hinsicht für eine bestimmte Betriebsform, in räumlicher Hinsicht für eine bestimmte Verkaufsstelle. – Grundlagen der *Theorien zur Erklärung der bevorzugten Betriebsform*: (1) Vergleich der von den einzelnen Betriebsformen angebotenen Leistungen (die sich bes. in den Sortimenten und der Preispolitik unterscheiden); (2) Anforderungen einzelner Konsumentengruppen; (3) die von den Konsumenten zurückzulegenden Entfernungen, deren Einfluss auf die Einkaufsstättenwahl im Rahmen der Standorttheorie untersucht wird. – Vgl. auch → Kaufverhalten, → Konsumentenverhalten.

Einkaufsverband → Einkaufsgemeinschaft.

Einkaufsvereinigung → Einkaufsgemeinschaft (Einzelhandel), → Einkaufskontor (Großhandel).

Einkaufszentrum – *Shoppingcenter*; räumliche Konzentration von Einzelhandels- und Dienstleistungsbetrieben (z.B. Warenhaus, Supermarkt, Textilgeschäft, Bankfiliale, Reiseveranstalter, Gaststätte, Reinigung, Kino, Arztpraxis u.a.); in Europa – amerik. Vorbild folgend – seit etwa 1960. Planung meist von öffentlichen oder privaten Trägergesellschaften gemeinsam mit den kommunalen Verwaltungen als Zentren von Trabantenstädten oder sonstigen Stadtteilen; im Raum zwischen großen Städten zur Versorgung neu entstandener Randsiedlungen; an zentralen Orten in Innenstädten im Zug von Sanierungen, hier meist gruppiert um attraktive → Einkaufspassagen. Ansammlung von bis zu 20 Betrieben: *Nachbarschaftszentrum;* von über 100

Betrieben: *Gebietszentrum*. – Manche zentralen Aufgaben werden von der Trägergesellschaft für alle Betriebe wahrgenommen, z.B. Gemeinschaftswerbung, Reinigung, Bepflanzung, Bewachung, Aktionsplanung, ggf. sogar die Abrechnung über zentrale Rechenanlagen. Einkaufszentren werden zumeist von Centermanagern nach einem klaren Marketingkonzept zur Profilierung als einzigartige Einkaufsstätte geführt. – Vgl. auch → Factory Outlet Center (FOC), → Stadtmarketing.

Einmarkenstrategie → Markenstrategien.

Einrichtungszuschuss – Fordern oder Gewähren von Zuschüssen für eine (bes.) Ladeneinrichtung; den Leistungswettbewerb im Handel gefährdend (gemeinsame Erklärung).

Einschaltquote – Anteil der zu einem Zeitpunkt oder in einem Zeitraum auf einen bestimmten Sender eingeschalteten Radio- bzw. Fernsehgeräte an der Gesamtzahl der im Empfangsgebiet vorhandenen Radio- bzw. Fernsehgeräte. Gemessen werden die Einschaltquote für das Fernsehen in ausgewählten Haushalten (→ Panel), für Radio durch Befragung.

Einschreibung – eine der → Auktion verwandte → Marktveranstaltung. Der Anbieter unterbreitet den Nachfragern ein Angebot und fordert diese mittels eines öffentlich annoncierten Aufrufs auf, bis zu einem bestimmten Zeitpunkt dieses Angebot schriftlich anzunehmen oder ein höheres Angebot abzugeben. Die Nachfrager bewerben sich also nicht in öffentlicher Konkurrenz, bei der sie sich an den Angeboten der Konkurrenten orientieren könnten. Dadurch sollen Absprachen der Nachfrager untereinander, z.B. über Höchstgebote, verhindert werden.

Einstandspreis – *Einstandswert*. 1. *Allgemein:* Anschaffungskosten. – 2. *Handelsunternehmen:* → Wareneinstandspreis.

Einstellung – I. Käuferverhalten: 1. *Begriff:* subjektiv wahrgenommene Eignung eines Gegenstands (Produkt, Person, Situation etc.) zur Befriedigung von Bedürfnissen

(→ Motivation; → Motiv). Wird auch als → *Image* bezeichnet. – Einstellung gilt als „*hypothetisches Konstrukt"*, das nicht direkt und unmittelbar beobachtet werden kann, sondern i.d.R. aus verbalen Stellungnahmen oder offenem Verhalten erschlossen wird (→ Neobehaviorismus); ein Subjekt besitzt einem Objekt gegenüber eine positive, negative oder neutrale Einstellung. – Das *Einstellungskonzept* geht dabei vom Individuum zum Gegenstand in subjektiv-individualisierter Form (Subjektperspektive) aus; Gegenstände können interpersonell unterschiedlich eingeschätzt werden. – Das *Imagekonzept* geht dagegen vom Gegenstand (Objektperspektive) in objektivierter Beurteilung aus (Personen-, Kaufstätten-, Unternehmens-, Länderimages der öffentlichen Meinung, → Imagetransfer); mehrere Personen (im Grenzfall alle) besitzen einem Objekt gegenüber die gleiche oder zumindest ähnliche Einstellung, weil vom Objekt ein bestimmtes, intersubjektives Image ausgeht. Image kann mithin als generalisierte, stereotype Einstellung des betreffenden Objekts angesehen werden. – 2. *Komponenten:* (1) *kognitive (erkenntnismäßige) Komponente,* die sich in den Vorstellungen, Kenntnissen und Meinungen gegenüber einem Objekt äußert; (2) *affektive (emotionale) Komponente,* die sich auf eine gefühlsmäßige, mit dem Objekt verbundene Haltung bezieht; (3) *konative (handlungsbezogene) Komponente,* die sich auf eine grundsätzliche Handlungstendenz (z.B. Kaufhandlung) bezieht. I.d.R. sind alle drei Komponenten konsistent aufeinander abgestimmt: Die Konsistenz von Denken, Fühlen und Handeln gegenüber einem Objekt kennzeichnet eine Einstellung – Vgl. auch → kognitive Dissonanz. – 3. *Messprobleme:* Im Rahmen der Erforschung des Käuferverhaltens geht es v.a. um die Frage, ob aus positiven Einstellungen gegenüber einem Kaufobjekt → Kaufabsichten oder -handlungen gefolgt bzw. prognostiziert werden können; hierzu liegt eine Vielzahl von Studien vor, die z.T. widersprüchliche Ergebnisse liefern. Experimentelle (z.B. Störfaktoren) und messmethodische Schwierigkeiten (z.B. Ein- oder Mehrdimensionalität) sind hierfür verantwortlich. – Vgl. auch → Werbeforschung.

II. **Arbeitsrecht:** 1. *Begriff:* (1) Abschluss eines Arbeitsvertrages; (2) die damit zusammenhängende Eingliederung des Arbeitnehmers in den Betrieb, d.h. die *Arbeitsaufnahme.* Wenn Abschluss des Arbeitsvertrags und Arbeitsaufnahme zeitlich auseinander fallen, ist auf den ersten Zeitpunkt abzustellen. – 2. Die Einstellung unterliegt nach den §§ 99– 101 BetrVG der *Mitbestimmung des Betriebsrats* in Betrieben mit mehr als 20 wahlberechtigten Arbeitnehmern. Einstellung im Sinn von § 99 BetrVG ist auch die Weiterbeschäftigung über die vereinbarte Altersgrenze hinaus, die Weiterführung eines befristeten Arbeitsvertrag und die Beschäftigung von Leiharbeitnehmern im Entleiherbetrieb (§ 14 III AÜG). – 3. Der Arbeitgeber hat den Betriebsrat rechtzeitig über die geplante Einstellung zu unterrichten, ihm die erforderlichen Bewerbungsunterlagen vorzulegen und Auskunft über die Person der Beteiligten zu geben. Er hat die Zustimmung des Betriebsrats zu der geplanten Einstellung einzuholen und dabei auch Auskunft über die Auswirkungen der Einstellung zu geben. – 4. *Zustimmung des Betriebsrats:* Der Betriebsrat kann seine Zustimmung gemäß § 99 II BetrVG aus fünf im Einzelnen aufgeführten Gründen (z.B. Einstellung verstößt gegen ein Gesetz) verweigern. Die Zustimmungsverweigerung hat schriftlich unter Angabe von Gründen binnen einer Woche nach Unterrichtung durch den Arbeitgeber zu erfolgen; anderenfalls gilt die Zustimmung als erteilt. Der Arbeitgeber kann beim Arbeitsgericht beantragen, die *Zustimmung zu ersetzen* (§ 99 IV BetrVG). Die Entscheidung ergeht im Beschlussverfahren. – 5. Der Arbeitgeber darf, wenn dies aus sachlichen Gründen dringend erforderlich ist, die Einstellung *vorläufig durchführen;* bei Widerspruch des Betriebsrats muss er jedoch innerhalb von drei Tagen das Arbeitsgericht anrufen und neben der Ersetzung der Zustimmung die Feststellung beantragen, dass die Einstellung aus sachlichen Gründen dringend erforderlich war (§ 100 BetrVG). – 6. Führt der Arbeitgeber die Einstellung ohne die erforderliche Zustimmung des Betriebsrats durch, so hat das Arbeitsgericht dem Arbeitgeber auf Antrag des Betriebsrats aufzugeben, die *Einstellung auch tatsächlich aufzuheben.* Handelt der Arbeitgeber einer solchen Entscheidung zuwider, kann gegen ihn ein Zwangsgeld verhängt werden (§ 101 BetrVG).

III. Handelsrecht: Einstellung des Geschäftsbetriebs: Einstellung durch die *Erben* ist bei Firmenfortführung notwendig, wenn die *Haftung* für die früheren Geschäftsverbindlichkeiten ausgeschlossen werden soll. Es muss deutlich erkennbar sein, dass eine Fortführung nicht beabsichtigt ist, z.B. durch Veräußerung des Unternehmens *ohne* Firma. Eine Einstellung liegt nicht vor, wenn das Geschäft zunächst unter der alten Firma weitergeführt und dann ohne Firma verkauft oder unter einer neuen Firma fortgeführt wird. Für die ausscheidenden Erben liegt Einstellung bereits in der Erbauseinandersetzung.

IV. Zwangsvollstreckung: Einstellung bedeutet, dass die Vollstreckung nicht fortgesetzt wird, bereits vorgenommene Vollstreckungsakte aber bestehen bleiben können (§ 775 ZPO). – 1. Einstellung und Aufhebung *findet statt:* (1) wenn die Vollstreckung ausdrücklich für unzulässig erklärt oder deren endgültige Einstellung durch gerichtliche Entscheidung angeordnet ist; (2) wenn eine Entscheidung vorgelegt wird, durch die der Vollstreckungstitel aufgehoben ist; (3) wenn der Schuldner eine öffentliche Urkunde über die zur Abwendung der Vollstreckung erforderliche Sicherheitsleistung vorlegt; (4) Die Zwangsvollstreckung ist ferner einzustellen, wenn der Schuldner eine öffentliche oder von dem Gläubiger ausgestellte Urkunde über die erfolgte Befriedigung des Gläubigers oder eine Stundungsbewilligung oder einen Einzahlungsnachweis einer Bank oder Sparkasse über die Einzahlung des geschuldeten

Betrages vorlegt. – 2. *Einstweilige Einstellung:* kann in einer Reihe von Fällen als vorläufige Maßnahme gegen oder ohne Sicherheitsleistung angeordnet werden, z.B. bei Einspruch, Erinnerung, Berufung, Vollstreckungsgegenklage und Drittwiderspruchsklage (§§ 707, 719, 732, 769 ZPO). – Vgl. auch Vollstreckungsschutz. – 3. *Einstellung des Zwangsversteigerungsverfahrens:* zulässig a) bei Bewilligung des Gläubigers; b) auf Antrag des Schuldners bis zu sechs Monaten, wenn (1) die Aussicht besteht, dass durch die Einstellung die Versteigerung eines Grundstücks vermieden wird, (2) die Nichterfüllung der Verbindlichkeit auf Umständen beruht, die in allg. wirtschaftlichen Verhältnissen begründet sind und (3) die Einstellung dem Gläubiger zuzumuten ist (§§ 30 ff. ZVG).

V. Insolvenzrecht: Einstellung des Insolvenzverfahrens, durch Beschluss des Gerichts angeordnete vorzeitige Beendigung des Verfahrens: (1) auf Antrag des Gemeinschuldners mit Zustimmung aller Insolvenzgläubiger nach Ablauf der Anmeldefrist oder vor deren Ablauf, wenn der Gemeinschuldner versichert, dass außer den zustimmenden Gläubigern keine weiteren vorhanden sind (§ 213 InsO); (2) sobald sich ergibt, dass eine die Kosten des Verfahrens deckende Insolvenzmasse nicht vorhanden ist, es sei denn, dass ein ausreichender Vorschuss geleistet wird (§ 207 InsO). Die Einstellung wird wirksam mit dem Vollzug der öffentlichen Bekanntmachung. Die gegen den Beschluss zulässige Beschwerde (zwei Wochen) hemmt die Wirksamkeit nicht. Die Einstellung beendet die Insolvenz, macht die Eröffnung aber nicht rückgängig.

VI. Beamtenrecht: Begründung eines Beamtenverhältnisses. Dazu bedarf es der Ernennung. Die Ernennung erfolgt durch Aushändigen einer Ernennungsurkunde (§ 8 II Beamtenstatusgesetz).

Einstellungsforschung – *Imageforschung;* Teilgebiet der → Marktforschung bzw. der → Konsumentenforschung, das die Erfassung der Einstellung zu einem Unternehmen oder zu einem Produkt bei einer bestimmten Zielgruppe zum Gegenstand hat. Problematisch ist die Messung der Einstellung. Im Rahmen der Einstellungsforschung kommt u.a. das Verfahren der → multidimensionalen Skalierung (MDS) zum Einsatz.

Einstellungskonzept → Einstellung.

Einthemenbefragung – Form der → Befragung, bei der nur ein Thema untersucht wird. – *Gegensatz:* → Omnibus-Befragung (Mehrthemenbefragung).

Eintrittsgelder → Eröffnungsrabatt.

Einzelhandel – 1. *Institutionelle Interpretation:* Absatz von Waren an Letztverbraucher durch → Einzelhandelsunternehmungen. – 2. *Funktionale Interpretation:* Absatz von Waren und sonstigen Leistungen an Letztverbraucher, z.B. → direkter Vertrieb landwirtschaftlicher Erzeuger, industrieller Hersteller, Groß- oder Einzelhändler an Konsumenten. – Vgl. auch → Handel, Einzelhandelsstatistik.

Einzelhandelspanel → Handelspanel.

Einzelhandelsunternehmung – 1. *Begriff:* Unternehmung, deren Schwerpunkt ihrer wirtschaftlichen Tätigkeit der An- und Verkauf von Handelswaren ist. In Einzelhandelsunternehmungen werden nur handelsübliche Be- und Verarbeitungsprozesse ausgeübt (Sortieren, Mischen, Verpacken, Reparieren, Ändern etc.) sowie mit Dienstleistungen das Warenangebot verkaufsfähig für den Letztverbraucher gemacht (Lagern, Präsentieren, Beraten, Transportieren, Finanzieren etc). – 2. *Merkmale:* Abgabe von Gütern in kleinen und kleinsten Mengen an Letztverbraucher, Zusammenstellung von Waren zu Sortimenten. – 3. *Formen:* In der Realität existieren vielfältige → Betriebsformen des Handels, die durch den Wettbewerb zu permanenten Anpassungsprozessen gezwungen werden (→ Dynamik der Betriebsformen im Handel). – 4. *Bedeutung:* Die Zahl der selbstständigen Einzelhandelsunternehmungen

nimmt ab; hingegen steigt die Anzahl der Verkaufsstätten aufgrund zunehmender Filialisierung (→ Filialunternehmung), ebenso steigt die durchschnittliche Verkaufsfläche pro Verkaufsstätte (→ Handelsstatistik). Aufgrund zunehmender Mobilität vergrößern sich die → Einzugsgebiete der einzelnen Verkaufsstellen von Einzelhandelsunternehmungen; daraus kann eine lokale Unterversorgung resultieren (Geschäftsaufgabe wegen mangelnder Nachfrage).

Einzugsgebiet – räumlich umgrenzter Bereich, aus dem die Kunden stammen, die üblicherweise einen Handelsbetrieb aufsuchen. Die Abgrenzung von Einzugsgebieten ist Voraussetzung für die Errechnung der potenziellen Kaufkraft möglicher Standorte von Handelsbetrieben (→ Standortpolitik) sowie für die regionale Streuung der vom Handelsbetrieb einzusetzenden → Werbeträger bzw. Werbemittel (Absatzreichweite).

Eisbrecher – *Kontaktfrage;* Bezeichnung der Meinungsforschung für eine geeignete Einstiegsfrage bei einer Befragung. – Dabei soll durch eine geschickte Frage, die leicht zu beantworten ist, das Interesse des/der Befragten geweckt und gleichzeitig zum Thema hingeführt werden.

Electronic Cash – deutsches Zahlungsverfahren, bei dem der Käufer den Kaufpreis mittels Bankkundenkarte und Eingabe der persönlichen Identifikationsnummer (PIN) am → Point of Sale (POS)-Terminal bezahlt. Die positive Onlineautorisierung durch die Autorisierungszentrale, welche die Prüfung der PIN, der Echtheit der Karte, einer evtl. Sperre und der Deckung umfasst, garantiert dem Händler die unbedingte Zahlung. Die endgültige Belastung erfolgt im Interbank-Clearing zwischen Händlerbank und kartenausgebender Bank. Eine Sonderform des Electronic Cash ist das Electronic Cash Offline-Verfahren. Im Gegensatz zum „echten" Electronic Cash findet hier grundsätzlich keine Onlineautorisierung statt. Vielmehr wird anhand des Chips auf der Bankkundenkarte nach einer PIN-Identifikation abgeprüft, ob durch die aktuell vorliegende Zahlung ein vorher festgesetzter Höchstbetrag (z.B. 1.500 Euro) und ein ebenfalls vorher festgesetzter Zeitraum (z.B. 90 Tage) überschritten werden. Ist eine der beiden Voraussetzungen erfüllt, erfolgt eine Onlineautorisierung durch die Autorisierungszentrale.

Electronic Data Interchange (EDI) – papierloser, z.T. automatisierter, auf elektronischem Weg erfolgender Datenaustausch zwischen verschiedenen Unternehmen (externer Austausch) bzw. einzelnen Unternehmensteilen (interner Austausch). Für die elektronische Übertragung sind die Daten nach einheitlichen internationalen Standards strukturiert und formatiert (z.B. → EDIFACT, EANCON-, SINFOS-Nachrichten-Standards, SINFOS-Stammdatenpool). Die Daten enthalten detaillierte produkt- und prozessbezogene Informationen. Nutzen und Ziel der elektronischen Datenübertragung ist ein zeitreduzierter und verlässlicher Informationsfluss, der eine Beschleunigung der Geschäftsprozesse ermöglicht sowie die Logistikkosten senkt und den Servicegrad erhöht. Basisfunktion der EDI-Software im Unternehmen ist der Transfer unternehmensinterner Daten in den Nachrichtenstandard und umgekehrt. EDI bietet folgende Vorteile: Vermeidung der Mehrfacherfassung bereits vorliegender Daten und damit verbundener Erfassungsfehler, automatische Weiterverarbeitung eingehender Daten, schnellere Informationsweitergabe und damit verbundener geringere Bearbeitungszeiten sowie herstellerunabhängige Datenübermittlung durch eine einheitliche normierte Schnittstelle.

Electronic Retailing – Form des → Distanzhandels. Der Einzelhändler nutzt einen → elektronischen Absatzkanal (Internet, Mobilfunk, interaktives Fernsehen etc.), um den Kontakt mit seinen Kunden anzubahnen, den Verkauf zu unterstützen, den Geschäftsabschluss zu tätigen und die Nachkaufphase zu betreuen.

elektrodermale Reaktion → Hautwiderstandsmessung.

elektronischer Absatzkanal → Absatzkanal, bei dem die Realgüter-, Nominalgüterund Informationsströme (→ Handelsfunktionen) elektronisch unterstützt werden, z.B. durch Internet, Mobilfunk oder interaktives Fernsehen. Während sich Nominal- und Informationsströme vollständig elektronisch abwickeln lassen, finden Realgüterströme ihre Grenzen bei nicht-digitalisierbaren Gütern.

elektronische Warensicherung – Systeme zur Diebstahlsicherung von Waren im Einzelhandel. Als die wesentlichen Systemtypen werden Raumüberwachungssysteme (Videokameras), Direktsicherungssysteme (Farbpatronen, die bei gewaltsamer Entfernung den Gegenstand einfärben) und elektronische Sicherungssysteme (Signalgeber am Produkt, die an der Kasse entfernt bzw. entwertet werden) unterschieden.

elektronische Werbung – Werbebotschaften unter Einsatz von → Media des elektronischen Bereichs, z.B. Funk (→ Funkwerbung), Fernsehen (→ Fernsehwerbung) und Kino. Die Übermittlung erfolgt visuell und auditiv. – *Werbemittel:* → Funkspot, → Fernsehspot, Werbefilm, → Banner im Internet. – Neue → Werbeträger elektronischer Werbung wie CD-ROM, DVD, Bildschirmtext, digitales Fernsehen oder das Internet setzen sich zunehmend durch und werden künftig stärkere Relevanz erhalten. – Vgl. auch → Mediaselektion, → Mediaplanung, → Streuung, → Massenmedien.

Emotion – *Affekt, Gefühl, psychische Erregung;* innere Empfindung, die angenehm oder unangenehm empfunden und mehr oder weniger bewusst erlebt wird, z.B. Freude, Angst, Kummer, Überraschung. Die Emotion ist ein komplexes Muster aus physiologischen Reaktionen (z.B. Steigerung des Blutdrucks), Gefühlen (z.B. Liebe, Wut), kognitiven Prozessen (Interpretation, Erinnerung und Erwartung einer Person) sowie Verhaltensreaktionen (z.B. lachen, weinen). – Als individueller Aspekt des → Konsumentenverhaltens vielfältige Einsatzmöglichkeiten in der *Werbung*, u.a. zur Steigerung der Aufmerksamkeitswirkung von → Werbemitteln durch emotionale Bilder, Texte etc. – Vgl. auch Aktivierung, → emotionale Konditionierung.

emotionale Konditionierung – Lernvorgang, der eine emotionale Reaktion auf bislang neutral empfundene Reize hervorruft: Ein neutraler Reiz (z.B. Markenname) wird wiederholt mit einem emotionalen Reiz (z.B. emotionales Bild) gekoppelt, bis der vormals neutrale Reiz in der Lage ist, die beabsichtigte emotionale Reaktion (→ Emotion) hervorzurufen. – *Einsatz* v.a. bei Werbung auf gesättigten Märkten.

emotionale Produktdifferenzierung – Erweiterung des Absatzprogramms um Produkte, die sich weniger über funktional-sachliche Unterschiede vom eigenen und vom Konkurrenzangebot unterscheiden, als vielmehr durch eine emotional-psychologische Ansprache des Käufers. Dies entspricht einer → Marktsegmentierung nach Erlebniswelten und erweitert die Möglichkeiten zur gezielten → Markterschließung. Die Werbung muss dabei eine emotionalen Mehrwert des Produktes überzeugend kommunizieren. Mit dieser Differenzierung kann eine hohe Bindungswirkung erzielt werden.

emotionale Werbung – 1. *Begriff:* Werbung unter Bezugnahme auf die → Emotionen der Zielperson. Emotionale Werbung dient entweder der Schaffung eines positiven Wahrnehmungsklimas, das zur besseren Verarbeitung und Beurteilung dargebotener Informationen führt oder der Vermittlung spezifischer Erlebnisse für Marken und Unternehmen. Emotionale Werbung ist Teil erlebnisbezogener Marketingmaßnahmen (→ Erlebnismarketing) und übernimmt die Aufgabe, das Angebot in der emotionalen Erfahrungs- und Erlebniswelt der Konsumenten zu verankern. – 2. *Ziel*

erlebnisbetonter Werbung: Vermittlung präferenzprägender Erlebnisse zum Aufbau eines erlebnisbezogenen Marken- bzw. Unternehmensimages. – 3. *Aufgabe:* Aus Unternehmenssicht kann mit emotionaler Werbung eine emotionale Positionierung (Werbeziel) erreicht werden, wenn sich die vermittelten Emotionen von den konkurrierenden Angeboten abheben und für die Konsumenten relevant sind. Aus Konsumentensicht wird aufgrund der emotionalen Werbung das Angebot emotional erlebt und leistet einen Beitrag zum Lebensgefühl und zur emotionalen Lebensqualität. – 4. *Wirkungszusammenhang:* Die Erlebnisvermittlung erfolgt v.a. durch die Sozialtechnik der → emotionalen Konditionierung. – 5. *Bedeutung:* Der emotionale Eindruck eines Angebots beeinflusst die meisten Konsumentscheidungen. Erlebnisbetonte Werbung wird v.a. auf gesättigten Märkten mit funktional ausgereiften und austauschbaren Produkten immer wichtiger. Eine Profilierung von Angeboten ist auf solchen Märkten kaum noch durch sachorientierte Werbung möglich. Vielmehr sind erlebnisbetonte Werbeauftritte notwendig, um bei den zunehmend sensualistischen Konsumenten unter Low-Involvement-Bedingungen Angebotspräferenzen aufzubauen.

Empathie – *Einfühlungsvermögen;* beschreibt die Fähigkeit einer Person, sich in die Gedanken und Gefühle anderer Personen hinein zu versetzen. Beim Verkaufs- und Servicepersonal werden entsprechende Fähigkeiten bes. gefordert. Auch von den Beteiligten in der → Produktentwicklung oder → Marktforschung ist ein hohes Einfühlungsvermögen zur Erfassung von Kundenbedürfnissen notwendig.

Empfehlungsgeschäft – *Vermittlungsgeschäft;* Form des → Fremdgeschäfts im Handel: Das → Einkaufskontor des Großhandels oder die Zentrale der kooperativen Gruppe (→ kooperative Gruppen des Handels) empfiehlt den Mitgliedern geeignete Lieferanten, mit denen zuvor Preise für ihre Produkte ausgehandelt wurden. Da die zukünftig möglichen Absatzmengen nicht zuverlässig abgeschätzt werden können, ist die Erzielung hoher → Mengenrabatte allerdings kaum möglich.

empfohlene Preise → Preisempfehlung.

Encodierung – Verschlüsselung von (Werbe-)Botschaften in Form von Worten, Bildern und Zeichen. Die Verschlüsselung muss so erfolgen, dass die Nachrichten von den Rezipienten in der beabsichtigten Weise verstanden werden (Decodierung). Um Fehlinterpretationen von Werbebotschaften zu vermeiden bzw. einzuschränken, empfehlen sich → Pretests und die Berücksichtigung der Erkenntnisse der Semiotik.

Endorsement – gesteigerte Form des → Product Placement, bei der neben der Nennung oder dem Zeigen des zu bewerbenden Objektes dieses auch noch wertend hervorgehoben wird.

Endverbraucherpreis – Preis eines Gutes, den der Konsument bezahlt. Dieser entspricht dem Einzelhandelspreis inkl. Mehrwertsteuer.

Entgeltpolitik – wesentlicher Teil der → Kontrahierungspolitik. Entgeltpolitik umfasst die → Preispolitik und die Gestaltung der preisrelevanten Konditionen (→ Rabatte, → Boni, Skonti).

Entwicklungsprognose → Prognose.

EPC – I. Bankwirtschaft: Abk. für *European Payments Council.* Zur Erreichung der SEPA (Single Euro Payments Area) einigte sich der europäische Bankensektor im Sommer 2002 auf eine Führungs- und Verwaltungsstruktur im Zahlungsverkehr. Ziel ist die Absprache europaweit geltender Standards und Verfahren im Massenzahlungsverkehr für nationale und grenzüberschreitende Euro-Zahlungen. Der EPC ist dabei das wichtigste Entscheidungs- und Koordinierungsgremium. Er besteht aus einer Generalversammlung von ca. 70 Delegierten, die alle Arten von europäischen Banken vertreten (größere sowie

kleinere Marktteilnehmer). Die drei größten europäischen Bankenvereinigungen (die der Sparkassen und der Genossenschaftsbanken sowie der Europäische Bankenverband) sowie die EBA Clearing gehören ebenfalls dem EPC an und verwalten darüber hinaus sein Sekretariat sowie seine Arbeitsgruppen (SEPA Payment Schemes, Cards, M-Channel und Cash) und Unterstützungsgruppen (Standards, Legal und Information Security). Die aus max. 30 vom EPC ausgewählten Vertretern bestehende „Koordinierungsgruppe" synchronisiert die Arbeit des EPC und seiner Arbeitsgruppen, wobei die EPC-Vollversammlung letztlich die politischen Entscheidungen – auf Basis der Arbeitsgruppenergebnisse – fällt. Das Eurosystem ist bei den Sitzungen des EPC und den meisten Arbeitsgruppen als Beobachter eingeladen. – Vgl. auch Deutsche Kreditwirtschaft (DK).

II. Handelsbetriebslehre: Abk. für *Elektronischer Produkt-Code.* Ihm liegt die Radiofrequenztechnologie (RFID) zugrunde, wodurch das Auslesen ohne Berührung und Sichtkontakt vonstatten geht. Die Verbindung aus beidem, EPC und RFID wird voraussichtlich die mittels Barcodes bereitgestellten Nummeridents wie → EAN mittelfristig ablösen. Weiterhin ermöglicht der EPC entgegen des bisherigen Nummernidentsystems jedes Endprodukt eindeutig zu identifizieren.

episodenbegleitende Dienstleistung – Während → Pre-Sales-Services und → After-Sales-Services als produktbezogene Dienstleistungen betrachtet werden, beziehen sich episodenbegleitende Dienstleistungen auf das Management der Transaktionsepisode, d.h. auf sämtliche Interaktionen zwischen Anbieter und Nachfrager, die mit der Anbahnung, Vereinbarung und Realisierung einer Gütertransaktion verbunden sind (→ Episodenkonzept). – *Beispiele:* Anbieten von Kinderhort, Parkraum etc. durch einen Händler, organisatorische Gestaltung des Verhandlungsprozesses etc.

Episodenkonzept – zentrales Konstrukt im multiorganisationellen Interaktionsansatz (→ Interaktionsansätze). Die *Transaktionsepisode* (Episode) umfasst die kollektiven Planungs-, Entscheidungs- und Verhandlungsprozesse zwischen und innerhalb von Organisationen in Bezug auf Anbahnung, Abschluss und Realisation einer Investitionsgüter-Transaktion (Lebenslauf eines Projekts von der ersten Anfrage bis zur endgültigen Abwicklung). – Vgl. auch → episodenbegleitende Dienstleistung.

Erbauungsnutzen → Kundennutzen.

Erfa-Gruppe – *Erfahrungsaustauschgruppe*; Zusammentreffen von rechtlich und wirtschaftlich selbstständigen, untereinander i.d.R. nicht unmittelbar konkurrierender Händlern zum Erfahrungsaustausch, z.B. über die Beurteilung mittels Kennzahlen abgebildeter Betriebsergebnisse oder über Resultate von Aktionen bzw. von Fortbildungen.

Erfahrungskurve – 1. *Charakterisierung*: Grundgedanke der Erfahrungskurve ist das bekannte Phänomen, dass die Produktivität mit dem Grad der Arbeitsteilung steigt. Diese Erkenntnis findet Eingang in den *Lernkurveneffekt*, der besagt, dass mit zunehmender Ausbringung die Arbeitskosten sinken. Die Aussage der Lernkurve wird auf die Verdopplung der kumulierten Produktionsmenge x bezogen, die ein Sinken der direkten Fertigungskosten y (bzw. Lohnkosten/ Mengeneinheit) um einen konstanten Prozentsatz bewirkt. – 2. *Aussage*: Bei der Erfahrungskurve wird die Aussage der Lernkurve auf die Stückkosten erweitert: Die realen Stückkosten eines Produktes gehen jedes Mal um einen relativ konstanten Anteil (20–30 Prozent) zurück, sobald sich die in Produktmengen ausgedrückte Produkterfahrung verdoppelt (vgl. Abbildung „Erfahrungskurve"). Die Stückkosten umfassen die Kosten der Produktionsfaktoren, die an der betrieblichen Wertschöpfung beteiligt sind (Fertigungskosten, Verwaltungskosten, Kapitalkosten etc.).

Die Aussage der Erfahrungskurve gilt sowohl für den Industriezweig als Ganzes als auch für den einzelnen Anbieter; inzwischen wurden auch Erfahrungskurveneffekte in nichtindustriellen Branchen (z.B. Lebensversicherungen) nachgewiesen. – 3. *Prämisse*: Alle Kostensenkungsmöglichkeiten (Lerneffekt, Betriebs- und Losgrößendegressionseffekte, Produkt- und Verfahrensinnovation etc.) werden genutzt. Die Problematik dieser Prämisse, die Erfahrungskurve trotz ihres quantitativen Ansatzes eher als ein qualitatives, grundlegendes Denkschema und Verhaltensmodell zu sehen, liegt nahe; sie trifft i.Allg. lediglich Tendenzaussagen zum Kostenverlauf.

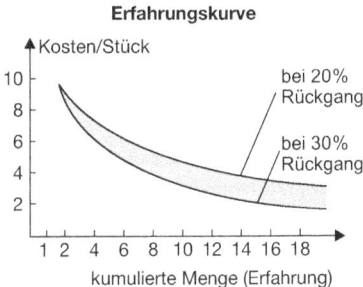

Erfahrungskurve

Ergebnisfrage – Frage in einer → Befragung, die dem unmittelbaren Erkenntnisinteresse dient.

Ergebnisumfrage – Frage in einer → Befragung, die dem unmittelbaren Erkenntnisinteresse dient.

Erhaltungswerbung – Werbung zwecks Verhinderung eines Umsatzrückganges gegenüber der vorhergegangenen Periode. – *Anders*: → Expansionswerbung, → Reduktionswerbung. – Vgl. auch → Erinnerungswerbung.

Erhebung – *Datenerhebung*; die Ermittlung der Ausprägungen der Merkmale bei den Elementen einer Untersuchungsgesamtheit. Eine Erhebung kann in Form einer schriftlichen oder mündlichen → Befragung (→ Fragebogen, → Interview) oder durch → Beobachtung erfolgen. Man unterscheidet primärstatistische Erhebung (Primärstatistik) und sekundärstatistische Erhebung (Sekundärstatistik). Je nachdem, ob die Grundgesamtheit vollständig erfasst oder ob ihr eine Stichprobe entnommen wird, spricht man von → Vollerhebung oder → Teilerhebung. – Diejenigen Subjekte oder Objekte, deren Merkmalsausprägungen festgestellt werden, werden als *Erhebungseinheiten* oder *Untersuchungseinheiten* bezeichnet.

Erinnerungstest → Recalltest.

Erinnerungswerbung – Werbung zwecks Erinnerung bestimmter Werbeinhalte. Erinnerungswerbung zielt auf eine Erhaltung und Sicherung des Absatzes (→ Erhaltungswerbung). – Vgl. auch → Einführungswerbung.

erlebnisbetonte Werbung → emotionale Werbung.

Erlebnishandel – 1. *Begriff:* Angebotskonzept des Handels, das durch eine emotionale Anreicherung des gesamten Erscheinungsbildes mittels Erlebniswerten gekennzeichnet ist. Den potenziellen Käufern sollen sinnliche Erlebnisse vermittelt werden, die in deren Gefühls- und Erfahrungswelt verankert sind. – 2. *Erlebniswerte:* Gesundheit, Genuss, Spaß, aktives Leben, Luxus, Natürlichkeit, Sportlichkeit, Schönheit, Erotik, Nostalgie, Avantgarde, Umweltbewusstsein. – 3. *Mittel:* Breites, profilierendes → Sortiment; Ladenfront, → Schaufenster, Raumgestaltung; Regalanordnung; → Warenpräsentation; emotionale Reize durch Licht, Temperatur, Farbe, Formen, Gerüche, Musik, Belüftung; persönliche Kommunikation durch bildhafte Sprache und gefühlsanregende Bilder. – 4. *Kritik:* Ablenkung vom Qualitäts- und Preiswettbewerb; hoher Ressourcenverbrauch durch aufwendige Verpackungen, Displays, Raumausstattung, Energie; Kommerzialisierung der Freizeit, „Verführung zum Konsum". – *Gegensatz:* → Versorgungshandel.

Erlebnismarketing – Marketing unter Einsatz von erlebnisvermittelnden Maßnahmen, wie z.B. Schaffung von Einkaufsatmosphäre. Dabei wird der potenzielle Käufer auf emotionaler Ebene angesprochen (→ Emotion). Im Handel von zunehmender Bedeutung (sog. Erlebnishandel).

Erlösfunktion – mathematische Darstellung der Abhängigkeiten zwischen Absatzmenge und Umsatz. Bei gleichbleibenden Produktpreisen steigt der Erlös mit der Zunahme der abgesetzten Produkteinheiten geradlinig an. Hängt der Preis eines Produktes in der Weise vom Absatz ab, dass bei hohem Preis wenig und bei gesunkenem Preis mehr Einheiten verkauft werden, so wird der Erlös bei zunehmender Absatzmenge und sinkenden Preisen so lange steigen, wie die Absatzzunahme wertmäßig die Preissenkung kompensiert. Bei weiterer Absatzsteigerung wird der Gesamterlös sinken.

Erlösmaximierung – Zielsetzung betrieblicher Preispolitik, nach der die Preise für die erzeugten Produkte so zu setzen sind, dass der Gesamterlös so groß wie möglich wird. Erlösmaximierung deckt sich i.d.R. nicht mit Gewinnmaximierung; die Zielsetzung der Erlösmaximierung kann somit gegen das erwerbswirtschaftliche Prinzip verstoßen.

Eröffnungsrabatt – für die Aufnahme einer bestimmten Warenmenge in das Sortiment eines neu eröffneten Handelsbetriebes (bzw. eine Filiale) vom Lieferanten gewährter zusätzlicher Rabatt; gilt als den Leistungswettbewerb im Handel gefährdende Praktik (Gemeinsame Erklärung). – *Anders:* Eintrittsgelder, die in einer festen Höhe unabhängig von fixierten Abnahmemengen gefordert werden.

Ersatzteilgeschäft – Im Sachgütergeschäft (Produkte) mit langlebigen → Gebrauchsgütern kann es sowohl im Industriegüter- als auch Konsumgütergeschäft während des Gebrauchs zu Funktionsausfällen durch Abnutzung kommen. Von den Reparaturkosten und dem Neuproduktpreis hängt es ab, ob Ersatzteile und Wartungs- bzw. Reparaturservice auch langfristig angeboten werden. In einigen Branchen ist das Ersatzteilgeschäft lukrativer als das Erstausrüstungsgeschäft (z.B.

bei Lkws). Zum Ersatzteilgeschäft gehört auch die Nachkaufgarantie, mit der Konsumgüter- (z.B. Porzellan- oder Küchenhersteller) und Industriegüterhersteller für einen festgelegten Zeitraum (z.B. zehn Jahre ab Kaufdatum) die Weiterbelieferung zusichern.

Erstausrüster – Anbieter eines Produktes (z.B. Reifenhersteller), der seine Produkte an einen Montagebetrieb (z.B. Pkw-Hersteller) liefert. Im → Ersatzteilgeschäft können als Wettbewerb weitere Anbieter (Reifenhersteller) hinzutreten. Weil das Ersatzteilgeschäft häufig lukrativ ist, ist der Erstausrüster gegenüber dem Montagebetrieb zu Preiszugeständnissen bereit. Dem liegt die Erwartung zugrunde, dass der Kunde beim Ersatzteilverkauf ein markentreues Verhalten zeigt und der Anbieter dadurch höhere Preise erzielen kann. – Vgl. auch → Original Equipment Manufacturer (OEM).

Erstkauf → Kaufklassen.

Erstkäufer – Nachfrager, die entweder ein neues Produkt in der ersten Vermarktungsperiode kaufen (→ Innovatoren) oder aber ein Produkt bei bereits bestehender Marktpräsenz erstmals kaufen.

Event-Handel – Handelsveranstaltung, bei der Events (Sport, Musik-, Kultur-, Wissenschafts-, Gesundheits- bzw. karitative Veranstaltungen) erzeugt werden, und auf denen ausgewählte Händler spezielle, auf die Zielgruppe der Besucher ausgesuchte Waren anbieten. Vielfach sind es einzelne Unternehmen, die eine erlebnisorientierte Inszenierung von unternehmens- oder produktbezogenen Ereignissen im Rahmen ihrer Unternehmenskommunikation vornehmen, z.B. Legoland, Autostadt Volkswagen in Wolfsburg. Mittels Event-Handel wird versucht, den Warenabsatz durch animierende Freizeitaktivitäten zu forcieren (→ Erlebnishandel).

Event Locations – 1. *Begriff*: Veranstaltungs- bzw. Versammlungsstätten aller Art. Das englische Wort „Locations" wird inzwischen im Deutschen synonym für „Veranstaltungs-" bzw. „Versammlungsstätten" gebraucht, ist aber eigentlich die falsche Bezeichnung; richtig wären die englischen Begriffe „*event venue*" (für eine umbaute Veranstaltungsstätte) und „*event site*" (für ein Veranstaltungsgelände). – 2. *Arten:* Es können drei Kategorien von Veranstaltungsstätten unterschieden werden: a) *Tagungshotels:* Hotels, die neben dem Angebot hoteltypischer Leistungen auf die Ausrichtung von (geschäftlichen) Tagungen spezialisiert sind und dafür eigens Räume mit entsprechender Ausstattung und Veranstaltungstechnik vorhalten. Tagungshotels übernehmen dementsprechend zwei Hauptfunktionen: die Unterbringung der Tagungsgäste (Übernachtungsangebot) und die Ausrichtung der Tagungen (Tagungsraumangebot). Tagungshotels halten den mit Abstand größten Anteil an dem wichtigen Markt für Seminare/Symposien/Tagungen/Kongresse. Hauptzielgruppen sind Unternehmen (Corporates) sowie Wirtschaftsverbände, Kammern etc. Das Europäische Institut für Tagungswirtschaft (EITW) zählt in Deutschland über 3.200 Tagungshotels (Stand 2012). b) *Veranstaltungszentren:* für die Durchführung bestimmter Veranstaltungen errichtete und zu diesem Zweck dauerhaft genutzte Großbauten mit entsprechender multifunktionaler Raum- und Technik-Ausstattung. Hierzu zählen insbes. Kongresshäuser, Mehrzweckhallen (Stadthallen, Bürgerhäuser), Messehallen sowie Konzert- und Sporthallen bzw. -stadien und Arenen. Veranstaltungszentren sind spezialisiert auf die Durchführung größerer oder sehr großer Veranstaltungen mit bis zu mehreren Tausend Teilnehmern und werden überwiegend genutzt für entsprechende Kongresse und Tagungen sowie Kultur- und Sportveranstaltungen. Hauptzielgruppen sind Unternehmen (Corporates), Veranstaltungsagenturen bzw. Professional Congress Organizers (PCO), Verbände und politische Parteien. Das EITW zählt in Deutschland über 1.500 Veranstaltungszentren (Stand 2012). c) *Special Event Locations:*

teils permanent, teils gelegentlich genutzte Versammlungsstätten, die ursprünglich nicht für die Durchführung von Veranstaltungen errichtet wurden. (Manchmal werden „Special Event Locations" nur als „Event Locations" bezeichnet, was aber begrifflich unscharf ist, da auch Tagungshotels und Veranstaltungszentren Locations für Events sind.) Zu den SEL zählen Theater und Kinos; Museen; Burgen, Schlösser, Klöster; Industrieanlagen, -ruinen oder –brachen (Fabrikhallen, Zechen etc.); Flughäfen, Hangars; Bahnhöfe, Lokschuppen; Kreuzfahrtschiff (Hochsee-, Fluss-); (Hoch-)Schulen und andere Bildungseinrichtungen; Freizeitparks, Themenparks, Zoos; Sonderbauten (Buga, Expo u.ä.); Restaurants; etc. Die Liste ist im wahrsten Sinne des Wortes endlos. Das Marktsegment der SEL hat sehr unscharfe Ränder und unterliegt einer hohen Dynamik: Streng genommen ist es ein Residuum für alle regelmäßig oder gelegentlich genutzten Veranstaltungsstätten, die nicht ein Tagungshotel oder ein Veranstaltungszentrum sind. Das EITW nennt für Deutschland einen Bestand von über 1.700 SEL, wobei nur Betriebe min mindestens 100 Sitzplätzen im größten Saal bei Reihenbestuhlung gezählt werden. Dennoch erscheint diese Zahl überaus niedrig. Das Spannungsverhältnis von ursprünglichem Errichtungszweck und Zweitnutzung als Veranstaltungsstätte verleiht SEL eine außergewöhnliche und originelle Ausstrahlung, die sie von Tagungshotels und Veranstaltungszentren abhebt. Oft ist dieses Spannungsverhältnis zugleich Quelle der Inspiration für Veranstaltungsmotto, Veranstaltungsinhalte und/oder Rahmenprogramm, wobei auch an die baulichen Eigenheiten angeknüpft werden kann. SEL profitieren deshalb von der zunehmenden Nachfrage nach Veranstaltungen mit „Erlebnischarakter". Andererseits werden die Nutzungsmöglichkeiten oft durch die baulichen Eigenheiten begrenzt, sodass sich SEL meist nur für bestimmte Veranstaltungsarten eignen. SEL erfordern i.d.R. aufgrund ihrer baulichen Gegebenheiten besondere Anstrengungen zur Herstellung einer ausreichenden Sicherheit bei der Nutzung als Versammlungsstätte (s. 3.). Bei vielen SEL steht der Denkmalschutz notwendigen Umbauten (wegen mangelnder Feuerfestigkeit der Baumaterialien, unzureichender Rettungswege, fehlender Rauchabzugsanlagen etc.) im Wege. Außerdem stellen manche SEL den Veranstalter vor logistische Herausforderungen (z.B. Burgen, Bergwerke). – 3. *Rechtliche Aspekte*: Veranstaltungs- bzw. Versammlungsstätten unterliegen den Bestimmungen der Musterversammlungsstättenverordnung (MVStättV). Die MVStättV ist eine öffentlich-rechtliche Bauvorschrift, Verfasserin ist die Fachkommission Bauaufsicht der Bauministerkonferenz (Argebau). Die Regelungen in den Bundesländern weichen z.T. von der MVStättV ab. Anwendungsbereich der MVStättV ist der „Bau und Betrieb von Versammlungsstätten mit Versammlungsräumen", die einzeln mehr als 200 Besucher fassen, die insgesamt mehr als 200 Besucher fassen und die gemeinsame Rettungswege haben, der Betrieb von Versammlungsstätten im Freien mit mehr als 1.000 Besuchern und Sportstadien mit mehr als 5.000 Besucherplätzen. Ausgenommen von den Vorschriften der MVStättV sind Räume für den Gottesdienst, Unterrichtsräume in Schulen, Ausstellungsräume in Museen und fliegende Bauten (z.B. Zelte). Als Versammlungsstätten definiert die MVStättV „bauliche Anlagen oder Teile baulicher Anlagen, die für die gleichzeitige Anwesenheit vieler Menschen bei Veranstaltungen, insbes. erzieherischer, wirtschaftlicher, geselliger, kultureller, künstlerischer, politischer, sportlicher oder unterhaltender Art, bestimmt sind, sowie Schank- und Speisewirtschaften" (§ 2 Abs. 1 MVStättV). – Die MVStättV unterscheidet Bau- und Betriebsvorschriften. Die Bauvorschriften betreffen: geforderte Eigenschaften der Baumaterialien (z.B. Feuerfestigkeit), Bestuhlung, Anzahl und Breite der Rettungswege, Anzahl der Toilettenräume,

Sicherheitsbeleuchtung, Rauchabzugsanlagen, Heizungs- und Lüftungsanlagen, Brandmelde- und Feuerlöscheinrichtungen, Räume für Polizei, Feuerwehr, Sanitäts- und Rettungsdienst u.a.m. Die Betriebsvorschriften betreffen: die ständige Freihaltung der Rettungswege sowie Zufahrten für Einsatzfahrzeuge von Polizei, Feuerwehr und Rettungsdiensten; Einhaltung der Höchstzahl genehmigter Besucherplätze; Einhaltung der Vorschriften zum Brandschutz, zum Betrieb technischer Einrichtungen u.a.m. – Im Zuge der Genehmigung einer Veranstaltung bzw. Versammlung ist ein versammlungsstättenbezogenes Sicherheitskonzept zu erstellen, dem Polizei, Feuerwehr und Rettungsdienste zustimmen müssen. Zweck des Konzepts ist die Gewährleistung der Sicherheit der Besucher. Wichtige Inhalte sind Festlegungen zur Einlasskontrolle, zur Publikumsführung im Normal- und Notfall, zur Platzierung des Lagezentrums, zur Meldekette und Durchsagen in Notfällen sowie zu Evakuierungswegen. – Bei historischen Gebäuden ergeben sich i.d.R. Konflikte zwischen MVStättV und Denkmalschutz; dies betrifft manch ältere Veranstaltungszentren, v.a. aber SEL (z.B. Klöster, Schlösser, Industriedenkmäler, s. 2. – c). Für den Brandschutz hat der Personenschutz oberste Priorität; dem Denkmalschutz geht es um die Erhaltung des Kulturdenkmals. Typische Konfliktfelder sind eine erhöhte Brandgefahr durch historische Baustoffe und eine nicht ausreichende Anzahl und Breite der Rettungswege. Bei der Nachrüstung historischer Bauten ist darauf zu achten, dass die Maßnahmen technisch ausführbar und im Brandfall wirksam sind, das Baudenkmal aber in seiner Originalsubstanz so weit wie möglich erhalten bleibt.

Event Marketing – Durch Event Marketing soll für ein Produkt, eine Dienstleistung oder ein Unternehmen im Rahmen eines bes. firmeninternen oder -externen, informierenden oder unterhaltenden Ereignisses die Basis für eine erlebnisorientierte Kommunikation (erhöhtes Aktivierungspotenzial) geschaffen

werden. Event Marketing muss dabei in das Kommunikationskonzept des Unternehmens integriert sein, damit die inhaltliche und zeitliche Abstimmung mit anderen kommunikationspolitischen Maßnahmen gewährleistet ist. Vor diesem Hintergrund stellt das Event Marketing keinen eigenständigen Marketing-Ansatz dar, sondern ist ein Bestandteil der → Kommunikationspolitik. – Vgl. auch → Live Communication, → Below-the-Line-Kommunikation.

Every-Day-Low-Prices-Strategie – Abk.: *EDLP-Strategie*; → Dauerniedrigpreisstrategie.

Evoked Set – Begriff aus dem Konsumentenverhalten unter dem eine begrenzte Zahl akzeptierter Produktalternativen innerhalb einer Produktkategorie verstanden wird, über die der Konsument ein klar profiliertes Meinungsbild besitzt und die bei einer anstehenden Kaufentscheidung berücksichtigt werden. Das Evoked Set ist ein Teil des → Awareness Set.

Ex-ante-Analyse – I. Volkswirtschaftslehre: Analysemethode, die auf die Erklärung (zukünftiger) volkswirtschaftlicher Zusammenhänge mithilfe von Planungs- und Erwartungsgrößen abzielt. Im Rahmen einer makroökonomischen Ex-ante-Analyse des Gütermarktes wird das geplante Güterangebot, welches auf der Basis der von den Unternehmen erwarteten Güternachfrage gebildet wird, der aggregierten geplanten Güternachfrage der Haushalte und Investoren gegenübergestellt (Einkommen-Ausgaben-Modell) – *Weitere Beispiele:* Beschäftigungstheorie, Wachstumstheorie. – *Gegensatz:* → Ex-post-Analyse.

II. Marktforschung: Zukunftsorientierte Untersuchung der Wirkung bestimmter Marketingmaßnahmen (→ Pretest). – *Gegensatz:* → Ex-post-Analyse.

Exklusivleser – die Leser einer Zeitung oder Zeitschrift, die nur diese und keine anderen aus einer gegebenen Auswahl lesen. – Vgl. auch → Doppelleser, → Mehrfachleser.

Exklusivvertrieb → Alleinvertrieb.

Expansionswerbung – Werbung zwecks kontinuierlicher Erhöhung des Umsatzes, des Absatzes oder des Marktanteils gegenüber dem vorangegangenen Zeitabschnitt. – *Anders:* → Erhaltungswerbung. – *Gegensatz:* → Reduktionswerbung.

Experiment – Versuchsanordnung in der Psychologie und → Marktforschung. – 1. *Begriff:* Planmäßige → Erhebung empirischer Sachverhalte zur Prüfung von Hypothesen. Dabei müssen mehrere Arten von Variablen unterschieden werden. Die *Testvariable* oder *unabhängige Variable* ist die Variable, deren Einfluss von Interesse ist. Im Beispiel eines neuen Getränks, für das überprüft werden soll, ob eine Einführung lohnend ist, ist das die Variable „Einführung" vs. „Nichteinführung". Die *Zielvariable* oder *abhängige Variable* ist die Variable, für die untersucht werden soll, wie sie sich verändert, wenn die Testvariable verändert wird. Im Beispiel kann dies der Marktanteil des neuen Getränks sein. Darüber hinaus gibt es häufig noch *intervenierende Variable* oder *Störvariable*, die auch die Zielvariable beeinflussen, deren Einfluss aber nicht interessiert. Das *Testdesign* legt fest, wie welche Daten erhoben werden. Aufgabe des Testdesigns ist es, den Test so zu gestalten, dass der Einfluss der intervenierenden Variablen entweder zu eliminiert wird oder aber herausgerechnet werden kann. – 2. *Arten:* a) *Laboratoriums-Experiment:* Experiment unter künstlich geschaffenen Bedingungen; Ziel ist es, die intervenierenden Variablen möglichst konstant zu halten. *Feld-Experiment:* Experiment unter normalen sozialen Umweltbedingungen. – b) *Projektive Experiment:* Der Forscher schafft von sich aus die Bedingungen, die das zu untersuchende Geschehen beeinflussen; *Ex-Post-Facto-Experiment:* Im normalen Ablauf der Ereignisse werden nachträglich bereits abgeschlossene Wirkungszusammenhänge rekonstruiert. – c) Eine weitere Differenzierung der Experimente ergibt sich aus der Kombination der

Zahl verwendeter Untersuchungsgruppen (Experimental Group = E, Control Group = C) sowie der *Zeitpunkte der Messung* (vor Eintritt des Wirkungsfaktors = B, nach Eintritt des Wirkungsfaktors = A): (1) *EBA-Typ:* Die Vorher- und Nachhermessungen werden ausschließlich bei der Experimental Group durchgeführt. Nachteilig ist hier, dass zeitabhängige intervenierende Variable wie z.B. das Wetter nicht herausgerechnet werden können (2) *CB-EA-Typ:* Die Messung vor Eintritt des Wirkungsfaktors wird bei der Kontrollgruppe, die Messung nach Eintritt des Wirkungsfaktors bei der Versuchsgruppe durchgeführt. Nachteilig ist, dass gruppenabhängige Störgrößen wie z.B. andere Soziodemografie der Mitglieder der Experimentalgruppe und der Kontrollgruppe nicht herausgerechnet werden kann (3) *EBA-CBA-Typ:* Dieser Typ entspricht den klassischen Grundsätzen des Experiments. Es erfolgt eine Trennung in Personen, die dem Wirkungsfaktor ausgesetzt waren (Versuchsgruppe), und in solche, die von ihm nicht erreicht wurden (Kontrollgruppe). Für beide Gruppen wird das Untersuchungsmerkmal vor (Vorperiode) und nach (Testperiode) Eintritt des Wirkungsfaktors gemessen. Der Testeffekt ergibt sich dann aus (B/A)/(D/C), wobei A: Zielvariabe Experimentalgruppe Vorperiode, B: Zielvariable Experimentalgruppe Testperiode, C: Zielvariable Kontrollgruppe Vorperiode, D: Zielvariable Kontrollgruppe Testperiode. Ergibt sich hier ein Wert von z.B. 1,24, so besagt dies, dass die Testvariable einen Einfluss von 24 Prozent hat. (4) *EA-CA-Typ:* Hier wird zwar zwischen Versuchs- und Kontrollgruppe unterschieden, man beschränkt sich aber auf eine Messung des Untersuchungsmerkmals, die zeitlich nach der Auswirkung des Faktors liegt. Nachteilig ist auch hier, dass a priori bestehende Unterschiede zwischen den Gruppen nicht herausgerechnet werden können.

experimenteller Markt → Testmarkt, in dem die Zuordnung von Marketingmaßnahmen (z.B. Werbung) zu Haushalten mithilfe moderner Kommunikationstechnologien wie Bildschirmtext, Kabelfernsehen oder durch gezielte Steuerung von Werbematerialien ermöglicht wird. Messung der Wirkung der Marketingmaßnahme auf den Haushalt i.d.R. durch Erfassung der Einkäufe der Haushalte im Markt mithilfe der Scanner-Technologie. – *Vorgehen:* Das → Scanner-Haushaltspanel wird in Test- und Kontrollgruppen aufgeteilt, wobei entweder nur die Testgruppe der Werbung ausgesetzt wird oder beide Gruppen unterschiedliche Werbebotschaften empfangen. Da beide Gruppen im gleichen Markt einkaufen, ist das „Matching" (→ Matched Samples) von Test- und Kontrollgruppe praktisch perfekt gelöst. Die Messung ist nicht reaktiv. – In der Bundesrepublik Deutschland hat die GfK mit → Behavior Scan ein ähnliches System installiert.

Expertenbefragung – Verfahren zur Erhebung von Daten, z.B. zur qualitativen → Prognose oder zur weiteren Durchleuchtung eines komplexen Sachverhalts. Anwendung in Situationen, in denen nur wenige oder vorwiegend qualitative Daten vorliegen. Dient oft auch als Vorbereitung einer quantitativen Erhebung. → Befragung von internen (dem untersuchenden Unternehmen zugehörend) und externen Experten; häufig in Form der → Delphi-Technik.

explorative Verfahren – Teilbereich der → psychologischen Testverfahren. Alle Formen der qualitativen unstrukturierten → Interviews mit Einzelpersonen oder auch Gruppen, die der Erhebung erlebter und reaktivierbarer Sachverhalte dienen und geeignet sind, einen zu untersuchenden Sachverhalt genauer zu strukturieren, bzw. zu präzisieren. Häufig genutzt werden → Tiefeninterviews oder → Gruppendiskussionen.

exponentielles Glätten – *Exponential Smoothing;* Verfahren der kurzfristigen direkten → Prognose auf der Grundlage einer Zeitreihe. Ist y der Prognosewert für die Periode T, berechnet unter Verwendung der Vergangenheitsbeobachtungen bis zur Periode T

– 1, und x der Beobachtungswert der Periode T, so ist (rekursive Definition)

$$y = \alpha\,x + (1 - \alpha)\,y$$

die Prognose für Periode T + 1 unter Berücksichtigung von Vergangenheitswerten bis zur Periode T (verwendbar nur bei konstantem Trend). Der Wert α (0 < α < 1) heißt *Glättungskonstante* und wird aus dem Sachzusammenhang heraus festgelegt. Man kann zeigen, dass die Vergangenheitswerte mit abnehmender Aktualität mit den abnehmenden Gewichten α; $\alpha(1-\alpha)$; $\alpha(1-\alpha)$; ... (geometrische Folge) in die Prognose eingehen. Liegt ein linearer Trend vor, ist exponentielles Glätten geeignet zu variieren *(exponentielles Glätten 2. Ordnung; exponentielles Glätten mit Trendkorrektur).* Das exponentielle Glätten zeichnet sich aus durch Einfachheit des Ansatzes und durch die Möglichkeit dosierter Berücksichtigung der jüngeren und älteren Vergangenheit. – *Anwendung:* Z.B. bei der kurzfristigen Bedarfsermittlung.

Exporteur – allg.: Ausführer (Ablader). – Vgl. → Ausfuhrhändler.

Exportgroßhandel → Außengroßhandel.

Exporthandel → Ausfuhrhandel.

Exportmarktforschung → Auslandsabsatzmarktforschung, interkulturelle Konsumentenforschung.

Exportmusterlager – *Ausfuhrmusterlager;* gemeinschaftliche Verkaufsstellen meist mehrerer Produzenten, die nicht notwendigerweise einer Branche angehören, für den Export ihrer Erzeugnisse; in dieser gemeinschaftlichen Verkaufsstelle wird ein Musterlager aller Güter unterhalten. Das Exportmusterlager soll nach Möglichkeit im Importland liegen. – *Vorteile:* Durch die Einrichtung des gemeinsamen Exportmusterlagers des Exportlandes im Importland oder an den Exportzentralen werden die hohen Kosten des direkten Auslandsvertriebes verteilt; außerdem wird die gemeinschaftliche Auswertung von Erfahrungen und Verbindungen ermöglicht. – Vgl. auch Distanzgeschäft.

Exportstreckengeschäft → Streckengeschäft.

Ex-post-Analyse – I. Volkswirtschaftslehre:
Analysemethode, die auf eine (rückschau-
ende) Beschreibung volkswirtschaftlicher
Zusammenhänge abzielt. – *Beispiele:* Kreis-
laufanalyse, Volkswirtschaftliche Gesamtrechnung (VGR). – *Gegensatz:* → Ex-ante-
Analyse.

II. Marktforschung: Vergangenheitsorien-
tierte Untersuchung der Wirkung bestimmter Werbe- oder Marketingmaßnahmen
(→ Posttest). – *Gegensatz:* → Ex-ante-
Analyse.

Fabrikverkauf – Verkauf von selbst produzierten (ggf. auch zugekauften) Waren durch Hersteller in fabrikeigenen Verkaufsstellen. – *Standorte:* Fabrikgelände, Fabrikverkaufsfilialen, → Factory Outlet Center (FOC). Angeboten werden Produktionsüberhänge, Ausschusswaren, Auslaufmodelle, Retouren, Sondermodelle zu niedrigen Preisen. Wettbewerbsrechtlich zulässig nach UWG.

Fabrikverkaufsfiliale → Fabrikverkauf.

Facelifting – Form der Produktmodifikation, die dazu dient, die Wachstumsphase oder auch die Reifephase im (Produkt-) → Lebenszyklus eines Leistungsangebots zu verlängern. Im Vergleich zum → Relaunch beschränkt sich das Facelifting i.d.R. auf geringfügige optische, haptische und/oder inhaltliche Modifikationen, die auch werblich aufgenommen werden können. Bei wiederholtem Facelifting entsteht das Risiko, dass die Wahrnehmung des Produkts nicht mehr eindeutig ist und die Zielgruppen nicht erreicht werden bzw. verloren gehen.

Face-to-Face-Kommunikation – Kommunikation in Form eines persönlichen Gesprächs, bei dem sich die Kommunikationspartner auch physisch an einem Ort befinden.

Face Validity → Validität.

Fachdiscounter – klein- bis mittelflächiger Einzelhandelsbetrieb mit schmalem/flachem Sortiment von Waren des täglichen Bedarfs. Gekennzeichnet durch Selbstbedienung, Verzicht auf Service, niedrigste Preise. – *Formen:* Markenartikeldiscounter (→ Off-Price Store), Discount-Boutiquen (z.B. für Textilien, Parfümeriewaren, Schmuck).

Facheinzelhandel → Fachgeschäft.

Fachgeschäft – 1. *Begriff:* Betriebsform des → Einzelhandels; die von einem Branchen-Fachmann, i.d.R. mit einschlägiger Ausbildung, geleitete, typisch mittelständische Einzelhandelsunternehmung. Fachgeschäfte finden sich in nahezu allen Branchen des Einzelhandels. – *Bes. Kennzeichen:* Eher schmales, häufig sehr tiefes, in sich geschlossenes Branchen-Sortiment. Beratung durch speziell geschulte Verkaufskräfte sowie weitergehende Dienstleistungen (z.B. Zustellung, Warenversand, Geschenkverpackung, Reparatur, Installation, Umtausch). Standort bevorzugt an innerstädtischen Haupt- oder Nebenlagen, möglichst in der Nachbarschaft von Fachgeschäften anderer Branchen (→ Agglomeration). Preise wegen hoher Personal- und sonstiger Handlungskosten relativ hoch. – 2. *Bedeutung:* a) Viele Hersteller sehen den Vertrieb über den Fachhandel als geeigneten → Absatzweg für ihre hochwertigen Produkte (z.B. → Markenartikel). Bes. wegen ihres Beratungsangebots werden Fachgeschäfte für die Einführung neuer, beratungsbedürftiger Produkte bevorzugt; dabei wird häufig versucht, durch → Vertriebsbindungen den Weg der Ware im → Absatzkanal möglichst weitgehend zu kontrollieren (Fachhandelsbindung). – b) Fachgeschäfte konnten durch vielfältige Anpassungsprozesse ihre Wettbewerbsfähigkeit zu großen Teilen erhalten. Hierbei hat der Anschluss an kooperative Gruppen (→ kooperative Gruppen des Handels) zu Kostenreduzierungen in Beschaffung und Verwaltung sowie zur Verbesserung von Entscheidungen des Handelsmarketing geführt.

Fachhandel → Fachgeschäft.

Fachhandelsbindung – Form der → Vertriebsbindung; ein Hersteller schließt mit einem Großhändler einen Vertrag, in dem dieser verpflichtet wird, die bezogenen Waren nur an in bestimmter Weise qualifizierte → Fachgeschäfte unter Ausschluss sämtlicher übrigen Formen des Einzelhandels zu liefern. – *Ziele:* Marktzutritt für qualitativ hochwertige Produkte durch Fachbetriebe mit hohem Qualitätsimage und Preisniveau; Sicherstellung von fachlicher Beratung, Service, Reparatur, Ersatzteillager, hochwertiger Ladenausstattung bei Sicherung einer „auskömmlichen" Fachhandelsspanne, → Gebietsschutz, Marktzutrittsschranken (Diskriminierungsverbot); kein intrabrand- sondern nur interbrand-Wettbewerb.

Fachmarkt – Betriebsform des → Einzelhandels. Bestimmte Teile des Sortiments von → Fachgeschäften werden zielgruppenorientiert neu zusammengestellt; Mischung von Selbstbedienung und Beratung bei Bedarf; großflächige, offene Warenpräsentation (→ Display); tendenziell niedriges bis allenfalls mittleres Preisniveau; teilweise auch Übernahme der Instrumente von → Discountern. – *Beispiele:* Hobby-, Bau-, Drogerie-, Bekleidungs-, Getränke-, Sanitär-, Fliesen-, Sportfachmärkte.

Fachpromotoren → Buying Center.

Factory Outlet Center (FOC) – 1. *Begriff:* → Agglomeration von Verkaufsniederlassungen verschiedener Hersteller in einem Gebäudekomplex, die von einer Betreibergesellschaft geplant, entwickelt und gemanagt wird. – 2. *Merkmale:* Der Standort liegt verkehrsgünstig und deckt ein großes Einzugsgebiet ab. Die Gesamtverkaufsfläche umfasst mehrere tausend Quadratmeter, die Ladengeschäfte werden überwiegend von Herstellern betrieben, das Sortiment ist durch einen hohen Anteil Markenware gekennzeichnet (v.a. Produktionsüberhänge, Ausschusswaren, Auslaufmodelle, Retouren, Sondermodelle), die Preise liegen deutlich unter denen des sonstigen Einzelhandels (Off-Price). – Vgl. auch → Fabrikverkauf.

Fahrverkauf – Angebot von Waren mittels eines Verkaufswagens *(rollende Läden).* Gebräuchlich in mit stationärem Handel unterversorgten Gebieten, z.B. manchen städtischen Vorortzonen, ländlichen bzw. Gebirgsregionen, auf Campingplätzen und Großveranstaltungen. Hersteller oder Händler bieten auf planmäßigen Touren oder sporadisch Waren des meist kurzfristigen Bedarfs an (→ Haustürgeschäft). Hierzu zählen auch Heimdienste, die (regelmäßig) in die Wohnung liefern (Getränke, Tiefkühlkost). Rollende Läden haben oft feste Haltestellen und -zeiten. – Vgl. auch → Verkaufsrundfahrt.

Fair-Price-Theorie – Theorie zur Erklärung der Preisakzeptanz, nach der die Konsumenten Preiserhöhungen um so stärker wahrnehmen, je näher sie an die obere akzeptierte Preisgrenze kommen. Daraus wird gefolgert, dass Preiserhöhungen auf einem hohen Preisniveau im Vergleich zu Preisanhebungen auf einem mittleren oder niedrigen Preisniveau zu einem verstärkten Preiswiderstand führen.

Faktorenanalyse – Verfahren der multivariaten Statistik zur Datenverdichtung. Bei der Faktorenanalyse werden Variablen (z.B. Einzeleigenschaften von Produkten) zu wenigen, wesentlichen und nicht beobachteten Variablen (sog. Faktoren) verdichtet. Faktorenanalyse wird u.a. im Marketing und in den Bereichen Psychologie und Soziologie verwendet. Ein Beispiel sind Intelligenztests, in denen die Ergebnisse vieler Einzeltests (Merkmale) zu übergeordneten Gruppen von Merkmalen (sog. Faktoren) zusammengefasst werden.

Feasibility-Studie – *Durchführbarkeitsstudie;* im → Anlagengeschäft und → Systemgeschäft übliche Vorstudie zur Prüfung, ob ein bestimmtes Großprojekt überhaupt durchführbar und ob es technisch und ökonomisch sinnvoll ist. Der Leistungsumfang des durchzuführenden Projekts soll eingegrenzt werden. Eine Feasibility-Studie wird häufiger von Consulting Engineers durchgeführt; kann auch von Anlagen- und Systemanbietern als Marketing-Instrument des → Pre-Sales-Service eingesetzt oder von Nachfragern zur Anfragenstrukturierung herangezogen werden.

Feedreader → RSS-Feed.

Feldforschung – *Field Research;* Bezeichnung der → Marktforschung für primär-statistische Erhebungen (Primärstatistik) in einer natürlichen Umgebung. – *Gegensatz:* → Laborforschung, → Schreibtischforschung.

Feldzeit – Richtwert beim schriftlichen → Interview für die Zeit bis zur Erreichung einer ausreichenden → Rücklaufquote. Feldzeit kann durch Repräsentativitätsverzicht verkürzt oder durch zusätzliche → Nachfassaktionen verlängert werden.

Fencing – Maßnahmen zur Abgrenzung von → Marktsegmenten im Rahmen einer Preisdifferenzierungsstrategie (→ Preisdifferenzierung). Dadurch soll vermieden werden, dass Kunden aus einem Segment ein Gut zu einem (niedrigeren) Preis kaufen, der eigentlich für ein anderes Segment gedacht ist. Ein Beispiel ist die Vergabe vergünstigter Eintrittskarten an Schüler und Studenten nur gegen Vorlage eines Ausweises. Dadurch wird sichergestellt, dass andere den regulären Preis bezahlen.

Fernsehforschung – Teilgebiet der → Medienforschung. Auch *Zuschauerforschung* oder *Fernsehzuschauerforschung.* 1. *Durchführung:* In Deutschland wird die Fernsehforschung von der GfK im Auftrag der Arbeitsgemeinschaft Fernsehforschung (AGF) durchgeführt. Dafür wurde ein → Panel von über 5500 Haushalten aufgestellt. Jeder dieser Haushalte erhält ein Gerät → Telecontrol XL, welches automatisch den eingeschalteten Sender erkennt. Zusätzlich melden sich die Personen des Haushalts auf einer personalisierten Taste an, sodass ermittelt werden kann, wer dem eingeschalteten Programm zusieht. Die Daten werden nachts an die GfK übertragen und stehen den Sendern bereits am nächsten Tag zur Verfügung. – 2. *Ergebnisse:* Wichtige Ergebnisse sind Einschaltquoten, Sehbeteiligung, Seheranteile etc. – 3. *Nutzung:* Die Daten werden genutzt für die Programmplanung der Sender, für die Optimierung von Sendungen und die Planung der TV-Werbung von Herstellern.

Fernsehspot – *TV-Spot, TV Commercial;* auf Film oder Videoband (MAZ) aufgezeichnetes Werbemittel mit Verbreitung über das Fernsehen (→ Fernsehwerbung). In zunehmendem Maße werden Fernsehspots mit geringem → Involvement verfolgt. – *Gestaltungselemente:* (1) Bild, mit den Bestandteilen Form und Farbe und (2) Ton, mit den Bestandteilen Musik, Geräusche und Sprache. – *Bedeutung:* Durch Fernsehspots ist es in bes. Maße möglich, → Bildkommunikation durchzuführen. Mittels der Fernsehspots können Aktualisierung, Emotionen und Informationen (→ Werbeziele) realisiert werden. – Vgl. auch → Funkspot, → Reminder.

Fernsehwerbung – 1. *Begriff/Charakterisierung:* Form der → elektronischen Werbung mittels → Fernsehspots. Kommunikation mit dem Werbesubjekt über Bild und Ton, einzeln oder kombiniert. – 2. *Kosten/Werbewirkung:* → Werbewirkung und → Reichweite aufgrund der hohen Gerätedichte rechtfertigen die relativ hohen Kosten der Fernsehwerbung (→ Tausenderpreis); problematisch erscheint jedoch das aktuell zu beobachtende Zuschauerverhalten bei Fernsehspots (→ Zapping). – 3. *Rechtliche Regelung:* geregelt im Rundfunkstaatsvertrag (RfStV) vom 31.8.1991 mit dem Elften Änderungsvertrag vom 14.10.2008. Im öffentlich-rechtlichen wie im privaten Fernsehen gilt das Trennungsgebot (Sponsoring, → Product Placement). Werbung und Werbetreibende dürfen das übrige Programm inhaltlich und redaktionell nicht beeinflussen. Werbung muss als solche klar erkennbar sein. Sie muss durch optische Mittel eindeutig von anderen Programmteilen getrennt sein (§ 7 III RfStV); Schleichwerbung ist unzulässig (§ 7 VI RfStV). – 4. Unterschiedliche Regelungen über die *Einfügung und Dauer von Werbung* im öffentlich-rechtlichen und privaten Fernsehen. – a) Fernsehwerbung im *öffentlich-rechtlichen Fernsehen:* Die Gesamtdauer der Werbung beträgt in der ARD und im ZDF jeweils höchstens 20 Minuten werktäglich im Jahresdurchschnitt; nach 20 Uhr sowie an Sonntagen und bundesweiten Feiertagen dürfen Werbesendungen nicht ausgestrahlt werden. Die Länder können

Änderungen der Gesamtdauer, der tageszeitlichen Begrenzung und der Beschränkung auf Werktage vereinbaren (§15 V RfStV). Fernsehkauf, d.h. Werbesendungen in Form von direkten Angeboten an die Öffentlichkeit für den Verkauf, den Kauf, die Miete oder Pacht von Erzeugnissen oder die Erbringung von Dienstleistungen (→ Teleshopping), ist im öffentlich-rechtlichen Fernsehen nicht erlaubt (§ 18 RfStV). – b) Im *privaten Fernsehen* darf die Dauer der Werbung insgesamt 20 Prozent, die der Spotwerbung 15 Prozent der täglichen Sendezeit nicht überschreiten. Innerhalb einer Stunde darf die Dauer der Spotwerbung zwölf Minuten nicht überschreiten. Fernsehkauf darf eine Stunde am Tag nicht überschreiten (§ 45 RfStV). Genaue Regelungen über die Einfügung von Werbung in die Sendungen und Sendefolgen finden sich in § 44 RfStV. Aufgrund des § 16a RfStV haben die in der ARD zusammengeschlossenen Landesrundfunkanstalten und das ZDF für das öffentlich-rechtliche Fernsehen und aufgrund des § 46 RfStV die Landesmedienanstalten für das private Fernsehen jeweils *Richtlinien für die Werbung, zur Durchführung der Trennung von Werbung und Programm sowie für das Sponsoring* erlassen. – Zur Haftung für Wettbewerbsverstöße bei der Fernsehwerbung gelten die Grundsätze über die Haftung der Presse (Haftung).

Fernsehzuschauerforschung → Fernsehforschung.

Fernsehzuschauerpanel – Gleichbleibende Stichprobe von Haushalten, bei der das Fernsehzuschauerverhalten der jew. Haushaltsmitglieder kontinuierlich erfasst wird (→ Fernsehforschung).

FFF-Werbung – Abk. für *Film-, Funk- und Fernsehwerbung.*

Field Research → Feldforschung.

Figur-Grund-Prinzipien – Tendenz der → Wahrnehmung, sensorische Informationen selektiv zu verarbeiten und zu organisieren (→ Informationsverarbeitung). – *Voraussetzung* zur Informationsaufnahme ist

die Einteilung des Wahrnehmungsfeldes in Figur und (Hinter-)Grund (Abhebungsprozess). – In der *Werbung* ist darauf zu achten, dass Bilder eine klare Figur-Grund-Differenzierung aufweisen, wodurch Informationsaufnahme und -verarbeitung beschleunigt werden; die Figur-Grund-Differenzierung kann mithilfe des → Tachistoskops gemessen werden.

Filialbetrieb → Filialunternehmung.

Filiale – Einzelne Betriebsstätte einer → Filialunternehmung (sowohl bei Handels- als auch bei Produktionsbetrieben). Filialen sind nur bei Selbstständigkeit in gewissem Umfang als Zweigniederlassung bedeutsam.

Filialunternehmung – *Filialbetrieb.* 1. *Begriff:* Unternehmung mit mind. fünf räumlich voneinander getrennten Niederlassungen (Filialen), die unter einheitlicher Leitung stehen. Verkaufsfilialen des Einzelhandels unterhalten sowohl Hersteller bei direktem Verkauf (Fabrikverkaufsfilialen), Großhändler als → Regiebetriebe als auch Großbetriebsformen des → Einzelhandels (z.B. → Warenhäuser). – 2. *Funktionsweise:* wegen des lokal begrenzten → Einzugsgebiets einer Betriebsstätte stärkste Verbreitung im Einzelhandel. Von einem zentralen Management wird die Unternehmenspolitik einheitlich festgelegt und teils zentral (Beschaffung, Abrechnung, Kontrolle), von weisungsgebundenen Mitarbeitern der Zentrale, teils dezentral (Absatz, Personaleinsatz) von angestellten Filialleitern durchgeführt. – *Vorteile:* erhebliche Rationalisierungsmöglichkeiten; rasches Agieren auf sich wandelnde Märkte. – Mögliche *Nachteile:* Unterordnung unter die Entscheidung des zentralen Managements, wenn ein räumlich stark differenzierendes Handelsmarketing zur erfolgreichen Marktausschöpfung angebracht wäre oder wenn Filialleiter mit Eigeninitiative gebremst, langfristig sogar demotiviert werden. – 3. *Bedeutung:* Die Filialisierung hat sich in den letzten Jahrzehnten stark durchgesetzt, sogar die Entwicklung der kooperativen Gruppen (→ kooperative

Gruppen des Handels) in hohem Maß beeinflusst. Durch die Möglichkeit der zentralen Steuerung von → Warenwirtschaftssystemen (WWS) mittels EDV-Anlagen, unterstützt durch neue Medien wie Internet, kann eine weitere Zunahme der Filialisierung bewirkt werden; es sei denn, Ausbildung, Kompetenz, Eigeninitiative sowie dezentrale, technische Ausstattung (z.B. mit Personalcomputern) der selbstständigen Einzelhändler werden entscheidend verbessert bzw. gestärkt.

Filterfrage – Frage, mittels der Auskunftspersonen, die eine bestimmte Voraussetzung nicht erfüllen, z.B. von der Beantwortung der nachfolgenden Fragen eines → Fragebogens ausgeschlossen werden.

Financial Leasing → Leasing.

Firmenmarke → Marke.

Firmenwerbung → institutionelle Werbung.

Firmenzeichen → Logo.

Fishbein-Modell – Modell zur Messung der Einstellung. Zugrunde liegt die Annahme, dass zwischen der Einstellung einer Person zu einem Objekt und der kognitiven Basis dieser Person ein funktionaler Zusammenhang besteht. Es werden die affektive und die kognitive Komponente einer Eigenschaft dieses Objekts multiplikativ zum sog. Eindruckswert verknüpft.

Flagship Store – 1. *Begriff*: bezeichnet exklusive und einzigartige → Filialen von Marken in Großstadten, die ein umfangreiches Angebot des Sortiments führen. – 2. *Merkmale*: unterscheiden sich i.d.R. von anderen Filialen der Marke durch Ihre Architektur und ihren exklusiven Standort. Flagship Stores werden unter eigener Leitung oder als Franchisekonzept (→ Franchise) betrieben. Anders als bei der Distribution über andere Kanäle, z.B. als eines von vielen Angeboten in Warenhäusern oder Fachgeschäften, kann man hier das Markenangebot umfänglicher zeigen, besser in Szene setzen und zudem – bei entsprechend geschultem Personal – unmittelbares Feedback zur Reaktion auf die unter der

Marke geführten Angebote erhalten. Oftmals ist die Marke ähnlich wie bei → Brandlands in den Stores interaktiv für den Kunden erlebbar. – 3. *Beispiele*: Prada Stores, Faber-Castell- oder Montblanc-Läden.

Flatrate – Festpreis (vgl. → Pauschalpreis), der die unbegrenzte Nutzung eines → Gutes gewährt. Flatrates werden häufig im Bereich der Telekommunikation angeboten, wo z.B. Mobilfunkkunden bei Bezahlung einer festen monatlichen Pauschale unbegrenzt in bestimmte Netze telefonieren können.

Flickering → Zapping.

fliegender Händler – Warenverkauf ohne stationäres Verkaufslokal an wechselnden Orten mit temporärer Nachfrageballung (ambulanter Handel), z.B. bei Sportveranstaltungen, Stadtteilfesten, an touristischen Attraktionspunkten.

Fließtext – *Body Copy;* verbindende Bestandteile eines Werbetextes (bes. einer → Anzeige) zwischen der → Headline und der → Baseline. – *Anforderungen in Anzeigen:* Der Fließtext sollte so kurz wie möglich sein und eine strukturierte formale Gestaltung aufweisen. Der Fließtext wird nur wenig beachtet; um die Lesewahrscheinlichkeit zu erhöhen, sollte der Fließtext durch Absätze und Zwischenüberschriften strukturiert werden. Die Platzierung des Textes in einer Anzeige sollte den Lesegewohnheiten entsprechen und möglichst rechts neben oder unter dem Bild erfolgen.

Flipping – Verhaltensweise beim Fernsehen, bei der der Zuschauer ständig zwischen den TV-Programmen wechselt, sodass er für die Werbetreibenden und Programmmacher unberechenbar wird.

Flop – ein neu eingeführtes Produkt, das seine Marketing- und Marktziele nicht erreicht hat und deshalb vom Markt genommen wird. U.U. erfolgt zu einem späteren Zeitpunkt ein → Relaunch.

Flyer – *Stuffer;* mehrfarbiges Werbemittel kleinen Formates von ein bis mehreren Seiten

Umfang, das auch als ein → Prospekt kleinen Formates bezeichnet werden kann. Flyer sind Bestandteil des → Direct Mailing.

Folder-Test – *Anzeigen-Wirkungs-Test*; Verfahren zur Messung der Wiedererkennung (→ Recognitiontest) von Werbebotschaften. Den Versuchspersonen werden Zeitschriftenhefte mit publizierten und nachträglich eingefügten Anzeigen (Testanzeigen) vorgelegt, wobei die Wiedererkennung abgefragt wird. Die nachträglich eingefügten Anzeigen dienen dazu, die Verzerrung durch vermeintliches, aber nicht echtes Wiedererkennen abzuschätzen. Der Folder-Test ist ein Instrument zur Überprüfung der Werbewirksamkeit von Anzeigen und im Vergleich zu Konkurrenzanzeigen.

Food Broker – Handelsvertreter, die im Auftrag der Hersteller von Nahrungs- und Genussmitteln einen umfassenden Merchandising-Service (→ Merchandising) im → Einzelhandel erbringen. Dazu gehören in erster Linie die Regalpflege, die Warendisposition, die Manipulation der Waren von der Anlieferung bis zur Warenpräsentation, die Preisauszeichnung, die Kontrolle des Warenumschlags und die Durchführung von auf das betreute Sortiment bezogenen werblichen Aktivitäten (v.a. Promotions). – Vgl. auch → Rack Jobber.

Food-Sortiment – Sortimentsteil des Lebensmittelhandels: Alle Nahrungs- und Genussmittel. – *Non-Food-Waren*: Alle übrigen Sortimentsteile (z.B. Wasch- und Putzmittel, Zeitungen, Blumen, Haushaltswaren).

Frage → Befragung, → Eisbrecher, → Filterfrage, → Kontrollfrage, → Ablenkungsfrage.

Fragebogen – Grundlage für → Erhebungen; Arbeitsmittel bei → Befragung. Im Fragebogen sind schematisch die eindeutig bestimmten Erhebungseinheiten und Erhebungsmerkmale (Merkmal) verankert. Fehlerfreie Ausfüllung ist durch Erläuterungen oder Mustereintragung anzustreben und zu überprüfen (→ Kontrollfrage). – *Arten*: (1) *Individual-Fragebogen*: auszufüllen von jeder in die Untersuchung einbezogenen Person. (2) *Kollektiv-Fragebogen*: zu beantworten von den für eine Sach- oder Personengruppe Verantwortlichen (z.B. Unternehmer bei Maschinenzählung; Haushaltsvorstand für Familie bei der Volkszählung). – *Gliederung*: Der Fragebogen beginnt mit dem *Einleitungstext*, welcher das Thema, die befragende Organisation, die ungefähre Dauer, einen Hinweis auf die Freiwilligkeit der Befragung sowie eine Motivation für die Beantwortung der Fragen enthalten sollte. Es folgen die Einleitungsfrage, welche auch als Eisbrecherfrage bezeichnet wird und die psychologisch geschickt Interesse wecken und zum Thema hinführen soll. Dann kommen die eigentlichen Fragen, wobei auf einen logischen Aufbau (i.Allg. vom Allgemeinen zum Speziellen) und die Variation der Fragenformen zu achten ist. Auch sind Reihenfolgeeffekte zu berücksichtigen. Zum Schluss erfolgt die Abfrage der Soziodemografie sowie der Dank für die Teilnahme. – *Brauchbarkeit* des Fragenschemas ist durch vorherige Probeerhebung (→ Pretest) und Aufbereitung zu prüfen. – Vgl. auch → computergestützte Datenerhebung.

Fraktalisierung – Prozess, bei dem Absatzmärkte zunehmend in kleinere, untereinander inhomogene Einheiten (Zielgruppen) aufgeteilt werden. Hierdurch muss die Marketingpolitik ständig neuen Zielgruppen angepasst werden. – Vgl. auch → Marktsegmentierung, → Produktdifferenzierung.

Framing – Ausgestaltung von Rahmenbedingungen. Wichtiger Aspekt im → Behavioral Pricing, da z.B. durch Ausgestaltung von Promotions/Verkaufsförderungsmaßnahmen (Bündelangebote: Kauf 3, zahl 2 vs. bei Kauf von 3 Rabatt von 33%) das Kaufverhalten beeinflusst wird.

Franchise – *Franchising*.

I. Handelsbetriebslehre: → 1. *Begriff*: System der vertikalen → Vertriebsbindung, ähnlich den Vertragshändlern oder den kooperierenden Gruppen: Ein Franchise-Geber

(Hersteller) sucht Franchise-Nehmer (Händler), die als selbstständige Unternehmer mit eigenem Kapitaleinsatz Waren/Dienste unter einem einheitlichen Marketingkonzept anbieten. Rechte und Pflichten sind vertraglich geregelt. – 2. *Franchise-Geber:* a) *Vorteile:* schnelle räumliche Expansion mit vergleichsweise geringem Aufwand mit selbstständig initiativ werdenden Unternehmern, die jedoch im Rahmen des Franchise-Vertrages gebunden sind. Verlagerung großer Teile des unternehmerischen Risikos (etwa Fixkostenaufbau, Konkursrisiko, Haftung für Fremdkapital) auf Franchise-Nehmer. – b) *Aufgaben:* Entwurf und Ausbau des Marketingkonzepts, Warenauswahl, Kalkulationsvorschläge, überregionale Werbung unter einheitlichem Zeichen, Beteiligung an der regionalen Werbung, Bereitstellung von Dekorationsmaterial und Messediensten, Personalschulung, Verkaufsberatung, meist mit → Gebietsschutz für den Franchise-Nehmer sowie gegebenenfalls Anschubfinanzierung. – 3. *Franchise-Nehmer:* a) *Vorteile:* Teilhabe am Know-how und am Image des Franchise-Gebers; begrenztes Geschäftsrisiko infolge Übernahme einer bewährten Konzeption; Aufgabenentlastung bei vielen Entscheidungen der Sortiments-, Preis-, Distributions- und Kommunikationspolitik, bei Weiterbildung und Betriebsführung sowie bei der Beschaffung von Ressourcen (Güter, Kapital, Personal). – b) *Aufgaben:* Abnahme von Mindestmengen, Sortimentsbeschränkung hinsichtlich Konkurrenzprodukten, Einhaltung des vorgegebenen Preisniveaus, Unterstützung der überregionalen Werbung durch eigene Aktionen. – 4. *Verbreitung:* Franchise-Systeme gibt es im Automobilhandel, in der Getränkebranche, in der Distribution von Mineralölprodukten, bei Baumärkten und Schnellgaststätten. Bekannte Franchisesysteme sind *McDonald´s, Burger King, Nordsee, Eismann, Holiday Inn, Hilton, Goodyear, Sixt, Hertz, Ihr Platz* und *OBI.*

II. Versicherungswesen: → *Selbstbehalt, Selbstbeteiligung.* – 1. *Begriff:* vertraglich

vereinbarte Beträge oder Anteile, denen gemäß der Versicherungsnehmer versicherte Schäden selbst trägt. Eine Franchise kann entweder pro Schadenfall oder pro Jahr mit einem festen Betrag oder mit einem prozentualen Anteil am Schaden oder an der Versicherungssumme vereinbart werden. Wirtschaftlich handelt es sich bei der Franchise um eine bewusste Unterversicherung. – 2. *Arten von Franchisen:* a) Absolute Abzugsfranchise: Der Versicherungsnehmer trägt von jedem Einzelschaden oder vom Gesamtschaden eines Jahres einen bestimmten Betrag selbst; der Versicherer zahlt nur den Teil des Schadens, der die Franchise übersteigt. Anwendung in der Kfz-Versicherung (üblich sind z.B. in der Vollkaskoversicherung eine Abzugsfranchise von 300 Euro und in der Teilkaskoversicherung von 150 Euro), in der privaten Krankenversicherung (PKV, s.u.) und in der Rückversicherung (s.u.). – b) Relative Abzugsfranchise bzw. prozentuale Selbstbeteiligung: Der Versicherungsnehmer trägt von jedem Schaden einen prozentualen Anteil selbst; der Versicherer ersetzt nur den ‚restprozentualen' Teil des Schadens. Häufig werden zusätzlich aus Verwaltungskostengründen Mindestbeträge und aus Gründen der Zumutbarkeit für den Versicherungsnehmer Höchstbeträge für die Selbstbeteiligung vereinbart. Anwendung in der Krankheitskostenversicherung, in der Sturmversicherung und in der Rückversicherung (s.u.). – c) Integralfranchise: Der Versicherungsnehmer trägt jeden Einzelschaden oder den Gesamtschaden eines Jahres bis zum Betrag der Franchise selbst. Übersteigt der Schaden jedoch die Franchise, ersetzt der Versicherer den vollen Schaden ohne Abzug. Anwendung z.B. in der Seeversicherung. – d) Zeitfranchise (Wartezeit): Der Versicherungsnehmer trägt jeden Schaden, der ab Beginn der Versicherungsdauer in einem gesetzlich oder vertraglich festgelegten Zeitraum eintritt, selbst. Anwendung in der Lebensversicherung (bei Selbsttötung), in der PKV und teils auch in der Rechtsschutzversicherung. – 3. *Ziele und*

Wirkungen von Franchisen: Durch die Beteiligung des Versicherungsnehmers a) reduziert sich das vom Versicherer übernommene Risiko und somit auch die Risikoprämie für den Versicherungsnehmer; – b) reduzieren sich die Anzahl der zu bearbeitenden Schäden, damit die Schadenregulierungskosten bei Bagatell- und Kleinschäden und letztlich auch der Betriebskostenzuschlag in der Versicherungsprämie für den Versicherungsnehmer; – c) sinken gerade im Fall von Kumulschäden auch signifikant die Schadenvergütungen, die den Versicherer belasten; – d) interessiert sich der Versicherungsnehmer infolge der stärkeren Eigenverantwortung stärker für sein Risiko und das Ausbleiben des Schadeneintritts, d.h. für die Schadenverhütung. – 4. *Beispiel: Franchisen in der privaten Krankenversicherung (PKV):* In der PKV ist die Franchise v.a. eine Möglichkeit zur Beitragsreduktion (sog. Selbstbehaltstarife). Die Höhe der Franchise wird in der PKV vor Vertragsbeginn vertraglich vereinbart. Es werden Tarife mit absoluten, prozentualen oder fallbezogenen Selbstbehalten angeboten. I.d.R. gilt dabei: Je höher der jährliche Selbstbehalt ist, desto niedriger fällt die Versicherungsprämie aus. Bspw. betrug 2008 der Beitrag einer Frau mit einem Eintrittsalter von 33 Jahren für den ambulanten Teil ihres Versicherungsschutzes bei einem jährlichen Selbstbehalt von 650 Euro nur 63,74 % dessen, was sie ohne einen Selbstbehalt bezahlt hätte (Beitragsentlastung von 36,26 %). Bei 1.250 Euro jährlichem Selbstbehalt lag der Beitragsanteil nur noch bei 49,1 % (Beitragsentlastung 50,9 %). – 5. *Franchisen in der gesetzlichen Krankenversicherung (GKV):* Der GKV sind Franchisen aufgrund des Sachleistungsprinzips weitgehend fremd. Mit Inkrafttreten des Wettbewerbsstärkungsgesetzes (GKV-WSG) wurde es allerdings auch Krankenkassen gestattet, Selbstbehaltstarife als sog. Wahltarife anzubieten (§ 53 SGB V). Sie können von allen gesetzlich Versicherten zur Beitragsentlastung freiwillig gewählt werden. Anders aber als in der PKV, führen Selbstbehalte in

der GKV bei einer späteren Rückkehr in einen „Normalleistungsbereich" ausschließlich zum Verzicht auf Beitragsnachlässe, nicht aber zu einer risikoäquivalenten Beitragsänderung. – 6. *Selbstbehalte in der Rückversicherung:* Auch in der Rückversicherung kommen Franchisen vor, werden dort aber anders bezeichnet. Dabei handelt es sich um die Teile der Risiken bzw. Schadenpotenziale, die der Zedent nicht in Rückversicherungsdeckung gibt. In den proportionalen Rückversicherungsverträgen handelt es sich dabei um die Selbstbehaltsquoten, die auch als prozentuale Selbstbeteiligungen pro Schaden (Quotenrückversicherung, Summenexzedenten-Rückversicherung) interpretiert werden können. In den nicht proportionalen Rückversicherungsverträgen kann die Priorität als eine Art absolute Abzugsfranchise pro Schadenfall (Einzelschadenexzedent) oder pro Schadenereignis (Kumulschadenexzedent) oder kann der Eigenanteil des Zedenten als prozentuale Selbstbeteiligung am Jahresschaden (Stop Loss) aufgefasst werden.

III. **Wettbewerbsrecht:** → Im Rahmen von Franchise-Vereinbarungen wird die wirtschaftliche Handlungsfreiheit der beteiligten Parteien zumeist stark beschränkt, bspw. im Hinblick auf Alleinbezugsverpflichtungen des Franchise-Nehmers oder Vorkehrungen zum Schutz der Rechte des Franchise-Gebers an gewerblichem oder geistigem Eigentum. Insofern diese Regelungen zur Sicherung der Durchführung des Franchise-Vertrages erforderlich sind (notwendige Nebenabrede), liegt i.d.R. dennoch kein Verstoß gegen § 1 GWB und Art. 101 I AEUV vor. Soweit die Bestimmungen zum Kartellverbot im Einzelfall überhaupt auf die Franchise-Vereinbarung anwendbar sind, ergeben sich die Freistellungsmöglichkeiten für Vertriebs-, Dienstleistungs- und Verbundgruppenfranchising aus der Vertikal-GVO und für Produktionsfranchising aus der GVO für Technologietransfer-Vereinbarungen (Know-how-Vereinbarungen).

Free Advertising Item → Werbegeschenk.

Free Recall → Recalltest.

freibleibende Offerte → Offerte.

freiwillige Kette – 1. *Begriff:* In ihrem Ursprung die vertikale Kooperation einer Großhandlung mit ausgewählten Einzelhändlern (Anschlusskunden) und gleichzeitig die horizontale Kooperation solcher Großhändler, um das Absatzgebiet der freiwilligen Kette über den regionalen Bereich einer Großhandlung ausdehnen zu können. Ein Ergebnis der horizontalen Kooperation des Großhandels ist i.d.R. die Errichtung einer nationalen Zentrale, sodass die freiwillige Kette ebenso wie die → Einkaufsgenossenschaften dreistufig organisiert sind. – 2. *Hauptziele:* Erreichung höherer → Mengenrabatte und günstigerer Konditionen durch Auftragsbündelung sowie Sicherung und Rationalisierung der Marktbeziehungen zwischen Großhandlung und ihren Anschlusskunden. Ausdehnung der Tätigkeit der zentralen Organisationen durch Übernahme von Funktionen aus den Bereichen Buchführung, Kostenrechnung, Datenverarbeitung sowie v.a. des einheitlichen Absatzmarketing. – *Ferner:* Modernisierung des Vertriebsstellennetzes durch → Mitgliederselektion, Versuch der Kompensation eventueller Wettbewerbsnachteile gegenüber → Filialunternehmungen durch Gründung von → Regiebetrieben und Einführung von neuen Partnerschaftsmodellen (→ Kooperationskaufmann). Dadurch andererseits Verlust an Selbstständigkeit und damit bisheriger Stärken der freiwilligen Kette, wie Ideenreichtum, Originalität, Initiative sowie intrinsische Motivation. – *Vgl. auch* → Full-Service-Kooperation.

Fremdbedienung → Bedienungsform des Handels mit geringem Grad der Beteiligung des → Abnehmers am Kaufprozess: Der Verkäufer präsentiert die Ware, berät den Kunden und tätigt den Verkaufsabschluss (Rechnungserstellung, ggf. Inkasso, Warenausgabe und -verpackung). Typische Bedienungsform

im → Fachgeschäft. – *Vgl. auch* → Selbstauswahl und Selbstbedienung.

Fremdgeschäft – Geschäftsform im Handel. Geschäfte im fremden Namen und für fremde Rechnung; getätigt von z.B. Handelsvertretern, Handelsmaklern im Agenturvertrieb, aber auch von → Einkaufskontoren des Großhandels und von Zentralen kooperativer Gruppen (→ kooperative Gruppen des Handels), die bei der Geschäftsanbahnung mitwirken und bei der Geschäftsabwicklung nur teilweise eingeschaltet sind. *Geschäftsanbahnung* mittels hausinterner Ausstellungen und Musterungen sowie Rundschreiben, Ordersätzen oder sonstigen Lieferantenempfehlungen. *Geschäftsabwicklung* mittels → Empfehlungs-, → Zentralregulierungs-, → Delkredere- oder → Abschlussgeschäft. Der Warenstrom wird als → Streckengeschäft, in Ausnahmefällen als → Lagergeschäft abgewickelt. – *Gegensatz:* → Eigengeschäft.

Frequenztechnik – häufigere Darbietung eines → Werbemittels. Dadurch steigt die Wahrscheinlichkeit, dass das Werbemittel von dem Konsumenten bemerkt wird und damit → Aufmerksamkeit erzeugt. Möglichkeiten dazu bieten die → Reminder.

Frühadopter – 1. *Begriff:* Gruppe von → Adoptern, die ähnliche Eigenschaften aufweist wie die Gruppe der → Innovatoren. – 2. *Merkmale:* Der Unterschied besteht in ihrer geringen Risikobereitschaft und einem geringerem Neuheiteninteresse. Dennoch haben Sie immer noch ein hohes Interesse an Neuheiten und übernehmen Ideen frühzeitig. Sie haben in ihrer sozialen Umgebung die Rolle eines Meinungsführers und suchen aktiv nach neuen Angeboten. Sie reagieren wenig preiselastisch. – *Vgl.* → Diffusionsprozess

frühe Mehrheit – 1. *Begriff:* Phase im → Diffusionsprozess, in der eine Innovation am Markt den Mainstream erreicht; das Angebot hat sich etabliert. – 2. *Merkmale:* Vertreter der frühen Mehrheit handeln wohlüberlegt und übernehmen neue Angebote erst, wenn deren Vorteile nachgewiesen sind. Zu diesem Zeitpunkt ist der Diffusionsprozess einer Innovation bereits weit fortgeschritten. – Vgl. → Diffusionsprozess.

Füllfrage → methodische Frage, mit deren Hilfe die Befragungsbedingungen für alle Befragungspersonen gleich gehalten werden.

Full-Service-Kooperation – 1. *Begriff:* Aus der → Einkaufsgenossenschaft entstandene Kooperationsform des Einzelhandels. Die Zentralorganisationen übernehmen nicht nur das → Zentralregulierungsgeschäft und → Delkrederegeschäft, sondern tätigen neben → Empfehlungsgeschäften und → Abschlussgeschäften vermehrt auch → Eigengeschäfte. Damit übernehmen sie ein eigenständiges Risiko der Absetzbarkeit der Waren. Z.T. erhöhen die Zentralen das Absatzrisiko durch Errichtung eigener Produktionsstätten, deren Produkte prinzipiell nur über die Mitglieder verkauft werden sollen. Sie entwickeln auch → Handelsmarken bzw. verpacken lose gekaufte Ware in eigenen Verpackungsbetrieben. – 2. *Weitere,* teils von organisatorisch ausgegliederten Betrieben wahrgenommene *Aufgaben* der Zentrale: Anmietung von Grundstücken bzw. Gebäuden; Durchführung von Standortanalysen; Finanzierung von Warengeschäften, Bauvorhaben, Existenzgründungen; Schulung der Mitglieder; Übernahme von statistischen Erfassungen, Kostenrechnung und Kalkulation, Betriebs- und Finanzbuchhaltung sowie Bilanzerstellung und Steuerberatung. Wachsende Kompetenzen im Handelsmarketing: Einsatz von Marketinginstrumenten, um die Einzelhändler zur Abnahme der eingekauften Produkte und zu deren bevorzugter Förderung beim Verkauf zu bewegen, einschließlich Beratung bei Ladengestaltung und Warenplatzierung, strenge Vorauswahl beschaffbarer Produkte (Listing in → Ordersätzen), Kalkulationshinweisen und Kontrollen des Verkaufs – zumindest global – über den Service der kurzfristigen Erfolgsrechnungen. Entwurf zentraler Sonderangebots-,

Werbe- und Verkaufsförderungsaktionen, Mitwirkung bei der Abfallbeseitigung. – 3. *Entwicklung:* Die Entwicklung der Full-Service-Kooperation zu → Filialunternehmungen ist durch Gründung von → Regiebetrieben schon realisiert. Kooperationskaufleute sind durch vertragliche Bindungen in ihrer Freiheit der Sortimentsbildung noch weiter eingeschränkt als die traditionellen Mitglieder von Full-Service-Kooperationen. Die zukünftige Entwicklung ist davon abhängig, inwieweit es gelingt, dezentrale Fachkompetenzen so zur Ausschöpfung der lokalen Marktpotenziale einzusetzen und gleichzeitig so zu koordinieren, dass die Wettbewerbsfähigkeit der Full-Service-Kooperation gestärkt wird. Hierbei wird es nicht unwichtig sein, durch → Mitgliederselektion einen rationell zu beliefernden Kreis von Einzelhändlern zu gewinnen, die durch ihre Erfolge auf dem Markt gleichzeitig den übergeordneten Gruppeninteressen dienen.

Full-Service-Werbeagentur → Werbeagentur.

Fungibilität – 1. *Begriff:* bezeichnet die Eigenschaft von Gütern, Devisen und Wertpapieren, bspw. nach Maß, Zahl oder Gewicht bestimmbar und ohne Weiteres auswechselbar oder austauschbar zu sein. – 2. *Merkmale:* Fungibilität liegt vor, wenn die Sachen oder Rechte durch gleich bleibende Beschaffenheit (z.B. nach Zahl, Maß oder Gewicht) im Handelsverkehr bestimmt werden und durch jede andere Sache bzw. jedes andere Recht der gleichen Gattung und Menge ersetzt werden können. Die Fungibilität einer Ware ist Voraussetzung für ihren börsenmäßigen Handel (Börsengeschäfte). Fungible Rechte, die Ansprüche aus verbrieften Kapitalformen verkörpern, heißen Effekten.

Funkspot – *Radiospot, Radio Commercial;* – 1. *Begriff:* über das Medium Hörfunk verbreitete Mitteilung mit erkennbar werblicher Aussage (→ Funkwerbung). – 2. *Gestaltungselemente:* (1) *Musik:* Tonhöhe, Lautstärke, Klangfarbe, Melodie, Rhythmus,

Tempo, Harmonie, Tonart und Instrumentierung; (2) *Geräusche*: realistische, die den Hörer an vertraute akustische Geräusche erinnern sowie frei erfundene, spezielle Geräusche bzw. Effekte, die keinem natürlichen Geräusch zuzuordnen sind; (3) *Sprache*: Merkmale der Stimme (z.B. Stimmhöhe) sowie Merkmale der Sprechweise (z.B. Sprechgeschwindigkeit). – 3. *Bedeutung*: Radio ist ein Hintergrundmedium das größtenteils unter geringem → Involvement wahrgenommen wird. Ein Funkspot eignet sich in erster Linie zur Aktualisierung. Darüber hinaus kann er ergänzend zur Fernseh- und/ oder Printwerbung eingesetzt werden, um die Positionierungswirkungen dieser Medien zu verstärken und zusätzlich visuelle Vorstellungen aus der Fernseh- oder Printwerbung bei den Hörern im Rahmen der → integrierten Kommunikation zu aktivieren (visueller Transfer). – Vgl. auch → Fernsehspot.

funktionale Qualität – Gesamtheit aller Eigenschaften eines Angebotes, welche die Eignung des Produktes oder der Dienstleistung zur Erfüllung der vom Abnehmer gestellten Aufgaben bestimmen. Im Rahmen von Dienstleistungen wird darunter auch jene Qualitätsdimension verstanden, die sich auf die Art und Weise der Dienstleistungserstellung bezieht. Hierunter werden u.a auch die

fachliche Kompetenz und Höflichkeit des Personals subsummiert. – Vgl. auch → Qualität.

Funktionsrabatt – *Stufenrabatt*; pauschalierter Leistungsrabatt für sämtliche von einer Handelsstufe wahrzunehmenden Funktionen bei der → Distribution von Waren. *Strittig* ist stets die Höhe des Funktionsrabattes, wenn sich die übernommenen → Handelsfunktionen nicht quantitativ messen und in beiderseitigem Einvernehmen bewerten lassen. – *Beispiel*: Funktionsrabatt an Großhändler für die Lagerhaltung in bestimmtem Umfang.

Funkwerbung – *Hörfunkwerbung, Rundfunkwerbung*; → elektronische Werbung mittels → Funkspots. – *Bedeutung*: Funkwerbung ist, entgegen früheren Vorstellungen, ein einflussstarkes Werbemedium, dessen Botschaften gut in Erinnerung bleiben und das vergleichsweise geringe Kosten verursacht. Heute dient die Funkwerbung deshalb häufig als Basismedium einer *Werbekampagne* und wird komplementär mit *Fernsehwerbung* und *Printwerbung* (→ integrierte Kommunikation) eingesetzt; es kann zu → Reichweitenüberschneidung kommen. – Vgl. auch → Fernsehwerbung.

Fusti – Vergütung für Verunreinigung einer Ware. – Vgl. auch → Refaktie.

G

Gabelungsfrage → Ablaufordnungsfrage, nach der verschiedene Befragungspersonen zu unterschiedlichen Themen befragt werden. So können bei einer Befragung zu Deomitteln die Verwender von Rollern dem einen Befragungsast folgen, die von Sprays einem anderen.

Gabelungsmethode → Split Ballot.

Gabor-Granger-Methode – Methode der direkten Preisbefragung zur Bestimmung der Preisabsatzfunktion für ein bestimmtes Gut, die auf André Gabor und Clive Granger (1964) zurückgeht. Dabei werden Kunden verschiedene Preise vorgestellt, und sie werden jeweils gefragt, wie wahrscheinlich es ist, dass sie das Gut zu diesem Preis kaufen würden. Dadurch kann ihre Preissensibilität gemessen werden.

Gain-and-Loss-Analyse – Methode der → Marktforschung, bei der Mitglieder eines → Panels auf → Käuferwanderung in Bezug auf Marken und Einkaufsmengen untersucht werden. Ist die Stichprobe repräsentativ, können wertvolle Informationen über mengenmäßige Marktanteilsgewinne und -verluste einzelner Marken sowie über Marktanteilsschwankungen durch neue Käufer bzw. Abstinenz alter Käufer gewonnen werden. Ziel ist festzustellen, welche Marken durch ein neues oder verändertes Produkt geschädigt werden.

Ganzheitspsychologie → Gestaltpsychologie.

Ganzstellen – auf öffentlichem Grund befindliche Säulen und Tafeln für den Plakatanschlag, die zeitlich begrenzt nur von einem Werbetreibenden benutzt werden können. Ganzstellen werden von (örtlichen) privaten Institutionen auf gepachtetem Grund errichtet und verwaltet. – *Gegensatz:* → Allgemeinstellen. – Vgl. auch → Großflächen, → Außenwerbung.

Gatefolder – Anzeigenseite, die an einer Seite oder an zwei Seiten (Altarfalz) ausklappbar ist und so die Anzeigenfläche vergrößert. – Vgl. auch → Anzeige.

Gatekeeper – Person, die über Informationsfilterungsaktivitäten den Informationsfluss in das und im → Buying Center steuert. Auch Handelsbetriebe werden als Gatekeeper, als Schleusenwärter, Pförtner bei der → Distribution von Waren und Informationen angesehen. – *Beurteilung:* Einerseits wird die Gatekeeper-Position als ein wettbewerbsrechtlich bedenklicher Ausdruck von → Nachfragemacht angesehen. Dem ist andererseits zu entgegnen, dass z.B. Handelsbetriebe aufgrund der Regalplatzknappheit unter den Angeboten der Hersteller auswählen müssen und die → Distributionskanäle keineswegs willkürlich öffnen bzw. schließen, sondern die knappe Durchlaufkapazität den Produkten zuweisen, die aufgrund vorhandener Nachfrage die höchsten Deckungsbeiträge erwarten lassen (derivative Nachfragemacht des Handels).

Gattungsmarke – 1. *Begriff:* Bezeichnung für Produktmarken, die ohne besonders differenzierenden Markennamen auskommen und sich vorwiegend auf die Benennung der Warengattung konzentrieren. – 2. *Merkmale:* Gattungsmarken sind eher im Niedrigpreissegment angesiedelt und werden dem entsprechend im Rahmen einer Niedrigpreisstrategie oder bei Handelsmarken eingesetzt. Als Beispiele können TIP bei Real oder JA von Rewe genannt werden. Vielfach werden Gattungsprodukte auch als No Names oder im pharmazeutischen Bereich Generika (Generics) bezeichnet. – Alternativ können unter diesem Begriff auch Marken verstanden werden, die für eine bestimmte Produktgattung von so hoher Bedeutung sind, dass Sie für diese synonym stehen. Bsp.: Tempo für

Papiertaschentücher. – Vgl. → Marke, → No Names.

Gattungsprodukt → No Names.

Gebietsauswahl → Flächenstichprobenverfahren.

Gebietsschutz – in einem System von → Vertriebsbindungen die Zuweisung eines regional abgegrenzten Gebietes an einen Abnehmer zur (exklusiven) Marktbearbeitung unter gleichzeitiger Garantie des Herstellers, dass die vertriebene Ware nicht über andere Glieder der Absatzkette in das geschützte Gebiet gelangt *(Gebietsschutzklausel)*. Gebietsschutz häufig neben → Absatzbindung sowie für → Vertragshändler.

Gebietsschutzklausel → Gebietsschutz.

Gebietsverkaufstest – Methode zur Messung des Marketingerfolgs, (z.B. des ökonomischen Werbeerfolgs) oder des Erfolgs von Verkaufsförderungsaktionen (→ Werbeerfolgskontrolle). Gebietsverkaufstest beruht auf Absatzkontrollen bei repräsentativ ausgewählten Einzelhandelsunternehmen in regional begrenzten und gleichartig strukturierten Absatzmärkten (Experimental- und Kontrollgebiet), auf denen unterschiedliche Marketingmaßnahmen durchgeführt wurden. – Vgl. auch → Testmarkt.

Gebrauchsgüter – 1. *Produktionsorientierte Betrachtung*: technische Potenziale, die in technologisch und arbeitswissenschaftlich bestimmten Kombinationen mit anderen Gebrauchsgütern und/ oder Arbeitskräften Produktionsvorgänge bewirken können (z.B. Maschinen). – 2. *Konsumorientierte Betrachtung*: dauerhafte Konsumgüter (z.B. Kraftfahrzeuge), die dem mehrmaligen längerfristigen Gebrauch dienen. – *Gegensatz*: → Verbrauchsgüter, teils identisch mit den → Shopping Goods.

Gebrauchtwaren – *Altwaren, Waren der zweiten Hand*; Konsum- bzw. Produktionsgüter, die vom Ersterwerber nach mehr oder weniger langer Nutzung erneut zum Verkauf

angeboten werden. – Vgl. auch → Altwarenhandel, → Secondhandshop.

Gebrauchtwarenhandel → Altwarenhandel.

Gedächtnistest → Recalltest.

gegabelte Befragung → Split Ballot.

Geistiges Eigentum – 1. *Begriff*: Geistiges Eigentum (engl. *intellectual property*, kurz *IP*) ist das immaterielle vermögenswerte Aneignungsergebnis, das durch kreative intellektuelle Leistung entsteht. Es kann das Resultat unterschiedlichster geistiger Prozesse sein, an denen nur Einzelne oder mehrere Menschen beteiligt sind, wie Spielen, Lernen, Lesen, Forschen/Experimentieren, deduzierende Schlussfolgerungen, Kommunikationsvorgänge aller Art. Geistiges Eigentum kann zufällig entstehen oder auch infolge zielstrebiger geistiger Anstrengung. – Geistiges Eigentum bedeutet immer auch Verwertung. Das Wesen geistigen Eigentums in der wirtschaftlichen Realität erfasst somit real nur, wer es im Zusammenhang mit seinem Management betrachtet. – Die Sprache hält für die Gegenstände geistigen Eigentums unterschiedliche Begriffe vor. Wissen bezeichnet die Kenntnis mentaler Schöpfungen, die geistiges Eigentum ausmachen. Bei dem Schaffensprozess von geistigem Eigentum ist die Wissenssphäre die intellektuelle Kristallisationsebene, auf der die Gegenstände des geistigen Eigentums den Seinszustand erreichen. Das Wort Kulturgut bezeichnet die Gesamtheit geistigen Eigentums und lenkt den Blick und das Denken auf die kulturellen Entstehungsbedingungen und Zusammenhänge der Generierung von Wissen. – 2. *Geistiges Eigentum in der Wissensökonomie*: Mit der Produktion von Neuwissen und dessen Absicherung ist das Schaffen geistigen Eigentums ein wesentliches Wertschöpfungsgeschehen. Drei seiner Funktionen sind zu unterscheiden und wirken zusammen: IP ist, erstens, ein – zunehmend wesentlicher – Teil des Unternehmensvermögens. Ferner visualisiert IP als Gesamtbestand an Rechten und geschützten

Rechtpositionen das Eigentum an Wissen. Schließlich richtet IP den Blick auf die gegebenen Möglichkeiten, aus diesem Vermögenspotential und den geschützten Exklusivrechten für das Unternehmen wirtschaftliche Vorteile zu generieren. – Der damit verdeutlichten Stellung von IP in der Wissensgesellschaft und –ökonomie entspricht es, die Unternehmensstrukturen und –prozesse so zu gestalten, dass sie den veränderten gesellschaftlichen und wirtschaftlichen Erfordernissen entsprechen und erlauben, die Potentiale geistigen Eigentums optimal zu nutzen. Dazu wird die traditionell existierende Trennung zwischen den beteiligten Unternehmensbereichen Technik, Ökonomie, Management und Recht aufzuheben sein. Das erlaubt es, interdisziplinär und flexibel die Synergiepotentiale zu nutzen, die u.a. im geistigen Eigentum angelegt sind. Dann kann das Management des geistigen Eigentums qualifizierte Strategien der Aneignung immateriellen Vermögens definieren und auf dieser Grundlage das Ziel der systematischen Steigerung des Unternehmenserfolges verfolgen. Es wird im Unternehmen die Entwicklung inter- und multidisziplinärer Leistungsstrukturen fördern, auf denen das qualifizierte Management geistigen Eigentums sachlich und personell aufbauen kann. – 3. *Geistiges Eigentum als Unternehmensvermögen*: Das geistige Eigentum ist eine der vier Kategorien immateriellen Unternehmensvermögens („intangible assets"; immaterielles Wirtschaftsgut): a) Humankapital, verkörpert in den Fertigkeiten, im Wissen und in der Erfahrung von Belegschaft und Management; b) strukturelles Kapital, bestehend aus organisationsspezifischen Unternehmensstrukturen, den Unternehmensprozessen und –routinen, c) Beziehungskapital in Form der Vernetztheit mit unterschiedlichen Anspruchsgruppen, wie Lieferanten, Kunden, Kooperationspartnern, Investoren etc., d) geistiges Eigentum mit Verfügungsrechten über (1) angemeldete und registrierte Schutzrechte, nämlich im Wesentlichen technische gewerbliche Schutzrechte (Patente, Gebrauchsmuster, Sortenschutz/Pflanzenzüchtungen, Halbleiterschutz bzw. Schutz von Topografien) und nichttechnische gewerbliche Schutzrechte (→ Marken, geografische Herkunftsangaben, Geschmacksmuster (Designs und Modelle), Internet-Domains) und (2) nicht registrierte Schutzrechte oder Schutzrechtspositionen, wie Name bzw. Firma eines Unternehmens, Namen oder besondere Bezeichnungen (Titel) von Druckschriften oder sonstigen Veröffentlichungen, Urheberrechte, nicht eingetragene Gemeinschaftsgeschmacksmuster, Software-Entwicklungen, gewährte oder erworbene Lizenzen, alle Erfindungen und sonstigen Schöpfungen, das gesamte Knowhow eines Unternehmens sowie alle seine Geschäfts- und Betriebsgeheimnisse. – 4. *Merkmale des Geistigen Eigentums*: a) Ganzheitlich: Die verschiedenen Elemente des geistigen Eigentums ergänzen sich notwendig in ihren Schutzvoraussetzungen und –wirkungen, aber auch in Bezug auf ihre praktische Bedeutung und wirtschaftliche Relevanz. Alle IP-Bestandteile ergeben zusammen eine einheitliche, zusammengehörige Vermögensstruktur; zu dieser Ganzheitlichkeit gehören zusätzlich ihr Management und die Prozesse, deren es sich bedient. – b) Systemisch: Das geistige Eigentum ist für sich ein System mit eigenen Subsystemen (einzelne Schutzrechte, wie Patente und Marken, und ihre Portfolios). Ferner ist es zugleich Bestandteil des übergeordneten Systems Gesamtunternehmen. Somit kooperiert es mit anderen „second level"-Systemen, wie der Unternehmenskommunikation und speziell dem Marketing des Unternehmens. – c) Prozesshaft: Das geistige Eigentum eines Unternehmens unterliegt einem steten Wechsel und dauerhafter Veränderung. Zu den sich ändernden Parametern gehören im juristischen Bereich Änderungen der Gesetzeslage und der Rechtsprechung, i.Ü. der wirtschaftlichen Faktoren Unternehmensentwicklung und Marktgegebenheiten. – 5. *Ziele des geistigen Eigentums und seines Managements*: Sie ordnen sich dem zentralen Unternehmensziel unter, auf der Ebene der Kaufentscheidung vorgezogen zu werden. Das kann erfolgen, wenn das Unternehmen und seine Leistungen aus der Sicht der Zielgruppen mit einem möglichst konkurrenzlosen Kundennutzen deutlich positiv aufgeladen wahrgenommen werden. Das IP-Management – orchestriert mit der Unternehmenskommunikation und speziell dem Marketing des Unternehmens – trägt dazu bei, derartige Wahrnehmungsprozesse gezielt herbeizuführen. – Objekte und Inhalte einer solchen intensiven Wahrnehmung sind zumeist in der Lage, Gegenstand von Schutzrechten zu sein. Dabei korrelieren der Grad der Vorteilhaftigkeit der Wahrnehmungsinhalte und die Intensität der Wahrnehmung mit dem Schutzumfang von Schutzrechten und Schutzrechtspositionen. Nur solche mit großem Schutzumfang sind für Unternehmen interessant. Sie zu schaffen, bezweckt das → IP-Management. – Werden solche wertvollen Schutzrechte in der Unternehmenskommunikation intensiv benutzt, fördert das die positive Wahrnehmbarkeit des Unternehmens und seiner Produkte und dehnt noch einmal den Schutzumfang. Es entsteht eine Aufwärtsspirale, die die Wettbewerbsstärke des Unternehmens vermehrt und seinen Wert steigert. – Vgl. → IP-Management.

Geltungsnutzen → Kundennutzen.

Gemeinschaftsvertrieb – absatzwirtschaftlicher Zusammenschluss mehrerer Unternehmen aus Gründen der Effizienzsteigerung, Rationalisierung, Senkung der Vertriebskosten und bedarfsgerechten Deckung der Nachfrage. Bes. geeignet für Industriebetriebe, die eine Vielzahl von Produkten mit zahlreichen Verwendungsmöglichkeiten herstellen (z.B. Chemische Industrie) und demgemäß eine Vielzahl von Märkten zu beliefern haben. Möglich ist sowohl die Zusammenarbeit zwischen Herstellern konkurrierender als auch die zwischen Herstellern bedarfsverwandter und sortimentsergänzender Erzeugnisse. – *Formen:* (1) Gemeinschaftliche

Absatzorgane (→ Verkaufskontor, → Auslieferungslager, Reisende, Messestände etc.); (2) Mitbenutzung der Absatzorganisation eines der zusammenarbeitenden Unternehmen (Anschlussabsatz).

Gemeinschaftswarenhaus – Betriebsform des → Einzelhandels: Zusammenfassung von zumeist selbstständigen → Fachgeschäften und Dienstleistungsbetrieben verschiedener Größe und aus unterschiedlichen Branchen zu einem räumlichen und organisatorischen Verbund. Grundidee ist, auf der Fachkompetenz und Initiative selbstständiger Einzelhändler aufbauend, ein räumlich konzentriertes, warenhausähnliches Warenangebot zusammenzustellen, das in seiner Gesamtheit dem (Bequemlichkeits-)Bedürfnis nach „Einkauf unter einem Dach" entspricht (→ Agglomeration). – *Organisation:* Gemeinsame Aufgaben (Werbung, Reinigung u.a.) sowie die erforderliche Koordination werden in Versammlungen oder Ausschüssen der Beteiligten oder von einem zentralen Management (oft stark von der Trägergesellschaft des Gebäudes bestimmt) entschieden.

Gemeinschaftswerbung → kooperative Werbung.

Gemischtwarengeschäft – früher: *Kolonialwarenladen, Krämerladen;* Betriebsform des Einzelhandels: Kleine bis mittelgroße Einzelhandelsbetriebe, die breite, relativ flache Sortimente mit mittelhohem Preisniveau meist mit Bedienung anbieten. Heute noch zur Versorgung der ländlichen Bevölkerung in manchen Regionen existent. Gemischtwarengeschäfte sind im Übrigen weitgehend verdrängt von → Nachbarschaftsgeschäften, → Supermärkten und → Discountgeschäften.

Genauigkeitstafel – Arbeitshilfe für methodische Marktanalyse durch → Umfragen: Zahl der auszugebenden Fragebogen und gewünschter Grad repräsentativer Genauigkeit für das angestrebte Ergebnis werden zueinander in Beziehung gesetzt. Die Genauigkeit wächst nur mit der Quadratwurzel der

Fragebogenzahl; sie nimmt mit dem Prozentsatz von den Gesamtantworten ab, die auf das untersuchte Merkmal Bezug nehmen. Sind Häufigkeit des Merkmals und Zahl der Fragebogen bekannt, so gibt die Genauigkeitstafel in Prozent an, innerhalb welcher Grenzen bzw. mit welcher Wahrscheinlichkeit das Ergebnis gilt. Dies ist allerdings nur für Anteilswerte möglich. Für andere Werte (z.B. Einkaufsmengen) ist der Rückgriff auf die Rohdaten erforderlich.

Generalisierung – I. Marketing: Aus der Psychologie in die Theorie des Konsumentenverhaltens übernommener Begriff. Ein gelerntes Verhalten wird von einem Konsumenten nicht nur auf eine spezifische, sondern auch auf ähnliche Situationen angewendet. – *Beispiel*: Die Erkenntnis, dass ein bestimmter Artikel in einem Einzelhandelsbetrieb preisgünstig angeboten wird, kann auf andere Artikel der betreffenden Abteilung oder auf das gesamte Sortiment übertragen werden.

II. Wirtschaftsgeografie: Formale Regel für die Auswahl von realen Elementen bei der Abbildung in einer Wirtschaftskarte. Vereinfachungen, Weglassungen, Hervorhebungen von Einzelheiten und Zusammenfassungen durch Verwendung von Klassifikationen haben den Zweck, die Lesbarkeit des Kartenbildes und Identifizierbarkeit der dort dargestellten Sachverhalte zu verbessern.

III. Informatik: Konzept der Modellierung, bei dem gleichartige Typen von Objekten zu einem Supertyp zusammengefasst werden. Die gleichartigen Typen bleiben weiter bestehen und werden Subtypen genannt. Der Supertyp enthält alle Attribute und Beziehungen, die die Gleichartigkeit der Subtypen ausmachen, die Subtypen enthalten nur die Attribute und gehen nur solche Beziehungen ein, die sie von den anderen Subtypen unterscheiden. *Gegensatz*: Spezialisierung

Generalvertreter – Handelsvertreter (meist Bezirksvertreter), der die Vermittlungstätigkeit nicht selbst, sondern durch Untervertreter (Subagenten) durchführen lässt.

Anstellung und Bezahlung der Untervertreter erfolgt durch den Generalvertreter. Die Hauptarbeit des Generalvertreters liegt in der Organisation und Verwaltung der Tätigkeit seiner Subagenten, bes. deren Auswahl und Schulung.

Generic Concept of Marketing → generisches Marketing.

Generic Placement → Product Placement.

Generics – 1. *Begriff*: V.a. im pharmazeutischen Bereich verwendeter Begriff zur Bezeichnung von Produkten, die vergleichbare Inhaltsstoffe enthalten wie Produkte, die bereits unter einem Markennamen auf dem Markt sind. – 2. *Merkmale*: a) Generics entsprechen in ihrer therapeutischen Wirkung und Sicherheit dem Orginalpräparat, b) werden im Normalfall zu einem wesentlich niedrigeren Preis angeboten als vergleichbare Markenprodukte, da keine oder wesentlich geringere Forschungskosten anfallen, c) können meist erst nach Ablauf des Patentschutzes für das Orginalpräparat angeboten werden. – 3. *Arten*: a) Produkte, die unter Nutzung des generischen Namens in Kombination mit dem Firmennamen angeboten werden, b) Markengenerika, die Produkte mit patentfreien Wirkstoffen unter einem eigenen Markennamen anbieten (z.B. Hexal, ratiopharm). – Vgl. → No Names, → Marke.

generisches Marketing – *Generic Concept of Marketing*; weitestes Marketingkonzept. Es umfasst alle sozialen Austauschbeziehungen von Gütern im weitesten Sinn (Transaktionen von Werten), d.h. Austauschbeziehungen von Organisationen mit ihrer Umwelt sowie innerorganisatorische Austauschvorgänge. → Marketing mündet so gesehen in eine allg. Theorie sozialer Austauschprozesse.

geplante Obsoleszens – bewusst herbeigeführte Obsoleszenz.

Gesamtqualität – Die Gesamtqualität eines Investitionsgutes wird in Abhängigkeit von dem Grad der gesamten Aufgabenerfüllung beurteilt; sie ergibt sich aus der

→ funktionalen Qualität, der → Integralqualität und der → Dauerqualität. – Vgl. → Qualität

Gesamt-Umsatzrabatt → Mengenrabatt.

Gesamtverband Kommunikationsagenturen GWA e.V. – bis Januar 2002: *Gesamtverband Werbeagenturen (GWA)*. Der GWA ist Mitglied im Zentralverband der dt. Werbewirtschaft und im Deutschen Werberat, er hat seinen Sitz in Frankfurt a.M. Er vertritt die Interessen seiner Mitglieder aus Werbe- und Medienagenturen gegenüber Wirtschaft, Politik und Öffentlichkeit. Die Weiterbildung fördert der GWA durch Seminare und die Marbach-Academy. Mit den GWA-Effies werden seit 1981 bes. effiziente und kreative Kampagnen ausgezeichnet.

Geschäftsfeldwahl – Grundsatzentscheidung des Unternehmens und legt fest, auf welche potenziellen Abnehmergruppen, Abnehmerfunktionen und verwendbare Technologien sich die Unternehmensaktivitäten in Zukunft konzentrieren sollen. Die Geschäftsfeldwahl kann sich im Rahmen der Internationalisierung auch auf die Länderwahl (Auslandsmarktselektion) erweitern.

Geschäftsfläche – betrieblich genutzte Fläche eines Handelsbetriebs, also die → Verkaufsfläche zzgl. der Ausstellungs-, Lager-, Versand-, Büro- und Sozialräume. Parkplätze gehören nicht zur Geschäftsfläche.

geschichtete Auswahl – Verfahren der → Zufallsauswahl, bei dem die Grundgesamtheit zunächst in Schichten unterteilt wird, innerhalb derer mit einfacher Zufallsauswahl die benötigte Anzahl an Untersuchungseinheiten gezogen wird. Der Genauigkeitsgewinn ist um so höher, je homogener die Schichten im Vergleich zur Grundgesamtheit sind. Ein weiterer Vorteil der Schichtung ist, dass es auch möglich ist, Ergebnisse pro Schicht mit einer vorgegebenen Genauigkeit auszuweisen.

geschlossene Frage – Frage in einer → Befragung, bei der die Menge der möglichen Antworten begrenzt ist.

Geschmackstest → Produkttest, bei dem die Untersuchung des Geschmacks im Vordergrund steht.

Gestaltpsychologie – wahrnehmungspsychologische Theorie, ähnlich der *Ganzheitspsychologie*, die jedoch stärker die Bedeutung der Gefühle betont. Im Gegensatz zur früher gängigen Elementenpsychologie werden nicht nur einzelne Reize, sondern ganze Reizkonstellationen in ihrer Wirkung untersucht („Das Ganze ist mehr als die Summe seiner Teile."). – *Gestalten* sind Wahrnehmungsgegenstände, die sich in ihrer Ausprägung (Prägnanz) unterscheiden. Je prägnanter die Gestalt (regelmäßig, einfach, symmetrisch), desto schneller die → Wahrnehmung und desto sicherer die Erinnerung. – Vgl. auch → Figur-Grund-Prinzipien, → Werbeziele.

gesteuerter Preis – der durch → Preiskartelle, sonstige Kartellabreden oder durch den Staat regulierte Preis. – *Gegensatz:* Marktpreis.

Gewährleistungsphase – zweiter Teil der Abwicklungsphase beim → Anlagengeschäft (erste Phase: Lieferphase). Die Gewährleistungsphase umfasst die Beseitigung auftretender Probleme beim Einsatz der Anlage sowie v.a. die Abwicklung vereinbarter Garantieverpflichtungen.

Giffengut – absolut inferiores Gut mit positiver Preiselastizität. Giffengüter werden nach einer Preiserhöhung verstärkt nachgefragt. Dieser Effekt, auch Giffenparadoxon genannt, wurde im 19. Jh. erstmals von Robert Giffen beschrieben. Er tritt z.B. bei Haushalten auf, die von einem begrenzten Budget Nahrungsmittel verschiedener Preisklassen kaufen. Kommt es zu einer Preissteigerung der günstigen Nahrungsmittel, reduziert sich die Kaufkraft des Haushalts. U.U. werden dann die teureren Lebensmittel durch die günstigeren (trotz deren Preisanstieg) substituiert.

Give-Away – Zugabe.

Gleitpreisklausel – *Preisgleitklausel*; Klausel in Kaufverträgen, mit der die Preisfestsetzung entweder auf einen späteren Zeitpunkt verschoben oder spätere Abänderung des vereinbarten Preises vorbehalten wird. Gleitpreisklausel wird angewandt v.a. bei größeren Objekten mit längeren Lieferfristen, um die Preisstellung ggf. der im Lieferzeitpunkt veränderten Marktlage (veränderten Lohn- und Rohstoffpreisen) anzupassen.

Global Accounts – Strategisch bedeutsame Schlüsselkunden (→ Key Accounts), die an verschiedenen internationalen Standorten gleichzeitig weltweit standardisierte bzw. kompatible Produkte oder Dienstleistungen nachfragen (vgl. globale Strategie, globale Branche). In Literatur und Praxis existieren eine Vielzahl weiterer Begrifflichkeiten (z.B. International Key Account, Multinational Account, Worldwide Account) die definitorisch nicht eindeutig voneinander abgegrenzt sind. Überwiegend werden diese Begriffe jedoch als Synonym für Global Accounts verwendet. – *Vorteile/ Nachteile für den Anbieter:* Durch eine enge Bindung der Global Accounts an den Anbieter können Absatzmenge, → Kundenzufriedenheit, Umsatz und Gewinn gesteigert und oft längerfristig gesichert werden. Global Accounts haben einen guten internationalen Marktüberblick und können detaillierte Angebotsvergleiche durchführen (vgl. internationale Beschaffungspolitik (global sourcing)), um niedrigere Preise durchzusetzen. Aufgrund der großen Beschaffungsbudgets werden zudem die Einkäufe meist gebündelt (Economies of Scale). Aus dieser Konzentration ergeben sich für den Anbieter Gefahren bei Kundenverlust, denen durch den Einsatz spezieller Key Account Manager und bes. durch eine globale Preisgestaltung begegnet werden kann. Die Betreuung von Global Accounts verursacht zudem oft hohe Kosten durch spezifische Anpassungen der Produkte oder Geschäftsprozesse an die Anforderungen des Kunden.

Global Marketing – internationales Marketing.

Grafikdesigner → Werbeberufe.

Gratisprobe → Warenprobe.

grauer Markt – Absatz von Waren (→ Handelswaren) unter Umgehung privatrechtlicher Vereinbarungen über Vertriebswege, die nicht vom Hersteller autorisiert sind. – *Anders:* → Schwarzhandel.

Grauimport → Reimport.

Grenzpreis – Preis für die nächste zu erwerbende Einheit eines Produktes.

Größenstaffel – Staffelpreise für Waren gleicher Zweckbestimmung, aber unterschiedlicher Größe (→ Preisstaffeln). – Vgl. auch Handelsklassengüter.

Großflächen – Tafeln, die von Werbetreibenden während einer Dekade belegt werden (→ Ganzstellen, → Allgemeinstellen). – *Vorteile:* interessante Möglichkeiten der Darstellung, die kleinere Plakatformen nicht zulassen; Fernwirkung, die sich durch Kombination nebeneinander liegender Großflächen noch erhöhen lässt.

Großhandel – Begriff des → Handels in zwei Ausprägungen: (1) *Institutionelle Interpretation:* Der Warenabsatz durch → Großhandelsunternehmungen. (2) *Funktionale Interpretation:* Absatz von Waren und sonstigen Leistungen an Wiederverkäufer, Weiterverarbeiter, gewerbliche Verwerter (inkl. Entsorger) oder Großverbraucher. – *Beispiel:* → Rohstoffhandel, gleichgültig, wer diese Tätigkeit ausübt.

Großhandelsunternehmung – *Großhandlung.* 1. *Begriff:* Institutionen (Betriebe), deren wirtschaftliche Tätigkeit ausschließlich oder überwiegend dem → Großhandel im funktionellen Sinn zuzurechnen ist. Großhandlungen treten in unterschiedlichen Betriebsformen (→ Betriebsformen des Handels) auf. Sie sind auf nahezu allen Stufen der → Absatzkette tätig, bes. dann, wenn durch Einschaltung selbstständiger Institutionen die Aufgaben der → Distribution rationeller als durch den direkten Kontakt zwischen Hersteller (Anbieter) und Weiterverarbeiter (Abnehmer) abgewickelt werden können. – 2. *Charakteristische Tätigkeiten:* Sammeln von kleinen Warenpartien und deren Veräußerung an Großabnehmer (kollektierende Großhandlungen), Ankauf größerer Mengen, deren Aufteilung und Weiterverkauf (distribuierende Großhandlungen); zentrale Aufgabe der Großhandlungen, die Waren an den → Einzelhandel abzusetzen. – *Weitere wichtige Funktionen:* Lagerhaltung (→ lagerhaltende Großhandlung), → Streckengeschäft. – 3. *Bedeutung:* Der Beitrag einzelner Großhandlungen zur Versorgung der Wirtschaft ist je nach Menge, Art und Intensität der übernommenen → Handelsfunktionen stark unterschiedlich. Überall dort, wo die Funktionsausübung durch private Großhandlungen als überflüssig oder zu teuer angesehen wird, sind sie von der Ausschaltung oder von konkurrierenden, meist auf genossenschaftlicher Basis arbeitenden Großhandlungen bedroht (Konsumgenossenschaften, → Einkaufsgenossenschaften).

Großhandelszentrum – frei entstandene oder geplante → Agglomeration von → Großhandelsunternehmungen, die den Kunden den Einkauf erleichtern sollen. – *Vorteile für die Großhändler:* Gemeinsame Benutzung bestimmter Einrichtungen wie Bahnanschlüsse, Lagerflächen, Fuhrparks, EDV-Anlagen, Parkplätze. – *Vorteile für die Einzelhändler:* rasche Nachbestellung von Waren an einem Ort bei verschiedenen Anbietern. Bes. verbreitet im Textilhandel zum Nachordern modischer Ware.

Grossist – veraltete Bezeichnung für → Großhandelsunternehmung.

Großmarkt – Marktveranstaltung, auf der eine Vielzahl von Anbietern Waren im Wesentlichen an gewerbliche Wiederverkäufer, gewerbliche Verbraucher oder Großabnehmer vertreibt (§ 66 GewO); meist in den frühen Morgenstunden leicht verderbliche

Produkte an kleine selbstständige → Einzelhandelsunternehmungen und Gastronomiebetriebe (Obst, Gemüse, Fleisch, Fisch, Blumen). – Vgl. auch → Veiling.

Grundgesamtheit – I. Statistik: *Ausgangsgesamtheit, Kollektiv, Population, statistische Masse;* Menge aller Elemente, auf die ein Untersuchungsziel in der Statistik gerichtet ist. Die Grundgesamtheit bedarf einer exakten *sachlichen, räumlichen und zeitlichen* Abgrenzung (falsche Abgrenzung: Coverage-Fehler). Bei Stichprobenverfahren ist Grundgesamtheit der Gegenbegriff zu Stichprobe (→ Teilerhebung); die Resultate der Stichprobe werden (Schätzung) auf die Grundgesamtheit übertragen.

II. Marktforschung: Menge aller potenziellen Zielpersonen für eine Untersuchung.

Grundnutzen – grundlegende Konzeptionsebene eines Produktes oder Angebotes. Umfasst den Teil des Nutzens, der die fundamentale Leistung des Angebotes für den Kunden darstellt. Er besteht in der wirtschaftlich-technischen, sachlich-stofflichen oder funktionalen Eignung eines Gutes für seinen Verwender und sollte mindestens durch ein Basisprodukt abgedeckt werden. Der Grundnutzen wird auf verschiedenen Ebenen durch → Zusatznutzen ergänzt.

Gruppendiskussion – Verfahren der → qualitativen Marktforschung, bei dem → Befragungen und → psychologische Testverfahren in kleinen Verbrauchergruppen zum Einsatz kommen. Aufgrund der Interaktion der Gruppenteilnehmer sind umfangreichere und spontane Erkenntnisse zu erwarten als in einem Einzelinterview.

Gruppenwerbung → kooperative Werbung.

GS1 Data Bar – auch „Reduced Space Symbology", RSS, genannt. Hierbei handelt es sich um einen Strichcode, der jedoch bis zu 62 Prozent weniger Platz benötigt als der EAN-13, gleichzeitig aber mehr Informationen aufnehmen kann. Damit eignet sich der Data Bar für mengenvariable Produkte (etwa Fleisch, einzelne Äpfel) und sehr kleine Produkte (z.B. Lippenstifte). Ab dem 1.1.2010 sollen alle Scannerkassen diesen Strichcode lesen können. – Vgl. auch → EAN.

Guerilla Marketing – wird einerseits als eher destruktive, auf Zermürbung und Angriff ausgerichtete Strategie gegen Wettbewerber aufgefasst, andererseits als eine mögliche konstruktive strategische Option für kleine und mittelständische Unternehmen. Das bewusste Abzielen auf die Schwächen der Mitbewerber stellt gemäß der ersteren Auffassung die Hauptintention dar, wodurch der Begriff Guerilla Marketing der Intention eines eigenständigen Marketingkonzeptes nicht entspricht, da u.a. die Lösung von Kundenproblemen keine Berücksichtigung findet. Die zweite Auffassung entspricht inhaltlich weitgehend einer profilierenden → Nischenstrategie, bei der flexible, kleinere Unternehmen auch mit schlanken Organisationen und geringem Ressourceneinsatz Konkurrenten Marktanteile abnehmen.

Gut – 1. *Begriff:* materielles oder immaterielles Mittel zur Befriedigung von menschlichen Bedürfnissen; insofern vermag es Nutzen zu stiften. – 2. *Arten:* Im Gegensatz zu freien Gütern unterliegen ökonomische bzw. wirtschaftliche Güter der Knappheit (knappes Gut). Nur letztere sind Gegenstand des wirtschaftenden Handelns von Menschen, wie es die Mikroökonomik untersucht. Unterliegt ein Gut nicht dem Ausschlussprinzip und zudem der Nichtrivalität des Konsums, so wird auch von einem (geborenen) öffentlichen Gut gesprochen. Im Gegensatz dazu sind beim privaten Gut die Eigentumsrechte einem Besitzer genau zugeordnet. Bei den meritorischen Gütern handelt es sich grundsätzlich um private Güter, bei denen aber auf eine Anwendung des Ausschlussprinzips aus gesellschaftlichen Gründen verzichtet wird, z.B. wegen sozialer Aspekte oder beim Vorliegen externer Effekte nach R. Musgrave. Zur direkten Bedürfnisbefriedigung sind nur Konsumgüter in der Lage, während die Gütereigenschaft der Kapitalgüter bzw. Produktionsgüter über den Produktionsprozess abgeleitet ist. Kurzlebige Konsumgüter sind Gebrauchsgüter wie z.B. Nahrungsmittel. Liegen kurzfristige Produktionsgüter vor, dann handelt es sich um Werkstoffe (Rohstoffe, Hilfsstoffe und Betriebsstoffe). Langlebige Konsumgüter, wie privat genutzte Pkw, sind ebenso wie langlebige Produktionsgüter (Betriebsmittel) über einen längeren Zeitraum nutzbar. Der wirtschaftliche Wert eines knappen Gutes ist eine Größe, die von den subjektiven Bedürfnissen der wirtschaftenden Menschen bestimmt wird. Neben dieser subjektiven Wertlehre (Neoklassik; Grenznutzenschule) gibt es die objektive Arbeitswertlehre. Letztgenannte bemisst den Wert eines Gutes in Abhängigkeit der zur Produktion notwendigen Arbeitskraft.

Gütekriterien – Kriterien zur Beurteilung der Qualität der Daten, die bei einem Messvorgang erhoben wurden oder der Qualität von Analyseergebnissen: (1) → Objektivität, (2) → Reliabilität und (3) → Validität. Nur wenn allen Gütekriterien innerhalb bestimmter Bandbreiten Rechnung getragen wird, können aus einer Untersuchung verlässliche Schlussfolgerungen gezogen werden.

Gütertypologie – Systematisierung der verschiedenen realen Erscheinungsformen der Güter. – *Zu unterscheiden:* 1. nach dem Kriterium der *Verwendungssphäre* der Güter: → Konsumgüter und → Investitionsgüter. – 2. nach dem Kriterium der *einmaligen oder mehrmaligen Verwendung:* → Verbrauchsgüter und → Gebrauchsgüter. – 3. *Nach der physischen Beschaffenheit:* Sachgüter (materiell), immaterielle Güter (Dienstleistungen), digitale Güter (z.B. Software). – 4. *Nach informationsökonomischen Kriterien* können Güter hinsichtlich der für den Käufer prüfbaren Leistungseigenschaften in Such-, Erfahrungs- und Vertrauensgüter unterschieden werden: Bei Suchgütern können die Leistungseigenschaften vor dem Kauf geprüft werden (z.B. Produktdesign, -farbe);

bei Erfahrungsgütern sind die Leistungseigenschaften erst nach dem Kauf während der Produktnutzung zu prüfen (z.B. Energiesparlampe, Airbag); bei Vertrauensgütern sind unter vertretbaren Informationssuchkosten die Vertrauenseigenschaften nicht zu prüfen (z.B. recyclingfähige Materialien), der Käufer muss vielfach auf die Leistungszusicherung des Anbieters vertrauen. Produkte bestehen i.d.R. aus einer Kombination von Such-, Erfahrungs- und Vertrauenseigenschaften, wobei aufgrund der Dominanz einer Eigenschaftskategorie eine Einordnung in die informationsökonomische Gütertypologie erfolgt.

Gütezeichen – grafische oder schriftliche Kennzeichnung von Angeboten, die dem Verbraucher eine bestimmt Güte und Qualität signalisieren. Gütezeichen werden von anerkannten Institutionen an Hersteller und Dienstleister vergeben, die die jeweiligen Güte- und Prüfbestimmungen erfüllen. Die Einhaltung der besonderen Güte der Produkte und Dienstleistungen mit Gütezeichen wird durch eine Erstprüfung festgestellt sowie danach durch stetige Eigen- und Fremdüberwachung gewährleistet. – Vgl. → Warenkennzeichnung

Gutgewicht – umgangssprachlicher Begriff für die wegen Gewichtsschwund gewährte Gewichtsvergütung. Der Großhandel erhält Gutgewicht für Warensubstanzverluste beim Umpacken und Sortieren; dem Einzelhandel wird Gutgewicht gewährt für unverwertbare Warenreste, die an der Verpackung haften, für das Verstreuen von Waren in fester Form, für Verschütten von Flüssigkeiten, für Übergewichte oder Verschlechterung der Warenqualität.

Gutschein – *Coupon;* Maßnahme der → Verkaufsförderung. Durch Gutscheine, in deren

Besitz der Konsument z.B. durch Zusendung eines Werbebriefs, durch ein Inserat, durch Kauf eines anderen Produktes etc. kommen kann, gelangt er zu der Möglichkeit, ein anderes Produkt zu einem wesentlich günstigeren Preis als normal zu erwerben.

Guttman-Skalierung – *Skalogrammverfahren;* → Skalierungsverfahren zur Messung der konativen Einstellungskomponente (Einstellung), basierend auf der Konstruktion monoton abgestufter Ja-Nein-Fragen. – 1. *Konstruktion:* (1) Formulierung einer großen Menge von monoton-deterministischen Fragen. (2) → Befragung einer Testgruppe. (3) Darstellung der Ergebnisse in Matrixform. Bei fehlerhaften Antwortschema werden Fragen umgruppiert bzw. eliminiert. (4) Zuordnung von numerischen Werten zu den Antwortschemata in der Reihenfolge ihres Auftretens, sodass die zugemessenen Werte den Rangplatz der betreffenden Testperson definieren. – 2. *Anwendung:* in der eigentlichen Erhebung werden dann den Testpersonen die Rangplätze zugeordnet, die ihrem Antwortschema entsprechen. – 3. *Vorteil:* fragebogentechnische Einfachheit. – *Nachteil:* Schwierigkeiten bei der Konstruktion der Skala.

GWA – Abk. für → Gesamtverband Kommunikationsagenturen GWA e. V.

G-Wert – Von der GfK entwickeltes Maß zur Beurteilung der Güte von Plakatstellen nach der Passantenfrequenz und der aufgrund der Lage sowie der Umgebung einer Plakatstelle sich ergebenden Erinnerbarkeit. Der G-Wert drückt aus, wie viele Menschen sich im Durchschnitt pro Stunde nach dem Passieren einer Plakatstelle an ein Motiv mittlerer Qualität erinnern.

habituelles Kaufverhalten – Verhalten beim Einkauf, das auf verfestigten Mustern und Gewohnheit basiert, die wiederum auf in der Vergangenheit bewährten Entscheidungen beruhen. Mit habituellem Kaufverhalten sind i.d.R. hohe Marken- bzw. Ladentreue verbunden.

Halbgrossist → Demigrossist.

Halbselbstbedienung → Selbstauswahl.

Halo-Effekt – Störeffekt bei der Einstellungs- und Imagemessung. Die Versuchspersonen lassen sich bei ihrer Einschätzung verschiedener Produkte von übergeordneten Sachverhalten bzw. einem bereits gebildeten Qualitätsurteil (z.B. die Einstellung zu bayerischem Bier wird von der Einstellung zu Bayern dominiert) bzw. von der Beantwortung vorher gestellter Fragen (→ Ausstrahlungseffekte) leiten.

Handel – In einer arbeitsteiligen Volkswirtschaft übernimmt der Handel die Aufgabe, räumliche, zeitliche, qualitative und quantitative Spannungen zwischen der Produktion und der Konsumtion auszugleichen. In diesem weit gefassten Verständnis ist jeder Austausch von Güter- und Dienstleistungen Handel bzw. Distribution, unabhängig davon, welche Betriebe ihn durchführen. Unterscheiden kann man zwischen Handel im funktionellen und im institutionellen Sinn. Funktioneller Handel liegt vor, „wenn Marktteilnehmer Güter, die sie i.d.R. nicht selbst be- oder verarbeiten (Handelswaren; Manipulationen wie z. B. Sortieren, Mischen, Abpacken gelten dabei nicht als Be- oder Verarbeitung), von anderen Marktteilnehmern beschaffen und an Dritte absetzen" (→ Katalog E.). Dies können z.B. auch Produktions-, Handwerks- und Landwirtschaftsbetriebe sein, die Handelswaren zukaufen, um ihr Absatzprogramm anzureichern. Betrachtet man diejenigen Betriebe, die sich überwiegend

mit Handel im funktionellen Sinn befassen, spricht man von Handel im institutionellen Sinn. Im Mittelpunkt des institutionenorientierten Ansatzes steht demnach das Bemühen, empirisch vorkommende Organisationsformen des Handels zu beschreiben und zu klassifizieren. In der Amtlichen Statistik wird eine Unternehmung oder ein Betrieb dann dem Handel zugeordnet, wenn aus der Handelstätigkeit eine größere Wertschöpfung resultiert als aus einer zweiten oder aus mehreren sonstigen Tätigkeiten.

Handelsabschlag – *Bruttoabschlag;* Form der → Prozentspanne: prozentuales Verhältnis von absoluter → Handelsspanne (→ Betragsspanne) zum → Bruttoverkaufspreis, und damit also der Prozentsatz, der vom Bruttoverkaufspreis abgezogen wird, um zum → Wareneinstandspreis zu gelangen (Berechnung ohne Mehrwertsteuer). – *Gegensatz:* → Handelsaufschlag.

Handelsaufschlag – *Bruttoaufschlag, Bruttoverdienstspanne;* Form der → Prozentspanne: prozentuales Verhältnis von absoluter → Handelsspanne (→ Betragsspanne) zum → Wareneinstandspreis, und damit also der Prozentsatz, der auf den Wareneinstandspreis aufgeschlagen wird, um zum → Bruttoverkaufspreis zu gelangen (Berechnung ohne Mehrwertsteuer). – *Gegensatz:* → Handelsabschlag.

Handelsbetrieb – 1. *Begriff:* Selbstständige Institution, deren Haupttätigkeit die → Distribution von Waren ist (→ Handel). Handelsbetrieb ist ein ökonomisches, technisches, soziales und ökologisches System, in dem Unternehmer bzw. Manager und Mitarbeiter fremd erstellte Sachleistungen bzw. Altprodukte und gebrauchte Verpackungen mit eigenerstellten Dienstleistungen zu marktfähigen Handelsleistungen kombinieren und diese auf selbst geschaffenen (i.d.R.

regionalen) Märkten gegen Entgelt anbieten. Nach ihrer Stellung im Distributionsprozess: Außen-, Groß- und Einzelhandelsbetriebe, weiter zu untergliedern in Branchen nach überwiegend gehandelten Warenarten (etwa Lebensmittel, Möbel, Elektronik). Handelsbetriebe können auf mehreren Handelsstufen tätig sein, z.b. die → Konzentrationsformen des Handels und → Kooperationsformen des Handels, oder auf nur einer Stufe. Sie können sich eines oder mehrerer Vertriebswege bedienen (sog. Multi-Channeling): Handelsbetriebe sind Gegenstand der → Handelsbetriebslehre. – *Modell eines Handelsbetriebs:* vgl. Abbildung „Handelsbetrieb". – 2. *Ziele:* Besonderheiten ergeben sich für den Handelsbetrieb aus der Rechtsform, der regional dezentralisierten Tätigkeit sowie der Vielfalt an Betriebsformen. – a) Die Handelsbranchen der Bundesrepublik Deutschland sind weitgehend *mittelständisch* organisiert, die meisten Betriebe werden als Mittel- oder Kleinbetriebe von den Eigentümern selbst geführt. Vorherrschend sind personale Rechtsformen einschließlich der GmbH & Co. KG. Für diese Unternehmungen werden selten präzise formulierte Ziele vorgegeben. Neben der Gewinnmaximierung gelten standesgemäßes Einkommen, Sicherheit und Selbstständigkeit sowie soziale Verantwortung für Mitarbeiter und Kunden als typische Ziele. – b) Bei *Großbetrieben* in der Rechtsform von Kapitalgesellschaften ergeben sich Probleme der Zielfindung, weil neben dem Management in der Zentrale eine Vielzahl von Filialleitern dezentral tätig ist, die ein Mitspracherecht bei den konkreten Absatzzielen (Sortiment, Preis, Werbung) fordern, um den regionalen Konsumbedürfnissen entsprechen zu können. Die Bewältigung dieses Konflikts ist das zentrale Führungsproblem bei kooperativen Gruppen des Handels.

Handelsbetriebslehre – 1. *Begriff:* Institutionenlehre der Betriebswirtschaftslehre, deren Erkenntnisobjekte die → Handelsbetriebe und deren Führung

Handelsbetrieb

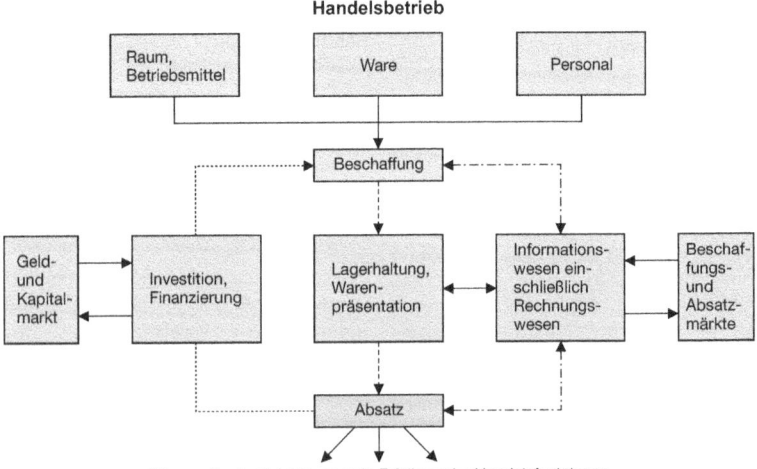

Waren, die durch Leistungen in Erfüllung der Handelsfunktionen
ökonomisch konsumreifer geworden sind

·········· Geldstrom
------- Warenstrom
—·—·— Informationsstrom

(→ Handelsmanagement) sind. In dieser schwerpunktmäßigen Begrenzung auf den → Handel im institutionellen Sinn ist der Unterschied zur → Handelswissenschaft zu sehen. – 2. *Ausbildung* im Fach Handelsbetriebslehre an Universitäten, Fachhochschulen und Berufsakademien. Zusätzlich die Ausbildungsberufe: Verkäufer(in), Kaufmann/-frau im Einzelhandel oder Groß- und Außenhandel. Fortbildung zum Handelsassistenten(in) bzw. Handelsfachwirt(in). Zur Erhaltung der erforderlichen Flexibilität in Forschung und Lehre enthalten die Prüfungsordnungen, v.a. der Universitäten, nur grobe inhaltliche Fixierungen. Bei allen Unterschieden folgende *Schwerpunkte:* (1) → Institutionenlehre des Handels, einschließlich Binnenhandelspolitik; (2) Lehre von den → Handelsfunktionen, einschließlich deren Verteilung im → Absatzkanal; (3) → Handelsmanagement, meist mit deutlicher Betonung des → Handelsmarketings (Übergänge zum Fach Marketing fließend). – 3. Die *methodischen Ansätze* des Faches lassen sich ebenso grob eingrenzen: (1) Systemtheoretischer Ansatz, geeignet zur Beschreibung der Handelsinstitutionen und deren Beziehungen in der Distributionswirtschaft; (2) entscheidungstheoretischer Ansatz, bevorzugt zur Untersuchung der Entscheidungen des Handelsmanagements; (3) warenbezogener Ansatz, liefert Erklärungen für Brancheneinteilung, Betriebsform und Sortimentsentscheidungen; (4) Transaktionskostenansatz, berechnet Transaktionskosten beim Ressourcenverbrauch bei Wahrnehmung der Distributionsfunktionen und erklärt Handelsbetriebe als Spezialisten zur Ersparnis von Transaktionskosten.

Handelsfachwirt – vertiefende Qualifikation, die auf der betrieblichen Ausbildung zum Einzel- oder Großhandelskaufmann aufsetzt bzw. nach mehrjähriger einschlägiger Tätigkeit im Handel erworben werden kann. Prüfung vor der Industrie- und Handelskammer.

Handelsforschung → Handelswissenschaft.

Handelsfunktionen – Überbrückung räumlicher, zeitlicher, mengenmäßiger und qualitativer Spannungen zwischen Produktion

Handelsfunktionen

Prozess-beziehungen	Dimensionen			
	Raum	Zeit	Quantität	Qualität
	Hersteller ——————— Handelsgüter ———————▶ Verbraucher			
Realgüter-strom	Warentransporte von Ort zu Ort	Vorratshaltung	Sammeln, Aufteilen, Umpacken, Kommissionieren	(Aus-)Sortieren, Manipulieren, Markieren, Sortimentieren, Zusatzleistungen
	Hersteller ◀——————— Zahlungsmittel ——————— Verbraucher			
Nominalgüter-strom	Übermitteln der Zahlungsmittel von Ort zu Ort	Vorfinanzieren des Herstellers, Kreditieren des Verbrauchers	Sammeln, Aufteilen, der Zahlungsbeträge und -belege	Umwandeln der Zahlungsmittel und der Sicherungsformen
	Hersteller ◀——————— Informationen ———————▶ Verbraucher			
Informations-strom	Übermitteln von Informationen von Ort zu Ort	Speichern, Vordisponieren	Sammeln von Informationen, Aufteilen von Kommunikationsmitteln	Verdichten, Kommentieren, Interpretieren, Ergänzen, Prognostizieren

und Konsum durch Distributionsorgane. – Vgl. Abbildung „Handelsfunktionen".

Die Wahrnehmung von → Distributionsfunktionen ist in einer arbeitsteiligen Marktwirtschaft notwendig; sie können sowohl von Produzenten als auch von Konsumenten, aber auch von Spezialisten, den → Handelsbetrieben, ausgeübt werden. Wer in einer konkreten Situation welche Handelsfunktionen mit welcher Intensität übernimmt, hängt davon ab, wer die Funktionswahrnehmung zu den niedrigsten Kosten wahrnehmen kann oder die Macht hat, die Funktionswahrnehmung an sich zu ziehen oder zu verlagern. Jede Funktionsübernahme verursacht Kosten, sodass ein Entgelt gerechtfertigt ist. Die Lehre von den Handelsfunktionen hat das Ziel, den sich vornehmlich aus immateriellen Leistungen eines Handelsbetriebes ergebenden gesamtwirtschaftlichen Wertschöpfungsbeitrag sichtbar zu machen. Über den Anteil an der Distributionsspanne und damit das jeweilige Entgelt für die Übernahme von Handelsfunktionen wird im Zuge der Lösung von Machtkonflikten im → Absatzkanal verhandelt. – *Ansätze zur Konfliktlösung:* → Funktionsrabatte, → Efficient Consumer Response (ECR). Die traditionellen Handelsfunktionen werden heute ergänzt um Funktionen der → Redistribution sowie um Sozialfunktionen erweitert: Einkaufen als Freizeitbeschäftigung (→ Erlebnishandel), Handelsbetriebe als Ort menschlicher Kontakte.

Handelsgewicht → Trockengewicht einer Ware zzgl. des Gewichts durch Einrechnung des zulässigen Feuchtigkeitsgehalts, häufig festgelegt durch Handelsbrauch.

Handelskette – Glieder einer → Absatzkette, die in den → Absatzweg einer in ihrem stofflichen Charakter unveränderten Ware von einem erzeugenden zu einem verwendenden Glied eingeschaltet sind. Vom Urproduzenten bis zum Endverbraucher durchläuft eine Ware meist eine Vielzahl von Handelsketten (Handelskettenfolge). – Handelskettenglieder können in erster Linie *kollektierende*

(Aufkauf landwirtschaftlicher Erzeugnisse, Aufkauf von Schrott, Altpapier oder sonstigen Wertstoffen, die nach dem Gebrauch bzw. Transport der Waren anfallen) oder *distribuierende Aufgaben* (Verkauf von Sekt durch den Lebensmittelgroß- und -einzelhandel; vgl. → Distribution) haben. Hinzu kommen die Glieder der Handelskette, die im *Außenhandel* und damit über Ländergrenzen hinweg tätig sind: → Ausfuhrhändler (Exporteur), → Einfuhrhändler (Importeur) und Transithändler (Transiteur). In einer weiteren Bedeutung werden als Handelskette die zu einer Einzelhandelsunternehmung gehörenden Betriebe bezeichnet.

Handelsklassen – Einteilung von Produkten (z.B. frischem Obst und Gemüse) in Klassen einheitlicher Qualität. Handelsklassen bewirken eine Gütesicherung. Dadurch wird der Handelsverkehr erleichtert, die Preisbildung objektiviert und wegen der erhöhten Markttransparenz allen Beteiligten (Erzeugern, Händlern, Verbrauchern) Schutz vor Übervorteilung geboten.

Handelskorporationen – Interessenvertretungen des Handels, die bei der Formulierung von Gesetzesvorlagen mitwirken, in vielfältiger Weise als Lobbyisten tätig sind und intern die Interessen ihrer Mitglieder zu koordinieren haben. Infolge grundlegender Interessenkonflikte existiert in Deutschland eine Vielzahl von Handelskorporationen: Hauptverband des Deutschen Einzelhandels e. V. (HDE) mit seinen Landes- und Regionalorganisationen, Bundesarbeitsgemeinschaft der Mittel- und Großbetriebe des Einzelhandels e. V. (BAG) als Zusammenschluss von 16 Landesarbeitsgemeinschaften und -verbänden, Bundesverband der Filialbetriebe und SB-Warenhäuser e. V. (BFS), Bundesverband des Deutschen Groß- und Außenhandels e. V. (BGA), Bundesverband des Deutschen Versandhandels e. V. (BVH), Außenhandelsvereinigung des Deutschen Einzelhandels e. V. (AVE), DER MITTELSTANDSVERBUND – ZGV e. V. Als Versuche, die einzelnen Interessen in übergeordneten Verbänden zu koordinieren, gelten der „Rat des Deutschen Handels" sowie die Bundesvereinigung Deutscher Handelsverbände e. V. (BDH). Hinzu kommen als Interessenvertretungen die jeweiligen Abteilungen in den Industrie- und Handelskammern, den Arbeitgeberverbänden des Handels sowie der Gewerkschaft Handel, Banken und Versicherungen (HBV). Sämtliche Institutionen veröffentlichen kontinuierlich Daten aus dem Kreis ihrer Mitglieder (→ Handelsstatistik).

Handelsmanagement – 1. *Begriff:* Führen von Unternehmungen des → Handels durch den Eigentümer der Unternehmung selbst (meist bei mittelständischen Handelsbetrieben) oder durch angestellte Manager (meist bei Großbetrieben des Handels und in den Zentralen der Konzentrations- und Kooperationsformen des Handels; → kooperative Gruppen des Handels). – 2. Die *Führungsbereiche* des Handelsmanagements umfassen Ziel- und Mittelentscheidungen sowie Planung und Kontrolle aller unternehmenspolitischen Entscheidungen hinsichtlich ihres Beitrags zur Zielerreichung, d.h.: (1) Konstitutive Entscheidungen (Betriebsformenwahl, Standort, Betriebsgröße, Rechtsform, Organisation, ggf. Fusion); (2) laufende Entscheidungen zur Steuerung der Waren-, Finanz- und Informationsströme.

Handelsmarke – engl. *Private Brand, Store Brand, Distributor Brand, Private Label*; sind Waren- oder Firmenkennzeichen, mit denen Handelsbetriebe Waren versehen oder versehen lassen, wodurch sie als Eigner oder Dispositionsträger (= Disposition über die Gestaltung der Marke) der → Marke auftreten. Konsequenterweise verfügen Handelsmarken über einen auf das jeweilige Handelsunternehmen oder die Handelsgruppe begrenzten Distributionsgrad. Häufig werden die Begriffe → Handelsmarke und Eigenmarke sowie → Hausmarke synonym verwendet. Während Haus- und Eigenmarken jedoch i.d.R. zu einem einzelnen

Unternehmen gehören, können Handelsmarken auch die Schöpfung von großen Handelsgruppen sein. – Traditionell wurden Handelsmarken als preisgünstige Alternative gegenüber → Markenartikeln eingeführt oder weil Markenartikelhersteller das Handelsunternehmen (insbesondere Discounter) nicht mehr belieferten. Heute sind Handelsmarken Ausdruck eines aktiven → Handelsmarketing zur Profilierung im Absatzmarkt, Sortimentsbereinigung und somit Festigung der Nachfrageposition gegenüber den Lieferanten. Konsequenterweise reicht das Spektrum der Handelsmarken von der Premium-Handelsmarke (= oberes Preissegment) über die klassische Handelsmarke (= mittleres Preissegment) bis zur Discount-Handelsmarke (= unteres Preissegment). – Typische Vertreter von Handelsmarken sind *Tandil* (*Aldi Süd*), *Mibell* (*Edeka*), *AS* (*Schlecker*), *Tip* (*Real*, *Extra*), *Aro* (*Metro Cash & Carry*) und *Erlenhof* (*Rewe*). – Vgl. auch → No Names.

Handelsmarketing – 1. *Begriff:* institutionenspezifisches → Marketing für → Handelsbetriebe, meist als *Beschaffungs- und Absatzmarketing* aufgefasst. Sämtliche Instrumente des Handelsmarketings sind gemäß den jeweils spezifischen Gegebenheiten auf den Beschaffungs- und Absatzmärkten einzusetzen. Hauptschwierigkeit ist die Koordination der unmittelbar gegenseitig wirkenden Konsequenzen. – 2. *Instrumente:* a) *Beschaffungsinstrumente:* → Beschaffungsmarktforschung, Beschaffungswegepolitik, Beschaffungsorganisation, Lieferantenpolitik, → Bestellmengenpolitik, → Beschaffungspreispolitik und Beschaffungskonditionenpolitik, Kontraktpolitik und → Beschaffungswerbung. – b) *Absatzinstrumente:* (1) Strukturentscheidungen mit akquisitorischer Wirkung: Branche, Standort, Betriebsform, Qualifikation des Verkaufspersonals, Filialisierung, Kooperation, Größe der Verkaufsfläche, Entsorgungsmodalitäten. (2) Absatzinstrumente: → Sortimentspolitik, → Produktpolitik, → Servicepolitik, Entsorgungspolitik (Redistribution),

→ Absatzpreispolitik und Absatzkonditionenpolitik, Angebotsmethode (Selbstbedienung/Bedienung), Ladengestaltung, → Warenpräsentation, → Betriebsbereitschaft, → Absatzkommunikationspolitik. – 3. Der *Einsatz der Beschaffungsinstrumente* gewinnt nicht nur an Bedeutung, wenn auf den Beschaffungsmärkten Engpässe auftreten, sondern auch bei starkem Wettbewerb auf den Absatzmärkten, der zu einer konsequenten Nutzung aller nur möglichen Beschaffungsvorteile zwingt. Diese Konstellation ist für viele Handelsbranchen (etwa Lebensmitteleinzelhandel) typisch.

Handelsmarktforschung → Marktforschung bei Handelsunternehmen. Diese geschieht v.a. durch Händlerbefragungen oder durch → Handelspanels. Ziel ist v.a. die Feststellung der → Distribution, ihrer Arten und Einflussgrößen, als wichtige Voraussetzung für den Markterfolg eines Produkts.

Handelspanel – 1. *Begriff:* → Panel von ausgewählten Einzel- bzw. Großhandelsbetrieben. Am weitesten verbreitet ist das *Einzelhandelspanel* in der allg. Form, daneben auch spezielle Panels, wie etwa *Branchen-Panel* oder *Fachhandelspanel*, z.B. Apothekenpanel. – 2. *Erhebung:* a) *Erhebungsgegenstände:* Erhoben wird in erster Linie der Endverbraucherabsatz der einzelnen Geschäfte; ferner die Warenbestände und deren Veränderung, Ein- und Verkaufspreise sowie die räumliche Verteilung der Betriebe, die ein bestimmtes Produkt führen, sowie Bezugsquellen, Bestellmengen und -termine, Lagerbestände und Umschlagshäufigkeiten. Dadurch lässt sich eine Reihe von Daten gewinnen, die über den reinen Umsatz pro Artikel und Händler hinausgehen. Beispiele hierfür sind Menge, Wert und durchschnittliche Endverbraucherpreise, derzeitiger Lagerbestand beim Handel und durchschnittliche Einkaufsmengen sowie Distributionsquoten (= Anzahl und Anteil der Geschäfte, die das Produkt führen, bevorraten, einkaufen und verkaufen). Nur mit dem Einzel- und Großhandelspanel sind

die Umsätze zu erfassen, die auf Nicht-Haushalte wie Gaststätten, Großverbraucher etc. entfallen. – b) *Erhebungsmethode:* Früher vorwiegend manuell, d.h. der Endverbraucherabsatz wird ermittelt aus der Summe von Anfangsbestand und Einkäufen abzüglich Endbestand, der jeweils manuell durch Zählen ermittelt werden muss (→ Beobachtung). Mit zunehmender Verbreitung von computergestützten Warenwirtschaftssystemen und Scannerkassen hat das → Scanner-Handelspanel das traditionelle Handelspanel verdrängt. – 3. In der *Bundesrepublik Deutschland* v.a. durchgeführt von Nielsen sowie der Gesellschaft für Konsum-, Markt- und Absatzforschung (GfK). – Vgl. auch → Haushaltspanel.

Handelsspanne – 1. *Begriff:* a) *Handelsbetriebslehre:* Unterschiedsbetrag zwischen Einstands- und Verkaufspreisen im Handelsbetrieb. – Vgl. auch → Handelsaufschlag, → Handelsabschlag sowie unten. – b) *Umsatzsteuer:* (1) Differenz zwischen Warenverkaufspreis (inkl. Mehrwertsteuer) und eingesetzten Warenmengen, bewertet mit → Wareneinstandspreisen (ohne Vorsteuer). Diese *Brutto-Netto-Rechnung* ist im Handel üblich, da Warenumsätze bislang nach dem Verkauf meist nur auf der Basis von Warengruppen erfasst wurden, sodass ein gesonderter Ausweis der genauen Mehrwertsteuerbeträge nur schwer möglich ist. (2) Zur Ermittlung eines die Steuerbelastung exakt berücksichtigenden Rohgewinns ist die artikelspezifische Vorsteuer den Wareneinstandspreisen hinzuzufügen (*Brutto-Brutto-Rechnung*) oder die Mehrwertsteuer von den Verkaufspreisen abzuziehen (*Netto-Netto-Rechnung*). Werden Handelsspannen für einzelne Artikel berechnet, ist die Herausrechnung der Umsatzsteuerbelastung leicht möglich. – 2. *Formen:* Handelsspannen können als *absolute Zahl* (→ Stückspanne, die gleich dem → Rohertrag eines Artikels ist) oder als *relative Zahl* (→ Prozentspanne) ausgewiesen werden. Außerdem ist die Ermittlung von Warengruppen-, Durchschnitts-, bes. → Betriebshandelsspannen üblich. – 3. Handelsspannen *dienen* zu Ermittlung der Kalkulationsaufschläge (→ Kalkulationsaufschlag im Handel), v.a. bei der → Mischkalkulation, sowie zur Kontrolle der Rohgewinnentwicklung mittels → Istspannen und → Sollspannen. – 4. *Berechnungsbeispiel:* In einer Periode sollen 100 Einheiten à 800 Euro abgesetzt werden, die zu einem Umsatz von 100.000 Euro führen sollen.

Handelsaufschlag (Kalkulationsaufschlag):

$$\frac{Rohgewinn \cdot 100}{Wareneinsatz} = \frac{20.000 \cdot 100}{80.000} = 25\%.$$

Rohgewinn = Warenumsatz – Wareneinsatz, bewertet zu Einstands-, hier Einkaufspreisen: 100.000 – 80.000 = 20.000 Euro. Auf jeden Artikel zu 800 Euro Einkaufspreis sind 25 Prozent = 200 Euro aufzuschlagen. Dies ergibt bei einem Verkaufspreis von 1.000 Euro · 100 Einheiten einen Umsatz von 100.000 Euro. – *Handelsabschlag:*

$$\frac{Rohgewinn \cdot 100}{Umsatz\ zu\ Verkaufspreisen}$$

$$= \frac{20.000 \cdot 100}{100.000} = 20\%.$$

Bei einem Verkaufspreis pro Stück von 1.000 Euro sind 20 Prozent von 1.000 Euro = 200 *(absolute Handelsspanne)* abzuziehen, um den Einkaufspreis von 800 Euro zu errechnen. Einem Rohgewinn vom Umsatz in Höhe von 20 Prozent *entspricht* also ein Handelsaufschlag auf den Einkaufspreis von 25 Prozent.

Handelsstatistik – Teil der amtlichen Statistik auf Grundlage des Gesetzes zur Neuordnung der Statistik im Handel und Gastgewerbe vom 10.12.2001 (BGBl. I 3438) im Rahmen der Handels- und Gastgewerbestatistik. Die monatlichen Erhebungen im Handel sind Teil des konjunkturstatistischen Systems der Europäischen Gemeinschaft für Zwecke der Währungs- und Wirtschaftspolitik. Daneben liefern sie Informationen über die Verwendung von Teilen des privaten Konsums. Die Monatserhebungen im Handel umfassen den Monatsumsatz sowie die Anzahl der tätigen Personen, unterteilt nach Vollzeit- und Teilzeitbeschäftigten. Während die jährliche Handelsstatistik über Struktur und Produktivität im Handel informiert und daher als Strukturerhebung bezeichnet wird, stellt die monatliche Erhebung konjunkturelle Informationen bereit (Konjunkturerhebung).

Handelsstruktur – I. Betriebswirtschaft: Organisatorischer Aufbau und Zusammensetzung des (Binnen-) → Handels zu einem bestimmten Zeitpunkt. Einblicke in die Handelsstruktur vermitteln die amtliche Statistik (→ Handelsstatistik) und die Strukturerhebungen mittels der Handels- und Gaststättenzählungen (Handelszensus). Differenziertere Erhebungen nach Regionen, Betriebsformen, Kooperationszugehörigkeit u.a. erstellen Industrie- und Handelskammern und die berufsständischen Organisationen des Handels.

II. Außenwirtschaft: Struktur der internationalen Handelsströme zwischen zwei oder mehreren Ländern. Zentrales Erkenntnisziel der realen Außenwirtschaftstheorie und der Handelspolitik.

Handelsstufe – Glied einer → Handelskette, z.B. Importgroßhändler, Großhändler, Einzelhändler.

Handelsvermittlung – Handelsvertreter, Handelsmakler.

Handelswaren – bewegliche Sachgüter, die in absatzfähigem Zustand bezogen und ohne Be- oder Verarbeitung (meist mit einem Aufschlag) wieder verkauft werden. Manipulationen wie Sortieren, Mischen, Abpacken, Markieren gelten dabei nicht als Be- oder Verarbeitung. Eine Einteilung ist nach einer Vielzahl von Merkmalen der → Warentypologisierung möglich.

Handelswerbung – 1. *Begriff:* Werbung für ein Handelsunternehmen. – 2. *Ziel:* Die Handelswerbung ist eine institutionelle Werbung *(Firmenwerbung, Institutionenwerbung)* mit dem Ziel, das Handelsunternehmen bekannt zu machen (Aktualität) und eigenständig zu positionieren sowie die Konsumenten über das aktuelle Angebot zu informieren. Was ein Handelsunternehmunen von anderen unterscheiden sollte, ist weniger das Sortiment, die Preisgestaltung oder die Lage, sondern sind die durch Marketing geschaffenen Vorstellungen in der Psyche des Konsumenten. – 3. *Werbeträger und -mittel:* In der Praxis verbreitet ist Werbung mit Sonderangeboten oder Dauerniedrigpreisen, um beim Konsumenten ein günstiges Preisimage zu erzeugen. Da viele Unternehmen sich in dieser Hinsicht ähnlich verhalten und preislich herausgestellte Artikel oftmals identisch sind, kann reine Preiswerbung nur geringe Beiträge zur Profilierung leisten. Hierzu dienen u.a. Aktionsartikel, die für einen begrenzten Zeitraum angeboten werden. Weitere in der Praxis verbreitete Elemente sind Anzeigen in Tageszeitungen, regionalen Anzeigenblättern, Vereinszeitungen, Fachzeitschriften, Prospekte, Kataloge und Preisverzeichnisse mit Illustration und Qualitätsbeschreibungen der Absatzgüter, die regelmäßig durch Vertreterbesuch an die Zielgruppe herangeführt werden. Weitere Werbemittel sind die Schaufensterwerbung sowie das Couponing. – 4. *Kontrolle:* ökonomisch mittels u.a. Umsatz-, Absatz-, Kundenfrequenz- sowie Durchschnittsbonanalysen; psychographisch durch Recognition- und Recalltests zur Messung der Bekanntheit, Protokolle lauten Denkens (freie Assoziationstests), Einstellungsmessung mittels Multiattributivmodellen sowie Messung innerer Bilder zur Kontrolle des → Image von Handelsunternehmungen.

Handelswissenschaft – 1. *Begriff:* Wissenschaft vom → Handel im funktionellen Sinn. Im Mittelpunkt steht die Frage, auf welche Weise der Handel dazu beiträgt, die zwischen Produktion und Konsum bestehenden räumlichen, zeitlichen, quantitativen und qualitativen Spannungen abzubauen. – 2. *Teilgebiete:* a) *Gesamtwirtschaftliche Betrachtung:* Welthandel, Rohstoffhandel,

Rohstoffhandelsabkommen, Beschränkungen des Freihandels, Handelsströme, internationaler Handel, Import-, Exporthandel, Marktordnungen, Institutionen der → Distribution von Waren, Konzentration und Kooperation im Handel, Binnenhandelspolitik einschließlich der handelsgerichteten Wettbewerbspolitik und -rechtsprechung (in der EU und in der Bundesrepublik Deutschland). – b) *Einzelwirtschaftliche Betrachtung:* Führung von Handelsbetrieben, → Handelsmanagement, d.h. betriebswirtschaftliche Analyse sämtlicher unternehmenspolitischen Entscheidungen in allen Funktionsbereichen eines Handelsbetriebes. Während die ältere Handlungswissenschaft die gesamt- und einzelwirtschaftlichen Teilgebiete nahezu gleichgewichtig betonte, wird in der heutigen → Handelsbetriebslehre, einer Institutionenlehre der betriebswirtschaftlichen Ausbildung, vielfach der einzelwirtschaftliche Aspekt, v.a. das → Handelsmarketing, gegenüber der Institutionenlehre bes. betont.

Händlerlisten-Förderung – *Dealer-Listed Promotion;* Förderung einer an Konsumenten gerichteten Werbebotschaft, in der über ein Produkt oder ein Sonderangebot berichtet wird. Gleichzeitig werden Namen und ggf. Adressen der Einzelhändler, die das Produkt führen oder sich an der Aktion beteiligen, angegeben. – Händlerlisten-Förderung dient als Maßnahme zur Information des Konsumenten sowie als Anreiz für die Einzelhändler, das Produkt zu führen bzw. an der Aktion teilzunehmen (→ Verkaufsförderung).

Händlermarke → Handelsmarke.

Händlernachlass – *Merchandise Allowance;* vertraglich festgelegte Vergütung für die Händler, die sich innerhalb eines bestimmten Zeitraumes für das Produkt eines Herstellers über das normale Maß hinaus engagiert haben. – *Arten:* a) Der *Werbenachlass (Advertising Allowance)* wird für die bes. Herausstellung des Produktes in der Werbung des Händlers gewährt. – b) Der *Display-Nachlass (Display Allowance)* stellt für den Händler eine Entlohnung für die Mühe dar, die er bei der Installation des Display-Materials aufgewandt hat, und ist zugleich ein Kostenbeitrag für die Nutzung eines Teils des Verkaufsraumes für die Produktpräsentation. – Händlernachlass wird als Maßnahme der → Verkaufsförderung angewandt.

Händlerpreisempfehlung → Preisempfehlung.

Hard Selling – Form des → persönlichen Verkaufs mit dem Ziel, potenzielle Kunden rasch zum Kauf zu bewegen, ohne weiter auf die Interessen des Kunden einzugehen. Hard Selling kann langfristige Kundenbeziehung bzw. → Kundenbindung gefährden. – Mittlerweile gibt es auch das „neue" Hard Selling. Hierbei geht es um den Verkaufsabschluss und gleichzeitig den Aufbau einer langfristigen Kundenbeziehung.

Hardware – I. Wirtschaftsinformatik/Informatik: Gesamtheit der technischen Maschinen-Elemente (Geräte, Teile) eines Computers oder eines Netzes (z.B. Zentraleinheit, externer Speicher, Leitungsverbindungen). Die Funktionen der Hardware werden durch die Programme ausgelöst, gesteuert und kontrolliert.

II. Investitionsgütermarketing: Sachleistungskomponente im Angebot eines Herstellers. Sie wird ergänzt durch Software-Leistungen, die → Dienstleistungen (→ Pre-Sales-Services, → episodenbegleitende Dienstleistungen, → After-Sales-Services) des Herstellers.

Harvesting-Strategie – Preisstrategie, bei der auch in schwierigen Phasen, z.B. in der → Degenerationsphase des → Produktlebenszyklus oder in Abschwungphasen, der Preis eines Produkts bewusst hoch gehalten wird. In der Degenerationsphase wird dabei versucht die Investitionen möglichst zu reduzieren, um einen höheren Gewinn „abzuernten".

Hauptverband des Deutschen Einzelhandels e.V. → Handelskorporationen.

Haushaltspanel – 1. *Begriff:* → Panel eines repräsentativen Kreises von Haushalten (die Untersuchung bezieht sich auf den gesamten Haushalt und nicht auf die Einzelperson). Bedeutendste Form des → Verbraucherpanels. – Erfasst wird nicht der Verbrauch der Haushalte, sondern die Einkäufe im Handel; damit stellt das Haushaltspanel gewissermaßen ein Spiegelbild des → Handelspanels dar. – 2. *Erhebung* des Datenmaterials überwiegend elektronisch durch Handscanner, am POS oder über das Internet, für spezielle Bereiche auch schriftlich. – 3. *Wichtige Ergebnisse: Käuferkreis* (Anteil der Käufer an allen Haushalten) als Ausdruck eines Produkts, Probierkäufer anzuziehen. Wird beeinflusst von der → Bekanntheit des Produkts, seiner → Distribution und der Probierkaufattraktivität. *Wiederkaufsrate* (Anteil der Käufer, die öfter als nur einmal kaufen) als Ausdruck der Produktzufriedenheit. Wird v.a. beeinflusst durch die wahrgenommene Produktqualität und den Preis des Produkts. – Vgl. auch → Scanner-Haushaltspanel.

Haushaltsvertreter – *Versandvertreter;* Gruppe der Handelsvertreter mit der Aufgabe, Konsumwaren durch Besuch von Haushaltungen abzusetzen. Die angebotenen Waren werden meist als Muster mitgeführt und bei Bestellung dem Käufer später zugeschickt. Haushaltsvertreter werden von Versandgeschäften, aber auch von Einzel- und Großhandlungen sowie Produzenten für den Direktverkauf eingesetzt, etwa für den Vertrieb von Staubsaugern, Kühlschränken, Nähmaschinen. Haushaltsvertreter sind meist auf Provisionsbasis tätig.

Hausierhandel – Form des → ambulanten Handels: Der Händler bietet seine Ware an wechselnden Orten an und geht dabei von Haustür zu Haustür. – Vgl. auch → Haustürgeschäfte beim → Direktvertrieb von landwirtschaftlichen Erzeugnissen oder anderen Konsumgütern sowie den → Fahrverkauf zur Versorgung ländlicher Gebiete oder wenig mobiler Konsumenten.

Hausmarke – Marke eines kleineren Händlers (Konditor, Metzger, Bäcker), der die Hausmarke in einem begrenzten Absatzgebiet als „Spezialität des Hauses" vertreibt. – Vgl. auch → Handelsmarke, → Markenartikel.

Haustürgeschäft – 1. *Begriff*: Form des → direkten Vertriebs; gebräuchlich z.B. bei Eiern, Tiefkühlkost, Bier, Limonade, Zeitungsabonnements. Vertragsabschluss über eine entgeltliche Leistung erfolgt an der Haustüre des Kunden, im Bereich seiner Privatwohnung, am Arbeitsplatz, anlässlich einer Freizeitveranstaltung, z.B. auf sog. Kaffeefahrten, oder durch überraschendes Ansprechen im Rahmen des öffentlichen Verkehrs. – 2. *Rechtliche Regelungen*: Gemäß § 312 BGB steht dem Verbraucher ein Widerrufsrecht nach § 355 BGB zu. Wenn zwischen Verbraucher und Anbieter eine ständige Geschäftsverbindung aufrechterhalten werden soll, kann anstelle des Widerrufsrechts ein Rückgaberecht nach § 356 BGB eingeräumt werden. – *Ausgenommen* sind das Widerrufsrecht und das Rückgaberecht bei Bargeschäften mit einem Entgeld bis zu 40 Euro, bei notariellen Beurkundungen und bei Verträgen, die auf vorhergehende Bestellung des Kunden eingeleitet worden sind. – Vgl. auch → Fahrverkauf, → Hausierhandel, → Party-Verkauf.

Hautwiderstandsmessung – Messung des Hautwiderstandes (elektrodermale bzw. psychogalvanische Reaktion) der Testpersonen mittels Elektroden als physiologischer Indikator der psychischen Aktivierung. Veränderungen des elektrischen Widerstandes der Haut (Reaktion) bei Einwirkung von Reizen (z.B. Werbung) geben Auskunft über Grad der Aktivierung und das Aktivierungspotenzial der Reize. – *Nicht messbar* sind die Richtung und die Qualität der Reaktion, d.h. ob ein Reiz als positiv oder negativ empfunden wird; hierfür ist zusätzlich eine Befragung notwendig.

Headline – Überschrift einer → Anzeige, die die wesentlichen Informationen enthalten soll (→ hierarchische Informationsdarbietung). Weiterhin sollte die Headline zur Aktivierung genutzt werden. – *Gegensatz*: → Baseline.

Heimdienst – Belieferung von Kunden in regelmäßigem Turnus in deren Wohnungen (z.B. Getränke, Tiefkühlkostprodukte, landwirtschaftliche Erzeugnisse). – Vgl. auch → Lieferservice.

Herstellermarke → Marke, → Markenartikel.

Herstellermarktforschung → Marktforschung.

hierarchische Informationsdarbietung → Sozialtechnik in der Werbung, die dem Konsumenten das Verständnis für die Werbebotschaft ermöglicht. Bei der hierarchischen Informationsdarbietung wird die Werbebotschaft in selbstständig verständliche Teile gegliedert sowie übersichtlich und erkennbar dargeboten. Zusätzlich wird das → Werbemittel so gestaltet, dass die Teile der Werbebotschaft in der Reihenfolge der Wichtigkeit für das Verständnis der Werbebotschaft vom Empfänger wahrgenommen werden. Dem Empfänger wird durch die hierarchische Informationsdarbietung möglich, die Werbebotschaft in sehr geringer Betrachtungszeit aufzunehmen. – Die Ausgestaltung der hierarchischen Informationsdarbietung richtet sich nach dem → Involvement des Empfängers. Bei geringem Involvement genügt es, dem Empfänger die Schlüsselbotschaft verständlich zu machen, liegt dagegen starkes Involvement vor, muss der Empfänger weiter gehende Informationen verstehen können.

Hierarchy-of-Effects-Modell – Modell der → Werbewirkung, das von einer hierarchischen Abfolge von Wirkungen ausgeht. Danach durchläuft eine Person im Kommunikationsprozess folgende Stufen: (1) Awareness (Wissen von der Existenz des Produkts), (2) Knowledge (Kenntnis der Produkteigenschaften), (3) Liking (Wertschätzung des Produkts), (4) Preference (Bevorzugung des Produkts), (5) Conviction (Überzeugung),

(6) Purchase (Kauf). – Vgl. auch → Howard-Sheth-Modell.

High-Interest-Produkte – Konsumgüter, die aufgrund ihrer Beschaffenheit spezielle Bedürfnisse erfüllen und das Risiko beinhalten, dass sie das Bedürfnis nicht exakt abdecken. Die Bedeutung der Kaufentscheidung und die Gefahr einer → kognitiven Dissonanz führen zu einem komplexen Kaufverhalten, das durch einen verstärkten Informationsbedarf und eine intensive Informationsverarbeitung gekennzeichnet ist. – Vgl. auch → Low-Interest-Produkte.

Hit – einzelne Anfrage eines Browsers an den Webserver. Die Anzahl der Hits, die durch einen einzigen Aufruf einer Webpage entsteht, entspricht der Anzahl der Elemente, aus denen sich die Internetseite zusammensetzt (z.B. Text- und Bilddateien).

Hochpreisstrategie – Preisstrategie, bei der Güter dauerhaft zu hohen Preisen angeboten werden. Es werden dabei Kunden mit geringer Preissensitivität angesprochen. Anstelle des Preises werden Qualität und → Image zur → Differenzierung vom Wettbewerb in den Vordergrund der Kommunikation gestellt. Der Preis kann dabei auch oberhalb des gewinnoptimalen Preises liegen. Solche Strategien sind insbesondere im Luxusgüterbereich vorzufinden.

Hökerhandel – Form des → ambulanten Handels, bei der ein Händler seine Waren für einen befristeten Zeitraum von einem Wagen oder von einem festen Stand aus anbietet (z.B. Obst, Gemüse, Kartoffeln, Christbäume), oft auch preisaggressiv und unter Gewährung von → Naturalrabatt.

holländische Auktion → Veiling.

Home Delivery Services → Lieferservice.

Homeshopping → Teleshopping.

Hörfunkwerbung → Funkwerbung.

horizontale Werbung → kooperative Werbung.

Howard-Sheth-Modell – Modell der → Werbewirkung, wonach sich die Wirkung nach den folgenden Stufen vollzieht: Attention/Brand (Aufmerksamkeit/Marke), Comprehension (Einsicht), Attitude (Einstellung), Intention (Kaufabsicht) und Purchase (Kaufhandlung). – Vgl. auch → Hierarchy-of-Effects-Modell.

I – J

IAT – Abk. für → Implizit Association Test.

Ich-Beteiligung → Involvement.

Identifikationstest – Methode der Werbemittelforschung; Test zur Feststellung der Aufmerksamkeitswirkung (→ Aufmerksamkeit) von Werbemitteln. Der Werbeappell wird dem Befragten unvollständig (maskiert, Fortlassen von Worten, Bildern etc.) präsentiert. Die Auskunftsperson soll das Werbemittel identifizieren und die fehlenden Elemente ergänzen. Anwendbar auf optische und akustische Werbemittel. – *Technisches Hilfsmittel:* Videometer.

Image – Konzept aus der Markt- und Werbepsychologie, das als die Quintessenz der → Einstellungen verstanden werden kann, die Konsumenten einem Produkt, einer Dienstleistung oder einer Idee entgegenbringen. Wie Einstellungen stammen Images aus der direkten oder indirekten Erfahrung. Bei ihnen lassen sich (1) kognitive (Was weiß ich über den Gegenstand?), (2) evaluative (Wie werte ich den Gegenstand?) und (3) konative (Wie möchte ich dem Gegenstand gegenüber handeln?) Komponenten voneinander abheben. Für die Imageanalyse gibt es eine Vielzahl von quantitativen (auf Skalierungsverfahren beruhenden) und qualitativen Verfahren. Der Imagegestaltung dienen marketingpolitische Instrumente, also der Preis, die Produktgestaltung, die Werbung und der Absatzweg. – *Firmenimage:* Public Relations (PR).

Imageforschung → Einstellungsforschung.

Imagekonzept → Einstellung.

Imagemarketing – Teilaspekt einer Marketingkonzeption, Gestaltung der Summe von Erwartungen, Einstellungen und Eindrücken, die ein Individuum oder eine Gruppe von Personen bez. eines Unternehmens oder seiner Produkte haben soll. – *Ablauf:* (1) Identifizierung der Einflussfaktoren von Kaufentscheidungsprozessen bei verschiedenen Zielgruppen im Hinblick auf bestimmte Imageobjekte; (2) Durchführung einer Imageanalyse und (3) Festlegung von imagesteigernden Maßnahmen.

Image Placement → Product Placement.

Imagery – Die Imagery-Prozesse laufen im Menschen mit geringer gedanklicher Kontrolle, mehr oder weniger automatisch ab und treten nur unvollständig in das sprachliche Bewusstsein. Nach Erkenntnissen der kognitiven Psychologie finden diese Vorgänge in einem eigenständigen Gedächtnissystem statt und zwar in der rechten Hemisphäre, die vorwiegend für emotionale und bildliche Vorgänge zuständig ist. Damit besteht ein enger Zusammenhang zwischen visuellen Verarbeitungsvorgängen und Emotionen. – Die Messung von Imageryvorgängen im Gehirn ist problematisch, da die gedanklichen Prozesse befragten Personen nicht bewusst sind und modalitätsspezifische Transferprobleme auftreten, wenn man versucht, bildliche Inhalte sprachlich zu fassen. Beobachtbar ist nur das Ergebnis der internen kognitiven Prozesse, nämlich das Phänomen innerer Bilder. – Vgl. auch → Imageryforschung.

Imageryforschung – 1. *Begriff:* Richtung der (kognitiven) Psychologie. Im Mittelpunkt stehen die visuelle Repräsentation von Reizen im Gedächtnis und ihre Rolle für gedankliche Prozesse. Zentrale Erkenntnisse der Imageryforschung sind, dass die durch Bilder vermittelten Informationen besser behalten und erinnert werden (Bildüberlegenheitswirkung) und die gedankliche Verarbeitung von Bildern ganzheitlich, nach einer räumlichen Logik erfolgt. – 2. *Messmethoden der Imageryforschung:* Bes. Bedeutung haben die modalitätsspezifischen Messverfahren wie z.B. Bilderskalen. – 3. *Unterteilung:* (1)

Messungen auf der subjektiven Erlebnisebene werden mithilfe von introspektiven Verfahren (z.b. Messungen der Imagery-Fähigkeit, des kognitiven Stils der Personen sowie die Messung von Tagträumen und Fantasien) durchgeführt; daneben gibt es die projektiven Verfahren, die die Reaktionen der Testpersonen auf bestimmte Stimuli erfassen (z.b. thematischer Apperzeptionstest). (2) Messungen auf der Verhaltensebene werden bezogen auf das visuelle Gedächtnis, räumliche Fähigkeiten und Wort-Wiedererkennungen durchgeführt. (3) Messungen auf der physiologischen Ebene erfolgen durch die Erfassung von Gehirnwellen, Augenbewegungen, Atmung, Muskelspannung und Herzfrequenz. – Vgl. auch → Imagery.

Imagetransfer – Nutzung eines bereits bestehenden positiven → Image (z.B. eines Produkts, einer Marke, eines Unternehmens, eines Ereignisses) auf ein anderes Produkt oder Angebot zu übertragen. Verbreitet ist der Markenimagetransfer (z.B. von Jil-Sander-Bekleidung auf Jil-Sander-Parfums).

Imitation → Me-Too-Produkt.

Impact – Stärke eines Werbeeindrucks auf den Umworbenen (Rezipient). Der Begriff wird v.a. im Zusammenhang mit der → Werbewirkung benutzt.

Impact-Test – 1. *Begriff*: Verfahren des → Recalltests zur Messung der Erinnerungswirkung von Werbung. Die Befragung erfolgt ungestützt (Unaided Recalltest). – 2. *Ablauf*: Einer Stichprobe ausgewählter Personenwird eine Zeitschrift zum Lesen vorgelegt. Später wird erhoben, an welche → Anzeigen oder Markennamen sich die Auskunftspersonen erinnern. Eine anschließende Befragung klärt Grad der Erinnerung und hinterlassenen Eindruck. – 3. *Ergebnis:* Prozentsatz der Erinnerung je Anzeige, Grad der Einprägung, Art der Reaktion (positiv, negativ) u.a. – 4. *Einsatz* als → Pretest und → Posttest. – Vgl. auch → Recalltest, ähnlich → Folder-Test.

Implizit Association Test – 1. *Begriff*: Ursprünglich aus der Sozialpsychologie

stammendes Instrument zur Messung individueller Unterschiede in der automatischen Aktivierung von evaluativen oder semantischen Assoziationen. Computergestütztes Testverfahren, welches auf einer Kombination von semantischem und affektivem Priming basiert. Kurzform: IAT; Anwendung mittlerweile in fast allen Bereichen der Psychologie. In der Marketing- und Konsumentenforschung zur Messung von impliziten (unbewussten) Einstellungen verwendet. – 2. *Versuchsaufbau*: In einer computergestützten Diskriminationsaufgabe, sollen Stimuli zweier dichotomer Dimensionen so schnell wie möglich kategorisiert werden. *Besteht aus fünf Phasen*: (1) Zunächst lernen die Probanden zwei Varianten eines Einstellungsobjektes (Traget Concept) zu unterscheiden und müssen auf visuelle oder auditive Präsentationen der beiden Varianten mit dem Drücken unterschiedlicher Tasten reagieren; z.B. Marke A rechte Taste und Marke B linke Taste. (2) Es erfolgt eine Unterscheidung zwischen negativen und positiven Attributen als Bewertungskriterium; z.B. angenehme und unangenehme Wörter. (3) Kombination zwischen Phase 1 und 2 (Initial Combined Task). Auf die Präsentation der Marke A muss ebenso wie auf die angenehmen Wörter mit dem rechten Tastendruck, auf Marke B und unangenehme Wörter mit dem linken Tastendruck reagiert werden. (4) Umkehrung der Reaktionsaufgabe aus Phase 1 für die Einstellungsobjekte (Reversed Target-Concept Discrimination). Reagieren auf Marke A mit der linken Taste und Marke B mit der rechten Taste. (5) Abschluss durch Umkehrung der dritten Phase (Reversed Combination Task). – 3. *Ergebnisinterpretation*: Ist die implizite Einstellung des Probanden zur Marke A positiv und zur Marke B negativ, wird der Proband die Aufgabe schneller und mit weniger Fehlern bewältigen, wenn die angenehmen Attribute und Marke A auf der gleichen Taste liegen. Gleiches gilt für Marke B mit den negativen Assoziationen. – 4. *Bewertung*: Der IAT weist eine hohe interne Konsistenz auf und gilt als valide in Bezug auf die Übereinstimmung mit parallel erhobenen verbalen Daten. Das Testverfahren ist sehr robust und leicht einsetzbar sowie beständig gegenüber Artefakten und Einflüssen durch den Experimentalablauf. Die computergestützten Untersuchungen können somit auch außerhalb des Labors durchgeführt werden. Der Anwendungsbereich des IAT in der Forschung ist sehr flexibel. – 5. *Kritik*: Probanden sind grundsätzlich in der Lage, Ergebnisse und Reaktionen willentlich zu beeinflussen. Werden die Reaktionen so angepasst, dass diese innerhalb der vom Test akzeptierten Reaktionszeit liegen, sind die verfälschten Testreihen von den unverfälschten nicht mehr zu unterscheiden. Kritiker warnen davor, den IAT zur Messung von Einstellungen zu neuen und den Probanden unbekannten Sachverhalten und Objekten zu nutzen.

Importeur → Einfuhrhändler.

Importgroßhandel → Außengroßhandel.

Importhandel → Einfuhrhandel.

Impulskauf – *Reizkauf;* Kaufentscheidung, die weniger auf kognitiver Steuerung als auf unmittelbaren Reizstimuli am → Point of Sale (POS) beruht. Die im Schaufenster oder im Regal zur Selbstbedienung ausgestellte Ware löst beim Kunden affektive Reize aus, die zu spontanen Kaufbedürfnissen führen. Der Käufer agiert nicht; er reagiert situations- und persönlichkeitsbezogen auf die dargebotenen Reize. Intensive Werbeanstrengungen zum Vorverkauf der Produkte, hohe Anteile frei verfügbarer Kaufkraft, Warenverpackung und Warenauslage mit psychologisch hohem Aufforderungscharakter bewirken ein Ansteigen des Impulskaufs.

Indikatorprognose → Prognose.

indirekte Kommunikation → Massenkommunikation.

indirekter Absatz → indirekter Vertrieb.

indirekter Vertrieb – *indirekter Absatz;* Form des Absatzes von Produkten über unabhängige Handelsbetriebe (→ Großhandel, → Handel, → Einzelhandel und → Ausfuhrhandel sowie das Lebensmittelhandwerk (Bäcker, Metzger), Gastronomie). – *Gegensatz:* → Direkter Vertrieb. – Vgl. auch → Absatzwegepolitik.

Individualisierungsstrategie – Ausrichtung der → marketingpolitischen Instrumente, v.a. der Leistungspolitik eines Herstellers auf die jeweiligen Kundenprobleme. Durch Angebot und Entwicklung von kundenspezifischen Problemlösungen wird versucht, Präferenzen zu schaffen, preispolitische Spielräume aufzubauen und durch die individuelle Leistungs- und Angebotsdifferenzierung einen Wettbewerbsvorteil zu erreichen. – *Gegensatz:* → Standardisierungsstrategie.

Individual Marketing – Konzeption, mit der angestrebt wird, sich weniger an den „Durchschnittswünschen" einer großen Abnehmerzahl, als vielmehr an den Bedürfnissen einzelner Kunden oder kleiner Kundengruppen auszurichten. Diese Idee, die bei der Vermarktung von Investitionsgütern z.B. in Form von kundenspezifischen Systemangeboten (Systems Selling) bereits seit langem realisiert ist, findet zunehmend Eingang in das Konsumgütermarketing. Häufig werden dabei die Instrumente des Direct Marketing eingesetzt.

industrielle Formgebung – *Industriedesign.* Zusammenfassung aller Bemühungen, die darauf gerichtet sind, industrielle Erzeugnisse nicht nur technisch zweckmäßig, sondern auch ästhetisch zu gestalten. – Vgl. auch → Design.

Industriemesse → Messe.

Industriewerbung – Werbung, deren Werbebotschaft an bestimmte, zahlenmäßig kleinere Käuferkreise (z.B. Werbung für Investitionsgüter) gerichtet ist (industrieorientiert). Da industrielle Güter i.d.R. erklärungsbedürftig sind, kommen weniger emotionale, sondern mehr sachliche, rationale Werbeaussagen zum Einsatz. – Vgl. auch → Handelswerbung, → Zielgruppe.

Inept Set → Awareness Set.

Inert Set → Awareness Set.

Infomercial – Wortzusammensetzung aus *Information* und *Commercial*; vorproduzierte Sendung des → Teleshopping für Produkte mit hohem Erklärungsbedarf.

Infomotion – dramaturgisch effektvolle Verknüpfung von *Informationen* und → Emotionen in multimedial präsentierten Werbebotschaften. Infomotion bewirkt die Aktivierung der Zuschauer für eine nachhaltige Auseinandersetzung mit den Kernwerten von Produkt und Unternehmen. – Vgl. auch → Event Marketing.

Information Broking – Recherche und Aufbereitung von Informationen im Rahmen der Marktforschung. Zu den Dienstleistungen des Information Broking zählen die Überprüfung von gewerblichen Schutzrechten und die Markt- und Konkurrenzanalyse.

Information Chunk – Schlüsselinformation, die für den Kunden bei der Kaufentscheidung bes. wichtig ist und andere Informationen ersetzen oder bündeln kann (z.B. Marke, Preis, Ergebnisse von Produkttests etc.). Information Chunk gewinnen im Hinblick auf die Informationsüberlastung (→ Information Overload) eine zunehmende Bedeutung.

Information Overload – Überlastung der Personen, die an Kommunikationsprozessen teilnehmen, mit z.T. irrelevanten Informationen. Die Folge ist eine Reizüberflutung und eine abnehmende Wahrnehmung. – Es ist jedoch zu beachten, dass ein bestimmter Informationsdruck notwendig ist, damit Informationen überhaupt wahrgenommen werden, da 80 bis 90 Prozent aller ausgesandten Informationen vom Rezipienten unterdrückt werden.

Informationsaufnahme – bezeichnet alle Vorgänge, die dazu führen, dass ein Reiz in den „zentralen Prozessor" des menschlichen Informationsverarbeitungssystems (Gehirn) gelangt und dort für die Weiterverarbeitung verfügbar ist (→ Informationsverarbeitung, → Informationsspeicherung). Im Bereich

der *visuellen Informationen* ist das → Blickverhalten Grundlage für die Informationsaufnahme: Nur Informationen, die betrachtet (fixiert) werden, können weiterverarbeitet werden; insofern ist die → Blickregistrierung ein Verfahren zur Messung der (visuellen) Informationsaufnahme. – Vgl. auch Informationsüberlastung.

Informationsbroker – Spezialist, der unter Zuhilfenahme der elektronischen Datenverarbeitung bzw. Datenfernübertragung Informationen aus nationalen und internationalen Datenbanken zum Zwecke der → Marketingforschung bzw. → Marktforschung zusammensucht.

Informationsgemeinschaft zur Feststellung der Verbreitung von Werbeträgern e. V. (IVW) – 1949 als Tochterorganisation des → Zentralverbands der deutschen Werbewirtschaft e. V. (ZAW) gegründet, Sitz in Berlin. – *Tätigkeit:* Kontrolle der Auflagen von Zeitungen und Zeitschriften sowie der Verbreitung des Plakatanschlags und der Verkehrsmittel- und Großflächenwerbung, Überprüfung der Besucherzahlen in Filmtheatern u.a. – Die von der IVW veröffentlichten Informationen zur Verbreitung der wichtigsten Werbeträger sind die Grundlage der → Mediaplanung.

Informationsspeicherung – 1. *Speicherungsmodule* des Menschen, die sich in Kapazität und Speicherdauer unterscheiden: a) *Sensorischer Informationsspeicher:* dient der Aufnahme von Reizen (→ Informationsaufnahme) bis zur Weiterverarbeitung; hohe Kapazität, Speicherdauer bis eine Sekunde. – b) *Kurzzeitspeicher:* ein Arbeitsspeicher, der aus dem sensorischen Informationsspeicher Teile der Informationen übernimmt, decodiert und mit bekannten Ereignissen aus dem Langzeitspeicher verknüpft (→ Informationsverarbeitung); begrenzte Kapazität, Speicherdauer bis 30 Sekunden. – c) *Langzeitspeicher:* entspricht dem menschlichen Gedächtnis; extrem große Kapazität, unbegrenzte Speicherdauer. Voraussetzung für die

Aufnahme in den Langzeitspeicher ist, dass eine Information die beiden davor liegenden Speicher erfolgreich passiert hat. – 2. *Vergessen* wird heute überwiegend auf Interferenzeffekte (Überlagerungseffekte) zurückgeführt.

Informationsverarbeitung – I. Organisation: Umwandlung, Verwertung und Einund Umsetzen von Informationen im Hinblick auf ihre betriebliche Zwecksetzung. Phase des betrieblichen Informationsprozesses.

II. Marketing/Werbung: Die Phase der Informationsverarbeitung schließt sich der → Informationsaufnahme an. Durch diesen Wahrnehmungsprozess gelangen ausgewählte Informationen in den Kurzzeitspeicher des Gedächtnisses, wiederum Ausschnitte davon in umorganisierter Form in den Langzeitspeicher und werden dort zum Wissen über den Gegenstand. Informationsverarbeitung wird beeinflusst vom persönlichen Wertesystem (→ Motivation) des Individuums und dessen → Involvement. Darüber hinaus wird die Informationsverarbeitung von der Stärke des aufgenommenen Reizes beeinflusst. – Vgl. auch → Informationsspeicherung, Informationsüberlastung.

III. Entscheidungstheorie: *IV-Ansatz;* Ansatz zum Entscheidungsverhalten einer Einzelperson (Individualentscheidung). Der betrachtete Mensch wird v.a. als informationsverarbeitendes System gesehen *(kognitiv-empirischer Ansatz).* – *Charakterisierung:* (1) Informationsbeschaffung und -verarbeitung sind wichtige Teile der Entscheidung; (2) situations- und kontextabhängige Sicht der Entscheidung; (3) Integration von Entscheidungsfällungsinstrumentarien und Eigenschaften des Menschen.

Informationsverhaltensforschung – Teilgebiet der → Marktforschung, das die Erfassung des Informationsverhaltens einer bestimmten Zielgruppe zum Gegenstand hat. Untersuchungsgegenstände sind der Informationsbedarf, die Art und Weise der

Informationsbeschaffung sowie die Informationsaufnahme, -verarbeitung, -speicherung und -weitergabe. Die Erkenntnisse der Informationsverhaltensforschung werden bei der Planung und Gestaltung von kommunikationspolitischen Maßnahmen berücksichtigt.

informelle Untersuchung – in der Markt- und Meinungsforschung eine Ermittlung ohne → Befragung i.e.S. Die informelle Untersuchung sucht Antwort auf eine bestimmte Frage, die aber nicht gestellt wird. Der Interviewer muss sich durch indirekte Fragen (indirekte Befragung) Gewissheit über den Gegenstand der informellen Untersuchung verschaffen. Gefahr des → Bias bes. groß.

Infotainment – multimediale Vermittlung von Informationen mit hohem Unterhaltungswert für die Teilnehmer (z.B. Erlebnisfernsehen). Einsatz z.B. in der Aus-, Fort- und Weiterbildung (→ Edutainment).

In-Game-Advertising – 1. *Begriff:* bezeichnet Werbung in Computer-, Online- und Videospielen; Kurzform: IGA; – 2. *Ausprägungen:* (1) *Statisch:* Die Werbemotive werden bereits bei der Entwicklung des Spiels in eine fest verankerte Position im Spiel eingefügt, z.B. als Plakat, Werbebanner, auf Autos, Gebäuden oder andere. (2) *Dynamisch:* Die Werbebotschaften werden bei Onlinespielen flexibel in programmierte Platzhalter geschaltet.

Ingredient Branding – 1. *Begriff:* Markenpolitik für eine Komponente eines Endprodukts, die einerseits wesentlicher Bestandteil des Endproduktes ist, andererseits aber in das Produkt eingeht und damit nicht mehr offen erkennbar ist (z.B. Mikroprozessoren in PCs, Verpackungen für Nahrungsmittel etc.). – 2. *Ziel:* für den Käufer relevante und wahrnehmbare Eigenschaften wie bspw. die Qualität oder Leistungsfähigkeit, die er mit einzelnen Bestandteilen des Gesamtproduktes verbindet, auf das gesamte Produkt auszuweiten.

Inhibitors – Vorstellungen der Konsumenten über Faktoren, die für ihre → Kaufentscheidung wichtig sind, die aber nicht in die

→ Einstellung gegenüber einem Objekt eingehen, z.b. der erwartete aktuelle Preis und die Erhältlichkeit einer Marke in einem Geschäft. Wegen der Inhibitors entspricht das → Konsumentenverhalten nicht vollständig der → Einstellung.

Inlet – Zentrale eines Handelsunternehmens, durch die der zentrale Einkauf vorgenommen wird. – Vgl. auch → Outlet.

innere Bilder – 1. *Begriff:* konkrete visuelle Vorstellung eines Menschen. – 2. *Arten:* (1) *Wahrnehmungsbilder:* Ein Wahrnehmungsbild entsteht, wenn der Gegenstand oder das Modell des Gegenstandes gerade sinnlich aufgenommen wird und (2) *Gedächtnisbilder (Memory Images oder Mental Images):* Ein Gedächtnisbild ist das gespeicherte Wahrnehmungsbild, das in Abwesenheit des Gegenstandes aus dem Gedächtnis abgerufen wird. – 3. *Merkmale innerer Bilder:* visuelle Vorstellungen, die (1) Wahrnehmungsqualitäten wie farbig oder komplex aufweisen und (2) vor dem inneren Auge betrachtet werden können. – 4. *Modalitäten innerer Bilder:* können visueller, akustischer, olfaktorischer, haptischer und geschmacklicher Natur sein. – 5. *Dimensionen innerer Bilder:* (1) Lebendigkeit *(Vividness),* entspricht der Klarheit und Deutlichkeit, mit der das Bild vor den inneren Augen der Konsumenten steht; (2) Gefallen, drückt die positive oder negative Haltung aus, die das innere Bild begleitet und bestimmt, ob der Sachverhalt, der im Bild wiedergegeben wird, anziehend oder abstoßend empfunden wird; (3) Neuartigkeit; (4) Komplexität; (5) Intensität; (6) psychische Distanz. – 6. *Wirkungen innerer Bilder:* a) *Kognitive Wirkungen:* Innere Bilder können sachliches und räumliches Wissen verarbeiten und speichern, wobei vor allen Dingen räumliches Wissen verarbeitet wird. – b) *Emotionale Wirkungen:* Die bes. Eignung innerer Bilder liegt auf diesem Gebiet. Die durch emotionale Eindrücke erzeugten Gedächtnisbilder können als gespeicherte Emotionen aufgefasst werden. – c) *Verhaltenswirkung:* Je stärker die

Dimensionen innerer Bilder, v.a. der Lebendigkeit, ausgeprägt sind, desto stärker ist der Einfluss des inneren Bildes auf das Verhalten. Gedächtnisbilder haben einen starken Einfluss auf das Verhalten, weil in einer Entscheidungs- oder Handlungssituation diese abgerufen werden und durch Anschaulichkeit und emotionale Ausstrahlung stärker auf das Verhalten durchschlagen als sprachliche Einstellungen. – 7. *Messung:* Innere Bilder sind dem Bewusstsein zugänglich, aber es ist anzunehmen, dass die befragten Personen nur bedingt in der Lage sind, ihre inneren Bilder adäquat verbal zu beschreiben. Trotzdem ist eine bewährte verbale Skala die Marks-Skala, auf der die Klarheit und Lebendigkeit innerer Bilder mittels Abstufungen erfasst werden. Es gibt darüber hinaus Messmethoden, die die Dimensionen innerer Bilder mit Bilderskalen erfassen. Es sind dies Skalen, die an ihren Polen Bilder aufweisen. – Vgl. auch → Imageryforschung.

Innovationsmarketing – Aspekt von Marketingkonzepten zur Gestaltung innovationsfördernder Unternehmenskultur und -prozesse. Notwendigkeit zur Innovation aufgrund ständig wechselnder Konsumentenbedürfnisse und Obsoleszenz vieler Produkte.

Innovator – Gruppe von → Adoptoren, die ein neues Produkt als Erste kaufen und damit die Verbreitung von Innovationen in Gang setzt. Innovatoren besitzen eine hohe Risikobereitschaft.

Insert – Zwischeneinblendungen innerhalb der in Blöcke zusammengefassten → Fernsehwerbung (z.B. Mainzelmännchen). Die Bilder der Inserts können die von Werbespots vermittelten Bilder überlagern, die z.T. langweiliger und schwächer sind. Solche Bildüberlagerungen erschweren die Erinnerung.

Instant Gratification – die sofortige Befriedigung von Wünschen und → Bedürfnissen, häufig durch den Kauf eines Produkts oder einer Dienstleistung, die der Bedürfnisbefriedigung dient.

institutionelle Werbung – *Firmenwerbung, Institutionenwerbung;* Pflege eines firmenspezifischen, alle einzelnen Werbemaßnahmen überlagernden Werbestils. Viele Unternehmen streben danach, den im Laufe der Jahre erworbenen Goodwill, der sich in einer positiven Grundhaltung der Umworbenen gegenüber dem Betrieb ausdrückt, für ihre Marketing-Aktivitäten zu nutzen (Public Relations (PR)). Die institutionelle Werbung nähert sich der → Corporate Identity an, sobald an die Stelle von zunächst eindimensionalen mehrdimensionale, an der Unternehmensphilosophie ausgerichtete Werbekonzeptionen treten.

Institutionenlehre des Handels – Teilgebiet der → Handelsbetriebslehre. Untersuchungsgegenstand sind alle Institutionen, deren wirtschaftliche Tätigkeit ausschließlich oder überwiegend auf die Beschaffung von Waren und deren Absatz ohne wesentliche Be- oder Verarbeitung ausgerichtet ist, z.B. die Unternehmen des Groß- und Einzelhandels, des Einfuhr- und Ausfuhrhandels sowie Börsen, Auktionen, Messen und Ausstellungen als Marktveranstaltungen. – Vgl. auch → Distributionsorgane.

Institutionenwerbung → institutionelle Werbung.

Instore-Medien – Medien, die am Point of Purchase eingesetzt werden, um den Kunden zu unterhalten oder ihm Werbung zur Anregung von Spontankäufen präsentieren zu können, z.B. Instore-Radio und Instore-TV.

Instrumentalinformationen – Informationen über die Reaktion der betrieblichen Umwelt (z.B. Abnehmer, Konkurrenten oder staatliche Stellen) auf den Einsatz → marketingpolitischer Instrumente. Es interessiert auch, wie die Unternehmung selbst auf Maßnahmen aus dem Bereich der Umwelt reagieren kann.

In-Supplier – Kennzeichnung einer Anbieterposition im Investitionsgütermarketing. Ein In-Supplier ist bereits Lieferant beim nachfragenden Unternehmen; er wird versuchen, die Geschäftsbeziehungen auszubauen, weitere Lieferbeziehungen des Abnehmers zu anderen Lieferanten zu seinen Gunsten umzuleiten und die → Lieferantentreue des Abnehmers zu festigen. – *Gegensatz:* Out-Supplier. Es besteht noch keine Lieferbeziehung mit dem nachfragenden Unternehmen; durch Ergänzung oder Verdrängung von In-Suppliern versucht er, eine solche Position selbst zu erreichen.

Integralqualität – jene Aspekte der → Qualität eines Investitionsgutes, die als technische Eigenschaften die Eignung des Gutes bezüglich seiner Integrierbarkeit bzw. Kompatibilität mit anderen Maschinen/Anlagen des Kunden bestimmen. Je niedriger die Integralqualität, desto größer die Kaufwiderstände bei den Kunden.

integrierte Kommunikation – 1. *Begriff:* inhaltliche und formale Abstimmung aller Maßnahmen der Marktkommunikation, um die von der Kommunikation erzeugten Eindrücke zu vereinheitlichen und zu verstärken. Die durch die Kommunikationsmittel hervorgerufenen Wirkungen sollen sich gegenseitig unterstützen. Die integrierte Kommunikation wird z.T. unterschiedlich weit gefasst. Je nach Definition kann sie sich auf interne und externe Kommunikation beziehen und neben der Gestaltung auch organisationale/personale Aspekte umfassen. – 2. *Dimensionen der Integration:* (1) zeitliche Integration aller kommunikativen Maßnahmen einer Marke und (2) Integration zwischen den Kommunikationsmitteln. – 3. *Mittel der Integration* ist die formale und/oder inhaltliche Integration. – a) *Formale Integration:* Zu den formalen Mitteln der integrierten Kommunikation zählen die Corporate-Design-Maßnahmen (→ Corporate-Design), z.B. bestimmte Farben, und bildliche Firmen- und Markensignale (Wort-Bild-Kombinationen sowie Präsenzsignale). Die formale Integration transportiert keine spezifischen Positionierungsinhalte, sie dient in erster Linie der gedanklichen Verankerung des Angebots und erleichtert dem Konsumenten die Erinnerung. So eignet sich die formale Integration v.a. für die → Aktualisierung. – b) *Inhaltliche Integration:* Zu den inhaltlichen Mitteln der integrierten Kommunikation zählen wiederkehrende verbale Aussagen (Slogans, gesprochene, gesungene und geschriebene Programmformeln). Die verbalen Aussagen können einen identischen Wortlaut haben oder sinngemäß die gleichen Positionierungsinhalte enthalten. Weiteres Mittel der inhaltlichen integrierten Kommunikation sind Bilder, die die Positionierung des Angebots widerspiegeln. Die bildlichen Inhalte können entweder als unterschiedliche Bildmotive mit gleichem Bildinhalt oder als → Schlüsselbilder umgesetzt sein. Erst die inhaltliche Integration ermöglicht die Vermittlung der → Positionierung. – 4. *Bedeutung:* Zur Umsetzung der Positionierung eines Angebots ist die integrierte Kommunikation von zentraler Bedeutung, da durch diese langfristig klare Gedächtnisstrukturen und ein klares Image von einem Angebot aufgebaut werden. Dies mündet dann in einem Aufbau und Erhalt des Markenwertes – bei gegebener Relevanz der Positionierung und bei einer entsprechenden wahrgenommenen Eigenständigkeit. – 5. *Theoretischer Hintergrund:* Bei der integrierten Kommunikation handelt es sich um ein Lernkonzept. Dabei geht es sowohl um das erstmalige Lernen von Informationen, die unter einem Angebot gespeichert werden sollen, als auch um das Wiederauffrischen von mit dem Angebot gespeicherten Informationen. Dazu sind entsprechende Wiederholungen der Angebotsinformationen erforderlich. Dabei gilt: Je geringer das → Involvement von Konsumenten, desto mehr konsistente Wiederholungen sind erforderlich, um angebotsspezifische Gedächtnisstrukturen aufzubauen. Bes. bei geringem Involvement der Empfänger sind Erkenntnisse zur Imagerytheorie wichtig, da hier bildliche Integrationsmittel bessere Wirkungen erzielen als sprachliche Integrationsmittel.

integriertes Marketing – weist auf das Koordinationserfordernis bei der Gestaltung und Umsetzung von Marketingkonzepten nach innen und nach außen hin; grundsätzlich dem Begriff → Marketing innewohnend, doch ein häufig anzutreffendes falsches Verständnis von Marketing lässt die Betonung der Koordination sinnvoll erscheinen.

Intensivinterview → Tiefeninterview.

Interactive Shopping – Form des → Teleshopping, bei der Zuschauer über die Fernbedienung jederzeit Informationen über alle Produkte abrufen und sie ordern können. Das gilt z.T. auch für Produkte, die in Spielfilmen gezeigt werden (→ Product Placement).

Interaktionsansätze – Erklärungsansätze des → organisationalen Kaufverhaltens, die die wechselseitigen Beziehungen zwischen den verschiedenen Parteien auf der Anbieter- und Nachfrageseite analysieren. Die Interaktionsansätze geben die isolierte Betrachtung einseitig beeinflussbarer Käuferorganisationen auf; sie sehen den Beschaffungsvorgang als Austauschprozess, der durch das Verhalten von Anbieter- und Käuferorganisationen bestimmt wird (→ Episodenkonzept). Interaktionsansätze liegen als personale und organisationale Erklärungskonzepte vor.

interaktive Preisfindung → Preisfindung durch Einbindung des Kunden, z.B. im Rahmen von → Auktionen oder → Preisverhandlungen.

interaktives Marketing – Teilaspekt der → Marketingkonzeption, bes. anzutreffen in Bereichen, die starke Interaktion mit dem Kunden erfordern (z.B. Anlagen und Sondermaschinen, Dienstleistungen). – *Ziel:* Gestaltung der Qualität der Interaktion mit dem Kunden.

Interdependenzanalyse – Sammelbegriff für einen Teil der Verfahren der statistischen Datenanalyse. Alle Methoden, die keine Partitionierung der Datenmatrix vornehmen, also eine Wechselwirkung der Variablen untereinander untersuchen und nicht wie die

→ Dependenzanalyse Abhängigkeiten analysieren. – *Am meisten verwendete Verfahren:* → Faktorenanalyse, → Conjoint Measurement, → Clusteranalyse, → multidimensionale Skalierung (MDS).

intergeneratives Marketing – Form des Massenmarketings, bei der nach gemeinsamen Ansatzpunkten bei jungen und alten Menschen gesucht wird, um mit einer Marketingstrategie mehrere Generationen gleichzeitig ansprechen zu können. – *Gegensatz:* → Marktsegmentierung.

Intermediaselektion – *Intermediavergleich*; im Rahmen der → Mediaselektion durchgeführte Auswahl geeigneter Werbeträgergruppen bzw. -arten (z.B. Tageszeitung, Illustrierte, Plakatsäule, Fernsehen, Film, Funk). – *Kriterien* bei einer Entscheidung hinsichtlich der Werbeträgergruppen: (1) Situation, (2) Verhältnis Werbung/Medium, (3) Darstellungsmöglichkeit, (4) Zeitfaktor, (5) Auswahlmöglichkeiten (Zielperson), (6) Durchdringung/ → Reichweite, (7) Erscheinungshäufigkeit, (8) Verfügbarkeit, (9) Kosten. – Vgl. auch → Intramediaselektion → Media, → Mediaanalyse, → Streuung, → Streuplan.

Intermediation – Begriff, der mit der Verbreitung des Electronic Business entstanden ist, steht für die Einschaltung von → Absatzmittlern und → Absatzhelfern in die Wertkette. Für die Abwicklung von Realgüter-, Nominalgüter- und Informationsströmen (→ Handelsfunktionen) werden mit elektronischer Technik arbeitende Dienstleister eingeschaltet. – *Gegensatz:* → Disintermediation.

Intermediavergleich → Intermediaselektion.

internationale Dachkampagne – internationales Marketing.

internationale Distributionspolitik – alle grenzüberschreitenden Entscheidungen über Distributionsziele, die Wege der zu vermarktenden Leistungen von den Orten und Ländern ihrer Entstehung zu den Ländern und Orten der Endkäufer sowie die Planung, Realisation und Kontrolle der Maßnahmen zur strategiekonformen Gestaltung der Distributionsprozesse. Damit können der internationalen Distributionspolitik drei Aufgabenkomplexe subsumiert werden: (1) die Wahl der Distributions- bzw. Vertriebswege und damit verbunden die Wahl der Distributionsorgane; (2) das strategiekonforme Management des internationalen Distributionssystems; (3) die physische Distribution der auf verschiedenen internationalen Märkten nachgefragten Absatzleistungen. – Vgl. auch internationales Marketing.

internationale Kommunikationspolitik – 1. *Begriff:* Entscheidungen über den grenzüberschreitenden Einsatz informations- und kommunikationsbezogener Instrumente zur Übermittlung von Informationen und Bedeutungsinhalten, die der Beeinflussung von Meinungen, Einstellungen, Erwartungen und Verhaltensweisen gemäß spezifischer Zielsetzungen dienen. Überlegungen zum adäquaten, internationalen Instrumenteneinsatz zielen auf Möglichkeiten einer inhaltlichen Standardisierung (Ermittlung einer zielgruppengerechten Ansprache, z.B. ernst oder humorvoll, rational oder emotional), einer formalen Standardisierung (Bestimmung verbaler und visueller Gestaltungselemente, z.B. können Werbebotschaften wortgetreu übersetzt werden?) sowie einer Standardisierung der Mediaplanung (Welche → Werbeträger können zur Erreichung länderübergreifender Zielgruppen eingesetzt werden?). Die Kommunikationsinstrumente (Werbung, Public Relations (PR), → Behavioral Branding, → Verkaufsförderung und → persönlicher Verkauf) sind auf die Markenidentität abzustimmen und u.a. nach länderspezifischen Markt- und Wettbewerbsstrukturen, Einkaufsgewohnheiten, Medienstruktur, Agenturkompetenz sowie rechtlich-politischen (→ Werbebeschränkungen, Zulässigkeit vergleichender Werbung) und kulturellen Besonderheiten

(Sprache, Tradition, Einstellungen etc.) auszuwählen und zu gestalten. – 2. *Möglichkeit der Organisation* der internationalen Kommunikationspolitik zwischen Stammhaus und ausländischen Unternehmenseinheiten: (1) zentrale Planung und Ausführung der internationalen Werbepolitik und Anpassung der Werbemittel an die jeweiligen Zielmärkte, soweit erforderlich (v.a. Sprache), (2) Kooperation und Abstimmung zwischen Zentrale und lokalen Einheiten bei Planung, Gestaltung und Durchführung, (3) autonome Planung und Durchführung der Kommunikationspolitik durch nationale Unternehmenseinheiten bei zentraler Budgetkontrolle. Eine Orientierung am internationalen Produktlebenszyklus ist unerlässlich, da je nach Phasenstadium spezifische Kommunikationsaktivitäten erforderlich sind. Bei der Umsetzung sind bei der internationalen Mediaplanung v.a. die inhaltliche, zeitliche und mengenmäßige Abstimmung des internationalen Mediaplans (→ Streuplan), Sprachbarrieren als Verbreitungsgrenze oder grenzüberschreitende Reichweiten einzelner Kommunikationsträger (z.B. Satellitenfernsehen) zu bedenken. – Vgl. auch internationales Marketing, internationale Public Relations, → Kommunikationspolitik.

internationale Markenpolitik – im internationalen Markt Gestaltung von Produktname und Markenzeichen. Ziel der internationalen Markenpolitik ist, dem Produkt bzw. Unternehmen Differenzierungspotenzial im internationalen Wettbewerb und damit Wiederverkauf und Schutz vor Imitation durch die Konkurrenz zu sichern (internationaler → Marketing-Mix). Strategien der internationalen Markenpolitik können sein, einen Auslandsmarkt durch die Neueinführung einer eigenen Marke oder durch den Kauf einer im Ausland bereits etablierten Marke zu erschließen. Zu beachten ist eine länderspezifische, kommunikationsgerechte Modifikation der Markenelemente (Markenname und -zeichen) nach kulturellen und warenzeichenrechtlichen Aspekten. Im Rahmen

der internationalen Markenpolitik ist die Entscheidung zwischen dem Einsatz von Welt-, Regional- und Lokalmarken zu treffen. Das Madrider Markenabkommen bietet die Möglichkeit einer internationalen Markenanmeldung mit Wirkung für alle Vertragsstaaten. Seit 1996 besteht die Möglichkeit, eine Gemeinschaftsmarke mit einheitlicher Wirkung für die gesamte EU beim Europäischen Markenamt in Alicante anzumelden.

internationale marketingpolitische Instrumente – internationales Marketing.

internationale Marktbearbeitungsstrategien – internationales Marketing.

internationale Markteintrittsstrategien – 1. *Begriff:* Wahl der Form des Zuganges zu Auslandsmärkten: (1) Ausfuhr bzw. Export (direkt/ indirekt); (2) internationale Know-how- und Technologieverträge: Übertragung schlüsselfertiger Anlagen, technische Serviceverträge, internationale Lizenzen, Koproduktionen, internationales Franchising; (3) Direktinvestitionen: (a) Beteiligungen: Joint Ventures, strategische Allianzen, internationale Unternehmensnetzwerke, (b) Alleineigentum: Neugründung, → Akquisition. – 2. *Entscheidungskriterien:* Je nach Unternehmenssituation (z.B. Unternehmensstrategie, internationaler Strategie, Kapitalausstattung) und externer (Markt-)Situation (Marktgröße, Wettbewerb) ist aus verschiedenen Alternativen der Markterschließung zu wählen. Länderspezifische Kriterien (→ Länderrating) sind: Vertriebsnetz und Qualifikation potenzieller Auslandsmarktpartner, tarifäre und nicht-tarifäre Markteintrittsschranken, politisch-soziale Situation. Die politische Stabilität eines Landes ist eine zentrale Entscheidungsgröße zur Bestimmung des Kapitaleinsatzes im Ausland (Länderrisiko).

internationale Marktforschung → Auslandsabsatzmarktforschung, interkulturelle Konsumentenforschung.

internationale Marktwahlstrategien – internationales Marketing, Auslandsmarktselektion.

internationale Messen → Messen, die dem zuständigen internationalen Verband (Union des Foires Internationales, UFI, Paris) angeschlossen und von ihm genehmigt worden sind und von zahlreichen Ländern beschickt werden. – *Anders:* → Auslandsmessen.

internationales operatives Marketing – 1. *Begriff:* Das internationale operative Marketing umfasst die Ausgestaltung der vier Marketing-Mix-Instrumente Preis, Produkt, Kommunikation und Distribution. Hierbei stellt sich insbesondere die Frage nach dem optimalen Grad an Standardisierung versus Differenzierung (=lokale Anpassung). – 2. *Ausprägungen:* a) *Standardisierung vs. Differenzierung der Produktpolitik:* Die Produktpolitik umfasst alle Entscheidungstatbestände, die sich auf die Gestaltung der vom Unternehmen in den Ländermärkten anzubietenden Leistungen beziehen. Der Produktnutzen ist in drei verschiedene Nutzenkategorien unterteilt. Den Kern eines jeden Produktes stellt dessen Grundnutzen dar. Er kann bspw. in „Befördern" (Automobil), „Gesundheit erhalten" (Fitnessgeräte) oder „Leuchten" (Glühbirne) bestehen. Auch wenn der Grundnutzen aufgrund seiner zumeist elementaren Bedürfnisbefriedigung häufig international übertragbar ist, kann es bereits hier zu länderspezifischen Unterschieden kommen. Während etwa ein Fahrrad in vielen Entwicklungs- und Schwellenländern primär der Fortbewegung dient, wird es in Industrieländern oftmals nur für sportliche Freizeitaktivitäten verwendet. Der über den Grundnutzen hinaus erbrachte Zusatznutzen eines Produkts gliedert sich in den Erbauungsnutzen und den Geltungsnutzen. Unter dem Erbauungsnutzen wird hierbei die Bedürfnisbefriedigung aus den ästhetischen Eigenschaften eines Produkts verstanden, die stark von modischen und kulturellen Einflüssen geprägt werden. Der Geltungsnutzen repräsentiert die soziale Wirkung eines Produktes. Hierbei handelt es sich v.a. um die Wirkung eines Produktes als Statussymbol und der daraus erwachsenden sozialen Anerkennung. Der Geltungsnutzen basiert im Wesentlichen auf den Reaktionen der sozialen Umwelt sowie dem kulturell geprägten Selbstverständnis des Nachfragers. Insbesondere die national unterschiedlichen kulturellen Ausprägungen von Machtdistanz und Individualismus bewirken eine unterschiedliche Bewertung des Geltungsnutzens. – b) *Standardisierung vs. Differenzierung der Kommunikationspolitik:* Ob und inwieweit eine Standardisierung in der Kommunikationspolitik möglich ist, hängt primär von der internationalen Positionierung einer Marke ab. Ist diese in allen Ländermärkten einheitlich positioniert, ist es sinnvoll, über eine weitgehend standardisierte Kommunikationspolitik die Übermittlung und den Aufbau eines international konsistenten Markenimages zu unterstützen. Ist die Anwendung einer standardisierten Kommunikationspolitik aus Sicht der Marke sinnvoll, dann muss die praktische Anwendbarkeit der Kommunikationsmittel in den einzelnen Ländermärkten geprüft werden. Zu Missverständnissen kann es bspw. bei der Verwendung von Testimonials kommen, wenn diese im Ausland weniger bekannt sind. Vorteile, die aus der Vereinheitlichung der klassischen Werbung resultieren, sind zum einen die Ausnutzung von Synergie- und Ausstrahlungseffekten, bspw. durch das Overlapping. Ein weiterer Vorteil sind die Kosteneinsparungen. Eine weitgehende Vereinheitlichung der klassischen Werbung im internationalen Marketing setzt voraus, dass auch Name und Erscheinungsbild der verwendeten Marken länderübergreifend identisch ist. Die Verständlichkeit und gerade im asiatischen Raum die Lesbarkeit der Schriftzeichen stellen dabei teils erhebliche Hemmnisse dar. – c) *Standardisierung vs. Differenzierung der Preispolitik:* Die Preispolitik zeigt i.d.R. einen sehr geringen Standardisierungsgrad, wobei insbes. die Wettbewerbssituation diesen beeinflusst. Dies bezieht sich v.a. auf den länderübergreifenden Vergleich von absoluten Preisen. Betrachtet man die relativen Preispositionierungen, zeigt sich hingegen ein mittlerer Grad an Standardisierung. Eine zu starke Preisdifferenzierung ist aufgrund von Parallelimporten gefährlich. Aus der Perspektive der Markenführung droht auf Seiten der Nachfrager ferner die Gefahr einer Markenimageerosion, wenn dieselbe Marke in Land A eine exklusive Hochpreisstrategie verfolgt und in Land B zu einem niedrigen Penetrationspreis angeboten wird. – d) *Standardisierung vs. Differenzierung der Distributionspolitik:* Die Distributionspolitik wird in der Praxis von allen Instrumenten am stärksten angepasst. Eine Standardisierung der Distributionspolitik betrifft primär die einheitliche Ausgestaltung der Absatzkanalstruktur. Der Standardisierungsgrad der Distributionspolitik wird stark durch die Handelsstrukturen der bearbeiteten Ländermärkte determiniert und erfordert häufig eine Anpassung an länderspezifische Besonderheiten. Ursächlich hierfür ist die Heterogenität der nationalen Handelsstrukturen. Gerade im Bereich des Einzelhandels beruhen nationale Gegebenheiten häufig auf kulturell gewachsenen Strukturen. So dominieren in Frankreich sog. Hypermarkets (Einzelhandelsgeschäfte mit einer Verkaufsfläche von über 5.000 m²) die Handelslandschaft, während im Süden Italiens insbesondere kleine bis sehr kleine Einzelhandelsgeschäfte angesiedelt sind. Bedingt durch die Unterschiede in den Verkaufsflächengrößen müssen Produkte zur Erreichung international ähnlicher Distributionsgrade landesabhängig bei unterschiedlich vielen Absatzmittlern gelistet werden.

Internetökonomie – vorwiegend digital basierte Ökonomie, welche die computerbasierte Vernetzung nutzt, um Kommunikation, Interaktion und Transaktion in einem globalen Umfeld zu ermöglichen.

intervenierende Variable – im Organismus ablaufende psychische Prozesse im Rahmen des SOR-Modells (Käufer- und Konsumentenverhalten), auch als *theoretisches Konstrukt* (z.B. → Einstellungen, → Bedürfnisse, → Motive) bezeichnet, da sich die intervenierenden Variablen einer direkten Beobachtung entziehen, dennoch aber indirekt gemessen werden können.

Interview – 1. *Begriff:* Form der → Befragung. Die Ausprägungen von Untersuchungsmerkmalen werden in einem Gespräch zwischen einem Fragesteller (Interviewer) und dem Befragten ermittelt. – 2. *Formen:* a) Nach den *Vorgaben:* (1) *Standardisiertes Interview:* Die Reihenfolge und Formulierung der einzelnen Fragen ist schriftlich vorgegeben, um v.a. eine möglichst hohe Vergleichbarkeit der einzelnen Interviewergebnisse sicherzustellen. (2) *Freies (unstrukturiertes) Interview:* Ziel und Thema der Befragung werden vorgegeben. Reihenfolge und Formulierung der einzelnen Fragen sind dem Interviewer überlassen; der Einfluss des Interviewers ist entsprechend groß. (3) *Strukturiertes Interview:* Neben Ziel und Thema der Befragung wird ein Fragegerüst vorgegeben; der Interviewer kann die Reihenfolge beeinflussen, ggf. Zusatzfragen. – b) Nach der *Anzahl der Befragten:* (1) Einzelinterview; (2) Gruppeninterview. – 3. *Störeffekt:* → Konsistenzeffekt.

Interviewer-Bias → Bias.

Intramediaselektion – *Intramediavergleich;* Wahl zwischen spezifischen Werbeträgern (→ Media) innerhalb der Werbeträgergruppe (z.B. Zeitschriftentitel, Fernsehspot). – *Haupteinflussgrößen:* (1) räumliche → Reichweite, (2) zeitliche Verfügbarkeit, (3) quantitative (globale)/qualitative (gruppenspezifische) Reichweite, (4) Nutzungspreis. – Vgl. auch → Intermediaselektion, → Mediaplanung, → Mediaanalyse, → Mediaselektion.

Intramediavergleich → Intramediaselektion.

Inventurdifferenzen – im → Handel Differenzen zwischen dem buchmäßig errechneten Wert und dem Wert des durch körperliche Aufnahme am Inventurtag tatsächlich festgestellten Bestands an → Handelswaren. – *Ursachen*: Diebstahl durch Kunden, Personal oder Lieferanten; Fehler bei Warenerfassung, Preisauszeichnung, Kassieren, im Rechnungswesen bei der körperlichen Bestandsaufnahme; Schwund; Verderb oder Bruch.

Investitionsgüter – 1. *I.w.S.*: Leistungen, die von Nichtkonsumenten direkt oder indirekt für die Leistungserstellung zur Fremdbedarfsdeckung (private und öffentliche Unternehmungen) bzw. zur kollektiven Deckung des Eigenbedarfs (öffentliche Haushaltungen) beschafft werden. I.d.R. sind mit der Beschaffung organisationale Kauf-Verkaufs-Interaktionen verbunden (→ organisationales Kaufverhalten). – 2. Auch *engere Fassungen* des Begriffs, z.B. Investitionsgüter als gewerbliche Gebrauchsgüter (Anlagen, Maschinen).

Investitionsgüterhandel – Teil des → Produktionsverbindungshandels.

Investitionsgüter-Typologie → Gütertypologie.

Involvement – *Ich-Beteiligung*; Grad der subjektiv empfundenen Wichtigkeit eines Verhaltens. Mit steigendem Involvement wird eine wachsende Intensität des kognitiven und emotionalen Engagements eines Individuums angenommen, z.B. bei der Durchführung von Entscheidungsprozessen.

IP-Management – 1. *Begriff*: engl. Abk. für Intellectual Property Management (intellectual property = geistiges Eigentum). Es geht also um das Management des geistigen Eigentums (Marken, Patente, Know-how etc.) in Unternehmen. Geistiges Eigentum ist eine der vier Kategorien immateriellen Unternehmensvermögens („intangible assets"; immaterielles Wirtschaftsgut): a) Humankapital, verkörpert in den Fertigkeiten, im Wissen und in der Erfahrung von Belegschaft und Management, b) strukturelles Kapital, bestehend aus organisationsspezifischen Unternehmensstrukturen, den Unternehmensprozessen und –routinen, c) Beziehungskapital in Form der Vernetztheit mit unterschiedlichen Anspruchsgruppen, wie Lieferanten, Kunden, Kooperationspartnern, Investoren etc., d) → geistiges Eigentum mit Verfügungsrechten über angemeldete und registrierte Schutzrechte, nämlich: → Marken, Patente, Gebrauchsmuster, Geschmacksmuster, Internet-Domains, und nicht registrierte Schutzrechte oder Schutzrechtspositionen, wie der Name bzw. die Firma eines Unternehmens, die Namen oder besonderen Bezeichnungen (Titel) seiner Druckschriften oder sonstigen Veröffentlichungen, seine Urheberrechte, die nicht eingetragenen Gemeinschaftsgeschmacksmuster, seine Software-Entwicklungen, gewährte oder erworbene Lizenzen, alle Erfindungen und sonstigen Schöpfungen, das gesamte Know-how eines Unternehmens sowie alle seine Geschäfts- und Betriebsgeheimnisse. – Immer schon galt: Jedes Unternehmen besitzt geistiges Eigentum, und sei es nur in Form seiner Identifikationsmittel (Namen, Firma) und Symbole (Unternehmenskennzeichen) (§ 5 Abs. 1 MarkenG). Üblicherweise nimmt dieser „immaterielle" Teil des Unternehmensvermögens laufend zu, denn was bei Innovation und Kreation entsteht, ist „geistiges Eigentum", und handle es sich dabei „nur" um bloßes Know-how, auch wenn es als solches nicht den speziellen gesetzlichen Schutz genießt, der ansonsten für geistiges Eigentum kennzeichnend ist. – 2. *Die Bedeutung der Aufgabenstellung des IP-Managements*: Das geistige Eigentum gilt als Treiber von Wachstum und globaler Konkurrenzfähigkeit einer Volkswirtschaft. Im einzelnen Unternehmen bilden die Werte, die z.B. in Marken oder Patenten liegen, zunehmend einen wesentlichen Teil des Unternehmensvermögens. Damit kann die richtige Handhabung und Nutzung von IP entscheidend dazu beitragen, die Position eines Unternehmens im Wettbewerb bedeutend zu verbessern und seinen Wert fühlbar zu steigern. IP-Management ist zu einem zentralen Faktor des Unternehmenserfolgs geworden. – 3. *Unternehmensstrategische Verortung*: IP-Management setzt die Definition der IP-Strategie des jeweiligen Unternehmens voraus, die ihrerseits die allgemeine Unternehmensstrategie in ihrem speziellen Bereich umsetzt. Die herausragende und stetig steigende Bedeutung der Immaterialgüter eines Unternehmens für seinen Erfolg insgesamt erfordert es, dass strategische Entscheidungen über diese Güter von derjenigen Unternehmensinstanz getroffen werden, die für die Unternehmensstrategie insgesamt zuständig ist. Das ist die Führungsspitze selbst des Unternehmens. – 4. *Merkmale:* Kennzeichnend für das IP-Management sind die Begriffe des Ganzheitlichen, Systemischen und Prozesshaften. a) Ganzheitlich: Die verschiedenen Elemente des geistigen Eigentums ergänzen sich notwendig in ihren Schutzvoraussetzungen und –wirkungen, aber auch in Bezug auf ihre praktische Bedeutung und wirtschaftliche Relevanz. Ein qualifiziertes IP-Management sieht die Gesamtheit der IP-Elemente, berücksichtigt ihre Unterschiede und nutzt sie. Alle IP-Bestandteile ergeben zusammen eine einheitliche, zusammengehörige Vermögensstruktur; sie sind miteinander vernetzt. Zu dieser Ganzheitlichkeit gehören zusätzlich ihr Management und die Prozesse, deren sich das IP-Management bedient. – b) Systemisch: Das geistige Eigentum ist für sich ein System mit eigenen Funktionen und Subsystemen (solche Subsysteme sind z.B. das Management der einzelnen Schutzrechte, wie Patente und Marken sowie der Portfolios, zu denen sie zusammengefasst sind). Ferner ist das IP-Management zugleich Bestandteil eines übergeordneten Systems, nämlich des Gesamtunternehmens, für das eine einheitliche Strategie konzipiert ist und verfolgt wird ("top level-System"). Als ein solches Subsystem korrespondiert und kooperiert das "System IP-Management" mit anderen "second level"-Systemen, wie der Unternehmenskommunikation und speziell dem Marketing des Unternehmens. Dieser Tatsache ist im Rahmen des IP-Managements ständig Rechnung zu tragen. – c) Prozesshaft: Das geistige Eigentum unterliegt einem steten Wechsel und

dauerhafter Veränderung. Zu den sich ändernden Parametern gehören im juristischen Bereich Änderungen der Gesetzeslage und der Rechtsprechung. Einwirkungen erfährt das IP-Management aber auch von Seiten der wirtschaftlichen Faktoren der Unternehmensentwicklung und der Marktgegebenheiten. Auch sie unterliegen einem fortwährenden Wandel. Dem ist durch Prozessanpassungen Rechnung zu tragen. – 5. *Ziele des IP-Managements:* a) Die Ziele aller Managementdisziplinen ordnen sich dem zentralen Unternehmensziel unter, auf der Ebene der Kaufentscheidung vorgezogen zu werden. Das kann erfolgen, wenn das Unternehmen und seine Leistungen aus der Sicht der Zielgruppen mit einem möglichst konkurrenzlosen Kundennutzen deutlich positiv aufgeladen wahrgenommen werden. Das IP-Management – orchestriert mit der Unternehmenskommunikation und speziell dem Marketing des Unternehmens – trägt dazu bei, derartige Wahrnehmungsprozesse gezielt herbeizuführen. – b) Objekte und Inhalte einer solchen intensiven Wahrnehmung sind zumeist in der Lage, Gegenstand von Schutzrechten zu sein. Dabei korrelieren der Grad der Vorteilhaftigkeit der Wahrnehmungsinhalte und die Intensität der Wahrnehmung mit dem Schutzumfang von Schutzrechten und Schutzrechtspositionen. Nur solche mit großem Schutzumfang sind für Unternehmen interessant. Sie zu schaffen, bezweckt das IP-Management. – c) Werden solche wertvollen Schutzrechte in der Unternehmenskommunikation intensiv benutzt, fördert das die positive Wahrnehmbarkeit des Unternehmens und seiner Produkte und dehnt noch einmal den Schutzumfang aus. Es entsteht eine Aufwärtsspirale, die die Wettbewerbsstärke des Unternehmens vermehrt und seinen Wert steigert. – 6. *Das geistige Eigentum in den Zeiten der Wissensökonomie:* In den Strukturen der Wissensökonomie hat das geistige Eigentum eine gehobene Position inne. Mit der Produktion von Neuwissen und dessen bestmöglicher Absicherung ist das

Schaffen geistigen Eigentums ein wesentliches Wertschöpfungsgeschehen. Drei seiner Funktionen sind zu unterscheiden und wirken zusammen: IP ist, erstens, ein – zunehmend wesentlicher – Teil des Unternehmensvermögens. Ferner visualisiert IP als Gesamtbestand an Rechten und geschützten Rechtspositionen das Eigentum an Wissen. Schließlich richtet IP den Blick auf die gegebenen Möglichkeiten, aus diesem Vermögenspotential und den geschützten Exklusivrechten für das Unternehmen wirtschaftliche Vorteile zu generieren. – Der damit verdeutlichten Stellung von IP in der Wissensgesellschaft und –ökonomie entspricht es, die Unternehmensstrukturen und –prozesse so zu gestalten, dass sie den veränderten gesellschaftlichen und wirtschaftlichen Gegebenheiten und Erfordernissen entsprechen und ein effizientes IP-Management ermöglichen. Dazu ist es tendenziell erforderlich, die traditionell existierende Trennung zwischen den beteiligten Unternehmens-Teilbereichen Technik, Ökonomie, Management und Recht aufzuheben, den damit verbundenen Mangel an Flexibilität zu überwinden und interdisziplinär wertschaffend tätig zu sein. Dann wird das IP-Management in der Lage sein, qualifizierte Strategien der Aneignung immateriellen Vermögens zu definieren und auf dieser Grundlage das Ziel der systematischen Steigerung des Unternehmenserfolges zu verfolgen. Dabei wird es darauf achten, im Unternehmen die Entwicklung inter- und multidisziplinärer Leistungsstrukturen zu stimulieren, auf denen das qualifizierte IP-Management sachlich und personell aufbauen kann. – IP-Management legt alsdann den Fokus darauf, die wesentlichen IP-Managementprozesse des Unternehmens zu organisieren, zu steuern und zu kontrollieren.

Irradiation → Ausstrahlungseffekte.

irreführende Werbung – objektiv falsche oder/und subjektiv falsch interpretierbare Werbeaussagen. Irreführende Werbung ist unlauterer Wettbewerb und wird durch die §§ 5, 5a UWG untersagt, ferner durch zahlreiche spezialgesetzliche Vorschriften (§ 8 AMG, § 7 II EichG, §§ 3 f. HWG, §§ 17, 18, 22, 24, 27 LMBG und Verordnungen, z.b. die nach § 19 LMBG erlassenen lebensmittelrechtlichen Kennzeichnungsvorschriften). Spezialvorschriften schließen i.d.R. die Anwendung der Generalklausel nicht aus. Irreführende Werbung löst Unterlassungs-, bei Verschulden Schadensersatz- sowie Auskunftsansprüche aus. Der Tatbestand verlangt eine geschäftliche Handlung eines Mitbewerbers (Wettbewerbsverhältnis). Wertungsmaßstab ist die Verkehrsauffassung der mit der Werbeaussage angesprochenen Verkehrskreise (allgemeiner Verkehr, Fachkreise etc.). Auszugehen ist vom objektiven Gesamteindruck, den die fragliche Aussage unter Berücksichtigung der Begleitumstände auf den Verkehr bei ungezwungener Betrachtung durch den Durchschnittsverbraucher macht, wobei auf den durchschnittlich informierten, situationsadäquat aufmerksamen und verständigen Verbraucher abzustellen ist. Bes. herausgestellte Angaben können ohne Rücksicht auf das „Kleingedruckte" irreführen (→ Blickfang). Soweit bestimmte Angaben (z.B. in Kennzeichnungsverordnungen) gesetzlich vorgeschrieben sind, sind diese zu benutzen (normierte Verkehrsauffassung; Aufklärungspflichten bestehen nur ausnahmsweise unter den Voraussetzungen des § 5a UWG, z.B. bei neu eingeführten Begriffen oder bei Verwendung zusätzlicher Angaben, durch die die vorgeschriebenen irreführend werden). Objektiv richtige Angaben können irreführen, wenn sie den Eindruck bes. Eigenschaften vorspiegeln, obwohl diese zum Wesen der Ware/Leistung gehören oder von allen Mitbewerbern erbracht werden (z.B. Werbung mit Selbstverständlichkeiten, Ausnutzung einer Fehlvorstellung des Verkehrs). Unvollständige Angaben sind irreführend (§ 5a UWG), wenn sie für den Kaufentschluss wesentliche Punkte verschweigen (z.b. Aufklärungspflicht über Verkaufsfahrt und Freiwilligkeit der Teilnahme an der Verkaufsveranstaltung;

vergleichende Werbung). Mehrdeutige Angaben sind irreführende Werbung, wenn ein ernsthaft in Betracht kommendes Fehlverständnis die Irreführungsquote erreicht; hat der Werbende an der Verwendung ein schützenswertes Interesse, kann Irreführung durch Verwendung klarstellender Zusätze ausgeschlossen werden. Bei an sich nicht zu beanstandenden Abwandlungen und nachträglichen Klarstellungen irreführender Angaben kann gleichwohl Irreführungsgefahr bestehen, wenn sich die neuen Angaben an die irreführende Werbung anlehnen, sodass die irreführende Werbung fortwirkt und die neuen Angaben vom Verkehr im Sinn der ursprünglichen unzulässigen Aussage verstanden werden. Es genügt Gefahr der Irreführung, d.h. Eignung zur Irreführung; unerheblich ist, ob bereits jemand einer Täuschung erlegen ist. Die Verkehrsauffassung ermittelt der Tatrichter, der sich auf eigene Sachkunde und Lebenserfahrung stützen kann, sofern er zu den angesprochenen Verkehrskreisen gehört, andernfalls ist Beweiserhebung durch Meinungsforschungsgutachten notwendig. Irreführungen sind erst dann wettbewerbswidrig, wenn sie geeignet sind, den Kaufentschluss zu beeinflussen (Relevanz) und eine hinreichende Irreführungsquote erreichen. Relevanz fehlt, wenn keine schützenswerten Belange der Kunden oder Mitbewerber betroffen sind (z.B. Irreführung über einen für die Kaufentscheidung nebensächlichen Punkt, durch Fehlvorstellung über eine objektiv richtige Angabe). Eine feststehende Irreführungsquote gibt es nicht, maßgebend sind die Umstände des Einzelfalls. Es genügt ein nicht unerheblicher Teil des Verkehrs. Zwischen Irreführungsquote und wettbewerblicher Relevanz besteht Wechselwirkung: Je geringer die Relevanz, desto höher muss die Irreführungsquote sein und umgekehrt. Im Einzelfall ist Interessenabwägung erforderlich, die zur Anlegung strengerer (z.B. im Bereich der Gesundheitswerbung und der Umwelt- oder Biowerbung) oder weniger strenger Maßstäbe (z.B. Fehlvorstellungen der Verbraucher über in den Fachkreisen branchenüblichen Begriff) führen kann. Das Verbot irreführender Werbung ist in einer breiten Kasuistik zu allen Arten werblicher Aussagen durch die Rechtsprechung konkretisiert worden. Weitere Einzelfälle irreführender Werbung sind in der sog. Schwarzen Liste enthalten, die in Umsetzung der Richtlinie über unlautere Geschäftspraktiken als Anhang zu § 3 III in das UWG aufgenommen worden ist. Bei Verstoß gegen § 5 UWG kann sich der Verletzer nicht auf den Einwand der Unclean Hands berufen, dem Einwand steht der Normzweck des § 5 entgegen, die Allgemeinheit vor Täuschungen zu schützen; Aufbrauchsfristen kommen in Betracht, wenn sie für den Verkehr keine unzumutbare Beeinträchtigung bedeuten. Irreführende Werbung ist unter den Voraussetzungen des § 16 UWG strafbar.

Irritation – 1. *Begriff*: Gefühl der Verunsicherung und Störung, welches durch die Werbung ausgelöst werden kann. Dieses Gefühl führt bei wiederholten Kontakten mit der irritierenden Werbung zu einer Abwehrhaltung beim Rezipienten, was die Akzeptanz- und Überzeugungswirkungen der Werbung herabsetzt. Irritation gehört zu den Gefahren der Aktivierung. – 2. *Gründe*: a) Es werden irritierende Produkte (z.B. aus dem Intimbereich) beworben. – b) Irritation empfinden gebildete und solche umworbenen Personen, die gegen Werbung negativ eingestellt sind. – c) Der Werbestil ruft Irritation hervor, wie er gekennzeichnet ist durch (1) aufdringliches Argumentieren, (2) Hinweise auf unliebsame Konsequenzen, die auftreten, wenn man das Produkt nicht benutzt sowie (3) aufdringliche, peinliche und geschmacklose aktivierende Reize (z.B. Abbildung von vereiterten Mandeln). – Vgl. auch → Ablenkungseffekt.

Isogewinnlinie – Lage derjenigen Preiskombinationen zweier Produkte, die zum selben Gewinn für eines der Produkte führen.

Istspanne – die am Ende einer Abrechnungsperiode ermittelte, tatsächlich erzielte

→ Handelsspanne. Istspanne dient als Vergleichsgröße, die zur Kontrolle des → Rohertrags der → Sollspanne gegenübergestellt wird.

Item – Grundaufbauelement einer Skala (z.B. eines Tests, eines Indexes, eines Fragebogens). Inhalt eines Items können Fragen, Aussagen, Meinungen o.Ä. sein, die die Auskunftsperson zu einer als Indikator verwendeten Reaktion veranlassen. – Vgl. auch → Itemselektion.

Itemselektion – Auswahl und Zusammenstellung einer Reihe von → Items, z.B. in Form eines Fragebogens. Diese erfolgt in der klassischen Testtheorie durch die Itemschwierigkeit und die Item-Trennschärfe. Zunächst werden durch Überlegung, Literaturstudium, → Expertenbefragungen Items generiert, welche den zu behandelnden Sachverhalt möglichst vollständig erfassen. Dann werden alle Items in eine meist kleinen Stichprobe eingefragt. Die *Itemschwierigkeit* ist der Mittelwert des Items. Dieser sollte zwischen 30 Prozent und 70 Prozent der Spannweite

sein. Die Itemtrennschärfe ist die Korrelation des Items mit der Summe der anderen Items. Diese sollte mind. 0,3 sein.

IVW – Abk. für → Informationsgemeinschaft zur Feststellung der Verbreitung von Werbeträgern e. V.

Jahresgespräch – Abstimmung der Jahresplanungen zwischen Hersteller und Handel im Rahmen des → vertikalen Marketing. Besprochen werden v.a. Umsatzziele, Konditionen und Maßnahmen zur Verkaufsförderung. Ergebnis ist ein Rahmenabkommen.

Jahrmarkt – Form des → Markthandels; regelmäßig in größeren Zeitabständen wiederkehrende, zeitlich begrenzte Veranstaltung, auf der eine Vielzahl von Anbietern Waren aller Art anbietet (§ 68 II GewO). – Vgl. auch → Spezialmarkt, auf dem nur Waren bestimmter Art angeboten werden.

Jingle – gesungene Werbebotschaft, die dadurch entsteht, dass zentrale Botschaftsinhalte oder ein bestimmter → Slogan mit Gesang umgesetzt werden.

K

K → Reichweite.

Kalkulationsaufschlag im Handel – Erhöhung des → Wareneinstandspreises um einen prozentualen Aufschlag zur Ermittlung des Verkaufspreises (→ Handelsaufschlag). – *Berechnung:* → Handelsspanne.

Kalkulationsfaktor – Kalkulationsaufschlag auf den Wareneinstandspreis zur Ermittlung des Verkaufspreises. – Vgl. auch → Handelsspanne.

kalkulatorischer Ausgleich → Mischkalkulation.

kamerales Marketing – Marketingkonzept, das fordert, dass die betriebliche Leistungserstellung nicht nur auf die Bedürfnisse des Marktes auszurichten ist, sondern dass auch jene Aspekte zu berücksichtigen sind, die mit den Grenzen des Wachstums und dem Kosten sparenden Leistungseinsatz (Umweltpolitik) zusammenhängen (Societal Marketing).

Kampagne → Werbekampagne.

Kannibalisierung – Absatzsteigerung eines Produktes auf Kosten eines höherpreisigen Produktes des gleichen Anbieters, herbeigeführt durch konkurrierende Vermarktung der beiden Produkte.

Kannibalismus-Effekt – negativer → Spillover-Effekt einer Marke auf andere Marken eines Unternehmens. Marktanteilsgewinne einer Marke (z.B. eines neuen Produktes) gehen zulasten anderer Marken; bes. dadurch begründet, dass differenziert geplante Produktangebote vom Verbraucher als identisch erlebt werden und sich entsprechend die Angebote auf dem gleichen Teilmarkt gegenseitig Konkurrenz machen („eine Marke frisst eine andere auf"). – Vgl. auch → Umbrella-Effekt.

Kassenterminal – *POS-Terminal;* elektronische Registrierkasse, die als Ein-/Ausgabegerät die Endstation eines Datenverarbeitungsvorgangs bildet. Zumeist bietet das Kassenterminal auch die Möglichkeit, Kartenzahlungen zu initiieren. Die Dateneingabe erfolgt manuell auf einer Tastatur oder mittels → Scanner, zum Lesen der Zahlungskarte wird ein Lesegerät (Magnetstreifen oder Chipleser) genutzt. – Vgl. auch → Warenwirtschaftssystem (WWS).

Katalog – entweder gedruckte oder elektronisch (z.B. im Internet oder auf CD-ROM) veröffentlichte Übersicht über das Warenangebot eines Anbieters.

Katalog E – Sammlung von Begriffsdefinitionen aus der Handels- und Absatzwirtschaft, herausgegeben von einem Ausschuss, gefördert durch das für Wirtschaft zuständige Bundesministerium. Die Geschäftsführung liegt beim Institut für Handelsforschung an der Universität zu Köln. Die vorgeschlagenen Begriffsabgrenzungen sind Kompromisse aus unterschiedlichen wissenschaftlichen Vorschlägen und dem Sprachgebrauch in der Praxis mit dem Ziel einer Vereinheitlichung v.a. in eine breite Leserschaft gerichteten Veröffentlichungen, z.B. Gutachten, Gesetzes- und Verordnungstexte, Gerichtsurteile, Lexika.

Katalogschauraum – *Catalog Showroom;* → Betriebsform des Handels, die die Funktionen des Versandhandels mit denen des stationären Einzelhandels verbindet. Die Ware kann in einem Vorraum zu einem Lager im Katalog ausgesucht oder anhand von Musterstücken in Ausstellungsräumen persönlich begutachtet werden. Die ausgewählte Ware kann aus angeschlossenem Lager mitgenommen werden oder wird (wie beim → Versandhandel) zugestellt. – Die Vorteile des Verkaufssystems aus Sicht des Kunden liegen in der ungestörten Vorwahl aus dem Katalog und einem üblicherweise guten

Preis-Leistungs-Verhältnis. Vorteile aus Sicht des Händlers sind die Kostengünstigkeit der Betriebsform durch günstige Standorte außerhalb der Innenstädte, geringerer Flächenbedarf, unaufwendige Warenpräsentation und Unmöglichkeit des Kundendiebstahls.

Kauf → Kaufentscheidung, Kaufvertrag.

Kaufabsicht – Begriff der Theorie des → Konsumentenverhaltens und der → Marktforschung. Konstrukt, um die Absicht einer Person zu erfassen, von einem bestimmten Produkt eine bestimmte Menge in einem vorgegebenen Zeitraum zu kaufen. – *Bezug zu anderen Variablen des Konsumentenverhaltens:* Die Kaufabsicht wird beeinflusst von den → Einstellungen gegenüber dem betreffenden Produkt (→ Image) und der Einschätzung bestimmter Faktoren, die voraussichtlich die Kaufsituation charakterisieren (z.B. dem erwarteten Preis, der Verfügbarkeit der Ware in einem Geschäft, der für den Kauf verfügbaren Zeit). – Kaufabsichten dienen der Prognose zukünftigen Kaufverhaltens; sie gelten als zuverlässigere Prädiktoren als Einstellungen.

Kaufentscheidung – 1. *Begriff:* a) *Kaufentscheidung i.w.S.:* Der gesamte Prozess von der Produktwahrnehmung bis zur Produktauswahl. – b) *Kaufentscheidung i.e.S.:* Zustandekommen des Kaufabschlusses. Kaufentscheidungen können individuell oder kollektiv (z.B. → organisationales Kaufverhalten von Unternehmen) getroffen werden. – 2. *Arten* nach dem Grund der psychischen Aktivierung, der gedanklichen Steuerung und des automatischen reizgesteuerten Handelns: a) *Impulsive Kaufentscheidung:* gekennzeichnet durch geringe gedankliche Steuerung, verbunden mit starken Reizsituationen. – b) *Habituelle Kaufentscheidung (habitualisierte Kaufentscheidung):* Aufgrund einer Gewohnheit weitgehend „automatisch" ablaufend; gedankliche Steuerung und psychische Aktivierung des Konsumenten sind gering (→ Lieferantentreue, → Markentreue). – c) *Vereinfachte Kaufentscheidung:* Produktwahl

mittels bewährter Entscheidungskriterien (z.B. nach der Höhe des Preises); gedankliche Steuerung ist begrenzt; psychische Aktivierung und Reizsituation beeinflussen die Kaufentscheidung kaum. – d) *Extensive Kaufentscheidung:* Für den Konsumenten einen Lernprozess darstellend; situationsbedingte Reize spielen eine geringe Rolle, Kaufsituation ist mit einer großen psychischen Aktivierung verbunden. Extensive Kaufentscheidungen spielen v.a. bei neuen Kaufsituationen, die für den Konsumenten eine große wirtschaftliche Belastung darstellen, eine Rolle. – *(Idealtypische) Phasen der extensiven Kaufentscheidung:* (1) Problemerkenntnis, (2) Informationssuche, (3) Bildung von Alternativen, (4) Bewertung der Alternativen, (5) Entscheidung, (6) Bewertung der Kaufentscheidung. – Vgl. auch → Kaufverhalten, → Konsumentenverhalten. – 3. *Bezug der Kaufentscheidung zu anderen Variablen des Konsumentenverhaltens:* Die Kaufentscheidung wirkt sich in Form eines Rückkopplungsprozesses auf die → Zufriedenheit und die → Einstellung aus.

Käufermarkt – Marktsituation sinkender Preise. Ursache eines Käufermarkts ist ein Angebotsüberschuss, der sich bei steigendem Angebot und konstanter Nachfrage ergibt, bzw. ein Nachfragedefizit, das sich bei sinkender Nachfrage und konstantem Angebot ergibt. – *Gegensatz:* → Verkäufermarkt.

Käuferstrukturanalyse – Methode der Marktforschung, bei der Käufer auf ihre soziodemographischen Merkmale untersucht werden. Vom Interesse ist dabei, die Käufer einer bestimmten Marke anhand ihrer Merkmale (Alter, Einkommen etc.) zu identifizieren. – Vgl. auch → Käuferwanderung, → Kundenstrukturanalyse, → Marktsegmentierung.

Käufertypologie – *Konsumententypologie;* Typenbildung (→ Typologie) auf Basis kaufrelevanter Kriterien zur → Marktsegmentierung nach soziodemographischen (Alter, Geschlecht, Einkommen etc.) und psychographischen (produktgruppenbezogene

→ Einstellungen, Persönlichkeitsmerkmale, Käufer- und Konsumentenverhalten etc.) Merkmalen. Es werden allg. und spezielle Typen betrachtet, die die spezifischen Merkmale von Kunden eines Unternehmens bzw. einer Branche erfassen. – *Ziel:* Ausrichtung der → Marketingstrategie und der → marketingpolitischen Instrumente auf typenspezifische Besonderheiten. – *Verfahren zur Bildung von Käufertypologien:* → AID-Analyse, → Clusteranalyse etc.

Käuferwanderung – Untersuchung der Käuferbewegungen zwischen einzelnen Marken, bes. von Bedeutung bei Produktneueinführungen (→ Gain-and-Loss-Analyse, → Markentreue).

Kaufhaus – Betriebsform des → Einzelhandels (→ Betriebsform des Handels); angeboten wird ein sehr tief gegliedertes, branchenhomogenes Sortiment (außer Lebensmitteln) in ausgedehnten Verkaufsräumen. Es gibt sowohl Fachabteilungen mit Beratung als auch Abteilungen mit weit gehender Selbstbedienung. Standort bevorzugt in innerstädtischen Hauptlagen. Verbreitet sind Kaufhäuser für Textilien, Bekleidung, Möbel, Kinderspielzeug. – *Anders:* → Warenhaus.

Kaufklassen – im Investitionsgütermarketing Begriff für unterschiedliche Kaufsituationen zwecks Erstellung kaufklassenadäquater Marketinglehren: (1) Kaufklassen nach *Komplexität der Kaufsituation* bzw. Routinisierungsgrad des Kaufprozesses: (a) Erst- bzw. Neukauf (*New Task*); (b) modifizierter Wiederkauf (*Modified Rebuy*); (c) reiner Wiederholungskauf (*Straight Rebuy*). (Ordinal skalierte) Charakterisierungsmerkmale dieser → Kaufklassen: Neuigkeitsgrad des Entscheidungsproblems, Informationsbedarf, Berücksichtigung von Alternativen. (2) *Ansatz von Kutschker* mit drei (ordinal skalierten) Merkmalen (Kaufklassen): (a) Neuartigkeit der Problemdefinition; (b) relativer Wert des Investitionsobjekts; (c) Ausmaß des hervorgerufenen organisationalen Wandels.

Kaufnachlass – *Buying Allowance;* Maßnahme der → Verkaufsförderung. Der Kaufnachlass wird i.d.R. nach Abnahme einer bestimmten Einkaufseinheit gewährt und hat nur für einen begrenzten Zeitraum Gültigkeit. Er wird entweder auf der Rechnung ausgewiesen oder in Form eines Schecks zugestellt und soll den Wiederverkäufer dazu anregen, ein Produkt in sein Sortiment aufzunehmen, das er sonst u.U. nicht gekauft hätte. Üblich sind Kaufnachlässe bei der Einführung eines neuen Produktes.

Kaufphasen(ansatz) – Versuch einer Systematisierung der Ablaufstrukturen des Kaufentscheidungsprozesses im Investitionsgütermarketing. – *Phasen:* (1) Erkennen eines Bedürfnisses und einer allg. möglichen Lösung; (2) Feststellung des Bedarfs (Art und Menge); (3) genaue Spezifikation des Beschaffungsgutes; (4) Suche nach potenziellen Bezugsquellen; (5) Einholung und Analyse von Angeboten; (6) Bewertung der Angebote und Lieferantenauswahl; (7) Festlegung eines Bestellverfahrens; (8) Leistungsfeedback und Neubewertung.

Kaufreihenfolge-Konzept → Markentreue.

Kaufrisiko – 1. *Begriff:* die vom Konsumenten als nachteilig empfundenen Folgen seines Verhaltens, die für ihn nicht sicher vorhersehbar sind; mit dem Kauf von Gütern oder Dienstleistungen verbundene finanzielle, psychologische, produktbezogene, gesundheitsbeeinträchtigende und soziale Kaufrisiken – 2. *Messung:* (1) eindimensionale Messung; (2) mehrdimensionale Messung, bei der mehrere relevante Merkmale von Kaufobjekten erfasst werden. – 3. *Bezug zu anderen Variablen des Konsumentenverhaltens:* Das Kaufrisiko beeinflusst die Informationsaufnahme (→ Aufmerksamkeit, → Wahrnehmung) und wirkt auf die → Kaufabsicht.

Kaufverhalten – Kennzeichnend für einen Kauf ist es, dass einerseits Waren oder Dienstleistungen auf ein anderes Wirtschaftssubjekt übertragen werden, andererseits eine finanzielle Verpflichtung (nur im Ausnahmefall werden Kompensationsgeschäfte getätigt) entsteht. Kaufverhalten äußert sich v.a. in den *Aspekten:* (1) Wahl unter verschiedenen Marken (Ausmaß der → Markentreue), (2) Diffusion bestimmter Verhaltensweisen (z.b. Ausbreitung von Marktneuheiten), (3) → Einkaufsstättenwahl, (4) Art der einkaufenden Person (familiale Kaufentscheidung) und (5) Quantität und Qualität der gekauften Güter.

Kaufverhaltensforschung – Teilgebiet der → Marktforschung, das die Erfassung und Analyse des → Kaufverhaltens bestimmter Zielgruppen zum Gegenstand hat. Einsatzgebiete sind Konsumgüter- und Investitionsgütermarktforschung. Untersuchungsgegenstände sind u.a. der Einfluss von Zeit, Erfahrung und Risikobewusstsein auf das Kaufverhalten. Mithilfe der Kaufverhaltensforschung können die einzelnen Phasen einer Kaufentscheidung identifiziert werden und z.b. für jede einzelne Phase dem Bedürfnis der Zielgruppen entsprechende Entscheidungshilfen angeboten werden.

Kausalanalyse – 1. Erforschung ursächlicher Zusammenhänge *(Kausalität)*. – 2. *Verfahren*, die auf der Basis korrelativer Beziehungen aus experimentellen und nicht-experimentellen Daten versuchen, Kausalitäten zu überprüfen und zu quantifizieren. Im Mittelpunkt steht die statistische Überprüfung eines sachlogisch begründeten Modells von Wirkstrukturen, dessen Annahme bzw. Nicht-Ablehnung mithilfe empirischer Daten erfolgt. Hieraus ergibt sich der konfirmatorische Charakter der Kausalanalyse – 3. *Ablauf:* Bei der Kausalanalyse wird zunächst ein verbal formuliertes und sachlogisch begründetes Hypothesengeflecht von wenn-dann- oder je-desto-Aussagen grafisch in ein Kausaldiagramm (Kausalmodell) übersetzt. Die Pfade in diesem Diagramm geben die Richtung der vermuteten Beziehungen zwischen den einzelnen Variablen wieder. Das Kausaldiagramm wird anschließend in ein mathematisches Gleichungssystem überführt.

Die einzelnen Parameter des Kausalmodells können dann anhand empirischer Daten ermittelt bzw. die Modellstruktur getestet werden. Zeigt sich eine hinreichende Übereinstimmung zwischen dieser geschätzten und der sich aufgrund sachlogischer Überlegungen postulierten Modellstruktur, dann können die einzelnen Modellparameter inhaltlich interpretiert werden. – *Anwendungen:* U.a. zur Kontrolle der Wirkungen von Marketingmaßnahmen, Ermittlung strategischer Erfolgsfaktoren, Ermittlung alternativer Risikokonzepte zur Beurteilung des Länderrisikos. – Vgl. auch → multivariate Analysemethoden, → LISREL, → Pfadanalyse.

Kaveling – im kaufmännischen Sprachgebrauch Mindestmenge (Los), die ein Ersteigerer auf einer → Auktion erwerben muss.

Kennzahlen – *betriebliche Kennziffern.*

I. Charakterisierung: Maßstabwerte für den innerbetrieblichen *(betriebsindividuelle Kennzahlen)* und zwischenbetrieblichen *(Branchen-Kennzahlen)* Vergleich (etwa Betriebsvergleich, → Benchmarking). Dabei handelt es sich um eine Zusammenfassung von quantitativen, d.h. in Zahlen ausdrückbaren Informationen. Kenzahlen dienen der Entscheidungsunterstützung, Steuerung und Kontrolle von Maßnahmen. *Kennzahlen sind* im Zeitvergleich (Kennzahlensystem; etwa Balanced Scorecard; Return on Investment- bzw. Du-Pont-System) auch von Bedeutung im Rahmen der operativen Frühwarnung. – Unter statisch-methodischen Gesichtspunkten sind neben Grund- und Absolutzahlen wie Einzelzahlen (z.B. Absatz Produkt X), Summen (z.B. Gesamtumsatz), Differenzen (z.B. Gewinn) und Mittelwerte (z.B. durchschnittlicher Tagesumsatz) zu *unterscheiden:* (1) Gliederungszahlen, (2) Beziehungszahlen, (3) Indexzahlen. Nach dem Inhalt lassen sich Mengen- (etwa Absatz, Mitarbeiterzahl, Zahl der Filialen), Wert- (etwa Umsatz, Kosten, Gewinn) und Zeitgrößen (etwa Termine und Fristen) differenzieren. Schließlich lassen sich Kennzahlen nach

Maßgabe ihres zeitlichen Horizonts in Zustandskennzahlen (Berechnung zu einem Zeitpunkt; z.B. Mitarbeiterzahl am 31.12. 2004) und Bewegungskennzahlen gruppieren, die ihrerseits in Ergebniskennzahlen (= Berechnung für einen Zeitraum; z.B. Gewinn für das Jahr 2009) und Entwicklungskennzahlen (= Berechnung zwischen mehreren Zeiträumen oder -punkten; z.B. Gewinnveränderung von 2008 auf 2009) untergliedert werden können. – *Beispiele:* Liquiditäts-*Kennzahlen*, Umschlags-*Kennzahlen* (Lager, Anlagen, Forderungen, Verbindlichkeiten); Kosten im Verhältnis zu Umsatz, zu Erlös; Umsatz je Verkaufskraft, je Kunde, je Auftrag; Reingewinn zu Kosten, zu Eigenkapital etc. Bes. aussagefähig sind *Kennzahlen* der Leistung, Wirtschaftlichkeit, Rentabilität und Liquidität. Kostenkennzahlen; Richtzahlen; Umsatzzahlen; Anlageintensität oder Anlagendeckung.

II. Kennzahlen im Handel: Grundzahlen (z.B. absolute Zahlen wie Einzelwerte, Summen,

Differenzen, Mittelwerte) oder Verhältniszahlen (z.B. relative Zahlen wie Gliederungszahlen, Beziehungszahlen, Indexzahlen), die einzelne Ergebnisse handelsbetrieblicher Tätigkeit dokumentieren. *Kennzahlen* werden genutzt für Betriebsvergleiche oder zur Steuerung betrieblicher Prozesse durch das → Handelsmanagement. Die üblichen *Kennzahlen* im Handel knüpfen an die Produktionsfaktoren des Handels (Ware, Personen, Betriebsmittel, bes. Raum) an. – 1. Zur Steuerung der *Warenwirtschaft* ist die in der Abbildung dargestellte Kette geeignet, deren einzelne Teile mit unterschiedlichen Instrumenten der Unternehmenspolitik beeinflusst werden können. Bei der Bruttorentabilität bleiben sämtliche Handlungskosten unberücksichtigt. Korrigiert man den → Rohertrag um die einer Ware direkt zurechenbaren Kosten, so erhält man einen Deckungsbeitrag zur Abdeckung des Blocks der nicht zurechenbaren Kosten. Dieser Deckungsbeitrag, bezogen auf den durchschnittlichen

Kennzahlen

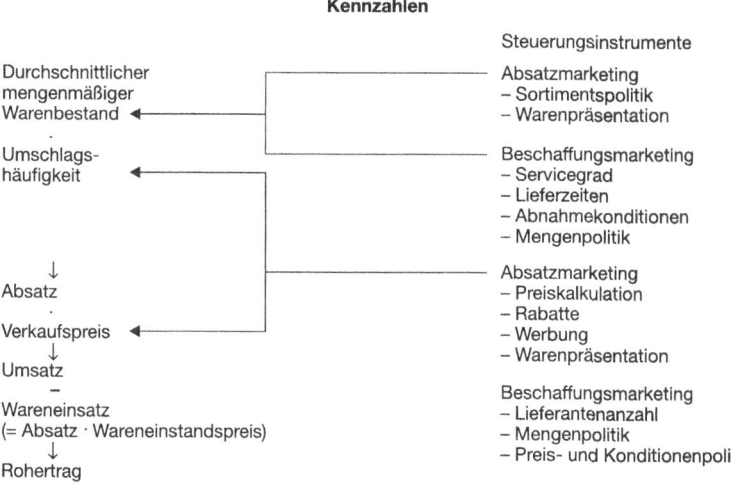

Warenbestand zu Wareneinstandspreisen, ergibt die Nettorentabilität. – 2. Zur Steuerung des *Personaleinsatzes* dienen: Umsatz pro beschäftigte Person (pro Verkaufskraft) oder Anzahl der Kunden pro Verkaufskraft. – 3. Zur Steuerung des *Betriebsmitteleinsatzes* sind gebräuchlich: Umsatz pro m Verkaufsfläche, Umsatz pro laufenden Regalmeter, Umsatz pro Kasse, Deckungsbeitrag pro laufenden Regalmeter. – 4. Für einen *Kostenvergleich* und eine globale *Kostenkontrolle* dienen *Kennzahlen*, gebildet aus einer Gegenüberstellung einzelner Kostenarten zu den Gesamtkosten, z.B. Anteil der Personal- oder Lagerkosten an den Gesamtkosten. Die Aussagefähigkeit dieser *Kennzahlen* ist abhängig von der Betriebsform und der Branche. – 5. Als eine *zusammenfassende Kennzahl* des Handels kann der Return on Investment (RoI) angesehen werden.

III. Kennzahlen in der Logistik: haben sowohl für das operative als auch das strategische Logistik-Controlling eine hohe Bedeutung. Ausgehend von den Zielen der Logistik sollen Logistik-*Kennzahlen* über physische, administrative und dispositive Leistungsmengen, die Erreichung von Servicegraden sowie die Logistikkosten Aufschluss geben. Die Zusammenführung der Einzel*kennzahlen* zu einem *Kennzahlen*system orientiert sich an der Gesamteffizienz der Logistik. Die Abbildung des Leistungsvolumens der Logistik setzt die Normierung von Leistungsstandards voraus, die für einzelne logistische Leistungen vorgegeben werden. Über die Erfassung der Ist-Leistungsdaten und deren Aggregation lassen sich *Kennzahlen* über die Logistikleistungen bilden wie z.B. das Verhältnis von Ist-Einsatzstunden zu möglichen Einsatzstunden oder die Relation von Ist-Ladung zu möglicher Ladung von Transportmitteln. Die servicegradbezogenen Logistik-*Kennzahlen* dienen zur Beurteilung der Qualität der Logistikleistungen. Sie lassen in diesem Zusammenhang auch Aussagen über die innerbetrieblichen Durchlaufzeiten zu. – *Beispiele* hierfür sind das Verhältnis der

termingerecht ausgelieferten Bedarfsanforderungen zu der Gesamtzahl der Bedarfsanforderungen als Maßgröße für die Lieferzuverlässigkeit; die Relation der ab Lager erfüllten Bedarfsanforderungen zu der Gesamtzahl der Bedarfsanforderungen als Kenngröße für die Lieferbereitschaft; der Quotient aus der Anzahl der Beanstandungen und der Gesamtzahl der Bedarfsanforderungen als Ausdruck für die Lieferbeschaffenheit sowie die Beziehung der erfüllten Sonderwünsche als Maßstab für die Lieferflexibilität. Die *Kennzahlen* zu den Logistikkosten setzen an den Ergebnissen der Logistikkostenrechnung an. Aufgrund der einheitlichen Wertdimension sind sie am ehesten auch bereichs- oder unternehmensübergreifend vergleichbar. Beispielhaft kommen die Transportkosten pro Tonnenkilometer oder die Transportkosten je Sendung zur Anwendung.

Kerndifferenzierung → Produktdifferenzierung.

Key Account – Schlüsselkunde eines Unternehmens, der gegenüber den anderen Kunden aufgrund seiner Bedeutung für den Umsatz bzw. den Ertrag bevorzugt behandelt wird (→ Key Account Management).

Key Account Management – Form der → Marketingorganisation. Bevorzugte Behandlung von Abnehmern, die eine Schlüsselposition für den Erfolg einer Unternehmung einnehmen. Derartige Kunden werden als *Key Accounts* bezeichnet. Ihre Machtposition wird im → Absatzkanal als bes. hoch eingeschätzt. Unabhängig von der Organisation ihrer Verkaufsabteilung sind Unternehmen, die von diesen großen und bedeutsamen Abnehmern abhängig sind, gezwungen, neue organisatorische Ansätze zu entwickeln, um den beschaffungsbezogenen Bedürfnissen dieser Kunden gerecht zu werden. Einer dieser Ansätze ist das Key Account Management. Derartige Key Accounts bedürfen – aufgrund ihrer Schlüsselposition für den Erfolg der Unternehmung – einer speziellen Behandlung. Die marketingpolitischen Instrumente müssen daher möglichst genau auf die Key Accounts ausgerichtet werden. Z.B. müssen im Verkauf Mitarbeiter eingesetzt werden, die über einen höheren Erkenntnisstand, bessere Verkaufserfahrungen und umfangreichere Entscheidungsbefugnisse verfügen als der Durchschnittsverkäufer.

Key Visual → Schlüsselbild.

Kinesik – Körpersprache als Form der nonverbalen Kommunikation. Kinesik besitzt bes. bei persönlichen Verkaufsgesprächen eine bes. Bedeutung. Sie wird bestimmt durch Gestik, Körperhaltung und Bewegungen.

Kiosk – Betriebsform des → Einzelhandels (s. → Betriebsformen des Handels); Artikel des kurzfristigen Bedarfs in geringer Sortimentsbreite und -tiefe (z.B. Tabakwaren, Süßigkeiten, Zeitungen; häufig kombiniert mit Getränkeausschank oder Eisverkauf). Bevorzugte Standorte sind Plätze mit dichten Passantenströmen, z.B. Bahnhöfe, Marktplätze, Haltestellen, an Ausfallstraßen. – Vgl. auch → Convenience Store.

Klassenmuster → Standard.

Kleinauftragszuschlag – Preisaufschlag für eine Abnahmemenge pro Auftrag, die unter der vom Lieferanten festgelegten Mindestmenge liegt. – Vgl. auch → Mindermengenaufschlag, → Kost-Plus-System.

Kleinpreisgeschäft – Betriebsform des → Einzelhandels (s. → Betriebsformen des Handels) mit einem flachen Sortiment qualitativ eher geringwertiger Waren zu möglichst niedrigen Preisen.

Klumpenauswahl – Verfahren der → Zufallsauswahl, bei dem Befragungspersonen in Gruppen gegliedert sind und jeweils ganze Gruppen ausgewählt werden. Die Gruppen oder Klumpen sollten in sich heterogen sein und spiegeln die Struktur der → Grundgesamtheit wider. Untereinander sollten die Gruppen vergleichbar sein. Jedes Element der Grundgesamtheit gehört nur einer dieser Klumpen an. – *Beispiel*: Aus zufällig ausgewählten Schulen werden alle Schüler befragt.

Know-how-Referenz → Referenzanlage bzw. -leistung.

kognitive Dissonanz – 1. *Begriff*: Kognitionen sind Erkenntnisse des Individuums über die Realität. Einzelne Kognitionen können in einer Beziehung zueinander stehen. Kognitive Dissonanz entsteht, wenn zwei zugleich bei einer Person bestehende Kognitionen einander widersprechen oder ausschließen. Das Erleben dieser Dissonanz führt zum Bestreben der Person, diesen Spannungszustand aufzuheben, indem eine Umgebung aufgesucht wird, in der sich die Dissonanz verringert oder selektiv Informationen gesucht werden, die die Dissonanz aufheben. – 2. *Beispiel*: Das Wissen über ein erhöhtes Krebsrisiko kann bei Rauchern kognitive Dissonanz hervorrufen, denn die positive Einstellung zum Rauchen steht im Widerspruch zu den unerwünschten Konsequenzen. – 3. *Möglichkeiten der Dissonanzreduktion*: (1) Vermeidung von kognitiver Dissonanz durch Nichtwahrnehmung oder Leugnen von Informationen; (2) Änderung von Einstellungen oder Verhalten (Verzicht auf das Rauchen, Abwerten der Glaubwürdigkeit medizinischer Forschungsergebnisse); (3) selektive Beschaffung und Interpretation dissonanzreduzierender Informationen (z.B. ein starker Raucher wurde 96 Jahre alt). – 4. *Bedeutung für das Marketing*: kognitive Dissonanz kann vor und nach wichtigen Kaufentscheidungen auftreten. Sie entsteht sehr oft, wenn die betrachteten Alternativen sowohl Vor- als auch Nachteile haben. Dies führt zu einem kognitiven Konflikt für den Entscheider, wodurch es (bezogen auf den Kaufprozess) zu einer Verzögerung oder gar zu einem Nichtkauf bzw. Rücktritt vom Kauf kommen kann. Ziel des Marketings muss es deshalb sein, kognitive Dissonanz zu verhindern bzw. zu reduzieren. Möglichkeiten: Vermindern der Bedeutung einer Entscheidung, Nachkauf-Werbung auf Gebrauchsanweisungen etc.

kollektierender Großhandel → Aufkaufhandel.

Kollektion – in einer Auswahlsendung zusammengestelltes Warenangebot eines Herstellers oder eines Groß- bzw. Einzelhändlers.

kollektive Preispolitik – bewusst oder unbewusst gleiches Verhalten einer Gruppe von Anbietern oder Nachfragern in ihren preispolitischen Maßnahmen auf einem gemeinsamen Markt. Eine Unternehmung treibt bewusst kollektive Preispolitik, wenn sie ihre Preise abhängig von anderen Unternehmen macht, d.h. sich der Preisführerschaft eines stärkeren Unternehmens unterwirft. – *Schärfste Form* der kollektiven Preispolitik ist der Zusammenschluss zu einem Kartell.

Kollektivmarke – 1. *Begriff*: Unter einer Kollektivmarke ist ein Fachverbandszeichen zu verstehen, das durch einen Verband für gleiche Waren oder Dienstleistungen seiner Mitglieder erlangt werden kann. Rechtsfähige Verbände (auch Dachverbände, Spitzenverbände und juristische Personen des öffentlichen Rechts) können Inhaber von Kollektivmarken sein (→ Marke), die dazu dienen, Waren oder Dienstleistungen der Verbandsmitglieder von denjenigen anderer Unternehmen nach ihrer betrieblichen oder geografischen Herkunft, ihrer Art, Qualität oder sonstigen Eigenschaften zu unterscheiden (§§ 97 ff. MarkenG). Sie weisen die Besonderheit auf, dass die Benutzung durch einen dazu Befugten (oder auch nur durch den Verband selbst) zur rechtserhaltenden Benutzung genügt (§ 100 II MarkenG, Benutzungszwang) und zur Rechtsverfolgung im Verletzungsfall die Zustimmung des Inhabers der Kollektivmarke erforderlich ist, wenn die Markensatzung (§ 102 MarkenG) nichts anderes bestimmt (§ 101 MarkenG). Kollektivmarken sind wie andere Marken auch nur dann eintragungsfähig, wenn sie Unterscheidungskraft besitzen, wobei die Besonderheit gilt, dass Kollektivmarken abweichend von § 8 II Nr. 2 MarkenG auch ausschließlich aus Zeichen oder Angaben bestehen können, die im Verkehr zur Bezeichnung der geografischen Herkunft der Waren oder Dienstleistungen dienen, wenn sich mit der Angabe für den Verkehr bestimmte Vorstellungen von Herkunft, Art oder Qualität der Ware oder Dienstleistung verbinden. – 2. *Beispiele*: Thüringer Rostbratwurst, Dresdner Christstollen oder Aachener Printen.

Kollektivwerbung → kooperative Werbung.

Kombinationszeichen – Marke, die aus unterschiedlichen Elementen zusammengesetzt ist und ihre Unterscheidungskraft aus der Kombination ihrer Elemente bezieht (→ Marke). Neben Bild- und Wortbestandteilen können weitere optische und akustische aber auch haptische, olfaktorische und geschmackliche Elemente Bestandteil des Kombinationszeichens sein.

kommerzielles Marketing → Marketing.

kommunales Marketing – Übertragung von Erkenntnissen und Ansätzen des → Marketings auf Kommunen oder Regionen. Ziele sind zum einen die Erhöhung der Akzeptanz der kommunalen Leistungen durch die Bürger sowie ihre Identifikation mit der Kommune. Andererseits wird angestrebt, die Kommune nach außen als Wirtschaftsstandort sowie im Hinblick auf Kultur, Sport und Fremdenverkehr zu profilieren und sie bes. attraktiv zu gestalten.

Kommunikationsforschung – Teilgebiet der Marketingforschung. Die Kommunikationsforschung untersucht: (1) *Kommunikatoren*, ihre Merkmale, v.a. ihre Einstellungen und ihr Verhalten, ihre Position und Rolle in Medienorganisationen. (2) *Medieninhalte* auf Themen und Tendenzen, auf die Präsentation von Realität und Fiktion (Unterhaltung) hin, v.a. auch mit dem Ziel der Inferenz auf Kommunikationsabsichten und Beeinflussungspotenziale. (3) *Medien* als einzelne Institutionen und als Mediensystem, ihre Struktur und Organisation, ihre historische und gegenwärtige Entwicklung, unter technischen, ökonomischen, rechtlichen, politischen Aspekten. (4) *Publikum der Medien*, seine Merkmale, Motive und die Muster des

Mediennutzungsverhaltens, wobei teils mit hohem finanziellen Aufwand in der sog. Mediaforschung das Publikum der verbreiteten Medien regelmäßig für die Zwecke der Werbung charakterisiert wird. (5) *Wirkung der Medien* auf Wissen und Vorstellungen, Einstellungen und Verhalten, auf Individuen, soziale Gruppen und gesellschaftliche Subsysteme, auf Normen, Werte und gesamtgesellschaftliche Strukturen und Prozesse.

Kommunikationsinstrumente → Kommunikationspolitik.

Kommunikations-Mix – Ergebnis des Entscheidungsprozesses über den kombinierten Einsatz der Kommunikationsinstrumente. – Vgl. auch → Kommunikationspolitik.

Kommunikationspolitik – I. Marketing: 1. *Begriff:* Teil des → Marketing-Mix; Ziel- und Maßnahmenentscheidungen zur Gestaltung der Marktkommunikation als Element aktiver Marketingpolitik. Kommunikationspolitik umfasst alle Maßnahmen des Unternehmens, die darauf gerichtet sind, Informationen über das Angebot und das Marketing eines Unternehmens nach außen an verschiedene Anspruchsgruppen und nach innen an die eigenen Mitarbeiter des Unternehmens zu vermitteln und die Empfänger im Dienste des Marketings zu beeinflussen. Der kombinierte Einsatz der verschiedenen Instrumente wird als Kommunikationsmix bezeichnet. Dieser Einsatz muss im Sinn der integrierten Kommunikation erfolgen. – 2. *Instrumente* (entweder Bestandteile der Massenkommunikation und/oder der persönlichen Kommunikation): a) Werbung *(Media-Werbung, Advertising):* versuchte Verhaltensbeeinflussung mittels bes. Kommunikationsmittel. Werbung ist vorwiegend ein Mittel der Massenkommunikation (→ Above-the-Line-Kommunikation). Weitere Instrumente gehören zur → Below-the-Line-Kommunikation: – b) Öffentlichkeitsarbeit *(Public Relations (PR)):* die Politik des Werbens um das Vertrauen der Öffentlichkeit. Sie wendet sich an die gesamte Öffentlichkeit und dient der Schaffung und Gestaltung des Firmenimages, um Unternehmensziele besser realisieren zu können. – c) → Persönlicher Verkauf *(Personal Selling, Sales Force):* auf dem unmittelbaren Kontakt zwischen Verkäufer und Käufer beim Absatz von Waren und Dienstleistungen beruhend. Große Bedeutung bes. beim Angebot erklärungsbedürftiger Waren (z.B. → Investitionsgüter). – d) → Verkaufsförderung *(Sales Promotion):* zeitlich gezielt und marktsegmentspezifisch einzusetzendes Instrument der Kommunikationspolitik. Verkaufsförderung informiert und beeinflusst v.a. kurzfristige Verkaufsorganisationen, Absatzmittler und Käufer durch personen- und sachbezogen erweiterte Leistungen des Angebots. Käufer werden am Verkaufsort (→ Point of Sale (POS)) mit speziellen Maßnahmen und Methoden angesprochen. – e) *Event:* Die unmittelbar erlebbare Inszenierung von bes. Ereignissen im Rahmen der Unternehmenskommunikation. Merkmal eines Events ist die Möglichkeit zur Interaktion. – f) *Sponsoring:* finanzielle oder sachliche Unterstützung von Personen, Personengruppen, Institutionen und Veranstaltungen durch einen Sponsor, der im Gegenzug klar definierte Gegenleistungen erhält. – g) → Product Placement: visuelle oder verbale Platzierung eines Produktes oder einer Dienstleistung im redaktionellen Teil eines Mediums bzw. in einer nicht werblichen Programmform (z.B. Spiel-, Fernsehfilm). – h) Neue Below-the-Line-Werbeformen: Hierzu gehören → Viral Marketing, → Guerilla Marketing, → Ambush Marketing oder → Ambient Medien. Umsetzung. – i) Interne Kommunikation (→ Behavioral Branding): Umsetzung der → Markenidentität mittels Komminkation nach innen an die eigenen Mitarbeiter des Unternehmens. – 3. *Ziele:* Hauptziel der Kommunikationspolitik ist die Positionierung des Angebots, damit es für Abnehmer attraktiv wird und von der Konkurrenz abhebt. – 4. *Wirkung:* Umsetzung der strategischen Ziele. Strategische Ziele sind dabei die

Positionierung durch Aktualität, emotionale Positionierung und informative Positionierung. So liegt z.b. die Wirkung einer emotionalen Kommunikationspolitik in den bei der Zielgruppe tatsächlich vermittelten (gemessenen) emotionalen Produkt- und Dienstleistungserlebnissen. – Vgl. auch → internationale Kommunikationspolitik.

II. Kommunikationswissenschaft: 1. *Begriff:* Durch die wachsende Bedeutung von Information und Kommunikation in der Gesellschaft fühlen sich der Staat und die verschiedensten Interessengruppen zunehmend herausgefordert, auf diesen Sektor einzuwirken. Seit Ende der 1960er-Jahre hat sich die Bezeichnung Kommunikationspolitik (neuerdings häufig auch *Medienpolitik*) eingebürgert für Aktivitäten, die auf die Ordnung der gesellschaftlichen Kommunikation gerichtet sind, speziell auf die Organisation des Mediensystems. – 2. Die Kommunikationspolitik steht in *enger Wechselbeziehung zur allg. staatlichen Ordnung,* zur Art der Herrschaftsstruktur, politischen Willensbildung und Repräsentation. Sie ist daher einerseits Ausdruck des in der staatlichen Ordnung angelegten Wertsystems, andererseits bestimmt sie die Verwirklichung der Grundwerte entscheidend mit. Aus diesem Grunde kommt dem Art. 5 GG, der Meinungs-, Informations- und Pressefreiheit verbrieft, eine Schlüsselrolle für unsere staatliche Ordnung zu. Das Bundesverfassungsgericht hat diese Auffassung in mehreren Grundsatzentscheidungen bekräftigt. – 3. *Kommunikationspolitische Ordnung der Bundesrepublik Deutschland:* Kommunikationspolitische Auffassungen, Absichten, Maßnahmen konkretisieren sich vielfältig, u.a. in Memoranden, Parteiprogrammen, Gesetzen und Verordnungen. Für die kommunikationspolitische Ordnung der Bundesrepublik Deutschland sind, neben verschiedenen Artikeln des Grundgesetzes, v.a. die Landespressegesetze und die Rundfunkgesetze bzw. -staatsverträge bestimmend. Auf die Entwicklung der Kommunikationspolitik haben auch einschlägige Entscheidungen des Bundesverfassungsgerichts großen Einfluss. In der öffentlichen Diskussion spielen ferner die Berichte verschiedener Regierungskommissionen eine große Rolle, etwa der Bericht der „Kommission für den Ausbau des technischen Kommunikationssystems (KtK)", sowie die von Zeit zu Zeit herausgebrachten Berichte der Bundesregierung über die Lage der Medien (Medienbericht). – 4. *Kommunikationspolitische Ordnung auf internationaler Ebene:* Für die Ordnung der internationalen Kommunikation sind v.a. die Ergebnisse der regelmäßigen „World Administrative Radio Conference" bedeutsam, auf der sämtliche Frequenzzuteilungen für Radio, Fernsehen und Satellitenfunk geregelt werden. Auf anderen Handlungsebenen, v.a. in den Gremien der UNESCO, wird schon seit Jahren der Plan einer „Neuen Internationalen Informationsordnung" kontrovers diskutiert. In diesem Zusammenhang entstand auch der viel beachtete Bericht der MacBride-Kommission, der eine Bestandsaufnahme des internationalen Kommunikationssystems und seiner Probleme zu geben versucht. – 5. *Perspektiven:* Kommunikationspolitik entwickelte sich zu einem eigenständigen Teilgebiet der Politik, zugleich auch zu einer kommunikationswissenschaftlichen Teildisziplin, einer „Solldisziplin", die sich mit den Zielen und Mitteln der gesellschaftlichen Organisation von Kommunikation befasst.

Kommunikationsstrategie – Maßnahmen grundsätzlicher Art zur Erreichung von Kommunikationszielen. Kommunikationsstrategien können sich in Verwendung einzelner, als auch in Kombination mehrerer Kommunikationsinstrumente niederschlagen. – *Grundlage* ist eine → Marketingkonzeption auf Basis einer Marktanalyse (Erfassung der Marktsituation) und die Entwicklung eines strategischen Werbeplans (→ Werbeplanung) zur Festlegung der grundsätzlichen Aussagen der Werbebotschaft gemäß den → Werbezielen.

Komparativwerbung – vergleichende Werbung.

Kompensationskalkulation → Mischkalkulation.

komplementäre Werbung → kooperative Werbung.

Komplementärgut – 1. *Begriff:* → Gut, dessen Verwendung zwangsläufig oder gewöhnlich die Verwendung eines anderen Gutes bedingt. – 2. *Merkmale:* Die Güter sind so miteinander verbunden, dass sich beide im Absatz ergänzen und gegenseitig fördern. Steigt der Preis des für den Ge- oder Verbrauch „primären" Gutes, so nimmt u.U. nicht nur die Nachfrage nach diesem Gut, sondern – in gleichem Maße – die Nachfrage nach allen Komplementärgütern ab (negative → Kreuzpreiselastizität). – 3. *Beispiele:* Briefpapier und Briefumschläge; Kugelschreiber und Kugelschreiberminen.

komplexe Markenarchitektur – beschreibt eine → Markenarchitektur, bei der zwei oder mehr Marken auf unterschiedlichen Hierarchieebenen angeordnet sind. – Vgl. auch → Markenarchitektur.

Konation – die mit einer → Einstellung verbundene Handlungsabsicht; sie ist somit die Prädisposition z.B. zur Wahl eines bestimmten Produktes.

Konditionenpolitik – Teilbereich der → Kontrahierungspolitik. Konditionenpolitik umfasst vertragliche Regelungen über → Rabatte, Lieferungsbedingungen und Zahlungsbedingungen sowie Garantieverpflichtungen.

Konditionensystem – Gesamtheit aller Konditionen (z.B. → Boni, → Rabatte, Skonti), die vom Unternehmen gewährt werden. Das Konditionensystem soll die Absatzziele optimal fördern und eine sich ergänzende Wirkung aller Konditionen sicherstellen.

Konkurrenzanalyse – *Konkurrenzaufklärung, Konkurrenzuntersuchung, Wettbewerbsanalyse.* 1. *Begriff* der Marketingforschung: Er umfasst (1) die Ermittlung der Anbieter einer Ware auf dem Absatzmarkt (Mitbewerber) sowie die Analyse ihrer Struktur und ihrer Maßnahmen; bes. wichtig sind hier der Marktführer und seine Erfolgsfaktoren; (2) die Ermittlung der Ersatzartikel der eigenen Ware (Substitutionsprodukte, Surrogatkonkurrenz), (3) die Ermittlung der bedürfnisfremden (oder entfernt verwandten) Anbieter (vertikale Konkurrenz). – 2. *Gegenstand der Untersuchung* eines Mitbewerbers sind: (1) seine wirtschaftlichen Voraussetzungen (z.B. Kapitalstruktur); (2) seine derzeitige Position im Markt; (3) seine Organisationsstruktur; (4) seine Sortimentsstruktur; (5) die Struktur seiner Beziehungen zu Lieferanten und Abnehmern (z.B. Kommunikationswege, Vertragsbeziehungen). – 3. *Verfahren:* Z.B. liefert in den verbandlich organisierten Wirtschaftszweigen die Verbandsstatistik (bzw. Branchenstatistik) Anhaltspunkte oder sogar Branchenkennziffern (Branchenbeobachtung); → Expertenbefragung; im Übrigen können auch die von Konjunkturinstituten veröffentlichten → Marktanalysen herangezogen werden. Bes. wichtig sind auch → Handelspanels und → Verbraucherpanels. – 4. *Ziel:* Die Konkurrenzanalyse soll (1) langfristige Entscheidungen ermöglichen (Investitionspolitik), indem sie mögliche Positionierungen im Wettbewerbsumfeld aufzeigt; (2) durch Beobachtung der Verschiebungen und Veränderungen in der Konkurrenzlage kurzfristige Dispositionen erleichtern; (3) Möglichkeiten zur Kooperation mit Mitbewerbern aufzeigen.

Konkurrenzaufklärung → Konkurrenzanalyse.

Konkurrenzforschung → Konkurrenzanalyse, → Marktforschung.

Konkurrenzuntersuchung → Konkurrenzanalyse.

Konotation – mit einem Objekt verbundene zusätzliche Vorstellungen, die nicht unbedingt im Objekt selbst, sondern evtl. in der Erfahrung des Subjektes begründet sind. – *Gegensatz:* → Denotation.

Konsequenzeffekt – Effekt, dass bei einer → Befragung die zuvor befragten Sachverhalte die Antworten der folgenden Fragen beeinflussen können. Eine Sonderform ist der → Konsistenzeffekt.

Konsistenzeffekt – *Konsequenzeffekt;* innerer Störeffekt beim → Interview. Der Befragte sieht seine Antworten im Zusammenhang und bemüht sich, sie widerspruchsfrei (konsistent) aufeinander abzustimmen.

Konsum – *Konsumtion.*

I. Allgemein: Verbrauch und/oder Nutzung materieller und immaterieller Güter durch Letztverwender.

II. Marketing: Untersuchungsgegenstand sind bes. die Einflussfaktoren der Höhe des Konsum in einzelnen Güterbereichen, der Produktwahl und der → Einkaufsstättenwahl. – Vgl. auch → Kaufverhalten, Käufer- und Konsumentenverhalten.

III. Volkswirtschaftliche Gesamtrechnung: Teil der Verwendung des Bruttoinlandsprodukts (BIP). Konsum wird nach dem Ausgaben- und nach dem Verbrauchskonzept abgegrenzt. – 1. Nach dem *Ausgabenkonzept* enthält Konsum die Konsumausgaben der privaten Haushalte, der privaten Organisationen ohne Erwerbszweck und des Staates. – 2. Nach dem *Verbrauchskonzept* werden die Konsumausgaben des Staates in individualisierbare und kollektive Güter (Kollektivkonsum) aufgespalten und der individualisierbare Teil dem Individualkonsum der privaten Haushalte zugerechnet. Entsprechend ist nach dem Verbrauchskonzept der Individualkonsum der privaten Haushalte größer als deren Konsumausgaben.

Konsument – *Endverbraucher;* Einzelperson, Haushalt oder größere Gruppe mit gemeinsamer Zielsetzung beim → Konsum. I.d.R. wird unterstellt, dass ein Konsument mit dem Ziel der Nutzenmaximierung und unter Berücksichtigung physiologischer und ökonomischer Beschränkungen einen optimalen Konsumplan bzw. ein optimales

Konsumgüterbündel als Nachfrage nach Konsumgütern auswählt.

Konsumentenforschung – Forschung, die das Konsumentenverhalten zum Gegenstand hat. Konsumentenforschung wird teilweise als ein interdisziplinärer und verselbständigter Wissensbereich verstanden, dessen Theorien bes. im kommerziellen Marketing und in der Verbraucherpolitik Anwendung finden. Untersuchungsgegenstand kann z.B. das Verhalten beim Einkauf von Markenartikeln, Reaktionen von Bürgern auf politische Beeinflussung oder die Änderung der Einstellungen zum Umweltschutz sein. – Mittel sind → Befragungen, aber auch die Analyse von → Verbraucherpanels. – Vgl. auch interkulturelle Konsumentenforschung, → Verbrauchsforschung.

Konsumententypologie → Käufertypologie.

Konsumentenverhalten – 1. *Begriff:* Einkaufs-, Konsum- und Informationsverhalten von privaten Haushalten. – Gegenstand der *Analyse des Konsumentenverhaltens* sind die verschiedenen Aspekte dieser Verhaltensweisen, bes. Art der gekauften Güter und Dienstleistungen, bevorzugte Einkaufsstätten, Rolle einzelner Haushaltsmitglieder bei Kauf und Konsum sowie die diesen Prozess beeinflussenden Faktoren. – *Erklärung des Konsumentenverhaltens:* Häufig werden hypothetische Konstrukte bzw. intervenierende Variablen herangezogen, mit denen erfasst wird, wie die von außen wirkenden Stimuli im Insystem der Konsumenten verarbeitet werden und das Verhalten beeinflussen (Käufer- und Konsumentenverhalten, → Kaufentscheidung). – 2. *Phasen des Konsumentenverhaltens* (idealtypisch): (1) Bewusstwerden eines Mangelzustandes, (2) Suche nach Alternativen, (3) Bewertung der Alternativen, (4) Treffen der Auswahlentscheidung, (5) Kauf, (6) Bewertung der Kaufentscheidung. – 3. *Bezug zu anderen Variablen des Insystems:* Das Konsumentenverhalten wird bes. durch → Bedürfnisse, wahrgenommenes Kaufrisiko,

→ Einstellungen, → Markenkenntnisse und → Kaufabsichten der Konsumenten beeinflusst.

Konsumerismus – bewusste Kritik breiterer Verbraucherschichten an Missständen in der Güter- und Dienstleistungsversorgung. Im Mittelpunkt stehen die Kritik am unternehmerischen Marktverhalten und die Forderungen eines verstärkten Schutzes von Konsument und natürlicher Umwelt. Angestrebt wird Verbraucheraufklärung (Produkttests) und -erziehung (mithilfe der Medien) sowie Erwirkung gesetzlicher Maßnahmen im Hinblick auf Gesundheit und Sicherheit (Waschmittel, Arzneimittel, Zigaretten) des Verbrauchers. Die genannten Entwicklungen führten zur Bildung verschiedener Interessenorganisationen (Arbeitsgemeinschaft der Verbraucher, Bonn; Stiftung Warentest, Berlin; Verbraucherzentralen in den Bundesländern) sowie zu Einflussnahmen auf das unternehmerische Verhalten (Societal Marketing).

Konsumgewohnheiten → Verbrauchsgewohnheiten.

Konsumgüter – *Konsumwaren;* alle → Güter, die von → Konsumenten (Letztverbrauchern) verbraucht (→ Verbrauchsgüter) oder genutzt (→ Gebrauchsgüter) werden.

Konsumgütermarktforschung → Marktforschung über Konsumgüter, insbesondere durch → Befragung, → Handelspanel und → Verbraucherpanel.

Konsumismus – übersteigertes → Bedürfnis nach Konsum.

Konsumtion → Konsum.

Konsumwaren → Konsumgüter.

Kontaktbewertungskurve → Werbewirkungsfunktion.

Kontaktchance – Maß der Wahrscheinlichkeit, dass ein Inserent mit seinem → Werbemittel in Kontakt mit der → Zielgruppe kommt.

Kontakter → Werbeberufe.

Kontaktfrage → Eisbrecher.

Kontakthäufigkeit – *Kontaktzahl;* durchschnittliche Anzahl der Kontakte einer Zielperson oder auch Zielgruppe mit einem → Werbeträger. Der positive Zusammenhang von Erinnerung und → Werbewirkung lässt darauf schließen, dass durch mehrmalige Wiederholungen von Werbebotschaften (und somit durch Erhöhung der Kontakthäufigkeit) die Werbewirkung gesteigert werden kann.

Kontakt-Service → Werbeberufe.

Kontaktstrecke – Ausdehnung eines Artikels im Regal des Händlers, gemessen in Metern. Durch die Kontaktstrecke wird das akquisitorische Potenzial eines Artikels beeinflusst.

Kontaktzahl → Kontakthäufigkeit.

Kontext-Effekt → Ausstrahlungseffekte.

Kontrahierungspolitik – wichtiges → marketingpolitisches Instrument, Ziel- und Maßnahmenentscheidungen zur vertraglichen Absicherung der Transaktionsbedingungen bei einem Verkauf. Kontrahierungspolitik ist ausgerichtet auf die Gestaltung des *Kontrahierungsmix* mit den Entscheidungsbereichen → Preispolitik, Absatzfinanzierungspolitik und → Konditionenpolitik.

Kontraktmarketing – *Kontraktvertrieb;* Absatz von Produkten und Dienstleistungen auf Basis von Verträgen, die für einen bestimmten Zeitraum oder für eine bestimmte Zahl von Verkaufsvorgängen gelten. Kontraktmarketing ist Ausdruck einer Kooperation. – *Erscheinungsformen:* → Rahmenvereinbarung, → Vertriebsbindung, → Alleinvertrieb, → Franchise u.a.

Kontraktvertrieb → Kontraktmarketing.

Kontrastgruppenanalyse → AID-Analyse.

Kontrollfrage – Frage, die der Prüfung dient, ob bei der Beantwortung eines → Fragebogens die Befragten ausweichende oder gar falsche Antworten gegeben haben. Durch Vergleich der Antworten auf Fragen und Kontrollfragen werden systematische Fehler des Materials erkannt, sodass sie ggf. bei der Auswertung ausgeschaltet werden können.

Konzentrationsformen des Handels – 1. *Begriff:* → Betriebsformen des Handels, deren Betriebsstätten von einer Zentrale einheitlich geführt werden, z.B. bei Filialunternehmungen. Sämtliche von den Managern der Zentralebene getroffenen Entscheidungen können aufgrund der Weisungsrechte gegenüber den Filialleitern durchgesetzt werden. – *Gegensatz:* Kooperation. – 2. *Vorteile:* erhebliche Rationalisierungsvorteile, z.B. bei Bestellmengenpolitik; Realisierung einheitlicher Marketingkonzepte; Voraussetzung für rasche Entscheidungsfindung. – 3. *Nachteile:* Gefahr der Bürokratisierung; zu geringe Anpassung an die regional unterschiedlichen Konsumbedürfnisse in den → Einzugsgebieten der Filialen; Demotivation und daraus folgend mangelnde Initiative der Filialleiter. Abbau der Nachteile erfordert u.U. hohen Kontrollaufwand. – 4. *Formen:* Neben Filialbetrieben werden → Warenhäuser, Konsumgenossenschaften und Franchising zu den Konzentrationsformen des Handels gerechnet, obwohl hier die Leiter u.U. weitergehende Entscheidungsbefugnisse haben. Manche → kooperative Gruppe des Handels entwickelt sich in Richtung einer Konzentrationsform des Handels. Regiebetriebe und Kooperationskaufleute sind Beispiele für den fließenden Übergang von Kooperation zu Konzentration im Handel.

Konzeptionstest → Pretest der Wirkung eines Produktes im Kontext einer Werbeanzeige. – Vgl. auch → Konzepttest, Werbung.

Konzepttest → Pretest des Marketingkonzepts (→ Marketing) für ein i.d.R. neues Produkt hinsichtlich seiner Marktchancen. Das Produktkonzept muss dafür hinreichend beschrieben werden können. Neben Informationen über die Produktakzeptanz (→ Akzeptanztest) und die Uniqueness des Konzepts werden auch Angaben erhoben, die eine Positionierung im Markt sowie eine → Segmentierung der Verbraucher ermöglichen.

Kooperationsformen des Handels – 1. *Begriff:* Formen horizontaler und vertikaler Kooperation im Handel (→ kooperative Gruppen des Handels). – a) *Horizontale Kooperationen,* d.h. die Zusammenarbeit von Handelsunternehmen auf der gleichen Wertschöpfungsstufe, sind historisch als Gegenbewegung zur Konzentration im Handel in Form von Großbetriebsformen des Handels (→ Warenhäuser, → Filialunternehmung, Konsumgenossenschaften) und als Reaktion auf die Konzentration auf der Herstellerstufe entstanden. Die kooperierenden Betriebe gliedern einzelne Teilaufgaben aus, z.B. die Beschaffung (→ Einkaufsgemeinschaften, → Einkaufskontore) oder übertragen mehrere Teilfunktionen zur gemeinsamen Wahrnehmung auf das neugegründete Kooperationsorgan (→ Full-Service-Kooperation). Diese Kooperationsformen des Handels sind wettbewerbsrechtlich nach §§ 1 ff. GWB zu beurteilen. – b) *In vertikalen Kooperationen* arbeiten Unternehmen vor-/nachgelagerter Stufen zusammen; so z.B. bei → freiwilligen Ketten, bei denen ein Großhändler mit ausgesuchten Einzelhändlern (→ Anschlusskunden) gleichlautende Verträge zur Marktbearbeitung abschließt. Ähnlich bei → Vertragshändlern und Franchise-Vereinbarungen (→ Franchise). Wettbewerbsrechtlich sind derartige Kooperationsformen des Handels nach §§ 14 ff. GWB (Vertikalvereinbarungen) zu beurteilen. – 2. Das *Grundproblem* der Kooperationsformen des Handels liegt darin begründet, einerseits die Willensbildung innerhalb der Kooperation so zu vereinheitlichen, dass ihre Wettbewerbsfähigkeit gegenüber den → Konzentrationsformen des Handels gestärkt wird, und andererseits die Motivation der selbstständigen Händler zu einem aktiven, den lokalen Markterfordernissen gerecht werdenden Handeln nicht zu schmälern.

Kooperationskaufmann – 1. *Begriff:* Grundmodell zur Realisierung einer intensiven Partnerschaft innerhalb einer Kooperation (→ Kooperationsformen des Handels). – 2.

Zielsetzung ist die Hilfe bei der Existenzgründung, z.b. bei der Umwandlung von → Regiebetrieben oder Errichtung bzw. Anmietung neuer Läden. – 3. *Zentrale Ideen:* Finanzierung des Vorhabens durch die Kooperationszentrale, verbunden mit der Verpflichtung zur baldigen Rückzahlung aus den erwirtschafteten Gewinnen. Erfolg durch Eigeninitiative des Einzelhändlers, dem die alleinige Geschäftsführung übertragen wird, oft verbunden mit der vertraglichen Verpflichtung zu einer möglichst hohen → Einkaufskonzentration.

kooperative Gruppen des Handels – Oberbegriff für alle → Kooperationsformen des Handels. Die Mitglieder dieser Gruppen stehen untereinander im Wettbewerb und müssen sich gegenüber den Konzentrationsformen des Handels (Warenhäuser, Konsumgenossenschaften, Filialunternehmungen, Versandhandel) behaupten. Daher spricht man auch vom *Gruppenwettbewerb im Handel:* Die Gruppen konkurrieren untereinander und tragen den Wettbewerb beschaffungsseitig mittels Einkaufskontoren bzw. Zentralorganisationen und absatzseitig über die lokalen Verkaufsstätten, differenziert nach Betriebsformen, aus.

kooperative Werbung – *Kollektivwerbung;* 1. *Begriff:* Alle Formen kooperativer Zusammenarbeit mehrerer Anbieter auf dem Gebiet der Werbung. – 2. *Grundformen:* a) Nach der Stufenzugehörigkeit der kooperierenden Unternehmen (Zugehörigkeit zur gleichen oder zu hintereinander folgenden Wirtschaftsstufen): (1) horizontale Werbung; (2) vertikale Werbung. – b) Nach der Art der Bekanntgabe der Werbetreibenden: (1) Gemeinschaftswerbung; (2) Sammelwerbung. – 3. *Kombinationen:* a) Horizontale Gemeinschaftswerbung: I.d.R. kooperieren Unternehmen der gleichen Branche (Wirtschaftsstufe) werblich miteinander. Zustandekommen und Bestand hängen naturgemäß stark davon ab, inwieweit die überwiegende Mehrzahl der Branchenmitglieder für eine Mitwirkung gewonnen

werden können. – *Formen:* (1) Gruppenwerbung: Von Beginn an wird eine Begrenzung der Zahl der Teilnehmer angestrebt; diese beschränkende Anzahl konkurriert gegen den Rest der eigenen Branche. (2) Verbundwerbung (komplementäre Werbung): Unternehmen der gleichen Wirtschaftsstufe, aber unterschiedlicher Branchen betreiben gemeinsam Werbung; charakteristisch im Fall bedarfsverwandter Erzeugnisse (z.B. Fluggesellschaft/Reisebekleidung). – b) Vertikale Gemeinschaftswerbung: kooperative Werbung von Partnern unterschiedlicher Wirtschaftsstufen, z.B. die als am weitesten verbreitete Form von freiwilligen Gruppen bzw. Ketten der Groß- und Einzelhändler. – c) Sammelwerbung: alle sonstigen Formen der kooperativen Werbung, in denen Unternehmen im Gegensatz zur Gemeinschaftswerbung unter Namensnennung gemeinsam werblich auftreten (Einzelhändler einer Ladenstraße). Differenzierung in eine horizontale oder vertikale Variante ist denkbar. – Vgl. auch → Handelswerbung, → institutionelle Werbung, Werbung.

Kopplungsverkäufe – Sonderform des → Bundling, auch „tie-in sales" genannt. An den Kauf eines Hauptproduktes sind weitere Käufe von Nebenprodukten gekoppelt, z.B. müssen bei Nassrasierern die Klingen separat gekauft werden oder bei Druckern die Druckerpatronen.

kortikaler Entlastungseffekt – neuraler Effekt, den eine aus konsumentenindividueller Sicht starke Marke hervorrufen kann.

kostenlose Probe – 1. *Arten:* je nach Produktgattung (Convenience, Shopping, Specialty und Bulk Goods) unterschiedliche Art und Weise; z.B.: a) Proben von *unverderblichen bzw. länger haltbaren Convenience Goods* (Kaffee, Tee, Wasch- und Putzmittel, Haar- und Körperpflegemittel etc.) in entsprechender Aufmachung über Hauswurfsendungen (Briefkasteneinwurf), durch Postversand, durch Befestigung an der Verpackung eines anderen Produktes (Cross

Sampling), durch Einkleben der Verpackung mit der Probe auf der Inseratseite, z.B. in einer Zeitschrift, oder/ und über den einschlägigen Fachhandel direkt an Verbraucher. – b) *Leicht verderbliche und nur bes. schwer in kleineren Mengen verteilbare Convenience Goods* (Lebensmittel, Nahrungs- und Genussmittel u.Ä.) über den eingeschalteten Einzelhandel, am zweckmäßigsten in Verbindung mit einer Verkaufsschau bzw. Demonstration (mit Verprobung), die von geschulten Händlern bzw. Propagandisten des Herstellers getragen werden. – c) Bei *Shopping Goods* kostenlose Proben kaum möglich; bei bestimmten Specialty Goods (Elektrogeräte, Kfz u.Ä.) für eine bestimmte Zeit kostenlose Überlassung zu Testzwecken. – Vgl. auch → Bemusterung.

kostenlose Produkte – *Free Goods;* Naturalrabatt (→ Rabatt) bei Überschreiten einer vorgegebenen Bestellmenge (Einkaufseinheit). Kostenlose Produkte können als Maßnahme der → Verkaufsförderung eingesetzt werden.

Kosten-Plus-Preisbildung → Cost-Plus Pricing.

Kostenwettbewerb – Art der Konkurrenz, die durch niedrige Gesamtstückkosten niedrige Verkaufspreise ermöglichen soll. – Vgl. auch → Qualitätswettbewerb.

Kost-Plus-System – *Cost-plus-System.* 1. *Begriff:* Verfahren der Kostenumlage; auf einen Basispreis werden (je nach zusätzlich entstehenden Kosten) Aufschläge berechnet. Üblich in → kooperativen Gruppen des Handels, um die Handlungskosten auf die Mitglieder zu verteilen, die die Kosten verursacht haben. – *Beispiele:* → Mindermengenaufschläge, → Kleinauftragszuschläge, Zuschläge für zeitlich gesonderte Anlieferung oder Zustellung in räumlich schwer zu erreichende Gebiete. – 2. *Auswirkungen des Kost-Plus-Systems:* Veränderungen des Bestellrhythmus, Auftragskonzentration. – 3. *Wettbewerbsrechtliche Beurteilung:* Gefahr, dass an sich schon benachteiligte (Klein-)Betriebe zu Einstandspreisen beliefert werden,

die aufgrund (überhöhter) Kostenzuschläge deutlich höher liegen als die den Großabnehmern berechneten Einstandspreise, z.B. aufgrund der Mengenrabattstaffeln (→ Wareneinstandspreis, → Mengenrabatt, → Mischkalkulation). – *Weitere Bedeutung:* Preiskalkulation durch Gewinnaufschlag auf die Stückkosten.

Kreativitätstechniken – *Ideenfindungsmethoden.* 1. *Charakterisierung:* Suchregeln oder Heuristiken (Heuristik), die individuelle Gedankengänge oder gruppenorientierte Suchprozesse stimulieren (Stimulation eines kreativen Prozesses). Eine Anwendung bietet sich v.a. bei Problemstellungen an, die kreative Lösungen erfordern (z.B. bei der Suche nach Innovationen). Durch den Einsatz von Kreativitätstechniken wird die Menge (sowohl in Tiefe als auch Breite) an Ideen, und damit die Wahrscheinlichkeit eine Lösung bei innovativen Problemstellungen zu finden, erhöht. Die qualitativ richtige Lösung zu finden ist jedoch nicht garantiert. – 2. *Kategorien:* (1) *Systematisch-analytische Kreativitätstechniken:* u.a. morphologischer Kasten, sequenzielle Morphologie, modifizierte Morphologie (→ attribute listing), progressive Abstraktion, morphologische Matrix (Cross-Impact-Analyse), TILMAG etc.; (2) *kreativ-intuitive Kreativitätstechniken* (Kreativitätstechniken i.e.S.): u.a. Brainstorming-Methoden (klassisches → Brainstorming, Schwachstellen-Brainstorming), Brainwriting-Methoden (Methode 635, Kartenumlauftechnik, Galerie-Methode, → Delphi-Technik, Ideen-Notizbuch-Austausch) und Methoden der intuitiven Konfrontation (Reizwortanalyse, Exkursionssynektik, Synektik, visuelle Konfrontation in der Gruppe, semantische Intuition, Bildmappen-Brainwriting). – 3. *Aspekte/Probleme:* a) *Ansatzpunkte,* um kreatives Verhalten bei Personen und Gruppen zu stimulieren: Je nach kreativitätstheoretischem Ansatz wird die Problemvorgabe (die kreative Prozesse beim Individuum oder der Gruppe herausfordern soll), die kreative Persönlichkeit, der kreative Prozess, das kreative Produkt und die kreative Umwelt favorisiert. – b) *Beschreibung des kreativen Prozesses als solchem:* Der prozessorientierten Perspektive zufolge liegt das entscheidende Kriterium im psychologischen Bezugsrahmen des Denkens, innerhalb dessen der individuelle Schöpfungsprozess möglichst effektiv verläuft, d.h. die kreative Problemlösung bzw. das kreative Produkt wird nicht als plötzlich auftretendes Ereignis betrachtet, sondern als ein Vorgang, der längere Zeit dauert. Es sind Merkmale zu finden, die allen kreativen Prozessen gemeinsam sind. – c) *Übersetzung* bzw. Übertragung des kreativen Prozesses bzw. der notwendigen Heuristiken in eine entsprechende Kreativitätstechnik, um kreatives Verhalten von Personen oder Gruppen zu forcieren, z.B. mittels der Synektik-Methode. – d) *Beschreibung des situativen Kontextes,* um Kreativitätsblockaden bei Individuen (Auffassungssperren, emotionale Sperren, intellektuelle Sperren, Ausdruckssperren, Fantasiesperren und kulturelle Sperren), Gruppen (Konformitätsdruck, Autoritätsfurcht, interpersonale Konflikte), Organisationsabläufen und -strukturen etc. (z.B. auch durch restriktive Personalpolitik oder hierarchische Organisationsstruktur) zu eruieren, um diese einzuschränken oder zu vermeiden und um den Kreativitätsprozess, sowie den effektiven Einsatz von Kreativitätstechniken nicht zu gefährden. – 4. *Anwendung:* a) Als konkrete Methoden zur *Förderung der Kreativität:* Bei unstrukturierten/-komplexen bzw. innovativen Problemen werden Kreativitätstechniken eingesetzt, um durch sie Personen und/oder Gruppen zu stimulieren, d.h. den Ideenfindungsprozess bei diesen zu forcieren und eine höhere Anzahl von kreativen Ideen zu erzielen, z.B. bei der Suche nach neuen Produktideen. – b) Als konkrete Methoden zur *Erzielung qualitativer Prognosen,* z.B. bei der Voraussage des technischen Fortschritts: Einen Bezugsrahmen hierzu kann eine wissenschaftliche Theorie liefern, deren Funktion darin besteht, die Vorgänge eines bestimmten Objektbereichs (hier technische Entwicklung

bzw. technischer Fortschritt) zu erklären und vorauszusagen; die Strukturierung der technologischen Voraussage kann durch bedarfs- und potenzialorientierte Voraussage erfolgen. – Vgl. auch technologische Voraussage, Technologiefolgenabschätzung.

Kreativ-Strategie → Copy-Strategie.

Kreditkauf – Kauf von Wirtschaftsgütern, bei dem die Leistung des Käufers (Bezahlung) zu einem späteren Zeitpunkt erfolgt und der Verkäufer bis zu diesem Zeitpunkt die Gegenleistung kreditiert. – 1. Kreditkauf von *Kaufleuten* im Rahmen der vereinbarten Lieferungs- und Zahlungsbedingungen (Zielkauf). – 2. Kreditkauf von *Konsumenten* als Teilzahlungs- bzw. Abzahlungsgeschäft (Teilzahlungskredit).

kreislauforientiertes Marketing – bes. Form des → Ökomarketings, bei der Unternehmen die im Markt abgesetzten Produkte nach ihrer Nutzungsphase vom Konsumenten wieder zurücknehmen und durch Recycling die wiedergewonnenen Produktkomponenten oder stofflichen Fraktionen dem Wirtschaftsprozess erneut zuführen. In Deutschland sowie anderen europäischen Ländern ist den Unternehmen gesetzlich eine erweiterte Produktverantwortung auferlegt worden, die eine Rücknahme und Verwertung von Verpackungsabfällen (Verpackungsverordnung (VerpackV)) sowie Produkten (Kreislaufwirtschaftsgesetz) nach ihrer Nutzungsphase verlangt.

Kreuzcouponierung – Sonderform des → Bundling. Dabei erhält ein Kunde beim Kauf eines Produkts einen Rabattgutschein für ein anderes Produkt, z.B. erhalten Kinobesucher häufig Gutscheine für nahegelegene Restaurants.

Kreuzgruppenelastizität – beschreibt auf zweiseitigen Märkten in Analogie zur → Kreuzpreiselastizität die prozentuale Nachfrageänderung einer Marktseite (z.B. bei Auktionsplattformen Anzahl Käufer/Kaufinteressenten) im Falle einer Nachfrageänderung auf der anderen Marktseite (z.B. bei

Auktionsplattformen Anzahl Händler(angebote)).

Kreuzmengenelastizität – beschreibt in Analogie zur → Kreuzpreiselastizität die prozentuale Nachfrageänderung im Falle der Nachfrageänderung eines anderen Gutes.

Kreuzpreiselastizität – Maß für die prozentuale Absatzänderung eines Gutes im Falle der Preisänderung eines anderen Gutes. Bei einer starken Substitutionsbeziehung zwischen zwei Produkten liegt typischerweise eine (stark) positive Kreuzpreiselastizität vor, d.h. die Preissenkung eines Produkts zieht einen Absatzrückgang eines ähnlichen Produkts nach sich (s. hierzu auch → Substitutionsgüter). Im Falle einer komplementären Beziehung zwischen zwei Produkten ist die Kreuzpreiselastizität i.d.R. negativ (s. hierzu auch → Komplementärgut). In der Praxis wird der Begriff meist für Produkte innerhalb des eigenen Produktportfolios verwendet, kann aber analog auch für Wettbewerbsprodukte genutzt werden.

Kreuztabellierung – statistisches Verfahren zur Häufigkeitsanalyse. I.d.R. Ermittlung von Zusammenhängen zwischen zwei Variablen. Generell sind auch n Variablen zulässig; da aber bei mehrdimensionalen Kreuztabellierungen die Tabellen auseinander gebrochen werden müssen, wird eine gleichzeitige Inspektion mehrerer Merkmale schwierig. Bei zwei Variablen mit n bzw. m Ausprägungen ergeben sich n x m Kombinationen (Zellen), für die absolute und relative Häufigkeiten berechnet werden. So ergeben sich z.B. bei den Variablen „Einkommen" (fünf Kategorien) und „Geschlecht" (zwei Kategorien) zehn Kombinationen. Die Häufigkeit wird dann z.B. für die Kombination Frauen mit einem Einkommen größer als 2.000 Euro berechnet. Zur Feststellung der statistischen Unabhängigkeit der Variablen kann der Chi-Quadrat-Test herangezogen werden. Zur Messung der Kontingenz existieren Kennzahlen.

Kultmarke – Markenprodukt mit starkem symbolischem → Zusatznutzen durch die Marke, dessen Status weniger aus physischen als aus psychischen Produkteigenschaften entsteht. Im Gegensatz zum kurzzeitigen und erlebnisorientierten Konsum kommt dem Konsum bei Kultmarken eine höhere und längerwährende Wertigkeit zu. Kultmarken bieten Orientierungs- und Identifikationsmöglichkeiten (bis hin zur Verehrung und Ikonisierung) für den Käufer aufgrund ihres Bezugs zu Lebensstilen (Lifestyle-Marketing) und/oder Werten. Der Kunde ist eher bereit weitere Produkte derselben Marke oder Zubehör und Erweiterungen zu kaufen. MINI, Apple oder Red Bull können als Beispiele für Kultmarken genannt werden.

kumulierte Leserschaft – Gesamtheit aller Leser, die mit mehreren Ausgaben eines Printmediums mind. einmal erreicht wird.

Kunde – tatsächlicher oder potenzieller Nachfrager auf Märkten. Kunden können Einzelpersonen oder Institutionen (→ organisationales Kaufverhalten) mit mehreren Entscheidungsträgern sein. Sog. Schlüsselkunden sind aus der Anbietersicht aufgrund ihres Kaufvolumens oder anderer Merkmalen von bes. Bedeutung (→ Key Account Management).

Kundenauftragsfertigung → Make to Order.

Kundenbarometer – jährliche Erhebung im Auftrag der Deutschen Marketingvereinigung. Mithilfe von ca. 25.000 telefonischen und persönlichen Interviews werden Zufriedenheits- und Bindungsdaten für das Leistungsangebot von über 700 Anbietern von Produkten und Dienstleistungen aus ca. 50 Branchen erfragt.

Kundenbefragung → Abnehmerbefragung.

Kundenbindung – Bindung eines Nachfragers an einen bestimmten Anbieter zum Zweck der Realisierung bzw. Planung wiederholter Geschäftsabschlüsse innerhalb eines bestimmten Zeitraums.

Kundenbindungssystem – Direct Marketing.

Kundenclub – Bemühen von Unternehmen, Kunden in Clubs zu organisieren, um so eine höhere Kundenbindung bzw. Kundenloyalität sowie eine unentgeltliche Mund-zu-Mund-Werbung zu erzielen. Clubveranstaltungen dienen dem persönlichen Informationsaustausch sowie der Durchführung von Events. Die Unternehmung kann gezielte Werbeaktionen durchführen und durch Befragungen wichtige Marktforschungsinformationen z.B. für die Entwicklung von Innovationen erhalten; Sondermodelle können getestet werden; Clubmitgliedern werden spezielle Preisnachlässe gewährt. Verbreitet bei Büchern, Möbeln, Motorrädern, Automobilen.

Kundendatenmanagement – systematische Aufbereitung aller relevanten Kundendaten, die im Verkaufssystem eines → Warenwirtschaftssystem (WWS) anfallen, z.B. Zusammensetzung der Einkäufe (Art und Anzahl der Artikel und deren Preise), Ort, Zeit und Häufigkeit der Einkäufe, Anzahl und Art der Beschwerden und Retouren. Gelingt es, diese Daten mithilfe von personenbezogenen, einkaufsverhaltensrelevanten Daten (z.B. Kundendaten) zu verknüpfen (Data Warehouse), so ist im Idealfall eine gezielte individuelle Kundenansprache möglich.

Kundendienst – 1. *Begriff*: Dienste eines Herstellers oder Händlers, die er seinen Abnehmern vor dem Kauf (→ Pre-Sales-Service), kaufbegleitend (→ episodenbegleitende Dienstleistungen) oder nach dem Kauf (→ After-Sales-Service) erbringt. – 2. *Zweck* ist die Gewinnung von Dauerkunden. – 3. *Formen:* (1) nicht warengebundener Kundendienst wie z.B. Kindergärten in Warenhäusern, Besorgung von Theaterkarten durch den Hotelportier u.Ä.; (2) warengebundener Kundendienst wie z.B. Abhol- und Auslieferdienste, Produktdemonstrationen, Montage, Installation, Schulungen über Gebrauch und Bedienung einer Maschine u.a.; (3) technischer Kundendienst wie z.B. Installation, Montage u.Ä.; (4) kaufmännischer

Kundendienst wie z.B. kaufmännische Beratung, Bestelldienst, Umtausch u.Ä.

Kundenfrequenzanalyse → Kundenstromanalyse.

Kundenlaufstudie → Kundenstromanalyse.

Kundenmonitoring – in regelmäßigen Abständen wiederholte → Abnehmerbefragung.

Kundennutzen – Grad der Befriedigung von Bedürfnissen (→ Motive), den ein Produkt dem Kunden erbringt. Das absatzwirtschaftliche Nutzenkonzept geht von einer hierarchischen Gliederung verschiedener Nutzenarten aus, aus denen sich der Gesamtnutzen bzw. Produktnutzen additiv zusammensetzt. Der sog. → Grundnutzen schafft dabei die aus den physisch-funktionalen Eigenschaften eines Produktes resultierende Bedarfsdeckung. Der → Zusatznutzen lässt sich in Erbauungsnutzen und Geltungsnutzen unterscheiden. Unter *Erbauungsnutzen* wird die aus den ästhetischen Eigenschaften eines Produktes resultierende Bedarfsdeckung (z.B. Form, Farbe, Geruch) verstanden. Der *Geltungsnutzen* ist die Bedarfsdeckung, die aus den sozialen Eigenschaften (z.B. Prestige) eines Produktes oder einer Leistung resultiert. Grundnutzen und Zusatznutzen bilden zusammen den Gesamtnutzen, der die aus allen Eigenschaften eines Produktes resultierende Bedarfsdeckung repräsentiert.

Kundenorientierung – die Ausrichtung aller marktrelevanten Maßnahmen eines Unternehmens an den Bedürfnissen und Problemen der → Kunden.

Kundenschulung – Vermittlung von Anwendungswissen für technisch komplexe und erklärungsbedürftige Leistungsangebote durch den Anbieter der Leistung an seine Kunden. Kundenschulungen sind ein Instrument des → Servicemarketings und stärken die Kundenbindung sowie -zufriedenheit.

Kundenstromanalyse – *Kundenlaufstudie, Kundenfrequenzanalyse*; Analyse der Bewegungen eines Kunden in einem → Ladenlokal des → Einzelhandels. Ziel der Analysen ist, Erkenntnisse über das Kundenverhalten zu erlangen und die Produktivität der → Verkaufsflächen zu optimieren. Die Durchführung erfolgt als → Beobachtung, an die sich eine → Befragung anschließen kann.

Kundenstrukturanalyse – Erhebung von Einkaufsgewohnheiten, des Mediaverhaltens, des Einzugsgebietes und der demografischen Struktur des Kundenstammes sowie Analyse der Kundendatei. Die Ergebnisse dienen als Grundlage z.B. für die Mediaplanung, die Sortimentspolitik und des Servicenetzes. Traditionell gute Informationen über ihre Kunden haben die Versandunternehmen. Eine wichtige Informationsquelle sind auch die → Verbraucherpanels. – Vgl. auch → Marktforschung, → Marktsegmentierung.

Kundenwert – diskontierter Einzahlungsüberschuss, den ein Kunde über die gesamte Zeit seiner Beziehung zu einem Unternehmen für das Unternehmen erzeugt.

Kundenwertpricing – Form der Preisdifferenzierungsstrategie. Preise werden auf den Kundenwert, also den ökonomischen Wert eines Kunden für das Unternehmen, abgestimmt, um strategisch wichtige Kunden durch individuelles Pricing enger an sich zu binden. Beispiel kann ein Vieltelefonierer sein, der wegen seines hohen Minutenaufkommens einen Preisnachlass oder eine kostenfreie Zusatzleistung erhält.

Kundenzufriedenheit – 1. *Begriff*: Nachkaufphänomen, bei dem der Kunde erworbene Produkte oder Dienstleistungen anhand seiner gewonnenen Nutzungserfahrungen beurteilt. In der Käuferverhaltensforschung wird Kundenzufriedenheit als hypothetisches Konstrukt verwendet, welches die Übereinstimmung zwischen den subjektiven Erwartungen und der tatsächlich erlebten Motivbefriedigung bei Produkten oder Dienstleistungen zum Ausdruck bringt. Werden die Erwartungen nicht erfüllt, so liegt Unzufriedenheit vor. Bei unzufriedenen

Kunden besteht die Gefahr, dass sie (still) zur Konkurrenz abwandern (Unvoiced Complainers) und/ oder ihre Unzufriedenheit dem Unternehmen (Beschwerde) oder anderen Personen (negative Mund-zu-Mund-Propaganda) mitteilen. – 2. *Messung*: Bei der Messung der Zufriedenheit werden merkmals- und ereignisorientierte Verfahren unterschieden. Bei den merkmalsorientierten Verfahren wird die Zufriedenheit gegenüber Leistungsmerkmalen erfasst. Hingegen wird bei den ereignisorientierten Verfahren angenommen, dass Zufriedenheit auf der Bewertung von (kritischen) Ereignissen während der Produktnutzung beruht. – 3. *Wirkung von Kundenzufriedenheit*: Kundenzufriedenheit wird in der Marketingwissenschaft als wesentlicher Einflussfaktor der Kundenloyalität bzw. → Kundenbindung untersucht. In Marketingzielsystemen werden Zufriedenheitsziele als psychographische Zieldimension einbezogen. – Vgl. auch → Zufriedenheit.

Kundenzufriedenheitsforschung – Teilgebiet der → Marketingforschung, das sich mit der Zufriedenheit und der Loyalität der Kunden befasst. Dabei werden meist Einzelfragen (z.B. „Hat der Verkäufer Ihnen die möglichen Sonderausstattungen erläutert?") zu bestimmten *Leistungsbereichen* (z.B. Verkäuferkompetenz) mit einer → Faktorenanalyse verdichtet. Oft wird die Zufriedenheit mit dem Leistungsbereich und die Gesamtzufriedenheit abgefragt. Durch Regressionsrechnung (Regression) lassen sich die Wichtigkeiten der Leistungsbereiche für die Gesamtzufriedenheit berechnen. Die Kundenzufriedenheitsforschung wird v.a. bei hochwertigen Gebrauchsgütern (z.B. Automobil) sowie in Servicebranchen wie z.B. Banken, Versicherungen oder Tourismus angewendet. Eine Sonderform der Kundenzufriedenheitsforschung ist die Erforschung der Händlerzufriedenheit.

Kupon – Coupon, Zinsschein.

L

Laborexperiment → Laborforschung.

Laborforschung – *Laborexperiment;* Verfahren der → Marktforschung in einer künstlichen, speziell zu diesem Zweck planmäßig herbeigeführten Situation. Laborforschung dient der Durchführung einer → Befragung, → Beobachtung oder eines → Experiments. Das Labor hat den Vorteil, dass viele Bedingungen, die in realer Situation als intervenierende Variable fungieren würden, konstant gehalten werden können. – *Gegensatz:* → Feldforschung.

Laddering → Befragung, deren Grundlage immer weitergehende Fragen nach den Gründen für die vorhergehende Antwort sind. Jeder Antwort folgt eine weitere „Warum-Frage", bis der Befragte nicht mehr antworten kann. Laddering dient dazu, → Marketingstrategien zu entwickeln, die auf die → Motive der Konsumenten ausgerichtet sind und nicht lediglich auf die objektiven Produkteigenschaften, die möglicherweise für den Konsumenten nur bedingt Auslöser für seine Kaufentscheidung sind.

Laden – *Ladengeschäft, Verkaufslokal, Einkaufsstätte;* Betriebsstätte im → stationären Einzelhandel, in der den Kunden Waren angeboten werden. Betrieben von einer → Einzelhandelsunternehmung oder von Herstellern (→ Fabrikverkauf). Im Sinn des Handelsrechts auch Verkaufsstand auf einer Ausstellung.

Ladendiebstahl – widerrechtliche Aneignung von Waren in → Handelsbetrieben durch Kunden, aber auch durch Mitarbeiter oder Lieferanten aus → Läden oder deren Lager. *Zunahme* des Ladendiebstahls, v.a. durch verführerische Warenpräsentation zur „Selbstbedienung", was von den Tätern allzu wörtlich genommen wird. Zunehmende Anonymität zwischen Kunden und Laden bzw. dessen Inhaber sowie Wandel der

Einstellungen zum Eigentum gelten als Ursachen. – *Eingrenzung* mittels baulicher Maßnahmen, Schulung des Verkaufspersonals, Einsatz von Detektiven und Kameras sowie sonstiger technischer Maßnahmen der Warensicherung; dadurch entstehen weitere Kosten, die neben dem Warenschwund bei der Preiskalkulation zu berücksichtigen sind. Strafrechtliche Ahndung über § 242 StGB und evtl. - bei Mitarbeitern – über § 246 StGB (Unterschlagung).

Ladeneinrichtung – Ausstattung eines → Ladens mit Möbeln, Beleuchtungskörpern, Wand- und Deckenverkleidungen, Fußbodenbelägen, Einkaufswagen u.a. Die Ladeneinrichtung soll den Warenverkauf technisch ermöglichen, aber auch durch atmosphärische Gestaltung werbend wirken. Abnutzung durch Verschleiß und Veralten (→ Ladenverschleiß). – In der Bilanz werden die Gegenstände der Ladeneinrichtung i.d.R. auf der Aktivseite als Betriebs- und Geschäftsausstattung ausgewiesen.

Ladengeschäft → Laden.

Ladenhüter – *Penner;* Produkte mit (im Vergleich zu den übrigen Artikeln des Sortiments) geringer Umschlagshäufigkeit und geringer Attraktivität für die Kunden. Im Einzelhandel auch veraltete, unmoderne, beschädigte, beschmutzte Artikel. Verkauf von Ladenhütern meist mit hohen Preisnachlässen, bes. auf Sonderveranstaltungen. – *Gegensatz:* → Renner.

Ladenöffnungszeiten – Zeitspannen, während deren der → Residenzhandel seine Ladenkapazität zur Nutzung durch Kunden bereithält. Tatsächliche Ladenöffnungszeiten stimmen mit den nach dem → Ladenschlussgesetz (LadSchlG) des Bundes (gilt nur noch in Bayern) oder der Länder maximal möglichen regelmäßigen Ladenöffnungszeiten nicht immer überein. Viele Betriebe haben kürzere Öffnungszeiten, da sie während mancher Stunden keinen ausreichend hohen Umsatz erwarten bzw. die Ladenöffnungszeiten der Arbeitszeit der Vollzeitkräfte (z.b. 40 Stunden pro Woche) anpassen.

Ladenpreis → Endverbraucherpreis (Verkaufspreis), den die Unternehmung des → Einzelhandels ihren Kunden berechnet.

Ladenschlussgesetz (LadSchlG) – Gesetz über den Ladenschluss i.d.F. vom 2.6.2003 (BGBl. I 744). Es trifft eine allg. Regelung über die Ladenschlusszeiten (§ 3) und sieht Sonderbestimmungen für bestimmte Verkaufsstellen (Apotheken, Zeitungskioske, Tankstellen, Personenbahnhöfe, Flughäfen und Fährhäfen), für bestimmte Orte (Kur- und Erholungsorte), für bestimmte Zeiten und Anlässe (u.a. Verkauf bestimmter Waren an Sonntagen und für den Marktverkehr) vor. Das Ladenschlussgesetz besteht gegenwärtig nur noch in Bayern als partielles Bundesrecht fort, da alle anderen Länder nach Inkrafttreten der Föderalismusreform I am 1.9.2006 eigene Ladenschluss- oder Ladenöffnungsgesetze erlassen haben. – 1. *Rechtsentwicklung:* Durch die Föderalismusreform I wurde der Ladenschluss aus dem Katalog der konkurrierenden Gesetzgebungsbefugnis des Bundes herausgenommen (Art. 74 I Nr. 11 GG). Damit liegt die Gesetzgebungskompetenz für eine Neukonzeption der Ladenschluss- bzw. Ladenöffnungszeiten ausschließlich bei den Ländern. Mit dieser Änderung wurde auch die sog. Ladenschlussentscheidung des Bundesverfassungsgerichts vom 9.6.2004 (BVerfGE 111, S. 10ff.) umgesetzt. Das Ladenschlussgesetz des Bundes gilt als partielles Bundesrecht in den Ländern fort, in denen es noch kein eigenes Landesgesetz gibt (Art. 125a GG). – 2. *Allg. Ladenschlusszeiten nach dem partiell fortgeltenden Ladenschlussgesetz:* Verkaufsstellen für den geschäftlichen Verkehr mit Kunden müssen geschlossen sein an Sonn- und Feiertagen, montags bis samstags bis 6 Uhr und nach 20 Uhr, am 24. Dezember bis 6 Uhr und ab 14 Uhr, wenn es sich um

einen Werktag handelt. Bäckereien dürfen an Werktagen ab 5.30 Uhr öffnen. – 3. *Ausnahmen:* Sonderregelungen sind für Apotheken vorgesehen; Zeitungskioske dürfen an Sonn- und Feiertagen von 11 bis 13 Uhr, Tankstellen dürfen an allen Tagen während des ganzen Tages geöffnet sein. Letztere dürfen an Werktagen zu den allg. Ladenschlusszeiten und an Sonn- und Feiertagen nur Betriebsstoffe, Ersatzteile und Reisebedarf verkaufen. Was Reisebedarf ist, wird in § 2 II abschließend aufgeführt: neben Zeitungen, Straßenkarten u.Ä. auch Schnittblumen, Filme, Tonträger, Lebens- und Genussmittel in kleineren Mengen. Ähnliche Regelungen gelten für Personenbahnhöfe und Flughäfen. Allerdings kann in Städten mit über 200.000 Einwohnern bestimmt werden, dass in Personenbahnhöfen und den baulichen Anlagen, die sie mit dem Nah- und Stadtverkehr verbinden, Waren des täglichen Ge- und Verbrauchs sowie Geschenkartikel an Werktagen von 6 bis 22 Uhr verkauft werden dürfen. Ferner kann bestimmt werden, dass auf internationalen Verkehrsflughäfen und Fährhäfen Waren des täglichen Ge- und Verbrauchs sowie Geschenkartikel während der allg. Ladenschlusszeiten und an Sonn- und Feiertagen auch an andere Personen als Reisende abgegeben werden dürfen. – 4. Die Regelungen sind *wertneutrale Vorschriften*, Verstöße sind nur unter den Voraussetzungen des Rechtsbruchs sittenwidriger Wettbewerb (unlauterer Wettbewerb). Bestimmte Verstöße sind mit Bußgeld oder Strafe bewehrt (§§ 24, 25 LadSchlG). – 5. *In den Bundesländern sind die Regelungen unterschiedlich.* Vielfach – wie etwa in Baden-Württemberg, Berlin, Brandenburg, Bremen, Hamburg, Hessen, Niedersachsen, Nordrhein-Westfalen und Schleswig-Holstein – sind die Ladenöffnungszeiten an den 6 Werktagen, in Mecklenburg-Vorpommern und Sachsen-Anhalt an 5 Werktagen vollständig freigegeben. Unterschiedliche Regelungen bestehen zur Zahl der verkaufsoffenen Sonn- und Feiertage.

Ladenschlusszeiten → Ladenschlussgesetz (LadSchlG).

Ladenverschleiß – *Store Erosion;* Veralten von Läden, deren Innenausstattung und Form der Warenpräsentation, aber auch von → Betriebsformen des Handels (→ Dynamik der Betriebsformen im Handel), bes. von Verkaufsstellen des Einzelhandels (auch von Filialen des Kreditgewerbes oder Betriebsstätten des Dienstleistungsgewerbes). Wichtigste *Ursachen:* Neue Standortkonkurrenz und Wandlungen der Verbrauchereinstellungen. – Vgl. auch → Lebenszyklus.

Lagerdauer → Kennzahl für die Zeit, die eine Ware oder ein Material von der Einlagerung bis zur Entnahme durchschnittlich im Lager bleibt. a) *Produktionsbedingte Lagerdauer* ist Teil der Produktionszeit, z.B. in der Papier- und Lebensmittelindustrie. – b) *Marktbedingte Lagerdauer* ergibt sich in Abhängigkeit von Beschaffungs- und/oder Absatzmarkt, z.B. durch zeitlichen Ernteanfall, Saisongeschäft, Risikoabdeckung.

Lagergeschäft – I. Handelsbetriebslehre: Warendistribution über die Lager der Glieder der → Handelskette, z.B. beim → Eigengeschäft eines → Einkaufskontors des Großhandels. Auch bei → Fremdgeschäften ist Lenkung des Warenstroms über das Lager des Kontors möglich; vorherrschend ist hierbei jedoch das → Streckengeschäft.

II. Handelsrecht: 1. *Begriff:* Gewerbsmäßig übernommene Lagerung und Aufbewahrung von Gütern durch Lagerhalter (§§ 467– 475h HGB). Das Lagergeschäft ist eine bes. Art des Verwahrungsvertrags. – 2. *Gegenstand* des Vertrags ist die Lagerung und Aufbewahrung von lagerbaren Gütern. – 3. *Arten der Lagerung:* a) *Sonder-Lagergeschäft,* wenn nichts anderes vereinbart ist. Das Gut ist gesondert aufzubewahren. Es bleibt Eigentum des Einlagerers. – b) *Sammel-Lagergeschäft* (Mischlagerung): Wenn die Aufbewahrung und die Vermischung mit anderen Sachen von gleicher Art und Güte (Getreide in Silos, Benzin in Tanks) gestattet ist. Es entsteht Miteigentum der beteiligten Einlagerer nach Bruchteilen (§ 469 II HGB). – c) *Summen-Lagergeschäft:* Einlagerung vertretbarer Sachen. Das Eigentum geht auf den Lagerhalter über, und dieser ist nur verpflichtet, Sachen von gleicher Art, Güte und Menge zurückzuerstatten; uneigentlicher Verwahrungsvertrag, auf den die Vorschriften über das Sachdarlehen (Darlehen) angewandt werden (§§ 700, 607 ff. BGB).

lagerhaltende Großhandlung → Großhandelsunternehmung, die Lager unterhält (→ Lagergeschäft). Dadurch Überbrückung zeitlicher, aber auch mengenmäßiger, räumlicher und ggf. qualitätsmäßiger Spannungen (→ Handelsfunktionen). Lagerhaltende Großhandlung kann sowohl die Mitglieder der Vorstufe (z.B. Hersteller) als auch der nachgelagerten Stufe (z.B. Einzelhändler) von jeweils eigener Lagerhaltung entlasten. Ihren Abnehmern ermöglicht sie breite Auswahl unter physisch vorhandenen Waren und deren rasche Auslieferung. – *Anders:* → Streckengroßhandlung.

Länderrating – *Länderanalyse, Länderrisikoanalyse, Country Rating.* 1. *Begriff:* (überwiegend) strategisch ausgerichtete Früherkennungssysteme hinsichtlich der sich für einen Auslandsmarkt ergebenden Chancen und Risiken, ausgelöst v.a. durch politische Ereignisse und soziale, ökonomische und rechtliche Entwicklungen. – 2. *Kriterien:* vgl. Abbildung „Länderrating - Kriterien zur Länderbeurteilung". – 3. *Einzelkonzepte (Beispiele):* (1) Moody's; (2) Standard & Poors; (3) → BERI (Business Enviroment Risk Information/Intelligence); (4) Institutional-Investor-Länderrating; (5) Euromoney-Länderrating. – 4. *Zweck:* frühzeitiges Aufzeigen der sich – nach Einschätzung von Experten aufgrund voraussichtlicher, meist längerfristiger Entwicklungen maßgeblicher Rahmenbedingungen (für einzelne Auslandsmärkte ergebenden Handlungsvoraussetzungen) im Vergleich mit (1) anderen Ländern (Rangskala) und (2)

Länderrating –
Kriterien zur Länderbeurteilung

1 Freiheitsgrad unternehmerischer Betätigung auf dem zu beurteilenden Auslandsmarkt

- Begrenzungen für Auslandsinvestoren
- Freiheit der Wirtschaftsordnung
- Zugänglichkeit des inländischen Kapitalmarktes für Ausländer
- Liberalität der Transferbestimmungen
- Beteiligungsauflagen
- Beschäftigungsmöglichkeiten für ausländische Arbeitskräfte
- Rechtssicherheit
- Exportmöglichkeiten eines Landes
- Importpolitik

2 Grundsätzliche Voraussetzungen für eine Betätigung auf dem zu beurteilenden Markt

- Arbeitsklima/Sozialer Friede
- Verkehrs- und Kommunikationssystem
- Marken- und Produktschutz
- Bruttosozialprodukt pro Kopf der Bevölkerung oder branchenspezifisches Marktvolumen
- Stabilität des politischen Systems (einschl. der Gefahr innerer und von außen drohender Konflikte)
- Verfügbarkeit und Energie
- Umweltschutzauflagen
- Staat als Wirtschaftspartner

3 Volkswirtschaftliche Rahmenbedingungen und deren Entwicklungstendenzen

- Inflation in den vergangenen zwei Jahren
- Tendenzen in der Zahlungsbilanz (einschließlich internationaler Zahlungsfähigkeit)
- Wachstum in den vergangenen fünf Jahren und Wachstumsperspektiven
- Außenwirtschaftliche Belastung durch Öl- und Energieimporte
- Währungskonvertibilität

Quelle: Walldorf, E. G., Auslandsmarketing, Wiesbaden 1987, S. 288.

vorangegangenen Länderratings. Hierdurch sollen der Praxis Orientierungshilfen gegeben werden, um sich rechtzeitig auf die für einzelne Länder absehbaren generellen Entwicklungen einstellen zu können. – 5. *Anwendungsmöglichkeiten*: Länderratings können in Bezug auf voraussichtliche Änderungen relevanter Rahmenbedingungen für einzelne Auslandsmärkte lediglich sehr globale Chancen-Risiko-Hinweise geben, die es dann – mit speziellem Bezug auf Branche, Unternehmenssituation, Beziehungen zu dem jeweiligen Auslandsmarkt etc. – durch das einzelne Unternehmen in geeignete Maßnahmen umzusetzen gilt. Länderratings liefern der Praxis wichtige Basis-Informationen (Orientierungshilfen) für (1) Selektion von (zusätzlichen) Auslandsmärkten (Präselektion) und (2) Beurteilung aktueller Auslandsmärkte im Hinblick auf die Art und Weise eines künftigen Engagements.

Länderrisikoanalyse → Länderrating.

Landhandel → Großhandelsunternehmungen, deren Lieferanten und/oder Kunden landwirtschaftliche Erzeuger sind. Der Landhandel beliefert landwirtschaftliche Betriebe mit Saatgut, Düngemitteln, Maschinen u.a. und/oder kauft deren Agrarprodukte (Getreide, Obst, Gemüse, Vieh u.a.) auf (→ Aufkaufhandel). Ist der Landhandel sowohl lieferanten- als auch abnehmerseitig mit einem landwirtschaftlichen Betrieb verbunden, werden Forderungen aus Warenlieferungen häufig mit Erlösen aus dem Verkauf der Produkte verrechnet. Bei gleichzeitiger Übernahme der Finanzierung der Einsatzgüter bis zur Ernte bzw. Verkaufsfähigkeit besteht die Gefahr der Abhängigkeit des Erzeugers vom Landhandel; dies war der Ursprung für die Entstehung der landwirtschaftlichen Bezugs- und Absatzgenossenschaften.

langlebige Konsumgüter → Gebrauchsgüter.

Langsamdreher – Gegensatz von Schnelldreher. – Vgl. auch → Renner.

Längsschnittanalyse – Erfassung und Betrachtung von Daten über längere Zeiträume (Längsschnitt- oder Zeitreihen), um Veränderungen im Zeitablauf zu erkennen sowie Trends und Trendwendungen zu prognostizieren, z.B. durch Trendextrapolationen. – *Wichtige Methode:* → Panel.

Längsschnittuntersuchung – *Longitudinal- studie;* auf verschiedene Zeitpunkte bezogene Informationen müssen möglichst dieselben oder repräsentativ ausgewählte Probanden betreffen. – *Gegensatz:* → Querschnittunter- suchung.

Lasswellsche Formel – erstes Kommuni- kationsmodell; 1948 von H.D. Lasswell pub- liziert: „Wer sagt was über welchen Kanal zu wem?" – Heute erweitert durch die Fragen nach der Kommunikationswirkung und der Umweltsituation; für die Werbung gilt: *Wer* (Unternehmen, Werbetreibender) *sagt was* (Werbebotschaft) *unter welchen Bedingungen* (Situation) *über welche Kanäle* (→ Media) *zu wem* (→ Zielgruppe) *mit welchen Wirkungen* (→ Werbewirkung)?

latenter Bedarf – das Vorhandensein ei- nes → Bedarfs ohne geldliche Kaufkraft. Die Absatzpolitik eines erwerbswirtschaftlichen Unternehmens hat die Frage evtl. zukünfti- ger Kaufkraft zu erwägen, um ggf. den laten- ten Bedarf zu mobilisieren. – Vgl. auch → Be- darfselastizität.

Laufkunden – Käufer, die ihren Bedarf nicht bei einem bestimmten Einzelhändler oder Dienstleistungsunternehmen decken wie die → Stammkunden, sondern „im Vorüberge- hen" oder jeweils nach Prüfung des Marktan- gebots in wechselnden Unternehmen.

Layout – I. Allgemein: räumliche Anord- nung.

II. Innerbetriebliche Standortplanung: räumliche Anordnungsmöglichkeiten für ge- wisse Objekte innerhalb eines Betriebes (in- nerbetriebliche Standortverteilung); Gegen- stand der Layoutplanung.

III. Werbung: skizzenhaft angelegter *Entwurf* der Text- und Bildgestaltung eines → Wer- bemittels. Das Layout dient als Vorlage für Anordnung von Text- und Bildelementen, Formatierung und Verwendung bestimm- ter Schriftzüge. – *Forderungen an ein Layout:* Eigenständigkeit der Form, Abgestimmtheit

auf Produkt und Zielgruppe, Abhebung von Konkurrenzwerbung.

Layouter → Werbeberufe.

Lead Country Concept – Vorgehensweise bei der Marktausweitung auf internationale Märkte (internationales Marketing). Die Auslandsmärkte werden nicht gleichzeitig, sondern stufenweise erschlossen, wobei ein bestimmtes Land die Führung in der inter- nationalen Strategieentwicklung übernimmt.

Lead-Generierung – *Begriff* aus dem Marke- ting: beschreibt die Erzeugung von zukünf- tiger Kunden- und Nutzernachfrage nach einem bestimmten Produkt oder einer be- stimmten Dienstleitung. Leads können z.B. über die Anmeldung zu einem Newsletter, die Teilnahme an einem Gewinnspiel oder eine Neukundenregistrierung generiert werden. Dies geschieht meistens online. Auch über ein sog. → White Paper kann eine Lead-Generie- rung erfolgen.

Lead User – Nachfrager, deren Bedürfnisse als repräsentativ für einen Markt angesehen werden können und die eine hohe Kaufbe- reitschaft für zukünftige Produkte besitzen. Durch die Einbeziehung führender Anwen- der in den gesamten Entwicklungsprozess von Innovationen können Unternehmen wesentliche Wettbewerbsvorteile erreichen. Lead User sollen Bedürfnisse erkennen, be- vor sie am gesamten Markt auftreten. Nach der Identifizierung technologischer Trends in den Abnehmersegmenten und der Iden- tifizierung potenzieller Lead User werden der Innovationsbedarf analysiert sowie Lead User-Leistungskonzepte entwickelt und auf ihre Kundensegmentrepräsentanz hin unter- sucht. Das Lead User-Konzept zeigt die Be- deutung der Symbiose von Produzent und Kunde im Rahmen des Innovationsprozes- ses (Innovation, → Technologiemarketing) auf und ergänzt im Hinblick auf Innovations- quellen die Paradigmen von Angebotsdruck und Nachfragesog um jenes des aktiven Ab- nehmers. – Vgl. auch → Leapfrogging.

Lean Marketing – Managementkonzept im Marketing, das durch das Überdenken von Marketingstrukturen Stoßrichtungen für die Entwicklung von Unternehmenskonzepten aufzeigen will. – *Ziel*: Erstellung ganzheitlicher strategischer Konzepte; nicht eine einzelne Erfolgsposition wird angestrebt, sondern die gleichzeitige Erzielung mehrerer Wettbewerbsvorteile (→ Wettbewerbsstrategie). – *Kernelemente*: ganzheitliche Sichtweise, Prozessorientierung, Kundenorientierung, Mitarbeiterorientierung, Zulieferintegration, Konzentration auf Kernkompetenzen.

Leapfrogging – *Bockspringen*. 1. *Begriff*: Überspringen bzw. Auslassen einzelner Stufen im Rahmen eines vorgegebenen Prozessablaufs. – 2. *Arten*: a) *Nachfragerseitiges Leapfrogging*: Bei Kaufprozessen wird mit Leapfrogging die bewusste Entscheidung eines Nachfragers bezeichnet, eine gegenwärtig am Markt verfügbare Innovation nicht zu kaufen und die → Kaufentscheidung auf eine in der Zukunft erwartete Produktgeneration zu verschieben. Verfolgt ein Anbieter das Ziel, Nachfrager zum Leapfrogging zu bewegen, etwa weil er gegenwärtig keine marktfähigen Produkte anbietet, jedoch eine neue Generation entwickelt, so bieten sich ihm dazu folgende Möglichkeiten: (1) Durch Vorankündigung zukünftiger Produkte vor ihrer eigentlichen Markteinführung können Erwartungen hinsichtlich des Einführungszeitpunktes und der Leistungsfähigkeit auf der Nachfragerseite induziert werden. (2) Integration des Nachfragers in den Entwicklungsprozess des zukünftigen Produktes. Für Anbieter besteht hier v.a. die Möglichkeit, Prototypen frühzeitig zu präsentieren, mit → Lead Usern zusammenzuarbeiten und dieses gezielt mit Produktinformationen zu versorgen sowie → Beta-Tests mit dem zukünftigen Produkt durchzuführen. – b) *Anbieterseitiges Leapfrogging*: Die bewusste Entscheidung eines Anbieters, in der Entwicklung eine Produktgeneration zu überspringen und die

Entwicklungsanstrengungen auf zukünftige Produkte zu konzentrieren. Dem Anbieter kann es dadurch gelingen, im Vergleich zu den Konkurrenten schneller eine ausgereifte (zukünftige) Produktgeneration auf den Markt zu bringen und die Rolle des Marktpioniers einzunehmen. Das Auslassen einer Generation bewirkt jedoch auch einen Erfahrungs- bzw. Kompetenzrückstand des Anbieters, der sich negativ auf Leistungsmerkmale des zukünftigen Produktes und damit auf die zukünftige Wettbewerbsfähigkeit auswirken kann.

Leasing – I. Vertragsformen: 1. *Vertragsbestandteile*: (1) Grundmietzeit, in der i.d.R. kein Kündigungsrecht für den Leasingnehmer zugelassen wird; (2) Vereinbarung von Verlängerungs- oder Kaufoptionen nach Ablauf der Grundmietzeit; (3) Höhe der zu entrichtenden Leasingraten; (4) Übernahme der Gefahr des zufälligen Untergangs oder der wirtschaftlichen Entwertung (Investitionsrisiko) durch Leasinggeber oder Leasingnehmer; (5) evtl. Vereinbarungen über Wartung und Pflege des Leasingobjekts. – 2. *Arten der Vertragsgestaltung*: a) *Operate Leasingverträge*: entsprechen Mietverträgen im Sinn des BGB. Die Kündigung des Vertrags ist i.d.R. bei Einhaltung gewisser Fristen möglich. Der Leasinggeber trägt das gesamte Investitionsrisiko. – b) *Finanzierungs-Leasing-Verträge*: Eine bestimmte Grundmietzeit ist unkündbar. Nach deren Ablauf wird dem Leasingnehmer i.d.R. eine Verlängerungs- oder Kaufoption eingeräumt. Das Investitionsrisiko trägt der Leasingnehmer. Bei Finanzierungs-Leasing-Verträgen mit Verbrauchern gilt § 500 BGB. – Vgl. auch Mietkauf. – c) *Sale-and-Lease-back-Verträge*: Das Leasingobjekt wird von der Leasinggesellschaft dem Leasingnehmer erst abgekauft und anschließend wieder vermietet bzw. verpachtet.

II. Erscheinungsformen: Für Leasingverhältnisse besteht eine Vielzahl von Vertragstypen. Diese lassen sich nach unterschiedlichen Kriterien systematisieren. Oftmals werden

Leasingverträge anhand folgender Kriterien eingeteilt: (1) Art des Leasingobjekts (z.B. Auto-, Maschinen-, Computer-Leasing); (2) Mobilität des Leasingobjekts (Mobilienleasing/Immobilienleasing); (3) Art der Vertragspartner (Privat-Leasing/gewerbliches Leasing); (4) Verhältnis des Leasinggebers zum Leasingnehmer (direktes Leasing/indirektes Leasing); (5) Verhältnis des Leasinggebers zum Hersteller (Sale-and-lease-back); (6) Kalkulation der Grundmietzeit (Vollamortisationsverträge, d.h die gezahlten Leasingraten gleichen die Anschaffungs- bzw. Herstellungskosten und entstandenen Finanzierungs- und Verwaltungskosten mind. aus/ Teilamortisationsverträge, d.h. die gezahlten Leasingraten gleichen die Kosten des Leasinggebers am Ende der Grundmietzeit nicht aus und es verbleibt ein Restbetrag).

III. Handels- und steuerrechtliche Behandlung: 1. *Bilanzierung des Leasingobjektes:* a) *Grundsatz: In der Handelsbilanz* sind gemäß § 246 I HGB Vermögensgegenstände grundsätzlich in der Bilanz des Eigentümers aufzunehmen; ist der Vermögensgegenstand jedoch nicht dem Eigentümer, sondern einem anderen wirtschaftlich zuzurechnen, hat dieser den Vermögensgegenstand in seiner Bilanz auszuweisen. Daher ist unstreitig, dass ein Leasinggut genau dann beim Leasingnehmer zu bilanzieren ist, wenn die Vertragskonditionen in ihrer Summe dazu führen, dass das rechtliche Eigentum – das stets beim Leasinggeber verbleibt – zu einer bloßen Formalie herabsinkt. Wann genau ein Leasingvertrag jedoch so strukturiert ist, dass es zu einer so weitgehenden Aushöhlung des rechtlichen Eigentums kommt, ist verschiedenen Sichtweisen zugänglich und in der Literatur folglich umstritten. Laut Grundsatzurteil des BFH vom 26.1.1970 gelten die Leitsätze für die steuerliche Regelung prinzipiell auch für die Handelsbilanz; dem ist unter systematischen Gesichtspunkten zuzustimmen, da in der Steuerbilanz das als Betriebsvermögen anzusetzen ist, was in der Handelsbilanz als Vermögensgegenstand auszuweisen ist und

eine steuerliche Ausnahmeregelung, die an dieser Grundregel etwas ändern könnte, nicht vorhanden ist. Daher lässt sich festhalten, dass nach zutreffender Rechtsprechung des BFH in der Handelsbilanz Leasinggüter nach denselben Regeln wie in der Steuerbilanz bilanziert werden müssen; wer in der Handelsbilanz von den Leasingerlassen des BMF (vgl. dazu sogleich) abweichen will, müsste also beweisen, dass die Finanzbehörden die geltende Rechtslage bislang falsch auslegen. – b) *Grundsatz: In der Steuerbilanz* gilt, dass Wirtschaftsgüter in der Bilanz desjenigen anzusetzen sind, dem das wirtschaftliche Eigentum an ihnen gehört (abgeleitet von § 5 I EStG; ferner als allg. steuerlicher Grundsatz auch in § 39 AO erwähnt). Durch Leasingerlasse des BMF wird geregelt, wann aus der Sicht der Finanzbehörden Leasingverträge so ausgestaltet sind, dass das wirtschaftliche Eigentum auf den Leasingnehmer übergeht und daher dieser die geleasten Gegenstände als eigene Wirtschaftsgüter zu bilanzieren hat. Ist keiner der dort erwähnten Fälle einschlägig, verbleibt das wirtschaftliche Eigentum beim rechtlichen Eigentümer, also dem Leasinggeber, sodass dieser das Wirtschaftsgut in seiner Bilanz anzusetzen hat. – c) *Bilanzielle Folgerungen aus dieser Fallunterscheidung:* (1) Bleibt das wirtschaftliche Eigentum beim Leasinggeber, ist der Leasingvertrag steuerlich als ein ganz normaler Mietvertrag anzusehen: Der Leasingnehmer zahlt eine Miete, die ihm zur Betriebsausgabe wird; der Leasinggeber hat das verleaste Wirtschaftsgut als Teil seines Betriebsvermögens zu aktivieren, schreibt es über die Nutzungsdauer ab und behandelt die Mieteinnahmen als laufende Betriebseinnahmen seines Betriebes. (2) Gilt dagegen der Leasingnehmer als wirtschaftlicher Eigentümer, so präsentiert sich der Leasingvertrag wirtschaftlich als ein Kaufvertrag, bei dem der Leasinggeber dem Leasingnehmer den Leasinggegenstand veräußert hat und dieser den Kaufpreis in Raten („Leasingraten") abbezahlt. Somit hat der Leasingnehmer den Gegenstand zu

Anschaffungskosten zu aktivieren (§ 253 HGB, § 6 EStG), hierfür muss er, da er in Raten zahlt, einen Barwert seiner Zahlungen berechnen. Zugleich muss er dann, da er durch den „Ankauf" auch eine Kaufpreisverbindlichkeit begründet hat, die Anschaffungskosten auch als Verbindlichkeit bilanzieren. – d) *Abgrenzung im Einzelnen:* Für *Finanzierungs-Leasing* gilt: (1) Bei *Vollamortisationsverträgen* (a) *ohne Optionsrecht* über Grund und Boden wird das Leasingobjekt dem Leasinggeber zugerechnet. Bei derartigen Verträgen über Immobilien und/oder Mobilien erfolgt die Bilanzierung beim Leasinggeber, wenn die Grundmietzeit zwischen 40 und 90 Prozent der betriebsgewöhnlichen Nutzungsdauer des Leasingobjekts beträgt, sonst beim Leasingnehmer; (b) *mit Kaufoption* über Grund und Boden und/oder Immobilien erfolgt die Bilanzierung beim Leasinggeber, wenn der Kaufpreis im Fall der Optionsausübung weder den durch die lineare Abschreibung ermittelten Buchwert noch der niedrigeren gemeinen Wert im Veräußerungszeitpunkt unterschreitet. Bei derartigen Verträgen über Mobilien, sind diese dem Leasinggeber zuzurechnen, wenn der Kaufpreis bei Optionsausübung nicht geringer ist als der durch die lineare Abschreibung ermittelte Buchwert des Objekt oder nicht geringer als der niedrigere gemeine Wert im Veräußerungszeitpunkt und zusätzlich die Grundmietzeit mind. 40 Prozent und höchstens 90 Prozent der betriebsgewöhnlichen Nutzungsdauer beträgt. (c) Mit *Mietverlängerungsoption* über Mobilien tritt an die Stelle des Kaufpreises die Anschlussmiete. (2) Bei *Teilamortisationsverträgen* über Mobilien werden diese dem Leasinggeber zugerechnet, wenn dem Leasinggeber bei Veräußerung des Leasingobjekts am Ende der Mietzeit mind. 25 Prozent des die Restamortisation übersteigenden Teils des Veräußerungserlöses zusteht. Grund und Boden sind grundsätzlich dem zuzuordnen, dem das Gebäude gehört. – Bei *Spezial-Leasingverträgen* erfolgt die Bilanzierung des Objekts grundsätzlich

beim Leasingnehmer. – Werden *Operate-Leasingverträge* abgeschlossen, so ist das Leasingobjekt immer beim Leasinggeber zu bilanzieren. – 2. *Gewerbesteuer:* In die Bemessungsgrundlage für die Gewerbesteuer sind grundsätzlich mit 25 Prozent die pauschalierten Finanzierungsanteile von Mieten, Pachten und Leasingraten, bei beweglichem Anlagevermögen mit einem Finanzierungsanteil von 20 Prozent, bei unbeweglichen Vermögen mit einem Finanzierungsanteil von 75 Prozent hinzuzurechnen. Der geltende Freibetrag über 100.000 Euro ist zu beachten. – 3. *Umsatzsteuer:* Umsatzsteuerlich ist für die Beurteilung eines Leasingvertrages entscheidend, ob durch den Abschluss des Vertrages die Verfügungsmacht über den Gegenstand auf den Leasinggeber übertragen worden ist. Falls dies der Fall ist, ist der Vertrag umsatzsteuerlich als Lieferung des Leasinggegenstands an den Leasingnehmer zu würdigen (§ 3 I UStG), falls nicht, als sonstige Leistung, und zwar als Mietvertrag. Da die Verfügungsmacht im Kern dem Begriff des wirtschaftlichen Eigentums entspricht, muss die umsatzsteuerliche Beurteilung des Leasings daher konsequenterweise der ertragsteuerlichen Beurteilung folgen. Findet eine Einstufung als Lieferung statt, ist zu beachten, dass bei der Regelbesteuerung (Besteuerung nach vereinbarten Entgelten) bei Lieferungen die Umsatzsteuer sofort auf den gesamten Kaufpreis entrichtet werden muss, unabhängig davon, ob eine sofortige Zahlung oder eine Ratenzahlung stattfindet; für die umsatzsteuerliche Behandlung des Leasings hat dies zur Folge, dass bei einer solchen Vertragskonstellation schon mit Übergabe des Leasinggegenstands für den Leasinggeber als dem „Verkäufer" des Leasinggegenstands die gesamte Umsatzsteuerschuld für sämtliche vereinbarten Leasingraten auf einen Schlag zu entrichten ist. Zeitgleich hat der Leasingnehmer allerdings auch bereits einen Recht auf den vollen Vorsteuerabzug; hierin unterscheidet sich der Leasingvertrag nicht von einem normalen Vertrag über den Kauf einer Ware auf

Kredit. – 4. *Internationale Aspekte*: a) Nach den *Doppelbesteuerungsabkommen* muss bei grenzüberschreitenden Geschäften der Leasinggeber seinen Gewinn in seinem Heimatland (Ansässigkeitsstaat) versteuern, wenn er nicht im Land des Kunden über eine Betriebsstätte aktiv geworden ist (Art. 7 OECD-MA). Der Kunde fällt dagegen mit seinem Betrieb unter die Steuergesetze seines eigenen Landes (ebenfalls Art. 7 OECD-MA). Somit sind bei grenzüberschreitenden Leasinggeschäften die Konsequenzen für die Betroffenen jeweils nach unterschiedlichen Steuergesetzen zu beurteilen. – b) *Konsequenzen für die Leasingvertragsgestaltung*: Mind. die Einzelfallregelungen, ab wann davon ausgegangen werden muss, dass durch einen Leasingvertrag das wirtschaftliche Eigentum auf den Kunden übergeht, sind nicht international harmonisiert (weder umsatzsteuerlich noch ertragsteuerlich). Befinden sich Leasinggeber und Leasingnehmer in unterschiedlichen Staaten, kann es also zu einer nicht aufeinander abgestimmten Beurteilung des Vorgangs im Steuerrecht beider Länder kommen, z.B. dass man aus Sicht des Fiskus des Leasinggebers das wirtschaftliche Eigentum beim Leasinggeber, aus der Sicht des Fiskus des Leasingnehmers aber beim Leasingnehmer sieht. Spezielle „cross-border leasing"-Gestaltungen versuchen, solche Beurteilungsdiskrepanzen gezielt so zu steuern, dass sie zum Vorteil der Betroffenen ausfallen. Da es sich jedoch um sehr spezielle Konstellationen handelt, die erheblichen Beratungsbedarf erfordern, finden sich solche Leasingmodelle in der Praxis vorrangig bei Großprojekten.

IV. Beurteilung: 1. *Allgemein*: Zur Beurteilung der Vorteilhaftigkeit des Leasings sind detaillierte Nutzen-Kosten-Analysen unter Berücksichtigung steuerlicher und bilanzieller Auswirkungen durchzuführen. Die Vorteilhaftigkeit des Leasings wird maßgeblich beeinflusst durch die im Leasingvertrag vereinbarten Rechte und Pflichten von Leasinggeber und -nehmer. – 2. *Kosten*: Die Summe

der Leasingraten übersteigt die Anschaffungskosten des Leasingobjekts. Die Kosten betragen i.d.R. etwa 130 Prozent des Kaufpreises. – 3. *Liquidität*: Durch Leasing wird eine liquiditätsmäßige Anspannung, wie sie beim käuflichen Erwerb auftritt, vermieden. – 4. *Verschuldungsspielraum*: Dem Argument, die Finanzierung über Leasing sei geeignet, den Verschuldungsspielraum eines Unternehmens auszudehnen, da Leasing aus der Bilanz nicht ohne Weiteres ersichtlich ist und relevante Kennzahlen nicht beeinträchtigt sind, steht die Literatur kritisch gegenüber. Bei Beantragung eines Kredits müssen auch Zahlungsverpflichtungen aus Leasingverträgen offen gelegt werden. – 5. *Investitionsrisiko*: Wenn dem Leasingnehmer ein Recht zur vorzeitigen Kündigung eingeräumt wird, so wird das Risiko wirtschaftlicher Überalterung des Leasingobjekts auf den Leasinggeber abgewälzt. I.d.R. ist die Grundmietzeit jedoch unkündbar. – 6. *Bonitätsanforderungen* der Leasinggesellschaften sind geringer als bei Kreditinstituten. Dies wird mit der besseren Marktkenntnis für das Leasingobjekt und der besseren Verwertung des Leasingobjekts im Vergleich zu Banken begründet. Unternehmen wird so eine „Kapitalquelle" erschlossen, die es ermöglicht, Investitionen auch dann noch durchzuführen, wenn eine Fremdfinanzierung über Kredit unmöglich ist. – 7. *Beratung*: Durch seine guten Produktkenntnisse über das Leasingobjekt kann der Leasinggeber eine Beratungsfunktion übernehmen. – 8. Für die *Hersteller* von Investitionsobjekten kann Leasing den herkömmlichen Verkauf verdrängen und die Vertriebsfunktion erfüllen (z.B. Datenverarbeitungsanlagen). – 9. Ob die Finanzierung über Leasing gegenüber den Alternativen Kauf mit Eigen- oder Fremdfinanzierung *vorteilhaft* ist, muss im Einzelfall bei gegebenen Objektdaten und Vertragsbedingungen geprüft werden. Durch Aufstellen eines Finanzplans unter vollständiger Erfassung aller Ein- und Auszahlungen der jeweiligen Alternative ist ein Vorteilhaftigkeitsvergleich möglich.

V. Leasinggesellschaften: in fast allen westeuropäischen Ländern und den USA. Größte Bedeutung in den USA, der Bundesrepublik Deutschland, Frankreich, Großbritannien. – *Verbände:* Bundesverband Deutscher Leasing-Unternehmen e.V. (BDL), Sitz in Berlin; LEASEUROPE, Sitz in Brüssel (europäischer Dachverband nationaler Leasing-Verbände).

Lebensstandard – Vorstellungen des Verbrauchers darüber, was sein Dasein und seine Umwelt ausmachen soll, ausgedrückt in der Summe der ihm nach Herkommen, Kinderstube, Werdegang etc. angemessen erscheinenden Wünsche. Lebensstandard wird als ideeller Bedarfsfaktor bzw. Bedürfnisformer verstanden, im Gegensatz zum Economic Status (zivilisatorischer Standard).

Lebensstil – für eine Person oder eine Personengruppe kennzeichnende Kombination von Verhaltensweisen. Diese Kombination stellt ein Muster dar, das die Person oder Personengruppe von anderen sichtbar unterscheidet. Der Lebensstil repräsentiert kulturelle oder subkulturelle Orientierungswerte. Das Konzept des Lebensstils wurde v.a. in die Marktpsychologie aufgenommen, um zu analysieren, welche Verhaltensmuster mit welchen Konsumneigungen verbunden sind. – *Kennzeichnungsmerkmale:* (1) Psychographische Merkmale von Konsumenten, z.B. → Einstellungen und → Motive; (2) Konsumverhalten: Art und Menge der konsumierten Güter. – *Bedeutung:* Segmentierungskriterium zur Bildung von homogenen Käufergruppen, die im Rahmen der Zielplanung verwendet werden (→ Marktsegmentierung).

Lebenszyklus – I. Betriebswirtschaftslehre: 1. *Begriff:* Konzept, das von der Annahme ausgeht, dass die zeitliche Entwicklung eines Objektindikators (z.B. → Absatz eines Produktes) in charakteristische Phasen unterteilt werden kann und einem glockenförmigen Verlauf folgt, d.h. es wird von einer begrenzten Existenz des Objekts ausgegangen. – 2.

Produkt-Lebenszyklus: Es wird davon ausgegangen, dass die Nachfrage nach einem Produkt unterschiedliche Phasen durchläuft, von seiner Entstehung und Einführung des Produktes am Markt bis hin zu dem Zeitpunkt, an dem es vom Markt verschwindet. Der Verlauf entsteht durch eine Vielzahl von Einzeleffekten, wie bspw. die Anzahl der Adoptoren, der Kaufmenge pro Kauf, der Wiederkaufrate, der Kauffrequenz, dem Preisniveau oder dem Konkurrenzverhalten. – 3. *Teilphasen* (vgl. Abbildung „Lebenszyklus"): a) *Einführung:* startet mit der Markteinführung und endet, wenn der Stückgewinn des Produkts positiv wird; – b) *Wachstum:* bis zum Wendepunkt der Absatzmengenkurve, d.h., Absatzmengen steigen nicht mehr progressiv an; – c) *Reifezeit:* bis zum zeitlichen Maximum des Stückgewinns. – d) *Sättigung:* gekennzeichnet durch sinkende Stückgewinne, durch i.d.R. sinkende Preise und steigende Werbekosten, Ende mit dem absoluten Umsatzmaximum; – e) *Degeneration:* erzielbare Absatzmenge nimmt zunehmend ab.

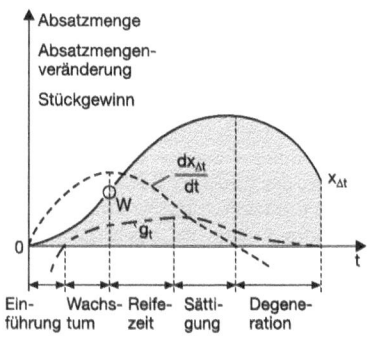

Lebenszyklus

4. *Kritik:* Die Phasenabgrenzung ist nur aus der Rückschau und bei erfolgreich am Markt eingeführten Produkten möglich. Das Modell suggeriert einen naturgegebenen Ablauf, es lässt dynamische Entwicklungen (z.B.

technischer Fortschritt, Modeströmungen, Anspruchswandel) und Handlungen, die der Reife-, Sättigungs- und Degenerationsphase entgegenwirken, außer Acht. Es handelt sich bei der Glockenkurve um eine idealtypische Darstellung, die in der Praxis häufig abweicht. – 5. *Bedeutung:* Innerhalb des strategischen Managements soll der Lebenszyklus als Analyseinstrument Anwendung finden. Auf ihm aufbauend soll u.a. die Bestimmung des → Altersprofils des Produktionsprogramms möglich sein. Die Bedeutung ist aber relativ gering, da nur wenige Objektentwicklungen dem idealisierten Verlauf des Lebenszykluses folgen und es äußerst schwierig ist, die Position des Objekts im Lebenszyklus zu bestimmen.

II. Wirkungsforschung: 1. *Allgemein:* Das Produktlebenszykluskonzept der Wirkungsforschung betrachtet das Produktleben im Sinne einer Produktbiografie und differenziert dieses in verschiedene Phasen, wobei jedoch keine konsistente Aufteilung und Bezeichnung der einzelnen Phasen existiert. Exemplarisch sei hier das Produktlebenszykluskonzept der Technikwirkungsanalyse genannt. – 2. *Phasen: a)* Forschung (im Sinn von Wirtschafts- oder produktnaher Forschung); b) Entwicklung und Innovation; c) Materialwirtschaft/Produktion); d) Absatz/Marketing; e) Produktnutzung (bezeichnet die Verwendung, und zwar den konsum- oder verwendungsorientierten Gebrauch oder Verbrauch von Produkten); f) Phase nach der Nutzung (setzt an dem Punkt ein, an welchem ein Produkt nicht mehr entsprechend seinem ursprünglichem Verwendungszweck gebraucht wird bzw. gebraucht werden kann, und endet dort, wo das Produkt die verschiedenen Entsorgungswege der herkömmlichen Entsorgung oder die verschiedenen Arten des Recycling durchläuft). – 3. *Anwendung:* Das der Wirkungsanalyse zugrunde liegende Produktlebenszyklusmodell ist als ganzheitlich zu bezeichnen; das zu untersuchende Objekt wird im zeitlichen Ablauf seines Existierens von der „Wiege bis zur Bahre" erfasst.

Leistungspolitik → marketingpolitische Instrumente.

Leistungsprogramm → Absatzprogramm.

Leistungswettbewerb – Werbemaßnahmen, die den freien Willen des Kunden durch die eigene, gewerbliche Leistung beeinflussen wollen. Die Unterscheidung in Leistungswettbewerb und Nichtleistungswettbewerb ist ein Kriterium zur Konkretisierung der Generalklausel des unlauteren Wettbewerbs.

Leitbild – 1. *Wettbewerbspolitik:* wettbewerbspolitische Leitbilder. – 2. *Umweltpolitik:* umweltpolitische Leitbilder. – 3. *Werbung:* → Schlüsselbild.

Leitpreis – Preisführerschaft.

Lerneffekt – innerer Störeffekt bei der → Befragung. V.a. bei längeren → Fragebögen wird dem Befragten durch vorangegangene Fragen ein Wissen vermittelt, das bei der Beantwortung weiterer Fragen benutzt wird und damit die Ergebnisse verzerrt (systematischer Fehler). Lerneffekte können auch bei → Panels durch die wiederholte Abfrage auftreten (→ Paneleffekt).

Leser-Blatt-Bindung – Maß für die Stärke der (auch emotionalen) Verbundenheit eines Lesers zu einer periodischen Druckschrift. Werbemittel, die in Werbeträgern mit starker Leser-Blatt-Bindung erscheinen, haben eine größere Werbewirkung.

Leser pro Ausgabe → Reichweite.

Leser pro Nummer → Reichweite.

Leserumfrage – Methode der → Meinungsforschung. Das Problem der Auswahlmethode für die → Repräsentativerhebung in Bezug auf den zu befragenden Personenkreis wird gelöst, indem die Leserschaft einer bestimmten Zeitung oder Zeitschrift angesprochen wird (Readers Interest Research). Ergebnisse sind nur zu generalisieren für eine dieser Leserschaft entsprechende Verbraucherschicht.

Lieferantentreue – Dauerhaftigkeit der Geschäftsverbindung zwischen Lieferant

(→ In-Supplier) und Abnehmer. – 1. Bei *Investitionsgütern:* Lieferantentreue ist im Wesentlichen abhängig von der → Integralqualität der angebotenen bzw. gelieferten Leistungen und von den Erfahrungen des Kunden während der gesamten Abwicklungs- und Nutzungsdauer, auch hinsichtlich → After-Sales-Services (ausgedrückt in habitualisiertem Käuferverhalten und langfristigen Lieferverträgen, wenn keine Beschaffungsrichtlinien dagegen stehen). – 2. Beim *Handel:* Lieferantentreue bei Markenartikeln (→ Markentreue) ist relativ größer als bei nicht markierten Waren; v.a. wenn der Kunde erwartet, dass der Handelsbetrieb bestimmte Waren/Marken führt. Lieferantentreue ist bes. von der Wettbewerbssituation bei Hersteller und Handel, Art und Intensität der Werbung und Verkaufsförderung des Herstellers gegenüber Handel und Endverbraucher abhängig.

Lieferservice – 1. *I.w.S.: Logistikservice:* die Leistungsfähigkeit eines Logistiksystems, charakterisiert durch die vom Empfänger (Nutzer) wahrgenommene Qualität von Lieferzeit, Lieferzuverlässigkeit, Lieferungsbeschaffenheit und Lieferflexibilität. – Die Abwägung zwischen Logistikservice und Logistikkosten unterliegt dem Primat der Wirtschaftlichkeit. – 2. *I.e.S.: Home Delivery Services:* Auslieferung von per Telefon, Fax oder Internet bestellten Waren nach Absprache an den Kunden oder an bes. Lieferadressen zu vom Kunden gewünschten Zeiten.

Life-Style-Segmentierung – Form der → Marktsegmentierung, bei der die von den individuellen Lebenszielen abhängigen Lebensgewohnheiten (z.B. Mitgliedschaft in Vereinen, Art der Freizeitgestaltung, Wohn-, Reise-, Lesegewohnheiten u.a.) das Segmentierungskriterium darstellen. – Zugrunde liegt der Gedanke, dass Menschen gemäß etablierten Verhaltensgewohnheiten und Einstellungsmustern leben, die ihre Handlungen und Interessengebiete bestimmen.

Likert-Skalierung – Verfahren der summierten Schätzungen; → Skalierungsverfahren zur Messung der → Einstellung, basiert auf Rating-Skalen (→ Rating). – 1. *Konstruktion* der Skala, ähnlich aufwendig wie bei der → Thurstone-Skalierung: (1) Bildung einer großen Menge von Statements mit extrem positiven und negativen Ausprägungen. (2) Bewertung der Statements auf einer Fünf-Punkte-Skala durch Testpersonen. (3) Berechnung von Skalenwerten für jede Testperson durch Addition der Itemwerte und Ordnung der Testpersonen nach den Skalenwerten. Bildung zweier Extremgruppen aus dem Viertel mit den höchsten und dem Viertel mit den niedrigsten Skalenwerten. (4) Für jedes Statement werden dann Mittelwerte aus den beiden Extremgruppen gebildet, deren Differenz als Diskriminationsmaß des → Items angesehen wird. Die Statements mit dem höchsten Diskriminationsmaß werden ausgewählt. – 2. *Anwendung:* Die Testpersonen geben den Grad ihrer Zustimmung bzw. Ablehnung zu den ausgewählten Statements nach dem Fünf-Punkte-Maßstab an. Ihr persönlicher Skalenwert ergibt sich durch Addition der einzelnen Itemwerte. – 3. *Hauptkritikpunkt:* Personen mit gleichem Skalenwert müssen nicht unbedingt die gleiche Einstellung haben, da dieser Skalenwert durch Addition völlig unterschiedlicher Statementbewertungen zustande gekommen sein kann.

Limited Edition – 1. *Begriff:* bildet eine spezielle Form von → Produktlinienerweiterungen. – 2. *Merkmale:* Es handelt es sich um zusätzliche, begrenzt verfügbare Angebote in der gleichen Produktkategorie unter demselben Markennamen. Die Differenzierung zu bestehenden Produkten erfolgt durch eine moderat atypisch ausgeprägte Variation in Produkteigenschaften, wie z.B. die Sorte, Form, Farbe, Größe oder Zusammensetzung. Limited Editions nehmen dadurch eine Sonderstellung innerhalb der Produktlinie ein. Aus der Begriffsbestimmung lassen sich zwei grundlegende Merkmale festmachen, in denen sich Limited Editions von klassischen Produktlinienerweiterungendifferenzieren. Dies ist zum einen die begrenzte Verfügbarkeit. Eine Kenntlichmachung der Begrenzung erfolgt durch Hinweise, wie z.b. „Limited Edition", „Nur für kurze Zeit" oder „Limitierte Auflage". Zum anderen ist für Limited Editions eine moderate Atypizität charakteristisch.

Limitplanung → Limitrechnung.

Limitrechnung – im → Handel bei der Beschaffung von → Waren angewandte Methode zur Erlös- und Bestandsplanung: Ausgehend von Planumsätzen für eine Periode (Tage, Wochen, Monate, Jahre) wird für den jeweiligen *Planungszeitraum* der Soll-Lagerbestand ermittelt. Dieser, bewertet mit den Anschaffungskosten, ergibt das *Einkaufs-Limit* pro Planungsperiode. Wegen der stark differenzierenden Lagerumschlagshäufigkeiten ist eine gesonderte Berechnung für einzelne Artikel notwendig. Zusammenfassung von Artikeln mit gleicher Umschlagshäufigkeit ist möglich. Will ein Einkäufer oder Filialleiter dieses Einkaufsbudget über- oder unterschreiten, so müssen diese Abweichungen mit der zentralen Unternehmensleitung abgesprochen werden.

Linear Structural Relations System → LISREL.

Line Extension – *Produktlinienerweiterung;* 1. *Begriff:* Ausweitung des → Absatzprogramms eines Unternehmens durch → Produktdifferenzierung bzw. Vertiefung des Sortiments. – 2. *Merkmale:* Die zusätzlichen Angebote steng eng mit den bisherigen Angeboten verbunden, da sie eine ähnliche Funktion erfüllen, an die selbe oder angrenzende Zielgruppen verkauft werden und im Normalfall über die gleichen Distributionspunkte verkauft werden. – 3. *Zweck:* Anreiz für eine Line Extension ist eine am Markt etablierte Produktlinie, deren Umfang als zu gering wahrgenommen wird. Die Erweiterung der Produktlinie dient somit der Optimierung des Angebotes eines Unternehmens. Das Unternehmen kann mit der Line-Extension

neue Kundengruppen ansprechen, dem Wettbewerb im aktuellen Segment ausweichen, Marktlücken schließen oder sein Qualitätsimage anpassen. – 4. *Arten:* Eine Produktlinie kann in verschiedene Richtungen ausgedehnt werden: – a) *Ausweitung nach unten:* Ein Unternehmen, das am oberen Ende des Marktes agiert, kann seine Marktabdeckung durch preisgünstigere Produkte nach unten erweitern. Das günstigere Angebot muss allerdings den Erwartungen an die Marke gerecht werden und sollte möglichst wenig Kannibalisierungseffekte auslösen. – b) *Ausweitung nach oben:* Das Unternehmen erweitert seine Marktabdeckung in höherpreisige Segmente, muss die neuen Zielgruppen allerdings von der Höherwertigkeit überzeugen. – c) *Ausweitung nach unten und oben:* Kombination der beiden vorangegangenen Alternativen.

Line Extensions → Produktlinienerweiterung.

LISREL – Abk. für *Linear Structural Relations System;* multivariates Verfahren (→ multivariate Analysemethoden) der → Kausalanalyse. Kombination von Elementen der → Regressionsanalyse bzw. → Pfadanalyse mit Elementen der → Faktorenanalyse. V.a. ist es möglich, unterschiedliche Messkonzepte für die miteinander verknüpfbaren Variablen in die Analyse einzubeziehen. – *Ähnliche Ansätze:* EQS (EQuantionS)-Ansatz; PLS (Partial Least Squares)-Ansatz.

Listenpreis – der in einer Preisliste angegebene Preis. Der Listenpreis dient als Grundlage für die Bezugspreiskalkulation. Von ihm sind (1) abzuziehen: alle Skonti, Rabatte bzw. Provisionen, die der Käufer vereinbarungsgemäß oder der Auftragsmenge entsprechend beanspruchen kann; (2) hinzuzurechnen: alle anderen Kosten, sofern die Preisofferte auf Free- und Loco-Basis beruht.

Listung – Aufnahme eines Produkts in das Sortiment eines Handelsbetriebs. – Vgl. auch → Listungsgebühren.

Listungsgebühr – Anbieten oder Fordern einer Gebühr für Aufnahme eines Artikels in den → Ordersatz; den Leistungswettbewerb im Handel gefährdend.

Live Communication – Oberbegriff für Kommunikationsinstrumente, die eine persönliche Begegnung und das aktive Erlebnis der Zielgruppe mit dem Hersteller und seiner Marke in einem inszenierten und häufig die Emotionen ansprechenden Umfeld in den Mittelpunkt stellen. Das Zusammenwirken dieser Elemente sowie die direkte und persönliche Interaktion zwischen Hersteller und Zielgruppe sollen zu einzigartigen und nachhaltigen Erinnerungen führen (→ Markenkenntnis, → Einstellung). Zu den Instrumenten der Live Communication zählen v.a. Messen, Showrooms, Events, Promotions und spezifische Formen des persönlichen Verkaufs. – Vgl. auch → Event Marketing.

Location-based-Marketing – vertriebs- oder vermarktungsbezogene Nutzung von → Location-based-Services.

Location-based-Services – 1. *Begriff:* sind standortbezogene Dienste, die auf die aktuelle Aufenthaltsposition abgestimmte Informationen zur Verfügung stellen (bspw. Restaurants, Tankstellen oder Sehenswürdigkeiten). – 2. *Merkmale:* Zur Standortbestimmung wird ähnlich wie bei Navigationsdiensten auf GPS-Daten zurückgegriffen, alternativ kann auch die Funkzelle genutzt werden, in der das Telefon eingebucht ist. – 3. *Arten:* Zu unterscheiden ist zwischen reaktiven und proaktiven Diensten: a) reaktive Dienste: die Angebote müssen durch den Nutzer direkt angefragt werden (bspw. Anfrage nach einem griechischen Restaurant in der Umgebung), – b) proaktive Dienste: reagieren automatisch bei Eintritt in eine bestimmte Zone (bspw. Freischaltung von Rabattgutscheinen wenn Sie an einem Café vorbeigehen oder in ein Geschäft eintreten). – 4. *Gefahren:* a) Die Veröffentlichung des Standortes lässt natürlich auch andere Nutzer wissen wo man sich gerade befindet oder auch nicht.–b) Eine Überwachung/Nachverfolgung von Bewegungsprofilen kann nicht ausgeschlossen

werden, auch wenn Sie laut deutschem Telemediengesetz theoretisch unterbunden wird. – 5. *Dienste:* Foursquare, Google Places oder Facebook Places.

Logfile – Datei, in der alle bzw. zuvor definierte Aktionen und Ereignisse eines Systems protokolliert werden. Insbesondere sind Logfiles beim Betrieb von Webseiten relevant, in denen alle erfassbaren Daten der Benutzer einer Website protokolliert werden. Hierzu zählen u.a. seine IP-Adresse, das Datum des Zugriffs, der Browser-Typ (Browser) und die Bezeichnung der angeforderten Datei. Durch die Auswertung des Logfile kann der Traffic einer Website berechnet und das Verhalten der Nutzer analysiert werden.

Logo – *Firmenzeichen.* 1. *Begriff:* visueller Bestandteil der Markierung (→ Marke) von Produkten. Ein konkretes Logo kann ähnlich einem mnemotechnischen Reiz den Markennamen und sonstige mit der Marke assoziierten Inhalte ins Bewusstsein des Konsumenten bringen, da das Logo leichter verfügbar ist. – 2. *Arten:* (1) *Bildlogos:* Diese können in abstrakte (Zeichenkombinationen, die keinen Bedeutungsinhalt aufweisen) und konkrete (Zeichenelemente, die reale Objekte abbilden) Logos unterteilt werden; (2) *Schriftlogos.* – 3. *Wirkungen:* Konkrete Bildlogos sind den Schriftlogos aufgrund der besseren Verarbeitungs- und Gedächtniswirkung überlegen. – 4. *Gestaltungsanforderungen:* Logos sind so zu gestalten, dass sie aktivieren (Aktivierung), Gefallen erzielen, positionierungsrelevante → Assoziationen vermitteln, leicht wahrnehmbar (→ Wahrnehmung) und erinnerbar (Erinnerung) sind.

Longitudinalstudie → Längsschnittuntersuchung.

Low-Interest-Produkt – Konsumgut, dem die Verbraucher ein geringes Interesse entgegenbringen und das durch → habituelles Kaufverhalten charakterisiert ist. – *Gegensatz:* → High-Interest-Produkt.

Loyalty Marketing – Form des Marketings, die langfristige → Kundenzufriedenheit und

→ Kundenbindung zum Ziel hat. Die Kunden werden für ihre dauerhafte Treue etwa durch bes. Rabatte, Geschenke, Sonderservices oder Vergünstigungen bei Partnerunternehmen belohnt.

LpA-Wert – Leser pro Ausgabe, Kontaktmaßzahl im Rahmen der Zeitschriften-Leserschaftsforschung. – Vgl. auch → Reichweite.

LpE-Wert – Leser pro Exemplar, Kontaktmaßzahl im Rahmen der Zeitschriften-Leserschaftsforschung. – Vgl. auch → Reichweite.

LpN-Wert – Leser pro Nummer, Kontaktmaßzahl im Rahmen der Zeitschriften-Leserschaftsforschung. – Vgl. auch → Reichweite.

LSRS → LISREL.

Luxusprodukt – 1. *Begriff*: höchsten Ansprüchen genügende Leistungen eines Unternehmens (z.B. edle Materialien mit intensiver vertikaler Qualitätskontrolle). – 2. *Merkmale*: Kleinserien- bis Unikatfertigung herrschen vor, damit sind manufakturielle Bezüge verbunden. Neben selektivem Vertrieb spielen die örtliche und zeitliche Preiskonstanz sowie die Traditionsorientierung eine große Rolle. Motive für den Käufer, entsprechend hohe Preise zu bezahlen, liegen in der Selbstbelohnung, in der sozialen Binnendifferenzierung und in der Gewissheit, Erbstücke zu schaffen. Luxusprodukte und die darauf aufbauenden Luxusmarken sind durch Internationalität des Konsums gekennzeichnet.

Machtpromotor → Buying Center.

Magnitude-Skalierung → Skalierungsverfahren zur Messung der → Einstellung durch die Bildung von Verhältnisurteilen. Dabei wird die Intensität von Empfindungen proportional zu deren Intensität in Zahlen, die Länge einer Linie oder die Dauer eines Tones umgesetzt. Verstärkter Einsatz im Rahmen von → computergestützten Datenerhebungen.

Make to Order – Auftragsfertigung, Kundenauftragsfertigung, (MTO); Auftragstyp der Fertigung, bei dem die Produkte kundenindividuell nach konkreten Vorgaben gefertigt werden. Der Kundenentkopplungspunkt liegt vor dem ersten Produktionsprozessschritt. Die Auftragsabwicklung erfolgt weitgehend kundenspezifisch. Make to Order ist i.d.R. als Einzel- oder Kleinserienfertigung organisiert.

Makro-Marketing – Konzeption zur Gestaltung der Beziehungen zu Nicht-Marktteilnehmern und gegenüber der Gesellschaft. Ergänzung des klassischen → Marketing durch gesellschaftliche, ökologische und humanitäre Aspekte (→ Social Marketing, Societal Marketing). Das Konzept des Makro-Marketing vollzieht eine Miteinbeziehung der gesamtgesellschaftlichen Wirkungen im kommerziellen Marketing allg., bes. in die marketingpolitischen Instrumente.

Makrosegmentierung – erster Teil eines zweistufigen Ansatzes der → Marktsegmentierung im Investitionsgüterbereich. Merkmale der Käuferunternehmung bzw. der Einbindung in gesamtwirtschaftliche Zusammenhänge als *Segmentierungskriterien:* (1) direkt beobachtbare Merkmale (allg.: z.B. Branche, Standort, Unternehmensgröße; situationsspezifisch: z.B. Abnahmemenge, Verwendungshäufigkeit, → Kaufklassen); (2) aus dem Verhalten ableitbare Merkmale (allg. z.B. Art der

Entscheidungsregeln; situationsspezifisch z.B. Risikoverhalten). – Eine *Mikrosegmentierung* als zweiter Teil ist nur anzuschließen, wenn das Ziel der Segmentierung (Bildung von Abnehmergruppen, die intern ein möglichst ähnliches Kaufverhalten zeigen) durch die gebildeten Makrosegmente nicht befriedigend erreicht wurde. Sie basiert auf den Merkmalen der einzelnen Mitglieder des → Buying Centers (Buyer Segmentation), z.B. persönliche Charakteristika der Mitglieder, Produktvertrautheit, Einstellungen etc.

Mall → Einkaufszentrum.

Manipulation – I. Kommunikationspolitik/Werbung: 1. *Manipulation i.w.S.:* Form der Beeinflussung, bei der (1) der Beeinflussende andere Personen zu seinem eigenen Vorteil beeinflusst, (2) Einflussmethoden wählt, die für die anderen nicht durchschaubar sind und (3) den anderen das subjektive Gefühl gibt, sich frei entscheiden zu können. Manipulation ist ein häufiger Vorwurf gegen die Wirtschaftswerbung (Werbung). Diese sei manipulativ, d.h. vom Individuum nicht bewusst zu kontrollieren und darum zwanghaft. – 2. *Manipulation i.e.S.:* Steuerung des Verhaltens durch solche Werbung, die vom Individuum nicht bewusst zu kontrollieren ist und somit eindeutig gegen gesellschaftliche Ziele und Normvorstellungen verstößt (→ unlautere Werbung). Eine gewisse Steuerung wird in jedem sozialen System als notwendig und deshalb legitim angesehen. – Vgl. auch → Deutscher Werberat.

II. Handelsbetriebslehre: durch das Handelsunternehmen vorgenommene Anpassung der Ware an die Bedürfnisse der Verbraucher oder Verwender durch Sortieren, Reinigen, Mischen, Umpacken oder Veredeln, z.B. Rösten von Kaffee, Mischen von Tee, Lagerung von Bananen, Abfüllen und Etikettieren von Wein. – Vgl. auch → Handelsfunktionen.

Marke – I. Marketing: 1. *Begriff:* Eine Marke kann als die Summe aller Vorstellungen verstanden werden, die ein *Markenname (Brand Name)* oder ein *Markenzeichen (Brand Mark)* bei Kunden hervorruft bzw. beim Kunden hervorrufen soll, um die Waren oder Dienstleistungen eines Unternehmens von denjenigen anderer Unternehmen zu unterscheiden. – 2. *Merkmale:* Die Vorstellungen werden durch Namen, Begriffe, Zeichen, Logos, Symbole oder Kombinationen dieser zur Identifikation und Orientierungshilfe bei der Auswahl von Produkten oder Dienstleistungen geschaffen. Meffert definiert die Marke als „... Nutzenbündel mit spezifischen Merkmalen, die dafür sorgen, dass sich dieses Nutzenbündel gegenüber anderen Nutzenbündeln, welche dieselben Basisbedürfnisse erfüllen, aus Sicht relevanter Zielgruppen nachhaltig differenziert." Die Definition im Markengesetz orientiert sich an den Zeichen, die ein Vorstellungsbild erzeugen: „Als Marke können alle Zeichen, insbesondere Wörter einschließlich Personennamen, Abbildungen, Buchstaben, Zahlen, Hörzeichen, dreidimensionale Gestaltungen einschließlich der Form einer Ware oder ihrer Verpackung sowie sonstige Aufmachungen einschließlich Farbe und Farbzusammenstellungen geschützt werden, die geeignet sind, Waren oder Dienstleistungen eines Unternehmens von denjenigen anderer Unternehmen zu unterscheiden" (§3 Abs. 1 Markengesetz). Darüber hinaus können aber auch Beziehungen und geographische Herkunftsangaben geschützt werden (vgl. §§ 1 und 5 Markengesetz). – 3. *Arten:* Bezogen auf die Markenbreite kann man die Einzelmarke (nur ein Produkt), die Familienmarke (mehrere Produkte), die Firmen- und die Dachmarke sowie die Gattungsmarke unterscheiden. – 4. *Absender:* Als Markenabsender gelten der Hersteller (Produzentenmarke), der Händler (Handelsmarke, Eigenmarke, Gattungsmarke), der Dienstleister und der Handwerker. – 5. *Funktionen:* a) *Für den Konsumenten* ist eine starke Marke eine verdichtete Information (→ Information

Chunk), die (1) Zusatzinformationen (z.B. über die Qualität) liefert und damit das wahrgenommene Kaufrisiko verringert, (2) Orientierungshilfe innerhalb der vielen Angebote ist, (3) Vertrauen schafft, (4) einen emotionalen Anker darstellt, d.h. bestimmte Gefühle und Images vermittelt und (5) zur Abgrenzung und Vermittlung eigener Wertvorstellungen beiträgt. – b) *Für das Unternehmen* dient eine starke Marke (1) zur Differenzierung des eigenen Angebots von der Konkurrenz, (2) als Möglichkeit zur Kundenbindung (3) als Plattform für neue Produkte (Markenausdehnung), (4) als Basis für die Lizenzierung, (5) als Schutz des eigenen Angebots vor Krisen und Einflüssen der Wettbewerber, auch vor Handelsmarken, (6) zur erleichterten Akzeptanz im Handel. – 6. *Bedeutung:* Markenschemata bestimmen, wie Informationen zur Marke aufgenommen, verarbeitet und gespeichert werden. Sie werden zum zentralen Einflussfaktor auf das Kaufverhalten. Außerdem hat die Marke für das Unternehmen v.a. einen hohen Wert, der sich aus den Gedächtnisstrukturen bei den Konsumenten ergibt. Durch die Bekanntheit einer Marke, einer entsprechenden Positionierung und dem integrierten Einsatz der Marketing-Mix-Maßnahmen, können diese Gedächtnisstrukturen aufgebaut und erhalten werden. – 7. *Messung:* kann über die Messung des Markenwertes vorgenommen werden. Der Markenwert kann dabei entweder verhaltenswissenschaftlich oder finanzwissenschaftlich operationalisiert werden. – Vgl. auch → Markenstrategien.

II. Gewerblicher Rechtsschutz: Zu den gewerblichen Schutzrechten zählendes Kennzeichnungsrecht. – 1. *Rechtsgrundlagen:* Marken werden im nationalen Rahmen auf der Grundlage des Markengesetzes (MarkenG vom 25.10.1994; BGBl. I 3082) m.spät.Änd. geschützt. Das MarkenG enthält eine Neuregelung aller Kennzeichenrechte, also nicht nur des Markenrechts, sondern auch des Rechts der geschäftlichen Bezeichnungen. In das MarkenG sind ferner Vorschriften über den Schutz geografischer Herkunftsangaben integriert, ferner Regelungen für den Schutz von Marken nach dem Madrider Markenabkommen (MMA) und dem Protokoll zum Madrider Markenabkommen, nach denen Marken auch international geschützt werden. Neben dem nationalen und internationalen Markenrecht können Marken nunmehr auch in der Form der Gemeinschaftsmarke auf der Grundlage der GemeinschaftsmarkenVO geschützt werden. – 2. *Grundzüge:* Das Markengesetz schützt (1) Marken, (2) geschäftliche Bezeichnungen und (3) geografische Herkunftsangaben (§ 1 MarkenG). Als Marken werden Kennzeichen geschützt, die der Unterscheidung der Waren oder Dienstleistungen eines Unternehmens von den Waren oder Dienstleistungen anderer Unternehmen dienen, also Unterscheidungskraft haben, ausgenommen Zeichen, die ausschließlich aus einer durch die Art der Ware selbst bedingten Form, einer zur Erreichung der technischen Wirkung einer Ware bedingten Form oder einer Form bestehen, die der Ware einen wesentlichen Wert verleiht. Dem Markenschutz zugänglich sind Wörter, Personennamen, Abbildungen, Buchstaben, Zahlen, Hörzeichen, dreidimensionale Gestaltungen einschließlich einer Ware oder ihrer Verpackung sowie sonstige Aufmachungen einschließlich Farben und Farbzusammenstellungen. Markenschutz entsteht einmal bundesweit durch die Eintragung eines Zeichens als Marke in das vom Patentamt geführte Register (§ 4 Nr. 1 MarkenG). Neben den Marken, deren Schutz durch Eintragung entsteht, erfasst das Markengesetz auch Benutzungsmarken; das sind Zeichen, die im geschäftlichen Verkehr innerhalb beteiligter Verkehrskreise Verkehrsgeltung erworben haben (§ 4 Nr. 2 MarkenG) und noch besitzen. Im Gegensatz zur eingetragenen Marke kann der örtliche Schutz der Benutzungsmarke je nach Ausdehnung der Verkehrsgeltung regional begrenzt sein (etwa bei ortsgebundenen Dienstleistungen). Dem Markenschutz können absolute (§§ 3, 8, 10 MarkenG) und relative (§ 9 MarkenG)

Schutzhindernisse entgegenstehen, wobei die absoluten Schutzhindernisse vor der Eintragung der Marke im Wege der Prüfung durch das Deutsche Patent- und Markenamt (DPMA) berücksichtigt werden (§ 37 MarkenG), die relativen Schutzhindernisse und das Bestehen einer notorischen Marke mit älterem Zeitrang im Wege des auf drei Monate ab Bekanntmachung der Markeneintragung befristeten Widerspruchs geltend gemacht werden können (§ 42 MarkenG). Den Markenrechten gleichrangig werden die geschäftlichen Bezeichnungen vom Markengesetz erfasst (§ 5 MarkenG) und der Prioritätsgrundsatz festgeschrieben (§ 6 MarkenG), wonach im Fall der Kollision von Kennzeichnungsrechten gleich welcher Art der Zeitrang maßgeblich ist, der durch den Tag der Rechtsentstehung festgelegt ist. Das ist bei den förmlichen Rechten, die durch Eintragung entstehen, der Prioritätstag, bei den von Hause aus unterscheidungskräftigen Unternehmensbezeichnungen der Tag der rechtsbegründenden Ingebrauchnahme und bei von Hause aus nicht unterscheidungskräftigen Unternehmensbezeichnungen, Geschäftsabzeichen und Benutzungsmarken (Ausstattungen), die erst durch Erlangung von Verkehrsgeltung schutzfähig werden, der Tag, für den erstmals Verkehrsgeltung nachgewiesen werden kann (geschäftliche Bezeichnungen, Ausstattung). Insoweit stellt § 12 MarkenG klar, dass aus einer rangälteren Ausstattung ebenso wie aus einem rangälteren Recht an einer geschäftlichen Bezeichnung gegen eine eingetragene Marke vorgegangen und deren Löschung beantragt werden kann; Gleiches gilt für sonstige, v.a. auch vertragliche Rechte, aus denen im gesamten Bundesgebiet die Benutzung der eingetragenen Marke untersagt werden kann (§ 13 MarkenG). Ergänzende Regelungen gelten für Agentenmarken und → Kollektivmarken. Dem Markeninhaber werden das Kennzeichnungsrecht, das Recht zum ersten Inverkehrsetzen sowie das Recht zur Benutzung der Marke in Geschäftspapieren und in der Werbung (Ankündigungsrecht) in der

Form (positiver) Benutzungsrechte und (negativer) Verbietungsrechte vorbehalten (§ 14 MarkenG), wobei für die positiven Benutzungsrechte der Erschöpfungsgrundsatz gilt (§ 24 MarkenG, Erschöpfung). Eingetragene Marken unterliegen dem Benutzungszwang (§§ 25, 26 MarkenG). Fünfjährige Nichtbenutzung führt zum Verfall des Markenrechts (§ 49 MarkenG, Löschung) und ggf. zum Entstehen von Zwischenrechten Dritter (§ 25 MarkenG). Das Markenrecht kann auf Dritte übertragen werden (§ 27 MarkenG). Bei der Übertragung von mit dem bürgerlichen Namen des Berechtigten gebildeten Marken ist grundsätzlich dessen Einwilligung erforderlich (§ 12 BGB), ausgenommen die Verwertung der Marken im Fall des Insolvenzverfahrens (geschäftliche Bezeichnung). Die Einräumung von Lizenzen ist möglich (§ 30 MarkenG). – 3. *Verfahren:* Marken sind zur Eintragung beim Deutschen Patent- und Markenamt anzumelden (§ 32 MarkenG), soweit sie nicht durch Erlangung von Verkehrsgeltung (Ausstattung) geschützt werden. Näheres über das Verfahren regelt die Markenverordnung vom 11.5.2004 (BGBl. I 872) m.spät.Änd. Sie erhalten als prioritätsbegründenden Tag den Tag des Eingangs der Anmeldung beim DPMA, soweit nicht ein Prioritätsrecht in Anspruch genommen wird (§§ 34, 35 MarkenG). Die Anmeldung unterliegt einer Formalprüfung und einer Prüfung auf absolute Schutzhindernisse (§§ 36, 37 MarkenG), auf Antrag wird die beschleunigte Prüfung (§ 38 MarkenG) durchgeführt. Rücknahme, Einschränkung und Teilung der Anmeldung sind möglich (§§ 39, 40 MarkenG). Das Eintragungsverfahren endet mit der Zurückweisung der Anmeldung oder ihrer Eintragung. Das Markenrecht kann geteilt werden (§ 46 MarkenG). Die Eintragung wird vom DPMA veröffentlicht und setzt die Widerspruchsfrist des § 42 MarkenG in Lauf, mit der Inhaber von Marken mit älterem Zeitrang die relativen Schutzhindernisse der § 9 I, II, § 10 MarkenG geltend machen können (Widerspruch), der Anmelder kann

fehlende Benutzung (§ 43 MarkenG, Benutzungszwang) einwenden und seinerseits Eintragungsbewilligungsklage (§ 44 MarkenG) erheben. Eingetragene Marken können mit dem * – Zeichen (R = „registered") gekennzeichnet werden, es besteht jedoch keine Pflicht. – Das Gesuch um internationale Registrierung der Marken ist ebenfalls beim Deutschen Patent- und Markenamt (DPMA) einzureichen (§§ 108, 120 MarkenG, Madrider Markenabkommen). Die Eintragung der IR-Marke wird veröffentlicht und setzt die Widerspruchsfrist gemäß der §§ 114, 124 MarkenG in Lauf. – 4. *Schutzdauer:* Das Markenrecht ist auf zehn Jahre ab Anmeldetag befristet und kann gegen Zahlung entsprechender Gebühren um jeweils zehn Jahre verlängert werden (§ 47 MarkenG), es sei denn, der Markeninhaber verzichtet auf sein Recht (§ 48 MarkenG) oder das Markenrecht verfällt (§ 49 MarkenG). Verfallsgründe sind v.a. die Nichtbenutzung, die Entwicklung zur Gattungsangabe infolge fehlender Rechtswahrnehmung und der täuschende Gebrauch der Marken seitens des Rechtsinhabers oder eines mit seiner Zustimmung handelnden Dritten. Der Markenschutz endet ferner, wenn die Marken trotz Bestehens absoluter Schutzhindernisse oder des Bestehens älterer Rechte eingetragen worden und deshalb nichtig sind (§§ 50, 51 MarkenG). Verfall und Nichtigkeit der Marken sind Löschungsgründe (Löschung). Verfall der Marken führt dazu, dass ab Klageerhebung und bei entsprechendem Antrag ab Vorliegen des Verfallsgrundes die Wirkungen der Eintragung als nicht eingetreten gelten (§ 52 I MarkenG), bei Nichtigkeit der Marken gelten die Wirkungen der Eintragung als von Anfang an nicht eingetreten, rechtskräftige und vollstreckte Entscheidungen in Verletzungsfällen bleiben ebenso unberührt wie vor der Entscheidung geschlossene und erfüllte Verträge; die insoweit Geschädigten können Schadensersatz oder Entschädigung unter Billigkeitsgesichtspunkten verlangen (§ 52 II MarkenG). Zur Schutzdauer von IR-Marken: Madrider

Markenabkommen. Löschungs-, Verfalls- und Nichtigkeitsgründe sind bei IR-Marken durch Antrag oder Klage auf Schutzentziehung geltend zu machen (§§ 115, 124 MarkenG). – 5. *Rechtsschutz:* Marken genießen Rechtsschutz gegen die Benutzung identischer Kennzeichen für Waren oder Dienstleistungen, die mit denen identisch sind, für die die Marke Schutz genießt (§ 14 II Nr. 1 MarkenG; Identitätsschutz). Darüber hinaus wird die Marke gegen Verwechslungsgefahr geschützt (§ 14 II Nr. 2 MarkenG). Bekannte Marken genießen Schutz gegen die Verwendung identischer oder ähnlicher Kennzeichen für Waren oder Dienstleistungen außerhalb des Ähnlichkeitsbereichs, wenn dadurch ihre Unterscheidungskraft oder Wertschätzung in unlauterer Weise ausgenutzt oder beeinträchtigt wird. – a) *Verwechslungsgefahr:* Diese besteht bei Vorliegen mehrerer Elemente: Die kollidierenden Kennzeichen müssen identisch oder einander ähnlich sein; ferner müssen die Waren oder Dienstleistungen, für die die Marke geschützt ist und für die das kollidierende Kennzeichen benutzt wird, identisch oder ähnlich sein. Aufgrund der Identität oder Ähnlichkeit der kollidierenden Kennzeichen und der Waren oder Dienstleistungen, für die sie benutzt werden, muss für den angesprochenen Verkehr die Gefahr von Verwechslungen einschließlich der Gefahr, dass kollidierende Kennzeichen mit der geschützten Marke gedanklich in Verbindung zu bringen, bestehen. Für die Beurteilung der Ähnlichkeit der kollidierenden Kennzeichen kommt es auf deren Gesamteindruck an, bei eingetragenen Marken auf den Gesamteindruck des eingetragenen Zeichens, bei sachlichen Rechten und dem als Markenverletzung angegriffenen Kennzeichen auf den Gesamteindruck des Kennzeichens in der Form seiner tatsächlichen Benutzung. Bei Wortmarken gilt, dass die Klangwirkung i.d.R. für den Gesamteindruck entscheidend ist, Unterschiede im Schriftbild treten hinter die Klangwirkung zurück. Ein unterschiedlicher Sinngehalt der klanglich ähnlichen Marken kann die Ähnlichkeit mindern oder ausschließen, das Fehlen eines Sinngehalts erhöht i.d.R. die Verwechslungsgefahr. Bei Bildzeichen wird der Gesamteindruck durch die grafische Gestaltung geprägt, bei aus Wort und Bild zusammengesetzten Kombinationsmarken kommt es darauf an, welcher Bestandteil dem Gesamtzeichen den prägenden Charakter verleiht; i.d.R. ist dies der Wortbestandteil. – b) *Schutz der bekannten Marke/ Verwässerungsgefahr:* Bekannte Marken und bekannte geschäftliche Bezeichnungen werden über den Bereich der Verwechslungsgefahr hinaus auch dann geschützt, wenn das kollidierende Kennzeichen weder für ähnliche Produkte noch in ähnlichen Branchen benutzt wird (§ 14 II Nr. 3, § 13 III MarkenG). Voraussetzung des Bekanntheitsschutzes ist neben der Bekanntheit des Kennzeichens, dass sich mit ihm Wert- oder Gütevorstellungen oder eine bes. Originalität verbinden, die durch die Verwendung des Kollisionszeichens auf einen anderen Produktbereich übertragen oder auf ihm ausgenutzt werden. Ausmaß der Bekanntheit des bekannten Kennzeichens, seine Originalität sowie die mit ihm verbundenen Güte- und/oder Wertvorstellungen stehen miteinander in Wechselwirkung, wobei die Bekanntheit eines Kennzeichens ab 30 Prozent Verkehrsgeltung (teils ab 50 Prozent Verkehrsgeltung) angenommen wird. – c) *Ansprüche des Verletzten:* Im Verletzungsfall hat der Markeninhaber Unterlassungs-, bei Verschulden Schadensersatzansprüche (§§ 14, 128 MarkenG), bei fehlendem Verschulden Ansprüche aus ungerechtfertigter Bereicherung (§ 812 BGB), die durch Auskunftsansprüche (Auskunftspflicht) und Vernichtungsansprüche sowie die Möglichkeit der Grenzbeschlagnahme ergänzt werden. Zu Kollisionen aufgrund der Erstreckung von Kennzeichnungsrechten infolge der Deutschen Einheit vgl. Weiterbenutzungsrecht. Rechtsstreitigkeiten aus der Kollision von Kennzeichnungsrechten sind Kennzeichenstreitsachen, für die die Landgerichte zuständig sind (§ 140 MarkenG). – d)

Verjährung und Verwirkung: §§ 20, 21 MarkenG. – e) *Strafvorschrift:* § 143 MarkenG.

Markenanzahlkonzept → Markentreue.

Markenarchitektur – Anordnung aller Marken eines Unternehmens zur Festlegung der → Positionierung sowie der Beziehung der Marken untereinander und der jeweiligen Produkt-Markt-Beziehungen aus strategischer Sicht. Durch die Kombination klassischer Markenstrategien, wie → Dachmarken, Familienmarken und Einzelmarken, sind → komplexe Markenarchitekturen entstanden.

Markenartikel – 1. *Begriff:* Güter, die mit einer → Marke von Herstellern (Herstellermarke), Händlern (Handelsmarke) oder Dienstleistern (Dienstleistungsmarke) auf den Markt gebracht werden. Die Markierung hat Herkunfts-, Unterscheidungs-, Schutz-, Garantie- und Werbefunktion gegenüber anonymen Gütern und konkurrierenden Markenartikeln. – 2. *Merkmale:* Kennzeichen sind gleichbleibende Qualität (Qualitätssicherheit), eindeutige Identifizierbarkeit, hoher Bekanntheitsgrad und umfassende Marktgeltung. Es wird versucht v.a. die letzten drei durch intensive Verbraucherwerbung zu erreichen. – *Gegensatz:* → No Names.

Markenausdehnung – 1. *Begriff:* Die Markenausdehnung kennzeichnet einen Managementprozess, bei welchem die Werte einer etablierten Marke für neue Produkte durch Verwendung eines gemeinsamen Namens und einer gemeinsamen Ausstattung mit dem Ziel der Übertragung positiver Imagebestandteile genutzt werden. – 2. *Formen der Markenausdehnung:* a) Markentransfer (Markenerweiterung, Brand Extension): Ausdehnung des Angebotes einer Marke in eine neue Produktkategorie. – b) Line Extension: Erweiterung des Angebotes einer Marke in einer bestehenden Produktkategorie. – 3. *Ziel der Markenausdehnung:* Effizienter, effektiver und schneller Aufbau der Markenstärke des neuen Produktes durch Rückgriff auf eine etablierte Marke.

Markenbekanntheit – Man unterscheidet die ungestützte Markenbekanntheit (die Marke wird genannt, wenn nach den Marken in einem Produktfeld gefragt wird) und die gestützte Markenbekanntheit (die Marke wird vorgegeben und es wird gefragt, ob sie bekannt ist.) Wichtiges Ergebnis beim → Werbetracking. – Vgl. auch → Markenkenntnis.

Markencommitment – 1. *Begriff:* beschreibt eine langfristige, durch Einstellung und Verhalten geprägte Bindung interner Anspruchsgruppen an ein Unternehmen bzw. an eine → Marke. – 2. *Komponenten des Commitment:* (1) *rationales Commitment,* bezieht sich auf die Kosten, die mit dem Verlassen des Unternehmens verbunden sind (= Der Mitarbeiter muss im Unternehmen bleiben). Rationales Commitment führt primär zur Fügsamkeit, d.h. der Aneignung markenkonformer Verhaltensweisen, um Belohnungen zu erhalten und Bestrafungen zu entgehen. (2) *Affektives Commitment,* bezieht sich auf die emotionale Bindung, die ein Mitarbeiter zur Marke hat (= Der Mitarbeiter möchte im Unternehmen bleiben). Mitarbeiter mit affektivem Commitment identifizieren sich in hohem Maße mit dem Unternehmen, sodass Erfolge bzw. Misserfolge des Unternehmens als die eigenen betrachtet werden. (3) *Normatives Commitment,* beschreibt eine moralische Verpflichtung im Unternehmen zu bleiben (= Der Mitarbeiter fühlt sich verpflichtet, im Unternehmen zu bleiben). Dies führt primär zur Internalisierung der Werte, die verinnerlicht und als Leitwerte des eigenen Handelns übernommen werden. – 3. *Ziele:* Das Commitment führt zu einer höheren Leistungsbereitschaft, größerem Eifer und weniger Fehlzeiten. Zudem erhöht sich die Weiterempfehlungsbereitschaft. Die stärksten Wirkungen gehen vom affektiven Commitment aus. – 4. *Ausprägungen:* Commitment in einem Unternehmen kann sich grundsätzlich auf verschiedene Objekte richten: auf die Unternehmensmarke, Familien- oder Produktmarken bei Unternehmen mit

Markenportfolios oder komplexen Markenarchitekturen, es kann sogar abteilungs- und länderspezifisch variieren. – Vgl. auch → Behavioral Branding.

Markenfamilie – 1. *Begriff:* Die Führung mehrerer Angebote unter einer → Marke. – 2. *Vorgehensweise:* Es werden weitere Variationen einer Marke, ausgehend vom Mutterprodukt, angeboten. Die Differenzierung erfolgt durch eine Zusatzbezeichnung oder eine andere Geschmacksrichtung (z. B. Coca-Cola: Coca-Cola Light, Coca-Cola Zero). – 3. *Ziele:* Die Angebote profitieren vom Goodwill einer bekannten und am Markt gut eingeführten Marke. Eine Markenfamilie bietet Effizienzvorteile, da positive → Ausstrahlungseffekte der Marke für das einzelne bzw. neue Produkt genutzt werden können. – Vgl. → Produktfamilie.

Markenfamilienstrategie → Markenstrategien.

Markenführung, multisensuale – 1. *Begriff:* umfassender Prozess zur ganzheitlichen Sinnesansprache einer Markenkommunikation. – 2. *Elemente:* entsprechend des entscheidungsorientierten Führungsverständnisses des Marketings besteht eine multisensuale Markenführung aus a) einer strategischen Markenführungsphase (Situationsanalyse, Ziel- und Strategiedefinition), b) einer operativen Markenführungsphase (Umsetzung, zielbezogene Verwendung von mono-, duo- und multisensualen Kombinationen von Kommunikationselementen) sowie c) einer Markencontrollingphase (Effektivitätskontrolle durch GAP- und Wirkungsanalysen, Übersetzung relevanter Sinneseindrücke in eine ganzheitliche Sinnesansprache zur Vermittlung der Markenidentität an die relevante Zielgruppe). – Die empirische Forschungslage zu → Multisensualität in der Markenführung befindet sich in einem frühen Stadium und bedarf weiterer Vertiefungen.

Markengesetz → Marke.

Markenherkunft – 1. *Begriff:* Markenherkunft beschreibt die Identifikation der markenführenden Organisation mit einem Raum und/oder einer Institution sowie die Historie einer Marke. Die Markenherkunft ist ein essentielles Merkmal der → Markenidentität und prägend für sämtliche Komponenten der Markenidentität. Damit ist die Markenherkunft ein weitreichenderes Konstrukt als → Country of Origin. – 2. *Ausprägungen:* a) *räumliche Markenherkunft:* beschreibt die räumliche Identifikation der markenführenden Organisation mit einem supranationalen (z.B. EU), nationalen (z.B. Deutschland), regionalen (z.B. Rheinland) oder lokalen (z.B. Köln) Raum. Die Markenherkunft ist nicht an reale Standorte (z.B. Produktionsstandort, Unternehmenszentrale) gebunden. b) *institutionelle Markenherkunft:* beschreibt die Identifikation einer Marke mit einer Organisation und/oder einer Branche. – c) *zeitliche Markenherkunft:* beschreibt die Historie einer Marke. – 3. *Wirkung:* Die Herkunft einer Marke prägt wesentlich das → Markenimage. Nachfrager greifen dabei auf vorhandene Schemata (z.B. Image eines Landes) zurück und übertragen diese auf die Marke. Direkter Einfluss auf den funktionalen und symbolischen Markennutzen sowie die Markenpersönlichkeit. Im internationalen Marketing ist die räumliche Markenherkunft von besonderer Bedeutung, da Nachfrager internationale Marken stark vor dem Hintergrund ihrer räumlichen Herkunft bewerten.

Markenidentität – 1. *Begriff:* Die Markenidentität umfasst diejenigen Merkmale der → Marke, die aus Sicht der internen → Zielgruppen in nachhaltiger Weise den Charakter der Marke prägen. – a) *Die Markenidentität (brand identity) i.e.S.* bringt die wesensprägenden Merkmale einer Marke zum Ausdruck, für welche die Marke zunächst nach innen und später auch nach außen steht bzw. zukünftig stehen soll. Demnach handelt es sich bei der *Markenidentität i.e.S.* um ein Führungskonzept, welches sich jedoch erst durch die Beziehung der internen

Zielgruppe untereinander sowie deren Interaktion mit den externen Zielgruppen der Marke konstituiert. Mithilfe der *Markenidentität* können demnach die Art der Beziehung der Markenmitarbeiter untereinander und deren Interaktion zu externen Markenzielgruppen (s. → Zielgruppen) erklärt werden. – b)Über die Erklärung des Mitarbeiterverhaltens kann die *Markenidentität i.w.S.* auch als ein Führungsinstrument der Markenführung (s. hierzu identitätsbasiertes Markenmanagement) interpretiert werden, welches zwei Ziele verfolgt: (1) Die konsistente außengerichtete Kommunikation des Markennutzenversprechens im Sinne einer Soll-Positionierung an allen Brand Touch Points (Berührungspunkte zwischen Nachfragern und Marke) und (2) die innengerichtete Umsetzung und finale Einlösung dieses Versprechens durch ein adäquates Verhalten aller an der Erbringung der Markenleistung beteiligten Personen.

Markenimage – ein in der Psyche relevanter Bezugsgruppen fest verankertes Vorstellungsbild von einem Bezugsobjekt. Es bildet den von den Kunden mit einer Marke verbundenen funktionalen und symbolischen Nutzen sowie die mit der Marke und ihren Kunden bzw. Verwendern assoziierten Eigenschaften ab. Eine starke Assoziation der relevanten Bezugsgruppe mit der Marke erzeut u.a. eine höhere Markenerinnerung (Brand Recall). Dem Ist-Image kann das geplante Soll-Image gegenübergestellt werden. Das Soll-Image ist eine Zielposition, die im Verhältnis zu den Konkurrenzmarken erreicht werden soll. Sie entspricht der angestrebten → Unique Selling Proposition (USP).

Markenimagekonfusion – 1. *Begriff*: Markenimagekonfusion beschreibt einen Geisteszustand, in dem der Nachfrager Informationsverarbeitungsprobleme hinsichtlich der Nutzung von → Marken bei Kaufentscheidungsprozessen bewusst wahrnimmt. Die Marken wirken auf den Nachfrager verwirrend, da sie a) als unklar b) ähnlich bzw.

c) nicht glaubwürdig wahrgenommen werden. – 2. *Konsequenzen*: Markenimagekonfusion bewirkt, dass der Nachfrager bei → Kaufentscheidungen nicht mehr primär marken-, sondern preisorientiert vorgeht. Eine weitere, häufig zu beobachtende Reaktion auf Markenimagekonfusion ist der Kaufabbruch.

Markenkenntnis – 1. *Begriff*: Fähigkeit einzelner Konsumenten, einzelne → Marken zu identifizieren und über sie zu sprechen. – 2. *Merkmalsklassen* bei der Kennzeichnung von Marken: a) *Denotative Merkmale*: Eigenschaften, mit deren Hilfe Käufer einzelne Marken unterscheiden und die sie zur Beschreibung einer Marke heranziehen. – b) *Konnotative Merkmale*: Eigenschaften, die Käufer zur Bewertung von Marken heranziehen. – 3. *Formen der Markenkenntnis*: Die beiden Ausprägungen der Markenkenntnis sind die aktive oder passive Markenkenntnis. Passive Markenkenntnis bedeutet, dass der Konsument nur in der Lage ist, eine Marke wiederzuerkennen, wenn er diese sieht oder den Markennamen hört (auch *gestützte Markenbekanntheit*). Aktive Markenkenntnis heißt, dass der Konsument in der Lage ist, zu einem bestimmten Produkt- oder Dienstleistungsbereich aus dem Gedächtnis eine Marke zu nennen (auch *ungestützte Markenbekanntheit*). – 4. *Funktionen der Markenkenntnis*: Die Markenkenntnis stellt die notwendige Voraussetzung der Entstehung eines Images bei den Konsumenten dar; zudem wirkt sie sich auf die kognitive Komponente der → Einstellung und auf das → Kaufrisiko aus. – 5. *Messung der Markenkenntnis*: Erfolgt durch die Messung des → Recalltest oder des → Recognitiontest.

Markenkennzeichnung → Marke, → Logo.

Markenlizenz – Art der Lizenz. Gegenstand ist das Recht zur (Mit-)Nutzung einer bestehenden → Marke. Die Vergabe von Markenlizenzen kann im Zusammenhang mit einer → Produktlizenz oder → Produktionslizenz oder (wie v.a. bei Konsumgütern häufiger anzutreffen) an Hersteller anderer, zielgruppenverwandter Erzeugnisse erfolgen. Der Lizenzgeber kann die Markenlizenz auf vielfältige Art und Weise ausgestalten. Neben einer Ausschließlichkeit, kann der Lizenzgeber u.a. Einschränkungen hinsichtlich personeller, zeitlicher, räumlicher, sachlicher und/ oder qualitativer Art treffen. [Art 30 II; MarkenG] – Die Vergabe einer Markenlizenz ist von einer Auftragsproduktion für einen Hersteller unter dessen Markennamen (unmittelbar kundenorientierte Produktion) zu unterscheiden.

Markenmanagement – 1. *Begriff:* Markenmanagement bezeichnet die heute oft identifikationsorientierte Präsentation des Leistungsangebots von Organisationen oder Personen, mithilfe verdichteter Vorteilsargumente unterschiedlich akzentuierter Nutzenbündel (→ Marke). Unterschieden werden dabei v.a. die oft kombinierten funktionsorientierte (Marke als Nutzen- und Qualitätsbündel), abgrenzungsorientierte (Marke als Positionierungs- und Differenzierungsmerkmal), identifikationsorientierte (Marken aus Bezugsgruppensicht), systemischen (Marken als selbstreferentielle Organismen) sowie rechtliche Markendefinitionen (Markenzeichen), die zentrale Handlungsfelder des Markenmanagements bilden. Damit umfasst dieses nicht nur die Prägung des Markennamens oder Markenzeichens, sondern beinhaltet auch die Analyse, Herleitung, Formulierung und Einhaltung des Werteversprechens. – 2. *Zweck:* Mit Marken verdichten Organisationen z.T. hochkomplexe Leistungsstrukturen und -prozesse oft auf eine Wort- und/ oder Bildmarke als Symbol für ihr Leistungsversprechen gegenüber ihren Bezugsgruppen. So werden mit dem Markenmanagement eine Reihe von Teilzielen verbunden wie die Komplexitätssenkung (vereinfachte Wiedererkennung), Transparenz (Einordnung von Produkten und Diensten), Wiedererkennung (schnellere Auffindbarkeit), Differenzierung (Abgrenzung von ähnlichen Leistungen), Orientierung (beschleunigte Entscheidungsfindung), Identifikation

nach innen und außen (Reflexionsflächen eigener Werte), Vertrauensbildung (erwartbare Leistungen), Loyalität (→ Kundenbindung), Preisstabilisierung (Senkung der Preissensibilität) und andere mehr. – 3. *Aspekte:* Unterschieden wird zentral zwischen Unternehmens- und Produktmarken, wobei heute eine Verbreitung des Markenmanagements auf andere Träger wie Politik, Parteien oder Personen stattfindet. Das Markenmanagement hat sich im Zeitablauf etwa seit den 1980er-Jahren von der marktorientierten Betrachtung mit der funktionsorientierten Markendefinition und absenderorientierten Denkweise hin zu einer ergänzenden ressourcen-, kompetenz- und verhaltensorientierten Betrachtung entwickelt, indem sie heute normativ die Werte ihrer Zielgruppen widerspiegeln. Marken werden daher z.T. als sozialer Wille und Reflexionsfläche ihrer Markencommunity verstanden. Bemerkenswert ist die hohe Misserfolgsquote von Neumarkeneinführungen, die je nach Untersuchung bei über 90 Prozent liegt. Umso mehr gelten Markenstrategien als Erfolgspotenzial (Beitrag zur Sicherung des langfristigen Unternehmenserfolgs) im zunehmenden Wahrnehmungswettbewerb. – 4. *Abgrenzung und Instrumente:* Während die Markenanalyse und –bildung den Prozess des Markenaufbaus kennzeichnet, meint die Markenführung den umfassenden Prozess zur ganzheitlichen Sinnesansprache einer Markenkommunikation nach innen und außen. Entsprechend wird der Markenaufbau im → Marketing häufig mit Positionierungsprozessen intensiv diskutiert, während die notwendigen Konsequenzen etwa für das unternehmerische Verhalten eher am Rande diskutiert werden, bspw. im Rahmen der internen Public Relations (PR) als Kommunikations- und Verhaltensmanagement (Corporate Behaviour). In der traditionellen Markendebatte wird die Markenkommunikation oft mit der Marketingkommunikation wie Werbung verknüpft. Durch die Ausweitung der Markendebatte ist diese heute als ein Handlungsfeld zu sehen, da sich das

Markenmanagement allgemein der strategischen Unternehmenskommunikation annähert. – Vgl. → Behavioral Branding, Employer Branding.

Markenpersönlichkeit → Markenidentität.

Markenpiraterie – *Counterfeiting*, → Produktpiraterie. 1. *Begriff*: Markenpiraterie umfasst die detailgetreue Imitation eines Angebotes, welches unter der illegal verwendeten Marke aber erheblich billiger (und qualitativ schlechter) als das Original angeboten wird. – 2. *Mermale*: Das Imitieren bezieht sich v.a. auf den Namen, bestimmte Markenzeichen oder Symbole sowie auf das Design des Produkts und der Verpackung. Technisch bestehen kaum Probleme für Fälschungen aller Art. Neben der direkten Produktnachahmung ist auch die gezielte Markenverwechslung von Bedeutung, indem dem Original zum Verwechseln ähnliche, aber nicht identische Aufmachungen hinsichtlich Markennamen, Designs oder Werbebotschaften verwendet werden.

Markenpolitik → internationale Markenpolitik, → Marke.

Markenpositionierung – Ähnlich der → Produktpositionierung beabsichtigt die Markenpositionierung die Schaffung einer möglichst unverwechselbaren, erfolgsträchtigen Stellung beim Kunden im Verhältnis zum Wettbewerb. Während sich die Produktpositionierung auf produktpolitische Maßnahmen konzentriert, werden bei der Markenpositionierung auch die anderen Marketinginstrumente (Kommunikations-, Distributions-, Service- und Preispolitik) in die Betrachtung einbezogen.

Markenrecall → Recalltest.

Markenrecognition → Recognitiontest.

Markenstrategien – 1. *Begriff*: Bedingte, langfristige und globale Verhaltenspläne zur Erreichung der Markenziele. – 2. *Ausgewählte Formen*: a) *Einmarkenstrategie*: Jedes von der Unternehmung im Markt geführte Produkt erhält eine Marke. Jede Marke erhält nach einem sorgfältigen Auswahlprozess im Unternehmen bes. Aufmerksamkeit und ein entsprechendes Budget, das zur Zielerreichung notwendig erscheint. – b) *Mehrmarkenstrategien (Pilzmethode)*: In einem Produktbereich werden mehrere Marken in den Markt eingeführt. Gefahr des → Kannibalismus-Effekt. (1) *Markenfamilienstrategie*: Innerhalb einer Unternehmung werden mehrere Familienmarken nebeneinander geführt; hierdurch kann man versuchen, Kunden mit unterschiedlichem Anspruchsniveau zu erreichen. Trotz hoher Produktstandardisierung soll durch getrennte Markenführung (z.B. getrennte Distribution) eine unterschiedliche Markenposition erreicht werden. Kannibalisierungseffekte können nicht ausgeschlossen werden. (2) *Dachmarkenstrategie*: Sämtliche Produkte einer Unternehmung werden unter einer Marke zusammengefasst (*Schirmmethode*). Durch zusätzliche Produkte unter dem Dach einer Marke ist eine ständige Aktualisierung möglich. Der Käufer fühlt sich in diesen Markenfamilien gut aufgehoben, da er Angebote für seine unterschiedlichen Wünsche auf dem ihm angemessenen Niveau findet. Die Ausweitung des Produktprogramms kann zu einer Konkurrenzverdrängung am Point of Sale (Regalflächenverdrängung) führen. – c) *Markentransferstrategie*: Langfristig aufgebauter Marken-Goodwill von etablierten Marken wird als Grundlage benutzt, um in neue Produktbereiche zu diversifizieren. Voraussetzung dafür ist der Aufbau spezifischer Kompetenz, die vom Kunden wieder erkannt und akzeptiert werden muss, imagemäßige Affinität zur Hauptmarke durch Übereinstimmung sachbezogener Produkteigenschaften (Denotationen) und/oder nicht-sachlicher, emotionaler oder anmutungshafter Produkteigenschaften (Konnotationen).

Markentransferstrategie → Markenstrategien.

Markentreue – *Produkttreue*. 1. *Begriff*: Markentreue liegt vor, wenn sich nachweisen lässt, dass eine bestimmte → Marke mit einer bestimmten Häufigkeit innerhalb einer vorgegebenen Zeitperiode gekauft wird. Mehrfacher Wiederholungskauf einer Marke bzw. eines Markenartikels zeigt eine positive Einstellung des Käufers zu „seiner" Marke. – 2. *Messung:* a) *Kaufreihenfolge-Konzept:* Kaufhäufigkeit derselben Marke innerhalb eines bestimmten Zeitraums bei drei (vier, fünf) aufeinander folgenden Käufen durch einen Konsumenten. Zu unterscheiden: (1) Ungeteilte Markentreue: Kauffolge AAAA; (2) geteilte Markentreue: Kauffolge ABBA. – b) *Marktanteilskonzept:* Anteil, den das Volumen (mengen- oder zeitmäßig) der von einem Konsumenten in einer bestimmten Zeitperiode am häufigsten erworbenen Marke am Gesamtvolumen seiner Käufe innerhalb der jeweiligen Produktkapazität hat. – c) *Markenanzahlkonzept:* Anzahl der innerhalb einer Produktkategorie gekauften Marken. – Vgl. auch → Kaufverhalten, → Konsumentenverhalten.

Markenwert – *Brand Equity;* der Markenwert kann aus finanzwirtschaftlicher und verhaltenswissenschaftlicher Perspektive betrachtet werden. Aus finanzwirtschaftlicher Perspektive stellt sich der Markenwert als Summe der zukünftig durch eine Marke generierbaren Einzahlungsüberschüsse dar. Im Mittelpunkt steht hierbei also eine Quantifizierung des Markenerfolges. Demgegenüber bezieht sich der Markenwert aus verhaltenswissenschaftlicher Perspektive auf das Ergebnis des, im Vergleich zu den Marketingaktivitäten eines objektiv-funktional identischen Produktes, vorteilhaften Verhaltens der Konsumenten gegenüber den Marketingaktivitäten des markenführenden Unternehmens aufgrund positiver Markenassoziationen. Es steht also, im Gegensatz zu der finanzwirtschaftlichen Perspektive, nicht die quantifizierbare Erfolgsgröße, sondern der Anstoß des Markenerfolges im Fokus der Betrachtung.

Markenzeichen → Marke, → Logo.

Marketing – 1. *Begriff:* Der Grundgedanke des Marketings ist die konsequente Ausrichtung des gesamten Unternehmens an den Bedürfnissen des Marktes. Heutzutage ist es unumstritten, dass auf wettbewerbsintensiven Märkten die Bedürfnisse der Nachfrager im Zentrum der Unternehmensführung stehen müssen. Marketing stellt somit eine unternehmerische Denkhaltung dar. Darüber hinaus ist Marketing eine unternehmerische Aufgabe, zu deren wichtigsten Herausforderungen das Erkennen von Marktveränderungen und Bedürfnisverschiebungen gehört, um rechtzeitig Wettbewerbsvorteile aufzubauen. Darüber hinaus besteht eine weitere zentrale Aufgabe des → Marketingmanagements darin, Möglichkeiten zur Nutzensteigerung zu identifizieren und den Nutzen für Kunden nachhaltig zu erhöhen. – 2. *Erweiterung der Definition:* In den letzten Jahren hat sich diese dominant kundenorientierte Perspektive zugunsten weiterer Anspruchsgruppen des Unternehmens (z.B. Mitarbeiter, Anteilseigner, Staat, Umwelt) erweitert. Diese weite Definition des Marketings stellt die Gestaltung sämtlicher Austauschprozesse des Unternehmens mit den bestehenden Bezugsgruppen in den Mittelpunkt der Betrachtung und betont die Rolle des Marketings als umfassendes Leitkonzept der Unternehmensführung. – 3. *Marketingstrategien:* Zur Erreichung der Ziele eines Unternehmens werden → Marketingstrategien entwickelt, die operativ mithilfe der Marketing-Instrumente (die sog. 4P) umgesetzt werden. Dabei handelt es sich um die Instrumente Produkt-/Leistungs- (Product), Preis- (Price), Kommunikations- (Promotion) und Vertriebspolitik (Place). – (1) Die → Produktpolitik umfasst dabei Entscheidungen, die die Gestaltung des Leistungsprogramms eines Unternehmens betreffen. In diesen Bereich fallen z.B. die Analyse, Planung und Umsetzung von Produktveränderungen und Serviceleistungen, die Markenpolitik, Namensgebung sowie die Verpackungsgestaltung. – (2) Im Rahmen der Preispolitik werden die Konditionen festgelegt, unter denen Produkte und Leistungen angeboten werden. Entscheidungsparameter sind z.b. der Grundpreis, Rabatte, Boni und Skonti. – (3) Die → Kommunikationspolitik umfasst alle Maßnahmen, die der Kommunikation zwischen Unternehmen und ihren aktuellen und potenziellen Kunden, Mitarbeitern und Bezugsgruppen dienen. Zu diesem Zweck werden z.b. die Kommunikationsinstrumente der klassischen Mediawerbung, Direct Marketing, Verkaufsförderung, Sponsoring, Public Relations (PR), Messen und Events eingesetzt. – (4) Im Rahmen der Vertriebspolitik wird das Absatzkanalsystem gestaltet, um die räumliche und zeitliche Distanz zwischen Unternehmen und Kunde zu überwinden. Dazu wird i.d.R. auf verschiedene Absatzmittler, d.h. Händler, zurückgegriffen (→ indirekter Vertrieb). – Diese aktivitätsbezogene Auffassung versteht Marketing somit als Bündel von marktgerichteten Maßnahmen, die dazu dienen, die absatzpolitischen Ziele eines Unternehmens zu erreichen. Dieses Verständnis hat bis heute seine Bedeutung erhalten. – 4. *Integration:* Ein Erfolgsfaktor im Rahmen der Umsetzung einer Marketing-Strategie ist die Integration sämtlicher interner und externer Marketing-Aktivitäten. Dies bedeutet, dass die Aktivitäten der internen Abteilungen, wie z.B. Werbung, → Marktforschung, → Vertrieb aufeinander abgestimmt und koordiniert werden. Dies gilt gleichermaßen für externe Stellen wie z.B. Werbeagenturen und Absatzmittler. Durch eine integrierte Vorgehensweise können Synergieeffekte erzielt und die Wirkung der Marketing-Maßnahmen erhöht werden. Bei der Ausarbeitung und Umsetzung einer Marketing-Konzeption ist zu beachten, dass entsprechend der jeweiligen Branche und Art einer Leistung spezifische Aufgabenschwerpunkte des Marketings existieren. Diese Besonderheiten werden im Rahmen verschiedener sektoraler Marketing-Theorien berücksichtigt (z.B. Konsumgüter-, Industriegüter-, Dienstleistungs-Marketing, Marketing für Non-Profit-Organisationen). Eine

bedeutende aktuelle Entwicklung im Rahmen des Marketings ist in dem Trend zum → Relationship Marketing zu sehen. Dieses Konzept betont den hohen Wert langfristiger Beziehungen zu einer Vielzahl von Anspruchsgruppen eines Unternehmens. In diesem Zusammenhang wird v.a. die Bedeutung der Kundenbindung intensiv diskutiert.

Marketing Assessment – Abschätzen der Folgewirkungen von Marketingentscheidungen, die sich in folgenden Schritten vollziehen: (1) Bestimmung der relevanten Dimensionen der Marketingstrategie, (2) Abschätzen der Wirkungen der geplanten Marketingstrategie hinsichtlich der zu erwartenden ökonomischen, politisch-rechtlichen, öffentlichen und ökologischen Folgen, (3) Abschätzen möglicher Rückwirkungen auf das gesamte Unternehmen, (4) Bewertung der Folgewirkungen, (5) Formulieren von strategischen Handlungsalternativen (zur Vermeidung erwarteter negativer Folgewirkungen für das Unternehmen).

Marketing Audit – Teilgebiet des Marketingcontrollings. Kontinuierliche, inhalts- und verfahrensorientierte Überprüfung der gesamten Marketing-Management-Entscheidungen; ausgerichtet auf die Früherkennung planungs- und systembedingter Risiken und Fehlentwicklungen im Marketingbereich. – *Teile des Marketing Audits:* Prämissen-Audit, Verfahrensaudit, Ziel-, Strategien- und Maßnahmen-Audit; Prozess- und Organisations-Audit werden ergänzend zur (ergebnisorientierten) → Marketingkontrolle eingesetzt.

Marketingberater → Werbeberufe.

Marketingbudgetierung – Planung von verbindlichen Wertgrößen (Sollgrößen) für eine Planungsperiode und für einzelne Verantwortungsbereiche der → Marketingorganisation. Ergebnisse der Marketingbudgetierung sind Marketing-Teilbudgets; diese werden aus einem Marketing-Gesamtbudget gebildet oder zu einem solchen integriert (Koordinationsfunktion der Budgetierung).

Marketing Consultant – Berater (Consulting) in Fragen des → Marketings.

Marketingethik – 1. *Begriff:* Marketingethik beschäftigt sich mit den Werten und Normen des Marketings und seiner gesellschaftlichen Verantwortung. Ansätze der Marketingethik sollen bes. eine Berücksichtigung jener Ansprüche sicherstellen, die nicht über den Markt artikuliert werden. – Vgl. auch → Makro-Marketing. – 2. *Ansätze:* Die präskriptive Marketingethik setzt sich mit der Frage auseinander, wie sich Marketingmanager in bestimmten Entscheidungssituationen verhalten sollen. Hierbei wird auf die dem Gesamtverhalten zugrunde liegende Gesinnung (Gesinnungsethik) oder auf die Handlungsfolgen (Verantwortungsethik) abgestellt. Ansätze der deskriptiven und explikativen Marketingethik beschäftigen sich hingegen mit der Beschreibung und Erklärung von Wertorientierungen im Marketing. Inhaltlich werden materiell-ethische und formell-ethische Normen unterschieden. Zu den materiell-ethischen Normen zählen z.B. Verhaltenskodizes im Marketing, ethische Grundsatzkataloge. Sie verdeutlichen, dass Fragen der Marketingethik bereits bei der Festlegung der Unternehmensgrundsätze eine Rolle spielen. Formell-ethische Normen betreffen Entscheidungsmethodiken, die ethisches Handeln fördern. Hier ist die sog. Diskurs-Ethik einzuordnen, bei der ein gleichberechtigter Dialog mit allen Betroffenen (Marktteilnehmer, Anspruchsgruppen) Orientierungen für ethisches Unternehmensverhalten liefern soll.

Marketing Event – inszeniertes Ereignis in Form einer Veranstaltung oder einer Aktion, die den Kunden firmen- oder angebotsbezogene Kommunikationsinhalte erlebnisorientiert vermitteln soll. – Vgl. auch → Event Marketing.

Marketing-Expertensystem – Expertensystem, das marketingspezifische Fragestellungen zum Gegenstand der Problemlösungssuche hat. Marketing-Expertensysteme eignen sich bes. für den Einsatz im → Marketing, da zahlreiche Problemstellungen wissensintensiv (Einfluss anderer Wissensbereiche wie z.b. Psychologie) sind, das Lösungswissen unvollständig und vage (z.b. die Wirkung von Werbeanzeigen auf das → Kaufverhalten) ist sowie die Entscheidungsgrundlage von Fall zu Fall (z.b. Branchenunterschiede) unterschiedlich ist. Einsatzgebiete von Marketing-Expertensystemen sind u.a. die → Marktforschung, v.a. die Datenanalyse (z.b. EXPRESS) und die Werbewirkungsforschung (→ Werbewirkung, z.b. GESWA) sowie die strategische Marketingplanung (z.B. STRATASSIST).

Marketingforschung – *Marketing Research;* alle Aktivitäten zielbezogener und planmäßiger Informationsgewinnung und -aufbereitung zur Identifikation und Lösung betriebsinterner und -externer Probleme bei Marketing-Strukturen, -Prozessen, -Aktivitäten und -Wirkungen. Marketingforschung i.e.S. umfasst lediglich die absatzbezogenen Teile der unternehmensinternen Bereiche und die → Absatzmarktforschung. Marketingforschung i.w.S. umfasst alle marketingrelevanten Bereiche der Unternehmung sowie deren Mikro- und Makro-Umwelt. Sie lässt sich untergliedern in eine interne Marketingforschung und eine externe Marketingforschung Gegenstandsbereich der *internen Marketingforschung* sind alle interdependenten Subsysteme einer Unternehmung (Beschaffungs-, Produktions-, Absatz-, Finanz-, Informations- und Personalwirtschaft) hinsichtlich ihrer marketingbezogenen Wirkungen. – *Beispiele:* Vertriebskostenrechnungen, Lagerkapazitäten, Logistik, Qualität der Außendienstmitarbeiter. Gegenstandsbereich der externen Marketingforschung ist die → Marktforschung (→ Absatzmarktforschung und → Beschaffungsmarktforschung) und die gesellschaftsorientierte Marketingforschung mit den ökonomischen sowie kulturellen, physischen, politisch-rechtlichen und technologischen Komponenten. – Vgl. auch interkulturelle Konsumentenforschung.

Marketing-Informationssystem (MAIS) – zielbezogen strukturiertes System von Regelungen hinsichtlich der Informationsaufgaben und ihrer Träger sowie der Informationswege, Informationsrechte und Pflichten, Methoden und Verfahren der Informationsspeicherung und -verarbeitung; i.d.R. computergestützt. Ein Marketing-Informationssystem (MAIS) ist Subsystem des Führungsinformationssystems (FIS). – *Ziel:* Befriedigung des marketingbezogenen Informationsbedarfs durch zielbezogene Kanalisation, Filterung, Verdichtung, Speicherung und Weitergabe möglichst aussagefähiger und problembezogener, am richtigen Ort und zur richtigen Zeit verfügbarer Informationen, um einem Informationsmangel bei Informationsüberfluss entgegenzuwirken. – *Komponenten:* Daten-, Methoden-, Modellbank (Methoden- und Modellbank in der Praxis seltener) und Kommunikationseinrichtungen.

Marketing-Instrumente → marketingpolitische Instrumente.

Marketingkoalition – Form der Kooperation von rechtlich selbstständigen Unternehmen auf vertikaler oder horizontaler Distributionsebene (vertikale bzw. horizontale Kooperation) im Absatz- oder Beschaffungsmarketing. Marketingkoalitionen sind in der Praxis vielfach aufgabenbezogen und zeitlich begrenzt. Konkrete Formen sind z.B. Joint Ventures oder strategische Allianzen.

Marketingkontrolle – ergebnisorientierte Überprüfung der Maßnahmen des → Marketings. – *Stufen:* (1) Ergebnismessung auf der Basis eines Soll-Ist-Vergleichs; (2) (kritische) Analyse evtl. auftretender Abweichungen, um Ansatzpunkte für einen verbesserten Einsatz → marketingpolitischer Instrumente festzustellen. – *Anders:* Marketingcontrolling.

Marketingkonzeption – strategischer Grundsatzentwurf für die Koordination aller marktbezogenen Aktivitäten einer Unternehmung oder eines marktbezogenen Ausschnitts einer Unternehmung, wie z.B. Wahl der zu bearbeitenden Problemfelder und Kundengruppen, Marktausdehnung, Art der → Marktsegmentierung, Einsatz der → marketingpolitischen Instrumente. – Die Marketingkonzeption ist integraler Bestandteil der strategischen Unternehmungskonzeption (strategisches Management); sie ist an der → Wettbewerbsstrategie der Unternehmung zu orientieren sowie mit den anderen funktionalen Bereichen (Forschung und Entwicklung, Beschaffung, Produktion, Finanzierung) abzustimmen. – Die *Durchsetzung* einer Marketingkonzeption erfordert entsprechende Vorkehrungen bei Planung, Organisation und Kontrolle, bei der Informationsversorgung und hinsichtlich des Führungskonzepts.

Marketinglogistik – *Absatzlogistik, Distributionslogistik;* wenig gebräuchliche Bezeichnung für den absatzbezogenen Teilbereich der Logistik. Marketinglogistik betrifft die Zeit-Raum-Überbrückung von Waren, Personen und Informationen zwischen Lieferant und Abnehmer. – *Aufgabe:* Realisierung der physischen → Distribution, v.a. die Gestaltung des → Lieferservice.

Marketingmanagement – allg. Konzeption der Unternehmungsführung bzw. Unternehmungsphilosophie im Sinn eines konsequent marktbezogenen Denkens. → Marketing ist hier Führungsaufgabe, die sich auf Planung, Steuerung, Kontrolle, Koordination der Unternehmungsaktivitäten im Hinblick auf die Markterfordernisse bezieht.

Marketing-Mix – Kombination der Ausprägungen der zeitraum- und markt- bzw. marktsegmentbezogen eingesetzten → marketingpolitischen Instrumente.

Marketingmodelle → Mediaselektionsmodelle.

Marketing Myopia – Kurzsichtigkeit im Marketing; Ausrichtung der Marketingaktivitäten an kurzfristigen Kundenwünschen. Längerfristige Bedarfs- und Marktentwicklungen werden dabei ignoriert.

Marketingorganisation – marktorientierte, von der → Marketingkonzeption beeinflusste Organisation der Unternehmung (Organisationsstruktur). Die Marketingorganisation umfasst alle generellen und dauerhaften Regelungen zur Erfüllung der mit der Teilfunktion Marketing verbundenen Aufgaben. – *Gestaltungsfelder:* a) *Entscheidung,* ob überhaupt eine oder mehrere spezielle Organisationseinheiten (organisatorische Einheit) für Marketingaufgaben zu etablieren sind. – b) *Spezielle Marketingeinheiten* können an verschiedenen Stellen in der Unternehmungshierarchie platziert werden, bes. in einem Zentralbereich oder in den Geschäftsbereichen. – c) *Regelung* der Kooperation zwischen den verschiedenen Marketingfunktionen wie Werbung, Marktforschung etc. untereinander sowie zwischen diesen und anderen Funktionsbereichen wie etwa der Neuproduktentwicklung. Je nach Kompetenzausstattung (Kompetenz) kann eine Einheit dabei als Kernbereich, Richtlinienbereich, Matrixbereich, Servicebereich oder Stab ausgeformt werden. – d) Die *Hierarchieebene unterhalb der Marketingleitung* kann z.B. nach verschiedenen Marketingfunktionen, nach Produkten oder nach Märkten (kundenorientierte oder regionale Marktsegmente) gegliedert werden. Zur Auswahl einer Gestaltungsform bedarf es einer Beurteilung der alternativenspezifischen Vor- und Nachteile (organisatorische Effizienz). – Vgl. auch → Vertriebsorganisation.

Marketingplanung – Entscheidungsprozess zur Festlegung des marktbezogenen Verhaltens einer Unternehmung. Marketingplanung bzw. Marketingpläne sind Führungsinstrumente des → Marketingmanagements zur Bestimmung und Durchsetzung der → Marketingpolitik. – Nach den *Planungsebenen* zu unterscheiden: (1) *strategische Marketingplanung:* Planung der → Marketingkonzeption; (2) *operative Marketingplanung:* Planung der Marketingmaßnahmen, v.a. des Einsatzes der → marketingpolitischen Instrumente. – *Aufbau* und *Prozess* der Marketingplanung

erfolgen nach den Grundsätzen der Unternehmensplanung.

Marketingpolitik – Gesamtheit der Ziel- und Maßnahmenentscheidungen zur Gestaltung der marktbezogenen Aktivitäten der Unternehmung. – *Ebenen:* (1) *strategische Marketingpolitik:* marketingpolitische Grundsatzentscheidungen über Problemlösungsbereiche, Marktfelder und Basisstrategien; (2) *operative Marketingpolitik:* konkrete Gestaltung der → marketingpolitischen Instrumente im Rahmen der vorgegebenen marketingpolitischen Grundsatzentscheidungen.

marketingpolitische Instrumente – 1. *Begriff:* Bündel der für die Marktbearbeitung einsetzbaren Aktivitäten bzw. Instrumente eines Unternehmens. – 2. *Instrumente:* a) *Leistungspolitik* bzw. Produkt- und Programmpolitik: Bestimmung des Leistungsprogramms als Gesamtheit der Produkte und Leistungen (Dienstleistungen) durch Festlegung der Leistungsarten (Produktionsprogrammbreite) und der Zahl der Varianten innerhalb der Leistungsarten (Produktionsprogrammtiefe); Entscheidung über Produktinnovation, -variation und -elimination; Qualitätspolitik, Standardisierungs- bzw. Individualisierungsentscheidungen, Markenstrategien, Verpackung, Produktgestaltung. – b) → Kommunikationspolitik: Werbung, Verkaufsförderung, kommunikative Seite des persönlichen Verkaufs, Public Relations. – c) → Distributionspolitik: akquisitorische und physische Distribution, vgl. → Distribution. – d) → Kontrahierungspolitik: Preis-, Rabatt-, Lieferkonditionen- und Absatzfinanzierungspolitik. – 3. Die Kombination der Ausprägungen der zeitraum- und markt- bzw. marktsegmentbezogen eingesetzten marketingpolitischen Instrumente wird als → Marketing-Mix bezeichnet; die Kombination der Einzelaktivitäten innerhalb eines Instruments (z.B. Kombination von Werbe-, Verkaufsförderungs- und PR-Aktivitäten und der kommunikativen Seite des persönlichen Verkaufs im Rahmen der Kommunikationspolitik) als *marketing-politisches Submix*.

marketingpolitisches Submix → marketingpolitische Instrumente.

Marketing Research → Marketingforschung.

Marketingstatistik – Zielgerichtete und systematische Sammlung und zahlenmäßige Aufbereitung von Informationen zu Marketingaktivitäten und Marketingerfolg, wie z.B. → Absatzstatistik, Werbestatistik, Messestatistik etc.

Marketingstrategien – an den Bedarfs- und Konkurrenzbedingungen relevanter Märkte sowie den personellen, finanziellen, technischen und informellen Leistungspotenzialen der Unternehmung ausgerichtete Verhaltenspläne zur Realisierung der Marketingziele. Es existieren verschiedene Erscheinungsformen (→ Wachstumsstrategie).

Marketingziele – die dem Unternehmensbereich → Marketing gesetzten und durch Marketingmaßnahmen beeinflussbaren Vorgaben (Sollzustände). – Vgl. auch Unternehmungsziele.

Market Research → Marktforschung.

Markierung → Marke, → Markenstrategien.

Marktabgrenzung – Bestimmung des relevanten Marktes. Einerseits kann dieses auf der Nachfrageseite geschehen, indem man sich die Substitutionsbeziehungen zwischen den Gütern ansieht (Substitutionslücke), andererseits kann es eine technisch-funktionelle Verbundenheit auf der Angebotsseite geben. Problem bei der Bestimmung des → Marktanteils bzw. → Marktvolumens und → Marktpotenzials. Nach Zweckmäßigkeitsüberlegungen wird ein Markt nach sachlichen, räumlichen und zeitlichen Kriterien eingeengt. – Vgl. auch Markt, → Marktsegmentierung.

Marktanalyse – 1. *Charakterisierung*: Systematisch methodische Untersuchung der Stellung einzelner Unternehmungen im Marktgeschehen, die neben der → Marktbeobachtung zur Schaffung der Markttransparenz beiträgt und die Geschäftspolitik des Unternehmens fundiert. Bei einer Marktanalyse interessiert jeweils der *spezielle Markt* für die Produkte einzelner Hersteller oder eines Wirtschaftszweiges hinsichtlich einerseits der Aufwandserfordernisse an den Bezugsmärkten und andererseits der Bedarfslage und daraus zu entwickelnden Ertragsbedingungen am Absatzmarkt. – *Methodisch* beruht die Marktanalyse auf Statistik und → Meinungsforschung. – 2. *Untersuchungsfeld*: a) *Analyse der Beschaffungsmärkte* für Rohstoffe, Werkzeuge, Vorfabrikate, Energie; auch Arbeitsmarkt. – b) *Analyse der Finanzierungsmärkte*: Kapital-, Geld-, Devisenmarkt. – c) *Analyse der Absatzmärkte* für Haupterzeugnisse, Neben- und Abfallprodukte: (1) *Produktanalyse* sowohl hinsichtlich Beschaffenheit und Leistungsfähigkeit des Produktes als auch bez. der Selbstkostengestaltung sowie bez. einer marktgerechten Ausformung des Produktes selbst wie auch der Verpackung (→ Produkttest, → Merchandising); (2) *Absatzanalyse*: Die Summe aus individuellem und Geschäftsbedarf ergibt die Nachfrage, deren Kenntnis durch Bedarfsuntersuchung zu ermitteln ist. Daneben ist erforderlich die Kenntnis der derzeitigen und künftigen Angebotskraft des Wettbewerbs (→ Konkurrenzanalyse) sowie der technisch und kommerziell optimalen → Absatzwege. – 3. *Untersuchungszeitraum*: Eine „Momentaufnahme" der strukturellen Beschaffenheit aller Marktelemente; das Nacheinander des Untersuchungsfeldes (Bedarf-Produktion-Wettbewerb-Ansatz), v.a. die richtige → Marktprognose, erfordert jedoch bereits, dass die Marktanalyse sich nicht auf einen Zeitpunkt beschränkt, sondern einen begrenzten Zeitraum umgreift. – 4. *Träger*: Produktanbieter, bes. im Zusammenhang mit dem → Marketing. Im Auftrag einzelner Firmen: → Marktforschungsinstitute. Ergänzend zur Marktbeobachtung: wissenschaftliche Institute.

Marktänderung – in der Marktforschung Bezeichnung eines einmaligen Wandels im Marktgefüge. Marktänderung kann durch → Marktverschiebung (Wachstum und Schrumpfung) vorbereitet, jedoch auch plötzlich, etwa durch politische Ereignisse, hervorgerufen werden. Ursache sind häufig Technologieänderungen. So wurde der Walkman durch den MP3-Player und die analoge Kamera durch die Digitalkamera weitgehend ersetzt.

Marktanteil – I. Marktforschung: Begriff der Marktforschung zur Kennzeichnung der Bedeutung des Unternehmens am Markt und somit dessen Konkurrenzstärke. Der Marktanteil kann sowohl für den Beschaffungsmarkt als auch für den Absatzmarkt bestimmt werden. I.d.R. dominiert die Bedeutung des Absatzmarktanteils. – *Berechnung:*

$$\frac{\text{eigener Absatz (Umsatz)}}{\text{Gesamtabsatz (-umsatz) aller Anbieter}} \cdot 100.$$

Er kann sowohl mengen- als auch wertmäßig definiert werden und sich auf den Gesamt- oder auch auf einen Teilmarkt beziehen. Schwierigkeiten bei der Bestimmung des Marktanteils liegen in der Bestimmung des räumlich, sachlich und zeitlich relevanten Marktes sowie in der Beschaffung der Zahlen über den Gesamtabsatz (→ Marktvolumen). Anhaltspunkte geben Absatzstatistiken von Verbänden, Daten statistischer Ämter oder der Einkauf spezieller Daten bei Marktforschungsinstituten (z.B. Handelspanels der Firma Nielsen und der GfK, die eine Berechnung der Marktanteile einzelner Artikel sowohl für den Gesamt- als auch für einen Teilmarkt zulassen). Aus den Daten der → Haushaltspanels lassen sich ebenfalls Zahlen für den Gesamtmarkt ableiten. – Ungleich schwieriger kann die Feststellung des Marktanteils in industriellen Märkten sein. – Vgl. auch Marktbeherrschung, Marktmacht.

II. Wettbewerbstheorie: prozentualer Anteil eines Unternehmens am Gesamtumsatz aller Anbieter (oder Nachfrager) auf einem relevanten Markt. *anders:* Verhältnis zwischen der Höhe des eigenen Umsatzes und dem Umsatz des (der) stärksten Konkurrenten. – Vgl. auch Zusammenschlusskontrolle, Marktbeherrschungsvermutung, Wettbewerbstheorie.

Marktanteilskonzept → Markentreue.

Marktattraktivität → Branchenattraktivität.

Marktausweitungsstrategie – Erhöhung des Absatzvolumens bereits produzierter und auf angestammten Märkten abgesetzter Produkte durch den → Absatz auf neuen Märkten.

Marktbeobachtung – Teil der → Marktforschung: Beobachtung der Marktentwicklung bzw. der Stellung einzelner Unternehmungen und Wirtschaftsgruppen auf den Beschaffungs- und Absatzmärkten sowie Abschätzung ihrer konjunkturellen Entwicklungsmöglichkeiten durch Auswertung der Betriebsstatistik, der Branchenstatistik und der amtlichen Wirtschaftsstatistik, u.U. durch bes. Institute. Wichtige Instrumente der Marktbeobachtung sind auch die verschiedenen → Panels der Marktforschungsinstitute. – Vgl. auch Branchenbeobachtung.

Marktberichte – Berichte über die Wirtschaftslage auf bestimmten Märkten (z.B. Waren-, Effekten-, Devisenmärkten). Marktberichte stützen sich auf amtliche oder private Preisnotierungen, Statistiken etc. und dienen u.a. als Quelle für die → Marktforschung.

Marktdurchdringung → Penetration.

Marktdurchdringungspreispolitik → Penetrationspreispolitik.

Marktdurchdringungsstrategie – 1. *Begriff:* Stoßrichtung der Unternehmensaktivitäten, bei der durch Intensivierung des Einsatzes der → marketingpolitischen Instrumente der Absatz bereits vorhandener Produkte auf den gegenwärtig bereits bestehenden Märkten erhöht werden soll. Zweck ist die Erhöhung des → Marktanteils oder die Vergrößerung des → Marktvolumens. – 2. *Formen:* (1)

Erhöhung der Verbrauchsintensität bei bestehenden Kunden; (2) Abwerbung potenzieller Kunden bei Wettbewerbern, (3) Aktivierung von → latentem Bedarf.

Marktentwicklungsstrategie → Wachstumsstrategie.

Markterfassungsstrategien → Marktsegmentierung.

Markterkundung – gelegentliche, nicht systematische Untersuchung des Marktes. – *Anders:* → Marktforschung.

Markterschließung – Eröffnung von Absatzmöglichkeiten (Einführung eines Produktes am Absatzmarkt) durch Überwindung des → Marktwiderstandes. Markterschließung gehört zu den Aufgaben des → Marketings; i.d.R. mittels intensiver → Einführungswerbung.

Marktforscher – nicht geschützte Berufsbezeichnung für eine in der Marktforschung tätigen und dafür bes. geschulte Person. Die Organsiation der Marktforscher (Bundesverband der Deutschen Markt- und Sozialforscher e. V., abgekürzt: BVM) führt jedoch eine Berufsrolle, in die man sich unter bestimmten Bedingungen als Marktforscher (BVM) eintragen kann. Marktforscher haben bes. Standesregeln zu beachten. – *Ausbildung:* Marktforscher haben überwiegend einen wirtschafts- oder sozialwissenschaftlichen Hintergrund, teilweise sind sie aber auch in anderen Wissenschaften wie z.B. Psychologie oder Statistik ausgebildet. Neuerdings werden Marktforscher auch in dem Lehrberuf „Fachangestellte für Markt- und Sozialforschung" ausgebildet. – *Tätigkeitsfelder:* Marktforscher sind meist entweder als betriebliche Marktforscher bei Unternehmen tätig, welche Marktforschungsleistungen nachfragen, oder als Institutsmarktforscher bei Marktforschungsunternehmen, die solche Leistungen anbieten.

Marktforschung – *Market Research.* 1. *Begriff:* Die Marktforschung ist ein Teilgebiet der → Marketingforschung. Marktforschung

und Marketingforschung haben den gleichen Untersuchungsgegenstand, sofern sie sich auf Absatzmärkte beziehen. Während die Marketingforschung darüber hinaus auch unternehmensinterne marketingrelevante Informationen erhebt und verarbeitet, kann sich Marktforschung auch auf andere Märkte, z.B. Beschaffungsmärkte beziehen. Marktforschung ist die systematisch betriebene Erforschung eines konkreten Teilmarktes (Zusammentreffen von Angebot und Nachfrage) einschließlich der Erfassung der Bedürfnisse aller Beteiligten unter Heranziehung v.a. externer Informationsquellen. Im Gegensatz dazu ist die → Markterkundung nur eine gelegentliche und unsystematische Untersuchung des Marktes. – 2. *Formen:* Man kann zahlreiche Formen der Marktforschung nach unterschiedlichen Kriterien unterscheiden: (1) Nach dem *Untersuchungsobjekt* (→ ökoskopische Marktforschung, → demoskopische Marktforschung); (2) nach dem *Erhebungsbzw. Bezugszeitraum* (laufend, fallweise, prospektiv, retrospektiv); (3) nach dem *Untersuchungsraum* (lokale, regionale oder internationale Marktforschung); (4) nach *Marktbereichen bzw. Branchen* (Investitionsgüter-, Konsumgüter-, Dienstleistungs-, Handels-, nicht kommerzielle Marktforschung; → Konkurrenzanalyse); (5) nach *Unternehmensbereichen* (→ Beschaffungsmarktforschung, → Absatzmarktforschung, → Personalforschung). – 3. *Ablauf:* (1) Bestimmung und Abgrenzung des Informationsbedarfs; (2) Bestimmung der Untersuchungsmethode; (3) Erstellung der Erhebungsunterlagen; (4) Erhebung der gesuchten Daten; (5) Aufbereitung der gewonnenen Daten, sodass sie das Informationsbedürfnis klären; (6) Präsentation der Ergebnisse und Treffen einer Entscheidung auf der Grundlage der gewonnenen Erkenntnisse. – 4. *Verfahren:* a) *Informationsgewinnung:* Zu unterscheiden sind → Primärforschung und → Sekundärforschung. Letztere verwendet bereits vorhandenes, früher erhobenes Datenmaterial, während im Rahmen der ersteren ausschließlich neue Informationen erhoben werden. – b) *Auswahl der Untersuchungsobjekte* (z.B. Personen, Unternehmen): Die Auswahl erfolgt bei Teilerhebungen i.d.R. mithilfe verschiedener statistischer Verfahren (Auswahlverfahren, Zufallsstichprobenverfahren). – c) *Datenerhebung* (→ Erhebung): Im Rahmen der Primärforschung erfolgt die Datenerhebung durch → Beobachtung und/oder → Befragung (→ Interview, → Expertenbefragung), die in Form eines → Experimentes erfolgen können. Die Methoden der Datenerhebung können im Rahmen einer → Feldforschung (z.B. → Testmarkt) oder einer → Laborforschung (z.B. Testmarktsimulation) eingesetzt werden. Z.T. gelangen im Rahmen der Marktforschung → apparative Verfahren zum Einsatz. Häufig findet die → computergestützte Datenerhebung Anwendung. Darüber hinaus ist in Wissenschaft und Praxis eine Vielzahl von Untersuchungsmethoden bzw. Testverfahren für spezielle Fragestellungen des Marketings entwickelt worden (z.B. → Akzeptanztest, → Anzeigentest, → Blickregistrierung). – d) *Informationsverarbeitung:* Die Informationsverarbeitung orientiert sich an den Untersuchungszielen, der Zahl der zu verarbeitenden Variablen und der Qualität des Datenmaterials (→ Skalenniveau). Hierbei kommen in Betracht: (1) → Univariate Analysemethoden (z.B. Häufigkeitsauszählung, Häufigkeitsverteilung); (2) → bivariate Analysemethoden (z.B. Kreuztabellierung, Korrelation, einfache Regressionsanalyse); (3) → multivariate Analysemethoden (z.B. → Conjoint Measurement, multiple → Regressionsanalyse, Varianzanalyse, Diskriminanzanalyse, → Clusteranalyse, → Faktorenanalyse, → multidimensionale Skalierung (MDS), → Pfadanalyse, → Kausalanalyse); (4) der Einsatz von komplexen Marketingmodellen. – 5. *Anwendungsmöglichkeiten:* Die Ergebnisse der Marktforschung bilden die Grundlage für die Diagnose und → Prognose der künftigen Markt- und Produktentwicklung und damit für die Planung strategischer und operativer Marketingmaßnahmen

(→ Marketing). V.a. die Neuproduktplanung und die Erarbeitung kommunikationspolitischer Einzelmaßnahmen ist auf die Heranziehung umfassender Marktforschungsdaten angewiesen. Der Bedarf der Kunden kann erst durch systematische Marktforschung genau ermittelt werden. → Preistests untermauern z.B. die Festlegung konkreter Preise für die einzelnen Sortimentsteile. Mithilfe der → Marktsegmentierung können neue Kundensegmente identifiziert werden. Im Rahmen der Investitionsgütermarktforschung werden die Träger wichtiger Entscheidungen je nach Phase eines einzelnen Projektabschnitts herausgearbeitet. Alle im Rahmen der Marktforschung gewonnenen Daten können mithilfe eines → Marketing-Informationssystems (MAIS) gespeichert sowie entscheidungsorientiert aufgearbeitet werden und bei → Marketing-Expertensystemen als Basis für die Problemlösung auch schlecht strukturierter, marketingspezifischer Fragestellungen dienen.

Marktforschungsdaten – von der → Marktforschung zur Verfügung gestellte Daten.

Marktforschungsinstitute – meist gewerbliche Institute, die → Marktanalysen für Organisationen, Industrie, Handel und Werbeagenturen erstellen und/oder die Daten dafür erheben und aufbereiten. Ein Teil der dt. Marktforschungsinstitute hat sich zum Arbeitskreis Deutscher Marktforschungsinstitute e.V. zusammengeschlossen. Marktforschungsinstitute in der Bundesrepublik Deutschland sind aufgeführt im Handbuch der European Society for Opinion and Marketing Research (ESOMAR) und im Handbuch des Bundesverbands der Deutschen Markt- und Sozialforscher (BVM).

Marktführer – das Unternehmen mit dem größten Marktanteil in einem relevanten Markt.

Markthandel – *Messhandel;* Form des → ambulanten Handels auf bestimmten, meist in regelmäßigen Zeitabständen abgehaltenen Märkten (Jahrmärkten, Krammärkten,

Kirchweihfesten (Kirmes), Weihnachtsmärkten). Vornehmlich in ländlichen und kleinstädtischen Gebieten, aber auch in Großstädten (Altstadtfeste). – *Übliche Angebote:* Textilien, Töpferwaren, kleinere Haushaltswaren, Holzwaren, einfaches Spielzeug, Geschenkartikel, Christbaumschmuck, Trödel, Antiquitäten u.a. Produkte des Kunsthandwerks. Häufig ergänzt um regionale Spezialitäten. – Vgl. auch → Straßenhandel, → Wochenmarkt, → Jahrmarkt, → Spezialmarkt.

Marktkanal → Absatzkanal, → Absatzwege.

Marktnische – Teilmarkt (→ Marktsegment) des Gesamtmarktes, der durch vorhandene Produkte nicht voll befriedigt wird, weil diese den Vorstellungen der potenziellen Käufer nicht in genügendem Umfang entsprechen. Nach dem Verhalten der potenziellen Käufer bis zur Einführung eines entsprechenden Produktes zu unterscheiden: (1) *manifeste Marktnische:* sie verzichten ganz; (2) *latente Marktnische:* sie weichen auf andere Produkte aus. – Vgl. auch → Nischenstrategie.

Marktpenetration → Marktdurchdringungsstrategie.

Marktpositionierungsmodell → Produktpositionierung, → Markenpositionierung

Marktpotenzial – Aufnahmefähigkeit eines Marktes. Gesamtheit möglicher Absatzmengen eines Marktes für ein bestimmtes Produkt oder eine Produktkategorie. Das Marktpotenzial bildet die obere Grenze für das → Marktvolumen. – Vgl. auch → Absatzpotenzial, → Absatzvolumen.

Marktprognose – Voraussage der Marktentwicklung mittels → Marktbeobachtung, indem Zusammenhänge zwischen den Bewegungen verschiedener Märkte oder anderer wirtschaftlicher Faktoren (Konjunkturtest) aufgespürt werden, die in ihren zeitlichen Phasen einander nachgeordnet sind. Der Trend von Preisen und Mengen des einen Marktes liefert die Trendprognose für den nachgeordneten und mit dem vorhergehenden in Verbindung stehenden Markt. – Vgl. auch → Prognose.

Marktreaktionsfunktion → Responsefunktion.

Marktsättigungsgrad – Kennzahl bez. Wachstumschancen für ein Produkt im Gesamtmarkt oder in einzelnen Teilmärkten (→ Marktsegment):

$$\frac{\text{Marktvolumen}}{\text{Marktpotential}} \cdot 100.$$

Marktschwankungen – regelmäßig wiederkehrende Verschiebungen der → Marktstruktur; festzustellen durch → Marktbeobachtung. – Zu *unterscheiden:* jahreszeitliche Schwankungen (Saisonschwankungen) und Konjunkturschwankungen. – *Gegensatz:* → Marktverschiebung.

Marktsegment – *Absatzsegment*; Teilmarkt mit einer nach ihrer Reaktion auf → marketingpolitische Instrumente homogeneren Abnehmergruppe als der des Gesamtmarktes. Die Marktsegmente sollen hinsichtlich der gewählten kaufrelevanten Segmentierungskriterien (→ Marktsegmentierung) in sich möglichst ähnlich, untereinander jedoch möglichst unähnlich sein.

Marktsegmentierung – Aufteilung des Gesamtmarktes nach bestimmten Kriterien in Käufergruppen bzw. -segmente, die hinsichtlich ihres Kaufverhaltens oder kaufverhaltensrelevanter Merkmale in sich möglichst ähnlich (homogen) und untereinander möglichst unähnlich (heterogen) sein sollen. – *Hauptzweck* der Marktsegmentierung ist, Unterschiede zwischen den Käufern aufzudecken, um daraus Schlussfolgerungen für segmentspezifische Marketingprogramme (→ Marketing) zu ziehen (→ Kundenstrukturanalyse). Damit ergeben sich zwei *Teilaufgaben:* Es müssen die → Marktsegmente definiert *(taxonomische Marktsegmentierung)* und segmentspezifische Strategien entwickelt und implementiert werden *(managementorientierte Marktsegmentierung).* – 1. *Markterfassungsstrategien* mithilfe kaufverhaltensrelevanter *Segmentierungskriterien:* a) Segmentierung nach demografischen (Religion, Geschlecht, Alter, Haushaltsgröße), nach sozio-ökonomischen (Einkommen, Schulbildung, Beruf) und nach psychographischen Kriterien (Lebensstil, Merkmale der Persönlichkeit). – b) Segmentierung nach Kaufverhaltens- und Responsemerkmalen (Käufer, Nichtkäufer, Verhalten bez. nichtpreislicher Marketinginstrumente, Preisresponse, Preisbereitschaft, Preissensitivität, Preiseinstellung und Sonderangebotsresponse). Der Vorteil der Segmentierung nach allg. Käufermerkmalen (1) liegt in der leichten Messbarkeit der Kriterien, ihr Nachteil ist die relativ geringe prognostische Relevanz bez. des tatsächlichen Kaufverhaltens. Bei einer Segmentierung nach Kaufverhaltens- und Responsemerkmalen (2) werden die unmittelbar relevanten Kriterien für eine Marktsegmentierung zwar direkt erfasst, sind aber relativ schwer beobachtbar und/oder die auf dieser Basis gebildeten Segmente sind nicht gezielt ansprechbar. Deshalb versucht man (3), von den nach Kaufverhaltensmerkmalen definierten Segmenten Beziehungen zu den allg. Käufermerkmalen herzustellen, um dann die Segmente neu zu definieren. Als statistische Methoden werden dabei v.a. die → Regressionsanalyse, die → Clusteranalyse, die Diskriminanzanalyse, → AID-Analyse und die → multidimensionale Skalierung (MDS) herangezogen. – 2. *Strategien zur segmentspezifischen Marktbearbeitung:* a) konzentrierte Marktstrategie: Bearbeitung nur des lukrativsten Segments (→ Marktnische); b) differenzierte Marketingstrategie: Bearbeitung mehrerer Segmente; c) selektiv differenzierte Strategie: Bearbeitung weniger ausgewählter Segmente. – 3. *Marktsegmentierung im Investitionsgütermarketing:* → Makrosegmentierung. – 4. *Marktsegmentierung auf internationaler Ebene:* Internationale Marktsegmentierung.

Marktspanne – Zusammenfassung der → Produktspannen einer bestimmten Gruppe oder der Gesamtheit von verbrauchten und verwendeten in- und ausländischen landwirtschaftlichen Erzeugnissen einer Volkswirtschaft.

Marktstruktur – *Market Structure;* 1. alle Merkmale, die die Zusammensetzung und das Gefüge eines Marktes beschreiben. – 2. Die Marktstruktur wird bestimmt durch die Zahl der Anbieter und Nachfrager sowie ihrer → Marktanteile, Art der Güter, Markttransparenz, Markteintrittsschranken und Marktaustrittsschranken, Marktphase und ggf. weitere Einflussfaktoren. – 3. Der Ökonom von Stackelberg unterscheidet in Abhängigkeit der Anzahl und Größe auf der Anbieter- und auf der Nachfragerseite die folgenden Marktformen: a) Ein Markt mit einem großen Anbieter und vielen atomistischen Nachfragern wird als Monopol bezeichnet. Ein Monopson (Nachfragemonopol) liegt vor, wenn einem Nachfrager viele atomistische Anbieter gegenüber stehen. Ein bilaterales Monopol ist eine Marktstruktur mit jeweils einem Anbieter und einem Nachfrager. – b) Steht dem einzigen Anbieter eine überschaubare Anzahl an Nachfragern gegenüber, dann liegt ein beschränktes Monopol vor. Ein beschränktes Monopson ist andererseits eine Marktstruktur mit wenigen Anbietern und einem Nachfrager. – c) Ein Oligopol liegt nach von Stackelberg vor, wenn es wenige Anbieter (Unterscheidung zwischen dem engen und dem weiten Oligopol) mit einer hohen Anzahl an gemessen am Marktanteil kleinen Nachfragern zu tun haben. Ein Oligopson, auch als Nachfrageoligopol bekannt, ist eine Marktstruktur mit wenigen Nachfragern und vielen Anbietern. Bei einem bilateralen Oligopol handelt es sich um eine Marktstruktur mit jeweils einigen Anbietern und Nachfragern. – d) Die für das Modell der vollständigen Konkurrenz wichtige Marktstruktur des Polypols liegt vor, wenn sowohl auf der Anbieter- als auch auf der Nachfragerseite viele unbedeutende Marktteilnehmer vorhanden sind. – 4. Marktstruktur dient neben dem Marktverhalten und dem Marktergebnis zur

Beschreibung des formalen Aufbaus des Konzepts eines wirksamen Wettbewerbs.

Marktstudie → Marketingforschung, → Marktforschung.

Markttest – realitätsnahes Verfahren zur Überprüfung der Marktchancen von Produkten. Das Produkt wird probeweise in einem abgegrenzten Markt unter kontrollierten Bedingungen und unter Einsatz ausgewählter oder sämtlicher Marketing-Instrumente verkauft, mit dem Ziel, allg. Erfahrungen über die Marktgängigkeit (z.B. Penetration, Wiederkäufer etc.) eines neuen Produktes und/oder die Wirksamkeit von einzelnen Marketing-Maßnahmen oder Strategien zu sammeln. – Vgl. auch → Testmarkt.

Markttransaktionsfunktionen – Größe zur Bestimmung der Entwicklung von ökonomischen Zielvariablen (z.B. Absatzmenge, Umsatz, Bekanntheitsgrad, Einstellung) in Abhängigkeit von den eingesetzten Instrumentalvariablen (→ marketingpolitische Instrumente). – Vgl. auch → Preisresponsefunktion, → Preisresponsemessung.

Marktuntersuchung – Zustandsprüfung des Marktes in seinen einzelnen Marktfeldern (z.B. Absatz- oder Käufermarkt, Liefer- oder Herstellermarkt). Marktuntersuchung setzt sich zusammen aus → Markterkundung und → Marktforschung, d.h. dass Marktuntersuchung sowohl Markterkundung als auch systematische Marktforschung sein kann.

Marktveranstaltungen – regelmäßig an bestimmten Plätzen wiederkehrende Zusammenkünfte von Verkäufern (Anbietern) und Käufern (Nachfragern) mit dem Ziel der → Distribution von Waren und/oder des gegenseitigen Informationsaustausches. Veranstaltungsort, Zeitpunkt und Dauer, Teilnehmerkreis sowie die Geschäftsusancen sind klar geregelt. – *Arten:* (1) Marktveranstaltungen auf *Großhandelsebene:* → Messe, Börse; (2) Marktveranstaltungen auf *Groß- und Einzelhandelsebene:* → Auktion, → Versteigerung, → Ausstellung, → Mustermesse, Musterung, → Einschreibung, Ausschreibung;

(3) Marktveranstaltungen auf *Einzelhandelsebene:* → Jahrmarkt, → Wochenmarkt.

Marktverschiebung – Bezeichnung der Marktbeobachtung für die auf Strukturwandlung (→ Marktänderung) zielenden Veränderungen zwischen → Bedarfsgestalt und Angebot. – *Gegensatz:* → Marktschwankungen.

Marktvolumen – realisierte Mengen (Absatz) bzw. Werte (Umsatz) einer Produktgruppe oder Branche auf einem definierten Markt in der betrachteten Planperiode. I.d.R. nur ein Teil des → Marktpotenzials. Marktvolumen ist notwendig zur Berechnung des → Marktanteils. – Vgl. auch → Absatzpotenzial, → Absatzvolumen.

Marktwiderstand – Kennzeichnung einer dem Einsatz → marketingpolitischer Instrumente entgegenstehenden Hemmung des Marktes, die die Einführung eines neuen oder die Absatzausweitung eines bereits bekannten Produktes erschwert. Die Wirksamkeit des Einsatzes marketingpolitischer Instrumente zur Überwindung des Marktwiderstandes ist z.B. an den erzielten Absatzveränderungen oder Einstellungsänderungen messbar.

Mass Customization – 1. *Begriff*: Prinzip der kundenindividuellen Massenproduktion. – 2. *Beschreibung:* Auf Grundlage eines Basisangebotes werden Sach- und Dienstleistungen in einer Vielfalt von Kombinationen angeboten, dass es theoretisch fast jedem Kunden möglich ist, in seinen Wünschen entsprechendes individuelles Angebot zu erhalten. Der Ansatz ermöglicht eine kundenspezifische Problemlösung ohne dabei auf die Kostenvorteile einer prozessorientierten Massenfertigung zu verzichten. Mithilfe moderner Fertigungsprozesse und intensive Nutzung modernster IuK-Technologien werden die Vorteile der Massen- und Einzelfertigung vereint. Der Kunde kann sich in einer Art Baukastensystem ein individuelles Produkt zusammenstellen und ist bereit dafür einen Aufpreis zu zahlen. Der Trend zur Mass Customization zieht sich durch alle Branchen – vom Auto bis hin zum Müsli. – 3. *Arten:* Es kann zwischen vier unterschiedlichen Umsetzungsmöglichkeiten unterschieden werden: a) *Self Customization:* die Produktindividualisierung erfolgt durch den Kunden selbst (Bsp: Standardsoftware, die durch den Nutzer an seine Bedürfnisse angepasst wird). – b) *Point of Delivery Customization:* Individualisierung erfolgt am Verkaufsort. – c) *Modularization:* das Angebot wird modular auf Basis eines Baukastensystems auf die individuellen Bedürfnisse des Kunden angepasst. – d) *Time based Management:* kundenindividuelle Produktion mit massenhafter Vorfertigung unter Nutzung von Zeitvorteilen.

Massenbedarfsgüter → Massengüter.

Massengüter → Gebrauchsgüter *(Massengebrauchsgüter)* oder → Verbrauchsgüter *(Massenverbrauchsgüter),* die einheitlich von einem großen Verbraucherkreis (Konsumenten oder Produzenten) nachgefragt werden und i.d.R. über einen langen Zeitraum produziert werden. Es kann sich um Produktions- (z.B. Erze, Holz, Stahl, Blech, Röhren, Bleche) und Konsumgüter (z.B. Haushaltswaren, Textilien) handeln. – a) *Produktion:* Massenproduktion. – b) *Absatz:* Der Absatz von Massengütern erfolgt i.d.R. mittels Massenmarktstrategien über Großbetriebsformen des Einzelhandels (z.B. SB-Warenhäuser, Discountbetriebe). – c) *Standort:* Die Standorte von Erzeuger und Verbraucher (im Fall von Produktionsgütern) von Massengütern sind transportkostenorientiert (→ Transportkosten). – d) *Beförderung:* Im Verkehr sind die Beförderungseinheiten von Massengütern nicht nach Stückzahl (Stückgut), sondern nach Gewicht und Volumen bestimmt.

Massenkommunikation – *Sekundärkommunikation, indirekte Kommunikation.* 1. *Begriff:* Massenkommunikation umfasst alle Formen von Kommunikation, bei der Aussagen öffentlich durch technische Verbreitungsmittel bei räumlicher oder zeitlicher oder raumzeitlicher Distanz zwischen den Kommunikationspartnern an ein voneinander getrenntes Publikum vermittelt werden.

Die Übergänge zwischen Individualkommunikation und Massenkommunikation sind fließend. Die Massenkommunikation erreicht ein breites Publikum, vermittelt Einflüsse der weiteren Umwelt und ist in der Lage, starke Aufmerksamkeit und Aktualität für ein Angebot zu erzeugen. – 2. *Merkmale:* (1) Einschaltung von Massenmedien, (2) Ein-Weg-Kommunikation (obwohl dies bei neueren technischen Medien (Internet) aufgehoben wird), (3) Distanz zum Publikum, (4) Heterogenität der Empfänger. – 3. *Wirkung:* (1) initiierend, regt die weitere Kommunikation an (Metakommunikation ist die Kommunikation über die von den Medien vermittelten Informationsangebote), (2) Informationswirkung: Vermittlung von Wissen, (3) Beeinflussungswirkungen: Verstärkung von Meinungen, (4) Überzeugungswirkungen: Veränderung von Einstellungen, (5) Nutzenwirkung für den Konsumenten: psychologischer Nutzen durch Aktivierung und emotionale Stimulierung sowie gedankliche Anregung. Inhaltlicher Nutzen liegt in der Vermittlung von Unterhaltung und Entspannung, Information und Bildung, Normen und Verhaltensmustern. – Möglichkeiten der Massenkommunikation sich der Wirkungsweise der persönlichen Kommunikation anzunähern, ist die Simulation der persönlichen Kommunikation oder die Nachahmung von Meinungsführern. – Vgl. auch → Massenmedien.

Massenmedien – technische Mittel zur Vermittlung von Informationen und → Emotionen bei räumlicher oder zeitlicher oder raumzeitlicher Distanz zwischen den Kommunikationspartnern an ein voneinander getrenntes Publikum. – *Einteilung:* Printmedien, Rundfunkmedien, audiovisuelle Medien, Tonträger, nachrichtentechnische Medien und computergestützte Medien. Das früheste Medium ist die Schrift, die eine visuelle Darstellung und die Speicherung von Information ermöglicht. Durch die Erfindung des Buchdrucks wurden dann v.a. die Möglichkeiten der Vervielfältigung und maschinellen Produktion erweitert. Die spezifische Leistung der modernen Funkmedien liegt v.a. in der raschen und weiten Verbreitung von Mitteilungen; Fotographie, Film, Fernsehen, Video und Internet haben darüber hinaus die menschlichen Fähigkeiten zur ikonischen Darstellung sowie zur Speicherung und Übertragung von visueller Information erheblich gesteigert. – Vgl. auch → Massenkommunikation.

Massenverbrauchsgüter → Massengüter.

Matched Samples – *Matching*. Bei simultanen Messungen im Rahmen der Marktforschung sind Matched Samples aufeinander abgestimmte strukturgleiche Stichproben mit einer oder mehreren Experimentalgruppen sowie bei einer Kontrollgruppe (→ experimenteller Markt). Die Kontrollgruppe liefert dann beim Vergleich mit der/den Testgruppe(n) einen Maßstab dafür, wie sich die abhängige Variable verändert, ohne dass sie dem Einfluss der unabhängigen Variablen ausgesetzt ist. Alle übrigen Einflussfaktoren (Störvariablen) sind für alle Gruppen gleich und können hierdurch ausgeschaltet werden.

Matching – I. Außenhandel: *Netting, Covering*. Um eine Netto-Exposure (Exposure) von Null bei den laufenden Transaktionen zu erreichen, können offene Positionen durch entsprechende spiegelbildliche Positionen geschlossen (kompensiert) werden, z.B. indem einer Dollarforderung eine Dollarverbindlichkeit gegenüber gestellt wird. Dabei sollten Währungsbeträge und Termine möglichst deckungsgleich sein.

II. Marktforschung: → Matched Samples.

Material-Intensität pro Serviceeinheit → MIPS.

MDE → Mobile Datenerfassung

MDS – Abk. für → multidimensionale Skalierung.

Media – *Klassifikation*: (1) *Insertions- oder Printmedien* (z.B. Zeitungen, Zeitschriften; → Printwerbung); (2) *elektronische Medien* (z.B. Datennetze, Fernsehen, Funk, Video,

Film; → elektronische Werbung); (3) *Medien der Außenwerbung* (z.B. Plakatanschlag, Verkehrsmittel- und Sportstättenwerbung; → Außenwerbung; → Ambient Medien); (4) *andere Medien* (z.B. Adressbücher, Messen, Sponsoring, Werbegeschenke). – Die Untersuchung der Medien im Hinblick auf ihre *Werbewirkung* erfolgt im Rahmen der → Werbeerfolgskontrolle. – Vgl. auch → Mediaanalyse, → Mediaplanung, → Mediaselektion, → Reichweite, → Streuung

Mediaagentur – spezialisiertes Dienstleistungsunternehmen, das sich Aufgaben widmet, die mit dem Medieneinsatz zu tun haben. Darunter fallen → Mediaanalyse, → Mediaplanung, → Mediaselektion sowie Mediadurchführung (Einkauf und Abwicklung) und -kontrolle.

Mediaanalyse – *Werbeträgeranalyse*. 1. *Begriff*: empirische Datenerhebung im Rahmen der Mediaforschung zur Untersuchung der Nutzerschaft (Leser, Seher, Hörer) von → Werbeträgern (→ Media) als Entscheidungsgrundlage für den → Streuplan. Sie werden seit 1954 in der Bundesrepublik Deutschland durchgeführt. – 2. *Aufgabe*: Der Mediaanalyse geht es um die Feststellung des Einflusses der Kommunikationskanäle auf den Werbeerfolg. Relevant sind die Ermittlung des Einflusses medienspezifischer Kontaktqualitäten (z.B. des medialen Umfeldes und des Images), die Kosten sowie die Frage, welche → Zielgruppen über einen Werbeträger erreicht werden und wann bzw. über welchen Zeitraum dies geschieht. – 3. *Arten*: Je nach Zielsetzung lassen sich quantitative (Kontaktmenge) und qualitative (Kontaktqualität) Mediaanalyse unterscheiden. Die wichtigsten Mediaanalysen sind die der *Arbeitsgemeinschaft Mediaanalyse*, die *Infratest-Mediaanalyse* und die *Allensbacher-Werbeträger-Analyse*. – Vgl. auch → Media, → Mediaplanung, → Streuung

Mediadirektor → Werbeberufe.

Medialeiter → Werbeberufe.

Mediamix – optimale Kombination der Werbemedien (→ Werbeträger) im Hinblick auf ihren Beitrag zur Erreichung der → Werbeziele. Einflussfaktoren für den Mediamix sind das inhaltliche und zeitliche Zusammenwirken der Medien, die Bestimmung ihrer unterschiedlichen Gewichtung und die nach ihrem strategisch angestrebten Zielbeitrag optimale Allokation des → Werbebudgets.

Mediaplan → Streuplan.

Mediaplanung – *Streuplanung, Werbeträgerplanung.* 1. *Begriff:* Festlegung der → Media, wobei sich bes. die Frage nach der spezifischen Eignung von Media zur Kommunikation mit der anvisierten → Zielgruppe stellt (→ Mediaselektion); Festlegung der Belegung der → Werbeträger und damit der zeitlichen Abfolge. – 2. *Zweck:* Die richtige Zielgruppe (Werbesubjekte) ist zum richtigen Zeitpunkt mit der ausreichenden Anzahl Werbeanstöße zu kontaktieren, und zwar zu möglichst geringen Kosten. – 3. *Entscheidungskriterien:* a) *Kosten der Medien:* Innerhalb und zwischen den einzelnen Mediagattungen variiert die Preisgestaltung erheblich. (1) Bei *gedruckten Werbeträgern* (→ Printwerbung) sind Flächenanteile der Verrechnungsmaßstab. Um die Vergleichbarkeit und damit die Planbarkeit des Werbeträgers Printmedien zu erleichtern, wird zusätzlich zu den absoluten Anzeigenpreisen der sog. → Tausenderpreis zugrunde gelegt. (2) Bei *Funk und Fernsehen* (→ elektronische Werbung, → Fernsehwerbung, → Funkwerbung) gelten Ausstrahlungszeiten (Sekunden bzw. Fünf-Sekunden-Intervalle) als Berechnungsbasis, mit der Vorgabe bestimmter Mindestlängen für den → Funkspot oder → Fernsehspot und der Herabsetzung des Sekundenpreises bei zunehmender Spotlänge. (3) Bei *Plakatwerbung* variieren die Belegungskosten je nach Anschlagform (Großfläche, Ganzsäule etc.) und Streubereich (national, regional, lokal). – b) *Verbreitungsgrad der Medien:* v.a. die Verteilzahlen der Printmedien, die Zahl der Empfangsgeräte der elektronischen Medien bzw. die Zahl der Homepage-Besucher und die steigende Verbreitung der → Direktwerbung. – c) → Reichweite der Medien: Bei der Selektionsentscheidung (→ Mediaselektion, → Mediaselektionsmodelle) der Werbemanager sind nicht allein die „technischen" Daten der Media (Auflagenhöhe/-struktur und Preis) von Interesse, sondern auch die mithilfe der → Mediaanalyse ermittelte Information über die Leser- und Zuschauerzahlen der einzelnen Werbeträger. – Vgl. auch → Streuung, → Streuplan.

Mediaselektion – Entscheidung über Art und Umfang der in einem → Streuplan zusammengefassten → Werbeträger (→ Media) aufgrund von → Mediaanalysen. Mit Mediaselektion hinsichtlich der Belegung der Werbeträger wird über den größten Teil des → Werbebudgets entschieden. – *Formen:* (1) → Intermediaselektion (Auswahl bestimmter Werbeträgergruppen, z.B. Tageszeitung, Illustrierte, Fernsehen, Radio); (2) → Intramediaselektion (Auswahl innerhalb einer Mediagruppe zwischen mehr oder weniger vielen speziellen Trägern, z.B. Zeitschriftentitel). – *Modelle:* → Mediaselektionsmodelle. – Vgl. auch → Streuung, → Mediaplanung.

Mediaselektionsmodelle – 1. *Begriff:* Modelle, mit denen im Rahmen der → Mediaplanung eine optimale und zielorientierte Auswahl an → Werbeträgern gefunden werden soll. – 2. *Grundtypen:* a) *Rangreihenverfahren* (→ Ranking): Bei diesen Programmen wird versucht, eine Rangfolge der für eine bestimmte → Werbekampagne am besten geeigneten Werbeträger zu ermitteln. – Vgl. auch → Tausenderpreis, → VIP-Modell. – b) *Evaluierungsmodelle* (Bewertungsmodelle): Im Zusammenhang mit Evaluierungsverfahren erfolgt eine Bewertung vorgegebener → Streupläne auf der Basis bestimmter Zielkriterien. Man begnügt sich damit, den für das jeweilige Anliegen relativ besten Plan zu identifizieren. Errechnet wird die

Kontaktverteilung und ggf. auch der Leistungswert. – *Unabhängige Variablen:* Festlegung des/ der zu testenden Planes/ Pläne, der → Zielgruppe, evtl. der Mediagewichte und der → Werbewirkungsfunktion. – *Abhängige Variablen:* Kontaktverteilungskurve (Wie viele Personen der Zielgruppe sind mit welcher Häufigkeit erreicht worden?), um die Ermittlung des Leistungswertes eines Plans durch die Verrechnung der Kontaktverteilung mit der Werbewirkungsfunktion sowie in den überwiegenden Fällen die Eruierung der Kosten des Plans in Relation zur Leistung festzustellen. – c) *Optimierungsmodelle:* Modelle, die darauf angelegt sind, Pläne zu erarbeiten, die dem Planungsoptimum entsprechen. Dies kann z.B. durch lineare Optimierung geschehen. Implizit muss ein Evaluierungsmodell die Pläne bewerten, die das Optimierungsmodell generiert. – d) *Evaluierungs- und Optimierungsmodellen* ist gemeinsam, dass sie nicht nur von der gleichen Modellvorstellung ausgehen, sondern auch das gleiche Datenmaterial zugrunde legen (Umfrage, deren Ergebnisse modelladäquat formuliert sein müssen). Außer diesen gleichen Basisdaten besteht eine weitere Gemeinsamkeit in zwei Elementen der Anweisung durch den Benutzer: die Definition der Zielgruppe und die Bestimmung der → Werbewirkungsfunktion. – 3. *Weitere Entwicklung:* Mit den Mediaselektionsmodellen ist es gelungen, einen Teilbereich der werblichen Realität in kohärenter Weise zu formalisieren (zu simulieren). Sie erscheinen als Fragment möglicher Marketingmodelle. Vorstellbar ist heute schon ein Marketing-Mikro-Modell, das das Konsumverhalten des Verbrauchers integriert, indem neben seinen Verhaltensweisen auch seine → Einstellungen in das Modell aufgenommen werden, um ein verkleinertes und vereinfachtes Abbild des Marktes zu erhalten; v.a. steht dabei die Frage im Vordergrund, wie sich Einstellungen (→ Image) und Verhaltensweisen den Produkten und Marken gegenüber im Feld der werblichen und sozialen Kommunikationsströme verschieben.

Damit könnten die Mediaselektionsmodelle nicht nur als Planungswerkzeug, sondern v.a. auch als Kontroll- und Prognoseinstrument eine Verwendung finden. – Vgl. auch → Mediaanalyse, → Streuung, → Werbeforschung, → Werbeziele.

Mediastreuplan → Streuplan.

Mediastreuung → Streuung.

Medien – 1. Plural von → Media. – 2. Plural von → Medium.

Medienforschung – Teilgebiet der → Marktforschung, in dem Reichweiten und Nutzungshäufigkeiten von Werbeträgern untersucht werden.

Medium – Einrichtung zur Übermittlung von Informationen, Meinungen etc., v.a. Funk, Fernsehen, Presse und das Internet (→ Massenmedien).

Megabrand – ist eine überdurchschnittlich starke → Marke, die weltweit über ein klares, unverwechselbares Profil verfügt (z.B. Coca Cola, McDonalds, Marlboro) und mit kulturübergreifenden Symbolen globale Präsenz aufgebaut hat. Der → Markenwert ist ein essentieller Bestandteil des gesamten Unternehmenswertes.

Mega-Event – spezielle Form des Events. Eine außergewöhnliche, multisensuale Echtzeitveranstaltung, die einen globalen Markt adressiert sowie globales Medieninteresse anvisiert, um als Plattform einer weltweiten Unternehmenskommunikation zu dienen.

Megamarketing – Konzeption, nach der die angestammten → marketingpolitischen Instrumente durch Instrumente der politischen Einflussnahme (Macht) und der Public Relations (PR) zu ergänzen sind, da nicht nur Marktpartner Adressaten des → Marketing sind, sondern auch Bürgerinitiativen, Gewerkschaften, Parteien und andere Interessengruppen.

mehrdimensionale Skalierung → multidimensionale Skalierung (MDS).

Mehrfachgebinde – Angebot von mehreren Einzelstücken eines Produktes in einer gemeinsamen Verpackung. Durch die Bildung eines Mehrstückpreises ist es dem Käufer nur erschwert möglich, einen auf das Einzelstück bezogenen Preisvergleich mit anderen Produkten vorzunehmen. – Vgl. auch → Bundling.

Mehrfachleser – die Leser einer Zeitung oder Zeitschrift, die zusätzlich auch mehrere andere Publikationen lesen, die sich an die gleiche Zielgruppe richten. – Vgl. auch → Doppelleser, → Exklusivleser.

Mehrmarkenstrategie → Markenstrategien.

Mehrpersonenpreisbildung – Form der → Preisdifferenzierung. Es wird ein Preis für eine gesamte Gruppe verlangt, dabei sinkt das Preisniveau - also der Preis pro Person - mit zunehmender Gruppengröße. Bspw. bieten Schwimmbäder Familientickets zu einem Festpreis an, in dem der Eintritt für zwei Erwachsene und bis zu 6 Kinder inbegriffen ist.

Mehrstückpackung → Mehrfachgebinde.

Mehrthemenbefragung → Omnibus-Befragung.

Meinungsforschung – *Demoskopie*. 1. *Charakterisierung:* Teilgebiet der empirischen Sozialforschung zur Ergründung der öffentlichen Meinung (→ Umfrage). Analyse von gesellschaftlichen und wirtschaftlichen Tatbeständen, v.a. → Marktanalyse, Werbewirkungs-Analyse und Erfassung der Auswirkungen gesellschafts- oder betriebspolitischer Maßnahmen (innerbetriebliche Meinungsforschung, Betriebsklima). – 2. *Methode:* Meinungsforschung beruht meist auf Repräsentativerhebungen mithilfe von Zufallsstichprobenverfahren oder Quotenverfahren (→ Repräsentativerhebung). Meinungsforschung ist kostspielig, auch bei repräsentativer Erfassung eines kleinen Querschnitts (→ Querschnittuntersuchung), da *erforderlich:* (1) zur Vermeidung des (Interviewer-)Bias eine gründliche Ausbildung der Interviewer (psychologische und technische

Schulung sowie Spezialausbildung über den interessierenden Fragenkomplex); (2) technische Einrichtungen zur Ermittlung des optimalen Ausleseverfahrens und zur statistischen Auswertung. Deshalb überwiegend Institutsarbeit (→ Marktforschungsinstitute). – Vgl. auch → Marktforschung.

Meinungsführer – *Opinion Leader;* Mitglied einer kleineren Gruppe, das einen stärkeren persönlichen Einfluss auf die Gruppe ausübt als andere Gruppenmitglieder. Der Meinungsführer hat eine Schlüsselstellung in der Gruppe; er entfaltet im Rahmen der persönlichen Kommunikation bes. Aktivitäten und übernimmt durch seinen größeren Einfluss oft Auslösefunktionen für die Meinungen und Entscheidungen anderer. Allgemeingültige Kriterien zur Identifikation von Meinungsführern existieren bislang nicht.

Meistbegünstigungsklausel – Garantie, dass der Anbieter mit keinem anderen Kunden günstigere Vertragsbedingungen vereinbart hat.

Mengenanpassung – Form der Absatz- und Vertriebspolitik, bei der ein Anbieter sich an die von anderen verlangten Preise mit seiner Absatzmenge anpasst, weil er die Preise nicht zu beeinflussen vermag. – *Gegensatz:* → Mengenfixierung.

Mengenfeststellung – Die Mengenermittlung nach Maßen und Gewichten geschieht i.Allg. durch Wiegen oder Zählen. – Für die gewichtsmäßige Mengenfeststellung bei *hygroskopischen Waren* ist die genaue Festlegung des zulässigen Feuchtigkeitsgehalts wichtig (→ Trockengewicht). – *Mengenverluste* auf dem Transport können durch Mengenfeststellung des Gewichts nach Transportabschluss vom Käufer auf den Verkäufer abgewälzt werden. – Wichtig ist bei der Mengenfeststellung die Ermittlung des *Verpackungsgewichts* (→ Tara). Bei Verkauf *„brutto für netto (bfn)"* ist die Verpackung bei der Mengenfeststellung mitgerechnet. Neben „Tara" mögliche Korrekturen des Warengewichts, die für die Mengenfeststellung von

Bedeutung sind: → Gutgewicht, → Fusti, → Refaktie.

Mengenfixierung – Form der Absatz- und Vertriebspolitik. Ein Anbieter fixiert die Absatzmenge. Der zu dieser Absatzmenge gehörige Preis kann aus der Preisabsatzfunktion abgeleitet werden (mit größerer oder geringerer Sicherheit, je nachdem, ob es sich um monopolistische, polypolistische oder oligopolistische Mengenfixierung handelt). – *Gegensatz:* → Mengenanpassung.

Mengenrabatt – 1. *Begriff:* Preisvergütung für die Abnahme bestimmter Mengen eines oder mehrerer Produkte in einem Auftrag oder in einer Bezugsperiode (→ Rabatt). Gelegentlich auch → Naturalrabatt (Wahrnehmung quantitativer → Handelsfunktionen). – 2. *Formen:* a) *Artikelrabatt:* Mengenrabatt für die Abnahme bestimmter Mengen eines Produktes bei einem Auftrag. Steigt die Rabatthöhe mit georderter Menge (linear oder progressiv) an, so werden die Rabattsätze pro steigende Auftragsmengen in Rabattstaffeln ausgewiesen. – b) *Auftragsrabatt:* Mengenrabatt bezogen auf die Abnahmemenge sämtlicher in einem Auftrag zusammengefasster Warenbestellungen, z.B. durch einen Einzelhandelsbetrieb bei einem Großhändler. – c) *Gesamt-Umsatzrabatt (Jahresbonus, Treuerabatt):* Mengenrabatt bezogen auf die Abnahmemengen sämtlicher Produkte (unabhängig von der Zahl der Aufträge) in einer Bezugsperiode (z.B. einem Jahr). – 3. *Bedeutung:* Sämtliche Formen des Mengenrabattes sind Gegenleistungen für Kosteneinsparungen; sie dienen im Geschäft des Großhandels mit den selbstständigen Einzelhändlern der → Einkaufskonzentration. Mengenrabatte werden von Herstellern gewährt, um den Handel zur Abnahme der eigenen und nicht der konkurrierenden Marken zu bewegen. – 4. *Rabattspreizung:* Missverhältnis zwischen Anstieg der Rabattsätze (z.B. progressiv) und der zusätzlichen Abnahmemengen (z.B. linear); gilt als den Leistungswettbewerb im Handel

schädigende Praktik (Gemeinsame Erklärung). Derartige Rabattgestaltung (etwa durch Hersteller) fordert selbst große Abnehmer im Handel zu weiterer Kooperation im Einkauf heraus, um die günstigsten Konditionen des größten Abnehmers zu erhalten (→ Nachfragemacht). Rabattspreizung erhält für Hersteller dann eine neue Bedeutung, wenn diese ihre Produkte international vertreiben und sowohl Preise als auch Konditionen dem jeweiligen Absatzland anpassen, z.B. Deutschland, Frankreich einerseits und Polen, Rumänien andererseits. International agierende Handelsunternehmen können dann fordern, dass ihnen die günstigsten Preise und Konditionen für sämtliche Abnahmemengen eingeräumt werden.

Mengenstaffel – Staffelpreise für Waren gleicher Zweckbestimmung, abgestuft nach Warenmenge. Häufig mit anderen Staffelungsgesichtspunkten (→ Preisstaffeln) angewandt.

Mental Convenience – bezeichnet eine kognitive Entlastung, die affektiv positiv empfunden und erlebt wird und aus der für den Konsumenten vorteilhafte Auswirkungen auf die → Informationsaufnahme und -verarbeitung resultieren. Mental Convenience ermöglicht also die Erfassung eines Sachverhalts ohne große gedankliche Anstrengung und ist darüber hinaus mit positiven affektiven und konativen Folgen verbunden.

Merchandise Allowance → Händlernachlass.

Merchandising – 1. Die *Gesamtheit der verkaufsfördernden Maßnahmen* (→ Verkaufsförderung) im → Handel, v.a. Tätigkeiten am Regalplatz wie Warenplatzierung, Einräumen der Ware oder Preisauszeichnung etc. – 2. Die *Vermarktung von Lizenzen* (Licensing).

Messe – 1. *Begriff:* Veranstaltung mit Marktcharakter, die ein umfassendes Angebot mehrerer Wirtschaftszweige oder eines Wirtschaftszweiges bietet; i.Allg. in regelmäßigem Turnus einmal oder mehrmals am gleichen Ort. Verkauf aufgrund ausgestellter

Muster für den Wiederverkauf oder für gewerbliche Verwendung. Abgrenzung zur → Ausstellung fließend. – 2. *Gliederung* der Messe *(Messe-Typologie)* nach unterschiedlichen Gesichtspunkten (vgl. Abbildung „Messe-Typologie"), u.a. nach Themenbezug. – 3. *Durchführung:* Messen werden i.d.R. durch Messegesellschaften organisiert. – 4. Hinsichtlich einer *Messebeteiligung* stellt sich die Frage nach dem für die Präsentation der Leistungen des Unternehmens auf dem Hintergrund der Marketing- und Verkaufsförderungsziele günstigsten Messeumfeld sowie nach der Erreichbarkeit potenzieller Zielgruppen durch einen Messetyp bzw. eine konkrete Messe. Relevant sind außerdem Verbundeffekte mit anderen Instrumenten wie Kongresse, Symposien oder Tagungen. Wesentlich für das Gelingen einer Messe ist eine mit der → Marketingpolitik abgestimmte Vorbereitung und eine entsprechende Nachbereitung der Messe.

Messhandel → Markthandel.

Messniveau → Skalenniveau.

methodische Frage – Frage in einer → Befragung, die nicht der Ergebnisermittlung dient, sondern die Zuverlässigkeit der Methode sicherstellt. Hierzu zählen z.B. die → Ablenkungsfragen.

Me-Too-Produkt – Imitation am Markt bereits vorhandener Produkte. Durch die Einsparung von Forschungs- und Entwicklungskosten sowie Marketing- und Markterschließungskosten lassen sich Wettbewerbsvorteile über niedrigere Preise aufbauen. Man orientiert sich bei der Produktgestaltung am Pionierprodukt. Der Pionier kann Hinweise auf Messen oder bei anderen Anlässen gegeben haben, die man bereits als Anhaltspunkte für die eigene Entwicklungsarbeit benutzt, um nicht zu viel Zeit zu verlieren. Verbreitet ist auch eine stärker abwartende Haltung, bei der der Folger den Markterfolg des Pionierproduktes abwartet, bevor er in den Markt eintritt. Das Produkt ist den Kunden dann bereits bekannt und die Gefahr des Scheiterns geringer. Je umfangreicher die Schutzmaßnahmen des Pioniers

Messe-Typologie

Räumlicher Bezug \ Themenbezug		Universal-messen (Mehr-branchen-messen)	Fachmessen		
			branchen-orientierte Messen	funktions-orientierte Messen	themen-bezogene Messen
räumlicher Bedeutungs-umfang	regionale Messen				
	nationale Messen				
	internationale Messen				
Standort der Messe	Inlands-messen				
	Auslands-messen				
räumliche Mobilität	stationäre Messen				
	mobile Messen				

(Patente etc.), ausfallen, um so geringer sind die Einsparungen bei den Entwicklungskosten. Interessanter sind dann die ersparten Markterschließungskosten. Sie werden meist mit einem deutlich niedrigeren Preis erkauft.

Microsite – kleine Website, die von der eigentlichen Website des Informationsanbieters getrennt ist. Microsites dienen häufig zeitlich begrenzten Werbeaktionen für ein Produkt.

Mikrosegmentierung → Makrosegmentierung.

Mindermengenaufschlag – Preiszuschlag, den ein beschaffendes Unternehmen dann zahlen muss, wenn es weniger als die vom Lieferanten festgelegte Mindestmenge (pro Artikel oder pro Lieferung) bezieht. Dient der Vermeidung zu hoher Kommissionierungs- und Transportkosten. Angestrebt wird mit Mindermengenaufschlag in → kooperativen Gruppen des Handels eine hohe Auftragskonzentration der Einzelhändler auf die Kooperationsgroßhandlung bzw. eine Selektion kleiner, unrentabel arbeitender Einzelhändler (→ Mitgliederselektion). – Vgl. auch → Kost-Plus-System, → Kleinauftragszuschlag.

Mindesthaltbarkeitsdatum – 1. *Begriff:* Auf einer Ware oder deren Verpackung angebrachtes Datum, bis zu dem dieses Lebensmittel unter angemessenen Aufbewahrungsbedingungen (insbesondere Einhaltung der im Zusammenhang mit dem Mindesthaltbarkeitsdatum genannten Lagertemperatur) seine spezifischen Eigenschaften behält (§ 7 der Verordnung über die Kennzeichnung von Lebensmitteln vom 22.12.1981), nämlich: Herkunft, Frische, Farbe, Geruch, Geschmack, Konsistenz etc. Gewisse Einbußen an Geruchs- und Geschmacksstoffen, Vitaminen müssen aufgrund der Naturgesetzlichkeit hingenommen werden. Das Mindesthaltbarkeitsdatum gibt weder eine Garantie, dass die Ware vor Ablauf gesundheitlich unbedenklich ist, noch wird ausgeschlossen, dass die Ware nach Ablauf während eines gewissen Zeitraums noch unbedenklich verzehrt werden kann. Für Kosmetika ist das

Mindesthaltbarkeitsdatum in § 5 Kosmetikverordnung geregelt. – 2. *Träger:* Das Mindesthaltbarkeitsdatum wird normalerweise vom Hersteller, vielfach (z.B. bei Handelsmarken) vom Handelsbetrieb aufgebracht. Dementsprechend Verteilung der *Verantwortung:* Der Aufbringer hat die Bestimmung des richtigen Zeitraums zu verantworten; der Handelsbetrieb grundsätzlich die Beachtung des Mindesthaltbarkeitsdatums beim Verkauf. – 3. *Konsequenzen:* Die Distribution der Waren muss zeitlich genau kontrolliert werden; das Prinzip „First-in-first-out" ist auf allen Stufen konsequent einzuhalten. Es entstehen Kosten für die kontinuierliche Kontrolle der Wareneingänge und der Lagerbestände nach Restlaufzeiten bis zum Mindesthaltbarkeitsdatum. Die Risikominimierung kann zu kleineren Losgrößen führen. Waren kurz vor Ablauf des Mindesthaltbarkeitsdatums können ggf. nur zu reduzierten Preisen abgesetzt werden, oder der Handel versucht, in den Lieferverträgen eine Rücknahmeverpflichtung des Herstellers zu vereinbaren.

Mindestumsatz – Mindestbetrag, den ein Kunde in einem festgelegten Zeitraum umsetzen muss. Erreicht der Kunde diesen Betrag nicht, zahlt er den Mindestumsatz. Mindestumsätze können z.B. im Bereich der Telekommunikation als Alternative zu einer Grundgebühr eingesetzt werden.

MIPS – I. Informatik: Abk. für *Million Instructions Per Second;* Maß für die Leistungsfähigkeit der Zentraleinheit eines Computers; gemessen wird i.d.R. mit einer Reihe von Programmen, die den Prozessor wie im normalen Betrieb belasten.

II. **Marketing:** Die das ganze Produktleben umspannende *Material-Intensität pro Serviceeinheit,* also der gesamte Materialverbrauch pro Einheit Dienstleistung oder Funktion. Jede zusätzliche Dienstleistung, die ein Produkt leistet, halbiert den zuletzt erreichten Wert von MIPS.

III. **Umweltökonomie:** Abk. für *Material-Intensität pro Serviceeinheit;* ist ein Verfahren zur Ökobilanzierung. Bewertungsgröße ist der Materialverbrauch pro Einheit, Dienstleistung bzw. Funktion über den gesamten Lebenszyklus (vgl. Schmidt-Bleek/Klüting 1994, S. 108). Fünf Kategorien werden betrachtet: biotische Rohmaterialien, abiotische Rohmaterialien, Bodenbewegung in Land- und Forstwirtschaft, Luft und Wasser (vgl. Schmidt-Bleek/Klüting 1994, S. 79 ff.). Aggregation der Werte und Division durch die gesamten Nutzungseinheiten. – *Ergebnis:* aggregierte Kennzahl.

Mischkalkulation – *Ausgleichskalkulation, Kompensationskalkulation, kalkulatorischer Ausgleich, preispolitischer Ausgleich;* Kalkulationsprinzip zur flexiblen Ausnutzung aller Marktchancen bei der Preisgestaltung. Einzelne → Artikel oder Warengruppen werden mit unterschiedlichen Spannen belastet: Bei den Ausgleichsnehmern werden niedrigere, bei den Ausgleichsgebern höhere Spannen (Deckungsspannen, Deckungsraten oder Gewinnzuschläge) als im Durchschnitt kalkuliert.

Mitarbeiterkommunikation – nach innen gerichtete Aspekte der → Kommunikationspolitik.

Mitbewerber – Konkurrenz, → Konkurrenzanalyse.

Mitgliederselektion – Auswahl von Mitgliedern (Kunden) in einer → kooperativen Gruppe des Handels. – *Kriterien:* Umsätze, Betriebsgröße, Kosten der Belieferung, Einkaufskonzentration, Unterstützung des gemeinsamen Handelsmarketings, Einhaltung der Leitideen oder Grundsätze der Kooperation u.a. Selektierte Mitglieder werden i.d.R. auf den Einkauf im → Cash-and-Carry-Großhandel (CC) verwiesen.

mobile Datenerfassung – *MDE;* Form der Betriebsdatenerfassung (BDE); Erfassung von Bestell- und Warendaten am Entstehungsort (auf der Verladerampe, im Lager, im Regal) mittels mobiler Datenerfassungsgeräte (MDE-Geräte). So können z.B. Filialverantwortliche in → Einzelhandelsunternehmungen Bestellungen aufgeben, während sie direkt an den Artikelbeständen auf der → Verkaufsfläche stehen.

Mobile Marketing – umfasst alle marketingpolitschen Maßnahmen, die ein Unternehmen unter Einsatz von mobilen Endgeräten einsetzt, um damit das Verhalten von Interessenten und Kunden zu beeinflussen. Kreutzer (2012) nennt hierbei folgende Einsatzgebiete: a) mobile Übermittlung von Informationen (u.a. location-based-services) b) mobile Gewinnung von Informationen, c) mobiler Verkauf und Übermittlung virtueller Produkte und Dienstleistungen, d) mobiler Verkauf von realen Produkten und Dienstleistungen.

Mobile Shopping – Form des → Distanzhandels, bei der die Kunden durch die Nutzung von Mobiltelefonen, Personal Digital Assistants (PDA) und anderen mobilen elektronischen Geräten nicht an einen festen Ort angewiesen sind, um Geschäfte anzubahnen und abzuwickeln. – *Anders:* → Teleshopping.

Motiv – 1. *Begriff:* (Höhere) Motive sind zeitlich relativ überdauernde psychische Eigenschaften von Personen. Sie werden im Zug der Sozialisation erworben und bilden ein verhältnismäßig stabiles System. – 2. *Komponenten:* a) *Aktivierende Komponente:* Triebe, die das Verhalten, ausgelöst durch Störung des biologischen Gleichgewichts, aktivieren und lenken (Aktivierung, → Emotionen). – b) *Kognitive Komponente:* bewusster oder willentlicher Prozess der Zielsetzung, der → Wahrnehmung und Interpretation von Handlungsalternativen umfasst, d.h. ein bewusstes Anstreben von Zielen; in der Motivationstheorie ist die Zugehörigkeit der kognitiven Komponente umstritten. – 3. *Arten:* (1) „niedere", physiologisch bedingte Motive (angeborene Triebe und Emotionen, z.B. Hunger, Durst, Schlaf, Sexualität); (2) „höhere" Motive, die erst nach der Befriedigung von Trieben und Emotionen auftreten (z.B. soziale Motive, Selbstverwirklichung). Weitere Unterscheidung nach Komplexität

(Zusammenwirken verschiedener Antriebskräfte) und Konkretheit der Motive – 4. *Bedeutung für Marketing und Werbung:* In erster Linie Beschäftigung mit der aktivierenden Komponente: Durch Gliederung der Konsummotivationen in zugrunde liegende Emotionen und Triebe können Zusammenhänge zwischen Antriebskräften und Handlungsabsichten aufgedeckt werden. Für die Werbung ergeben sich daraus Strategiekonzepte, z.B. Ansprechen und Verstärken der sozialen Motive (u.a. Gruppenzugehörigkeit, Prestige) oder Hervorheben der durch eine Marke möglichen Triebbefriedigung. – 5. *Messung:* in erster Linie durch → Befragung. Problematisch ist allerdings das Nichtbewusstsein vieler Antriebskräfte und Handlungsabsichten. Deshalb oft auch Einsatz projektiver und nicht verbaler Befragungsmethoden.

Motivation – Zustand einer Person, der sie dazu veranlasst, eine bestimmte Handlungsalternative auszuwählen, um ein bestimmtes Ergebnis zu erreichen und der dafür sorgt, dass diese Person ihr Verhalten hinsichtlich Richtung und Intensität beibehält. Im Gegensatz zu den beim Menschen begrenzten biologischen Antrieben sind Motivation und einzelne → Motive gelernt bzw. in Sozialisationsprozessen vermittelt. Der Begriff der Motivation wird oft auch im Sinn von Handlungsantrieben oder Bedürfnissen verwendet.

Motivation Research → Motivforschung.

Motivforschung – *Motivation Research;* Zweig der → Marktforschung, der auf psychoanalytischen Methoden aufbaut. Die Beweggründe (Motive) des bewussten und unbewussten menschlichen Wollens und Handelns, bes. im → Konsumentenverhalten und bei Kaufentscheidungen, werden erforscht und für Zwecke der industriellen Formgebung (Industrial Design, Styling), → Produktdifferenzierung und Werbung herangezogen. – *Anders:* Motivationsforschung.

Multiattributmodell – Technik zur mehrdimensionalen Messung der → Einstellung. Es wird konkreter Bezug auf das Untersuchungsobjekt genommen. Das Multiattributmodell geht davon aus, dass sich die Einstellung gegenüber einem Untersuchungsobjekt aus der Wahrnehmung dessen einzelner Eigenschaften bildet. – Vgl. auch → Skalierungsverfahren.

Multi Channel Retailing – *mehrgleisiger Vertrieb, mehrgleisige Distribution, Mehrwegabsatz, hybride Verkaufssysteme, Mehrkanal-Vertrieb, mehrgleisiger Einzelhandel, Mehrkanalsystem im Einzelhandel.* Der Kunde kann zwischen mehreren Kanälen wählen, z.B. stationärer Einzelhandel, Katalogversand, Onlineshop oder via TV, um Leistungen eines Anbieters nachzufragen. Soweit neben den stationären Geschäften ein → elektronischer Absatzkanal eingeschaltet ist, spricht man auch von Click & Mortar. Multi Channel Retailing liegt auch vor, wenn der Händler allein im stationären Bereich (oder in einem anderen Bereich) mehrere Vertriebslinien führt, z.B. die Tengelmann-Gruppe mit Plus, Kaiser's, Tengelmann und kd. Die Kanäle können integriert sein: Der Kunde kann den Kaufprozess auf mehr als einen Kanal verteilen, z.B. Information im Onlineshop und Kauf im stationären Geschäft, was u.a. bei Conrad Electronic, Douglas, Karstadt, Lands' End, Otto, Plus, Tchibo und Schlecker möglich ist. Oder die Kanäle werden völlig separat geführt: Der Kunde hat nicht die Möglichkeit, mehrere Kanäle einer Handelsunternehmung (z.B. Saturn und Media Markt) bei einem Kaufprozess in Anspruch zu nehmen. Probleme beim Multi Channel Retailing können entstehen, wenn in den einzelnen Vetriebswegen unterschiedliche Strategien (etwa Preisstrategien) eingeschlagen werden, der Kunde aber zwischen den einzelnen Kanälen wählen kann.

multidimensionale Skalierung (MDS) – *mehrdimensionale Skalierung;* Verfahren der multivariaten Statistik. Basis sind Bewertungen von Objekten durch Personen. Durch die Unterschiedlichkeit der Bewertung werden Abstände definiert. Die MDS versucht nun die Objekte in einem geringer dimensionierten Raum (meist in eine Ebene) so zu platzieren, dass die Abstände zwischen den Objekten möglichst gut reproduziert werden. – *Einsatz*: Anschauliche Marktabbildung, welche erkennen lässt wo es über- und wo unterbesetzte Marktsegmente sind. – Vgl. auch → Marktsegmentierung.

Multi-Level-Marketing – Form des Direktvertriebs, bei der bereits für ein Unternehmen tätige Verkäufer weitere Verkaufsmitarbeiter gewinnen (Subunternehmer) und die Vergütungen der Verkäufer der Vorstufen von der Verkaufstätigkeit der nachgelagerten Verkäuferstufen abhängig ist. Im Gegensatz zum Schneeballsystem werden die Verkäufer nicht zur Abnahme von Waren bzw. zur Haltung von Lagerbeständen verpflichtet und es besteht ein Rückgaberecht der nicht abgesetzten Waren.

Multipack → Mehrfachgebinde.

Multiplikationen → Reichweitenüberschneidung.

Multisensuale Markenkommunikation – *Emotional Branding, Marketing-Ästhetik, Brand Sense*; 1. *Begriff*: beschreibt die modalspezifische Erlebnisvermittlung einer Marke in der Kommunikation zur gleichzeitigen Ansprache mehrerer Sinnesorgane bei den Konsumenten. Für die Markenführung gewinnt die modalspezifische Gestaltung der Kommunikation zunehmend an Bedeutung. – 2. *Wirkung*: Der Wahrnehmungsprozess einer Marke wird durch die gleichzeitige Ansprache mehrerer bzw. aller fünf Sinnesorgane intensiver, vielschichtiger und damit reichhaltiger. Die voneinander getrennten Sinnesorgane nehmen die modalspezifischen Informationen über die getrennten Eingangskanäle auf und fügen diese anschließend zu einem ganzheitlichen Bild zusammen. Es wird davon ausgegangen, dass das Erfahren und Erleben einer Marke mit unterschiedlichen Sinnesmodalitäten signifikante Wertschöpfungsbeiträge leisten kann und einen multiadditiven Effekt auf den Aufbau

von Markenbekanntheit sowie Stärkung von → Markenimage hat. – 3. *Anforderungen*: Die multisensualen Reize sollten integriert aufeinander abgestimmt sein, damit sie die Aufnahme, Verarbeitung und Speicherung der Informationen erleichtern und die Markenwirkungen verstärken. Die Reize können visueller, akustischer, olfaktorischer, haptischer und gustatorischer Art sein. – Vgl. → multisensuale Markenführung.

Multisensualität – im Rahmen der Markenkommunikation die Ansprache der relevanten Zielgruppe über mehrere menschliche Sinne. Zu den für das Marketing relevanten Sinnen zählen Gesichts- (Optik), Gehör- (Akustik), Geruchs- (Olfaktorik), Geschmacks- (Gustatorik) und Tastsinn (Haptik). Grundlage ist die Annahme, dass die Wirkung der kognitiven Verarbeitung eingehender Reize umso höher ist, je mehr Reizmodalitäten gleichzeitig und ganzheitlich eingesetzt werden. Im Rahmen der Markenkommunikation spricht man auch von → multisensualer Markenführung.

multivariate Analysemethoden – Methoden der statistischen Datenanalyse, die drei oder mehr Variable zum Gegenstand der Untersuchung haben. Die multivariaten Analysemethoden lassen sich nicht ganz überschneidungsfrei in Verfahren der → Dependenzanalyse (z.B. → Regressionsanalyse) und der → Interdependenzanalyse (z.B. → Faktorenanalyse) sowie in exploratorische und konfirmatorische Verfahren gliedern. – *Anders*: → univariate Analysemethoden, → bivariate Analysemethoden.

Mundpropaganda → Word-of-Mouth.

Musterlager – Schaustellungen von Mustern zum Zwecke des Verkaufs gleicher oder ähnlicher Ware. – *Anders*: Verkaufslager (Konsignationslager).

Mustermesse – hausinterne Messeveranstaltung von → Einkaufskontoren des Großhandels und von Zentralen → kooperativer Gruppen des Handels. Lieferanten werden aufgefordert, von den Einkäufern und

Musterungskommissionen vorausgewählte Muster zu einem bestimmten Termin, an dem alle interessierten Mitglieder zusammenkommen, auszustellen. Auf den Mustermessen erhalten die Mitglieder einen konzentrierten Überblick über das aktuelle Warenangebot und die aktuellen Preise, aufgrund dessen sie später ihre Bestellungen ausfertigen können. Die Einkaufskontore und Zentralen treffen Entscheidungen über Aufnahme bzw. Streichung im → Ordersatz und schließen → Eigengeschäfte ab.

Musterung – Veranstaltung, bei der ausgewählte Hersteller aufgefordert werden, ihre Waren zu einem fixierten Termin an einem bestimmten Ort einem abgegrenzten Kundenkreis zu präsentieren. Musterungen werden durchgeführt von Einkaufsveinigungen des Handels für ihre Mitglieder oder von Handelsvertretern für ihre Kunden; sie dienen der Information und auch dem Abschluss von Geschäften. Auf Vor-Musterungen zeigen v.a. Bekleidungshersteller eine breite Palette von Kollektionsentwürfen, die später auf der Haupt-Musterung als Kollektionen vorgestellt werden. – Vgl. auch → Mustermesse.

Mystery Shopper – *Silent Shopper;* Personen, die im Auftrag eines Anbieters bei diesem selber verdeckt als potenzielle Käufer auftreten und dabei eine reale Kaufsituation simulieren, um dadurch Hinweise auf Verbesserungsmöglichkeiten in der Leistungserstellung zu gewinnen. Die Ergebnisse werden dann an den Anbieter berichtet.

Nachbarschaftsgeschäft – *Tante-Emma-Laden;* Betriebsform des Einzelhandels. Kleinbetriebe mit Nachbarschaftslage in Wohngegenden. Nachbarschaftsgeschäfte bieten ein enges und flaches → Sortiment, vorwiegend aus Lebensmitteln und wenigen Gütern des kurzfristigen Haushaltsbedarfs, mit relativ hohem Preisniveau häufig in → Fremdbedienung an. Das „Monopol der Nähe" ist angesichts der wachsenden Mobilität der Verbraucher und des scharfen (Preis-) Wettbewerbs übriger Betriebsformen stark bedroht. In manchen Gegenden haben Nachbarschaftsgeschäfte jedoch noch eine wichtige Versorgungsfunktion (→ Unterversorgung) und bilden darüber hinaus einen Kristallisationspunkt der kleinräumlichen Kommunikation. – Vgl. auch → Gemischtwarengeschäft, → Convenience Store.

Nachfassaktion – zusätzliche Aufforderung an die Teilnehmer einer schriftlichen postalischen → Befragung (oder Werbeaktion mit Rückantwort), die → Fragebögen (Antwortkarten) auszufüllen und zurückzusenden. Ziel ist, die → Ausschöpfungsquote und damit die → Repräsentativität der Umfrage zu erhöhen.

Nachfragemacht – Fähigkeit von Personen in nachfragenden Wirtschaftsorganisationen gegenüber Personen aus Anbieterorganisationen, die Bewertung der Tauschbedingungen im Sinn der eigenen Individual- oder Organisationsziele durchzusetzen, bzw. die Fähigkeit von Personen aus Anbieterorganisationen, angestrebte Änderungen dieser Bedingungen zu verhindern. Die reale Tatsache von Nachfragemacht ist streng zu trennen vom Missbrauch von Nachfragemacht.

nachhaltige Kommunikation – 1. *Begriff:* steht in Verbindung mit Wirtschafts- und Managementthemen für eine ressourcenorientierte Form der Kommunikation, die

von Wertschätzung, Respekt und Ehrlichkeit in Bezug auf den Gesprächspartner gekennzeichnet ist und auf eine langfristige Beziehung hin zielt. – 2. *Merkmale der Ressourcenorientierung in der Kommunikation bzw. Unternehmenskommunikation:* (1) Authentisch: Kommunikation wirkt echt, wenn sie zu der Person, zum Inhalt und zu den Umständen passt und als synchrone Aussage von Sprache, Körpersprache und Inhalt wahrgenommen wird. (2) Werteorientiert: Nachhaltig meint hier eine Kommunikation auf der Grundlage von Werten wie z.B. Ehrlichkeit, Verantwortung und Respekt. (3) Empathisch: Einmal geht es um die Fähigkeit, Gedanken, Emotionen und Gefühle des Gegenübers zu erkennen und zu verstehen. Zum anderen meint empathisches Verhalten auch das Einfühlen und Einlassen auf die Gefühle des Gegenübers, z.B. durch Anteilnahme oder Mitleid. (4) Partnerschaftlich: Ebenso wichtig wie die Rolle des Sprechers ist die Rolle des Zuhörers bzw. Feedback-Gebers. Beide werden als gleichberechtigt gesehen. (5) Zuhörerorientiert: Der Sprecher richtet seine Darstellung an dem Adressaten aus und vermittelt Informationen klar, einfach, verständlich und strukturiert. (6) Verbindlich: Am Ende einer nachhaltigen Kommunikation stehen vereinbarte Fakten, Ziele, Wege, die im Gespräch vereinbart bzw. festgelegt wurden. – 3. *Ziele:* Nachhaltige Kommunikation funktioniert nach dem Prinzip des langfristigen Erfolgs zum beiderseitigen Vorteil.

nachhaltiger Vertrieb – 1. *Begriff:* steht für ein Verständnis von Vertrieb, das durch umfassende Ressourcenorientierung gekennzeichnet ist. Diese bezieht sich auf Prozesse, Produkte und Personen. – 2. Merkmale der Ressourcenorientierung im Vertrieb: (1) Der Vertriebsmitarbeiter ist Berater mit empathischem Verständnis für den Kunden. Ausdruck dafür ist eine → nachhaltige

Kommunikation, die der Wertschätzung, dem Respekt und der Ehrlichkeit gegenüber dem Kunden Ausdruck gibt. (2) Der Umgang zwischen den Stakeholdern, vor allem dem Vertriebsmitarbeiter und dem Kunden ist von Fairness geprägt. In Hinblick auf den Preis heißt das: lieber einen fairen Preis erzielen, als den höchstmöglichen verlangen, was möglicherweise den Käufer schwächt und dazu führt, dass er den nächsten Kauf bei einem anderen Anbieter tätigt. (3) Kundenbindung erfolgt durch den Aufbau von Partnerschaften und durch ein After Sales-Management, das die Kaufentscheidung des Kunden bestätigt und zu Folgekäufen anregt. Hier spricht man auch von einem → nachhaltigen Kundenmanagement. (4) Die Vertriebsmannschaft wird als Team verstanden, das sich mit Fairness gegenseitig unterstützt und ergänzt. Personalmanagement erfolgt hier als nachhaltiges Personalmanagement. (5) Wissen wird gezielt und umfassend weitergegeben, z.B. mithilfe von Storytelling und anderen Methoden, die eine ganzheitliche interaktive Aneignung von Wissen fördern. (6) Prozesse und Verantwortlichkeiten werden definiert, um Kommunikation zu optimieren, z.B. in Bezug auf Schnittstellen zu anderen Unternehmensbereichen, aber auch für spezielle Aufgabenbereiche. – 3. *Ziele*: Nachhaltiger Vertrieb stärkt als umfassendes Konzept langfristigen Erfolg für alle beteiligten Stakeholder. Es geht langfristig darum, eine Win-Win-Situation für alle Beteiligten zu schaffen. Kundenbeziehungen werden als Partnerschaften betrachtet, die geprägt sind von Wertschätzung, Fairness, Verlässlichkeit und Langfristigkeit. – 4. *Ausprägungen*: Nachhaltiger Vertrieb wird erkennbar in den Bereichen Customer Relationship Management, Corporate Social Responsibility, Corporate Responsibility, Wissensmanagement, an entsprechender Strategie und Umsetzung im Personalmanagement, in der Kommunikation, im Marketing und in der Werbung. Psychologische Ansätze finden hier in der

Realisierung von Führung sowie in der Kundenbeziehung ihre Anwendung.

nachhaltiges Kundenmanagement – 1. *Begriff*: steht für ein nachhaltig angelegtes Management der Kundenbeziehung. – 2. *Merkmale der Ressourcenorientierung im Kundenmanagement*: (1) Planung: Eine kundenorientierte nachhaltige Planung identifiziert nicht nur die gegenwärtigen Kunden und ihre Bedürfnisse, sondern identifiziert auch zusätzliche Marktsegmente und generelle Entwicklungen auf den Märkten. Zugleich nimmt sie die nachhaltigen Wettbewerbsvorteile des Unternehmens aus Kundenperspektive in den Blick für Planungen. (2) Kommunikation: Beschwerdemanagement, Customer-Relations-Management, aber generell jede Kommunikation mit Kunden sollte professionellen Standards folgen, die eine nachhaltige Qualität des Unternehmens in seiner Ansprache nach außen gewährleisten und dessen → Corporate Identity stärken. Die Kommunikation an sich folgt beim nachhaltigen Kundenmanagement den Regeln → nachhaltigen Kommunikation. (3) Beziehung: Um den Erfolg eines Unternehmens langfristig zu steigern, ist es sinnvoll, auf langfristige Kundenbeziehungen zu setzen. Im Customer-Relations-Management dienen zum Nachfassen und Verwalten von Kundendaten Datenbanken, die bei regelmäßiger Aktualisierung umfassende Informationen für die richtigen Angebote und für die passende Betreuung des Kunden bieten. (4) Prozesse: Ein nachhaltiges Kundenmanagement ist auch ein ganzheitliches Kundenmanagement. Mit einem integrierten Ansatz lassen sich Prozesse professionalisieren und die Ergebnisse aus den einzelnen Abschnitten für alle relevanten Unternehmensbereiche verwenden. (5) Kontaktpunkte: Im nachhaltigen Kundenmanagement werden dem Kunden möglichst alle Kontaktpunkte bedarfsgerecht angeboten, d.h. zu den Zeiten und an den Orten, an denen er sie benutzen möchte. Das heißt aber auch auf einem Niveau, mit dem der Kunde formal, emotional und inhaltlich zufrieden gestellt wird. (6) Controlling: Um Nachhaltigkeit zu gewährleisten, bedarf es einer Kontrollfunktion. Diese macht nicht nur Prozesse transparent, sondern zeigt auch die Effizienzpotenziale zur Optimierung auf. – 3. *Ziele*: Nachhaltiges Kundenmanagement ist auf eine erfolgreiche, für das Unternehmen profitable und für den Kunden Nutzen stiftende Kundenbeziehung ausgerichtet.

Nachhaltigkeitsmarketing – 1. *Begriff*: Spezifische Ausrichtung des Marktingansatzes an dem normativen Leitbild der nachhaltigen Entwicklung. Nachhaltigkeitsmarketing wird auch als Weiterentwicklung des Ökomarketings verstanden. Nachhaltigkeitsmarketing setzt die Einbeziehung ökologischer und sozialer Ziele bei der Gestaltung von Markttransaktionen voraus. Es umfasst die Planung, Koordination, Durchsetzung und Kontrolle aller markt- und nichtmarktbezogenen Transaktionsaktivitäten zur Vermeidung oder Verringerung ökologischer und sozialer Probleme, um über eine dauerhafte Befriedigung der Bedürfnisse aktueller und potenzieller Kunden, unter Ausnutzung von Wettbewerbsvorteilen und bei Sicherung der gesellschaftlichen Legitimität die angestrebten Unternehmensziele zu erreichen. – 2. *Merkmale und Besonderheiten:* a) Die nachhaltige Entwicklung stellt ein auf Handlungsprinzipien gestütztes Leitbild dar, das bei verschiedenen Stakeholdern weltweite Verbreitung gefunden hat. Hierdurch erlangt die Auseinandersetzung mit dem Leitbild auch für das kommerzielle Marketing eine bes. Bedeutung (internationaler stakeholderübergreifender Orientierungsrahmen). – b) Integrationserfordernis von ökonomischen, ökologischen und sozialen Zieldimensionen in das Unternehmenszielsystem erfordert auch für das Marketing, die Transaktionsbeziehungen auf der Grundlage eines erweiterten Zielkataloges zu gestalten. Mit der Ausweitung des Zielkataloges erweitert sich auch das Feld der proaktiv zu berücksichtigenden Zielgruppen bzw. Stakeholder (Integrationserfordernis). – c) Die Forderung nach Verteilungsgerechtigkeit führt zu einer expliziten Auseinandersetzung mit Nachfragern (sozialschwache und arme Bevölkerungen), die bisher keinen Zugang oder keine Ressourcen zur Durchführung von Transaktionen haben (Kapazitätsproblem). – d) Die Forderung nach intergenerativer Verteilungsgerechtigkeit führt zu einer Abschätzung der Transaktionsfolgen für jene, die bisher noch nicht als Nachfrager auf den Märkten ihre Bedürfnisse und Ansprüche artikulieren können (Gratifikationsproblem).

Nachkaufgarantie → Ersatzteilgeschäft.

Nachkauf-Marketing → After-Sales-Service.

Nachsichtseffekt – Störeffekt bei der Einstellungs- und Imagemessung. Die Testpersonen schätzen ihnen bekannte Untersuchungsobjekte tendenziell günstiger ein als die ihnen unbekannten Stimuli. – *Ähnlich:* → Halo-Effekt.

Nachzügler – Gruppe von → Adoptoren, die ein neues Produkt erst in einer sehr späten Phase des Lebenszyklus kaufen. Nachzügler sind häufig traditionsorientiert und wenig risikobereit.

Nahrungsmittelhandwerk – Unternehmungen, deren Haupttätigkeit die Herstellung bestimmter Waren (Brot, Back-, Konditoreiwaren, Fleisch und Fleischwaren) ist. Sie verkaufen ihre Produkte häufig in eigenen Verkaufsstellen (Bäckereien, Metzgereien, Konditoreien). Der Übergang zur → Einzelhandelsunternehmung ist oft fließend, v.a. wenn die Unternehmungen des Nahrungsmittelhandwerks in erhöhtem Maß fremde Ware zukaufen (z.B. Bäcker: Milch, Sahne, Aufschnitt, Süßigkeiten, Kaffee; Fleischer: Brötchen, Milch, Konserven, Delikatessen). Neuerdings bietet das Nahrungsmittelhandwerk häufig fertige Speisen in Schnell-Imbiss-Restaurants an. Das Nahrungsmittelhandwerk ist zunehmend in Einkaufskooperationen organisiert (→ Einkaufsgenossenschaft).

Namenstest – Teil des → Produkttests, Methode für die Überprüfung der Namenseignung (z.B. bei Markennamen) hinsichtlich Assoziationswirkung, Klang, Ansprechbarkeit, Prestige und Einprägsamkeit. Durch Parallelvergleiche kann der optimale Name aus mehreren Namensvorschlägen ermittelt werden. Die Gesamtwirkung eines Namens ist durch die Frage zu testen, welches von zwei sich nur im Namen unterscheidenden Produkten lieber gekauft würde. – Vgl. auch → Wortassoziationstest.

narratives Interview – Form der → Befragung, die darauf zielt, den Befragten zum Erzählen persönlicher Erfahrungen zu veranlassen, um so etwas über seine → Einstellungen zu erfahren.

Nassgewicht → Gutgewicht in Form einer unberechneten Mehrlieferung als Ausgleich für Gewichtsverluste durch Verdunsten der in den zu liefernden Waren enthaltenen Feuchtigkeit auf dem Versandweg. Häufig im Handel mit festen Brennstoffen (z.B. Holz).

Naturalrabatt – Art des → Mengenrabatts. → Rabatt in Form einer nicht verrechneten Warenlieferung bei Abnahme einer bestimmten Menge innerhalb eines vereinbarten Zeitraums.

Neobehaviorismus – verhaltenswissenschaftliche Forschungsrichtung, weiterentwickelt aus dem → Behaviorismus unter Aufgabe des Black-Box-Prinzips. Der Organismus gilt nach Empfang des Stimulus als intervenierende Variable, die die nachfolgende Reaktion maßgeblich beeinflusst (SOR-Konzept); Einflussfaktoren des nicht beobachtbaren Vorgangs sind → Emotion, → Motivation und → Einstellung des Individuums. – Vgl. auch Käufer- und Konsumentenverhalten.

Nettoeinkaufspreis – *Preiskennzahl*; → Bruttoeinkaufspreis zzgl. aller (direkt zurechenbaren) Bezugsnebenkosten (z.B. Transportkosten) und abzüglich aller (direkt zurechenbaren) Preiskorrekturen (z.B. Rabatte, Skonti).

Nettopreis – der Preis, auf den keine Nachlässe gewährt werden.

Nettoverkaufspreis → Verkaufspreis.

Netzwerk-Ansatz → strategische Netzwerke.

Netzwerkeffekte – Effekt, bei dem der Nutzen eines Gutes mit steigender Nutzerzahl (i.d.R.) zunimmt (positive Netzwerkeffekte). Solche Effekte treten insbes. bei Internetplattformen auf, z.B. bei Auktionshäusern oder Kontaktforen. Ein anderes Beispiel können Software-Anwendungen sein. Sinkt der Nutzen mit steigender Nutzerzahl (z.B. Überlastung von Daten-Kommunikationsnetzen oder sinkende Leserzahl mit steigendem Werbeanteil in Print-/Onlinemedien auf zweiseitigen Märkten) spricht man von negativen Netzwerkeffekten. Direkte Netzwerkeffekte bezeichnen Effekte innerhalb eines Marktes/einer Marktseite, indirekte Netzwerkeffekte bezeichnen Effekte zwischen unterschiedlichen Marktseiten (s. zweiseitige Märkte).

Neukauf → Kaufklassen.

Neuproduktideen → Kreativitätstechniken.

Neuroökonomik – Forschungsansatz dessen Gegenstand in der systematischen Integration neurowissenschaftlicher Theorien, Methoden und Erkenntnisse in die ökonomische Forschung und Praxis besteht.

nicht kommerzielle Marktforschung Nonprofit-Marktforschung.

nicht reaktive Messverfahren – Begriff der → Marktforschung für alle Messinstrumente, die keine Einbeziehung und Motivation der Testpersonen voraussetzen. Die Versuchspersonen wissen nicht, dass sie getestet werden (z.B. → Beobachtung) und können somit auch nicht auf die Messung reagieren.

nicht sprachliche Kommunikation → nonverbale Kommunikation.

nicht verbale Kommunikation → nonverbale Kommunikation.

Niedrigpreisstrategie – Preisstrategie, bei der im Gegensatz zur → Hochpreisstrategie versucht wird, sich durch niedrige Preise vom

Wettbewerb abzuheben. Ein Produkt wird zu einem bes. niedrigen Preis auf den Markt gebracht, um schnell hohen Absatz zu generieren und Marktanteile zu gewinnen. Der gewählte Preis liegt u.U. unterhalb des gewinnoptimalen Preises.

Nielsen-Panel – erstes von der A.C. Nielsen Company in den USA entwickeltes → Handelspanel, in Deutschland mit Schwerpunkt im Lebensmitteleinzelhandel. – *Inhalt der Handelspanel-Berichte:* a) Produkt-Daten; b) Distributions-Daten: (1) Numerische Distribution, (2) gewichtete Distribution; c) Verkaufsförderungsdaten. – Diese Handelspanel-Daten werden im Normalbericht des Nielsen-Lebensmitteleinzelhandels-Index nach folgenden Gesichtspunkten *aufgegliedert:* (1) Regionale Aufgliederungen in sog. Nielsen-Gebiete (eigene Abgrenzung mit Orientierung an Bundesländergrenzen); (2) Geschäftstypen der Betriebe; (3) Organisationsformen der Betriebe.

Nischenmarketing → Wettbewerbsstrategie.

Nischenstrategie – *Fokussierungsstrategie;* Angebot eines auf die spezifischen Probleme der potenziellen Nachfrager einer → Marktnische zugeschnittenen Leistungsangebots und ein darauf abgestimmter Einsatz der anderen → marketingpolitischen Instrumente. – *Zweck:* Abschirmung vor der Konkurrenz und bes. intensive Ausschöpfung der Marktnische.

No-frills-Stategie – engl. für *ohne Schnickschnack;* auf der Verschlankung der angebotenen Leistungen basierende Strategie. Die Leistung erfüllt dabei die Grundbedürfnisse der Kunden, beinhaltet aber keine Extras. Eine solche No-frills-Stategie wird z.B. bei Billigfluggesellschaften angewandt. Eine solche Strategie ist häufig mit einer → Niedrigpreisstrategie für das gewählte Grundprodukt verbunden.

Nominalskala – Skala, bei der alternative Ausprägungen nur deren Verschiedenheit zum Ausdruck bringen; z.B. besitzen die Merkmale Geschlecht oder Fakultätszugehörigkeit bei Studierenden eine Nominalskala. – Vgl. auch → Skalenniveau.

No Names – *weiße Produkte, Gattungsprodukte, Generics, Produits Libres;* vom Handel ohne differenzierenden Markennamen, nur mit dem Aufdruck der Warengattung (Gattungsmarke) vertriebene Waren, z.B. Zucker, Mehl, Waschpulver. Durch einfache, einheitliche Verpackung und Verzicht auf Werbung sollen Marketingkosten eingespart und ein Sortimentsausschnitt einfacher Konsumgüter preisgünstig angeboten werden. Die niedrigen Preise sollen die No Names günstig von den preislich höher liegenden → Markenartikeln abheben und die Preiskonkurrenz der → Discountgeschäfte und → Fachmärkte abwehren. – Vgl. auch → Handelsmarken.

Non-Food-Sortiment → Food-Sortiment.

Non-Store Marketing → Versandhandel.

Non-Trade Distribution – Distribution von Produkten oder Dienstleistungen ohne Einschaltung von Handelsbetrieben. – Vgl. auch → Disintermediation.

Nonvaleur – 1. unverkäufliche oder entwertete *Ware.* – 2. *Urkunde* eines entwerteten Wertpapiers, das nur noch Sammlerwert besitzt *(historisches Wertpapier).* In seltenen Fällen werden Nonvaleurs wieder Wertpapiere, z.B. wenn ein Schuldner nach langer Unterbrechung Zins- und Tilgungszahlungen für die begebenen Anleihen wieder aufnimmt.

nonverbale Kommunikation – *außersprachliche, nicht sprachliche, nicht linguistische, averbale Kommunikation.* 1. *Begriff:* alle Formen der persönlichen Kommunikation und der → Massenkommunikation, die sich nicht auf eine symbolische (v.a. sprachliche) Informationsübertragung stützen. Im Zusammenhang mit der Sprache wird nonverbale Kommunikation auch als „analoge Kommunikation" bezeichnet. – 2. *Übertragungswege:* Die nonverbale Kommunikation kann in unterschiedlichen Formen übertragen werden. Die bedeutendste Form ist die visuelle nonverbale Kommunikation, die alle Vorteile der → Bildkommunikation aufweist. Weitere Übertragungswege sind nonverbale auditive Signale (vokale und musikalische Signale), taktile Signale (Wahrnehmung von Berührungen), olfaktorische Signale (Gerüche), gustatorische Signale (Geschmack) und thermale Signale (z.B. Körperwärme, Raumtemperatur). – 3. *Persönliche Kommunikation und nonverbale Kommunikation:* Die folgenden Ausführungen beziehen sich nur auf die persönliche Kommunikation, da die Massenkommunikation vorwiegend nonverbale Elemente der persönlichen Kommunikation abbildet. – 4. *Formen der persönlichen nonverbalen Kommunikation:* a) *Vokale nonverbale Kommunikation:* z.B. Lautstärke, Stimmfrequenz, Sprechgeschwindigkeit und Intonation. Die vokalen Elemente beziehen sich ausschließlich auf die Stimme des Kommunikators. – b) *Nonvokale nonverbale Kommunikation:* Diese setzt sich zusammen aus: (1) der körperlichen nonvokalen Kommunikation, die statischer (z.B. Körperbau, Gesichtsform, Hautfarbe) oder dynamischer (Mimik, Gestik, Körperbewegung, -haltung, -orientierung, -entfernung, Blickkontakt) Natur sein kann und (2) der materiellen nonvokale Kommunikation wie z.B. Stimuli, die zur körperlichen Erscheinung gehören, zum persönlichen Gebrauch gehören und im Interaktionsprozess eingesetzt werden oder aus der Umwelt des Kommunikators stammende Stimuli. Die nonvokale nonverbale Kommunikation sich auf alle Sinnesmodalitäten beziehen. – 5. *Wirkung:* Die nonverbale Kommunikation kann emotionale und kognitive Wirkungen hervorrufen. Emotionale Wirkungen sind die Aktivierung des Konsumenten, die Äußerung der Gefühle oder Einstellungen des Konsumenten. Kognitive Wirkungen der nonverbalen Kommunikation sind Ausstrahlungseffekte (Schlüsse auf persönliche Eigenschaften oder den sozialen Status des Kommunikators), Informationen über die Persönlichkeit des Kommunikators und die Begleitung verbaler Kommunikation. Die

nonverbale Kommunikation besitzt häufig eine höhere Glaubwürdigkeit als die verbalen Äußerungen, da sie meist spontan erfolgt und kognitiv kaum kontrolliert wird. – 6. *Messung der nonverbalen Kommunikation:* a) *Allg. Messverfahren:* Geeignet sind bes. modalitätsspezifische Messverfahren wie Beobachtung der Mimik, phonetische Messung von akustischen Signalen, olfaktorische Ermittlung des Geruchs etc. – b) *Messung der persönlichen nonverbalen Kommunikation:* unmittelbare Verhaltensbeobachtung, Verhaltensaufzeichnung mittels Film und Video und apparative Verhaltensmessungen. Die Auswertung der Daten erfolgt z.B. mit dem Facial-Action-Coding-System (FACS), einem Analyseverfahren zur Beschreibung und Interpretation der Gesichtssprache oder dem Berner System, welches der Analyse der Körpersprache dient.

Nutzensegmentierung – *Benefit Segmentation;* Methode der → Marktsegmentierung, bei der der → Kundennutzen eines Produktes als vorrangiges Segmentierungskriterium dient. Nutzensegmentierungen dienen v.a. der Konzeption und Entwicklung neuer Produkte.

Nutzwertanalyse – *Scoring-Modell, Rangfolge-Modell.* 1. *Begriff:* Verfahren zur Alternativenbewertung, wobei Alternativen auch an solchen Bewertungskriterien gemessen werden, die nicht in Geldeinheiten ausdrückbar sind. Berücksichtigt werden bei der Nutzwertanalyse z.B. technische, psychologische und soziale Bewertungskriterien, die sich an quantitativen und qualitativen Merkmalen orientieren (multiattributive Nutzenbetrachtung). – *Anders:* Kosten-Nutzen-Analyse. – 2. *Kennzeichen:* Die Nutzwertanalyse versetzt die bewertende(n) Person(en) in die Lage, die Alternativenbewertung sowohl unter Berücksichtigung eines multidimensionalen Zielsystems als auch spezifischer Zielpräferenzen vorzunehmen. – 3. *Ablauf:* (1) *Aufstellen eines Zielprogramms:* Ein Gesamtziel, z.B. die Anschaffung eines Informations- und Kommunikationssystems (IuK-System) wird in einzelne Subziele differenziert (z.B. Zeitraum bis zum Abschluss des Projekts, strategische Notwendigkeit, Verbesserung des Marktanteils) und nach ihrer Bedeutung für die Zielsetzung des Unternehmens gewichtet (z.B. null für überhaupt nicht wichtig bis zehn für sehr wichtig). Gleichzeitig werden verschiedene Projektalternativen, z.B. IuK-System des Herstellers X, IuK-System des Herstellers Y sowie Eigenentwicklung etc. aufgeführt. Ergebnis dieses Schrittes ist eine Matrix, die in den Zeilen die Zielkriterien und in den Spalten die Alternativen aufführt. (2) *Angabe der Zielerträge (ZE) für die jeweiligen Alternativen:* Jede Alternative wird für sich hinsichtlich jedes Zielkriteriums direkt bewertet. – *Beispiel:* Beurteilung des IuK-Systems des Herstellers X im Hinblick auf die Erfüllung der angegebenen Kriterien. Die Bewertungen sind die sog. Zielerträge. Sie zeigen den Grad der Erfüllung der einzelnen Kriterien der jeweiligen Alternative und nehmen i.d.R. einen Wert zwischen null (kein Erfüllungsgrad) und zehn (hoher Erfüllungsgrad) an. – *Beispiel:* Erfüllt das IuK-System des Herstellers X das Kriterium „strategische Notwendigkeit" nur zu einem mittleren Grad, erhält diese Alternative den Wert fünf. (3) *Ermittlung der Zielwerte (ZW):* In einem weiteren Bewertungsvorgang werden sog. Zielwerte ermittelt. Der Zielwert bildet sich aus der Multiplikation von Gewichtung und Zielertrag. – *Beispiel:* Wird das Kriterium „strategische Notwendigkeit" mit zehn gewichtet und erfüllt das IuK-System des Herstellers X dieses Kriterium mit einem Wert von fünf (mittlerer Erfüllungsgrad), ergibt

sich ein Zielwert von 50. (4) *Ermittlung der Nutzwerte pro Alternative:* Werden die einzelnen Zielwerte der Alternativen aggregiert, bekommt man als Ergebnis den Nutzwert von einer Alternative. Diejenige Alternative mit dem höchsten Nutzwert wird ausgewählt. Vor dem Hintergrund der gegebenen Prämissen und Einschätzungen ist sie als optimal anzusehen. – 4. *Nachteile:* a) Die Wertsynthese der Teilnutzwerte (n) zu Gesamtnutzwerten N mithilfe der i.d.R. angewandten Additionsregel ist problematisch, da vorausgesetzt wird, dass die Teilnutzen einheitlich kardinal messbar und die Zielkriterien voneinander nutzenunabhängig sind. – b) Die auf subjektiven Urteilen fußende Zielkriteriengewichtung (k–g) und Teilnutzenbestimmung; da damit das Ergebnis entscheidend beeinflusst werden kann, kommt es hier i.d.R. bei Mehrpersonenentscheidungen zu Konflikten. – 5. *Vorteile:* Die Nutzwertanalyse ist als eine heuristische Methode zur systematischen Entscheidungsfindung wegen ihres nachvollziehbaren und überprüfbaren Ablaufs als vorteilhafte Ergänzung anderer Methoden zu betrachten, die dem Abbau der Entscheidungsproblematik bei der Bewertung und Auswahl komplexer Alternativen dienen. Sie ist häufig das einzig anwendbare Hilfsmittel zur Analyse einer Entscheidungssituation, wenn eine Zielvielfalt zu beachten ist und/oder ein monetärer Projektwert nicht bestimmt werden kann. – 6. *Beurteilung der mittels Nutzwertanalyse gefundenen Lösung* durch Variation der Parameter (Sensitivitätsanalyse). – 7. Eine *Weiterentwicklung* der Nutzwertanalyse stellt die Kosten-Wirksamkeits-Analyse dar.

Objektivität – eines der → Gütekriterien für empirische Tests und Untersuchungen. Eine Aussage (v.a. Messaussagen) ist dann objektiv, wenn sie vom Untersuchungsleiter unabhängig ist. Man unterscheidet die Durchführungsobjektivität (keine Beeinflussung der Untersuchungsergebnisse durch das äußere Erscheinungsbild, das Ziel- und Wertsystem des Durchführenden bzw. Interviewers), die Auswertungsobjektivität (v.a. gegeben bei standardisierten Frage-Items) und die Interpretationsobjektivität (wenig Spielraum für die subjektive Interpretation durch den Untersuchungsleiter). – Vgl. auch Operationalisierbarkeit, Testgütekriterien, → Reliabilität, → Validität.

OEM – Abk. für → Original Equipment Manufacturer.

offene Frage – Frage in einer → Befragung, bei der die Menge der möglichen Antworten prinzipiell unbegrenzt ist. Die Frage wird nicht durch Ankreuzen sondern durch Schreiben von Text oder Zahlen beantwortet. Nachteilig ist, dass die Auswertung solcher Fragen deutlich schwieriger ist als bei → geschlossenen Fragen.

Offerte – 1. *Begriff*: Vertragsangebot, Angebot, Antrag; rechtlich bindend für den Anbieter, sofern nicht ausdrücklich Gegenteiliges erklärt wird, etwa durch die Klausel freibleibend (Freizeichnungsklausel) u.Ä. – Vgl. auch Vertrag. – Im kaufmännischen Sprachgebrauch und nach BGB streng zu trennen von Preislisten, Katalogen, Ausstellungsstücken in Schaufenstern und Inseraten, die Aufforderungen zur Abgabe von Offerten sind. – 2. *Arten*: a) *Festofferte*: Verbindliches, i.d.R. kurzfristiges Angebot; erfolgt auf spezielle Anfrage eines Kunden oder im Rahmen einer Ausschreibung. – b) *Freibleibende Offerte*: Angebot mit Freizeichnungsklausel; die Käuferseite antwortet u.U. mit einer Gegenofferte (Preis), auf die wiederum die Lieferseite antwortet. – 3. Die Offerte zur Einleitung von *Außenhandelsgeschäften* müssen kurz und klar gehalten, in der Handelssprache des Käufers abgefasst und auf die ihm geläufigen technischen Standards abgestellt sein.

Öffnungszeiten → Ladenöffnungszeiten, Zollstunden.

Off-Price Store – spezielle Form des → Fachdiscounters; mittel- bis großflächiger Einzelhandelsbetrieb, der vorwiegend bekannte → Markenartikel des Nichtlebensmittelbereichs (Textilien, Schuhe, Glaswaren, Porzellan, Sportartikel) in Selbstbedienung zu äußerst günstigen Preisen anbietet. Das Sortiment besteht prinzipiell aus nicht regulärer Ware (z.B. Reklamationsware, Auslaufmodelle, Überschussware, Saisonware, zweite-Wahl-Ware, Remissionsware). Rascher Wandel der Sortimentszusammensetzung, da zumeist Partien ohne Nachordermöglichkeit verkauft werden, und zwar so lange, bis die Vorräte ausverkauft sind. – Vgl. auch → Partieverkauf, → Factory Outlet Center (FOC).

Ökolabel → Warenkennzeichnung.

Ökomarketing – *Umweltschutzmarketing, ökologieorientiertes Marketing*; eine Ausprägung des Societal Marketings mit dem Ziel, bei der Planung, Koordination, Durchsetzung und Kontrolle aller marktgerichteten Transaktionen eine Vermeidung und Verringerung von Umweltbelastungen zu bewirken, um über eine dauerhafte Befriedigung der Bedürfnisse aktueller und potienzieller Kunden unter Ausnutzung von Wettbewerbsvorteilen und bei Sicherung der gesellschaftlichen Legitimität die angestrebten Unternehmensziele zu erreichen. Das Ökomarketing kann als Vertiefung (Deepening) des kommerziellen Marketings angesehen werden, bei dem neben der Abnehmer- und Wettbewerbsorientierung ökologische und ethische Entscheidungskriterien ergänzend Berücksichtigung finden.

Ökoskopie → ökoskopische Marktforschung.

ökoskopische Marktforschung – Form der → Marktforschung. Empirische Untersuchung objektiver Marktgrößen (ökonomische Größen und Größenbeziehungen), z.B. Umsätze, Preise, Mengen, Zahl der Anbieter (objekt- bzw. sachbezogen). – *Gegensatz:* → demoskopische Marktforschung. – Vgl. auch → Meinungsforschung.

Omnibus-Befragung – *Mehrthemenbefragung;* Form der → Befragung, bei der verschiedene Themen untersucht werden. Bes. vorteilhaft bei kurzen Frageprogrammen, da die Fixkosten auf mehrere Auftraggeber verteilt werden. Vorteilhaft ist auch, dass der Themenmix dazu führt, dass nicht nur solche Personen antworten, welche an dem Thema interessiert sind (Vermeidung des *Themenbias*). Dadurch, dass Omnibusbefragungen regelmäßig durchgeführt werden, sind sie sehr gut durchorganisiert und sehr schnell. Welche Institute wann und in welcher Form Omnibusbefragungen durchführen, darüber informiert regelmäßig die Zeitschrift planung & analyse. – *Gegensatz:* → Einthemenbefragung.

One-Stop Shopping – Einkauf des gesamten Bedarfs an einem Ort. Realisierung dieses Prinzips in jeweils andersartiger Ausprägung durch → Warenhäuser, → Selbstbedienungswarenhäuser, → Gemeinschaftswarenhäuser, → Einkaufszentren, → Wochenmärkte sowie an Orten mit hoher → Agglomeration branchenungleicher → Fachgeschäfte. Begünstigt von ausreichendem Parkplatzangebot in unmittelbarer Nähe der Einkaufsorte. Aus diesem Grund wird vom City-Handel u.a. der verstärkte Ausbau von Parkhäusern in City-Nähe, aber auch eine Verbesserung von Park-and-Ride-Systemen sowie die öffentlichen Nahverkehrs gefordert.

One-to-one Marketing – Marketingkonzept, bei dem im Gegensatz zum Massenmarketing die einzelne Kundenbeziehung im Mittelpunkt der Betrachtung steht. Im Rahmen des E-Commerce ergeben sich dabei neue Potenziale für das One-to-one Marketing, da durch den Einsatz moderner Informations- und Kommunikationstechnologien (z.B. E-Mail oder Internet) eine individualisierte Kundenansprache und damit eine zielgenaue Gestaltung der angebotenen Produkte und Dienstleistungen mit relativ geringem Aufwand möglich ist.

Onlinebefragung → Befragung unter Benutzung des Internets. Häufig werden dabei Pools von potenziellen Befragten genutzt, die in sog. Befragungspanels zusammengefasst sind. Hier muss eine zu häufige Befragung vermieden werden. Ansonsten werden häufig Besucher bestimmter Websites durch Pop-up-Werbung gewonnen. Dieser Ansatz ist jedoch problematisch wegen der Selbstselektion der Befragten und eignet sich bes., wenn es um die Beurteilung einer Website durch die Befragten geht. – *Vorteile*: Onlinebefragungen sind verhältnismäßig preiswert und schnell. Darüber hinaus erlaubt die programmierte Fragenbogensteuerung auch komplexe Befragungsabläufe. Schließlich können auch gut Bilder, bei DSL-Anschlüssen auch Filme und Ton eingesetzt werden. – *Bedeutung*: laut ADM 27 Prozent aller quantitativen Interviews.

Onlinemarketing – eine Form der interaktiven Ausrichtung der Marketing-Instrumente durch den Einsatz vernetzter Informationssysteme (z.B. Telefon, Internet). Mit Onlinemarketing ist neben der Interaktivität auch die Möglichkeit gegeben, zeitlich synchron die Marketinginstrumente auf die Kundenbedürfnisse auszurichten. – *Ergänzung:* → Ökomarketing.

Open Innovation – steht für die Öffnung von Innovationsprozessen für andere Stakeholder – im Normalfall den Kunden. Sichtbar wird der Prozess der Open Innovation für die Allgemeinheit v.a., wenn das Unternehmen im Rahmen eines sog. Crowdsourcings i.d.R.

über das Internet seine Kunden aufruft, Lösungsvorschläge für Problemstellungen oder Produktinnovationen zu generieren. – *Ziel:* kundengerechte Angebotsentwicklung.

Opinion Leader → Meinungsführer.

Opponenten – Im Kontext des Promotoren-Modells (Fachpromotor, Machtpromotor) leisten Opponenten im Rahmen des organisationalen Kaufverhaltens Widerstand gegen eine Kaufentscheidung. In einer weiteren Auffassung treten Opponenten unterschiedlichsten Interaktionen zwischen Organisationen entgegen. Opponenten können z.B. in Unternehmen einerseits Verhinderer notwendiger, positiver Aktivitäten, andererseits Bewahrer vor negativen Entwicklungen sein.

Order of Merit-Test – Verfahren zur Messung der Gestaltungsqualität von Werbemittelentwürfen (Werbung). Die Versuchspersonen werden aufgefordert, die Werbemittelentwürfe in eine Rangfolge zu bringen. Die von jedem Entwurf erzielten Rangplätze werden miteinander verglichen.

Ordersatz – Auflistung aller von einer → Großhandlung lieferbaren → Artikel, getrennt nach verschiedenen Gebindegrößen oder Mengenabpackungen, mit ihren Großhandelsverkaufspreisen und Vorschlägen für Verkaufspreise des Einzelhandels. – *Zu unterscheiden:* Standard-Ordersatz, Spezial-Ordersatz, Ordersatz für Aktionswaren, Ordersatz für Frischprodukte. – Ordersätze dienen der *Rationalisierung* des Bestellvorgangs im Handel: Der Einzelhändler trägt nur noch die gewünschte Stückzahl ein. Bei numerischer Identifizierung aller Artikel des Ordersatzes mittels → Artikelnummernsystem ist rasche Übertragung der Ordersätze mittels Kommunikationstechnologien möglich.

Ordinalskala – *Rangskala;* Skala, auf der alternative Ausprägungen neben Verschiedenheit auch eine Rangordnung zum Ausdruck bringen, z.B. Schulnote oder Intelligenzquotient. – Vgl. auch → Skalenniveau,

Operationalisierbarkeit. – *Gegenteil:* → Nominalskala, Kardinalskala.

organisationales Beschaffungsverhalten → organisationales Kaufverhalten.

organisationales Kaufverhalten – *organisationales Beschaffungsverhalten, Organizational Buying.* – 1. *Begriff:* Kaufverhalten von Organisationen bzw. gewerblichen Nachfragern, gekennzeichnet durch komplexitätsfördernde Besonderheiten. Die Willensbildung ist i.d.R. kollektiv *(Mehrpersonenentscheidung)* und mehrzentrig *(Mehrinstanzenentscheidung;* z.B. Unternehmensleitung, Einkauf, Produktion, Forschung und Entwicklung, Finanzierung). – 2. Wesentliche *Einflussfaktoren* sind dadurch: individuelle Einflussfaktoren unterschiedlicher Personen; ihr Zusammenwirken in gruppendynamischen Prozessen; unterschiedliche Sichtweisen und Entscheidungskriterien durch die Zugehörigkeit zu verschiedenen Instanzen und Rollen (→ Buying Center) auf Kaufprozess und Entscheidungsergebnis; organisationsspezifische Einflussfaktoren, wie z.B. organisationale Beschaffungsregeln, Anreiz- und Sanktionsmechanismen; umweltbedingte Faktoren (z.B. Umwelt- und Arbeitsschutzgesetze, protektionistische Maßnahmen, Wünsche nachgelagerter Kunden). – 3. Mehr oder weniger stark strukturierter, formalisierter und lang andauernder *Entscheidungsprozess* (→ Kaufphasen(ansatz)), bedingt durch kaufklassenspezifische Eigentümlichkeiten (→ Kaufklassen). – 4. *Erklärungsmodell des organisationalen Kaufverhaltens:* monoorganisationale Partial- und Systemmodelle sowie → Interaktionsansätze. – Vgl. auch Käufer- und Konsumentenverhalten.

Organisationsverfassung – institutionelle Ordnung des Verhältnisses von *verfassungskonstituierenden Interessen* und *Unternehmensführung* in der → Unternehmensverfassung. – 1. Für die AG in den nationalen Aktienrechten zwei organisatorische *Grundtypen:* (1) Die *dreigliedrige* Verfassungsstruktur mit Hauptversammlung, Aufsichtsrat und Vorstand. Außer in der Bundesrepublik Deutschland existiert dieses Modell noch in Frankreich (neues Recht), Holland (große AG), Italien und Österreich. (2) Die *zweistufige* Lösung mit Hauptversammlung und Verwaltungsrat bzw. Board (Board System). Das Modell ist am meisten verbreitet, z.B. in Belgien, Dänemark, Frankreich (altes Recht), Griechenland, Großbritannien, Holland (kleine AG), Japan, Kanada, Schweden, Schweiz, Spanien und den USA. – 2. *Bedeutung:* Dominant für die Entwicklung der Organisationsverfassung erscheint das dreistufige Modell. Ein Übergang vom drei- auf das zweistufige System fand bei aktienrechtlichen Reformen nicht statt; das dreigliedrige Modell hingegen verbreitete sich in Europa (Holland, Frankreich).

Organizational Buying → organisationales Kaufverhalten.

Orientierungsreaktion – unmittelbare, reflexartig verlaufende Zuwendung zu einer veränderten (neuen) Reizkonstellation. Orientierungsreaktion ist eine kurzzeitige Reaktion, die den Organismus und das Informationsverarbeitungssystem auf einen auftauchenden Reiz vorbereitet sowie sensibilisiert. Sie äußert sich z.B. in einer Drehung des Kopfes zur Reizquelle, in einer Veränderung von Sinnesorganen (Pupillenerweiterung) und in einer Erhöhung der Aktivierung. – *Abgrenzung von* → Aufmerksamkeit: Die Aufmerksamkeit geht über die Orientierungsreaktion

hinaus und bleibt über einen längeren Zeitraum bestehen.

Original   Equipment   Manufacturer (OEM) – *Erstausrüster;* Abnehmer von Hardwarekomponenten (→ Hardware), die ein anderer Hardwarehersteller (Zulieferer) gefertigt hat. Der OEM baut diese Hardwarekomponenten in seine Produkte ein und verkauft diese unter eigenem Namen.

Outlet – Verkaufsstellen einer Handelsunternehmung, in denen der Verkauf der Waren erfolgt. – *Gegensatz:* → Inlet.

Outpacing – aufgrund wettbewerbsstrategischer Überlegungen erfolgende Modifikation der Unternehmensstrategie. Die Zunahme der Anzahl der Anbieter auf einem Markt kann Unternehmen, die präferenz-strategisch agieren, zu Preisanpassungen nach unten veranlassen; umgekehrt nehmen Kostenführer aufgrund von Marktveränderungen Qualitätsanpassungen nach oben vor.

Out-Supplier → In-Supplier.

Overreporting → Paneleffekt.

Overspending → Share of Advertising.

Overstoring – Überversorgung eines Verkaufsgebietes mit → Einzelhandelsunternehmungen mit der Folge eines Verdrängungswettbewerbs, der meist über niedrige Preise geführt wird. Overstoring tritt v.a. in neuen regionalen Absatzmärkten auf, die zuvor unterversorgt waren und ein starkes Wachstum aufweisen.

P

Paarvergleich – *Paired Comparison.* 1. Methode bei → Produkttest oder Werbemittelforschung: Test-Produkt oder Test-Anzeige werden den Auskunftspersonen in Verbindung mit einem anderen ähnlichen Produkt bzw. einer ähnlichen Anzeige zur vergleichenden Beurteilung präsentiert. – 2. *Methode der Befragung bei der Messung von* → Einstellung und → Wahrnehmung: Aus einer Menge von Objekten werden Testpersonen sämtliche Kombinationen von jeweils zwei Objekten zur Beurteilung der Ähnlichkeit und/ oder Präferenz vorgegeben. Bei n Objekten sind von den Testpersonen

$$\binom{n}{2} = \frac{n \cdot (n-1)}{2}$$

Paarvergleiche durchzuführen. Aus den globalen Ähnlichkeitsurteilen wird dann mittels der → multidimensionalen Skalierung (MDS) versucht, die zur Beurteilung benutzten Kriterien herauszufinden.

Package Deal – Kauf bzw. Verkauf eines umfassenden Problemlösungspakets im Rahmen eines komplexen Investitionsgüter-, Anlagen- oder Systemgeschäfts. Durch gezielte, wettbewerbswirksame, → absatzwirtschaftliche Nebenleistungen kann eine langfristige Kundenbindung erreicht werden.

Packungstest → Verpackungstest.

Page Impression (PI) – *Seitenabruf,* Anzahl der Sichtkontakte von Internetnutzern mit einer potenziell werbeführenden Website. Page Impressions sind neben → Visits die zentrale Maßzahl zur Bestimmung der → Reichweite eines Internetangebotes und deshalb für die → Mediaplanung von Bedeutung. Zur Ermittlung der Kennzahl wird in Deutschland das Verfahren der → Informationsgemeinschaft zur Feststellung der Verbreitung von Werbeträgern e. V. (IVW) verwendet.

Page View → Page Impression (PI).

Panel – ein bestimmter gleichbleibender Kreis von Auskunftssubjekten (Personen, Betrieben), bei denen über einen längeren Zeitraum hinweg Messungen (→ Beobachtung, → Befragung) zu gleichen Themen in der gleichen Methode und zu den jeweils gleichen Zeitpunkten vorgenommen werden. Panels sind auf die Messung von Veränderungen hin optimiert. Ein weiterer Vorteil von Panels ist, dass von den Panelteilnehmern Daten zu unterschiedlichen Zeitpunkten vorliegen. Damit lässt sich z.B. in einem Verbraucherpanel ermitteln, welches Produkt die Käufer eines neuen Produkts früher gekauft haben (→ Gain-and-Loss-Analyse). Der Einsatz von Panels ist nur dann sinnvoll, wenn die wiederholte Befragung die Ergebnisse nicht oder nur wenig ändert (→ Paneleffekt) und wenn die Mitarbeitsbereitschaft der Auskunftspersonen über einen längeren Zeitraum hergestellt werden kann. Ansonsten kommen → Wellenbefragungen zum Einsatz. – *Beispiele:* → Haushaltspanel, → Handelspanel, → Verbraucherpanel, → Fernsehzuschauerpanel.

Paneleffekt – Beeinträchtigung der Aussagekraft der Ergebnisse einer Panelbefragung dadurch, dass die Panelteilnehmer unter dem Einfluss der Teilnahme am → Panel ihr Verhalten ändern. Folgende Effekte sind möglich: Ermüdungserscheinungen (falsche Angaben infolge Nachlässigkeit), Overreporting (Angabe von mehr Käufen als tatsächlich getätigt wurden), Checklist-Effekt (die auf dem Berichtsbogen angegebenen Warengruppen animieren zum Kauf) und das stärkere Bewusstwerden der Einkauftätigkeit beim Panelteilnehmer. Damit wird die Repräsentanz des Panels verändert, das Ergebnis ist also nicht mehr allgemeingültig. Der Paneleffekt entfällt weitgehend bei Haushaltspanel mit

Scanner-Technologie (→ Scanner-Haushalts-panel).

Panelrotation – Austausch von Teilnehmern an einem → Panel wegen → Panelsterblich-keit oder um → Paneleffekte zu vermeiden. Der Austausch erfolgt durch → bewusste Auswahl neuer Teilnehmer. Problematisch sind dabei die Aufrechterhaltung der Reprä-sentanz des Panels und die → Reliabilität der Untersuchungsergebnisse.

Panelsterblichkeit – *Drop-out-Rate;* Verrin-gerung der Zahl der Teilnehmer eines → Pa-nels durch Tod, Haushaltsauflösung, Ge-schäftsschließung, aber auch aus sonstigen Gründen (nachlassendes Interesse, zeitliche Verhinderung etc.). Der Panelsterblichkeit wird dadurch Rechnung getragen, dass die ausgeschiedenen Panelteilnehmer durch an-dere Reserve- oder neu angeworbene Panel-teilnehmer ersetzt werden, die die gleichen Merkmale aufweisen. Die Panelteilnehmer, die über einen Zeitraum hinweg durchge-hend berichtet haben, werden als *durchge-hende Masse* bezeichnet, im Gegensatz zur *vollen Masse,* die auch die ausgeschiedenen und neuen Teilnehmer umfasst.

Parallelimporte – vom Hersteller ungewollte Warenströme von Niedrigpreisländern in Hochpreisländer. Sie kommen dadurch zu-stande, dass Händler oder auch Endverbrau-cher Preisdifferenzen zwischen Ländern aus-nutzen.

Partie → Partieverkauf.

partielle Selbstbedienung → Selbstaus-wahl.

Partieverkauf – Angebot von Warenmengen (*Partien*) aus Überproduktion, Sonderanfer-tigungen, Versicherungsfällen (Feuerschä-den, Wasserschäden), Insolvenzen und Rest-beständen zu niedrigen Preisen. Vielfach sind diese Märkte nur begrenzt geöffnet („Drei-Tage-Märkte"), bes. dann, wenn die Beschaf-fung geeigneter Ware Probleme bereitet.

Partizipationseffekt – Bezeichnung für den Tatbestand, dass jede zusätzliche

Produkt- oder Ausführungsart eines Anbie-ters Absatzmengen von Konkurrenzanbie-tern abzieht. → Produktdifferenzierung löst infolge des Partizipationseffekts eine akquisi-torische Wirkung aus.

Party-Verkauf – Form des → direkten Ver-triebs; Abwandlung des traditionellen → Haustürgeschäfts, bei der die Waren wäh-rend eines geselligen Beisammenseins von potenziellen Abnehmern im Haushalt ange-boten werden. Verbreitet bei Wein, Plastik-geschirr (Tupperware), Kosmetika und Des-sous.

Pauschale – Gesamtvergütung anstelle von Einzelvergütungen, z.B. Pauschale für Über-stunden. – Vgl. auch → Pauschalpreis.

Pauschalpreis – ein ohne Rücksicht auf Ein-zelleistungen nach überschlägiger Schätzung vereinbarter Preis. – Vgl. auch → Pauschale.

Peer Group – soziale Gruppe von gleichalt-rigen Jugendlichen, in der das Individuum soziale Orientierung sucht und die ihm als → Bezugsgruppe dient. Peer Groups haben eigene Werte, → Einstellungen und Verhal-tensweisen. Diese sind geprägt durch Unab-hängigkeit von den Werten und Erwartungen der Erwachsenen. Peer Groups weisen jedoch eine starke Konformität gegenüber den Ver-haltensnormen der eigenen Gruppe aus und akzeptieren die Führungsrolle von → Mei-nungsführern. Die Zugehörigkeit zu Peer Groups bestimmt entscheidend das Konsum-verhalten der Jugendlichen.

Penetration – *Marktdurchdringung.* 1. Durchdringung eines Marktes oder einer Verbrauchergruppe mit Informationen oder Produkten. – 2. In der *Werbewirkungsmes-sung* (→ Werbewirkung) die Erinnerung der Verbraucher an eine bestimmte Produktwer-bung, gemessen als Quotient aus der Zahl der Werbeerinnerer und der Zahl der Wer-begemeinten (→ Bekanntheitsgrad). – 3. Im Zusammenhang mit *Neuprodukteinfüh-rungen* zur Prognose des zu erwartenden → Marktanteils des neuen Produktes inner-halb eines bestimmten Zeitraums. Hier ist die

Penetration der Anteil der Käufer des Produkts an den Käufern der Warengruppe, gemessen seit der Markteinführung des Produkts. Die Penetration eines Produktes kann durch Preissenkungen und/oder Werbemaßnahmen beschleunigt und verstärkt werden.

Penetrationspreispolitik – *Marktdurchdringungspolitik;* Ansetzung niedriger Preise, um bei der Einführung neuer Produkte schnell einen Massenmarkt zu erschließen. – *Gegenteil:* Wertschöpfungspreispolitik.

Penetrationsrate – kumulierte Zahl der Käufer eines Produkts in einem Zeitraum im Verhältnis zur Zahl der Käufer der Warengruppe.

Peren-Clement-Index – 1. *Begriff:* Der Peren-Clement-Index stellt einen Risikoindex zur Einschätzung von Länderrisiken bei Direktinvestitionen dar. Dieser hat sich neben dem Beri-Index (Business Environment Risk Index, kurz → BERI) in der unternehmerischen Praxis global etabliert. – 2. *Bewertungsfaktoren:* Der Risiko-Index wird durch die folgenden drei Faktoren bestimmt, die unterschiedlich gewichtet werden: a) unternehmensübergreifende Faktoren, b) Kosten- und produktionsorientierte Faktoren und c) absatzorientierte Faktoren. – a) *Unternehmensübergreifende Faktoren:* Dazu zählen politisch-soziale Stabilität, staatliche Einflussnahme auf Unternehmensentscheidungen und bürokratische Hemmnisse, allgemeine Wirtschaftspolitik, Investitionsanreize, Durchsetzbarkeit vertraglicher Vereinbarungen und die Einhaltung von Schutzrechten bei Technologie- und Know-how-Transfer. – b) *Kosten- und produktionsorientierte Faktoren:* Dazu zählen rechtliche Beschränkungen der Produktion, Kapitalkosten im Standortland und Möglichkeiten des Kapitalimports, Verfügbarkeit und Kosten des Erwerbs von Grundstücken und Immobilien, Verfügbarkeit und Kosten der Arbeit, Verfügbarkeit und Kosten von Anlagegütern, Roh-, Hilfs- und Betriebsstoffen im Standortland, Handelshemmnisse bei Güterimport und Verfügbarkeit und Qualität der Infrastruktur sowie staatlicher Dienstleistungen. – c) *Absatzorientierte Faktoren:* Dazu zählen Größe und Dynamik des Marktes, Wettbewerbssituation, Zuverlässigkeit, Qualität einheimischer Vertragspartner, Qualität und Möglichkeiten des Absatzes und Handelshemmnisse bei Export aus dem Standortland. – Je nach Investitionstyp bzw. Motiven der jeweiligen Unternehmen ergeben sich andere Standortfaktoren bzw. unterschiedliche Gewichtungen der verschiedenen Faktoren. Für die kostenorientierte Auslandsinvestition werden die Faktoren der kosten- und produktionsorientierten Faktoren ein höheres Gewicht bekommen und sich die Standortwahl danach entscheiden. Hingegen werden für die absatzorientierten Investitionen die Faktoren wie Wettbewerbssituation und Größe des Marktes eine höhere Bedeutung erlangen. – 3. *Vorgehensweise:* a) zunächst erfolgt zu den ausgewählten Faktoren jeweils eine individuelle Gewichtung, die je nach Wichtigkeit der einzelnen Faktoren zwischen 1,5 und 3 liegen kann (vgl. Abbildung „gewichtete Bewertungsfaktoren"). – b) In einem weiteren Schritt werden zu jedem einzelnen Faktor Punkte für das analysierte Land vergeben. Die Spanne reicht dabei von 0 (extrem ungünstig) bis 3 (außerordentlich günstig). Diese werden dann in die obige Tabelle eingetragen und mit der jeweils vorher festgelegten Gewichtung multipliziert. Dadurch ergibt sich eine erreichte Gesamtpunktzahl für das jeweilige Land. Die Gesamtpunktzahl kann folgendermaßen interpretiert werden: Durch die Multiplikation der Maximalpunktzahl 3 mit den jeweils ausgewählten Gewichtungen der einzelnen Faktoren ergibt sich eine maximal erreichbare Punktzahl. Für das oben aufgeführte Beispiel ergibt sich eine maximal erreichbare Gesamtpunktzahl von 120 Punkten. – c) In einem weiteren Schritt erfolgt dann eine Klassifizierung des Auslandsrisikos. – Abstufung von Länderrisiken (auf der Basis von maximal 120 Punkten):

Über 90 Punkte = kein erkennbares Risiko,

Gewichtete Bewertungsfaktoren			
Unternehmensübergreifende Faktoren	Punkte	Gewichtung	Ergebnis
Politisch-soziale Stabilität	....	2	....
Staatliche Einflussnahme auf Unternehmensentscheidungen und bürokratische Hemmnisse	....	2	....
Allgemeine Wirtschaftspolitik	....	2	....
Investitionsanreize	....	1,5	....
Durchsetzbarkeit vertraglicher Vereinbarungen	....	3	....
Einhaltung von Schutzrechten bei Technologie- und Know-how Transfer	....	2,5	....
Kosten-, produktionsorientierte Faktoren			
Rechtliche Beschränkungen der Produktion	....	2,5	....
Kapitalkosten im Standortland und Möglichkeiten des Kapitalimports	....	2	....
Verfügbarkeit und Kosten des Erwerbs von Grundstücken und Immobilien	....	1,5	....
Verfügbarkeit und Kosten der Arbeit	....	3	....
Verfügbarkeit und Kosten von Anlagegütern, Roh-, Hilfs- und Betriebsstoffen im Standortland	....	2	....
Handelshemmnisse bei Güterimport	....	2	....
Verfügbarkeit und Qualität der Infrastruktur sowie staatlicher Dienstleistungen	....	2	....
Absatzorientierte Faktoren	....		....
Größe und Dynamik des Marktes	....	3	....
Wettbewerbssituation	....	2,5	....
Zuverlässigkeit, Qualität einheimischer Vertragspartner	....	2	....
Qualität und Möglichkeiten des Absatzes	....	2	....
Handelshemmnisse bei Export aus dem Standortland	....	2,5	....
	Summe	40	

80 – 89 Punkte = geringes Risiko,

70 – 79 Punkte = mäßiges Risiko und Hindernisse im täglichen Betrieb, Risikoabsicherung empfohlen,

60 – 69 Punkte = relativ hohes Risiko, schlechtes Investitionsklima, Risikoabsicherung unumgänglich,

unter 60 Punkte = Standort ist für Direktinvestitionen nicht zu empfehlen.

Anhand der in der Tabelle für das jeweilige Land erreichten Gesamtpunktzahl lassen sich die jeweiligen Länderrisiken in Klassen abstufen und eine Risikoeinschätzung kann gegeben werden. – d) Von hohem Nutzen ist die Verwendung von kritischen Größen, den sog. Knock-out-Variablen. Werden vorher bestimmte Schlüsselfaktoren als Knock-out-Variablen festgelegt und erhält ein Land darin Punktewerte kleiner 2, so ist die Direktinvestition abzulehnen. Das gilt auch für den Fall, dass alle anderen Faktoren positive Werte erhalten haben und die Gesamtpunktzahl ein gutes Ergebnis aufzeigt und damit den Standort als positiv erscheinen lässt.

Performance Marketing – Unter Performance Marketing versteht man im Online-Bereich Marketingmaßnahmen, die beim Kunden eine messbare → Reaktion, also eine Handlung, hervorrufen. Diese Handlung kann z.B. der Klick auf ein → Werbebanner sein, der Kauf eines Produkts oder die Registrierung auf einer Internetseite. Der Kunde soll dabei möglichst individuell angesprochen werden; die Mittel, mit denen das geschieht, sollten möglichst miteinander vernetzt sein. – Mögliche Instrumente des Performance Marketings sind z.B. Bannerwerbung, eMail-Marketing oder Affiliate-Marketing. Mit Performance Marketing erreicht man zum einen eine Interaktion mit dem Kunden und zum anderen durch die Messbarkeit eine Transparenz bei den Kosten.

Perimeter – technisches Hilfsmittel in der Werbemittelforschung (→ Werbewirkung). Das Gerät wird zur Darbietung von Objekten in der Peripherie des Blickfeldes eingesetzt. Dadurch kann bes. die Erkennbarkeit von Waren- oder Markenzeichen getestet werden.

Personalforschung – 1. Form der → Beschaffungsmarktforschung, bei der der Arbeitsmarkt als zentraler Engpassfaktor und damit als Untersuchungsgegenstand betrachtet wird. 2. Form der innerbetrieblichen Informationsgewinnung zur Verbesserung des Aufbau- oder Ablauforganisation oder des Führungsstils, z.B. durch die Untersuchung der Motivation und der Arbeitszufriedenheit der Mitarbeiter (z.B. in Form einer Mitarbeiterbefragung).

Personalkauf – Kauf der von Hersteller- oder Handelsunternehmungen hergestellten oder angebotenen Waren durch Betriebsangehörige zu Vorzugspreisen. – Vgl. auch → Belegschaftshandel.

Personal Selling → persönlicher Verkauf.

Personen-Zuordnungs-Test – projektiver Test (→ projektive Verfahren), bei dem der Versuchsperson Produkt- und Personenabbildungen gezeigt werden. Sie soll dann die Produkte den Personen zuordnen. Eingesetzt in der Marktforschung bei der Imageermittlung (→ Einstellungsforschung).

persönliche Kommunikation – Individualkommunikation.

persönlicher Verkauf – *Personal Selling, Sales Force.* 1. *Begriff*: Komponente des → Kommunikations-Mix. Persönlicher Verkauf beruht auf dem unmittelbaren Kontakt zwischen Verkäufer und Käufer beim Absatz von Waren und Dienstleistungen. Zentrale Stellung beim Angebot erklärungsbedürftiger Produkte, wo das Kaufverhalten (Käufer- und Konsumentenverhalten, → organisationales Kaufverhalten) im großen Maße von Beratungs- und Überzeugungsleistungen des Verkäufers beeinflusst wird. – 2. *Aufgaben*: Auffinden potenzieller Kunden, Ermittlung des Kundenbedarfs, Erlangung von Kaufanträgen, Pflege der Beziehungen zwischen Lieferant und Kunden (Imagebildung), Gewinnung von Marktinformationen, Übernahme logistischer Funktionen. – 3. *Formen*: Außendienstverkauf (Verkaufsbesuche beim Käufer); Messe-Verkauf; Party-Verkauf (Verkauf auf organisierten Einladungen); Wiederverkäufer-Verkauf; Telefonverkauf (fernmündliche Auftragserlangung); Verkauf auf Topmanager-Ebene (Verkauf durch Geschäftsleitung).

Persuasion-Test – Sammelbegriff für alle Testverfahren der Messung von Einstellungsänderungen, die durch Werbung verursacht werden. Die → Einstellung der Probanden wird vor und nach der Konfrontation mit der Werbung gemessen.

Pfadanalyse → multivariate Analysemethode, deren Ziel es ist, ein a priori nach Maßgabe theoretischer Überlegungen aufgestelltes hypothetisches Kausalmodell (Pfadmodell) auf der Basis der empirischen Korrelation zwischen den Modellvariablen zu überprüfen. Die vermuteten Abhängigkeiten werden expliziert und grafisch in Form eines

Pfaddiagramms dargestellt. Teilmodell der → Kausalanalyse.

phasische Aktivierung → Aktivierungsforschung.

physische Distribution – Teilbereich der → Distributionspolitik mit der Aufgabe der körperlichen Transformation der Waren (→ Handelswaren) vom Hersteller zum Abnehmer. Die physische Distribution ist Aufgabe der Logistik und hat über die vom Abnehmer erwartete und wahrgenommene Qualität von Lieferzeit, Lieferzuverlässigkeit, Lieferungsbeschaffenheit und Lieferflexibilität eine absatzbeeinflussende Wirkung.

Picture Frustration Test → Bildenttäuschungstests.

Pilot-Studie – *Vorlauf-Studie;* in der → Marktforschung exploratives Versuchsprogramm kleineren Maßstabs, um Kosten und Erfolg eines Vorhabens zu testen.

Pilzmethode → Markenstrategien.

Pipeline-Effekt – Lagerbestand im → Handel, dem (noch) nicht entsprechende Abverkäufe an den Letztverbraucher gegenüberstehen. Der Pipeline-Effekt kann einen Umsatzerfolg vortäuschen, der in dieser Höhe nicht gegeben ist. – Vgl. auch → Absatzmarktforschung.

Pitch – Präsentation der bisherigen Ausarbeitungen eines Werbe- oder Marketingunternehmens bei bereits bestehenden oder neu zu gewinnenden Kunden.

Placement → Product Placement.

Plakat → Außenwerbung.

Platzierung – I. Bankwesen: 1. *Begriff:* Unterbringung neu ausgegebener Wertpapiere (Aktien, industrielle Schuldverschreibungen), bes. durch Verkauf an das breitere Publikum (Emissionsgeschäft). – Platzierung wird häufig von einem Konsortium (*Übernahmekonsortium,* auch Underwriter) durchgeführt, das dem Emittenten die vollständige Platzierung garantiert; im Fall der Nichtplatzierung verbleiben die Papiere im Bestand

der Konsortialbanken. Platzierende Banken erhalten für die Durchführung der Platzierung eine Provision. – 2. *Arten:* a) *Öffentliche Zeichnung:* Anleger besitzen die Möglichkeit, innerhalb einer bestimmten Frist Teile der Wertpapieremission zu zeichnen. Bei hoher Nachfrage kann Zeichnungsfrist verkürzt werden, bei Überzeichnung erfolgt die Zuteilung z.B. durch Verlosung (oft bei Aktienneuemissionen). – b) *Freihändiger Verkauf:* Die platzierenden Banken verkaufen ihr Kontingent ab einem bestimmten Termin ohne vorhergehende Zeichnung. – Neben der Platzierung im breiten Publikum gibt es auch eine Privatplatzierung, bei der ein Verkauf an ausgewählte Investoren stattfindet. Sie erfolgt selten.

II. Werbung: „Standort" eines Werbemittels innhalb des → Mediums. – Vgl. auch → Platzierungsvorschrift.

Platzierungsvorschrift – genaue, bindende Angaben des Werbetreibenden an den → Werbeträger (Fernsehen, Hörfunk, Verlag, → Media), an welcher Stelle, in welcher Länge, in welcher Form das Werbemittel an einem bestimmten Platz, in bestimmter Lage anzubringen, abzudrucken, anzukleben, aufzuhängen oder zu senden ist.

Platzvertretersystem – Form der Organisation des Außendiensts im Direktvertrieb, bei der dem Außendienstmitarbeiter ein fester Verkaufsbezirk zugewiesen wird. Das Platzvertretersystem hat den Vorteil, dass die permanente Kundenbetreuung durch den gleichen Mitarbeiter die dauerhafte → Kundenbindung sichert. Andererseits besteht die Gefahr, dass durch den damit verbundenen Gewöhnungseffekt die Gewinnung neuer Kunden vernachlässigt wird. – Vgl. auch → Rotationsvertretersystem.

PLU – Abk. für → Price-Look-up-Verfahren.

POD – Abk. für *Points of Difference;* im Marketing Positionierungsstrategie mit dem Ziel der Differenzierung vom Wettbewerb entweder durch maximale Annäherung an den Idealpunkt (ideale Positionierung) der relevanten Zielgruppe oder durch explizite Einzigartigkeit.

Podcast – 1. *Begriff:* Audio- und Videobeiträge, die über das Internet zu beziehen sind. Bei dem Begriff Podcast handelt es sich dabei um ein Kunstwort, welches sich aus Pod für „play on demand" und cast, abgekürzt vom Begriff Broadcast (Rundfunk), zusammensetzt. – 2. *Merkmale:* Unter Nutzung aktueller Technologien vergleichsweise einfach zu produzieren. Es können aber auch extrem aufwendige Produktionen entstehen. Podcasts können über verschiedene Feed-Formate abonniert werden (bspw. RSS-Feed). – 3. *Arten:* a) Video-Pdcast, b) Audio-Podcast.

Point of Purchase (POP) → Point of Sale (POS).

Point of Sale (POS) – *Point of Purchase (POP);* Ort des Einkaufs (aus Sicht des Konsumenten) bzw. Ort des Verkaufs (aus Sicht des Händlers). Der POS ist also der Ort des Warenangebots (meist Laden bzw. innerbetrieblicher Standort einer Ware im Regal, in einer Verkaufsgondel), an dem die Kunden unmittelbaren Kontakt mit der Ware haben und die deshalb, zur Förderung von → Impulskäufen, gezielt mittels Maßnahmen der → Verkaufsförderung, angesprochen werden können. Durch zunehmende Verbreitung des Electronic Business wird der POS immer häufiger nach Hause (im privaten Bereich) bzw. an den Arbeitsplatz (im geschäftlichen Bereich) verlagert.

Point of Sale Banking – *POS-Banking, bargeldlose Kassensysteme;* im Rahmen der Bankautomation und des bargeldlosen Zahlungsverkehrs im → Einzelhandel eingesetztes kartengesteuertes Zahlungssystem zur beleglosen und bargeldlosen Erfassung von Zahlungsvorgängen an den Kassen von Nichtbanken und Weiterleitung zur Verarbeitung in den Bankenbereich. Der Kunde zahlt an der Kasse (Point of Sale) bargeldlos mit einer maschinell (elektronisch) lesbaren Karte (Magnetstreifenkarte oder Chipkarte). Die in das POS-Terminal eingelesenen oder eingegebenen Daten (Kontendaten und Rechnungsbetrag) werden online (Datenfernübertragung, Online(betrieb)) oder offline (DTA (Datenträgeraustauschverfahren), Offline(betrieb)) zum Rechenzentrum des kontoführenden Instituts geleitet. Der Rechnungsbetrag wird dem Kundenkonto belastet und dem Händlerkonto gutgeschrieben. Zur Kostenreduzierung kann der Händler nach zuvor getroffener Vereinbarung mit dem abwickelnden Kreditinstitut oder dem Kreditkartenemittenten auf Onlineautorisierung verzichten. Hierbei entfällt die Zahlungsgarantie (Point of Sale ohne Zahlungsgarantie (POZ)). – Vgl. auch → Electronic Cash, Electronic Banking.

Polaritätsprofil → Skalierungsverfahren zur Messung der → Einstellung. Gleicht dem → semantischen Differenzial.

Politmarketing – integrative Kombination von Nonprofit Marketing (vgl. NPO-Management) und → Social Marketing. Eine politische Partei ist eine Nonprofit-Organisation (NPO); sie versucht, in Konkurrenz mit anderen die politische Macht in einem politischen System auf Zeit zu erringen. Die Ideen- und Interessenvertretungen sind die Dienstleistungen einer Partei. Zur Erreichung des politischen Einflusses beinhaltet das Polit-Marketing eine bestmögliche *Ausgestaltung der marketingpolitischen Instrumente:* (1) *Produktpolitik:* Die Ideen- und Interessenvertretungen thematisieren sich im Parteiprogramm. Dieses wird durch die Parteipolitiker und -funktionäre personalisiert. (2) *Preispolitik:* Man findet monetäre Preise wie Ämterabgaben, Mitgliederbeiträge oder Parteisteuern. Neben diese treten bei Parteimitgliedern nicht-monetäre Preise wie Zeit (Verteilung von Wahlmaterial), Engagement oder Verzicht. (3) *Distributionspolitik:* Die Außendienstorganisation (Freiwillige, Stände u.a.), Mittler (Freunde u.a.), Ortsparteien und Parteisekretariate sind wesentliche Gestaltungselemente. (4) *Kommunikationspolitik:* Die primären Aufgaben einer Kommunikationspolitik sind: Informationen (Aktivitäten, Programme u.a.), Imagebildung bzw. -korrektur (Glaubwürdigkeit, Transparenz u.a.) und Verhaltensänderungen (Spende, Stimme u.a.). Die folgenden Instrumente dienen der Erreichung dieser Ziele: → Direktwerbung, → Messe, → persönlicher Verkauf, Public Promotion (People Placement, Sponsoring), Public Relations (PR) und Werbung.

POP – 1. *Marketing:* Abk. für *Points of Parity;* im Marketing wettbewerbsorientierte Positionierungsstrategie mit dem Ziel, jene Anforderungen zu erfüllen, die alle Produkte bzw. Wettbewerber, die einer bestimmten Kategorie angehören, kennzeichnen (z.B. stellt die Allradtauglichkeit eines Fahrzeugs, das als SUV (Sport Utility Vehicle) wahrgenommen werden soll, einen POP dar). Points of Parity sind somit von der Zielgruppe wahrgenommene Übereinstimmungen von Leistungseigenschaften verschiedener Produkte bzw. Wettbewerber. – 2. *Handel:* Abk. für *Point of Purchase,* → Point of Sale (POS).

Portfolio-Werbung – bezeichnet die werbliche Maßnahme eines Unternehmens, in welcher die → Dachmarke zusammen mit den innerhalb einer → Markenarchitektur ihr untergeordneten Produktmarken gemeinsam präsentiert wird.

POS – Abk. für → Point of Sale (POS).

Positionierung – zielgerichtete Einordnung eines Objektes in einem mehrdimensionalen Merkmalsraum, z.B. in einem Koordinatenkreuz aus Marktattraktivität und Marktwachstum (Portfolio-Analyse). Positioniert werden können Unternehmen, Geschäftsfelder, Produkte (→ Produktpositionierung) oder Marken (→ Markenpositionierung). Wenn gleichzeitig die Objekte der Mitbewerber in den gleichen Merkmalsraum eingefügt werden, kann man Rückschlüsse über die eigene Stellung am Markt und über Entwicklungspotenziale gewinnen.

Positionierungsstudie – Studie in der → Marktforschung, die sich mit der vergleichenden Beurteilung von Marken aus Sicht der Verbraucher befasst.

Postenmarkt – *Partievermarktung,* → Partieverkauf.

Postenware – Waren, die im Einzelhandel zu günstigen Preisen angeboten werden und zu Spontankäufen anregen sollen. Sie gehören nicht zum festen Sortiment und werden i.d.R. auch nicht bevorratet. Ziel ist der schnelle Abverkauf der Ware.

Postponement – Verlagerung der Erstellung von kundenorientierten Spezial-Problemlösungen auf möglichst späte Wertschöpfungsstufen, um auf früheren Stufen durch Standardisierung die Economies of Scale realisieren zu können. – Vgl. auch → Customized Marketing.

Post-Shop → Convenience Store.

Posttest – Test von Marketinginstrumenten nach ihrem tatsächlichen Einsatz im Markt zwecks nachträglicher Kontrolle ihrer Wirkung (→ Ex-Post-Analyse). – In der Werbung Methode der → Werbeerfolgskontrolle zur Ermittlung der → Werbewirkung. Dies wird häufig durchgeführt, indem die Gruppe der Merkmalsträger, welche eine bestimmte Behandlung erhalten haben (z.B. Werbung gesehen haben), verglichen wird mit der Gruppe, welche die Behandlung nicht erhalten haben. Dabei ist zu berücksichtigen, dass die Gruppen sich unterscheiden (z.B. Personen, die Werbung gesehen haben, sehen mehr fern als andere Personen). Diese Effekte müssen durch geeignete Methoden herausgerechnet werden. – *Gegensatz:* → Pretest.

PR – Abk. für *Public Relations.*

Prämarketing – Einsatz der kommunikationspolitischen Instrumente des Marketings im Vorlauf zu einer Produkteinführung (Innovation), um bei der Produkteinführung → Bedarf vorzufinden.

Prämie – I. Personalwirtschaft: zusätzlich zum Zeitlohn gezahlte Prämie *(Leistungsprämie)* als Anerkennung bes. betrieblicher Leistungen des Arbeitnehmers, z.B. für

Verbesserungsvorschläge, Umsatzprämien für wenig gängige Güter. Prämien können für quantitative und qualitative Leistungen gewährt werden. – Prämie ist Bestandteil des Arbeitsentgelts. – Vgl. auch Prämienlohn.

II. Marketing/Handelsbetriebslehre: Maßnahme der → Verkaufsförderung. Beim Kauf eines bestimmten Produktes erhält der Konsument ein Geschenk oder die Berechtigung, ein anderes Erzeugnis zu einem wesentlich günstigeren Preis zu erwerben. – *Arten:* (1) Das Präsent (Schlüsselanhänger, Trillerpfeife, Flaschenöffner etc.) ist Packungsbeilage *(In-Pack Premium)* oder an den Verpackungen befestigt *(With-Pack Premium).* (2) Die Zugabe zum eigentlichen Produkt besteht in einem wiederverwendbaren Behälter *(Reusable Container),* wie dies z.B. bei Senf, Marmelade, Kaffee oft der Fall ist. (3) Postzustellung der Prämie *(Free-in-the-Mail Premium),* nachdem der Konsument den Kauf des geförderten Produktes, z.B. durch Einsendung eines markierten Verpackungsteils, nachgewiesen hat. (4) Der Konsument erhält bei dem Nachweis, dass er das geförderte Produkt tatsächlich gekauft hat, direkt vom Hersteller ein anderes Erzeugnis zu einem wesentlich günstigeren Preis als beim Kauf über den Einzelhandel *(Self-Liquidation Premium).*

III. Versicherungswesen: Entgelt des Versicherungsnehmers für den Versicherungsschutz. Zusammen mit der Prämie sind Versicherungsteuer und Nebengebühren zu entrichten. Die Prämie ist i.Allg. für ein Jahr bemessen und wird i.d.R. im Voraus bezahlt; bei Zahlung einer tariflichen Jahresprämie in unterjährigen Raten ist für den Zinsausfall und die Verwaltungskosten des Versicherten ein Zuschlag zu entrichten. – Zu unterscheiden sind *Erstprämie* und *Folgeprämie.* – *Nicht rechtzeitige Zahlung* der Erst- oder Einmalprämie führt zum Verlust des Versicherungsschutzes (§ 38 I VVG); der Versicherer kann den Vertrag kündigen (§ 38 I VVG). Bei Folgeprämienverzug (Mahnung erforderlich) hat der Versicherer ebenfalls ein

Kündigungsrecht (§ 39 VVG). – Vgl. auch Beitragsrückerstattung.

IV. Bankwesen: Prämiengeschäft.

V. Agrarpolitik: in der EU als Anreiz zur Unterstützung gewünschter Entwicklungen (z.B. Qualitäts-, Abschlachtungsprämien, Prämie für die Nichtvermarktung von Milch) angewandt. Mit der Agrarreform von 1992 erfolgte die Subventionierung der Landwirtschaft verstärkt über *tier- bzw. flächengebundene Prämienzahlungen* und seit 2003 stellen *entkoppelte Betriebsprämien* ein zentrales Instrument der EU-Agrarpolitik (Agrarpolitik) dar. Im Gegensatz zu faktorgebundenen Prämienzahlungen haben entkoppelte Betriebsprämien keine bzw. sehr geringe Effekte auf die innerbetriebliche Produktionsstruktur und implizieren somit eine höhere Allokationseffizienz. Aufgrund der geringen Produktionseffekte wurde die EU im Rahmen der WTO-Verhandlungen von den großen Agrarexporteuren aufgefordert, sämtliche Subventionszahlungen zu entkoppeln. In der EU-Agrarpolitik wird ab dem Jahr 2014 über das sogenannte *Greening* der Prämienzahlungen nachgedacht, d.h. die Bindung der Direktzahlungen an ökologische Standards (Agrarumweltpolitik).

Präsenzeffekt → Aktualisierungseffekt.

Predictive Validity → Validität.

Preisaktion → Sonderpreisaktion.

Preisanalyse – 1. *Aus Sicht eines Anbieters:* Systematische Untersuchung der Preise, ihrer Entwicklung und der preisbestimmenden Faktoren wie Kosten, Wettbewerbspreise und Kundennutzen. Quelle für die Preisanalyse können Markt- und Transaktionsdaten sein, die z.B. im Handel durch den Einsatz von Scannerkassen gesammelt werden. Neben historischen Preisen können auch Marktforschungsdaten verwendet werden. In der Praxis wird häufig das → Conjoint Measurement angewandt, um die Preisabsatzfunktion eines Produktes oder einer Leistung zu ermitteln. – 2. *Aus Sicht eines Einkäufers:*

Preisvergleich bzw. kontinuierliche Überprüfung der Preise für eingekaufte Waren und Dienstleistungen und Vergleich mit Wettbewerbspreisen. Bestandteil der Vorbereitung für → Preisverhandlungen mit Lieferanten.

Preisangaben – sind nach der Preisangabenverordnung (PAngV i.d. F. vom 18.10.2002 (BGBl. I 4197)) m.spät.Änd. Angaben, die Preisklarheit und Preiswahrheit sicherstellen und dem Verbraucher einen zutreffenden Preisvergleich ermöglichen. Grundsätzlich besteht keine Pflicht, in der Werbung Preise zu nennen, ausgenommen Waren und Leistungen, die in Schaufenstern, innerhalb von Verkaufsräumen etc. ausgestellt werden und für die Preisauszeichnungspflicht besteht. Es sind Endpreise (einschließlich Umsatzsteuer und sonstiger Preisbestandteile) und, soweit es der Verkehrsauffassung entspricht, Verkaufs- und Leistungseinheiten anzugeben. Auf Verhandlungsbereitschaft darf hingewiesen werden, bei Lieferfristen über vier Monaten sind Preisänderungsvorbehalte zulässig (§ 1). Wer Waren nach Gewicht, Volumen, Länge oder Fläche anbietet, hat neben dem Endpreis den Grundpreis, d.h. den Preis pro Mengeneinheit, anzugeben (§ 2). Sonstige Preisbestandteile sind Kosten, die mit dem Erwerb der Ware/ Leistung zwangsläufig anfallen (z.B. Überführungskosten bei Pkw) und nicht fakultativ gewählt werden können. Keine sonstigen Preisbestandteile sind mittelbar entstehende Kosten (z.B. Grunderwerbsteuer, Notargebühren). „Ca. ...“- und „von ... bis ...“-Preise sind i.d.R. unzulässig, es sei denn, dadurch wird lediglich auf den Umfang des angekündigten Angebots hingewiesen. Bes. Vorschriften bestehen für das Kreditgewerbe (§ 6; in Angeboten und Darlehensverträgen sind alle relevanten Preise bzw. Kosten aufzuführen. Darüber hinaus muss im Privatkundengeschäft auch der Effektivzinssatz für die Vergleichbarkeit von Finanzierungen angegeben werden.), Gaststätten- und Beherbergungsgewerbe (§ 7) sowie an Tankstellen und Parkplätzen (§ 8). Verstöße gegen Preisangabenvorschriften sind in aller Regel zugleich → unlautere Werbung (§ 4 Nr. 11 UWG), weil sie dazu dienen, die Stellung der Verbraucher zu schwächen, und können eine Abmahnung eines Konkurrenten oder klagebefugten Verbandes zur Konsequenz haben; bestimmte Verstöße sind Ordnungswidrigkeiten (§ 10), die mit einer Geldbuße von bis zu 25.000 Euro belegt werden können.

Preisangabenverordnung (PAngV) → Preisangaben.

Preisankereffekt → Preiswahrnehmung für ein neues Gut durch Vergleich mit bekanntem Preis. Der Preisankereffekt beruht darauf, dass menschliche Urteile durch Vergleiche zustande kommen. Ein bekannter Preis wird als „Anker" benutzt, um einen anderen Preis einzustufen. Preise werden also selten absolut wahrgenommen, sondern in Relation mit bekannten Referenzpreisen.

Preisauszeichnung → Preisangaben.

Preisbasis – als Preisbasis kann die messbare Bezugsgröße der Leistung für einen Preis bezeichnet werden. Mögliche Formen der Preisbasis sind z.B. Liter, Kilogramm, Kilometer, Megabyte oder Minuten.

Preisbereitschaft – der Preis, den ein bestimmter Nachfrager für ein Angebot maximal zu zahlen bereit ist. Die Preisbereitschaft hängt im Wesentlichen vom Vergleich der Ausgabe mit dem zu erzielenden Nutzen ab.

Preisbestimmung – *Preisbildung, Preissetzung;* Auswahl eines Preises für ein Produkt oder eine Leistung. Zielt darauf ab, die funktionalen Zusammenhänge zwischen Preishöhe und Absatzmenge optimal auszunutzen und somit eine Zielgröße (z.B. Umsatz, Gewinn, Marktanteil) zu steigern. Verbreitete Methoden sind die kostenorientierte Preisbildung („→ Cost-plus-Pricing"), die markt- und kundenorientierte Preisbildung sowie Mischformen.

Preisbeurteilung → Preisbewusstsein.

Preisbewusstsein → Preissensibilität.

Preisbindung – Verpflichtung, eine Ware zu einem definierten Preis zu verkaufen. Man unterscheidet zwischen gesetzlicher und vertraglicher Preisbindung. Liegt eine *gesetzliche Preisbindung* für Waren vor, so ist der Handel dazu verpflichtet, diese zu einem vorgeschriebenen Preis an die Verbraucher zu verkaufen. Ziel solcher Maßnahmen ist es, den Preiswettbewerb zwischen Händlern zu verhindern und eine konstante Qualität einer Warengattung zu gewährleisten. In Deutschland besteht eine solche Preisbindung z.B. für Bücher, rezeptpflichtige Medikamente oder Zigaretten. – *Vertragliche Preisbindung* kann horizontal oder vertikal erfolgen. Vertragliche horizontale Preisbindung ist die Absprache von Preisen zwischen zwei Angehörigen derselben Absatzstufe, vertikale Preisbindung ist die Preisabsprache zwischen Angehörigen unterschiedlicher Absatzstufen, z.B. Hersteller und Händler. Beide Formen sind in Deutschland grundsätzlich gemäß Kartellgesetz verboten. Eine Ausnahme davon bilden Zeitungen und Zeitschriften, bei denen eine vertragliche vertikale Preisbindung erlaubt ist.

Preisbindung zweiter Hand – *vertikale Preisbindung;* ein Hersteller verpflichtet seine Abnehmer, die von ihm gelieferte Ware nur zu dem von ihm festgelegten Preis weiter zu veräußern. Vertikale Fest- oder Mindestpreisbindungen zulasten des Käufers fallen unter das Verbot des § 1 GWB und des Art. 101 I AEUV. Da es sich um Kernbeschränkungen handelt, ist keine Freistellung gemäß der Vertikal-GVO möglich. Es verbleibt die Möglichkeit zur Einzelfallbeurteilung nach § 2 GWB und Art. 101 III AEUV. Ausnahmen vom Kartellverbot sind im dt. Kartellrecht nach § 30 GWB für vertikale Preisbindungen bei Zeitungen und Zeitschriften sowie nach § 28 II GWB für vertikale Preisbindungen betreffend die Sortierung, Kennzeichnung oder Verpackung von landwirtschaftlichen Erzeugnissen vorgesehen.

Preisbündelung – Zusammenfassung mehrerer Teilleistungen zu einem Gesamtangebot mit einem einheitlichen Preis. – Vgl. auch → Bundling.

Preiscontrolling – Überwachung aller Phasen des Preismanagement-Prozesses. Es setzt voraus, dass Pläne und Preisziele explizit und messbar formuliert werden. Im laufenden Betrieb wird überwacht, ob die Pläne und die Preisziele tatsächlich realisiert werden. Im Abweichungsfall werden die Ursachen identifiziert und Maßnahmen ergriffen, um gegenzusteuern oder zu realistischeren Planwerten für die Zukunft zu gelangen.

Preisdifferenzierung – 1. *Begriff:* Verkauf von sachlich gleichen Produkten (Sach- und Dienstleistungen) durch einen Anbieter an verschiedene Kunden/Kundengruppen (→ Marktsegmentierung) zu einem unterschiedlichen Preis; Instrument der differenzierten Marktbearbeitung. Ermöglicht das (teilweise oder totale) Abschöpfen von Gewinnpotenzialen (Preismanagement). Preisdifferenzierung kann direkt über → Preispolitik oder indirekt über → Konditionenpolitik erfolgen. – 2. *Formen:* a) *Räumliche* Preisdifferenzierung: Veräußerung von Waren auf regional abgegrenzten Märkten zu verschieden hohen Preisen, z.B. Preisdifferenzierung zwischen In- und Ausland. – b) *Zeitliche* Preisdifferenzierung: Forderung verschieden hoher Preise für gleichartige Waren je nach der zeitlichen Nachfrage (Abschöpfung von Konsumentenrenten). – c) *Zielgruppenorientierte* Preisdifferenzierung: Preisstellung je nach der marketingpolitischen Bedeutung (z.B. A- oder C-Kunden) und/oder den Absatzfunktionen der Zielgruppen, z.B. Groß- oder Einzelhandel. – d) *Sachliche* Preisdifferenzierung: Preishöhe je nach dem Verwendungszweck der Produkte, z.B. Preisdifferenzierung für verschiedenartige Abnehmer von Branntwein, verschiedene Strom- und Gastarife für Industrie- und Haushaltsverbrauch u.Ä.

Preisdiskriminierung → Preisdifferenzierung.

Preisdurchsetzung – beinhaltet alle Maßnahmen, die ergriffen werden, damit einmal festgelegte Preise auch am Markt durchgesetzt und nicht z.B. durch willkürliche Rabatte unterlaufen werden.

Preisempfehlung – *unverbindliche Preisempfehlung*. 1. *Begriff*: eine nicht auf vertraglicher Bindung beruhende, lockere, aber in den praktischen Auswirkungen einer solchen Bindung oft der → Preisbindung zweiter Hand gleichkommende Art der Preisbeeinflussung durch den Hersteller. – 2. *Formen*: a) *Händler-Preisempfehlung*: Hersteller (seltener Großhändler) schlagen den Einzelhändlern – meist in Preislisten – die Wiederverkaufspreise vor; dem Konsumenten sind diese i.d.R. nicht bekannt. – b) *Verbraucher-Preisempfehlung*: Hersteller empfehlen offen den Wiederverkaufspreis, meist durch Aufdruck auf der Ware. – 3. *Zweck*: Hersteller versuchen ein in etwa einheitliches Preisniveau für ihre Produkte zu erreichen, um bei den Konsumenten vorhandene Preis-Qualitätsvorstellungen nicht zu gefährden. Handelsbetriebe akzeptieren Preisempfehlung als Kalkulationshilfe oder nutzen diese für gezielte Preisunterbietungen. – 4. *Kartellrechtliche Beurteilung*: Die früheren ausführlichen Regelungen zu (unverbindlichen) Preisempfehlungen im dt. Kartellrecht (§§ 22, 23 GWB a.F.) sind mit der Siebten GWB-Novelle ersatzlos entfallen. Soweit man einer Preisempfehlung überhaupt eine spürbare wettbewerbsbeschränkende Wirkung beimisst, ist sie jedenfalls gemäß Vertikal-GVO bis zu einem Marktanteil des Lieferanten sowie des Abnehmers (Händlers) von jeweils 30 Prozent vom Verbot des § 1 GWB und des Art. 101 I AEUV gruppenfreigestellt. Davon ausgenommen sind solche Preisempfehlungen, die sich faktisch wie Fest- oder Mindestpreise auswirken, etwa weil der Lieferant seine Preisempfehlung mithilfe von Druckausübung oder der Gewährung von Anreizen durchsetzt.

Preisfairness – wichtiges Konstrukt in der → Preiswahrnehmung. Preise werden als fair wahrgenommen, wenn der empfundene Nutzen die Zahlungsbereitschaft des Kunden nicht übersteigt und er sich nicht übervorteilt fühlt. In der → Preiswahrnehmung wichtiges Konstrukt. Von hoher Preisfairness oder Preisgerechtigkeit spricht man, wenn ein Kunde den Preis als fair wahrnimmt. Preisfairness ist ein kompliziertes multiattributives Konstrukt, welches u.a. folgende Komponenten beinhaltet: Preis-Leistungs-Verhältnis, Preiskonsistenz, Preiszuverlässigkeit, Preistransparenz, Preiskontrolle, Mitsprache in der Preisfindung oder Kulanzregelungen. Bei der Beurteilung der Preisfairness werden sowohl eigene Kauferfahrungen als auch Preise anderer Anbieter oder anderer Kunden (im Falle der Preisdifferenzierung) berücksichtigt. Hohe wahrgenommene Preisfairness kann bspw. eine Internetflatrate sein. Ein häufig verwendetes Beispiel für aus Käufersicht geringe Preisfairness ist die Preiserhöhung für Decken, Feuerholz oder Generatoren im Falle eines Stromausfalls im Winter. Die wahrgenommene Preisfairness hat Auswirkungen auf das → Preisimage eines Anbieters.

Preisfindung – Prozess der Entscheidungsfindung zur Festlegung des Preises eines neuen Produktes. – Vgl. auch → Preisprozess, → Preistest.

Preisfixierung – *konjekturale Preisempfehlung*. Ein Verkäufer kann den Preis festsetzen; die Käufer bestimmen die Mengen, die sie zu diesem Preis kaufen wollen. – Vgl. auch → Mengenfixierung.

Preisforschung – Teilgebiet der → Marktforschung. – Vgl. auch → Preistest.

Preisgarantie – Versprechen eines Anbieters, dass der gezahlte Preis gleich oder niedriger als jeder andere Konkurrenzpreis ist. Sollte dies nicht der Fall sein, wird innerhalb des Garantiezeitraumes (zumeist eine Woche bis

14 Tage) bei Rückgabe der Ware die Preisdifferenz erstattet.

Preisgleitklausel → Gleitpreisklausel.

Preisgünstigkeit – unabhängig vom → Preis-Leistungs-Verhältnis beurteilte Günstigkeit eines Preises.

Preisharmonisierung – Annäherung von vormals unterschiedlichen (differenzierten) Preisen, bes. bei regionaler Preisdifferenzierung, vielfach in Form eines → Preiskorridors. Eine Preisharmonisierung wird z.B. notwendig, wenn Absatzmengen in hochpreisigen Ländern durch → Reimporte aus niedrigpreisigen Ländern verdrängt werden. – *Gegensatz:* → Preisdifferenzierung.

Preisimage – Gesamtheit der subjektiven Wahrnehmungen und Kenntnisse von Preismerkmalen bestimmter Anbieter, Marken, Einkaufsstätten etc. Das Preisimage kann, muss aber nicht immer identisch sein mit den tatsächlichen Preisen eines Anbieters im Wettbewerbsvergleich. Die Wichtigkeit des Preisimages ist gerade bei B2C Kundenbeziehungen sehr hoch. Beispiele sind Einzelhandel, Flugreisen oder Telekommunikation. Einige Firmen versuchen Zweitmarken mit sehr günstigem Preisimage zu schaffen, um so preissensible Kunden anzusprechen.

Preisintelligenz – Wissen, Methoden und Erfahrungen für die Preissetzung, die in einem Unternehmen vorhanden sind.

Preiskartell – Vereinbarung selbstständiger Unternehmen über Preise. Preiskartelle verstoßen durch die hervorgerufene Wettbewerbsbeschränkung gegen § 1 GWB und Art. 101 I AEUV. – *Sonderform:* Submissionskartell. – Vgl. auch Kartell.

Preiskompetenz – Vollmacht und gleichzeitig Fähigkeit, Preise setzen zu können. Die Preiskompetenz kann zentral oder dezentral angesiedelt sein, je nach den Erfordernissen an Handlungsfreiheit und Harmonisierung.

Preiskonkurrenz – Art der Konkurrenz, bei der das Schwergewicht auf Preismaßnahmen liegt. – Vgl. auch → Werbekonkurrenz.

Preiskonvention – ein dem → Preiskartell verwandtes Rechtsinstrument, mit dem eine vergleichsweise lose Verpflichtung der vertragschließenden Parteien eingegangen wird, bestimmte Waren nicht über oder unter einem bestimmten Preis abzugeben. Derartige Preiskonventionen werden etwa für Bier, Brötchen, bestimmte Kuchensorten u.Ä. abgeschlossen.

Preiskorridor – setzt die Bandbreite zwischen Ziel- und Limitpreisen als Richtgröße für den Vertrieb und damit die operative Preisgestaltung. Im internationalen Kontext sollten sich die Preise für einzelne Länder in einem Preiskorridor bewegen, in dem Reimporte wirtschaftlich uninteressant sind.

Preis-Leistungs-Verhältnis – subjektives Empfinden über die Angemessenheit eines Preises im Vergleich zur Qualität des Angebots.

Preislinienpolitik – Abstufung der Preise für verschiedene Produkte innerhalb einer → Produktlinie.

Preismetrik – Maßeinheit, die der Preisberechnung bei Abgabe von Produkten in variabler Menge zugrunde liegt. Häufig verwendete Metriken sind Mengeneinheiten (Logistik z.B. pro Stck, pro Palette), Flächeneinheiten (Immobilien, Flächenvermietun z.B. pro m²), Volumeneinheiten (Flüssigkeiten z.B. pro Liter, pro m³), Zeiteinheiten (Mobilfunk, z.B. pro Minute, pro Monat).

Preismodell – theoriebasierte Preisbildung für ein Produkt(bündel). Unterscheidung zwischen statischen Preismodellen, bei denen der Preis einseitig vom Verkäufer festgelegt wird, und interaktiven Preismodellen, bei denen der Preis durch Interaktion zwischen Verkäufer und Käufer zustande kommt. Beispiele für interaktive Preismodelle sind im Onlinebereich Online-Auktionen, Reverse Pricing, Reverse Auctions, Power/Co-Shopping, Rückvergütungssystem.

Preisnachlass – Verringerung des Kaufpreises durch den Verkäufer: (1) Aufgrund einer

Mängelrüge: Minderung; (2) aus wirtschaftlichen Gründen: Erlösschmälerungen, → Rabatt.

Preisoptik – Einbezug von Wahrnehmungsaspekten in die Preisgestaltung, um knappe oder bes. faire Preisgestaltung zu suggerieren.

Preispflege – regelmäßige Preisanpassungen eines Herstellers oder Händlers, um den Preis auf einem akzeptablen Niveau zu halten.

Preispolitik – alle Maßnahmen zur Beeinflussung von Preisen.

I. Staatliche Preispolitik: 1. *Ziele:* Kontrolle und Festsetzung von Preisen mit der Absicht: (1) Das Preisniveau auf einigen Märkten oder auf sämtlichen Märkten zu bestimmen; (2) einem Preisauftrieb oder Preisverfall vorzubeugen und eine von dieser Seite her wirkende Geldentwertung oder Depression zu vermeiden. – 2. *Mittel:* Preisüberwachung, örtliche Preiskontrolle, staatliche Preisfestsetzung, Preisstopp, Vorschriften bzw. Überwachung des Rechnungswesens.

II. Genossenschaftliche Preispolitik: Muss auf die Erfüllung des Förderungsauftrages gegenüber den Mitgliedern ausgerichtet sein. (1) Bei einer direkten finanziellen Förderung der Mitglieder sind die Genossenschaftspreise auf den Absatz- und Beschaffungsmärkten des Geschäftsbetriebes so festzulegen, dass in den Mitgliederwirtschaften eine unmittelbare genossenschaftsverursachte Erlössteigerung bzw. Kostensenkung eintritt. (2) Die indirekte finanzielle Förderung der Mitglieder beinhaltet, dass durch marktorientierte Preise Gewinne erwirtschaftet werden, die entweder im Rahmen der Dividendenpolitik ausgeschüttet werden, oder über Rücklagen zu einer langfristigen Substanzerhaltung bzw. Leistungsverbesserung des genossenschaftlichen Geschäftsbetriebes beitragen. Der Genossenschaftsgewinn ist nicht Selbstzweck, sondern Mittel zum Zweck der Förderung der Mitglieder. Der Genossenschaftsbetrieb kann seine Beschaffungs- bzw. Absatzpreise so gestalten, dass im Geschäftsbetrieb kein Genossenschaftsgewinn entsteht,

sondern lediglich eine Kostendeckung. Dies ist in der Praxis deswegen nicht üblich, weil Gewinne zur allg. Risikoabdeckung notwendig sind und über die Rücklagen außerdem das fluktuierende Beteiligungskapital durch Mitgliederaustritte ausgeglichen werden kann. Die Gleichbehandlung der Genossenschaftsmitglieder wird dann durch eine Preisdifferenzierung nicht beeinträchtigt, wenn diese nach Umsatzmengen, der Qualität der abgelieferten Produkte, Barzahlungsrabatte u.Ä. vorgenommen wird. Im Rahmen der → Rückvergütung wird gegenüber den Genossenschaftsmitgliedern eine sehr wirksame indirekte Preispolitik (bei Zinsen und Warenpreisen) vorgenommen.

III. Erwerbswirtschaftliche Preispolitik: Teil der → Marketingpolitik, der → marketingpolitischen Instrumente einer Unternehmung, gestützt auf die Ergebnisse der Marktforschung und der Kostenrechnung bzw. Kalkulation (→ Preisuntergrenze). – Beeinflussung des Marktpreises auf polypolistischen Märkten nur bei Vorliegen eines unvollkommenen Marktes möglich (Preisabsatzfunktion). Die Marktforschung zeigt Möglichkeiten der → Preisdifferenzierung.

preispolitischer Ausgleich → Mischkalkulation.

Preispremium – Preisdifferenz zum Konkurrenzpreis, die ein Anbieter, eine Marke oder eine Einkaufsstätte aufgrund der individuellen Präferenz eines Nachfragers erzielen kann.

Preisprozess – *Pricing-Process,* System von Regeln und Verfahren zur Festlegung und Durchsetzung von Preisen. Der Preisprozess umfasst Informationen, Modelle, Entscheidungsregeln, Organisation, Verantwortlichkeiten, Incentives, Timing sowie Kompetenzen und Qualifikationen. Objektive Daten und subjektive Erfahrungen fließen ein. Die Abfolge besteht aus Analyse, Entscheidung, Implementierung und Monitoring/Controlling.

Preisreihen → Preisstaffeln.

Preisresponsefunktion – *Preiswirkungsfunktion;* Größe zur Messung der Abhängigkeit von Preisen/Preisänderungen auf Absatz/Absatzänderungen (→ Preisresponsemessung). – Vgl. auch → Responsefunktion.

Preisresponsemessung – *Preiswirkungsmessung;* Bestimmung der → Preisresponsefunktion. Gemessen wird die Wirkung verschiedener Preise und/oder Preisänderungen auf den Absatz oder den Marktanteil eines Produktes. Eine durch Preisresponsemessung erzielte Preisresponsefunktion ist unabdingbare Voraussetzung für jede rationale Preisentscheidung. Die Preisresponsemessung umfasst die Datenbeschaffung und die nachfolgende meist statistisch-ökonometrische Auswertung (→ Regressionsanalyse). – 1. *Datenerfassung:* Die Datenanforderungen sind je nach Marktsituation und Problemstellung unterschiedlich, z.B. Erfassung der Konkurrenzpreise, falls notwendig. Es können sowohl Querschnitts- als auch Längsschnittdaten (→ Querschnittuntersuchung, → Längsschnittuntersuchung) sowie eine Kombination bei den Datenarten verwandt werden. – *Bereiche:* (1) → Befragung aktueller und potenzieller Käufer (→ Preistest), (2) Befragung von Experten (Manager, Handel, Agenturen etc.; → Expertenbefragung), (3) Labor- und Feldexperimente (→ Experimente), (4) → Beobachtung des tatsächlichen Marktgeschehens (→ Handelspanel und → Haushaltspanel). – 2. *Datenauswertung:* Erfolgt je nach Zielsetzung auf verschiedene Arten: a) Die einfachste Form der Preisresponsemessung besteht darin, die bei unterschiedlichen Preisen erzielten Absatzmengen in einer Tabelle gegenüberzustellen. Ein Vergleich prozentualer Preis- und Absatzänderungen gibt Anhaltspunkte für die Preiselastizität der Nachfrage. Allerdings liefert dieses Verfahren wegen erheblicher Zufallsschwankungen wenig reliable Ergebnisse (→ Reliabilität), auch ergeben sich oft ökonomisch nicht sinnvolle Werte. Deshalb bieten nur Mittelwerte auf der Basis einer großen Zahl von Datenpunkten eine entscheidungsrelevante

Information. – b) Die Ausführung einer Preisresponsemessung erfolgt auf einfache Weise, indem man durch visuelle Inspektion der Preis-Absatz-Datenpunkte z.B. eine Gerade einpasst und die Parameter an den Achsen abliest. Ein exakteres Vorgehen besteht in der ökonometrischen Schätzung der Parameter. Hierbei werden eine Reihe statistisch-ökonometrischer Verfahren angewendet, wobei aus Gründen der Einfachheit stets versucht wird, das Problem linearen Schätzverfahren zugänglich zu machen.

Preisschleuderei – Absatz um jeden Preis *(„Schleuderpreise"),* ohne Rücksicht auf die Gestehungskosten. – *Wettbewerbsrechtliche Beurteilung:* Behinderungswettbewerb.

Preisschwelle → Preisschwelleneffekt.

Preisschwelleneffekt – Erscheinung, dass die Erhöhung/Senkung eines Preises über eine Preisschwelle hinaus zu einem/einer sofortigen größeren Rückgang/Zunahme der nachgefragten Menge führt.

Preissensibilität – Wichtigkeit des Preises im Kaufentscheidungsprozess. Je preissensibler ein Kunde ist, desto stärker reagiert er auf Preise und Preisänderungen. Kann beim Kunden eine generelle Einstellung sein, produktkategoriespezifisch auftreten und von situativen Faktoren abhängen. Menschen sind z.B. im Urlaub häufig wenig preissensibel. Einige Konsumenten sind bei Autos wenig preissensibel, dafür umso mehr beim Einkauf von Nahrungsmitteln. – Sehr ähnliche, in der Marktforschung kaum zu unterscheidende Konstrukte sind → Preisbewusstsein und Preiswichtigkeit.

Preisstaffeln – *Preisreihen, Preisstufungen;* Reihen gestufter Preise für Waren gleicher Zweckbestimmung, aber unterschiedlicher Ausstattung, Qualität, Größe etc. Die Preise solcher Waren, ergeben der Höhe nach geordnet eine Reihe (Stufenfolge, Staffel), deren Gliedabstände als *Staffelmargen* bezeichnet werden können. – *Ursachen:* Die Preisstaffeln erwachsen aus der Staffelung der Handelsspannen (→ Staffelspannen) oder auch aus einer → Preisdifferenzierung. – *Erscheinungsformen:* Sie können ausgebildet sein nach Qualität, Größe, Menge, Abnehmergruppen, Absatzgebieten, Absatz- bzw. Erzeugungszeiten, Erzeugergruppen, Erzeugergebieten, Verwendungszwecken, und zwar (1) als feste Verhältnisse, die einmal festgesetzt innerhalb der Warenart überall verwandt werden, oder (2) als Einzelfestsetzungen. – Oft gelten für die gleiche Ware zwei und mehr Staffelungsgesichtspunkte nebeneinander, z.B. Größen-, Abnehmergruppen- und Absatzgebietsstaffeln. – *Anwendung:* Staffelpreise sind hauptsächlich bei gebundenen Preisen üblich (Vertragsspannen, Zwangsspannen), kommen aber auch bei den freien Marktpreisen vor. Am verbreitetsten ist die Mengenstaffelung.

Preisstellung – Preisniveau einer Leistung im Verhältnis zu vergleichbaren Konkurrenzpreisen.

Preisstruktur – relevant bei Produkten, die in variabler Menge abgegeben werden. Generelle Unterscheidung in lineare Preisstruktur (einheitlicher Preis für jede Einheit des Produktes) und nichtlineare Preisstruktur (Preise unterscheiden sich in Abhängigkeit der nachgefragten Anzahl Produkteinheiten, z.B. Rabatt ab der 10. Einheit).

Preisstufungen → Preisstaffeln.

Preissystem – systematische Bildung von Preisen. Ziel ist ein konsistenter Aufbau der Preise, um die preispolitischen Ziele des Unternehmens zu erreichen.

Preistest – Teil des → Produkttests oder aber auch ein eigenständiger Test mit dem Ziel, eine Vorstellung über den Preis eines Produktes zu gewinnen, den die Konsumenten zu zahlen bereit sind. – *Vorgehensweisen:* (1) Van-Westendorp-Analyse: Den Probanden wird das Produkt gezeigt. Dann werden sie gefragt (→ offene Frage): a) Welcher Preis ist angemessen, aber noch günstig b) Welcher Preis ist relativ hoch, aber noch vertretbar? c) Welcher Preis ist zu hoch? d) Welcher Preis ist so niedrig, dass Zweifel an der

Qualität geweckt werden? Die Methode liefert einen akzeptablen Preisbereich zwischen den Schnittpunkten der kumulierten Kurven zu d) mit b) und a) mit c). (2) → Conjoint-Analyse, wobei der Preis ein Produktmerkmal ist. (3) Der von der GfK angebotene Price-Challenger, bei dem den Befragten wiederholt die Produkte ihres relevant Set angeboten werden und sie gefragt werden, welches Produkt sie in dieser Situation kaufen würden. Die Methode liefert Preis-Absatz-Kurven, Preiselastizitäten und → Kreuzpreiselastizitäten.

Preisuntergrenze – untere Grenze der Preissetzung. – 1. *Langfristige Preisuntergrenzen* sind die Durchschnittskosten pro Einheit (inklusiver der fixen Kosten), da langfristig auch die fixen Kosten über die Preise erwirtschaftet werden müssen. – 2. *Kurzfristige Preisuntergrenzen* sind die variablen Kosten; kurzfristig kann – sofern keine Auswirkungen auf die Preispolitik damit verbunden sind – auf die Deckung der Fixkosten verzichtet werden.

Preisverhandlung – individuelle Aushandlung eines Preises zwischen (mind.) zwei Parteien. Der ausgehandelte Preis hängt im Wesentlichen von der Verhandlungsposition und -stärke der Parteien ab, sodass von individueller → Preisdifferenzierung gesprochen werden kann. Insbesondere im B2B-Bereich kommen die Preise meist nicht durch Festsetzung des Anbieters, sondern durch eine Verhandlung zustande.

Preiswahrnehmung – subjektive Wahrnehmung und Erinnerung von Preisen. – Vgl. auch → Preisbewusstsein, → Preisimage.

Preiswirkungsfunktion → Preisresponsefunktion.

Preiswirkungsmessung → Preisresponsemessung, → Preistest.

Pre-Sales-Service – Dienstleistungen, die dem Kunden vor dem Kauf angeboten werden, um den Verkäufer bei der Auftragsgewinnung zu unterstützen. Im Einzelhandel können dies bspw. kostenloses Parken oder verlängerte Öffnungszeiten sein. Probenutzung/-lieferung und technische Beratung sind bei langlebigen und hochwertigen Sach- und Industriegütern möglich. – *Gegensatz:* → After-Sales-Service.

Prestigeprodukte – Angebote, die die Befriedigung von Geltungsbedürfnissen bei Nachfragern zum Ziel haben. Essentieller Bestandteil des Angebotes ist demnach der Geltungsnutzen des Produktes. Die Angebote werden daher vorranging aufgrund des Statusgewinns für den Besitzer gekauft.

Pretest – I. Marktforschung: Verfahren, bei dem ein Erhebungsinstrument auf seine Verwendbarkeit hin überprüft wird. Üblich beim → Fragebogen, um auftretende Schwierigkeiten bei der Frageformulierung oder den Antwortmöglichkeiten erkennen und evtl. noch ändern zu können, z.B. Split Ballot.

II. Marketing/Werbung: Test von Marketing- und Werbemaßnahmen vor ihrem tatsächlichen Einsatz im Markt zwecks Bestimmung der relativ besten Alternative sowie zur weiteren Optimierung der Maßnahmen. – In der *Werbung* Methode der → Werbeerfolgsprognose, bes. um Werbemittel (Anzeigen, Funkspots, Fernsehspots) vor ihrem Einsatz am Markt auf ihre voraussichtliche Wirkung zu testen. – *Gegensatz:* → Posttest.

Price Leadership – Preisführerschaft.

Price-Look-up-Verfahren (PLU) – Vorgang im Rahmen des computergestützten → Warenwirtschaftssystems (WWS): Nach Identifizierung einer Ware, z.B. mittels → Scanner oder Lesestift, wird der in einem Hintergrundrechner gespeicherte Preis abgerufen und der Ware zugeordnet.

Primärforschung – Form der → Marktforschung, die Erhebung, Aufbereitung und Auswertung von neuem Datenmaterial für einen bestimmten Untersuchungszweck umfasst. I.d.R. geht → Sekundärforschung voraus. – *Anwendung:* V.a. in der Konsumgütermarktforschung.

Prime Time – Zeit mit hohen Einschaltquoten in Rundfunk oder Fernsehen, die dadurch für Werbetreibende bes. attraktiv ist. Die Prime Time beim Fernsehen ist die Zeit vor den Nachrichtensendungen sowie das Abendprogramm, beim Rundfunk die Zeit zwischen 6 und 9 Uhr.

Printmedien – Sammelbegriff für alle auf Papier gedruckten Medien. Meist werden Zeitungen, Zeitschriften, Bücher und sonstige Druckerzeugnisse (wie z.B. Beilagen, Kataloge, Prospekte und Anzeigenblätter) unterschieden.

Printwerbung – alle Werbebotschaften, die in gedruckter Form in entsprechenden → Medien erscheinen. Die Übermittlung erfolgt rein visuell. – *Werbemittel:* → Anzeige, Plakat, → Beilage, → Prospekt, → Katalog, Handzettel, Aufkleber (Sticker) etc. – Vgl. auch → Massenmedien.

Proband – Versuchspersonen in der → Marktforschung.

Problemanalyse – I. Marketing: → Kreativitätstechnik in der Produktentwicklung, bei der bestehende Produkte analytisch daraufhin untersucht werden, inwieweit sie einen Bedarf nur unzureichend decken bzw. ein bestehendes Problem beim Kunden nur schlecht lösen. Aus diesen Erkenntnissen werden dann neue Produkte entwickelt, die das Problem besser zu lösen vermögen.

II. Software Engineering: 1. *Begriff:* Erste Phase im Software Life Cycle; uneinheitliche Begriffsverwendung, z.T. auch als Planungsphase bezeichnet. – 2. *Teilbereiche:* Der Problemanalyse werden unterschiedliche Aufgaben zugeordnet, z.T. mit den Inhalten, die in der Systemanalyse den Phasen Istanalyse und Sollkonzeption zuzurechnen sind. – 3. *Ausgangspunkt:* Anstoß zur Problemanalyse ist i.Allg. der Wunsch, die Bearbeitung eines Aufgabenbereichs mit Computerunterstützung (Computersystem) entweder neu einzuführen oder eine als unbefriedigend empfundene Abwicklung zu verbessern. – 4. *Ergebnisse:* Rahmenvorschlag mit dem geplanten Funktionsumfang (Hauptfunktionen des Softwaresystems) und Projektplan. – Vgl. auch Projektmanagement (PM).

problemlose Ware – *beratungsfreie Ware*; Verbrauchsgüter des täglichen Bedarfs, die dem Konsumenten nach Art, Qualität, Verpackung, Verwendung, Preis etc. bekannt sind. Da zu ihrem Absatz i.d.R. keine Erklärungen des Verkaufspersonals erforderlich sind, können problemlose Waren mittels Selbstbedienung abgesetzt werden (→ Convenience Goods). – *Gegensatz:* „Problemvolle", erklärungsbedürftige Ware (→ Shopping Goods, → Speciality Goods).

problemvolle Ware → problemlose Ware.

Product Placement – I. Allgemein: → Werbemittel, bei dem durch gezielte Platzierung von Markenprodukten in Form einer realen Requisite in die Handlung eines Spielfilms eine hohe → Werbewirkung erwartet wird. Das Produkt (die Marke) muss für den Betrachter erkennbar sein und z.B. durch einen bekannten Darsteller, der eine Leitbildfunktion (Opinion Leader) besitzt, verwendet oder verbraucht werden. – *Ähnlich:* Generic Placement (ganze Warengruppe) und Image Placement (Gesamtthema des Films auf eine Firma/ ein Produkt zugeschnitten). – *Zulässigkeit:* Product Placement täuscht den Zuschauer über das Vorliegen von Werbung und ist als getarnte Werbung i.d.R. unlauterer Wettbewerb (sittenwidriger Werbung), in Rundfunk und Fernsehen verstößt Product Placement zudem gegen das Trennungsgebot (Kundenfang). Soweit Werbeverbote bestehen (z.B. für Zigaretten, § 22 Vorläufiges Tabakgesetz), liegt ohne weiteres sittenwidriger Wettbewerb (unlauterer Wettbewerb) vor. – Vgl. auch → Fernsehwerbung.

II. Medienwirtschaft: *Produktplatzierung.* – 1. *Definition:* Begriff aus der Werbung, der die erlaubte, weil gekennzeichnete Erwähnung oder Darstellung von Waren, Dienstleistungen, Namen, Marken, Tätigkeiten eines Herstellers von Waren oder eines Erbringers von Dienstleistungen in Kino- oder TV-Sendungen gegen Entgelt mit dem Ziel der Absatzförderung bezeichnet. Die kostenlose Bereitstellung von Waren oder Dienstleistungen ist nur dann Produktplatzierung, sofern die betreffende Ware oder Dienstleistung von „bedeutendem Wert" ist (Legaldefinition § 2 II Nr. 11 Rundfunkstaatsvertrag, RStV). Der Begriff des „bedeutenden Werts" wird in den *Werberichtlinien der Arbeitsgemeinschaft der Landesmedienanstalten in der Bundesrepublik Deutschland* mit 1 Prozent der Produktionskosten ab einer Untergrenze von 1.000 Euro definiert. Dagegen ist die nicht gekennzeichnete Erwähnung oder Darstellung von Waren, Dienstleistungen etc. – egal ob entgeltlich oder unentgeltlich – unzulässige Schleichwerbung. – Beim Product Placement wird eine Werbebotschaft in redaktionelle, d.h. informative oder unterhaltende, Kino- oder TV-Sendungen eingebettet; der Begriff wird über seine Legaldefinition im Rundfunkrecht hinaus aber grundsätzlich medienübergreifend benutzt. Ziel ist die Integration der Werbung in ein emotionales Umfeld. – 2. *Herleitung:* Product Placement wurde in den USA entwickelt und wird seit den 1980er-Jahren auch in Europa verstärkt eingesetzt. Auf EU-Ebene wurde das Product Placement durch die sog. Richtlinie des Europäischen Parlaments und des Rates über audiovisuelle Mediendienste vom 11.12.2007 (RL 2007/65/EG) geregelt, in Deutschland mit Neuregelung des 13. Rundunkänderungsstaatsvertrags im RStV umgesetzt. – 3. *Rechtliche Voraussetzungen:* (1) Im Grundsatz ist Product Placement verboten (§ 7 VII S. 1 RStV). (2) Hiervon bestehen zwei Ausnahmen: Product Placement ist in Kinofilmen, Filmen, Serien, Sportsendungen und Sendungen der leichten Unterhaltung zulässsig, sofern es sich nicht um Sendungen für Kinder handelt (§§ 15 Nr. 1, 44 Nr. 1 RStV). Dies gilt für den öffentlich-rechtlichen Rundfunk jedoch nur, soweit es sich nicht um Eigen- oder Auftragsproduktionen handelt. Im Ergebnis ist diese Ausnahme also eher für den privaten Rundfunk als für den öffentlich-rechtlichen Rundfunk relevant, da die Anzahl der Eigenproduktionen im öffentlich-rechtlichen Rundfunk sehr viel höher ist. (3) Als weitere Ausnahme ist die sog. Produktionsbeihilfe zulässig. Eine solche liegt vor, wenn kein Entgelt geleistet wird, sodass lediglich bestimmte Waren oder Dienstleistungen, wie Produktionshilfen und Preise im Hinblick auf ihre Einbeziehung in einer Sendung kostenlos bereitgestellt werden (§§ 15 Nr. 2, 44 Nr. 2 RStV). Bei diesen Sendungen darf es sich jedoch nicht um Nachrichten, Sendungen zum politischen Zeitgeschehen, Ratgeber- und Verbrauchersendungen, Sendungen für Kinder oder Übertragungen von Gottesdiensten handeln. (4) Beide Ausnahmen müssen zudem die generellen Voraussetzungen für Product Placement erfüllen (§ 7 VII S. 2 Nr. 1-3 RStV): Die redaktionelle Verantwortung und Unabhängigkeit bei der Einbindung der Waren, Dienstleistungen etc. muss hinsichtlich Inhalt und Sendeplatz gewahrt werden. Ferner darf das Product Placement nicht unmittelbar zu Kauf, Miete oder Pacht von Waren oder Dienstleistungen auffordern. Schliesslich darf das Produkt selbst nicht zu stark herausgestellt werden. – 4. *Umsetzung:* Auf das Product Placement ist zu Beginn und zum Ende einer Sendung sowie bei deren Fortsetzung nach einer Werbeunterbrechung durch eine Einblendung eines „P" oder „unterstützt durch Produktplatzierung" von mindestens drei Sekunden hinzuweisen. Die nähere Ausgestaltung soll zwischen den Verbänden der werbetreibenden Wirtschaft und den Produzenten durch einen verbindlichen Verhaltenskodex geregelt werden. Daneben gibt es ergänzend die „Werberichtlinien der Arbeitgemeinschaft der Landesmedienanstalten" die die Kennzeichnungspflichten in großer Detailtiefe ergänzen. Flankiert werden diese allgemeingültigen Regeln durch Allgemeine Geschäftsbedingungen der öffentlich-rechtlichen Rundfunkanstalten gegenüber Produzenten wie die „ZDF-Richtlinien für Werbung, Sponsoring und Product Placement vom 12.3.2010". – 5.

Kritik: Problematisch bei der Ausgestaltung des Product Placement ist die Durchbrechung des medienrechtlich anerkannten Trennungsgebots. Trotz des normierten Verbots des Product Placement eröffnen die Ausnahmen ein breites Anwendungsfeld. Die damit einhergehenden Kennzeichnungspflichten verkennen aber die veränderten Sehgewohnheiten der Zuschauer (z.B. → Zapping), die dazu führen, dass die Zuschauer häufig die Warnhinweise gerade nicht mitbekommen. Eine effektive Gewähr des Trennungsgrundsatzes wäre nur mit Simultanhinweisen für die Zuschauer umsetzbar. Dies würde diese Werbeform jedoch für Werbetreibende uninteressant machen. Auch wirtschaftlich ist der Nutzen fraglich, denn die klassische Block-Werbung und Produktplatzierung sind Substitutionsgüter. Zudem planen die Sender einen 200-prozentigen Aufschlag für Produktplatzierung im Verhältnis zur Block-Werbung. Durch die rundfunkrechtlichen Regelungen erfahren die Printmedien schließlich einen deutlichen Wettbewerbsnachteil gegenüber Radio und Fernsehen, da für sie nach wie vor der strenge Trennungsgrundsatz gilt.

Product Publicity – Platzierung von Produkten oder Dienstleistungen im redaktionellen Teil von Medien. – Vgl. auch Schleichwerbung, → Product Placement.

Product Selling → Produktgeschäft.

Produktanalyse – 1. *Begriff:* Überprüfung existierender Produkte anhand spezifischer Kriterien auf seine Güteeigenschaften, Gestaltung und Konkurrenzfähigkeit zu einem bestimmten Zeitpunkt. – 2. *Arten:* Die Produktanalyse kann bei Konkurrenz- oder eigenen Produkten erfolgen. a) Konkurrenzprodukte werden nach der Produkteinführung untersucht, um Anhaltspunkte für die eigene Entwicklung und für Marktreaktionen zu erhalten. – b) Die Analyse eigener Produkte sollte periodisch erfolgen und die Markttauglichkeit des Produktes im Vergleich zum Wettbewerb überprüfen. – 3. *Zweck:* Planung und Durchführung von Verbesserungen eigener Produkte zugunsten der Marktgängigkeit. – 4. *Ablauf:* Ausgehend von Anhaltspunkten für eventuelle Anpassungsmaßnahmen (z.B. Marktanteilsverlust) sind die Ursachen für die unerwünschten Änderungen zu prüfen (z.B. Anspruchswandel, technischer Fortschritt, Angebotsfehler). Die Prüfung der Ursachen bildet die Grundlage für die Anpassungsstrategie der Produktmodifikation (z.B. → Relaunch) oder die Produktelimination.

Produktbewertung – 1. *Begriff:* Beurteilung eines Produkts hinsichtlich seiner Absatzmarkttauglichkeit. – 2. *Arten:* Die Produktbewertung kann durch unterschiedliche Marktteilnehmer erfolgen. a) Bewertung durch das Unternehmen erfolgt erstmalig vor Einführung des Produktes am Markt. Das Unternehmen entscheidet über die Aufnahme des Produktes in das Absatzprogramm mithilfe quantitativer Kriterien (z.B. → Marktanteil, → Umsatz, Deckungsbeitrag, → Umschlagshäufigkeit) und qualitativer Kriterien (z.B. Vorteilhaftigkeit für das Programm, Imagewirkung, Marktchancen bei alten und neuen Käufergruppen, marketingpolitische Alternativen). – b) Bewertung durch den Kunden nach der Markteinführung. Der Kunde beurteilt die Produkte im Sinne der Erwartungserfüllung. Durch die Nutzung moderner IuK-Technologien (Web 2.0, Bewertungsportale, ...) kann er seine Produktbewertungen sehr einfach mit anderen Kunden teilen. – 3. *Abgrenzung:* Im Gegensatz zur → Produktanalyse, die sich auf die fertigen, vorhandenen Produkte bezieht, steht hier die Bewertung unterschiedlicher Produktvorschläge im Mittelpunkt. Die Begrenztheit der Ressourcen erzwingt die Auswahl der bezogen auf die Zielsetzung bestgeeigneten Alternativen. Das Gesamturteil setzt sich aus der Addition der gewichteten Teilurteile zusammen (Scoring-Modelle).

produktbezogene Dienstleistung – 1. *Begriff:* Erweiterung des Kernangebotes um zusätzliche Dienstleistungen. – 2. *Zweck:* In vielen Bereichen ist eine Homogenisierung der Grundprodukte zu beobachten, weshalb es schwieriger wird, sich rein durch die Kernleistung vom Wettbewerb zu unterschieden. Um in diesem Umfeld Wettbewerbsvorteile zu erzielen, kann das Kernprodukt durch zusätzliche Leistungen ergänzt werden. Bspw. können Sachgüter mit komplementären Dienstleistungen kombiniert werden, sodass ein Leistungsbündel entsteht, das aus materiellen und immateriellen Bestandteilen zusammengesetzt ist. So wird ein Autohersteller im nicht nur das Fahrzeug anbieten, sondern kann das Angebot durch Fahrtrainings, Finanzierungs- und Wartungsangebote erweitern. – Vgl. → Pre-Sales-Service und → After-Sales-Service.

Produkt Design → Produktgestaltung, → Design.

Produktdifferenzierung – I. Marketing: 1. *Begriff:* Hinzufügen einer weiteren Produktvariante zum → Absatzprogramm unter Beibehaltung der bisherigen Ausführung. Es erfolgt somit entweder eine Variation im Sinne der → Programmbreite oder → Programmtiefe. Eine Produktdifferenzierung erfolgt im Produktlebenszyklus typischerweise zur Ausdehnung der Wachstumsphase und somit bevor Stagnation erreicht ist. – 2. *Arten:* a) Es kann sich einerseits um eine eher sachlich-rationale oder um eine eher affektiv-anmutungshafte Differenzierung handeln. – b) Andererseits kann auch nach der Differenzierung von Produktkern oder -hülle unterschieden werden. Hüllendifferenzierungen sind z.B. Verpackungsmodifikationen, Karrosserievarianten, Kerndifferenzierungen sind z.B. Motorvarianten, Konstruktionsänderungen etc. – 3. *Zweck:* Ansprüche einer Teilzielgruppe genauer als bisher zu befriedigen oder zusätzliche Kundengruppen ansprechen.

II. Außenwirtschaft: Außenhandelstheorie.

Produkteinführung → Lebenszyklus.

Produktelimination – 1. *Begriff:* endgültige Herausnahme einzelner Produktvarianten

(→ Produktvariation) aus dem Absatzprogramm. – 2. *Arten:* a) bei einer vollständigen Elimination wird das Produkt komplett vom Markt genommen. – b) Eine teilweise Elimination liegt vor, wenn ein bedeutsames Vermarktungsinstrument (z.B. Werbung) eingestellt wird. Trotz der reduzierten Absatzmenge kann das Produkt infolge der Kostensenkung erfolgreich sein. – 3. *Anlass:* Wenn ein Produkt nicht mehr die gesetzten Ziele erfüllt und auch Vermarktungsintensivierungen sowie eine → Produktvariation (→ Relaunch) oder Vermarktungsvariationen keinen Erfolg versprechen, muss eine Eliminationsentscheidung gefällt werden. – Vgl. auch → Lebenszyklus.

Produktentwicklung – 1. *Begriff:* die Möglichkeit durch neue Produkte oder Verbesserung bestehender Produkte auf bestehenden Märkten Wachstum zu realiseren. Produktentwicklung ist im → Produkt-Markt-Expansionsraster von Ansoff eine der vier alternativen Stoßrichtungen zur Erschließung von Wachstumsquellen. – 2. *Arten:* a) Innovationen i.S.v. echten Marktneuheiten auf einem bestehenden Markt oderb) die Erweiterung des Produktprogrammes durch die Entwicklung zusätzlicher Produktvarianten.

Produktentwicklungsstrategie → Wachstumsstrategie.

Produktexpansionsstrategie – 1. *Begriff:* internationale Produktstrategie, Einführung eines unveränderten Produkts in einen neuen Ländermarkt; andere → marketingpolitische Instrumente können länderspezifisch differenziert werden. – 2. *Formen:* a) *Expansion zur Kapazitätsauslastung:* dient vornehmlich der Auslastung kurzfristig freier Produktkapazitäten oder dem Abbau überschüssiger Lagerbestände bei Nachfragerückgang im Heimatmarkt. Da ihr eine überwiegend inlandbezogene Einstellung zugrunde liegt und keine systematische Bearbeitung internationaler Märkte erfolgt, ist sie mit einer exportorientierten Einstellung der

Unternehmensführung kaum vereinbar. – b) *Country-by-Country-Verfahren:* ein unverändertes Produkt wird sukzessive in einem neuen Ländermarkt nach dem anderen eingeführt. – c) *Gleichzeitige Expansion:* Gleichzeitige Einführung eines undifferenzierten Produkts in verschiedene Ländermärkte ist wegen des damit verbundenen hohen Risikos selten, nur bei wenigen Produkten möglich und bedarf intensivster Planung und Koordination.

Produktfamilie – *Produktlinie, Produktgruppe;* 1. *Begriff:* im Absatz komplementär miteinander verbundene Produkte. Im Mittelpunkt steht dabei das Denken in Verwendungszusammenhängen aus Sicht des Kunden (z.B. Pflegeserien bei Kosmetika). Der Vertrieb erfolgt meist unter Anwendung einer gemeinsamen Marke (Dachmarke), sog. Markenfamilie. – 2. *Ablauf:* Bei der Konzeption einer Produktfamilie sind vier Parameter festzulegen: a) Art der Komplementarität, b) Intensität der Produktverbundenheit bei der Produktnutzung und beim Produktverkauf, c) relativer Rang der Produkte in der Produktfamilie und d) Definition der Dimensionen der Produktfamilie in Breite und Tiefe.

Produktgeschäft – 1. *Begriff:* eine der drei klassischen Formen im Industriegütermarketing. – 2. *Merkmale:* Die Produkte werden für einen breiten Markt (also nicht kundenspezifisch) und ohne Verbundwirkungen angeboten. Der Kauf-Verkaufsprozess ist weniger komplex als beim → Anlagengeschäft und → Systemgeschäft, bei denen Maschinen- oder Aggregatverbunde vermarktet werden. Auch beim Produktgeschäft gewinnen Software-Elemente (Dienstleistungen) wie z.B. Beratung, Schulung, Finanzierung und Lösungen für Schnittstellenprobleme (→ Integralqualität) zunehmend an Bedeutung. Es zeigt sich ein Trend vom traditionellen Produktgeschäft zum Systemgeschäft.

Produktgestaltung – *Produkt Design;* Instrument zur → Produktdifferenzierung. – 1. *Begriff:* Festlegung der Erscheinungsform eines Erzeugnisses in Qualität, Form, Verpackung und Markierung abhängig von der Produktart (Produkttypologie). Produktgestaltung als Teilaspekt der → Produktpolitik erstreckt sich auf Überlegungen, wie die im Rahmen der → Produktplanung fixierten Leistungen umgesetzt bzw. erfüllt werden sollen. – 2. *Ziele:* a) Gezielte Veränderung der Produktqualität durch bedarfs-, verfahrens- und/oder materialbedingte → Produktvariationen; b) Erstellung und Realisierung neuer Produkte und Dienstleistungen (→ Produktinnovation). – 3. *Teilaufgaben:* a) Bereits vorhandene und angebotene Produkte sind an gewandelte Bedarfsstrukturen anzupassen. b) Neue Produkte sind für den latenten Bedarf zu schaffen bzw. neue Bedarfsrichtungen durch neue oder veränderte Angebote zu wecken. c) Eine Anpassung der Produkte an Veränderungen der Herstelltechnologie und an neue oder qualitativ variierte Erzeugnishauptstoffe ist zu vollziehen.

Produktgruppe → Produktfamilie.

Produktinnovation – I. Marketing: 1. *Begriff:* Aufnahme neuartiger Produkte als Ergebnis eigener oder fremder Forschung und Entwicklung in das → Absatzprogramm. Gegenüber Invention ist Innovation durch Marktbezug gekennzeichnet. Der Neuigkeitsaspekt kann sich auf den Anbieter, den Nachfrager und die Branche beziehen. Des Weiteren interessiert die Neuigkeitsintensität. Neben technischen sind auch anmutungshafte (z.B. ästhetische) Innovationen möglich. Entsprechend der Theorie des Variety Seeking (Zunahme des Abwechslungsanspruchs) hofft man auf Neukäufe. Bei der Diffusion der Innovationen muss an die Lernbereitschaft und -fähigkeit der Käufer gedacht werden. Zu viele Innovationen in zu kurzer Zeit führen zu Kaufattentismus. – 2. *Arten:* (1) Produktdiversifikation (→ Diversifikation); (2) → Produktdifferenzierung.

II. Technologiepolitik: Förderung der Umsetzung eines technisch veränderten Produkts oder eines Produktionsverfahrens.

Technische Veränderung liegt vor, wenn sich die Konstruktionsmerkmale eines Produkts so ändern, dass es den Konsumenten neue oder verbesserte Dienste leistet.

Produktionslizenz – *Verfahrenslizenz;* bei der Lizenz. Die Produktionslizenz beinhaltet spezielles Herstellungs-Know-how, wie z.B. Konstruktions- und Produktionspläne, Rezepturen. I.d.R. mit der Vergabe einer → Produktlizenz verbunden.

Produktionsverbindungshandel – *Produktionszwischenhandel;* Handel von Gütern zwischen zwei Produktionsstufen, der durch → Großhandelsunternehmungen organisiert wird. – *Gegenstand* des Produktionsverbindungshandels sind Investitionsgüter aller Art: Urprodukte, Rohstoffe, Hilfsstoffe und Betriebsstoffe, Teil- und Halbfabrikate, Zwischenprodukte sowie Betriebsmittel.

Produktionszwischenhandel → Produktionsverbindungshandel.

Produktklassifikation – 1. *Begriff:* Einteilung von Produktgruppen anhand festgelegter Kriterien. – 2. *Arten:* Kriterien der Klassifizierung können sein: (1) *Verwendungsreife:* Produkt kann direkt oder erst nach einer – mehr oder weniger umfangreichen – Bearbeitung einer bestimmten Verwendung zugeführt werden. Entsprechend wird zwischen Roh- und Urstoffen, Halbfertigerzeugnissen (Halbwaren, Zwischenprodukte) und Fertigerzeugnissen unterschieden. (2) *Verwendungszweck:* → Konsumgüter, → Investitionsgüter. (3) *Größenordnung der Fertigung:* Massenprodukte, d.h. für anonyme Märkte gefertigte Erzeugnisse in großen Stückzahlen (z.B. Streichhölzer) und Individualgüter, d.h. nach Spezifikation des individuellen Auftraggebers hergestellte Produkte (z.B. Bekleidung nach Maß). (4) *Beschaffungsaufwand:* Güter, die durch umfangreichen Kaufentscheidungsprozess individueller oder organisationaler Art, und Güter, die durch extrem kurze (impulsive) Kaufentscheidungsprozesse gekennzeichnet sind. – Im *Konsumgüterbereich* werden weiter unterschieden:

(a) *Gewohnheitsartikel* (→ Convenience Goods): Waren des täglichen Bedarfs, Impulsprodukte, Gegenstände für den Notfall; (b) *bewusst ausgewählte Güter* (→ Shopping Goods); (c) *Spezialerzeugnisse* (→ Speciality Goods); (d) *nicht gefragte Produkte* (Unsought Goods).

Produktlebenszyklus → Lebenszyklus, internationaler Produktlebenszyklus.

Produktlinie – 1. *Begriff*: Verschiedene Varianten eines Produktes werden in einer Produktlinie zusammengefasst. Bspw. bietet Apple verschiedene Varianten seines iPhones an um mit einem Produkt unterschiedliche Kundenbedürfnisse zu befriedigen. – 2. *Merkmale*: Im Normalfall handelt es sich um substitutive Beziehungen zwischen den zughörigen Produkten. Von unten angefangen bietet die jeweils nächsthöhere Variante für einen höheren Preis mehr Ausstattungsniveau. – 3. *Zweck*: Aus den verschiedenen Varianten kann der Kunde die gewünschte auswählen. Das Unternehmen kann somit individueller auf Kundenwünsche eingehen. Die optimale Länge der Produktlinie ist abhängig von der Zielsetzung des Unternehmens. Unternehmen, die dem Kunden ein volles Angebotsspektrum bieten wollen oder auf hohe Marktanteile abzielen, werden eine umfangreichere Produktlinie aufbauen als Unternehmen, die auf eine hohe Profitabilität achten. – Gegensatz: → Produktfamilie

Produktlinienerweiterung – 1. *Begriff*: kennzeichnet die Dehnung einer vorhandenen Marke in bisherige Produktkategorien. – 2. *Merkmale*: Durch Variationen eines bestehenden Produkts erfolgen Anpassungen an spezifische Bedürfnisse einzelner Kundensegmente. Diese beliebte Strategie zur segmentspezifischen Anpassung von → Marken bewirkt eine bessere Marktabdeckung. Voraussetzung einer Produktlinienerweiterung sind hinreichend klar abgrenzbare und ergiebige Kundensegmente, die durch entsprechende Produktvarianten einer Marke auch ansprechbar sind. Ziel einer solchen Strategie

ist eine möglichst umfassende Marktabdeckung.

Produktlizenz – Art der Lizenz. Der Lizenzpartner erhält die Genehmigung zur Herstellung (und zum Vertrieb) eines vom Lizenzgeber bisher produzierten Erzeugnisses. Es kann sich hierbei um eine Eigenentwicklung des Lizenzgebers handeln oder um die Vergabe einer Unterlizenz. Gegenstand der Produktlizenz können in beiden Fällen komplette, marktreife Erzeugnisse (z.B. Pkw, Lkw, elektronische Geräte), Produkt- bzw. Einbauteile oder Beiprodukte sein.

Produktmarke → Marke.

Produkt-Markt-Expansionsraster – Schema zur Darstellung von intensiven Wachstumsmöglichkeiten, welches von Ansoff entwickelt wurde. Es werden bestehende und neue Produkte mit bestehenden und neuen Märkten kombiniert. Ausgangspunkt der Überlegungen sollte sein, ob sich mit dem aktuellen Produktangebot weitere Marktanteile in den aktuell bearbeiteten Märkten gewinnen lassen (Marktdurchdringung). Anschließend sollte versucht werden mit den aktuellen Produkten in neue Märkte vorzudringen (Marktentwicklung). Dritte Möglichkeit intensives Wachstum zu realisieren ist die Produktentwicklungsstrategie (→ Produktentwicklung), bei der der aktuelle Kundenkreis mit neuen Produkten angesprochen wird.

	Gegenwärtige Produkte	Neue Produkte
Gegenwärtige Märkte	Marktdurchdringungsstrategie	Produktentwicklungsstrategie
Neue Märkte	Marktentwicklungsstrategie	(Diversifikation)

Produktpflege – bestehende Produkte werden behutsam aber kontinuierlich weiterentwickelt. Um die hohe Floprate von Innovationen zu vermeiden wird der Fokus auf Evolution statt Revolution gelegt. Im Idealfall können durch Long-Life-Gestaltung Marktklassiker hervorgebracht werden.

Durch die relative Konstanz des Angebotes kann mit weniger Aufwand mehr Marktwirkung erzielt werden. Bei der Pflege sind kleine, möglichst wenig auffällige Produktvariationsmaßnahmen ebenso möglich wie differenzierende Maßnahmen der Ausweitung der Produktfamilie. Grundlage für die Strategie der Produktpflege sind weitgehend zeitinvariante Maßnahmen der → Produktgestaltung. – Gegensatz: Produktinnovation

Produktpiraterie – 1. *Begriff*: gezielte Verletzung von Urheberrechten und gewerblichen Schutzrechten durch unerlaubtes Nachahmen und Kopieren von Waren. – 2. *Merkmale*: Erfasst heute alle Schutzgegenstände und alle Warenbereiche bis hin zu den Massenartikeln des täglichen Gebrauchs. Durch das Gesetz zur Stärkung des Schutzes geistigen Eigentums und zur Bekämpfung der Produktpiraterie vom 7.3.1990 (BGBl. I 422) sind die straf-, zivil- und öffentlich-rechtlichen Mittel zur Durchsetzung bestehender Schutzrechte verbessert worden, bes. durch Verschärfung der strafrechtlichen Sanktionsmöglichkeiten, durch Erweiterung der Vernichtungs- und Einziehungsmöglichkeiten und Schaffung eines bes. Auskunftsanspruchs zur Aufklärung der Quellen und Vertriebswege schutzrechtsverletzender Waren sowie die Erweiterung der Möglichkeit der Grenzbeschlagnahme durch den Zoll bei offensichtlich schutzrechtsverletzenden Waren. – Vgl. auch → Markenpiraterie.

Produktplanung – *Erzeugnisplanung*; 1. *Begriff*: umfasst die Stufen des Entscheidungsprozesses bei der → Produktinnovation von der Ideengewinnung bis zum Gestaltungsbriefing (Pflichtenheft, Lastenheft etc.). – 2. *Stufen* können sein: a) Sachziel- und Suchfeldbestimmung, b) Anspruchsanalyse und -auswahl, c) Konkurrenzanalyse und Positionierung, d) Limitierungsanalyse, e) Formalziel- und Potenzialanalyse, f) Briefing.

Produktpolitik – 1. *Begriff*: umfasst alle Entscheidungen, die sich auf die Gestaltung des Angebotes (Produkte und Dienstleistungen)

eines Unternehmens beziehen. Produktpolitik ist eines der → marketingpolitischen Instrumente innerhalb des Marketing-Mix. Den Kern der Aktivitäten bildet das Produkt selbst, welches entwickelt, am Markt eingeführt, gepflegt und bei Bedarf modifiziert oder eliminiert werden muss. Daneben spielen Entscheidungen über begleitende Dienste, die Verpackungsgestaltung und die Markenbildung eine Rolle. – 2. *Aufgaben*: Die Aufgaben der Produktpolitik teilen sich in drei zentrale Bereiche auf: a) → Produktentwicklung und -einführung, in der es darum geht, neue Produkte zu entwickeln und erfolgreich am Markt einzuführen, – b) → Produktpflege und – c) → Produktelimination. – 3. *Instrumente*: Das produktpolitische Instrumentarium umfasst mehrere Teilbereiche: a) *Produktqualität* umfasst die Konzeption und Entscheidung über funktionale Produkteigenschaften. – b) *Produktausstattung* umfasst die ästhetische Gestaltung des Produktes durch Verpackung und Design. – c) *Markierung* betrifft die Namensgebung und Kennzeichnung des Produktes. – d) *Programm- und Sortimentsentscheidungen* umfassen die Entscheidungen über die Ausgestaltung von Produktlinien. – e) *Service und Dienstleistungen*, die mit dem Produkt verbunden werden.

Produktpositionierung – 1. *Begriff*: stellt im Ist-Zustand das Ergebnis aller marketingpolitischen Maßnahmen dar, die auf die als günstig erachtete Stellung eines Produktes im Wahrnehmungsraum der Nachfrager abzielen. Dementsprechend kann die Produktpositionierung auch als Ausgangspunkt für die bewusste Veränderung der Position eines Produktes im mehrdimensionalen Raum der produktrelevanten Attribute gesehen werden. Wesentliche *Basis* für die Analyse der Produktpositionierung sind Verfahren der Einstellungsmessung (→ Einstellung) in Verbindung mit → multivariaten Analysemethoden. – Vgl. → Markenpositionierung

Produktspanne – Differenz zwischen dem Endverbraucherpreis im Einzelhandelsgeschäft und dem Erzeugerpreis (ab Hof oder Erzeugermarkt) eines landwirtschaftlichen Erzeugnisses. – Vgl. auch → Marktspanne.

Produkttest – 1. *Begriff*: Methode zur Ermittlung der optimalen → Produktgestaltung. – 2. *Merkmale*: Einer Reihe von Testpersonen wird ein Produkt zur Verfügung gestellt. Nach Ge- oder Verbrauch des Produktes werden die Probanden dann nach ihren Eindrücken befragt. Testobjekt können dabei neue oder bereits existierende Produkte sein. Es können entweder der Gesamteindruck des Produkts (Volltest) oder einzelne Faktoren des Produkts (Partialtest), z.B. Verpackung (→ Verpackungstest), Geruch (Geruchstest), Geschmack (→ Geschmackstest), Preis (→ Preistest), Namen (→ Namenstest) etc., in ihrer Beurteilung durch die Auskunftspersonen geprüft werden. – 3. *Zweck*: Es sollen die Produktwirkungen geprüft werden. Wirkungen sollen beim Verwender, Händler, Hersteller und bei Lagerung sowie Transport im Hinblick auf die gesetzten Ziele ermittelt werden. Verbreitet ist der Verwenderprodukttest. Der Warentest konzentriert sich auf die objektive Prüfung der Sachleistungstauglichkeit durch Nutzung technischer Hilfsmittel. Für die Prognose des Markterfolges ist die subjektive Wirkung beim Käufer (Verwender) wichtiger. Für die Kundenbindung entscheidend ist die subjektive Prüfung der Anmutungswirkungen, deshalb dominieren hier sozialwissenschaftliche Methoden. – Man unterscheidet den Ex-Ante- und Ex-Post-Test. Für ein Unternehmen ist der Ex-Ante-Test vor der Produkteinführung bez. der Erfolgsprognose bedeutsam. Weiter unterscheidet man *monadische Tests* (nur ein Produkt wird getestet) und *Vergleichstests* (mehrere Produkte werden miteinander verglichen) sowie *Studiotests* (v.a. für Nahrungsmittel und Getränke) und *Inhome-Tests* (v.a. für Körperpflege und Wasch-, Putz- und Reinigungsmittel), wobei bei letzteren v.a. sog. *Produkttestpanels* zum Einsatz kommen. Dies sind oft große Stichproben, von denen 300 bis 1.000 Personen der Zielgruppe ausgewählt

werden, denen das zu prüfende Produkt zugesandt wird. – *Wichtige Methoden*: → Akzeptanztest, → Blindtest.

Produkttreue → Markentreue.

Produkt- und Programmpolitik → marketingpolitische Instrumente, internationale Produkt- und Programmpolitik.

Produktvariation – 1. *Begriff*: Modifikation bereits im Programm enthaltener Produkte. Bewusste Veränderung von technischen oder ästhetischen Eigenschaften bzw. Nutzenkomponenten (bspw. auch das → Image) eines bereits angebotenen Produktes im Zeitablauf zur Anpassung an kundenseitig geänderte Erwartungen oder an veränderte Verbrauchs- und/oder Potenzialfaktoreigenschaften. Produktvariation kann auch in der Weise durchgeführt werden, dass die mit Sachgütern verbundenen Dienstleistungen verändert bzw. zusätzliche Dienstleistungen hinzugefügt werden. – 2. *Gründe*: a) sich ändernde Wünsche und Bedürfnisse der Nachforager, – b) gesetzliche Auflagen. – 3. *Zweck*: Verteidigen oder erweitern der aktuellen Marktpostition im Wettbewerb. Zu unterscheiden ist bei der Produktvariation zwischen der → Produktpflege und dem Produktrelaunch (→ Relaunch). Beiden gemein ist, das die Gesamtzahl der vom Anbieter offerierten Produkte konstant bleibt. Im Gegensatz zur (eigentlichen) → Produktdifferenzierung ändert sich bei der Produktvariation die Produktionsprogrammtiefe somit nicht.

Produktverpackung → Verpackung, Verpackungsverordnung (VerpackV).

Produktwissen – im Gedächtnis von Konsumenten gespeicherte Informationen über ein Produkt. Das Produktwissen nimmt Einfluss auf die Produktauswahl und steuert entsprechend die Wahrnehmung.

Profilverfahren – 1. *Begriff*: Verfahren zur Bewertung von Objekten über einzelne Kriterien. Die (relevanten) Kriterien werden auf einem Kontinuum eingeordnet, welches durch Zahlenwerte (z.B. von + 5 (positiv) bis – 5

(negativ)) oder Zeichen (+++ (positiv) bis ---
(negativ)) gebildet wird. Eine Alternativenbewertung kann durch einen Profilvergleich
erfolgen, Anwendung u.a. zur → Produktbewertung. – 2. *Kritik:* Die Erfassung des unterschiedlichen Entscheidungsgewichts der Kriterien ist problematisch; besser geeignet sind
Scoring-Modelle (→ Nutzwertanalyse).

Profit Marketing → Marketing.

Prognose – I. Begriff: Aussage über zukünftige Ereignisse, bes. zukünftige Werte ökonomischer *Variablen* (z.B. angewandt als
Konjunkturprognose, Situationsanalyse
oder Bevölkerungsvorausrechnung), beruhend auf Beobachtungen aus der Vergangenheit und auf theoretisch wie empirisch fun-
dierten nachvollziehbaren Verfahren und
Theorien. Prognosen richten sich v.a. auf
Variablen, die nicht oder kaum durch denjenigen gestaltbar sind, der die Prognose vor-
nimmt. – *Grundlage* jeder Prognose ist eine
allg. Stabilitätshypothese, die besagt, dass gewisse Grundstrukturen in der Vergangenheit
und Zukunft unverändert wirken. – *Anders:*
technologische Voraussage.

II. Arten: 1. *Direkte/indirekte Prognose:* Eine
direkte oder autoregressive Prognose liegt
vor, wenn Werte einer ökonomischen Variablen ausschließlich aus Werten derselben Variablen in der Vergangenheit heraus
prognostiziert werden. Bei indirekter Prognose wird der Wirkungszusammenhang zwischen verschiedenen Variablen in die Prognose einer Variablen eingebaut; hierbei muss
allerdings letztlich wieder auf direkte Prognosen zurückgegriffen werden. – 2. *Qualita-
tive/quantitative Prognose:* Bei einer qualitativer Prognose werden nur Art und Richtung
der Entwicklung ökonomischer Variablen genannt, bei einer quantitativer Prognose geht
es auch um das Ausmaß dieser Entwicklung. – 3. *Punkt-/Intervall-Prognose:* Bei einer
Punkt-Prognose wird ein spezieller zukünftiger Wert für eine ökonomische Variable gesucht, bei einer Intervall-Prognose wird hingegen eine Spanne verlangt, innerhalb derer

sich der zukünftige Wert mit hoher „Sicherheit", zumeist als mindestens 90%-Wahr-
scheinlichkeit definiert, befindet. Bei letz-
terer kann bes. auch ein Konfidenzbereich
angegeben sein (Prognoseintervall). – 4. *Be-
dingte/unbedingte Prognose:* In einem bestimmten Sinn ist jede Prognose bedingt, also
als Wenn-Dann-Aussage, zu verstehen; völlig unbedingte Prognosen sind nicht möglich. Allerdings kann so vorgegangen werden, dass Prognosen für ein und dieselbe
Variable alternativ je nach gewissen einge-
henden Voraussetzungen gemacht werden
und dem Verwerter die Einschätzung für das
Eintreten dieser Voraussetzungen überlassen
wird, etwa bei Bevölkerungsprognosen unter verschiedenen Voraussetzungen bez. der
Entwicklung der Geburten. – 5. *Einzel-Pro-
gnose/Prognose-Systeme:* Eine Einzel-Prog-
nose richtet sich auf eine einzige ökonomische Variable. Ein Prognose-System bezieht
sich auf eine Gesamtheit von Variablen, die
in ihrer gegenseitigen Verknüpfung prognostiziert werden. – 6. Verschiedene *Fristig-
keiten von Prognosen:* Kurzfristige Prognose
(Prognose-Zeitraum bis zwei Jahre); mittel-
fristige Prognose (bis fünf Jahre); langfristige
Prognose (bis zehn Jahre); säkulare Prognose
(über mehrere Jahrzehnte oder Jahrhun-
derte). – 7. *Entwicklungs-Prognose (Informa-
tions-Prognose, Trend-Prognose):* Die Unternehmung übt keinen spürbaren Einfluss auf
die zu prognostizierenden Größen aus (z.B.
Marktentwicklung der Personal Computer
insgesamt, Veränderungen des Abnehmer-
verhaltens oder Veränderungen im Distributionssystem). – 8. *Wirkungs-Prognose (Inst-
rumental-Prognose, Entscheidungs-Prognose):*
Prognose der Wirkungen von Maßnahmen
der eigenen Unternehmung (z.B. auf Größen
wie Absatz, Umsatz in Abhängigkeit von bestimmten Marketingmaßnahmen). – 9. *Indi-
kator-Prognose:* Indikatoren werden zur Prognose von Entwicklungen herangezogen.
Indikatoren können, müssen aber nicht in
kausaler Beziehung zu der zu prognostizierenden Variablen stehen. Indikatoren lassen

sich unterteilen in vorauseilende, koindizie-
rende und nacheilende Indikatoren. So ist die
Zahl der erteilten Baugenehmigungen ein vo-
rauseilender Indikator für die Nachfrage in
der Baubranche.

III. Verfahren: 1. Bei *kurzfristigen* Prognosen,
bes. im betrieblichen Bereich, werden direkte
Prognosen bevorzugt, v.a. Zeitreihen-Prog-
nosen mittels gleitender Durchschnitte oder
mittels → exponenziellem Glätten; bei *mit-
telfristigen* Prognosen werden ökonometri-
sche Verfahren zur Fortrechnung des Trends
herangezogen oder auch, etwa bei Marktpro-
gnosen, die Prognose mittels Wachstums-
funktionen (logistische Funktion; Gom-
pertz-Funktion). Bei Vorhandensein auch
saisonaler Komponenten (Zeitreihenkom-
ponenten) erfolgt die Prognose des Trends
auf der Grundlage von Vergangenheitswerten, die einer Trendbereinigung unterworfen wurden; für Prognosen des *Zukunfts-
wertes* wird dann die Saisonkomponente
geeignet hinzugerechnet. *Indirekte Prognosen* erfolgen zumeist mithilfe der → Regressionsanalyse und ökonometrischen Modellen. – 2. Grundsätzlich *unterschieden* werden:
a) *Quantitative Prognoseverfahren:* Basieren
auf mathematischen Verfahren (z.B. Trendex-
trapolation, Indikatorprognose, exponenziel-
les Glätten). – b) *Qualitative Prognoseverfahren:* Basieren auf Erfahrungen, Kenntnissen
und Fingerspitzengefühl; angewandt beim
Fehlen quantitativer Daten (z.B. → Delphi-Technik, → Expertenbefragung, Szenario-Technik). – 3. Prognosen erfolgen häufig
als direkte Prognosen auf der Grundlage von
ARMA-Modellen (ARMA(p,q)-Prozess).

IV. Beurteilung: 1. Beurteilung von Prognosen kann zunächst *qualitativ* und *im Voraus*
erfolgen. Kriterien sind die ökonomisch-the-
oretische Fundierung, die Verträglichkeit von
Einzelprognosen innerhalb eines Systems,
die Verfügbarkeit qualifizierter Vergangen-
heitsdaten. – 2. Außerdem erfolgt die Beurteilung oft *quantitativ* und *im Nachhinein* durch
eine geeignete globale Kennzeichnung der

aufgetretenen Prognosefehler (Durchschnitt
des absoluten, des relativen Prognosefehlers;
Korrelation zwischen prognostiziertem und
eingetretenem Wert; Theilscher Ungleich-
heitskoeffizient). Allerdings sollten die aufgetretenen Prognosefehler nicht nur eine Messung, sondern auch eine Ursachenanalyse
erfahren.

Prognosemodell – komplexes Verfahren,
das unter Verwendung einer Kombination
unterschiedlicher Prognoseverfahren → Prognosen erstellt. Hierdurch wird versucht, allen möglichen Einflussfaktoren Rechnung zu
tragen.

Programmbreite – I. Marketing: Zahl der
Produktgruppen bzw. -linien (Kombination
bedarfsverwandter Produktarten) innerhalb
eines *Produktprogramms* (Hersteller). Erweiterung der Programmbreite durch Produktdiversifikation (→ Diversifikation).

II. Handelsmarketing: Zahl der Artikel und
Warengruppen im *Handelssortiment (Sortimentsbreite)*. – Vgl. auch → Programmtiefe.

Programmpolitik – 1. *Begriff:* umfasst alle
Entscheidungen zu Umfang und Struktur
der gesamten Angebotspalette eines Unternehmens. – 2. *Merkmale:* Die Programmpolitik beschränkt sich im Gegensatz zur → Produktpolitik nicht auf das einzelne Produkt
sondern bezieht sich auch auf die Kombinationen verschiedener Angebote zu einer Einheit. Die Programmpolitik umfasst auch
Möglichkeiten zur Veränderung des Pro-
grammes im Hinblick auf die Breite (Anzahl
der Produktlinien) und die Tiefe (Anzahl der
Varianten innerhalb einer Produktlinie). Daneben bedarf es Entscheidungen, ob und inwieweit neue Produkte und Dienstleistungen
ins Angebot aufgenommen und Produkt-
bündel gebildet werden. – 3. *Dimensionen:*
Das Programm kann anhand von drei Dimensionen beschrieben werden: a) *Grundo-
rientierung*, die auf die allen angebotenen
Leistungen prägenden Gemeinsamkeiten ab-
stellt, b) *Programmbreite*, welches sich auf die
Zahl der offerierten Angebote bezieht und

c) *Programmtiefe*, die die Anzahl der Varianten innerhalb einer Produktlinie definiert. Das Produktprogramm ist auch in gewissem Maße Ausdruck der spezifischen Kompetenz eines Unternehmens. Ein Spezialist hat i.d.R ein schmales aber tiefes Programm, während ein Universalanbieter eine hohe Programmbreite aber nur eine geringe Programmtiefe aufweist. – Vgl. → marketingpolitische Instrumente.

Programmtiefe – I. Marketing: Zahl der verschiedenen Varianten (Modelle, Typen) einer Produktgruppe im *Produktprogramm* des Herstellers, bestimmt durch Art und Umfang der → Produktdifferenzierung.

II. Handel: Zahl unterschiedlicher Artikel einer Produktgruppe im *Handelssortiment (Sortimentstiefe)*, bestimmt durch Betriebstyp und Einkaufspolitik. – Vgl. auch → Programmbreite.

projektive Verfahren → psychologische Testverfahren, heute vielfach in der → Verbrauchsforschung i.w.S. in der (→ Konsumentenforschung) verwendet. Mithilfe dieser Techniken soll versucht werden, von den Auskunftspersonen geleugnete bzw. unterdrückte Charakteristika, Motive, → Einstellungen etc. zu erfahren. Projektive Verfahren sollen die → Validität erhöhen, weil die eigentliche Zielrichtung der Frage, auf die die Person nicht antworten will oder kann, verdeckt bleibt. Die Befragten werden über indirekte Fragetechniken dazu bewegt, eigene Charakterzüge in die Umwelt zu „projizieren". – *Beispiele:* → thematischer Apperzeptionstest, Dritte-Person-Technik, Personen-Zuordnungs-Test, Satzergänzungstest, Wortassoziationstest.

Promotion → Verkaufsförderung.

Propagandisten – Personen, die meist in oder vor Handelsbetrieben Produkte erläutern, vorführen, anpreisen. – Bei *Produkteinführungen* sollen Propagandisten Aufmerksamkeit erregen und erste Kontakte zwischen der Neuheit und den potenziellen Kunden schaffen; bei *Aktionen* sollen Propagandisten zusätzliche Kaufimpulse bei alten und neuen Kunden schaffen.

Propagation → Viral Marketing.

Propergeschäft → Eigengeschäft.

Prospekt – I. Werbung: wenige Seiten umfassende Werbeschrift mit überwiegend bildlichen Elementen; häufig als Beilagen verwendet. – *Gegensatz:* → Supplement.

II. Börsenwesen: 1. *Wertpapierprospekt:* der vor einem öffentlichen Angebot oder der Zulassung zum Handel von Wertpapieren an einem organisierten Markt zu veröffentlichende Prospekt, der die Beurteilung des Wertpapiers und des Emittenten durch die Anleger ermöglichen soll. Gesellschaften, die ihre Aktien an einem organisierten Markt, also v.a. im regulierten Markt der Börse, zulassen wollen oder neue Wertpapiere einem größeren Anlegerkreis institutioneller und privater Investoren öffentlich anbieten wollen, müssen zuvor einen Wertpapierprospekt veröffentlichen. Die europaweit vereinheitlichte Prospektpflicht dient dem Anlegerschutz, aber auch der Steigerung der Markteffizienz durch die Erleichterung grenzüberschreitender Angebote und Zulassungen („Europäischer Pass für Wertpapiere"). Die Erstellung, Billigung und Veröffentlichung solcher Prospekte regelt das Wertpapierprospektgesetz (WpPG) v. 22.6.2005 (BGBl. I 1698) m.spät.Änd. i.V. mit den direkt anwendbaren EU-Prospektverordnungen (Delegierte Verordnung Nr. 862/2012 der EU-Kommission v. 4.6.2012 zur Änderung der Verordnung (EG) Nr. 809/2004 in Bezug auf die Zustimmung zur Verwendung des Prospekts, die Informationen über Basisindizes und die Anforderungen eines von unabhängigen Buchprüfern oder Abschlussprüfern erstellten Berichts, Delegierte Verordnung Nr. 486/2012 der EU-Kommission v. 30.3.2012 zur Änderung der Verordnung Nr. 809/2004 in Bezug auf Aufmachung und Inhalt des Prospekts, des Basisprospekts, der Zusammenfassung und der endgültigen Bedingungen in Bezug auf die Angabepflichten).

Ausnahmen von der Prospektpflicht bestehen z.B. dann, wenn es sich um ein Angebot handelt, das sich ausschließlich an qualifizierte Anleger (z.B. Finanzdienstleistungsunternehmen, Zentralbanken, internationale Finanzinstitutionen) richtet oder aber insgesamt an weniger als 150 Anleger (vgl. §§ 3 und 4 WpPG). a) *Inhalt:* Der Wertpapierprospekt muss gem. § 5 WpPG in leicht analysierbarer und verständlicher Form sämtliche Angaben enthalten, die im Hinblick auf den Emittenten und die öffentlich angebotenen oder zum Handel an einem organisierten Markt zugelassenen Wertpapiere notwendig sind, um dem Publikum ein zutreffendes Urteil über die Vermögenswerte und Verbindlichkeiten, die Finanzlage, die Gewinne und Verluste, die Zukunftsaussichten des Emittenten und jedes Garantiegebers sowie über die mit diesen Wertpapieren verbundenen Rechte zu ermöglichen. Insbesondere muss der Prospekt Angaben über den Emittenten und über die Wertpapiere enthalten. Der Prospekt muss in einer Form abgefasst sein, die sein Verständnis und seine Auswertung erleichtern. Der Prospekt muss eine Zusammenfassung enthalten, die Schlüsselinformationen, wie z.B. eine kurze Beschreibung der Risiken und wesentlichen Merkmale, die auf den Emittenten und einen etwaigen Garantiegeber zutreffen, enthalten, aber auch Warnhinweise, wie z.B. den Hinweis, dass der Anleger jede Entscheidung zur Anlage in die betreffenden Wertpapiere auf die Prüfung des gesamten Prospekts stützen sollte. – b) *Billigung:* Ein Prospekt darf vor seiner Billigung nicht veröffentlicht werden (§ 13 WpPG). Zuständig für die Billigung ist die Bundesanstalt für Finanzdienstleistungsaufsicht (BaFin), die die Prospekte auf Vollständigkeit und Verständlichkeit prüft, nicht jedoch hinsichtlich der Richtigkeit der gemachten Angaben. – c) *Veröffentlichung:* Der Prospekt ist zu veröffentlichen, indem er selbst in einer oder mehreren Wirtschafts- oder Tageszeitungen abgedruckt wird, die in den Staaten des Europäischen Wirtschaftsraums, in denen das öffentliche Angebot unterbreitet oder die Zulassung zum Handel angestrebt wird, weit verbreitet sind, in gedruckter Form zur kostenlosen Abgabe für die Anleger bereitgehalten oder in das Internet eingestellt wird. Hält der Emittent die Pflichten nicht ein, kann die BaFin ein Bußgeld von bis zu 500.000 Euro verhängen. – 2. *Verkaufsprospekt:* Prospekt für im Inland öffentlich angebotene und nicht in Wertpapieren verbriefte Anteile, z.B. für geschlossene Fonds, vormals geregelt im Wertpapier-Verkaufsprospektgesetz (VerkaufsprospektG) vom 9.9.1998 (BGBl. I 2701), seit 6.12.2011 im Vermögensanlagengesetz (VermAnlG). – 3. *Haftung für Wertpapier- und Verkaufsprospekte:* Prospekthaftung.

Prosumer – Person, die gleichzeitig Konsument und Produzent ist. Entweder erstellt sie eigene Produkte durch Individualisierung vorhandener Produkte oder durch die freiwillige Preisgabe ihrer Präferenzen. Der Prosumer kann so Einfluss auf die Produkteigenschaften nehmen und wird in die Produktionstätigkeit des Produzenten einbezogen. – Vgl. auch → Customized Marketing.

Prozentspanne – *relative Handelsspanne;* relative Größe der → Handelsspanne zum → Wareneinstandspreis (→ Handelsaufschlag) oder zum → Verkaufspreis (→ Handelsabschlag) in Prozent. Die Handelsspanne ist der Unterschiedsbetrag zwischen Einstandspreis und Verkaufspreis im Handelsbetrieb. – *Beispiel:* Bei einem Einstandspreis von 4,- Euro und einem Verkaufspreis von 5,- Euro beträgt die Handelsspanne 1,- Euro. Der Handelsaufschlag beträgt 25 Prozent (1,- zu 4,- Euro) und der Handelsabschlag 20 Prozent (1,- zu 5,- Euro). – *Anders:* Wird die Differenz von Verkaufspreis und Einstandspreis in Geldeinheiten errechnet, ergibt sich eine → Betragsspanne.

Prozesspromotor – fungiert als Verknüpfer zwischen dem Machtpromotor und Fachpromotor (→ Buying Center). Er nimmt somit die Position eines Steuermannes im Innovationsprozess ein.

prozyklische Werbung – Gestaltung des zeitlichen Ablaufs von Werbemaßnahmen in der Form, dass sie der konjunkturellen Entwicklung folgen. In Zeiten der Hochkonjunktur wird viel geworben, in denen der Rezession deutlich weniger. – *Gegensatz:* → Antizyklische Werbung.

psychologische Testverfahren – I. Psychologie: Speziell entwickelte Techniken zur Messung von Persönlichkeitsmerkmalen, wobei die Informationsaufnahme unter standardisierten Bedingungen erfolgt. Psychologische Tests werden (1) nach den Inhalten, die sie zu erfassen suchen (z.B. Intelligenztests, Leistungstests, Test zur Erfassung weiterer Persönlichkeitsmerkmale wie Interessen, Einstellungen, Persönlichkeitszügen) differenziert oder (2) nach Aspekten wie Testsituation (z.B. Individual- oder Gruppentest), (3) nach der Sprachabhängigkeit (z.B. verbale oder nonverbale Tests), (4) nach den Requisiten (z.B. Papier- und Bleistifttest), (5) nach dem Konstruktionsprinzip (z.B. psychometrischer oder nicht-psychometrischer Test), (6) nach der Theorie (z.B. direkter oder projektiver Test), (7) nach der Anzahl der zu erfassenden Persönlichkeitsmerkmale (z.B. eindimensionaler oder mehrdimensionaler Test), (8) nach der Abhängigkeit vom Versuchsleiter und vom Auswerter (z.B. niedrigstrukturierter oder hochstrukturierter Test), (9) nach der Art der Aufgabenbeantwortung (z.B. freier oder gebundener Test), (10) nach der zu erbringenden Leistung (z.B. Tests repräsentativer oder maximaler Leistungen), (11) nach der Zeitbegrenzung (z.B. Niveau- oder Schnelligkeitstest) oder (12) nach der Kulturabhängigkeit (z.B. kulturgebundener oder kulturfreier Test). Psychologische Tests werden u.a. im Rahmen der Eignungsdiagnostik, der Potenzialanalyse aber auch im Rahmen der psychologischen Marktforschung bei der Entwicklung von Konsumententypologien

oder der Erfassung von persönlichkeitsspezifischen Reaktionen auf ein Angebot angewandt.

II. Marktforschung: Verfahren zur Gewinnung von Informationen über psychische Regungen, Einstellungen, Meinungen, Motive, Empfindungen und Wahrnehmungen. – *Arten:* → apparative Verfahren, → explorative Verfahren, → Skalogrammverfahren, → projektive Verfahren. – *Beispiele für Einzeltests:* Akustischer Test, → Bildenttäuschungstest, → Personen-Zuordnungs Test, → Recognitiontest, Satzergänzungstest, → thematischer Apperzeptionstest, → Wortassoziationstest etc.

Pull-Strategie – Absatzstrategie von Herstellern mit mehrstufigem → Absatzweg (z.B. bei Markenartikelindustrie und industriellen Grundstoff- und Teileherstellern). Mittels → Kommunikationspolitik bes. gegenüber dem Letztverbraucher sowie Marken- und Markierungspolitik soll bei den zwischengeschalteten Absatzstufen ein Nachfragesog nach den Erzeugnissen des Herstellers erzeugt werden; die Position als → In-Supplier bei den Abnehmern wird gestärkt. I.d.R. mit der → Push-Strategie kombiniert.

Pulsationsstrategie – Form der Marktstimulierungsstrategie, bei der die Dosierung des Einsatzes der Marketinginstrumente in regelmäßigen oder auch unregelmäßigen zeitlichen Abständen verändert wird.

Push-Money-Förderung – *Premium Money, Premium Spiff;* Prämie für einen Einzelhändler, der angeregt werden soll, einem bestimmten Produkt erhöhte Verkaufsanstrengungen zu widmen (→ Verkaufsförderung). Als „Belohnung" erhält er ein Geschenk oder einen Geldbetrag. – *Nachteil:* Für jedes verkaufte Teil muss unabhängig von den Bemühungen des Verkäufers diese „Belohnung" gezahlt werden, sodass diese Art der Förderung sehr kostspielig werden kann; bei Einzelhändlern gelten diese Prämien z.T. als Schmiergelder.

Push-Strategie – Forcierung des „Angebotsdrucks", d.h. verstärkter Einsatz der

→ marketingpolitischen Instrumente gegenüber dem bedürftigen Abnehmer mit dem Ziel, den Absatz zu erhöhen. – *Anwendung* als *Verdrängungsstrategie* bei Out-Supplier-Position, als *Expansionsstrategie* bei In-Supplier-Position (→ In-Supplier) bei direktem und indirektem Vertrieb. – Häufig *Kombination* mit → Pull-Strategie.

Qualität – *Produktqualität*; Übereinstimmung von Leistungen mit Ansprüchen. Ansprüche stellen Kunden, Verwender (Konsument/Produzent), Händler und Hersteller. Entscheidend ist, was die Anspruchsteller vor dem Hintergrund ihrer Anforderungen wahrnehmen und für wichtig halten. Während die rational bedingte Sachqualität mit naturwissenschaftlich-technischen Methoden messbar ist, bereitet die reproduzierbare Messung der Anmutungsqualität Probleme. – Qualität ist ein Gesamteindruck aus *Teil-Qualitäten* (z.B. → funktionale Qualität, technische Qualität, → Dauerqualität, → Integralqualität oder ökologische Qualität), die sich bei jeder differenzierbaren Eigenschaft eines Produkts bilden lassen. Der Qualitätsbegriff kann subjektiv (*subjektive Qualität*) und objektiv (*objektive Qualität*) interpretiert werden. – Zu *unterscheiden*: Ausführungsqualität; Konzeptqualität. – Qualität kann durch technische und marketingpolitische Maßnahmen beeinflusst werden (*Qualitätspolitik*); sie unterliegt der Qualitätssicherung.

qualitative Marktforschung – Teilbereich der → Marktforschung, dessen Ergebnisse inhaltlicher, nicht-numerischer Art sind. – *Wichtigste Verfahren* der qualitativen Marktforschung sind → Gruppendiskussion, → Tiefeninterview und → psychologische Testverfahren. – Qualitative Marktforschung arbeitet grundsätzlich mit kleinen Stichproben.

Qualitätsführerschaft → Wettbewerbsstrategie.

Qualitätsstaffel – Staffelpreise für Waren gleicher Zweckbestimmung, aber unterschiedlicher Qualität (→ Preisstaffel).

Qualitätswettbewerb – Art der Konkurrenz, die sich auf die → Qualität der Produkte bezieht. Im Gegensatz zum Kostenwettbewerb (niedrige Gesamtstückkosten sollen niedrige Verkaufspreise ermöglichen) sollen hier die Leistungen möglichst genau den Ansprüchen der Zielgruppe entsprechen. Neben der Produktqualität spielt die Vermarktungsqualität (z.B. Service, Distribution) eine bedeutende Rolle. Wichtiges Instrument der Qualitätswettbewerbe bei Investitionsgütern ist die → Integralqualität. – Vgl. auch → Preiskonkurrenz, → Werbekonkurrenz, → Wettbewerbsstrategie.

quantitative Marktforschung – Teilbereich der → Marktforschung, dessen Ergebnisse numerisch ausgedrückt werden können. – Quantitative Marktforschung arbeitet grundsätzlich mit größeren Stichproben. – *Gegensatz:* → qualitative Marktforschung.

Querschnittuntersuchung – Daten, die sich nur auf einen bestimmten Zeitpunkt beziehen. – *Gegensatz:* → Längsschnittuntersuchung.

R

Rabatt – I. Begriff: → Preisnachlass für Waren und Leistungen, der angewendet wird, wenn ein formell einheitlicher Angebotspreis gegenüber verschiedenen Abnehmern, unter verschiedenen Umständen oder zu verschiedenen Zeiten differenziert werden soll. Rabatt als absoluter Betrag oder in einem Prozentsatz des Angebotspreises. Kein Rabatt sollte ohne Grund gegeben werden. Neben hohen Einkaufsmengen kann z.B. auch die Übernahme der Lagerhaltungsfunktion ein solcher Grund sein.

II. Arten: 1. Nach dem *Grund der Rabattgabe*: a) *Barzahlungsrabatt*: Vergütung für schnelle Zahlung (im gleichen Sinn wie Skonto verwendet). – b) *Warenrabatt*: Berechnungsart des endgültigen Kaufpreises; hierbei bedeutet *Mengenrabatt* (Konsumrabatt) ein Preisnachlass für die Abnahme von größeren Mengen in einer Lieferung oder in einem bestimmten Zeitraum (meist ein Jahr); im letzten Fall vielfach als Umsatzbonus oder Jahresbonus bezeichnet. – c) *Funktionsrabatt*: dem Abnehmer gewährte Vergütung für die Übernahme eines Teils der Handelsfunktionen im Distributionssystem. – d) *Frühbezugsrabatt*: Preisnachlass für vorzeitige Abnahme von Saisonartikeln. – e) *Treuerabatt*: gewährt für langdauernde Geschäftsbeziehungen; i.e.S. auch Rabatte unter der Bedingung, dass der Kunde in einem bestimmten Zeitraum bestimmte Artikel nur von einem Lieferanten einer Lieferantengruppe bezieht. – f) *Kundenrabatt*: an den letzten Verbraucher gewährter Preisnachlass; oft als (zu eng) *Einzelhandelsrabatt* bezeichnet. Der Kundenrabatt tritt durchweg in der Form des Barzahlungsrabatts auf (nach Aufhebung des Rabattgesetzes im Jahre 2001 nicht mehr auf 3 Prozent begrenzt). – g) Viele Arten von *Sonderrabatt*, z.B. der Preisnachlass an im Betrieb Beschäftigte (Personalrabatt) und der an bestimmte Personengruppen (z.B. Beamten- oder

Vereinsrabatt) oder Berufsgruppen (z.B. Weiterverarbeitungsrabatt) gewährte Rabatt. – 2. Nach dem *Zeitpunkt* der Rabattgewährung zu unterscheiden: *Sofortrabatt* und *nachträglich vergüteter Rabatt* (z.B. meist der Umsatzbonus).

III. Bruttopreissystem: Den Händlern wird die Ware zum Bruttopreis (gleich Verbraucherpreis) in Rechnung gestellt, die gewährte Spanne kommt als Handelsrabatt in Abzug. Dabei treten oft mehrere Rabattarten nebeneinander auf, z.B. neben dem Funktionsrabatt noch ein Mengenrabatt. Rabattsätze auch vielfach gestaffelt (Berechnung des Gesamtrabatts meist wie folgt: 40 Prozent Funktionsrabatt vom Bruttopreis, vom Restbetrag noch 10 Prozent Mengenrabatt, von diesem Restbetrag noch 5 Prozent Treuerabatt. Das bedeutet dann nicht 55 Prozent Gesamtrabatt, sondern 48,7 Prozent).

IV. Rabattgesetz: Das Rabattgesetz (RabattG) vom 25.11.1933 ist 2001 zusammen mit der Zugabe-Verordnung aufgehoben worden. Seither ist die Gewährung von Rabatten als solche auch dann wettbewerbsrechtlich nicht zu beanstanden, wenn die Höhe des Rabatts das bisherige zulässige Limit (§ 2 RabattG) von 3 Prozent übersteigt, der Unternehmer bestimmte Kundenkreise (z.B. Inhaber von Kundenkarten) bevorzugt oder verschiedene Rabattarten miteinander kombiniert. Unberührt von der Aufhebung des Rabattgesetzes bleibt jedoch die Unzulässigkeit einer Werbung mit Rabatten, die den Tatbestand des Kundenfangs erfüllt, etwa weil der Rabatt übertrieben hoch ist oder auf den Kunden ein unangemessener zeitlicher Druck ausgeübt wird.

V. Buchung: 1. *Sofortrabatte* werden nicht gebucht, da diese Beträge von vornherein nicht als Zahlungen infrage kommen; gebucht werden die Nettobeträge. – 2. Buchung *nachträglicher Rabatte (z.B. 4 Prozent)* beim Verkäufer: (1) Forderungen 11.900 an Umsatzerlöse 10.000, Umsatzsteuer 1.900; (2) Bank 11.424, Erlösschmälerung 400, USt-Korrektur 76 an Forderungen 11.900. – Die Erlösschmälerungen werden saldiert mit den Umsatzerlösen als Nettoumsatzerlöse zur Gewinn- und Verlustrechnung abgeschlossen. – 3. Beim *Käufer* mindern Rabatte als Nachlässe den Einstandswert (Einstandspreis) der Materialien bzw. Handelswaren. Die Anschaffungskosten sind daher die saldierten Beträge.

VI. Umsatzsteuer: Rabatte mindern die umsatzsteuerliche Bemessungsgrundlage, das Entgelt. Jeder im Voraus vereinbarte Rabatt muss auf der Rechnung vermerkt werden (§14 IV Nr. 7 UStG).

Rabattgesetz (RabattG) – zum 31.7.2001 aufgehoben. – Vgl. auch → Rabatt.

Rabattkombination – Rabattangebote der Medien bei Belegung bestimmter Medienkombinationen (z.B. mehrere regionale Tageszeitungen oder Rundfunksender gleichzeitig). Häufig zielgruppenorientiert (→ Zielgruppe), z.B. Männer-Rabattkombination.

Rabattmarken – Sparmarken, die vom Einzelhandel für Einkäufe des Letztverbrauchers ausgegeben werden können. – Keine Rabattmarken sind die oft als Webmiles bezeichnetenTreuepunkte, die man für Einkäufe bei bestimmten E-Commerce-Anbietern erhält, sammeln und gegen Prämien eintauschen kann.

Rabattsparverein – Vereinigung rabattgewährender Gewerbetreibender.

Rabattspreizung → Mengenrabatt.

Rack Jobber – *Regal-Großhändler;* Hersteller oder Großhändler, die Verkaufsraum und/oder Regalfläche in Verkaufsstätten des Groß- oder Einzelhandels anmieten und dort das Sortiment ergänzende Waren (teils mit eigenen Verkäufern auf eigene Rechnung) anbieten. Der Vermieter übernimmt zumeist das Inkasso und die Abrechnung. Hierfür erhält er als Entgelt ein Fixum (→ Regalmiete) und/oder eine Umsatzbeteiligung. Rack Jobber, verbunden mit dem Shop-in-the-Shop-Prinzip (→ Shop in the Shop), wird v.a. praktiziert in → Warenhäusern, → Selbstbedienungswarenhäusern und → Cash-and-Carry-Großhandel (CC).

Radiospot → Funkspot.

Rahmenvereinbarung – vertragliche Regelung über Art und Umfang einer Zusammenarbeit für einen bestimmten Zeitraum; lose Form des → Kontraktmarketing. – *Bekannteste Erscheinungsform:* Jahresvereinbarungen, in denen geplanter Umsatz, Rabattstaffelungen, gemeinsame Sales-Promotion-Aktionen etc. geregelt werden.

Randomisierung – Bei → Fragebogen Festlegung der Reihenfolge von Fragen oder Listenpositionen durch das Ergebnis eines Zufallsvorganges. Damit sollen → Reihenfolgeeffekte vermieden werden. Bei statistischen Testverfahren mit diskreten Prüfverteilungen, bei denen ein vorgegebenes Signifikanzniveau nicht exakt eingehalten werden kann, das Vorgehen, bei Vorliegen eines am Rande der kritischen Region liegenden Wertes der Prüfvariablen durch ein ergänzendes Zufallsexperiment über die Ablehnung bzw. Nichtablehnung der Nullhypothese zu entscheiden. – Vgl. auch konservatives Testen, Adjustierung des Signifikanzniveaus.

Randomtafel – Zufallszahlentafel.

Randsortiment → Sortiment.

Rangreihenverfahren – 1. *Arbeitswissenschaft:* Arbeitsbewertung. – 2. *Marktforschung:* → Ranking.

Ranking – *Rangreihenverfahren;* Methode der Datenerhebung mittels → Befragung, bei der die Testperson die Untersuchungsobjekte nach ihren Präferenzen global beurteilen und als Rangreihe anordnen soll (→ Skalenniveau, → Skalierungsverfahren). Der Versuchsperson werden nur die Objekte und nicht wie beim → Rating auch Eigenschaften vorgegeben. Dadurch wird eine unbeabsichtigte Beeinflussung der Individuen ausgeschlossen.

Rating – I. Marktforschung: Methode der Datenerhebung mittels → Befragung, bei der die Testperson die Untersuchungs- bzw. Einstellungsobjekte anhand vorgegebener Merkmale auf eine Skala (→ Skalenniveau, → Skalierungsverfahren) einordnen soll. Die vorgegebene Antwortskala, aus der die Messwerte zur Einordnung der Objekte entnommen werden, bezeichnet man in diesem Zusammenhang auch als Rating-Skala. – Vgl. auch → Likert-Skalierung, → semantisches Differenzial.

II. Bank- und Börsenwesen: Credit Rating.

Ratioskala → Verhältnisskala.

Reaktanz – Phänomen des Widerstands gegen wahrgenommenen Beeinflussungsdruck. Reaktanz tritt auf, wenn ein Individuum sich in seiner Meinungs- und Verhaltensfreiheit bedroht fühlt. Die Reaktanz wird um so intensiver, je größer der wahrgenommene Beeinflussungsdruck ist, je höher die erlebte Bedeutung der Erlebens- und Verhaltensweisen ist, die eingeschränkt werden und je weiter diese Einschränkung reicht. – In der Werbung kann Reaktanz bis zur völligen Ablehnung des angebotenen Produkts führen. Glaubwürdigkeit ist eine wesentliche Voraussetzung, um Reaktanz in der Werbung zu vermeiden. – Vgl. auch → Manipulation.

Reaktion – I. Allgemein: Sammelbezeichnung für beobachtbares und nicht beobachtbares Verhalten eines Menschen aufgrund eines Stimulus (Käufer- und Konsumentenverhalten).

II. Werbung: Käufer- und Konsumentenverhalten. – *Messung* z.B. durch → Hautwiderstandsmessung.

III. Preistheorie: oligopolistische Preisbildung, Reaktionsfunktion, Reaktionskoeffizient.

reaktive Messverfahren – Begriff der → Marktforschung für alle Instrumente, die eine Einbeziehung und Motivation der

Testperson voraussetzen. Die Reaktion der zu testenden Person auf bestimmte Stimuli kann durch das Wissen, dass sie getestet wird, verändert werden (systematischer Fehler). Die → Befragung ist stets reaktives Messverfahren. Die → Beobachtung kann sowohl reaktiv (→ Laborforschung) als auch nicht reaktiv (→ Feldforschung) sein.

Recalltest – *Gedächtnistest, Erinnerungstest.* 1. *Begriff:* direktes Messverfahren der Gedächtnisinhalte oder Messverfahren der Werbe- oder Markenwirkung. – 2. *Arten:* Es können zwei Arten unterschieden werden: (1) freie Reproduktion (Free Recall) und (2) unterstützte Reproduktion (Aided Recall). Bei der freien Reproduktion gibt die Testperson das Gelernte frei und ohne Hilfe wieder. Bei unterstützter Reproduktion werden der Testperson Gedächtnisstützen des gelernten Materials geliefert. – Vgl. auch → Day-after-Recall-Test. – 3. *Bewertung:* Es herrscht Uneinigkeit darüber, ob Recall-Messungen valide und reliabel sind. – 4. *Markenrecall:* Der Markenrecall zeigt die „aktive" → Markenkenntnis an. Der Konsument ist in der Lage, zu einem bestimmten Produkt- oder Dienstleistungsbereich aus dem Gedächtnis eine Marke zu nennen. – Messung des Markenrecall: Die Festlegung des vorgegebenen Produktbereiches, zu dem spontan Marken erinnert werden, kann unterschiedlich breit sein. Der Markenrecall kann zudem mit oder ohne Zeitvorgabe erfolgen. Enge Zeitvorgaben erschweren die Recallaufgabe. Alternativ kann auch die Zeit, wann welche Marke genannt wurde, gemessen werden. Dadurch erhält man tieferen Aufschluss darüber, welche Marke bes. stark mit einer Produktkategorie verknüpft und → Top of Mind ist. – *Bedeutung des Markenrecall:* Die aktive Erinnerung sorgt bei bewussten und überlegten Entscheidungen dafür, dass die Marke zur Menge der bei der Wahl berücksichtigten Alternativen gehört. Nur bei sehr geringem Involvement wird die Entscheidung erst in der Kaufsituation getroffen und es genügt die passive Markenkenntnis für den Kauf der Marke. – 5.

Bildrecall: modalitätsspezifische Messverfahren, bei denen die Testpersonen ihre → inneren Bilder in visueller Form wiedergeben. Der Bildrecall ist ein Reproduktionsverfahren, bei dem die Testperson ihre inneren Bilder zeichnerisch wiedergibt. – Vgl. auch → Recognitiontest.

Rechnungspreis – von einem Lieferanten auf dem Rechnungsformular ausgewiesener Verkaufspreis für eine Ware, d.h. Listenpreis abzüglich der eingeräumten Mengenrabatte. Rechnungspreise sind ggf. um Preisnachlässe (Skonti, Gutschriften, Treueboni, Jahresrückvergütungen, Gesamtumsatzrabatte) zu mindern. – Vgl. auch → Wareneinstandspreis.

Recognitiontest – *Wiedererkennungsverfahren;* direktes Messverfahren der Gedächtnisinhalte oder Messverfahren der → Werbewirkung. Beim Wiedererkennen wird der Person das gelernte Material zusammen mit anderen Materialien vorgelegt und sie wird gefragt, an welches Material sie sich erinnert. Die Vergessenskurve verläuft bei Messungen des Wiedererkennens flacher als bei Recallmessungen und ist nach oben verschoben. – 1. *Markenrecognition:* misst die „passive" → Markenkenntnis, da der Konsument sich nur dann an die Marke erinnert, wenn er die Marke (bzw. den Markennamen) sieht. – Messung des Markenrecognition: Gestaltungsmöglichkeiten ergeben sich daraus, ob die Liste der Markennamen, die dem Befragten vorgelegt wird, in Standardschrift geschrieben ist, in den entsprechenden Schriftzügen mit den jeweiligen Farben der Marken oder aus Markenabbildungen besteht. – Bedeutung des Markenrecognition: Bei sehr geringem Involvement wird die Entscheidung erst in der Kaufsituation getroffen und es genügt die passive Markenkenntnis für den Kauf der Marke, bei bewussten und überlegten Entscheidungen ist der Markenrecall nötig. – 2. *Bildrecognition:* umschließt Verfahren wie Bilderpuzzle, Bilderzuordnung und Bildmaskierung. Dabei werden der Testperson visuelle Reizvorlagen vorgelegt, die sie ihrem

Wissen entsprechend erkennen oder zuordnen soll. Ziel ist, wenig bewusstes bildliches Wissen einzufangen. – Vgl. auch → Recalltest.

Redistribution – I. Betriebswirtschaftslehre: alle Prozesse, die sich im Zuge der Entwicklung von einer Abfall- hin zu einer Kreislaufwirtschaft nach dem Konsum eines Produktes ergeben. Dazu zählen die Wiedergewinnung von Abfällen, die Organisation von Absatz- und Beschaffungsmärkten, das Recycling und die Entsorgung. – Vgl. Abbildung „Redistributionsfunktionen".

Redistributionsfunktionen

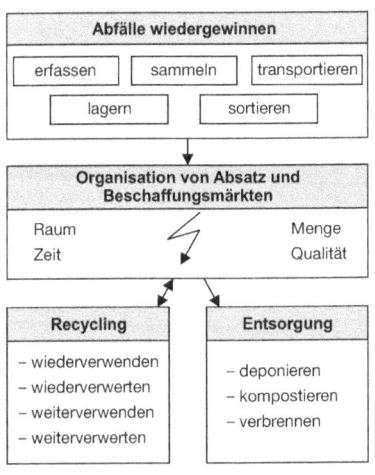

Quelle: Funck, Dirk/Schinnenburg, Heike, Umweltmanagement im Handel, Frankfurt 2000, S. 124

II. Volkswirtschaftslehre: Umverteilung von Einkommen und Vermögen aus der Primärverteilung, v.a. auf dem Wege staatlicher Umverteilungsmaßnahmen im Rahmen des Steuer-, Abgaben- und Transfersystems. – Vgl. auch Verteilungspolitik, primäre Einkommensverteilung, sekundäre Einkommensverteilung.

Reduktionsmarketing → Demarketing.

Reduktionswerbung – Werbung zwecks gezielten Umsatzabbaus. – *Anders:* → Erhaltungswerbung. – *Gegensatz:* → Expansionswerbung.

Refaktie – Preis- oder Gewichtsabzug für schadhafte oder unbrauchbare Teile einer gelieferten Warensendung (z.B. → Fusti).

Referenzanlage bzw. -leistung – Anlagegüter bzw. Leistungen, mit denen der Hersteller seine Problemlösungsfähigkeit im realen Produktionseinsatz gegenüber potenziellen Kunden beweisen kann. Wichtiger Akquisitionsfaktor im Investitionsgütermarketing. Anbieten von Referenzanlagen bzw. -leistungen ist oft auslösendes Element für die Auftragsgewinnung.

Referenzanwender – Anwender eines Produkts, der einem Interessenten an diesem Produkt vom Hersteller als Referenz benannt werden kann. Vielfach sind die Referenzanwender auch bereit, Interessenten die Produktanwendung vorzuführen.

Reflektant – möglicher Käufer, Bieter, Bewerber um ein wirtschaftliches Gut bei Verkäufen, Auktionen, Pachtangeboten etc.

Reformhäuser – Betriebsform des → Einzelhandels, die überwiegend naturbelassene Lebensmittel, Diätprodukte, Naturheilmittel und Kosmetik- bzw. Körperpflegemittel anbietet. – *Anders:* Bioläden, deren Konzept über die gesunde Ernährung hinaus mehr im übergreifenden Ökologie-Marketing liegt.

Regal-Großhändler → Rack Jobber.

Regalmiete – *Regalplatzmiete;* einmalige oder laufende Geldzahlungen für die Nutzung des Engpassfaktors Regalplatz auf dem → Absatzweg von Waren. Im → Cash-and-Carry-Großhandel (CC) häufig → Rack Jobber als Mieter. Häufig auch in der Praxis des Lebensmittelhandels, meist verbunden mit Regalpflege durch den Außendienst des Herstellers. Hersteller schätzen den Vorteil, durch eigene Vertriebsorgane den Absatz am point of sale forcieren zu können, hoch ein. – *Wettbewerbsrechtlich* sind Mietzahlungen für die Überlassung von Regalplatz im Einzelhandel umstritten, in der Gemeinsamen Erklärung

sind sie als „unzulässige Nebenleistung" eingestuft. Ob Zahlungen für Regalmieten vom Einkaufsrechnungspreis zur Ermittlung des wettbewerbsrechtlich relevanten Einstandspreises abgezogen werden können, ist ebenso umstritten. – Vgl. auch → Wareneinstandspreis.

Regalplatzmiete → Regalmiete.

Regiebetrieb – I. Öffentliche Verwaltung/ Öffentliche Betriebswirtschaftslehre: Verwaltungseinheit ohne jegliche institutionalisierte Selbstständigkeit, die aufgrund der Art der Aufgabe und ihrer wirtschaftlich, technisch und sozial abgrenzbaren Einheit von der übrigen Verwaltung getrennt ist (kostenrechnende Einrichtung, Gebührenhaushalte). Für den Regiebetrieb werden alle Ein- und Ausgaben im Trägerhaushalt ausgewiesen. Der Regiebetrieb entspricht im Normalfall dem Bruttobetrieb. (Im Land Niedersachsen besteht eine Ausnahmevorschrift, die einen Nettoregiebetrieb ermöglicht. Beim Netto-Regiebetrieb wird nur der Zahlungssaldo als Überschuss oder Zuschussbedarf im Haushalt festgehalten (Netto-Etatisierung). In anderen Bundesländern ist die Führung eines Nettoregiebetriebes ohne gesetzliche Ermächtigung nicht zulässig). – Der Regiebetrieb ist grundsätzlich eine Organisationsform kommunaler (wirtschaftlicher) Betätigung ohne eigene Rechts- und Parteifähigkeit. Im Unterschied zum Eigenbetrieb bleibt der Regiebetrieb Teil der unmittelbaren Verwaltung. Der Regiebetrieb ist damit strikt dem kommunalen Haushalts-, Rechnungs- und Prüfungswesen unterworfen. Einnahmen und Ausgaben sowie Kredite des Regiebetriebes sind vollständig in den Haushalt der jeweiligen Kommune einzubeziehen. Damit gilt für Regiebetriebe auch das haushaltsrechtliche Gesamtdeckungsprinzip: erzielte Erlöse verbleiben nicht bei der konkreten Verwaltungsaufgabe, sondern können jedwedem Haushaltszweck zugeführt werden. In einigen Fällen wurden Regiebetriebe in sog. eigenbetriebsähnliche Einrichtungen überführt, um haushaltsrechtlichen Spielraum zu eröffnen. Dies stellt gerade im Falle einer nicht wirtschaftlichen Betätigung des Regiebetriebes eine interessante Option dar. – Im gemeindlichen Bereich kennt man den Regiebetrieb nur noch bei Versorgungsbetrieben kleiner Gemeinden und bei solchen Einrichtungen, die nicht in Eigenbetriebsform geführt werden (z.B. Schlachthöfe, Bäder) sowie Kleinbetriebe wie etwa Kantinen oder Reklamebetriebe. Faktisch ist der Regiebetrieb auf kommunaler Ebene durch den Eigenbetrieb (Nettobetrieb) verdrängt worden.

II. Handelsbetriebslehre: Verkaufsstätte des Einzelhandels, die von einer Zentrale oder Großhandlung (ggf. unter finanzieller Beteiligung einzelner Einzelhändler) einer → freiwilligen Kette, → Einkaufsgenossenschaft oder → Full-Service-Kooperation gegründet und in eigener Regie mittels Filialleitern geführt wird. Regiebetriebe führen zur stärksten Einschränkung der Selbstständigkeit; denn es handelt sich um Filialunternehmen innerhalb einer Kooperation. – Entstehungsursache ist meistens die Sicherung von Standorten zur Ausschöpfung bzw. Abrundung des Absatzgebietes. Manche Regiebetriebe werden privatisiert indem sie geeigneten Einzelhändlern übertragen werden. – Vgl. auch → Kooperationskaufmann.

regionale Marktforschung → Marktforschung.

RegressionsanalyseRegressionsmodell.

Reichweite – I. Werbung: 1. *Allgemein:* Kontaktmaßzahl zur Beurteilung der → Medien. Innerhalb der → Intermediaselektion stellt sich bes. die Frage nach den Kontakten der verschiedenen → Werbeträger mit den Zielpersonen. – 2. *Begriffsvarianten:* a) *Räumliche Reichweite:* geografisches Gebiet, das durch einen Werbeträger abgedeckt wird. – b) *Qualitative Reichweite:* besagt, inwieweit ein Werbeträger genau den zu umwerbenden Personenkreis erreicht. – c) *Quantitative Reichweite:* gibt an, wie viele Personen in einer Zeiteinheit mit dem Werbeträger in Kontakt

kommen. Für die → Mediaselektion maßgebliches Entscheidungskriterium, weil es die Auswahl auf jenen Werbeträger zusteuert, der das → Werbemittel bei gegebenen Aufwendungen (→ Werbebudget) am wirkungsvollsten an die Zielpersonen heranträgt. – Zu unterscheiden in: (1) *Brutto-Reichweite:* Summe der Einzel-Reichweiten; (2) *Netto-Reichweite:* Externe Überschneidung (→ Reichweitenüberschneidung) wird eliminiert; (3) *kumulierte Reichweite:* Reichweite, die aus einer Mehrfachbelegung desselben Werbeträgers bzw. derselben Werbeträger-Kombination resultiert. Zu ermitteln ist der prozentuale Anteil der Zielgruppe, der bei wiederholter Schaltung einer Werbebotschaft wenigstens einmal angesprochen wird. Die Kennzahl ergibt sich durch Bereinigung der Zahl der zustande gekommenen Kontakte um jene der Mehrfachkontakte. Diese Reichweitenermittlung ist angezeigt, wenn die Nutzerschaft (Leser, Hörer, Seher) stark fluktuiert. – 3. *Praxis:* Im Rahmen der Zeitschriften-Leserschaftforschung z.B. werden verschiedene Kennziffern angewandt: a) → LpN-Wert (Leser pro Nummer): steht für die Gesamtheit der Personen, die eine normale Ausgabe einer Zeitschrift lesen oder durchblättern. – b) *K1-Wert:* drückt die durchschnittliche Leserschaft einer Zeitschrift auf der Basis der Lesehäufigkeit des weitesten Leserkreises aus (schließt alle Personen ein, die mind. eine der letzten z.B. zwölf Ausgaben eines Titels gelesen haben). – c) → LpA-Wert (Leser pro Ausgabe): als Kompromiss eingeführt aufgrund der Abweichungen zwischen beiden vorgenannten Kriterien und definiert ebenfalls die Leserschaft einer durchschnittlichen Ausgabe, jedoch wird die Lesewahrscheinlichkeit durch ein aufwendiges empirisches Rechenverfahren empirisch ermittelt. – d) → LpE-Wert (Leser pro Exemplar): eine rein rechnerische Größe (LpA-Wert/ verbreitete → Auflage). – Vgl. auch → Streuung, → Streuverluste, → Mediaplanung.

II. Medienspezifische Sichtweise: Zentrale Kennzahl der → Werbeplanung. Sie beschreibt das Ausmaß, in welchem die Werbeadressaten erreicht werden. Reichweiten können nach verschiedenen Kriterien klassifiziert werden: – *Bruttoreichweite* (Zahl der erzielten Kontakte mit einem → Werbeträger oder einem → Werbemittel unabhängig von der Zahl der erreichten Personen) und *Nettoreichweite* (Zahl der erreichten Personen, die mind. einen Kontakt hatten). – *Werbeträgerreichweite* (Zahl der erzielten Werbeträgerkontakte bzw. der durch einen Werbeträger erreichten Personen) und *Werbemittelreichweite* (Zahl der durch ein Werbemittel erreichten Personen bzw. erzielten Werbemittelkontakte). – *Quantitative Reichweite* (Zahl der insgesamt erreichten Personen) und *qualitative Reichweite* (Anzahl der erreichten Personen der Zielgruppe). – Bei der quantitativen Reichweite kann man je nach Zahl der betrachteten Werbeträger und Zahl der Einschaltungen in den Werbeträgern weiter differenzieren: – Einzelreichweite (Zahl der erreichten Personen bei einmaliger Belegung eines Werbeträgers). – *Kumulierte Nettoreichweite I* (Zahl der Personen, die durch eine einmalige Schaltung in mehreren Werbeträgern mind. einmal erreicht werden). Sie errechnet sich als Gesamtzahl der erreichten Kontakte bei simultaner Belegung mehrerer Werbeträger abzüglich der externen Überschneidungen, d.h. der Mehrfachkontakte bei ein und derselben Person. – *Kumulierte Nettoreichweite II* (Anzahl der erreichten Personen einer Werbemaßnahme bei Mehrfachbelegung eines Werbeträgers). Sie errechnet sich als Bruttoreichweite abzüglich der internen Überschneidungen, d.h. der Mehrfachkontakte bei ein und derselben Person. – *Kombinierte Nettoreichweite* (Zahl der Personen, die bei Mehrfachbelegung verschiedener Werbeträger mind. einmal erreicht werden). Sie errechnet sich als Bruttoreichweite abzüglich interner und externer Überschneidungen.

III. Umwelt- und Ressourcenökonomik: Indikator für die Verfügbarkeit einer erschöpflichen Ressource. Die Reichweite errechnet sich als Quotient aus vorhandenem Bestand

und Jahresverbrauchsmenge. Als Bestand können die zum Bezugszeitpunkt bekannten und wirtschaftlich rentabel abbaubaren Rohstoffmengen (Reservenreichweite) oder die in Zukunft womöglich rentabel abbaubaren Rohstoffmengen (Ressourcenreichweite) angesehen werden. Die Jahresverbrauchsmenge kann aufgrund des aktuellen Verbrauchs (statische Reichweite) oder unter Berücksichtigung einer vermuteten Wachstumsrate des Verbrauchs (dynamische Reichweite) angesetzt werden.

Reichweitenüberschneidung – *Duplikation, Multiplikation;* Mehrfachkontakte bei simultanem Einsatz unterschiedlicher → Medien bez. der → Reichweite. Reichweitenüberschneidung kann entstehen, indem Personen verschiedene → Werbeträger, z.B. Zeitung und Fernsehen, parallel nutzen. – Vgl. auch → Mediaanalyse, → Mediaplanung.

Reihenfolgeeffekt – Änderung im Antwortverhalten von Befragungspersonen aufgrund der unterschiedlichen Reihenfolge der vorgelegten Fragen.

Re-Import – 1. *Begriff:* Wiedereinfuhr von Waren, die zuvor in ein fremdes Wirtschaftsgebiet ausgeführt wurden. Reimporte werden z.T. zur Umgehung von Preisbindungs- oder Preisempfehlungssystemen (→ Preisbindung der zweiten Hand, → Preisempfehlung) vorgenommen. Problematisch für Hersteller sind Reimporte, wenn damit eine regionale Preisdifferenzierung unterwandert wird. – 2. *Zollrecht:* Werden ehemalige Gemeinschaftswaren wiedereingeführt, ist regelmäßig Zollfreiheit gegeben, Rückwaren gem. Art. 185 ff. Zollkodex (ZK).

Reizschwelle – Größe, ab der Reize überhaupt erst wahrgenommen werden. Die Wahrnehmungsintensität nimmt bei einer Verstärkung des Reizes nicht zu. Das bedeutet, dass bei einer zunehmenden Reizüberflutung (→ Information Overload) eine immer höhere Reizdosierung notwendig ist, um die

Wahrnehmung bei den Empfängern zu gewährleisten.

Reizüberflutung → Information Overload.

Rejected Set → Awareness Set.

Reklame – früher synonym mit *Werbung* verwendet, im Laufe der Zeit abwertender Inhaltswandel, heute überwiegend als kritische Vokabel im Sinn schlechter, marktschreierischer, übertriebener oder gar unwahrer Werbung gebraucht. – Vgl. auch → unlautere Werbung, sittenwidrige Werbung, → irreführende Werbung.

Relationship Management → Relationship Marketing, Kundenbindungsmanagement.

Relationship Marketing – *Beziehungsmarketing.* Wettbewerbsintensive und gesättigte Märkte erschweren die Akquisition von Neukunden. Dementsprechend spielen Beziehungen zu bestehenden Kunden eine wichtige Rolle. Beim Relationship Marketing konzentrieren sich die Marketinganstrengungen eines Unternehmens auf den Aufbau und die Gestaltung langfristiger Beziehungen zu seinen Anspruchsgruppen, bes. den Kunden, um dadurch Wettbewerbsvorteile gegenüber Konkurrenten zu erreichen. Durch möglichst bedürfnisgerechte, individuelle Kundenorientierung soll eine hohe Kundenbindung bzw. Kundenloyalität erreicht werden; gleichzeitig gilt es, z.B. durch aktives Beschwerdemanagement die Kundenabwanderungsrate zu senken und insgesamt den Kundenwert bzw. die Customer Equity zu erhöhen. – Vgl. auch → Stammkunde, → Kundenclub.

relative Handelsspanne → Prozentspanne.

Relaunch – 1. *Begriff*: Strategie zur Verlängerung des → Lebenszyklus eines Produkts durch zielgruppenspezifische Anpassungen in der → Produktgestaltung (→ Produktvariation, Produktmodifikation) und zugehöriger Maßnahmen im → Marketing-Mix. Der Einsatz eines Relaunches erfolgt überwiegend am Ende der Sättigungsphase im Rahmen des Lebenszyklus. – 2. *Ziele*: a) Verlängerung des Lebenszyklusses eines Produktes, b) Preisverfall

stoppen, c) Absatzstagnation oder -rückgang stoppen, eventuell eine neue Wachstumsphase einleiten. – 3. *Alternativer Einsatz:* ein wenig erfolgreiches Produkt (→ Flop) kann kurzfristig vom Markt zurückgezogen und zu einem späteren Zeitpunkt in veränderter Form erneut in den Markt eingeführt werden. – Vgl. auch → Werbeziel.

Relevant Set – Auswahl von Produkten bzw. Marken im Bewusstsein eines Konsumenten. Der mehrstufige Selektionsprozess beginnt mit allen verfügbaren, setzt sich fort mit den bekannten, vertrauten und akzeptierten und endet mit den präferierten Produkten bzw. Marken. – Vgl. auch → Awareness Set, → Evoked Set.

Reliabilität – 1. *Begriff*: Ein Gütekriterium; wird berücksichtigt bei der Messung theoretischer Konstrukte (z.B. Motivation, Einstellung, Preisbereitschaft). Die Reliabilität einer Messmethode gibt an, inwieweit Messergebnisse, die unter gleichen Bedingungen mit identischen Messverfahren erzielt werden (z.B. bei Wiederholungsmessungen), übereinstimmen. Sie wird häufig als Korrelation zwischen zwei Messreihen berechnet. – 2. *Methoden zur Messung:* a) *Test-Retest-Reliabilität:* Korreliert werden die Einstellungen einer Gruppe, die mit der gleichen Methode zu verschiedenen Zeitpunkten gemessen werden. – b) *Äquivalente Messungen:* Korreliert werden die Einstellungen einer Gruppe, die mit verschiedenen, aber als äquivalent angenommenen Methoden gemessen werden. – c) *Parallele Messungen:* Die Einstellung einer Gruppe wird zweimal mit jeweils verschiedenen Items gemessen.

Remailing – Vorgang, bei dem Massendrucksachen im Inland gesammelt, ins Ausland transportiert und dann vom Ausland ins Inland verschickt werden, um die dort niedrigeren Portokosten auszunutzen.

Reminder – *Auffrischungstechnik.* 1. *Begriff*: spezielle → Frequenztechnik der Werbung, bei der ein → Werbemittel kurz aufeinander folgend im gleichen Medium wiederholt wird. – 2. *Rundfunkmedien/audiovisuelle Medien:* Auf einen Spot für ein Produkt oder eine Marke folgt innerhalb des gleichen Werbeblocks nach einer kurzen Zeitspanne ein Spot für das gleiche Produkt/die gleiche Marke. Dabei ist der nachgeschaltete Spot üblicherweise kürzer. – 3. *Printmedien:* Auf eine → Anzeige für ein Produkt oder für eine Marke folgt in dem gleichen Printmedium nach einigen Seiten eine weitere Anzeige für das gleiche Produkt/die gleiche Marke. Von dem Reminder profitiert v.a. die aktive → Markenkenntnis (→ Recalltest) und demzufolge die Aktualität (→ Aktualisierung).

Renner – Produkte mit im Vergleich zu den übrigen Artikeln des Sortiments hoher Umschlagshäufigkeit. – *Gegensatz:* → Ladenhüter.

Repräsentativerhebung → Erhebung, die sich nur auf eine Teilgesamtheit (→ Stichprobe, → Teilerhebung) erstreckt und deren Ergebnisse geeignet auf die → Grundgesamtheit übertragen werden können. Die Repräsentativität der Teilgesamtheit ist abhängig von dem zugrunde liegenden Auswahlverfahren. – *I.e.S.* können nur Zufallsstichprobenerhebungen von einer gewissen Stichprobengröße an als Repräsentativerhebungen gelten. *I.w.S.* werden trotzdem auch nichtzufällige Auswahlverfahren (→ bewusste Auswahl) unter die Repräsentativerhebungen gerechnet. Bes. eine sorgfältige und damit qualitativ hochwertige Quotenauswahl hat sich der Zufallsauswahl immer wieder als ebenbürtig erwiesen, bietet indessen nicht die Möglichkeit der Intervallschätzung oder Hypothesenprüfung.

Repräsentativität – Eine → Stichprobe ist dann repräsentativ, wenn ihre Ergebnisse ohne systematischen Fehler auf die → Grundgesamtheit hochgerechnet werden können. Ein Sonderfall einer repräsentativen Stichprobe ist eine proportionale Stichprobe, bei der alle Anteile in der Stichprobe den Anteilen in der Grundgesamtheit entsprechen. Ist das interessierende Merkmal jedoch sehr

ungleich in der Grundgesamtheit verteilt, dann ist es oft sinnvoll, die Einheiten, welche mehr von dem interessierenden Merkmal auf sich vereinen, stärker zu berücksichtigen. So sind Stichproben von → Handelspanels grundsätzlich disproportional angelegt. Eine solche Stichprobe ist dann repräsentativ, wenn das Ausmaß der Disproportionalität bekannt ist. Diese wird für die Berichterstattung dadurch wieder ausgeglichen, dass die Stichprobeneinheiten unterschiedliche Hochrechnungsfaktoren erhalten.

Reservationspreis – Begriff aus der Mikroökonomie, entspricht der maximalen → Preisbereitschaft eines Nachfragers für eine Leistung bzw. dem akzeptierten Minimalpreis des Anbieters.

Residenzhandel – Handel nach dem *Residenzprinzip:* Der Kaufvorgang findet am Standort des Verkäufers (dessen Residenz) statt, so bei den meisten Betriebsformen des → stationären Handels. Der Käufer bewegt sich zum Verkäufer. – *Anders:* → Distanzhandel, → Domizilhandel, → Markthandel.

Residenzprinzip → Residenzhandel.

Response Function → Responsefunktion.

Responsefunktion – *Response Function, Wirkungsfunktion;* Beziehung zwischen beliebig vielen Marketingvariablen (z.B. Preis, Kommunikation, Distribution) und dem Response (Antwort), den die Marketingvariablen bei Konsumenten und Nachfrager auslösen. Unabdingbare Voraussetzung für rationale Marketingentscheidungen. – *Messung:* Die Responsefunktion kann in tabellarischer, grafischer oder mathematischer Form beschrieben werden. Der Response (abhängige Variable) wird oft in Form von absoluten oder relativen Absatzmengen oder → Marktanteilen gemessen, sodass die Responsefunktion Auskunft gibt über Art und Stärke der Wirkung verschiedener Marketingvariablen auf den Absatz und/oder Marktanteil eines Produktes; die Wirkung kann nicht direkt oder indirekt über andere Marketingvariable erfolgen. – *Wichtige Sonderformen:*

→ Preisresponsefunktion, → Werbewirkungsfunktion.

Restwaren – Lagerbestände bei Produzenten oder Handelsbetrieben, die i.d.R. zu normalen Preisen nicht mehr verkauft werden können. Sonderveranstaltungen, auf denen Restwaren verkauft werden, sind entgegen alter Rechtslage wettbewerbsrechtlich grundsätzlich zulässig, es sei denn, die Veranstaltung wird in irreführender Weise beworben.

Retailing → Handel.

Retention Marketing – In umkämpften und gesättigten Märkten kann es für ein Unternehmen Gewinn bringender sein, die Beziehungen zu bestehenden Kunden zu intensivieren, als Neukunden zu akquirieren. Im Zentrum des Retention Marketings stehen die profitablen Kunden. Der Kundenstamm eines Unternehmens wird unter Rentabilitätsgesichtspunkten analysiert und bewertet. Es werden profitable Kunden(gruppen) identifiziert und innerhalb dieser anhand von Kaufverhaltensaspekten möglichst homogene Segmente gebildet. Mittels spezifischer Marketingmaßnahmen soll versucht werden, für das Unternehmen bedeutende Kunden(gruppen) durch eine intensive Pflege der Beziehungen langfristig an das Unternehmen zu binden (→ Relationship Marketing).

Retouren – 1. *Allgemein:* beanstandete oder unverkäufliche, an den Verkäufer zurückgesandte Waren. – 2. *Außenhandel:* Waren, die dem Exporteur von seinen Niederlassungen oder Geschäftspartnern im Ausland zur Verrechnung von Exportsendungen zugesandt werden; zu registrieren in einem Retourenbuch. – 3. *Zollrecht:* Rückwaren. – 4. *Bankverkehr:* nicht eingelöste Wechsel *(Retourwechsel),* Schecks *(Retourscheck)* und Lastschriften.

Revenue Management – Konzept zur Ertragsoptimierung in der Dienstleistungsbranche, bei dem unter Einsatz integrierter Informationssysteme eine dynamische Preis-Mengen-Steuerung erfolgt, die zu einer gewinnoptimalen Nutzung vorhandener Kapazitäten führen soll.

Reverse Engineering – bezeichnet die Nachkonstruktion eines bereits bestehenden Produktes. Durch Zerlegung des Produktes kann auf die Funktions-, Design- und Fertigungsprinzipien sowie die Wertschöpfungsstruktur geschlossen werden. Zweck des Reverse Engineering kann zum einen die Analyse von Wettbewerbsprodukten sein, aber auch das Erkennen von Differenzierungsmöglichkeiten.

Reverse Marketing – Übergang von dem häufig anzutreffenden, stark operativ und reaktiv ausgestalteten → Beschaffungsmarketing zu einer Integration der strategischen Beschaffungspolitik in die strategische Unternehmensplanung.

Revival – Wiederbelebung einer Marke, Mode oder eines Angebotes aus der Vergangenheit. Kann alternativ auch als Maßnahme der verstärkten Bewerbung von Produkten mit dem Ziel der Verlängerung der Wachstums- oder auch der Reifephase im Produktlebenszyklus verwendet werden. – Vgl. auch → Relaunch, → Facelifting.

Richtpreis – I. Betriebliche Preispolitik: vorläufiger, später in einen Festpreis (Preisfunktionen) umzuwandelnder Preis für Erzeugnisse, zu deren Preisbildung die Kostengrundlagen noch nicht genau zu ermitteln sind.

II. Staatliche Preispolitik: Festsetzung von Höchst-(Mindest-)Preisen, die nicht über-(unter-)schritten werden sollen, nach denen sich also die Marktteilnehmer richten müssen.

Robinsonliste – eine vom Deutschen Direktmarketing-Verband herausgegebene Liste, in der Personen erfasst sind, die ausdrücklich keine Direktwerbung erhalten möchten. Um Imageschäden zu vermeiden, sollte diesem Wunsch bestimmter Konsumenten stringent entsprochen werden.

Rohertrag – 1. *Begriff:* Differenz zwischen Warenverkaufspreis (ohne Mehrwertsteuer) und der eingesetzten Warenmenge, bewertet mit dem → Wareneinstandspreis (ohne Vorsteuer). Rohertrag, bezogen auf einen Artikel, ergibt seine → Handelsspanne. Die Summe aller artikelbezogenen Roherträge ergibt den → Warenrohgewinn. – 2. *Anwendung/Kritik:* a) Roherträge werden als Planungsgröße für sortimentspolitische Entscheidungen genutzt (→ Sollspanne). – Wichtigste Risiken dieses Vorgehens: (1) Die geplanten Verkaufspreise können nicht realisiert werden, z.B. wegen zusätzlich gewährter Rabatte, wegen Ausnutzung des Skontos durch die Kunden, wegen Preisreduzierungen bei Warenverderb oder -beschädigung. (2) Die Wareneinstandspreise erhöhen sich, z.B. wegen Nichtausnutzung des Skontos aus Liquiditätsgesichtspunkten, wegen Erhöhung der Kosten der Wareneingangskontrolle, wegen Nichterhalts einkalkulierter Boni infolge des Verfehlens von Jahreszielvereinbarungen. (3) Waren werden in erhöhtem Maß gestohlen oder erweisen sich als unverkäuflich; die Zahlungseingänge sind geringer als geplant, verschieben sich oder fallen ganz aus. (4) Die Höhe der Handlungskosten bleibt völlig unberücksichtigt. – b) *Einschränkungen:* Als Kennzahl ist die Bruttorentabilität (Rohertrag: durchschnittlicher Warenbestand zu Wareneinstandspreisen) im Handel zwar sehr verbreitet; sie sollte jedoch durch die betriebswirtschaftlich wesentlich aussagefähigere Nettorentabilität (im Zähler steht ein Deckungsbeitrag) ersetzt werden (→ Kennzahlen im Handel).

Rohgewinn – Bruttoerfolg, → Warenrohgewinn.

Rohproduktenhandel → Rohstoffhandel.

Rohstoffhandel – *Rohproduktenhandel;* Form des Handels, differenziert nach ihren Hauptumsatzträgern: Roh-, Hilfs- und Betriebsstoffe sowie Zwischenprodukte, die in den nachfolgenden Produktionsstufen verwendet werden. – *Abgrenzung* zum → Urproduktenhandel und zum → Produktionsverbindungshandel fließend.

rollende Läden – Bezeichnung für die beim → Fahrverkauf eingesetzten Fahrzeuge.

Rosenzweig-Test → Bildenttäuschungstest.

Rotationsvertretersystem – Form der Organisation des Außendiensts im Direktvertrieb, bei der den Mitarbeitern in bestimmten zeitlichen Abständen andere Verkaufsbezirke zugewiesen werden. Ziel der Rotation ist, die Verkaufsaktivitäten dynamisch zu halten. Damit verbunden ist aber eine nur sehr lose Bindung zwischen Kunden und Verkäufer mit entsprechenden negativen Auswirkungen auf die → Kundenbindung. – Vgl. auch → Platzvertretersystem.

Routinekauf – Käufe, die gewohnheitsmäßig erfolgen und kaum durch kognitive Prozesse (Kognition) gesteuert werden. – Vgl. auch → habituelles Kaufverhalten.

RSS-Feed – 1. *Begriff:* Möglichkeit für den Kunden, sich regelmäßig über neue Informationen auf einer Webseite informieren zu lassen. RSS steht dabei für „Really Simple Syndication" und stellt Inhalte einer Website und/oder deren Änderungen in einer standardisierten, maschinenlesbaren Form bereit. – 2. *Merkmale:* Die Feeds (abgeleitet von „to feed" = füttern) bestehen häufig nur aus a) einer Schlagzeile, b) können aber auch mit einem kurzen Textauszug und einem Link zur jeweiligen Originalseite erweitert werden oder c) sie können die kompletten Inhalte umfassen (Volltext-RSS). – Eingelesen und angezeigt werden die RSS-Feeds über einen Feedreader, der für den Nutzer als Aggregator für Informationen über Neuigkeiten von unterschiedlichen Webseiten dient. Der Feedreader führt fortlaufend alle Änderungen zusammen und stellt so sicher, dass der Nutzer über Änderungen informiert ist, auch wenn er die Webseite selbst nicht fortlaufend besucht. – 3. *Beispiel:* Google Reader.

Rückerstattungsangebot – *Money-Refund Offer;* Maßnahme der → Verkaufsförderung.

Mit dem Kauf eines bestimmten Produktes erhält der Konsument gleichzeitig die Herstellergarantie, dass er innerhalb einer bestimmten Frist bei Nichtgefallen bzw. Unzufriedenheit den Verkaufspreis (insgesamt oder mit Nutzungsabschlag) zurückerstattet bekommt.

Rücklaufquote – Anteil der versandten Werbemittel mit Rückantwort oder Fragebögen einer postalischen → Befragung, die innerhalb eines festgesetzten Zeitintervalls zurückgesandt wurden. Niedrige Rücklaufquote kennzeichnend für das Non-Response-Problem. Die Rücklaufquote soll v.a. von → Nachfassaktionen erhöht werden.

Rückvergütung – I. Genossenschaften: typische Form der Überschussverteilung an die Genossenschaftsmitglieder auf der Basis der Mitgliederumsätze mit dem genossenschaftlichen Geschäftsbetrieb. Rückvergütung ist keine Gewinnausschüttung, sondern eine im Geschäftsverkehr mit den Mitgliedern erwirtschaftete Verteilung von Überschüssen. Gewissermaßen ist es eine Reduzierung der im Zweckgeschäft von den Mitgliedern berechneten Preise. Es handelt sich jedoch um keinen Rabatt, da Rückvergütungen keine Preissenkungen für einzelne Geschäftsabschlüsse sind. Nach § 22 KStG wird die genossenschaftliche Rückvergütung dann steuerlich akzeptiert, wenn sie im Mitgliedergeschäft – im Sinne einer wirtschaftlichen Förderung der Mitglieder – erwirtschaftet worden ist. In der Genossenschaftspraxis sind Rückvergütungen bei landwirtschaftlichen Waren-, Nutzungs- und Produktionsgenossenschaften und bei gewerblichen Handelsgenossenschaften verbreitet. Sie können jedoch

auch bei Kreditgenossenschaften in Form von Zinsnachzahlungen und/oder Zinsrückvergütungen an die Mitglieder auftreten. II. **Bahnverkehr:** tarifmäßig von den Eisenbahnen den Verfrachtern bei Auslieferung gewisser Mindestmengen von Gütern gewährte Vergütung unter Anwendung der Mindestmengenklausel. III. **Versicherungswesen:** Rückgabe nicht verbrauchter Prämienanteile an die Versicherungsnehmer, z.B. wegen Schadenfreiheit in der Krankenversicherung. – Vgl. auch Beitragsrückerstattung.

Rückwärtsintegration – Übernahme einer oder mehrerer Fertigungsstufe(n), die bisher von einem Zulieferer durchgeführt wurde(n). – *Gegensatz:* → Vorwärtsintegration.

Rückzugsstrategie – 1. *Begriff:* Marktaustritt; Exit-Strategie; im Gegensatz zur Wachstumsstrategie kennzeichnet die Rückzugsstrategie einen teilweisen (regionalen) oder totalen Rückzug von Produkten bzw. Dienstleistungen oder ganzen Geschäftsbereichen vom Markt. Die Gründe für einen Marktaustritt können in stagnierenden, schrumpfenden oder erfolglos bearbeiteten Märkten liegen. Schrumpfende Marktvolumia können auslaufende Technologie- und Produktlebenszyklen ankündigen und erfordern eine „Stay-or-Exit-Entscheidung", durch die ggf. frühzeitig die Marktaustrittsbarrieren gesenkt werden. – 2. *Ausgestaltungsformen:* Im Rahmen von Marktaustrittsstrategien stehen unterschiedliche Optionen zur Wahl: (1) Abschöpfungsstrategie mit schrittweisem Rückzug; (2) sofortige Beendigung der Geschäftsaktivitäten; (3) Verkauf des Geschäftsbereiches.

S

Saccade – Blicksprünge bei der Betrachtung von Bild- bzw. Textelementen, die im Rahmen der → Blickregistrierung gemessen werden.

Saisonartikel – Güter, deren Absatz saisonalen Schwankungen unterliegen (z.B. Heizöl, Gartenmöbel). Zum Ausgleich werden v.a. Rabatte während der schwächeren Saisonen eingesetzt.

Saisonschlussverkauf – Abschnittsschlussverkäufe.

Sales Folder – gedruckte Unterlage zur Unterstützung eines Verkaufsgesprächs beim persönlichen Verkauf. Sie enthalten neben Produktinformationen auch Hinweise zu Aktionen, Rabatten und Konditionen.

Sales Force → persönlicher Verkauf.

Sales Promotion → Verkaufsförderung.

Sammelbesteller – meist „Vertreter im Nebenberuf", der Aufträge an Versandhäuser (→ Versandhandel) oder an Hersteller mit → direktem Vertrieb bündelt. – *Aufgaben:* Kontaktanbahnung; Verkaufsberatung, meist anhand der Kataloge und des sonstigen Informationsmaterials; Bestellannahme; Verteilung der Ware und ggf. Inkasso. – Sammelbesteller erhalten i.d.R. eine *Provision* auf den vermittelten Warenwert. – Mit Einführung neuer Kommunikationstechniken, z.B. Internet, entwickeln sich Sammelbesteller zu *Informationsaußenstellen,* die weitere Auskünfte über Lagerbestände, Lieferfristen, Preisreduzierungen, Zahlungsziele, Bonität u.a. abrufen können.

Sammelmarken – Maßnahme der → Verkaufsförderung. Sammelmarken werden in wertmäßiger Abhängigkeit vom tatsächlichen Einkaufswert durch den → Handel an Endverbraucher verteilt. Sie können hinterher gegen Waren eingetauscht werden.

Sammelwerbung → kooperative Werbung.

Sample → kostenlose Probe.

Sampling → Bemusterung.

SAP – 1. Abk. für *Streuplan-Analyse-Programm.* – Vgl. auch → Mediaselektionsmodelle. – 2. Abk. für *Strukturanpassungsprogramm.*

Satz – I. Kaufmännischer Sprachgebrauch: 1. Eine *Anzahl* sachlich zusammengehöriger, der effektiven Zahl nach aber unbestimmter Teile, die zumeist als Einheit gehandelt werden und deren einzelne Teile unverbunden einen geringeren Gebrauchswert haben. – 2. Synonym für *Quote.*

II. Informatik: Kurzbezeichnung für Datensatz.

Satzspiegel – vorgegebener Bereich einer Druckseite, auf dem Texte, Bilder und Grafiken platziert werden können.

SB → Selbstbedienung.

SB-Center → Verbrauchermarkt.

SB-Warenhaus → Selbstbedienungswarenhaus.

Scanner – *Abtastgerät.* 1. *Abfragevorrichtung* (Lesegerät) für optische Zeichencodes (z.B. Barcode). Scanner werden bes. im → Handel, v.a. → Einzelhandel verwendet; dient zur Identifikation der auf Waren oder Etiketten angebrachten Artikelnummern. – Vgl. auch → EAN, → Warenwirtschaftssystem (WWS). – 2. *Eingabegerät zur Bildeingabe* in einen Computer; erfasst alle Informationen von einer Vorlage, indem es für jeden Bildpunkt den entsprechenden Helligkeits- oder Farbwert sowie die Lageinformationen in digitale (digitale Darstellung) elektrische Signale umwandelt.

Scanner-Handelspanel → Handelspanel, bei dem die Erfassung der Abverkäufe automatisch orts- und zeitkongruent mittels

→ Scanner erfolgt. Wesentliche Vorteile im Vergleich mit dem herkömmlichen Handelspanel: kontinuierliche Erhebungsfrequenz, kürzerer Berichtszeitraum, genauerer Erfassungsmodus für Absätze und Preis, höhere → Reliabilität, niedrigere Kosten (da die Abverkäufe und Preise als Nebenprodukt des Kassiervorgangs anfallen). – Vgl. auch → Scanner-Haushaltspanel.

Scanner-Haushaltspanel → Haushaltspanel, bei dem die Erfassung der Abverkäufe und Preise nicht durch herkömmliche Tagebücher oder Kassenbons erfolgt, sondern mittels → Scanner. Die Haushalte werden entweder mit Identifikationskarten ausgestattet, die bei Vorlage an der Kasse (POS) eine orts- und zeitkongruente Erfassung und Zuordnung der Einkaufsvorgänge zu den Haushalten ermöglichen *(POS-Scanning,* Einsatz derzeit nur im → Testmarkt Behavior Scan). Beim *Inhome-Scanning* dagegen erfassen die Haushalte ihre Einkäufe zu Hause mit einem Handscan-Gerät. – Vorteile gegenüber dem herkömmlichen Haushaltspanel: genauere Produkterfassung, geringere Belastung der Panelmitglieder, geringere laufende Kosten, Informationsumfang (Informationen über alle Warengruppen statt nur über ausgewählte Warengruppen), größere externe → Validität. – *Formen:* Größere Handscangeräte erlauben die Eingabe aller relevanten Daten mittels einer Tastatur. Daneben gewinnt eine Variante an Bedeutung, bei der das Scangerät nur zur Erfassung des EAN-Codes dient. Alle anderen Daten werden am PC eingegeben und über das Internet übertragen. – Vgl. auch → Scanner-Handelspanel.

Schaufenster – 1. *Begriff:* wichtiges → Werbemittel des → Einzelhandels zur → Warenpräsentation. Zu unterscheiden: (1) nach *Größe und Konstruktion:* Schaufenster, Schaukasten, Vitrine, Passage (letztere gehen z.T. übergangslos in den Verkaufsraum über); (2) nach *Dekorationstyp:* Sach-, Fantasie-, Stapel-, Sensations-, Saisonfenster (Weihnachts-, Frühlings-, Schlussverkaufsfenster). – 2.

Schaufenstergestaltung (Dekoration): durch speziell ausgebildete Dekorateure, oft auch durch nicht im Unternehmen beschäftigte Schaufenstergestalter. – 3. *Funktionen:* vermitteln erste Eindrücke in das Sortiment; Darstellung von Leistungsfähigkeit und Kompetenz des Handelsunternehmens. – 4. *Wirkungskriterien:* Größe, Lage, Blickfang, Warengruppierung, Preisauszeichnung und Beleuchtung bestimmen die Verkaufswirkung von Schaufenstern. Kontrolle der Schaufenstergestaltung durch Beobachtung (Blickverlaufsaufzeichnungen) und ggf. anschließender Befragung. – Vgl. auch → Schaufenstermiete.

Schaufenstergestaltung → Schaufenster.

Schaufenstermiete – einmalige oder laufende Geldzahlungen, v.a. an den Facheinzelhandel, für die Nutzung des Werbemittels → Schaufenster; gilt als den Leistungswettbewerb im Handel gefährdende Praktik.

Schirmmethode → Markenstrategien.

Schleichhandel → Schwarzhandel.

Schleuderpreis → Preisschleuderei.

Schlüsselbild – *Key Visual, Leitbild;* visuelles (und akustisches) Grundmotiv, das die → Positionierung einer → Marke oder eines Unternehmens abbildet. Ein Schlüsselbild bestimmt den langfristigen visuellen Auftritt von Marken und Unternehmen (z.B. Marlboro Cowboy).

Schnelldreher → Renner.

Schnellgreifbühne – technisches Hilfsmittel im Rahmen der Spontanhandlungsverfahren zur Messung der Aufmerksamkeit bei der → Werbeerfolgsprognose von Verpackungen (→ Verpackungstest). Die Testpersonen sollen mittels eines technischen Gerätes spontan aus einer Anzahl von verschiedenen Packungen eine herausgreifen. Dabei wird die Zeit, in der die Entscheidung zu treffen ist, bewusst verkürzt. „Greiftests" auch in abgewandelten Versionen, z.B. werden die Probanden beim Verlassen einer Veranstaltung ganz unvorbereitet darauf hingewiesen, dass sie aus einer Anzahl am Ausgang stehender Packungen eine kostenlos mitnehmen können. Bes. Prüfung der Anmutungsqualität von Packungen und Beurteilung des Preis-/Leistungsverhältnisses verschiedener Alternativen. Die aus den Ergebnissen gezogenen Schlüsse hinsichtlich des zukünftigen Erfolges einer Verpackung sind umstritten.

Schreibtischforschung – *Desk Research*; Bezeichnung der → Marktforschung für Auswertungsarbeiten primär-statistischen Materials (→ Sekundärforschung). – *Anders:* → Feldforschung, → Laborforschung.

Schriftlogo → Logo.

Schwarzhandel – *Schleichhandel*; Handel mit Waren unter Umgehung gesetzlicher Vorschriften. Waren sind Schmuggel- oder Hehlerwaren, Drogen und zum Verkauf nicht freigegebene, z.B. verdorbene, gesundheitsgefährdende Waren. – Beispiel sind der Verkauf von verdorbenen Fleisch (*Gammelfleisch-Skandal*) oder der Schwarzhandel in Zeiten der Warenknappheit bei gleichzeitiger Kontingentierung durch den Staat (in Kriegs- und Nachkriegszeiten oder in Ländern mit Zentralverwaltungswirtschaft).

Screening – I. Marketing: 1. *Begriff:* Grob- oder Vorauswahl von Produktideen (Innovation) im Rahmen der Neu- oder Weiterentwicklung von Produkten. – 2. *Vorgehen:* durch Einsatz von Methoden der → Produktbewertung, z.B. → Profilverfahren und Scoring-Modelle (→ Nutzwertanalyse) können Prioritäten für neue Produkte erstellt werden. – 3. *Fehler:* grundsätzlich können 2 Arten von Fehlern unterschieden werden: a) *Ablehnungsfehler*, das Unternehmen lehnt eine gute Idee ab oder b) *Annahmefehler*, das Unternehmen führt Vorschläge weiter, die keinen Erfolg versprechen.

II. Informationsökonomik: Adverse Selection.

Secondhandshop – Betriebsform des Einzelhandels: gebrauchte, aber noch weiterhin nutzbare Waren (v.a. Textilien) werden aufgekauft und zu verhältnismäßig niedrigen

Preisen verkauft. – Vgl. auch → Altwarenhandel, → Trödelhandel.

Segmentierung – I. Organisation: Spezialisierung, horizontale Zerlegung eines Handlungskomplexes im Rahmen der Bereichsbildung. Durch Segmentierung wird der *Inhalt der Kompetenz* organisatorischer Einheiten festgelegt; dies prägt die spezifischen Orientierungen bzw. Zuständigkeiten der Handlungsträger bez. der verschiedenen Dimensionen des arbeitsteiligen (Arbeitsteilung) Handlungsvollzugs in der Unternehmung. – *Segmentierungskriterien:* (1) Verrichtungen (Verrichtungsprinzip), (2) Objekte (Objektprinzip).

II. Marketing/ Marktforschung: → Marktsegmentierung.

Segmentierungskriterien → Segmentierung, → Marktsegmentierung.

segmentspezifische Tarife → Preisdifferenzierung nach Kundensegmenten, z.B. nach → Preisbereitschaft, Einkommen, Präferenzen und Einkaufsverhalten der Zielgruppe.

Sekundärforschung – 1. *Begriff:* Form der → Marktforschung, Aufbereitung und Auswertung bereits vorhandenen Datenmaterials, das nicht für den konkreten Untersuchungszweck erhoben worden ist. – 2. *Vorteil:* Zeit und Kostenersparnis, da keine empirische Erhebung notwendig ist. – *Nachteil:* Zeitliche Überholung, ggf. Qualität des Materials (von der ursprünglichen Zwecksetzung abhängig). – *Gegensatz:* → Primärforschung.

Sekundärkommunikation → Massenkommunikation.

Selbstauswahl – *Vorwahl, Halbselbstbedienung, partielle Selbstbedienung;* → Bedienungsform des Handels, die bezogen auf den Grad der Beteiligung des Abnehmers am Kaufprozess zwischen → Fremdbedienung und Selbstbedienung steht: Der Kunde wählt aus dem offen präsentierten Warenangebot eigenständig aus, das Verkaufspersonal steht evtl. zur Beratung, ansonsten nur für den Verkaufsabschluss zur Verfügung; der Kunde trägt die gewählten Waren selbst zur Kasse, wo die Warenausgangskontrolle und das Inkasso vorgenommen werden.

Selbstbedienung (SB) – Verkaufsmethode im Einzelhandel. – 1. *Formen:* a) *„Totale" Selbstbedienung:* Der Kunde übernimmt sämtliche Verkäuferfunktionen (Warenauswahl, innerbetrieblichen Warentransport, Inkasso). Realisiert in → Automatenläden. – b) *Typischer Selbstbedienungsladen:* Vorherrschend ist Bedienungsform der → Selbstauswahl. – 2. *Bedeutung:* Durch fortschreitende Standardisierung (→ Markenartikel), neue Verkaufstechniken und Ausweitung der Kundenkenntnisse ist Selbstbedienung heute weit über den Lebensmittelhandel hinaus verbreitet. Da die angebotenen Waren selbstbedienungsgerecht verpackt sein müssen, ergeben sich neuerdings Grenzen aus dem Bemühen, Verpackungen zu reduzieren. Formen der Selbstbedienung haben sich zu einem generell angewendeten Verkaufsprinzip entwickelt. Auch Banken haben das Selbstbedienungsprinzip zur Geldabhebung an Geldausgabeautomaten (GAA) und zur Durchführung von Überweisungen sowie anderen Bankgeschäften an Selbstbedienungsterminals mittels Bankkundenkarte aufgegriffen.

Selbstbedienungsgroßhandel → Cash-and-Carry-Großhandel (CC).

Selbstbedienungswarenhaus – *SB-Warenhaus.* 1. *Begriff:* Betriebsform des Einzelhandels. Angebot eines breiten Sortiments an Nahrungs- und Genussmitteln sowie eines warenhausähnlichen Sortiments an Non-Food-Artikeln auf einer Verkaufsfläche von 5.000 m und mehr in → Selbstbedienung (SB). – 2. *Besonderheiten:* Das Warenangebot erfolgt zumeist in eingeschossigen, einfach ausgestatteten Gebäuden, wegen des hohen Platzbedarfs an verkehrsgünstigen Stadtrandlagen, zusammen mit weiträumigen Parkplätzen. Weit gehender Verzicht auf Serviceleistungen; Verbesserung der Kaufatmosphäre durch weitere funktionale Angebote: Tankstellen mit Billigbenzin, Express-Reinigung,

Schlüssel- und Schuh-Dienst, Konzessionäre für Blumen, Zeitungen, Zeitschriften, Tabakwaren, Imbissstuben, Cafés oder Selbstbedienungsrestaurants. Steigerung der Attraktivität regelmäßig durch äußerst preisgünstige Sonderangebote sowie attraktive Aktionen (Musikkapellen, Ballonfahrten, Schlacht-, Wein-, Kinderfeste u.a.). – 3. *Vorteile* der Selbstbedienungswarenhäuser gegenüber anderen Betriebsformen des Einzelhandels sind umfangreichere Sortimente, niedrigere Preise und bequemere Parkmöglichkeiten. Entschließen sich Verbraucher zu Großeinkäufen im Selbstbedienungswarenhaus, so wird naturgemäß auch Kaufkraft von → Fachgeschäften aller Art, aber auch von → Supermärkten und dem → Nahrungsmittelhandwerk abgezogen.

selektive Absatzpolitik – Aufspaltung des Absatzmarktes der Unternehmung in Teilmärkte (→ Marktsegmentierung), die absatzpolitisch differenziert behandelt werden. Reaktion der Unternehmung auf vielfältige Unterschiede in der Struktur der Teilmärkte, bes. hinsichtlich der Bedarfs-, Kaufkraft- und Konkurrenzverhältnisse. Preispolitische, werbepolitische etc. Maßnahmen werden nicht mehr auf den Gesamtmarkt, sondern auf die Teilmärkte hin ausgerichtet.

Selektivfrage – Frage in einer → Befragung, bei der die Testperson mehrere der Antwortmöglichkeiten auswählen kann.

Self Destroying Prophecy – Prognose, die das Eintreten des vorausgesagten Ereignisses durch die vorherige Ankündigung verhindert. – *Gegensatz:* → Self Fulfilling Prophecy.

Self Fulfilling Prophecy – Prognose, die dadurch eintritt, dass sich alle bzw. die Mehrheit der Marktteilnehmer entsprechend der Voraussage verhalten. Die Prognose wird damit zur Realität. Eine Self Fulfilling Prophecy ist z.B. die Prognose einer Inflation mit der sich anschließenden Flucht in Sachwerte. – *Gegensatz:* → Self Destroying Prophecy.

Self Liquidation Offer – *Self Liquidators;* Maßnahme der → Verkaufsförderung

(Einführung eines neuen Produkts und/oder Lagerabbau). Das Produkt, auf das sich die Verkaufsförderungsaktion bezieht, wird mit einem Zusatzartikel versehen, der nicht komplementär sein muss (aus anderen, branchenfremden Sparten durch Zukauf gewonnen werden kann) und zu einem optisch günstigen Gesamtpreis angeboten. Der Preis für das eigentliche Produkt wird nicht reduziert. Das Produkt wird somit nicht zum Gegenstand von Preissonderaktionen, wodurch es u.U. abgewertet werden könnte. Gleichzeitig wird durch den vorteilhaften Gesamtpreis eine verkaufsfördernde und somit umsatzsteigernde Wirkung erzielt. – *Beispiele:* Handtuch mit Besteck, Modeschmuck, Spielzeug, Gläser-Set o.Ä. in einer Geschenkverpackung; Schinken mit Zinnkrug oder -teller etc. – Vgl. auch → Banded Pack.

Self Liquidators → Self Liquidation Offer.

Selling Center – multipersonales Verkaufsgremium auf der Anbieterseite; umfasst die anbieterseitigen Gesprächspartner der Rollen- und Funktionsträger im → Buying Center der nachfragenden Unternehmung. – *Multiorganisationale Selling Center* entstehen durch Bildung von Anbietergemeinschaften, speziell im internationalen Anlagen- und Systemgeschäft.

semantisches Differenzial → Skalierungsverfahren zur Messung des Images von Objekten, Personen etc. (→ Einstellung). Die Versuchspersonen stufen auf Bewertungsskalen (Rating-Skalen; → Rating) ein Untersuchungsobjekt ein. Die beiden Pole jeder Skala stellen verbale Gegensatzpaare dar. Die Abstufungen bleiben verbal undefiniert und weisen optisch gleiche Abstände auf. Zur Auswertung des semantischen Differenzials dient neben der Mittelwertbildung und Streuungsberechnung über die Menge der Testpersonen die Methode der → Datenreduktion (bes. mithilfe der → Faktorenanalyse); grafische Veranschaulichung durch Darstellung der jeweiligen Profile. – *Ähnlich:* → Polaritätsprofil.

Senioren-Marketing – 1. *Definition:* Senioren-Marketing beschreibt eine Zielgruppenorientierung im Marketing, die auf die besonderen Bedürfnisse älterer Menschen ausgerichtet ist. Aufgabe des Senioren-Marketing ist es daher, (1) die relevante altersbezogene Zielgruppe zu bestimmen und abzugrenzen, (2) die Bedürfnisse der Zielgruppe zu identifizieren und (3) den Einsatz der absatzpolitischen Instrumente auf die Bedürfnisse dieser Zielgruppe abzustimmen. – Dem Senioren-Marketing wird angesichts des demographischen Wandels eine zunehmende Bedeutung zugeschrieben; zugleich wird der Begriff aber auch kritisch betrachtet, da die Bezeichnung *Senioren* für ältere Menschen z.T. als abwertend angesehen bzw. von der Zielgruppe selbst i.d.R. nicht akzeptiert wird und außerdem der Vielfalt älterer Konsumenten nicht gerecht wird, da es „die" Senioren als homogene Gruppe nicht gibt. – 2. *Zielgruppe der Senioren:* Die Zielgruppe der Senioren wird nicht einheitlich beschrieben und abgegrenzt. Vielmehr gibt es mittlerweile eine Vielzahl von Bezeichnungen, mit denen Konsumentengruppen auf der Basis ihres Lebensalters und mithilfe von Merkmalen der jeweiligen Lebenszyklusphase (insbesondere Ende der Berufstätigkeit) abgegrenzt werden. Eine einheitliche Altersgrenze gibt es dabei nicht. Außerdem erfolgt häufig eine Betonung der guten finanziellen und/oder gesundheitlichen Situation. Den für die Wirtschaft interessanten Zielgruppen der wohlhabenden Senioren steht auf der anderen Seite das Problem der Altersarmut entgegen. Die folgende Übersicht über Zielgruppenbezeichnungen macht exemplarisch die Vielfalt unterschiedlicher Begriffe und die Heterogenität der Gruppe der Senioren deutlich: Best Ager, Silver Ager, Golden Ager, Third Ager, Mid-Ager, Harvest Ager, Generation Gold, Generation 50plus (auch 45plus, 55plus usw.), Master Consumer, Mature Consumer, Senior Citizens, „over 50s", Woopies (well-off older people), Selpies (second life people), Grampies (growing retired active moneyed people in an excellent state), Grumpies (grown-up mature people), Senior dinks (double income, no kids), Seniors etc. – 3. Bedürfnisse und Kaufverhalten der Senioren: Die Zielgruppe der Senioren ist für das Marketing interessant, wenn sie sich durch gemeinsame Bedürfnisse und andere psychographische Faktoren sowie durch ein gemeinsames Kaufverhalten auszeichnet und dadurch von anderen Altersgruppen unterscheidet. Gemeinsame psychographische Merkmale und darauf zurückzuführendes Kauf- und Konsumverhalten kann auf drei Effekte zurückgeführt werden: a) *Alterseffekte:* Mit dem Alter verändern sich die persönliche Befindlichkeiten und Rahmenbedingungen der

Konsumenten; mit diesen Entwicklungen gehen auch Veränderungen des Kauf- und Konsumverhaltens einher. Beispielhaft sei auf die Kategorie der Gesundheitsprodukte verwiesen. b) *Lebenszykluseffekte:* Veränderte Bedürfnisse und Verhaltensweisen von Senioren sind nicht nur auf das höhere Lebensalter zurückzuführen, sondern auch auf Änderungen der Lebensumstände in neuen Lebenszyklusphasen. So kann der Auszug der erwachsenen Kinder aus dem Elternhaus, die Geburt der ersten Enkelkinder oder der Austritt aus dem Berufsleben bspw. deutlich die verfügbare Zeit und die gesellschaftlichen Rollen der betroffenen Personen verändern. c) *Kohorteneffekte:* Manche Einstellungen und

Marketinginstrument	Branche	Maßnahmen
Produktmanagement	1. Kosmetikindustrie, 2. OTC, 3. Tourismus, 4. Ernährungsindustrie, 5. Autoindustrie, 6. Telekommunikation	1. Produkte für Senioren mit „Vitalitäts- und Schönheitsfaktor", 2. Optimierung der Beipackzettel von Pharmaprodukten für Senioren, 3. Seniorenreisen, 4. Spezielle Produkte wie Joghurts, Nährstoffriegel, Fertigmenüs etc., kleinere Verpackungseinheiten, 5. Einfacheres Ein- und Aussteigen bei Autos, 6. Großtastentelefone und sog. „Seniorenhandys" mit großer Tastatur
Preismanagement	1. Personenbeförderung, 2. Kultur, 3. Versicherungen	1. Ermäßigte Beförderungskarten für über 60-jährige, 2. Ermäßigte Eintrittspreise für Rentner im Theater, Oper etc., 3. Private Haftpflichtversicherung mit Rabatten für über 60-jährige
Distributionsmanagement	1. Einzelhandel, 2. Internet	1. Lieferdienst für Senioren, die ihre Artikel vorab telefonisch bestellen, 2. Onlinelieferdienste für Seniorenprodukte
Kommunikationsmanagement	1. Ernährungsindustrie, 2. Kosmetikindustrie	1. Bessere Lesbarkeit der Haltbarkeitsdaten auf den Verpackungen, ausreichend große Packungsbeschriftung, 2. Senioren als „Model" für Werbezwecke
Personalmanagement	1. Banken, 2. Einzelhandel	1. Bessere Lesbarkeit der Haltbarkeitsdaten auf den Verpackungen, ausreichend große Packungsbeschriftung, 2. Senioren als „Model" für Werbezwecke
Personalmanagement	1. Banken, 2. Einzelhandel	1. Beratung von Senioren außerhalb von Schalterräumen, da dort zu viele Nebengeräusche sind, 2. Mitarbeiterschulungen in „Geduld und Einfühlungsvermögen" mit der Zielgruppe
Physische Elemente bspw. Verkaufsraumgestaltung	1. Einzelhandel, 2. Banken	1. Lupen im Supermarkt, Senioren-freundliche Einkaufswagen, niedrige Regale, Defibrillator (Wiederbelebungsgerät) im Sanitätsraum, 2. Ebene Eingänge, keine Stufen
Prozess	Veranstaltungs-Eventmanagement	Senioren-Messe, auf der sich die Zielgruppe über verschiedene Produkte und Leistungen informieren und sich selber einbringen kann.

Tabelle: Marketinginstrumente, Branchen und Maßnahmen für die Zielgruppe der Senioren

Verhaltensweisen ändern sich nicht mit zunehmendem Alter, sondern bleiben von der Jugend bis ins Alter weitestgehend konstant. Wer in der Jugend bspw. ein Produkt bzw. eine Marke kennen und schätzen gelernt hat, bleibt dieser Marke auch im Alter treu. Dies sind häufig keine individuellen Reaktionen, sondern aufgrund gemeinsamer prägender Erlebnisse und (Konsum-)Erfahrungen weisen die Menschen einer Generation (Kohorte) oft Gemeinsamkeiten in ihren Werten, Einstellungen und Verhaltensweisen auf. – Es ist Aufgabe des Marketing bzw. der Marktforschung, für eine Branche oder Produktkategorie die Bedürfnisse und Verhaltensweisen der relevanten altersbezogenen Marktsegmente als Basis für die Entwicklung konkreter Marketing-Strategien und Maßnahmen zu identifizieren. – 4. *Zielgruppenspezifischer Einsatz der Marketinginstrumente:* Zu den traditionellen Marketinginstrumenten zählen die 4 Ps: „product, price, place (distribution) and promotion". Diese 4 Ps wurden, insbesondere für das Marketing von Dienstleistungen, um weitere 3 Ps wie „people, physical evidence and process" erweitert. Eine Vielzahl von bedeutenden Unternehmen aus verschiedenen Branchen beschäftigt sich in unterschiedlicher Intensität mit Senioren-Marketing. Unternehmen nutzen hierbei u.a. das erweiterte Marketinginstrumentarium, um den Bedürfnissen der Zielgruppe gerecht zu werden. Ausgewählte Marketinginstrumente werden gezielt eingesetzt, um die Senioren als Zielgruppe zu gewinnen bzw. diese Käuferschaft weiter auszubauen. Senioren-Marketing wird aufgrund des demographischen Wandels von einigen Unternehmen als „Megatrend" angesehen, da es Konsequenzen auf alle Lebensbereiche hat. Wie können Unternehmen von diesem Trend profitieren? Tabelle 1 gibt einen beispielhaften Überblick – ohne den Anspruch auf Vollständigkeit zu erheben – über ausgewählte Marketinginstrumente, Branchen und die durchgeführten Maßnahmen von Unternehmen, um die Zielgruppe adäquat

anzusprechen. Es fällt auf, dass die Mehrzahl der genannten Beispiele auf Alterseffekte ausgerichtet ist. Nur vereinzelt setzen die Maßnahmen an Lebenszykluseffekten an, bspw. wenn im Ruhestand mehr Zeit für Reisen zur Verfügung steht. Kohorteneffekte sind insgesamt schwieriger zu erkennen und zu nutzen. Beispielhaft kann an dieser Stelle auf Werbekampagnen von Fast-Food-Restaurants verwiesen werden, die ältere Kunden, die in ihrer Jugend erstmalig mit Fast Food in Berührung gekommen sind, in den Mittelpunkt der Werbebotschaft rücken. – 5. *Fazit und Ausblick:* Die Zielgruppe der Senioren ist keine homogene Vermarktungszielgruppe. Diese Inhomogenität hat zur Folge, dass ein zielgruppengerechtes Marketing eine besondere Herausforderung für Unternehmen darstellt. Es gibt bereits heute eine Vielzahl von Branchen, in denen versucht wird, diese wachsende Zielgruppe anzusprechen. Aufgrund der zunehmend alternden Gesellschaft in Deutschland und anderen Industrienationen ist davon auszugehen, dass sowohl die Anzahl der Branchen als auch die Vielfalt des Einsatzes der Marketinginstrumente steigen wird. Die Marketing-Maßnahmen müssen dabei mehr und mehr an die Besonderheiten dieser Zielgruppe angepasst werden und neben Alterseffekten auch Lebenszyklus- und Kohorteneffekte berücksichtigen. Viele Unternehmen können es sich heute nur schwer leisten, diese attraktive Zielgruppe aus ihren Marketingüberlegungen auszulassen. Es gibt kaum eine andere Zielgruppe in den westlichen Industrienationen, die in den nächsten Jahren bzw. Jahrzehnten stärker wachsen wird, als die Zielgruppe der Senioren.

Sensation Marketing – 1. *Begriff:* kreative Form des Marketings mit dem Ziel, durch überraschende, begeisternde Werbung Werbesensationen beim Konsumenten zu erreichen. – 2. *Ausprägungen:* Zu den bekanntesten Instrumenten des Sensation Marketings zählen → Guerilla Marketing, → Ambush Marketing, → Ambient Medien, → Virales Marketing und → Buzz Marketing.

Service – 1. *Begriff:* Service hat in den Wirtschaftswissenschaften mehrere Bedeutungen. (1) Aus dem Englischen übersetzt steht „Service" für einen Dienst, den jemand freiwillig leistet. (2) Service kennzeichnet darüber hinaus die nicht-produktualisierte (Wirtschafts-)Leistung, die (2a) entweder die Kernleistung eines Unternehmens darstellt (Dienstleistungsunternehmen) oder (2b) die erstellten Produkte als Zusatzleistung unterstützt wie z.B. der Pre- und Aftersalesservice als Dienstleistung für Produkte vor und nach dem Gütererwerb. Hinzu kommt der → Kundendienst, mit Services für erworbene Produkte wie etwa die Wartung oder Pflege. Volkswirtschaftlich ist mit diesem Service-Begriff die Dienstleistungsgesellschaft angelegt, der hierzulande den Wandel des Standorts mit der Tertiarisierung kennzeichnet. (3) Eine weitere Service-Kennzeichnung meint die von Kunden erlebte Serviceleistung als Momente der besonderen Aufmerksamkeit eines Unternehmens. – 2. *Ziele:* Herkömmliches Service-Management knüpft meist an (2b) und umfasst im Wesentlichen die Definition von Service-Standards mithilfe von Service-Routinen, um Kunden entweder die Verfügbarkeit der Kernleistung zu gewährleisten oder mit Zusatzdiensten den Markterfolg der Kernleistung zu unterstützen. – 3. *Aspekte:* Problematisch ist, dass die leistungsabhängige Servicekennzeichnung (1) und/oder planungsbezogene Definition von Service (2) nicht mit der Wahrnehmung und Erwartung von Kunden gemäß Definition (3) übereinstimmen muss. Vielmehr setzen diese ggf. die Einhaltung vereinbarter Service-Vereinbarungen sogar voraus, sodass diese nichts mehr mit erlebten Service-Momenten im Sinne der Definition (3) zu tun haben müssen. In Zeiten gesättigter Märkte und globalisiertem Wettbewerb sind solche Service-Momente aber wichtige Merkmale zur Abgrenzung auf Märkten und können die Unique Value Proposition als hervorstechendes Verkaufsversprechen prägen. Vom Kunden stetig erlebbare Servicemomente sind abhängig von der Unternehmenskultur. Paradoxerweise ist möglich, dass ein Unternehmen mit seiner nicht-produktualisierten Kernleistung als Dienstleister (z.B. ein Telekommunikationsunternehmen) gemäß Definition 1 gilt, umfangreichen Kundendienst sowie Pre- und Aftersalesservices erbringt (z.B. mithilfe von Service-Level-Agreements, also vereinbarten Service-Standards, wie etwa die definierte Verfügbarkeit von Netzwerkressourcen), aber von Kunden dennoch nicht als service-orientiert wahrgenommen wird.

Servicebrand – Marke für eine Dienstleistung. Da es sich bei der Dienstleistung um ein abstraktes Leistungsangebot handelt, stellt die Qualitätsunsicherheit, die ein Wesensmerkmal des Markenartikels ist, eine noch größere Herausforderung an den Anbieter dar.

Servicemarketing – Erstellung der Servicekomponenten für ein Produkt in einer eigenen Servicegesellschaft. Servicemarketing ist kein sektorales Marketing für die Serviceindustrie, sondern in Abgrenzung zum Gütermarketing eine dienstleistungsorientierte Marketingkonzeption.

Servicepolitik – 1. *Begriff:* das mit den Waren unmittelbar verbundene oder selbstständige Angebot von → Dienstleistungen. Zunehmende Produktkomplexität, abnehmende Funktionsdurchschaubarkeit und zunehmende Bequemlichkeit eröffnen Servicechancen für Unternehmen. Das Produkt dient als Voraussetzung für Servicemaßnahmen. Die Gewinnmöglichkeiten verlagern sich auf den Service. Diese im Industriegütergeschäft bekannte Entwicklung gewinnt auch im Konsumgütergeschäft immer mehr an Bedeutung. – 2. *Mittel:* a) Warenauswahl, Warenpräsentation, Beratung, Verpackung (Tragetaschen, Geschenkverpackung);–b) Raumgestaltung, Zustellung, Reparatur, Installation, Wartung, Reklamation und Warenrücknahme, Garantieleistungen, Auswahlsendungen, Inzahlungnahme gebrauchter Waren, Zugaben u.a.

Servizitation – Erweiterung des Güterangebots eines Unternehmens um komplementäre Serviceangebote. Die so gebildeten Verbundsysteme von Leistungen sollen die → Kundenbindung stärken.

Session Length – Verweildauer eines Besuchers auf einer Website. Die durchschnittliche Session Length ist ein Maß für die Erfolgsmöglichkeiten von Werbung mit → Bannern.

Share of Advertising – Anteil des Werbeaufwands eines Anbieters am Werbeaufwand seiner Branche. Dieser Quotient wird verglichen mit dem → Marktanteil (Share of Market). Ist der Quotient aus beiden Kennzahlen größer 1, spricht man von Overspending, bei kleiner 1 von Underspending.

Shop-in-Shop-Prinzip → Shop in the shop.

Shop in the Shop – *Shop-in-Shop-Prinzip*; Aufteilung eines großflächigen Verkaufsraums in mehrere optisch voneinander abgegrenzte Bereiche, in denen zusammengehörige Waren in der jeweils passenden Atmosphäre (Raumgestaltung) angeboten werden; dient der Auflockerung großer Verkaufsflächen in → Warenhäusern und → Selbstbedienungswarenhäusern. Betreiber sind häufig Hersteller exklusiver Artikel, z.B. Textilien, Lederwaren, Kosmetika, Sportartikel, aber auch manche Spezialanbieter wie Schinken- oder Wurstwarenhersteller, Bäckereien, Tabak- oder Blumenhändler, Reinigungen (→ Rack Jobber). – Vgl. auch → Store in the Store.

Shoppingcenter → Einkaufszentrum.

Shopping Goods – erklärungsbedürftige Güter des periodischen oder aperiodischen Bedarfs, für deren Erwerb der Konsument i.d.R. bereit ist, Beschaffungsanstrengungen auf sich zu nehmen, z.B. weite Einkaufswege, umfassende Preisvergleiche (→ Gebrauchsgüter). Shopping Goods sind z.B. Möbel, Filmkameras, modische Kleidung, bestimmte Champagner- oder Kosmetikmarken. – Vgl.

auch → Convenience Goods, → Speciality Goods.

Side Trading – *Side Grading*; Veränderung des Angebotsprogramms (→ Sortiments) eines Unternehmens, um neue Zielgruppen zu erschließen, unter Beibehaltung des Leistungsniveaus. – Vgl. auch → Trading-up.

Signal – I. Informationstheorie: physikalisch messbares Faktum oder Ereignis, das als Ergebnis eines Kombinations- und Transformationsvorganges von Zeichen der Übermittlung von Nachrichten in einem Kanal von einem Sender an einen Empfänger dient. Signale überbrücken entweder räumliche Distanzen (Telegraphie) oder Zeitspannen (Gedächtnis, Speicher) und sind Träger von Informationen.

II. Werbung: → nonverbale Kommunikation.

Signalpreis – niedriger, positiv kommunizierbarer Preis einer Leistung, mit dem um Kunden geworben wird.

Silent Shopper → Mystery Shopper.

Simultaneous Engineering – Methode zur Verkürzung der → Produktentwicklung mittels paralleler Initiierung der notwendigen Entwicklungsarbeiten. In diesen simultanen Prozess können auch die Lieferanten einbezogen werden, um die Entwicklung zu beschleunigen und zu optimieren.

Single Source – Gemeinsame Datenquelle für Ursache- und Wirkungs-Variablen, die eine Analyse von kausalen Zusammenhängen ermöglicht.

SIR-Konzept – *Stimulus-Insystem-Response-Konzept*, Käufer- und Konsumentenverhalten.

Six Sigma Pricing – Anwendung des Six-Sigma-Verfahrens auf das Preismanagement mit dem Ziel, Fehler und Fehlerquellen entlang des Pricing-Prozesses auszumerzen.

Skalenniveau – *Messniveau*; Begriff der Statistik für das Intensitätsniveau einer Messung. – Zu *unterscheiden*: (1) → Nominalskala: Dient lediglich der Klassifikation und

Identifikation von Untersuchungsobjekten (z.B. Geschlecht: 1: männlich, 2: weiblich). Die Analyse nominalskalierter Daten beschränkt sich auf Häufigkeitsanalysen. (2) → Ordinalskala: Diese ordnet die Untersuchungsobjekte nach ihrem Rang (z.B. Rating A ist besser als Rating B), sagt jedoch nichts über das Ausmaß der Unterschiede aus. Zulässige mathematische Operationen bei ordinalskalierten Daten sind bspw. die Berechnung des Modus und des Medians. (3) *Intervallskala:* Es wird eine Maßeinheit vorausgesetzt, sodass der Abstand zwischen zwei Zahlen oder die Differenz zweier Zahlen eine Bedeutung bekommt (z.B. Temperaturmessung in Grad Celsius). Es existiert jedoch kein natürlicher Nullpunkt. Ein arithmetisches Mittel ist berechenbar und bietet eine sinnvolle Interpretation. (4) → Verhältnisskala (Ratioskala): Diese bildet das höchste Skalenniveau. Sie hat im Vergleich mit der Intervallskala zusätzlich einen eindeutig festgelegten Nullpunkt (z.B. Höchstgeschwindigkeit eines Fahrzeugs). Intervall- und Verhältnisskalen werden oft zu *metrischen Skalen* bzw. *Kardinalskalen* zusammengefasst.

Skalierungsverfahren – Verfahren zur Wahrnehmungs-, Image- und Einstellungsmessung. Ziel ist das Messen qualitativer Eigenschaften auf einem möglichst hohen → Skalenniveau. Skalierungsverfahren liefern ordinal-, intervall- oder verhältnisskalierte Messwerte, wobei sowohl die Auswahl der aufzunehmenden Stimuli (→ Expertenbefragung, → Pretest etc.) als auch die Interpretation der erhaltenen Antworten objektiv nachvollziehbar sind. Skalierungsverfahren ermöglichen es somit, subjektive Tatbestände in Zahlen auszudrücken und der numerischen Analyse zugänglich zu machen. Die Unterschiede zwischen den einzelnen Verfahren liegen in der Konstruktion und der Anwendung der jeweiligen Skalen. – *Bekannteste Verfahren:* → Thurstone-Skalierung, → Likert-Skalierung, → Guttman-Skalierung, → semantisches Differenzial, → Polaritätsprofil, → multidimensionale Skalierung

(MDS), → Coombs-Skalierung, → Magnitude-Skalierung, → Fishbein-Modell, → Trommsdorff-Modell.

Skalogrammverfahren – Verfahren zur Wahrnehmungs-, Image- und Einstellungsmessung. Sie werden den → psychologischen Testverfahren zugerechnet. – 1. *I.w.S.:* Erhebungstechniken, bei denen Eigenschaften oder Merkmale zuzuordnen oder Objekte gegenüber vorgegebenen Items einzuordnen sind. – 2. *I.e.S.:* Identisch mit den → Skalierungsverfahren.

Skimming Pricing → Abschöpfungspreispolitik.

Skimming-Strategie → Abschöpfungspreispolitik.

Sleeper-Effekt – Kommunikationseffekt, der besagt, dass die negativen Wirkungen eines unglaubwürdigen Kommunikators im Laufe der Zeit verloren gehen („einschlafen"). – *Ursache:* Im Zeitablauf kommt es zu einer Entflechtung von Informationsquelle und -inhalt. Es wird noch erinnert, was gesagt wurde, aber vergessen, wer es gesagt hat.

Slice-of-Life-Werbung – in der Werbung gewählte Szenendarstellung aus dem Alltagsleben. Es wird versucht, das beworbene Leistungsangebot möglichst natürlich in der Nutzungs-Realität darzustellen.

Slogan – zentrale Werbeaussage, die durch Kürze und Prägnanz, verstärkt durch sprachlich-rhythmische Intonation und Wortwohlklang (wesentlich für Gefallen und Behalten), die → Akzeptanz und die Gedächtniswirkung (→ Recalltest, → Recognitiontest) erhöhen soll. Slogans werden häufig durch Melodien untermalt (→ Jingle).

Smart Shopper – qualitätsbewusster, informierter Käufer, der maximale Qualität zu niedrigstem Preis nachfragt. Die Smartheit resultiert aus zunehmendem Wissen über Preise und Leistungen mit dem Ziel einer Bescheidenheit auf höchstem Niveau.

Social Branding – 1. *Begriff (Definition):* Social Branding umfasst alle konkreten

Maßnahmen zum Aufbau und zur Pflege von Marken, die sich sozialer Interaktionen und der technischen Möglichkeiten des Web 2.0 bedienen. – 2. *Merkmale:* Social Branding zeichnet sich durch drei Merkmale aus: – a) Nutzung der technologischen Möglichkeiten des Web 2.0 für die Markenführung; – b) regelmäßige, markenkonforme Interaktionen mit den Nutzern sozialer Medien); – c) Förderung der Erstellung positiver und markenrelevanter Inhalte durch Nutzer sozialer Medien, ggf. durch Vernetzung der Nutzer und Aufbau von Brand Communities (Brand Community). – 3. *Ziele:* Die Nutzer sozialer Medien sollen sich zu treuen und bekennenden Markenbotschaftern entwickeln, die den Bekanntheitsgrad der Marke erhöhen (Markenbekanntheit) und ihr Image glaubwürdig stärken. – 4. *Herausforderung:* Die Nutzer sozialer Medien müssen Vertrauen in die Marke fassen. Hierzu müssen in der Markenkommunikation vier Ebenen beachtet werden:–a) Appellebene: offene und nicht manipulative Ansprache der Nutzer sozialer Medien; – b) Sachebene: Aussand glaubwürdiger, relevanter und einprägsamer Markenbotschaften;–c) Selbstkundgabe: authentische, aufrichtige, interessante, kompetente, kultivierte und robuste Markenpersönlichkeit, d) Beziehungsebene (Relationship Marketing): interessierter, wertschätzender und respektvoller Umgang auf Augenhöhe mit den Nutzern sozialer Medien. – 5. *Implementierung:* Bei der Implementierung des Social Branding sind drei Aspekte hervorzuheben:–a) Aufbau eines technologischen Grundverständnisses zu den Möglichkeiten und Grenzen des Web 2.0 bei Managern und Mitarbeitern; – b) Aufbau von Markenwissen und -commitment (Markencommitment) bei Managern und Mitarbeitern zwecks Sicherstellung markenkonformer Aktivitäten im Web 2.0;–c) Aufbau von Interaktionskompetenzen bei Managern und Mitarbeitern zwecks Sicherstellung einer glaubwürdigen und professionellen Markenkommunikation im Web 2.0.

Social Engineering → Sozialtechnik.

Social Marketing – *1. Begriff:* Gebrauch von Marketingtechniken mit dem Ziel, eine Zielgruppe dahingehend zu beeinflussen, dass diese freiwillig ein Verhalten akzeptiert, ablehnt, verändert oder aufgibt. Dies geschieht zum eigenen Wohl, zum Wohl für bestimmte Personengruppen oder zum Wohl der Gesellschaft als Ganzes. – 2. *Abgrenzung zum Nonprofit-Marketing:* a) Sozialmarketing stellt eine eigenständige fachlich-inhaltliche Disziplin dar. – b) Das Sozialmarketing weist zwar Schnittstellen und Überschneidungen mit dem Nonprofit Marketing auf, dennoch ist es nicht auf Nonprofit-Organisationen (NPO) begrenzt: Auch die öffentliche Hand kann eine Sozialmarketing-Kampagne oder -Botschaft durchführen. – c) Im Kontext des Sozialmarketing stehen nicht nur andere Instrumente bzw. Beeinflussungstechniken (bspw. Humor oder Abschreckung) im Vordergrund, sondern es wirken auch andere Mechanismen auf Seiten der Adressaten von Sozialmarketing-Kampagnen.

Soft Selling – (auch „Customer-oriented-Selling") Form des → persönlichen Verkaufs, bei dem versucht wird, die für den Kunden optimale Problemlösung zu finden. Die auf → Kundenzufriedenheit fokussierte Verkaufstechnik empfiehlt sich bes. dann, wenn auf langfristige → Kundenbindungen Wert gelegt wird. – *Gegensatz:* → Hard Selling.

Sollspanne – die bei Wareneingang gemäß den spezifischen, preispolitischen Zielsetzungen (→ Mischkalkulation) festgelegte → Handelsspanne. Die Sollspanne dient als Vergleichsgröße, indem sie der → Istspanne eines Artikels zur Kontrolle des → Rohertrags oder sämtlicher Warengruppen eines Sortiments zur Kontrolle des → Warenrohgewinns gegenübergestellt wird. – *Abweichungen zur* → Istspanne resultieren i.d.R. aus Diebstählen durch Kunden, Mitarbeiter oder Lieferanten oder aus an Kunden gewährten Skonti bzw. Preisabschriften. – Eine mithilfe des Spannenvergleichs für eine Warengruppe durchgeführte Rohgewinnkontrolle ist nur dann aussagekräftig, wenn Wareneingang und -ausgang in einer Periode sich in etwa entsprechen. Ansonsten sind weitere Korrekturen um die Lagerbestandsveränderungen erforderlich (→ Betriebshandelsspanne).

Sommerpreise – Staffelpreise für den Sommerbezug von Waren, deren Einkauf normalerweise erst im Herbst oder Winter erfolgt zwecks Ausgleichs von Saisonschwankungen, z.B. im Brennstoffhandel. – Vgl. auch → Preisstaffeln.

Sondernachlass → Rabatt.

Sonderpreis → Rabatt.

Sonderpreisaktion – *Preisaktion, Priceoff Promotion, Price Pack;* Maßnahme der → Verkaufsförderung. Der Produktpreis wird für einen bestimmten Zeitraum augenfällig reduziert mit entsprechender Herausstellung auf der Verpackung und durch Displays am Point of Purchase – POP; vgl. → Point of Sale (POS). – *Arten:* a) Angebot einer im Preis reduzierten Verpackungseinheit *(Reduced-Price Pack).* – b) Zwei oder mehrere zusammengefasste Verpackungseinheiten bzw. eine größere Verpackungseinheit zu einem sichtlich günstigeren Mengen-/Preis-Verhältnis *(Multiple Pack).* – c) *Sonderformen:* → Banded Pack und → Self Liquidation Offer. – Vgl. auch Sonderangebot.

SOR-Konzept – *Stimulus-Organismus-Response-Konzept;* Käufer- und Konsumentenverhalten, Entscheidungsverhalten.

Sorte – I. Handelsbetriebslehre: Gemäß der → Sortimentspyramide Teilelement eines bestimmten → Artikels.

II. Bankwesen: Geldsorten.

III. Industriebetriebslehre: In begrenzter Anzahl hergestellte Varianten eines Produktart. – *Ähnlich:* Serie.

Sortenspanne → Stückspanne.

Sortiment – 1. *Begriff:* Gesamtheit aller beschafften oder selbst hergestellten Absatzgüter (Produkte und Dienstleistungen), die ein → Handelsbetrieb zu einem bestimmten Zeitpunkt auf dem Absatzmarkt anbietet. – 2. *Dimensionen:* Zu unterscheiden sind die Sortimentstiefe (alternative Kaufmöglichkeiten), die Sortimentsbreite (additive Kaufmöglichkeiten) und die Sortimentsmächtigkeit (präsentierte Stückzahl je → Sorte). – 3. *Sortimentsschwerpunkte:* Das Kernsortiment umfasst die Hauptumsatzträger. Es bestimmt die inhaltliche Orientierung des Warenangebotes und somit die Stellung der Handelsunternehmung im Branchengefüge. Durch Zusatz- und Randsortimente wird dem dynamischen Aspekt der → Sortimentspolitik Rechnung getragen. Das Zusatzsortiment umfasst diejenigen Warenkreise, die das Kernsortiment aus Verbundgesichtspunkten sinnvoll ergänzen oder hohe Erträge gewährleisten. Demgegenüber handelt es sich beim Randsortiment um betriebswirtschaftlich eher problematische Artikel eines Warenkreises mit kurzen Lebenszyklen oder niedrigen Umschlagszahlen, die aber aus Gründen der Vollständigkeit des Angebots geführt werden (z.B. Übergrößen).

Sortimentsbreite → Programmbreite.

Sortimentsdimensionen → Sortiment.

Sortimentsgroßhandlung → Großhandelsunternehmung mit breitem Sortiment, in erster Linie an den üblichen Bedürfnissen ihrer Abnehmer ausgerichtet. Sortimentsgroßhandlungen treten hauptsächlich auf bei einer großen Diskrepanz zwischen breiter, warenbedingt spezialisierter Erzeugerstruktur und einheitlicher, bedarfsorientierter Abnehmerstruktur, z.B. der Großhandel mit Konsumgütern, hierbei v.a. die Cash-and-Carry-Großhandlungen: → Cash-and-Car → ry-Großhandel (CC).

Sortimentsplanung – Materialbedarfsplanung, → Sortimentspolitik.

Sortimentspolitik – Entscheidungen des → Handelsmanagements über die Zusammenstellung des → Sortiments. Sortimentspolitik ist abhängig von den Zielsystemen im Handel, bes. der Wahl der Betriebsform. Weitere Determinanten sind Gegebenheiten auf den Absatz- und Beschaffungsmärkten, innerbetriebliche Begrenzungsfaktoren wie Verkaufsflächen und Lagerkapazität, Ladenausstattung, Grad der eingeräumten Entscheidungsfreiheit, z.b. bei Filialleitern oder Mitgliedern kooperativer Gruppen. – *Zu unterscheiden:* (1) *Qualitative Sortimentspolitik:* bezieht sich auf die Eigenarten der angebotenen Waren, d.h. dem *Sortimentsinhalt,* z.B. Lebensmittel, Textilien, Freizeitbedarf. (2) *Quantitative Sortimentspolitik:* bezieht sich auf die Anzahl der geführten Waren, d.h. die *Sortimentsdimensionen.* Sortimente können in ihrer Tiefe (Differenzierung) oder ihrer Breite (Diversifizierung) ausgeweitet bzw. eingeengt werden. (3) *Zeitliche Sortimentspolitik:* bezieht sich auf die Stetigkeit von Inhalt und Dimensionen eines Sortimentes *(Sortimentsdynamik).*

Sortimentspyramide – 1. *Charakterisierung:* Systematische Gliederung des Warenangebots im → Sortiment: a) *Sortiment,* bestehend aus *Warengruppen,* z.B. Waren des Bekleidungsbedarfs, Wohnungsbedarfs, Nahrungsmittelbedarfs. – b) Die Warengruppe Nahrungsmittelbedarf besteht aus *Warengattungen,* z.B. Fleischwaren, Backwaren, Getränken. – c) Die Warengattung Getränke besteht aus *Warenarten,* z.B. Erfrischungsgetränken, Weinen, Bieren. – d) Die Warenart Biere besteht aus *Artikeln,* z.B. Malzbier, Weißbier, Pilsbier. – e) Der Artikel Pilsbier besteht aus *Sorten,* z.B. Pils Marke A, Pils Marke B, Pils Marke C. – f) Die Sorte Marke C besteht aus einzelnen *Waren,* z.B. eine 0,5-Literflasche Marke C (eine Stück), ein Dreierpack mit drei Stück 0,5-Literflaschen der Marke C, eine Kiste mit 20 Stück 0,5-Literflaschen der Marke C. – Nach dieser Einteilung ist die Ware die *kleinste* zum Verkauf angebotene *Einheit* in einem Handelsbetrieb. – 2. Bei den *Sortimentsdimensionen* kommt es auf die Betrachtungsebene an: a) Ein Lebensmittelsupermarkt hat auf der Ebene der Warengruppen ein *schmales Sortiment,* gemessen an allen Handelswaren sämtlicher Warengruppen; jedoch ein *breites*

Sortiment verschiedener Warengattungen. Hierbei bestehen viele additive Kaufmöglichkeiten. – b) Ein Getränkehändler hat erst auf der Ebene der Warenarten ein breites Sortiment. Innerhalb dieser Begrenzung führt er i.d.R. viele Artikel. Er hat somit ein *tiefes Sortiment,* das für einen bestimmten Bedarf viele alternative Kaufmöglichkeiten bietet. – Von einem mächtigen Sortiment spricht man, wenn die Anzahl der Waren einer Sorte sehr hoch ist. – Vgl. auch → Sortiment.

Sortimentstiefe → Programmtiefe.

Sortimentsverbundanalyse – Analyse des → Sortiments dahingehend, welche Produkte häufig zusammen gekauft werden. Anwendung bei der Auswahl der Sonderangebotsartikel und der Regalplatzzuweisung sowie im Rahmen der Strategie des kalkulatorischen Ausgleichs (→ Mischkalkulation). Erforderlich sind Daten über Einkaufskörbe von Verbrauchern. Die Auswertung gestaltet sich wegen der großen Datenfülle und der i.d.R. nur schwachen Zusammenhänge oft schwierig.

sozial erwünschtes Antwortverhalten – bei → Befragungen zu beobachtendes Phänomen. Die Probanden geben im Rahmen einer Befragung eine ihrer Meinung nach sozial erwünschte Antwort, die aber nicht ihrer tatsächlichen → Einstellung entspricht. Dies kann durch geschickte Fragengestaltung vermindert werden (z.B. Aussagen über andere Menschen treffen lassen). Form des systematischen Fehlers.

Sozialtechnik – *Social Engineering.*

I. Allgemein: Auswertung verhaltenswissenschaftlicher Gesetzmäßigkeiten zur Beherrschung (Beeinflussung) des sozialen Lebens.

II. Marketing: Anwendung von sozial- und verhaltenswissenschaftlichen Techniken in der Werbung, bei der Packungsgestaltung, der Warenplatzierung, beim persönlichen Verkauf etc. Zunehmende Bedeutung der Sozialtechnik bei der Bearbeitung gesättigter Märkte. – *Werbetechniken:* (1) aktivierende und emotionale Techniken; (2) kognitive und informative Techniken u.a. – *Kritik* bei der Anwendung in der Werbung v.a. am Missbrauch zur → Manipulation der Konsumenten und an der Gefährdung der kreativen Werbegestaltung durch Einsatz wissenschaftlich erarbeiteter Gesetzmäßigkeiten.

Space Management – Optimierung der Verkaufsflächen und Verkäufsräume im Einzelhandel, z.B. Abmessungen und Anordnungen der Regale und Bildung von bedarfsgerechten Warengruppen.

Spam – *Spam-Mail;* E-Mail mit werblichem Inhalt, die dem Empfänger unaufgefordert zugesandt wird. Spamming ist nach dem inoffiziellen Verhaltenscodex der Internetgemeinde verpönt.

späte Mehrheit – Gruppe von → Adoptoren, die sich im Hinblick auf neue Produkte skeptisch, zurückhaltend und passiv verhält und sie erst relativ spät erwirbt.

Specialty Goods – höherwertige, teure Waren, die nur selten gekauft werden. – *Anders:* → Convenience Goods, → Shopping Goods.

Spendenmarketing – Fundraising.

Spezialgeschäft – Betriebsform des → Einzelhandels, die im Vergleich zu einem → Fachgeschäft eine geringere Sortimentsbreite, aber eine größere Sortimentstiefe hat. – *Beispiele:* Spezialgeschäfte für Krawatten, Damenstrümpfe, Blusen, Hemden, Handschuhe.

Spezialgroßhandlung – Betriebsform des → Großhandels mit geringer Sortimentsbreite und großer Sortimentstiefe, oft als Ergänzung zu einer → Sortimentsgroßhandlung, z.B. als Tabakwaren-, Milch- und Molkereiprodukte- oder Schraubengroßhandlung. Spezialisierung kann herkunfts-, stofforientiert (Lederwarengroßhandel) oder bedarfsorientiert sein (Sportartikel-, Knopfgroßhandel).

Spezialmarkt – Form des → Markthandels; regelmäßig in größeren Zeitabständen wiederkehrende, zeitlich begrenzte Veranstaltung, auf der eine Vielzahl von Anbietern bestimmte Waren anbietet (§ 68 I GewO). – Vgl. auch → Jahrmarkt, auf dem Waren aller Art angeboten werden.

Spillover-Effekt – I. Volkswirtschaftslehre: 1. *Wirtschaftstheorie:* Räumlicher externer Effekt. – 2. *Wirtschaftspolitik:* Beeinflussung der internationalen politischen Ebene, v.a. in Hinblick auf die europäische Integration, durch soziale und wirtschaftliche Entscheidungen und Entwicklungen auf nationaler Ebene.

II. Marketing: Beeinflussung von → Image und Bekanntheitsgrad eines Objekts (i.d.R. Produkt oder Produktgruppe) durch ein anderes Objekt und dessen Image (Partizipationseffekt). Denkbar sind positive (Spillover-Effekt i.e.S.) und negative Wirkungen. – *Beispiele:* Positive (negative) Wirkung des Images eines Landes oder einer Branche auf ein Produkt, positive Wirkung eines Produktes eines Produzenten mit hohem Bekanntheitsgrad (evtl. Marktführer) auf ähnliche Konkurrenzprodukte; positive Wirkung eines (positiven) Corporate Images (→ Corporate Identity); positive (negative) Wirkung des Produktes A eines Produzenten auf ein Produkt B desselben Produzenten (→ Umbrella-Effekt, → Kannibalismus-Effekt).

Spin-off – 1. *Begriff:* Ausgliederung einer Organisationseinheit aus bestehenden Strukturen (z.B. Unternehmen, Universität oder Forschungsinstitut) mittels Gründung eines eigenständigen Unternehmens durch Mitarbeiter der Ursprungsorganisation. – 2. *Merkmale:* Es entsteht eine neue rechtliche Einheit, die Know-How und Mitarbeiter aus der Ursprungsorganisation bündelt und vielfach auch nach der Ausgliederung noch inhaltliche oder wirtschaftliche Verbindungen zur Mutterorganisation aufrecht erhält. – 3. *Ziele:* Motive der Ausgründung sind vielfach Produktideen oder Forschungsergebnisse, die gute Geschäftsperspektiven aufweisen, jedoch außerhalb der Geschäftstätigkeiten der Ursprungsorganisation liegen oder nicht in deren Regie produziert bzw. optimal vermarktet werden können.

Split Ballot – *Gabelungsmethode, gabelte Befragung;* → Befragung, bei der zwei jeweils repräsentativen Querschnitten unterschiedliche Frageformulierungen vorgelegt werden. Abweichende Ergebnisse sind aufgrund der Strukturgleichheit der Befragtenquerschnitte auf die variierte Fragestellung zurückzuführen. Split Ballot ermöglicht die experimentelle Überprüfung der Zweckmäßigkeit von Frageformulierungen. – Vgl. auch → Pretest.

Split-Run-Verfahren – Methode der Werbemittelforschung, die nach dem Prinzip des Teilgruppenvergleichs (→ Split Ballot) vorgeht. Dabei werden verschiedene → Anzeigen in unterschiedlichen Gruppen oder Teilstichproben durch Platzierung eines Inserats in nur einem Teil der → Auflage, z.B. einer überregionalen Zeitung oder Zeitschrift, getestet. Unterschiedliche Ergebnisse können dann auf die Anzeigen zurückgeführt werden.

Split-Screen – Werbung.

Spontanhandlungsverfahren → Schnellgreifbühne.

Spotwerbung → Fernsehspot, → Fernsehwerbung.

Sprinklerstrategie – spezifische Form der Timingstrategie zur Erschließung ausländischer Absatzmärkte (Internationales Marketing), bei der ein Unternehmen zeitlich parallel möglichst in viele Auslandsmärkte eintritt. – *Gründe für diese Timingstrategie:* Angleichung der Ländermärkte und Verbrauchsgewohnheiten, schnelle Amortisation von hohen Entwicklungskosten, Erzielung von Economies of Scale, Nutzung von Pioniervorteilen bei Verkürzung von Produktlebenszyklen, Etablierung von Industriestandards. – *Gegensatz:* → Wasserfallstrategie.

Sprungwerbung – typisches Instrument der → Pull-Strategie, bei der in der Produktwerbung der Hersteller die Absatzmittler bewusst überspringt und sich die

Marketingkommunikation unmittelbar an die Verbraucher richtet.

SR-Konzept – *Stimulus-Response-Konzept,* Käufer- und Konsumentenverhalten.

Stadtmarketing – Maßnahmen von öffentlichen Verwaltungen, Gewerbevereinigungen und Gewerbetrieben zur Profilierung einer Stadt als attraktiven Standort für Industrie, Gewerbe und Dienstleistungen, als einen Ort mit einem breiten Handels-, Freizeit- und Infrastrukturangebot, insgesamt als eine Stadt mit hoher Lebensqualität (Standortmarketing). Bei dem engeren → City Marketing wird eine unverwechselbare Profilierung der Innenstadt gegenüber den großflächigen Anbietern auf der grünen Wiese mit ihren breiten Sortimenten in SB-Warenhäusern und → Fachmärkten sowie dem großzügigen Parkplatzangebot angestrebt. Citymanager sollen versuchen, die Wettbewerbsvorsprünge, die Centermanager erreicht haben, einzuholen. Typische Maßnahmen des Stadtmarketings sind: Prospekte, Werbebroschüren, sportliche, musikalische, kulturelle, soziale (Groß-) Veranstaltungen (→ Event-Handel), Schaufensterwettbewerbe, Gepäckaufbewahrungs- und Zustellservice, Kinderbetreuung, Sondertarife in öffentlichen Verkehrsmitteln und Parkhäusern, Restaurierung von Baudenkmälern, attraktive Einrichtung von Fußgänger- und Erholungszonen, Parks etc. – Vgl. auch Stadtplanung.

Staffelpreise → Preisstaffeln.

Staffelrabatt → Rabatt, der als → Mengenrabatt je nach Höhe der Abnahmemenge gewährt wird (→ Preisstaffeln).

Staffelspannen → Handelsspannen, deren Unterschiede sich aus einer Staffelung der Verkaufspreise, z.B. bei Staffeln von → Mengenrabatten, ergeben.

Stammkunde – Käufer, der seinen Bedarf regelmäßig bei demselben Lieferanten deckt. Eine möglichst breite Stammkundschaft aufzubauen und zu erhalten, ist bes. Ziel des

Einzelhandels (→ Fachgeschäfte) und vieler Dienstleistungsbetriebe, z.B. Frisöre, Sportveranstalter. Andererseits darf die Absatzpolitik auch nicht, stark auf „Bewährtes" vertrauend, unflexibel sein, sodass sie langweilig, unmodern und veraltet wirkt. – *Gegensatz:* → Laufkunde. – Vgl. auch → Relationship Marketing; → Ladenverschleiß.

Standard – *Typenmuster, Klassenmuster*; Ausfallmuster für Kaufabschlüsse, die die Durchschnittsqualität einer bestimmten Warentype darstellen, festgelegt durch → Standardisierung, z.B. im Baumwoll-, Getreide-, Kaffeehandel.

Standardisierung – I. Management: Standardisierung dient der Reduktion der intra- und interbetrieblichen Prozesskosten. Intrabetrieblich sind das v.a. Wechselkosten- und Lernkosten, extrabetrieblich Transaktionskosten. Qualitätsstandardisierte Produkte reduzieren den Beschaffungsaufwand und das Beschaffungsrisiko. Das Marktfeld wird erweitert. Die Absatzflexibilität kann bei reduzierter Lagerhaltung gesteigert werden. Die Entscheidungsproblematik liegt in der Prognose, wie viel Gleichteile der Kunde bei unterschiedlichen Produkten und Marken bemerkt und akzeptiert, ohne seine Markenpräferenz aufzugeben.

II. Handelsbetriebslehre: Festlegung eines Ausführungs- oder Qualitätsmusters, das den Durchschnitt einer bestimmten Warenart darstellt, für den die Preisbestimmung gelten soll (→ Standard).

III. Industriebetriebslehre: Produktstandardisierung.

IV. Marketing: → Standardisierungsstrategie.

V. Rechnungswesen: Standardkosten und entsprechende Maße für Kalkulation und Betriebsabrechnung; Richtzahlen für den Betriebsvergleich.

VI. Statistik: 1. *Allgemeine Statistik:* Standardtransformation. – 2. In der *Bevölkerungsstatistik* und *Wirtschaftsstatistik:* Ermittlung von statistischen Kenngrößen für eine Gesamtheit

unter Zugrundelegung einer – von der beobachteten verschiedenen – Standard-Struktur. – *Beispiel:* Standardisierung der (globalen) Sterberate (Mortalitätsmaße) einer Bevölkerung erfolgt dadurch, dass aus den altersspezifischen Sterberaten ein gewogenes arithmetisches Mittel errechnet wird, bei dem zur Gewichtung die Anteile der einzelnen Altersklassen einer Standard-Bevölkerung (z.B. Bevölkerung 31.12.1995) eingehen. Eine solche standardisierte Sterberate gibt Auskunft über die Mortalität der Bevölkerung, wobei der Einfluss der Veränderung ihres Altersaufbaus seit 1995 neutralisiert ist.

Standardisierungsstrategie – 1. *Begriff:* Strategie, die sich an den durchschnittlichen Anforderungen und Erwartungen bestimmter Kundengruppen (→ Marktsegmente) ausrichtet und dabei sowohl die Marketingpolitik und Leistungspolitik (→ marketingpolitische Instrumente) eines Anbieters (→ marketingpolitische Instrumente) umfasst. Keine individuellen, sondern durchschnittliche Problemlösungen gleicher Art, unabhängig von der spezifischen Problemstellung des einzelnen Nachfragers. – 2. *Vorteile* bei Kosten, Auftragsabwicklung, Lieferservice etc. aufgrund des Mengeneffekts einer Serienproduktion. – 3. *Nachteile:* Geringere Anpassung an spezifische Kundenprobleme, daher geringere preispolitische Spielräume. – Eine Präferenzbildung in den Käufersegmenten ist nicht nur durch vollständige oder teilweise Individualisierung der physischen Produkte (Hardware), sondern auch durch die Anpassung von Softwareleistungen sowie die kundenorientierte Gestaltung der anderen → marketingpolitischen Instrumente möglich. Dabei sind Standardisierung und Individualisierung die konträren Pole eines breiten Entscheidungskontinuums. – *Gegensatz:* → Individualisierungsstrategie.

Standardprodukte – Produkte, die über eine generell vereinbarte (genormte) Mindestqualität verfügen. Änderungen am Produkt konzentrieren sich auf Mengen, Preise und

Zeiten. Standardprodukte können warenbörslich gehandelt werden.

Standortanalyse – Standortwahl, → Standortpolitik.

Standortpolitik – im Handel Instrument des → Handelsmarketings wegen der begrenzten → Einzugsgebiete von Handelsbetrieben. Ein einmal gewählter Standort determiniert entscheidend das mögliche Umsatzpotenzial. – *Formen:* Standortwahl, Standortanpassung, Standortspaltung. Sicherung neuer Standorte ist für expandierende Filialunternehmen und kooperative Gruppen zentrales Instrument zur Erreichung des Wachstumszieles. – *Vorgehen:* Jeder Standort lässt sich durch unterschiedliche lokale Bedingungen kennzeichnen, die in sog. Standortfaktorenkatalogen erfasst und gemäß den betriebsformenspezifischen Anforderungen bewertet werden. Auszuwählen ist der Standort, dessen Standortbedingungen in höchstem Maß den jeweiligen Standortanforderungen entsprechen. – Die Standortpolitik ist stark von der regionalen Infrastrukturpolitik abhängig. Nach § 11 III Baunutzungsverordnung ist die Errichtung großflächiger Handelsbetriebe außer in Kerngebieten nur in für sie festgesetzten Sondergebieten zulässig. Als Vermutungsregel für negative Auswirkungen ansiedlungswilliger Einzelhandelsbetriebe gilt eine Geschossfläche von mind. 1.200 m². – Wegen der hohen Grundstückspreise und der hohen Baukosten ist Standortpolitik stets mit der Finanzierungs- und Investitionspolitik *abzustimmen*. – Vgl. auch internationale Standortpolitik.

Starchtest → Recognitiontest.

stationärer Handel – Handelsbetriebe mit festem Standort. – *Gegensatz:* → ambulanter Handel.

Stichprobe – Teilmenge einer → Grundgesamtheit, die für eine Untersuchung ausgewählt wird. – *I.w.S.:* Durchführung und Ergebnis einer → Teilerhebung. – *I.e.S.:* Synonym für *Zufallsstichprobe*.

Stiftung Warentest – auf Beschluss des Bundestages 1964 gegründetes unabhängiges Warentestinstitut; Sitz in Berlin. – Ca. 15 Prozent des jährlichen Haushalts sind Bundesmittel; Rest wird aus Publikationen der Stiftung finanziert. – Nach § 2 der Satzung ist der ausschließliche und unmittelbare *Stiftungszweck* die Unterrichtung der Öffentlichkeit über objektiv feststellbare Merkmale des Nutz- und Gebrauchswertes von Waren und Leistungen, die überregional in grundsätzlich gleichbleibender Beschaffenheit und in einer zu ihrer Identifizierung ausreichenden Weise angeboten werden. – *Wichtige Veröffentlichungen:* „test", „Finanztest".

Stimulus – Reiz zur Aktivierung des Verhaltens. Stimuli lassen sich unterscheiden in: emotionale Stimuli (gefühlsbetont), kognitive Stimuli (gedanklich betont) und physische (physikalische) Stimuli (wahrnehmungsbetont).

Stimulus-Organismus-Response-Konzept (SOR-Konzept) – Käufer- und Konsumentenverhalten.

Stimulus-Response-Konzept (SR-Konzept) – Käufer- und Konsumentenverhalten.

Store Check – Überprüfung der Warenpräsentation bzw. Angebotsbedingungen für die Artikel eines Herstellers in bestimmten Verkaufsstellen von Einzelhandelsunternehmen.

Store Erosion → Ladenverschleiß.

Store in the Store – Anmietung eines Teils der Verkaufsfläche im Einzelhandel durch externe Anbieter. I.d.R. sind diese Flächen von den übrigen Verkaufsräumen abgetrennt oder befinden sich außerhalb der Hauptverkaufszonen (z.B. Bäckerei im Warenhaus). Im Vergleich zum → Shop in the Shop haben die Betreiber eine größere Möglichkeit zur eigenständigen Profilierung ihres Angebots.

Store-Test – realitätsnahes Verfahren der → Marktforschung. Das Produkt wird in einer ausgewählten Anzahl von Handelsgeschäften (i.d.R. 10 bis 15) unter kontrollierten Bedingungen verkauft. Bei eingeführten

Produkten dient der Store-Test der Wirkungskontrolle von Marketingaktivitäten (z.B. Preisaktionen, persönliche Verkaufsförderung, Platzierung), bei neuen bzw. veränderten Produkten der Überprüfung von Marktchancen. Nachteilig ist v.a., dass keine klassische Werbung eingesetzt werden kann und die Abverkaufsdaten keine Trennung zwischen Erst- und Wiederkauf zulassen und damit der langfristige Produkterfolg, der v.a. vom Wiederkauf abhängt, nur unsicher prognostiziert werden kann. – *Anders:* → Markttest.

Stornierung – 1. Rückbuchung (Stornobuchung). – 2. Rückziehung eines Auftrages. – 3. Rückbuchung von Gutschriften durch die Bank; Recht der Bank zur Stornierung.

Storyboard – Arbeitspapier zur Gestaltung und Produktion eines → Fernsehspots als Hilfsmittel, den optischen Teil des Films nicht nur verbal, sondern auch zeichnerisch oder fotografisch zu erläutern.

Straßenhandel – Form des → ambulanten Handels; Angebot einer begrenzten, spezialisierten Warenauswahl an Straßen, auf bestimmten Plätzen oder in Fußgängerzonen. Zum Straßenhandel zählen auch Eiswagen und Schnellimbissbuden, obwohl Abgrenzung vom → Kiosk nur schwer möglich. Gleiches gilt, wenn der stationäre Einzelhandel und die Gastronomie ihr Angebot in den Straßenbereich hinein ausdehnen. – *Umsatzsteuerliche Behandlung* (§ 22 V UStG und § 68 UStDV): Unternehmer, die ohne Begründung einer gewerblichen Niederlassung oder außerhalb ihrer gewerblichen Niederlassung von Haus zu Haus oder auf öffentlichen Straßen, Wegen, Plätzen, Märkten oder an anderen öffentlichen Orten Umsätze ausführen oder Gegenstände erwerben, haben ein sog. Steuerheft zu führen. Ausfertigung auf Antrag des Straßenhandel-Unternehmers durch das zuständige Wohnsitzfinanzamt bzw. Betriebsfinanzamt. – *Befreiung* von der Verpflichtung, ein Steuerheft zu führen, für Unternehmer, die den Handel mit Zeitungen und Zeitschriften betreiben, die ihre Umsätze nach den Durchschnittssätzen für land- und forstwirtschaftliche Betriebe versteuern, sowie Unternehmer, die im Inland eine gewerbliche Niederlassung haben und Aufzeichnungen nach § 22 UStG sowie nach §§ 63–66 UStDV machen. Die befreiten Unternehmer haben die Bescheinigung über die Befreiung von der Führung eines Steuerhefts bei sich zu führen.

strategische Lücke – Differenz zwischen der möglichen Entwicklung einer Unternehmung und ihrer Entwicklung bei Beibehaltung des derzeitigen strategischen Instrumentariums. Im Gegensatz zur operativen Lücke kann die strategische Lücke nur mit neuen Produkten, Technologien und/oder Märkten erschlossen werden.

strategische Netzwerke – stellen eine auf die Realisierung von Wettbewerbsvorteilen zielende intermediäre, hybride Organisationsform zwischen marktlichen und hierarchischen Koordinationsformen dar, die sich durch komplexe, eher kooperative als kompetitive und durch relativ stabile Beziehungen zwischen rechtlich selbstständigen Unternehmen auszeichnen. Akteure, Ressourcen und Aktivitäten, die Beziehung zwischen diesen Bereichen sowie die Entwicklung von Strategien zum Auf- und Ausbau von Netzwerkpositionen stehen im Mittelpunkt der Betrachtungen. Dem Marketing kommt dadurch die Aufgabe zu, die Position des Unternehmens in strategischen Netzwerken aufzubauen und zu steuern. Der Netzwerkansatz stellt einen komplexen, relativ neuen und empirisch noch kaum gestützten Betrachtungswinkel im Marketing dar und ist somit inhaltlich nur ansatzweise durchleuchtet.

Streckengeschäft – Form der Warendistribution, bei der die Ware von einem Glied der → Absatzkette, z.B. einem Hersteller (H), direkt, unter Umgehung des Großhandels (GH), an den Einzelhändler (EH) geliefert wird. Der GH hat nur eine disponierende Funktion, indem Auftrags-, Rechnungs- und

Zahlungsweg über ihn führen. – *Beispiel:* Vgl. Abbildung „Streckengeschäft".

Streckengeschäft

Streckengeschäfte werden häufig bei der Verteilung von Massengütern (Getreide, Eisen, Stahl, Kohle, Baustoffe, Düngemittel u.a.) getätigt *(Streckengroßhandel),* aber auch beim Handel mit Verbrauchsgütern, z.B. in kooperativen Gruppen, wo die Lieferanten nicht an die zentral disponierenden Großhandel, sondern an die dezentralen Auslieferungslager oder die Mitglieder der Einzelhandelsstufe direkt liefern.

Streckengroßhandel → Streckengeschäft.

Streckengroßhandlung → Großhandelsunternehmung, die nicht in den Warenstrom, sondern dispositiv in den Informations- und Zahlungsstrom eingeschaltet ist (→ Distribution). Streckengroßhandlung tätigt ausschließlich oder überwiegend → Streckengeschäfte. Durch Vordisposition übernimmt sie Aufgaben des zeitlichen und mengenmäßigen Ausgleichs, v.a. der Markterschließung (→ Handelsfunktionen). – *Gegensatz:* → lagerhaltende Großhandlung.

Streukosten – Aufwendungen, die einem Werbetreibenden entstehen, wenn er seine → Werbemittel auf verschiedene → Medien (→ Werbeträger) streut, z.B. durch Beschaffung von Preisinformationen (Anzeigenpreislisten, Preislisten der Plakatinstitute) u.a. Streukosten stellen einen Teil der Werbekosten dar.

Streuplan – *Mediaplan, Mediastreuplan.* 1. *Begriff:* Übersicht des zeitlichen Einsatzes der vorgegebenen, empfohlenen oder genehmigten → Medien, d.h. eine Auflistung der definierten → Werbeträger (z.B. Hörfunk und Fernsehen) mit dem jeweiligen Veröffentlichungsdatum. Kernstück der gesamten Konzeption einer → Werbekampagne. – 2. *Zweck:* Der Streuplan legt die Streuwege (→ Streuung) und → Werbemittel fest, bestimmt den Zeitpunkt der Streuung, berücksichtigt das Zielfeld (→ Zielgruppe) mit allen möglichen Nebenbereichen und Überschneidungen und kontrolliert den Streuerfolg (u.U. mittels Auflösung des Streuplans in einzelne Kontrollkarten oder -positionen). – 3. *Bestimmungsfaktoren:* (1) → Werbeziele: vom Objekt determiniert; (2) *marktrelevante Daten:* Eigenschaften wie soziologische oder Kaufkraftstruktur, Nachfrage, Bedarf und Konkurrenzwerbung; (3) *werbetechnische Aspekte:* Möglichkeiten der kreativen Arbeit, Agenturleistungen und -beratungen, gesetzliche Verordnungen, konjunkturpolitische Tendenzen etc.; (4) → Media: Eigenschaften der einzelnen Werbeträger in Bezug auf die Kontaktierung der Zielgruppen, → Mediaanalyse etc. – Vgl. auch → Mediaplanung, → Streukosten, → Streuverluste.

Streuplan-Analyse-Programm (SAP) – Abk. *SAP.* – Vgl. auch → Mediaselektionsmodelle.

Streuplanung → Mediaplanung.

Streuung – I. Statistik: *Dispersion, Variabilität;* das mehr oder minder weite Entferntsein der Beobachtungswerte eines Merkmals bzw. der Ausprägungen einer Zufallsvariablen voneinander. Die Quantifizierung der Streuung erfolgt durch Streuungsmaße.

II. Werbung: *Mediastreuung.* 1. *Begriff:* alle Maßnahmen, die zur Verbreitung des verschiedenartigsten Werbematerials gehören und dazu dienen, Werbebotschaften an einen bestimmten Empfängerkreis (→ Zielgruppe) zu bringen bzw. mit ihm in Kontakt zu kommen; ein geschlossenes Arbeitsgebiet im Bereich der Werbung. – 2. *Charakterisierung:*

Durch die Streuung wird das Werbematerial gewissermaßen aktiviert und zum → Werbemittel umfunktioniert. Dabei ist wichtig, dass der Einsatz der Werbemittel beim Werbesubjekt zum richtigen Zeitpunkt und über den richtigen Werbeträger (→ Medien) erfolgt. Voraussetzung ist gründliche Kenntnis aller Medien sowie eine exakte Markt- und → Mediaanalyse; beides dient als Grundlage zur Aufbereitung eines → Streuplans. Um einen maximalen Erfolg zu gewährleisten, muss streuungsbezogen die Vielzahl der gegebenen Möglichkeiten zusammengefasst und auch genutzt werden. Die Streuung im Optimalfall müsste ohne → Streuverluste den gesamten potenziellen Interessenten- und Kundenkreis, aber auch einzelne, kleine Gruppen erreichen. – 3. *Streuarten:* a) Nach der *Gezieltheit:* (1) *Auswahl-Streuung (gezielte Streuung):* Die Werbung richtet sich an die für das Produkt oder die angebotene Leistung einzige Bedarfsgruppe (→ Zielgruppe). Das Werbematerial kann gezielt gestreut werden. – *Beispiel:* Jede Firma, die eine Datenverarbeitungsanlage unterhält, benötigt auch Datenträger etc.; mit Fachzeitschriften oder über Adressen der Betriebe (→ Adressenverlage) im Bereich Datenverarbeitung kann in diesem Fall gezielt geworben werden. – (a) Ist der Interessenten- oder Personenkreis so klein, dass eine spezielle Gruppe angesprochen werden kann, die wahrscheinlich gewillt ist, das Produkt zu kaufen oder anzuwenden, ist „*fein gezielte*" Streuung möglich. – *Beispiel:* Streuung in die als Kunden bekannten Adressen; im Investitionsgüterbereich z.B. Benutzer gelieferter Maschinen und Einrichtungen, denen Ergänzungsgeräte oder bes. Dienstleistungen angeboten werden. – (b) Kategorien von Konsumenten, die der Anbieter z.B. mit der Post oder als Leser einer bestimmten Fachzeitschrift erreichen kann, werden mit der sog. *grob gezielten* Streuung erfasst. – *Beispiel:* Postwurfsendung an alle Schließfachinhaber. (2) *Zufalls-Streuung (ungezielte Streuung):* vielseitiges Gebiet. Kann nur bei bestimmten Konsumgütern angewandt

werden. – *Beispiel:* Fernseh- und Funkspots. Die ungezielte Streuung wird feiner, wenn eine Postwurfsendung auf alle Haushaltungen in einem bestimmten Stadtbezirk begrenzt wird (→ Direktwerbung). – b) Nach der *Art des Streuweges:* (1) *Eigenstreuwege:* Streuung über Vertreter, Verkäufer, Propagandisten, Boten etc. (2) *Fremdstreuwege:* Streuung über Post, Botendienste etc. – Vgl. auch → Streukosten.

Streuverluste – Überschreitung des Rahmens der anvisierten Zielgruppe, die mit der Werbebotschaft erreicht werden soll, durch → Medien und → Werbemittel. Streuverluste treten auf, wenn bei der → Streuung der Werbemaßnahmen keine Deckungsgleichheit von Streu- und Absatzgebiet erzielt wird. – Vgl. auch → Streuplan, → Reichweite, → Mediaplanung.

Streuwerbung – Form der Werbung, bei der die → Werbemittel breit an namentlich unbekannte Zielgruppen gestreut werden. – *Gegensatz:* → Direktwerbung.

Stückspanne – absolute → Handelsspanne einer Ware (Rohertrag im Handel), bezogen auf ein einzelnes Stück Ware, eine Sorte *(Sortenspanne)* oder einen Artikel *(Artikelspanne).* Stückspannen können für alle Einheiten einer Artikel- oder Warengruppe einheitlich sein; i.d.R. werden sie jedoch im Zuge der → Mischkalkulation differenziert festgelegt, und es ergeben sich → Durchschnittsspannen.

Stuffer → Flyer.

Stützung – Hilfestellung bei einer → Befragung, indem z.B. die möglichen Antworten in Form von Listen vorgegeben werden.

Subagent → Generalvertreter.

Subkultur – soziale Gruppe, deren Normen, → Einstellungen und Verhaltensweisen von der jeweiligen Mehrheitskultur erheblich und z.T. konfliktär abweicht. Subkulturen bestimmen auch entscheidend das Kauf- und Konsumverhalten. Eine typische Form von Subkulturen sind die → Peer Groups.

Submission – Ausschreibung, → Einschreibung.

Substitutionsgüter – 1. *Begriff*: Konsum- oder Investitionsgüter, die einander in ihrer Verwendungsfunktion ersetzen können, z.b. Butter/Margarine, Kohle/Heizöl, Dampfkraft/Elektrizität. – 2. *Merkmale*: Preiserhöhungen für ein Gut führen bei den in Betracht kommenden Substitutionsgütern zu einer mengenmäßig gesteigerten Nachfrage und zumeist dadurch auch zu Preissteigerungen für die Substitutionsgüter (positiver Substitutionskoeffizient bzw. positive Kreuzpreiselastizität der Nachfrage). – Vgl. Wettbewerbskräfte in den → Wettbewerbsstrategien.

Suchmaschinenmarketing – *Search-Engine-Marketing, SEM*. 1. *Begriff*: Marketingmaßnahmen, die eingesetzt werden um Einfluss auf die Wahrnehmung des eigenen Angebotes in Suchmaschinen zu nehmen. Die Reichweite von Suchmaschinen sowie die Intention der Nutzer für deren Anwendung sorgen für eine hohe Bedeutung der Suchmaschinen im Rahmen des Marketing. – 2. *Merkmale*: Da nur Angebote auf hohen Positionen auch einen Nutzen für den Anbieter (meist im Sinne von hohem Traffic) bringen, sind die Maßnahmen darauf ausgerichtet, eine möglichst hohe Positionierung in den Trefferlisten bzw. auf den Trefferseiten der Suchmaschinen zu erreichen. SEM als Überbegriff lässt sich weiter untergliedern ina) Suchmaschinenoptimierung, die sich sich auf Maßnahmen konzentriert, die das eigene Angebot für den Suchmaschinenalgorithmus optimal aufbereiten. Auch wenn die genauen Algorithmen nicht bekannt sind und permanent weiterentwickelt werden, kann die Positionierung durch verschiedene Maßnahmen grundlegend unterstützt und dadurch optimiert. (1) Keywords: Die Wahl der richtigen Keywords unterstützt die Zuordnung zu Begriffen und Themenbereichen. (2) On-Page-Optimierung: der Aufbau eines perfekt suchmaschinenfreundlichen Internet-Auftritts, (3) Off-Page-Optimierung:

um Links auf die eigene Website zu generieren, die ebenfalls von Suchmaschinen interpretiert werden können und den Linkaufbau durch andere erleichtern. b) Suchmaschinenwerbung als ein Instrument des Suchmaschinenmarketing steht für die Schaltung von bezahlter Werbung neben und/oder über den Suchergebnissen von Suchmaschinen. Beeinhaltet ebenfalls das Platzieren von Werbung auf Content-Seiten, also auf fremden Websites. Alternativ auch als Search-Engine-Advertising (SEA) oder Paid Inclusions bezeichnet. – c) weiterführende Maßnahmen wie bspw. Backlinks, Internet-PR-Maßnahmen

Suchmaschinenoptimierung – Bestandteil des → Suchmaschinenmarketing.

Suchmaschinenwerbung – Bestandteil des → Suchmaschinenmarketing.

Suggestivwerbung – Werbung, die an die → Emotionen der Umworbenen appelliert und bewusst auf die Vermittlung von sachlichen Informationen verzichtet. Suggestivwerbung ist rechtlich grundsätzlich zulässig, soweit damit kein Kundenfang oder eine Irreführung (→ irreführende Werbung) verbunden sind.

Superlativ-Werbung – häufig angewandtes Mittel im Rahmen der Werbung, um – meist durch einen übertreibenden → Slogan („... ist... der Beste") – die eigene Leistung bes. wirkungsvoll herauszustellen und den Kunden suggestiv zu beeinflussen. – *Zulässigkeit*: Solange dabei nicht gegen die guten Sitten verstoßen wird im Sinn der Generalklausel des § 1 UWG (sittenwidrige Werbung) oder eine objektiv nachweisbare Irreführung im Sinn des § 5 UWG (→ irreführende Werbung) vorliegt, ist Superlativ-Werbung gesetzlich nicht verboten. Die Grenzziehung im Einzelfall ist allerdings sehr schwierig. – Vgl. auch → unlautere Werbung, unlauterer Wettbewerb.

Supermarkt – Betriebsform des Einzelhandels: Angebot eines Sortiments von Lebensmitteln, ergänzt um ausgewählte Non-Food-Artikel auf einer

Mindestverkaufsfläche von 400 m , überwiegend in → Selbstbedienung (SB). Supermärkte haben gegenüber → Discountgeschäften ein eher *breites Sortiment* für die kleinräumliche Nahversorgung, das (verbunden mit regelmäßigen Sonderangeboten) zu eher niedrigen Preisen angeboten wird. – *Größere* Supermärkte verfügen im Zuge des → Trading-up über attraktive Sortimentsschwerpunkte, z.B. für Wein, Spirituosen und Milchprodukte, sowie über Bedienungsabteilungen für Obst und Gemüse, Brot und Backwaren, Wurst und Fleischwaren und Käse, ggf. nach dem Prinzip des → Shop in the Shop von örtlichen Meistern (Bäckern, Metzgern) betrieben.

Supplement – thematisch bestimmte, meist illustrierte, meist mehrseitige → Beilage, oftmals in Tageszeitungen, bes. bei Wochenendausgaben *("Heft im Heft")*. V.a. verbreitet als Programmbeilagen, die neben Hörfunk- und TV-Programmen aktuelle Informationen und kulturell unterhaltende Themen enthalten. – *Arten:* (1) Tageszeitungen; dient der → Leser-Blatt-Bindung und zusätzlicher Anzeigenpräsentation; (2) Wochenzeitungen; Instrument zur Auflagenstabilisierung; (3) Publikumszeitschriften; erscheinen unregelmäßig und dienen v.a. als Trägerobjekt für zusätzliche Anzeigen, meist für spezielle Interessengebiete (Urlaub, Geldanlage etc.).

Systemgeschäft – 1. *Begriff:* Investitionsgütermarketing, bei dem die Leistungsangebote oder Problemlösungs-Systeme sich als ein durch die Vermarktungsfähigkeit abgegrenztes, von einem oder mehreren Anbietern in einem geschlossenen Angebot erstelltes Anlagen-Dienstleistungsbündel (Hardware/ Software-Kombination) zur Befriedigung

eines komplexen Bedarfs darstellen. Im Gegensatz zum → Produktgeschäft und traditionellen → Anlagengeschäft ist das Systemgeschäft geprägt durch zusätzliche, über Engineering-Leistungen hinausgehende, umfangreiche Dienstleistungen (System-Software) in Form von → Pre-Sales-Services, → After-Sales-Services sowie → episodenbegleitende Dienstleistungen des Systemanbieters während der Leistungserstellung (z.B. Projektorganisation oder Projektmanagement wie etwa Federführung bei einer Anbieterkoalition). – 2. *Merkmale* des Systemgeschäftes: Hohe Komplexität des Hardware-Software-Bündels; Langfristigkeit des Beschaffungsentscheidungs-, Erstellungs- und Abwicklungsprozesses; Anbieterkoalitionen; hohe Interaktionskomplexität; hoher Auftragswert; Internationalität des Geschäfts; Bedeutung der Auftragsfinanzierung; hohe Individualität der Endleistung; Bedeutung von → Referenzanlagen. – 3. *Problematik der Umsatz- und Gewinnrealisation:* Im Gegensatz zum reinen Liefergeschäft darf beim Systemgeschäft erst dann Umsatz gebucht und Gewinn realisiert werden, wenn die Funktionsfähigkeit des ganzen Systems vom Kunden (z.B. durch ein Abnahmeprotokoll) bestätigt wurde. Solange diese Abnahme nicht erfolgt ist, handelt es sich bei den Lieferungen an den Kunden nur um einzelne Teile, die in der Bilanz des Lieferanten lediglich Vorräte (unverrechnete Lieferungen als Vorstufe zu späteren Forderungen) darstellen. Die richtige Behandlung solcher Geschäftsvorfälle stellt eine bes. Herausforderung an das Rechnungswesen dar (s. hierzu auch: Grundsätze ordnungsmäßiger Buchführung (GoB): Realisationsprinzip).

System Selling → Systemgeschäft.

T

Tachistoskop – 1. *Begriff:* Gerät zur standardisierten Messung von Wahrnehmungssituationen. Mit dem Tachistoskop kann das Wahrnehmungsmaterial systematisch variiert und zeitlich begrenzt dargeboten werden. – 2. *Formen:* (1) *Projektions-Tachistoskop:* Bilder von Gegenständen werden mehr oder weniger lange auf eine Leinwand projiziert; (2) *Einblick-Tachistoskop:* Gegenstände selbst werden in einem Raum für begrenzte Zeit durch kurzzeitige Belichtung dargeboten – 3. *Zweck:* (1) Test der Wahrnehmung bei niedrigem → Involvement; (2) Analyse des Zustandekommens der Wahrnehmung; (3) Überprüfung des ersten flüchtigen Eindrucks (→ Anmutung) bis zum genauen Verständnis. – Vgl. auch → Werbeerfolgsprognose.

Take-and-Pay-Vertrag – Im Take-and-Pay-Vertrag bietet der Käufer dem Verkäufer eine „Kaufgarantie" durch die Verpflichtung zum Kauf und zur Kaufpreiszahlung für die vereinbarte Produktmenge bei Lieferung. Gerade bei der Projektfinanzierung dient der Abschluss von Take-and-Pay-Verträgen der Absatzrisiken-Absicherung. – Vgl. auch → Take-or-Pay-Vertrag.

Take-or-Pay-Vertrag – Als Take-or-Pay-Vertrag, kurz ToP-Vertrag, bezeichnet man die vertragliche Vereinbarung einer „Zahlungsgarantie" zwischen Produzenten bzw. Verkäufer und Abnehmer, die den Käufer, unabhängig davon, ob die Produkte hergestellt oder abgenommen werden, zur Zahlung eines festen Betrages verpflichtet. D.h. bei Nichtabnahme der vereinbarten Mindestmenge wird die Bezahlung der nicht abgenommenen Menge dennoch fällig. Der Anspruch auf Lieferung der so gezahlten, nicht abgenommenen Ware kann vertraglich ausgeschlossen werden. – Der Take-or-Pay-Vertrag dient dazu, neben den üblichen Absatzrisiken – deren Absicherung bzw. Minimierung schon

Take-and-Pay-Vereinbarungen anvisieren – zusätzlich auch noch produktionsbedingte Lieferausfälle und damit normalerweise verbundene Erlösverluste abzusichern. In diesem Sinne lassen sich die Marktrisiken im Zusammenhang mit der Projektfinanzierung gerade von sehr finanzintensiven Projekten nochmals stärker reduzieren. Top-Klauseln finden sich häufig in Lieferverträgen mit Großkunden der Energiewirtschaft. – Vgl. auch → Take-and-Pay-Vertrag.

Tankstellen-Shop → Convenience Store.

Tante-Emma-Laden → Nachbarschaftsgeschäft.

Tara – Gewicht der → Verpackung bzw. Ladeeinheit als Differenz zwischen dem Brutto- und dem Nettogewicht einer Ladung, Sendung oder anderen Gütereinheit im Verkehr.

Target Pricing – Methode der Preisfindung, bei der derjenige Preis gesucht wird, der bei einer geschätzten Absatzmenge und geschätzten Kosten zu einem Erlös führt, der gleich den Gesamtkosten plus dem gewünschten Gewinn ist.

Tauschgeschäft – Kompensationshandel.

Tauschhandel – Kompensationshandel.

Tausenderpreis – 1. *Begriff/Charakterisierung:* Kennzahl, die besagt, wie teuer es ist, 1.000 Personen mit einer Werbebotschaft anzusprechen. Tausenderpreis stellt die Relation zwischen Preis und Leistung eines Werbeträgers (→ Media) und somit keinen absoluten, sondern einen *relativen Preis* (pro 1.000 Werbeträgereinheiten) dar: Als *Preisbasis* werden u.a. eine Millimeter-Zeile (bei Zeitungen), 1/2 Seite schwarz/ weiß (bei Zeitschriften), 30-Sekunden-Spot (bei Fernsehen und Funk, → Fernsehspot, → Funkspot) herangezogen; die *Leistung* ist meist definiert als → Auflage bei Printmedien (i.d.R. verkaufte Auflage) und die Zahl der Geräte bei elektronischen Medien (Radio, Fernsehen; i.d.R. Zahl der produzierten Geräte; Zahl der angemeldeten Geräte eher repräsentativ). Ferner wird z.T. die (Netto-) → Reichweite zum Preis einer Belegung in Bezug gesetzt. – 2. *Varianten:* a) *Einfacher Tausenderpreis (Tausender Auflagenpreis, TP):* Brutto-Insertionspreis im Verhältnis zur Auflage. – b) *Tausend-Leser-Preis (TLP):* Relation zwischen dem absoluten Preis einer → Anzeige und der Größe der Leserschaft; mit Möglichkeit, auf Leser einer bestimmten Zielgruppe (z.B. Frauen, Männer, Autobesitzer) im Sinn eines Tausendzielpersonenpreises zu beziehen oder den „Preis pro 1.000 Seher, Hörer, Kinobesucher" in Modifikation zu bilden. – c) *Tausendkontaktpreis (TKP):* Relation zwischen Brutto-Insertionspreis und dem Produkt aus der Zahl der erreichten Leser und Zahl der durchschnittlichen Kontakte pro erreichtem Leser, d.h. wie viel 1.000 Kontakte mit einem Werbeträger kosten. Bei einmaliger Belegung eines Werbeträgers besteht Identität mit dem TLP, bei Kombination eines Werbeträgers unterscheiden sich beide Messzahlen, da der TKP auch die Mehrfachkontakte berücksichtigt. – 3. *Bedeutung:* In der Werbepraxis werden die Tausenderpreise als ökonomische Kontaktzahl angewandt, die zur Mediaplanung im Rahmen des Rangreihenverfahrens (→ Mediaselektionsmodelle) eingesetzt wird. – Vgl. auch → Medien, → Mediaplanung, → Mediaselektion, → Mediaanalyse, → Streuung, → VIP-Modell.

Taxierung – Wertbestimmung einer Sache oder Leistung; z.B. im Handel auf oder vor → Auktionen, im Handelsschiedswesen etc. Taxierung erfolgt meist durch einen Taxator (Sachverständigen).

Teaser – Ankündigung einer Werbebotschaft, die beim Betrachter Neugier auf die eigentliche Botschaft machen soll (z.B. „Gleich"- oder „Jetzt"-Ankündigung von Werbespots im Fernsehen).

Technologiemarketing – Ausrichtung der marktrelevanten Aktivitäten der Unternehmung an technologischen Entwicklungen einerseits sowie an ausgewählten Problemfeldern gegenwärtiger und zukünftiger Kundenpotenziale andererseits unter Einsatz planender, steuernder, koordinierender und kontrollierender (formale Seite) sowie marketingpolitischer Instrumente (materielle Seite). Zum einen sind neue Technologien daraufhin zu untersuchen, ob bestehende Problemlösungen mit neuen Technologien billiger, qualitativ besser, umfassender oder sonstig attraktiver gelöst werden können. Zum anderen besteht die Möglichkeit, dass bisher mangels am Markt angebotener Problemlösungen noch keine Bedürfnisse bestehen, wohl aber Kundenprobleme, die mithilfe einer neuen Technologie gelöst werden können.

Teilerhebung – Begriff der Statistik für eine → Erhebung, bei der nur *ein Teil* der → Grundgesamtheit untersucht wird (Teilgesamtheit); damit ergibt sich eine → Stichprobe i.w.S. Teilerhebungen sind kostengünstiger als → Vollerhebungen; bei unendlichen Grundgesamtheiten oder bspw. einer zerstörenden Prüfung sind nur Teilerhebungen möglich. Je nachdem, nach welchem Auswahlverfahren die Teilerhebung erfolgt, ist die Übertragung von Ergebnissen der Teilerhebung auf die Grundgesamtheit (Hochrechnung) mehr oder minder problematisch. Ist diese Übertragung möglich, so ist die Stichprobe repräsentativ (→ Repräsentativität). – *Gegensatz:* → Vollerhebung.

Telecontrol XL – in der Fernsehforschung (→ Zuschauerforschung) eingesetztes Messgerät, mit dem die Fernsehnutzung der einzelnen Haushaltsteilnehmer gemessen wird. Dabei wird der eingeschaltete Kanal automatisch erfasst; die zuschauenden Personen melden sich über personalisierte Tasten auf einer Fernbedienung an. Die Übertragung der gespeicherten Informationen erfolgt täglich über ein Modem.

Telefonbefragung – Methode der mündlichen → Befragung mithilfe des Telefons. Bes. geeignet für schnell durchzuführende Untersuchungen mit kurzem Frageprogramm (Blitzumfragen).

Telefonhandel → Telefonverkauf.

Telefonmarketing – systematische, z.T. regelmäßige Kontaktaufnahme bzw. Kontaktpflege zwischen Unternehmen und Kunden mittels Telefon. Telefonmarketing wird eingesetzt als Ergänzung des Außendienstes. Von Bedeutung im Rahmen des Direct Marketing.

Telefonverkauf – *Telefonhandel;* Verkaufsmethode mittels Einsatz des Telefons als Hilfsmittel, z.B. zur Kundengewinnung (Akquisition), Kundenbetreuung (Ankündigung von Sonderangeboten, Auskunftsdienst, Reklamationsbearbeitung), Auftragsabwicklung (Bestellannahme) und Kündigung (Beendigung eines Vertragsverhältnisses). Telefonverkauf ist Teilgebiet des → persönlichen Verkaufs. Die Aktivität kann vom Verkäufer oder Käufer ausgehen. Die Werbung mit einem Telefonanruf gegenüber einem Verbraucher ist stets wettbewerbsrechtlich unzulässig (unlauterer Wettbewerb), wenn der Verbraucher nicht zuvor ausdrücklich in den Anruf eingewilligt hat. Gegenüber einem Gewerbetreibenden ist Telefonwerbung zulässig, wenn zumindest dessen mutmaßliche Einwilligung vorliegt, d.h., wenn aufgrund konkreter Umstände ein sachliches Interesse des Anzurufenden am Anruf vermutet werden kann. – *Vorteil:* Kaufabschlüsse auch außerhalb der Ladenschlusszeiten. – Heute vielfach abgewickelt über → Callcenter.

Telemarketing – Telemarketing oder auch Telefonmarketing ist eine besondere Form des Direktvertriebs. Es bezeichnet das Angebot von Waren und Dienstleistungen per Telefon. Einsatz möglich, wenn keine Beratung erforderlich ist.

Tele-Selling → Teleshopping, → Fernsehwerbung, → Dauerwerbesendungen.

Teleshopping – *Homeshopping;* Verkaufsform des → Einzelhandels unter Nutzung des Mediums Fernsehen um Einkäufe von zu Hause aus zu tätigen; Form des → Distanzhandels. Der Konsument wählt das Produkt seiner Wahl im Fernsehen aus und kann dieses per Telefon, Fax, Onlineshop oder E-Mail bei einem Händler bestellen. Dieser stellt die Waren zusammen, hält sie zur Abholung bereit oder übernimmt die Zustellung (→ Lieferservice). Zahlung erfolgt bar, mit Rechnung und Überweisung, per Bankeinzug oder mittels Kreditkarte (→ Point of Sale Banking). Teleshopping hat für die Anbieter den Nachteil hoher → Retouren und eines schlechten Vertriebsimages. – Nach § 2 Nr. 8 RfStV ist Teleshopping die Sendung direkter Angebote an die Öffentlichkeit für den Absatz von Waren oder die Erbringung von Dienstleistungen, einschließlich unbeweglicher Sachen, Rechte und Verpflichtungen gegen Entgelt. Die Regelungen über Fernsehwerbung gelten für Teleshopping, Teleshopping-Spots und Teleshopping-Fenster entsprechend (vgl. §§ 7, 15, 45 RfStV).

Teleskopie → Zuschauerforschung.

Test → Testen, statistische Testverfahren, → Testverfahren.

Testen – I. Marketing: → Markttest, → Produkttest, → Preistest, → Testverfahren.

II. Software Engineering: 1. *Begriff:* Überprüfung eines Programms oder eines Softwaresystems auf Funktionsfähigkeit. – 2. *Zweck:* Aufspüren und Beseitigen von Fehlern, nicht aber der Nachweis der Korrektheit. Letzteres ist durch Testen nicht möglich (Programmverifikation). – Vgl. auch Testdaten, Testhilfe. – 3. *Stufen:* Im Softwarelebenszyklus steht das Testen für eine Phase, in der verschiedene Stufen durchlaufen werden: a) *Modultest:* Überprüfung des Verhaltens eines einzelnen Moduls; der Modultest erfolgt in engstem Zusammenhang mit der Implementierung des Moduls, wird z.T. auch der Implementierungsphase zugerechnet. – b) *Integrationstest:* i.Allg. schrittweises

Zusammenführen und Überprüfen mehrerer Module, bis alle Module eines Softwaresystems integriert sind. – c) *Systemtest:* Überprüfung eines Softwaresystems auf Vollständigkeit und Funktionstüchtigkeit auf der Grundlage des Pflichtenhefts bzw. der Anforderungsdefinition durch den/die Entwickler. – d) *Abnahmetest (Akzeptanztest):* Überprüfung des Softwareprodukts durch den Auftraggeber, i.Allg. auf Basis des Pflichtenheftes. – 4. *Formen:* a) *Black-Box-Test:* Beim Modultest angewendet; Modul wird als „Black Box" betrachtet. Testen erfolgt gegen die Spezifikation: Überprüfung, ob die Implementierung mit der Spezifikation übereinstimmt, d.h. ob das Modul das leistet, was als Aufgabe spezifiziert wurde (Liefert das Modul bei bestimmten Eingangswerten die erwarteten Ergebniswerte?). – b) *White-Box-Test:* Ausgangspunkt ist die interne Struktur eines Programms bzw. Programmsystems; überprüft wird die Programmlogik, v.a. die Steuerung des Programmablaufs.

Testimonial – Auftreten von bekannten Persönlichkeiten in den Medien zum Zweck der Werbung für ein Produkt. Die Personen geben vor, das Produkt zu benutzen und damit zufrieden zu sein. Entscheidend für einen positiven Imagetransfer sind die Übereinstimmung des Produktimages mit den gegebenen oder auch vermeintlichen Eigenschaften des Prominenten und die Glaubwürdigkeit der Werbebotschaft.

Testmarkt – Teil-Absatzmarkt, auf dem neuentwickelte Produkte probeweise eingeführt werden, um durch begleitende Befragungen und/oder Marktbeobachtungen das Einführungsrisiko auf dem Gesamtmarkt kalkulierbar zu machen. Anforderungen sind Repräsentativität (Bevölkerungs-, Wirtschafts-, Wettbewerbs- und Handelsstruktur), räumliche Abgegrenztheit und Unabhängigkeit (Überschneidungen in Einzugsgebieten) sowie Vergleichbarkeit der Mediastrukturen. Es besteht die Gefahr, dass die Konkurrenz vorzeitig eigene Marketingaktivitäten erfährt und u.U. rechtzeitig mit Gegenmaßnahmen reagiert. – *Beliebte Testmärkte:* (1) für Bundesrepublik Deutschland Bremen, Berlin, Rhein-Neckar-Raum, Hessen; (2) für die EU Saarland und Luxemburg; (3) für Europa Schweiz. – Vgl. auch → experimenteller Markt, → Testmarktersatzverfahren.

Testmarktersatzverfahren – *Mini-Testmarkt-Panel;* Verfahren, das die Nachteile eines großen → Testmarkts zu vermeiden sucht. Elemente eines → Store-Tests werden mit solchen eines → Haushaltspanels verknüpft. – Vgl. auch → Testmarktsimulation.

Testmarktsimulation – Simulation von → Markttests im Labor (→ Laborforschung). 1. *Bekannte Verfahren:* ASSESSOR, TESI, Schaefer-Labortest sowie SENSOR. – 2. *Vorgehensweise des TESI-Verfahren:* Es werden ca. 300 Warengruppenverwender in ein Studio eingeladen. Diese erhalten zunächst einen Geldbetrag, der den Preis des teuersten Produkts in der Warengruppe leicht übersteigt. Dann werden Sie nach ihrem Einkaufsverhalten in der Warengruppe befragt (u.a. gekaufte Menge, bevorzugte Marke, relevant Set). Anschließend erhalten Sie Werbung mehrerer Produkte, u.a. auch des Testprodukts. Dadurch wird 100 Prozent Awareness geschaffen. Dann werden sie an ein Regal geführt, in dem die Produkte mit Preisen sind. Sie werden aufgefordert, ein Produkt zu kaufen und mit dem eingangs erhaltenen Geldbetrag zu bezahlen. Anschließend werden sie gefragt, welches Produkt sie wählen würden, wenn die zuvor ausgewählten Produkte nicht verfügbar wären. Wichtig ist, ob das Testprodukt ausgewählt wurde und an welcher Stelle. Damit erhält man eine Schätzung der → Penetration für das Testprodukt. Anschließend erhalten die Testpersonen das Testprodukt zum Probieren mit nach Hause. Nach ca. 3 Wochen werden sie wieder eingeladen. Über ein Chip Game wird bestimmt, wie stark die Verbraucher das Produkt bei Wiederkäufen berücksichtigen wollen.

Zusammen mit der Penetration sowie der extern vorgegebenen Entwicklung von Distribution und Awareness lässt sich dann die Entwicklung des Marktanteils im ersten Jahr nach der Markteinführung abschätzen. – 3. *Beurteilung*: Vorteile der Testmarktsimulation sind der hohe Grad der Geheimhaltung und die Schnelligkeit der Ergebnislieferung. Nachteilig sind die eingeschränkten Testmöglichkeiten sowie die fehlende Realitätsnähe.

Testverfahren – *Prüfungsverfahren*.

I. Statistik: statistische Testverfahren.

II. Psychologie: → psychologische Testverfahren.

III. Marktforschung: Neben den statistischen Testverfahren und → psychologischen Testverfahren werden bes. nach dem Erkenntnisobjekt → Anzeigentest, → Markttest, → Store-Test, → Namenstest, → Preistest, → Verpackungstest, → Konzepttest, → Produkttest und Markentest (→ Recalltest) unterschieden.

IV. Informatik: → Testen (Testen der Software), Benchmark-Test (Testen der Leistungsfähigkeit der → Hardware).

thematischer Apperzeptionstest – *Thematic Apperception Test*; projektiver Test (→ projektive Verfahren). Der Auskunftsperson werden 20 Bildtafeln vorgelegt. Zu jeder Abbildung soll sie eine selbsterfundene Geschichte erzählen. Da die Testperson in ihre Schilderung eigene Impulse, Wünsche, Schuldgefühle etc. hineinprojiziert, können wertvolle Anhaltspunkte über ihre Persönlichkeit gewonnen werden oder die Messung impliziter Motive (z.B. Macht-, Leistungs- oder Anschlussmotiv).

theoretisches Konstrukt – im Marketing werden darunter komplexe Variable mit vielen Aspekten verstanden wie z.B. soziale Schicht, Einkaufsatmosphäre oder Qualitätswahrnehmung. Diese müssen vor einer Anwendung operationalisiert werden. Hierzu werden zunächst Items gesammelt, wobei ein Item eine Behauptung ist, der zugestimmt

oder die abgelehnt werden kann. Diese Items müssen getestet werden, z.B. mithilfe der klassischen Testtheorie. Dabei werden die Items ausgewählt, welche den Sachverhalt beschreiben.

Third Person Technique → Dritte-Person-Technik.

Thurstone-Skalierung → Skalierungsverfahren zur Messung von → Einstellungen. – 1. *Konstruktion* der Skala in vier Stufen: (1) Generierung einer großen Menge von Statements, die möglichst umfassend sein und alle Eigenschaften des Untersuchungsobjektes widerspiegeln sollen. (2) Sämtliche Statements werden durch unabhängige Sachverständige nach ihrem Grad der Günstigkeit für ein Objekt in 11 Kategorien eingestuft. (3) Für jedes Statement wird ein Skalenwert (Median) und ein Maß für die Streuung berechnet (Differenz zwischen 3. und 1. Quartil). (4) Auswahl von 20 bis 22 Statements aus der Gesamtmenge auf der Basis gleicher Abstände der Skalenwerte und geringer Streuung. – 2. *Anwendung*: Die Testpersonen wählen die Statements aus, denen sie zustimmen. Deren arithmetisches Mittel ergibt dann den Einstellungswert der jeweiligen Testperson. – 3. *Vorteil*: Geringer fragebogentechnischer Aufwand; *Nachteil*: Schwierigkeiten der Skalenkonstruktion.

Tiefeninterview – *Intensivinterview*; Form der nicht standardisierten bzw. teilstrukturierten mündlichen → Befragung, mit relativ großer Freiheit des Interviewers bez. Inhalt und Gestaltung, wodurch die Auskunftsbereitschaft und die Spontaneität der Befragten erhöht werden kann. Instrument der → qualitativen Marktforschung.

TKP – Abk. für *Tausend-Kontakt-Preis* (→ Tausenderpreis).

TLP – Abk. für *Tausend-Leser-Preis* (→ Tausenderpreis).

tonische Aktivierung → Aktivierungsforschung.

Top of Mind – Umstand, der die Marke innerhalb des → Awareness Sets beschreibt, die vom Konsumenten beim Kauf präferiert wird. Alternativen würde der Konsument nur im Notfall wählen. Dies ist im Unterschied zum → Evoked Set zu sehen, bei dem ein Konsument über mehrere Marken in seinem Awareness Set verfügt, die er bei einem Kauf wählen würde. Voraussetzung für die Top of Mind-Situation sind eine klare Positionierung am Markt, um von der Konkurrenz am Markt unterscheidbar zu sein oder die Werbedominanz in der relevanten Produktkategorie.

Tourismusmarketing – alle ziel- und wettbewerbsorientierten Maßnahmen von Tourismusunternehmen und Tourismusorganisationen, um gegenwärtige und zukünftige Kundenpotenziale unter Einsatz planender, steuernder, koordinierender und kontrollierender (formale Seite) sowie → marketingpolitischer Instrumente (materielle Seite) auszuschöpfen. Besonderheiten des touristischen Marketing sind angebotsseitig das Werben mit immateriellen und i.d.R. hochemotionalen Dienstleistungsprodukten sowie nachfrageseitig zunehmend 'hybride' Kaufverhalten mit einer Vielzahl differenter Reisearten.

TP – Abk. für *Tausender Auflagenpreis* (→ Tausenderpreis).

Tracking – regelmäßig wiederkehrende Untersuchung desselben Sachverhalts. Ein Tracking kann im Rahmen eines Panels oder bei wechselnden Stichproben durchgeführt werden.

Tracking-Forschung – systematische Kontrolle der psychologischen → Werbewirkung durch in regelmäßigen Abständen durchgeführte Befragungen verschiedener Personen mit gleichen Fragen zu den gleichen Objekten. Mittels Zeitreihenanalyse und Konkurrenzbetrachtung können Aussagen über Effektivität von → Werbekampagnen und → Medien getroffen werden. – Bei der *Interpretation der Ergebnisse* sind neben den eigenen Aktivitäten auch die der Konkurrenz zu berücksichtigen. – Vgl. auch → Werbewirkungsfunktion.

Trading-down – Gegenbegriff zu → Trading-up.

Trading-up – Verbesserung des Leistungsangebots einer Handelsunternehmung (Veränderung „nach oben") als unternehmenspolitische Strategie im Handel zum Ansprechen neuer Zielgruppen, sei es, dass die Bedürfnisse der bisherigen Kunden sich grundlegend geändert haben, neue Zielgruppen erreicht werden sollen oder eine stärkere Profilierung gegenüber neuer Konkurrenz angestrebt wird. – Der letzte Grund kann auch maßgebend sein für eine Anpassung etablierter → Betriebsformen des Handels „nach unten": Die einfacheren, kostengünstigeren Vertriebsmethoden der Pionierunternehmen werden, um die Abwanderung weiterer Kunden zu stoppen, übernommen *(Trading-down)*. – *Folgen:* Trading-up ist eine Beobachtung im Verlauf der → Dynamik der Betriebsformen im Handel. Die steigenden → Distributionskosten führen zu Preisniveauanhebungen. Verfolgt die Masse der Unternehmungen einer Betriebsform diese Strategie, so verändert sich ihr ursprünglicher Charakter. – *Typische Maßnahmen:* Sortimentsausdehnung (v.a. um höherwertige Produkte bei den → Discountern), umfangreichere Dienstleistungen, Verbesserungen der Ladengestaltung und Warenpräsentation, Akzeptanz von Kartenzahlung, Ausweitung des Kreditangebots, Verstärkung der Werbung.

Traffic-Manager → Werbeberufe.

Transaktionsepisode → Episodenkonzept.

Transaktionsfunktion des Marktes → Markttransaktionsfunktion.

Transitgroßhandel → Außengroßhandel.

Transportkosten – wichtiger Teil der Logistikkosten. – 1. *Begriff:* Die für die Raumüberbrückung von Transportgütern (Einsatzstoffe, Halb- und Fertigprodukte, Ersatzteile etc.) und Personen anfallenden Kosten der

Bereitstellung und Bereithaltung von Transportkapazität und -betriebsbereitschaft, der Durchführung von Transportvorgängen und des Fremdbezugs von Transportleistungen. – 2. *Bestandteile:* a) Fremdtransportkosten, z.b. für Straßen-, Schiffs-, Luft- und Bahntransport sowie transportbedingte Verpackungs- und Abwicklungskosten; b) Kosten der Transportkapazität, z.b. Kosten der Fördermittelsysteme und des Transportpersonals; c) Kosten der Transportbereitschaft und -durchführung, z.b. Instandhaltungs- und Energiekosten und Kosten für Transportschäden. – 3. *Verrechnung:* Im Beschaffungsbereich werden Transportkosten als Anschaffungsnebenkosten zumeist den beschafften Gütern direkt zugerechnet. Im Vertriebsbereich erfolgt (bei Verkauf ab Werk) häufig eine Kalkulation als Sondereinzelkosten des Vertriebs. Kosten des innerbetrieblichen Transports werden häufig nur ungenau erfasst und nur selten den Transportgütern direkt zugerechnet.

Treuerabatt → Bonus, → Mengenrabatt, → Rabatt.

Trockengewicht – Gewicht der Ware in absoluter Trockenheit, errechnet aus dem Gewicht der aus einer Warenpartie gezogenen Muster nach dem Trocknungsprozess. Wichtig v.a. bei Waren, welche die Eigenschaft haben, Feuchtigkeit aus der Umgebung zu binden (hygroskopische Waren). Dient meist als Bezugsgröße für Inhaltsstoffe (z.B. Fettanteil pro Trockengewicht bei Käse). – *Anders:* → Handelsgewicht.

Trödelhandel – Einzelhandel mit gebrauchten, meist minderwertigen Gütern, z.B. getragenen Kleidungsstücken, gebrauchten Haushaltsartikeln, Spielwaren, Taschenbüchern, aber auch mit Schrott, Altpapier, Lumpen (→ Altwarenhandel). Einkauf bei Haushalten

oder auf Nachlass- und Altwarenauktionen; Verkauf der teils gereinigten, aufgefrischten Ware in Läden, auf Trödel- und Flohmärkten oder → Auktionen. – Vgl. auch → Secondhandshop.

Trommsdorff-Modell – Modell zur Messung der → Einstellung (→ Skalierungsverfahren). Die kognitive Komponente der Einstellung wird direkt (Einschätzungen auf Rating-Skalen), die affektive Komponente indirekt durch Fragen nach der idealen Merkmalsausprägung eines Untersuchungsobjekts und einem anschließenden Soll-Ist-Vergleich erfasst.

Turn-Key-Projekte – schlüsselfertige, einsatzbereite Gesamtanlagen, z.B. Errichtung eines Stahlwerks oder eines Flugplatzes. Werden häufig über Generalunternehmer oder Anbieterkoalition erstellt.

TV-Spot → Fernsehspot.

Typenmuster → Standard.

Typologie – *Typenlehre;* methodisches Hilfsmittel, mit dem reale Erscheinungen geordnet und überschaubar gemacht werden, indem das als wesentlich Erachtete zum Ausdruck gebracht wird. Der einzelne *Typus (Typ)* repräsentiert eine Vielzahl von Erscheinungen, die ein gemeinsames Merkmal (bzw. gemeinsame Merkmale) aufweisen. Im Marketing dient die Typologie z.B. der Einteilung einer Grundgesamtheit in homogene Gruppen nach psychografischen Gesichtspunkten. Typologien werden hier zur Definition von → Zielgruppen herangezogen und ergänzen klassische Zielgruppendefinitionen, die lediglich auf soziodemografischen Kriterien basieren (→ Käufertypologie). – Innerhalb der *Wirtschaftswissenschaften* allg. ist die Typologie u.a. in der Marktformenlehre, der Klassifikation von Unternehmen oder Betrieben oder allg. von Menschen (Typenpsychologie) von Bedeutung. – *Anders:* Typung.

Überbesetzung – im Handel Bezeichnung für ein Missverhältnis zwischen der Zahl der Handelsbetriebe in einem Gebiet und der Bevölkerungszahl, besser: der regional getätigten Kaufkraft. – Vgl. auch → Overstoring. – *Gegensatz:* → Unterversorgung.

Umbrella-Effekt – i.d.R. positiver → Spillover-Effekt. Das gute → Image bereits eingeführter Marken wird genutzt, um anderen (meist neuen) Produkten die Marktdurchdringung zu erleichtern, in dem alle Marken zu Markenfamilien zusammengefügt werden. – Vgl. auch → Kannibalismus-Effekt.

Umbrella-Marke → Dachmarke.

Umfrage – 1. *Begriff:* → Repräsentativerhebung für die Markt- und Meinungsforschung mittels Fragebogen (→ Befragung). – 2. *Voraussetzungen:* a) *Auswahl der Befragten:* Zahl der auszugebenden → Fragebögen und Bestimmung etwaiger Ersatzbefragten für „Not-at-Homes", d.h. bei mehrfacher Rückfrage nicht Antwortende (Non-Response-Problem), gemäß → Genauigkeitstafeln und Zufallstafeln. – b) *Scharf umrissenes Fragenprogramm:* Mit Ausnahme von → Eisbrechern und → Kontrollfragen keine Frage, die nicht eindeutig in Beziehung zum Untersuchungsziel steht. Beantwortung vereinheitlicht durch Vorgaben, d.h. Angabe einer Auswahl möglicher Antworten, kann zu einer Beeinflussung führen; Antworten auf offene Fragen sind dagegen schwerer auszuwerten. – 3. *Auswertung:* erfolgt durch Anwendung statistischer Methoden (→ univariate Analyseverfahren, → bivariate Analyseverfahren, → multivariate Analysemethoden).

Umsatz – 1. *Betriebswirtschaftslehre:* Summe der in einer Periode verkauften, mit ihren jeweiligen Verkaufspreisen bewerteten Leistungen; auch Erlös (v.a. im Rechnungswesen) bezeichnet. – Vgl. auch → Absatz. – 2. *Umsatzsteuerrecht:* Oberbegriff für Lieferungen und sonstige Leistungen, einschließlich unentgeltlicher Wertabgaben und Verbringungen. Nicht mit Umsatz dürfen verwechselt werden: Einfuhren, Erwerbe.

Umsatzgeschwindigkeit → Umschlagshäufigkeit, → Umschlagsdauer.

Umsatzhäufigkeit → Umschlagshäufigkeit.

Umsatzrabatt → Rabatt, → Mengenrabatt.

Umsatzstatistik – I. Betriebswirtschaftliche Statistik: Erscheinungsform der → Absatzstatistik.

II. Amtliche Statistik: Erfassung und Aufbereitung der Umsätze in Form von → Vollerhebungen wirtschaftlicher Einheiten (Unternehmen, Betriebe, Arbeitsstätten) für einen bestimmten Zeitabschnitt (i.d.R. Monat oder Jahr) als Merkmal zur Kennzeichnung der Struktur des Gewerbes durch Gliederung der Einheiten nach Umsatz-Größenklassen oder als → Repräsentativerhebungen nach monatlichen oder jährlichen Meldungen, z.B. des Produzierenden Gewerbes, des Gastgewerbes oder des Groß- und Einzelhandels. – Vgl. auch Gastgewerbestatistik, Einzelhandelsstatistik, Großhandelsstatistik.

Umschlagsdauer – Kennzahl über die Zeitspanne, die von der Verfügbarkeit eines Produktes bis zur Umsatzerzielung benötigt wird

$$U. = \frac{\text{Tage des Berechnungszeitraums}}{\text{Umschlagshäufigkeit}}.$$

Beispiel: Bei einem Jahr als Berechnungszeitraum und einer Umschlagshäufigkeit von 3 ergibt sich eine Umschlagsdauer von 365:3 = 121,67 Tage. – *Umschlagsdauer eines Lagers:* → Lagerdauer.

Umschlagsgeschwindigkeit → Umschlagshäufigkeit.

Umschlagshäufigkeit – *Umschlagsgeschwindigkeit, Lagerumschlag;* zentrale → Kennzahl für die Steuerung der Warenwirtschaft in Handelsunternehmen. Die Umschlagshäufigkeit sagt aus, wie oft ein Artikel bzw. das gesamte Warenlager in einer Periode umgesetzt wird bzw. reziprok, wie lange die Ware(n) durchschnittlich lagert(en):

$$U. = \frac{\substack{\text{Wareneinsatz} \\ \text{(auch Ums. zu Einstandspr.)}}}{\substack{\text{durchschnittl. Lagerbest.} \\ \text{(zu Einstandspr.)}}} .$$

Ermittlung: → Wareneinsatz, Lagerbestand (durchschnittlicher). – *Anwendung:* Die gemäß der Umschlagshäufigkeit gefertigten Renner- und Penner-Listen dienen zur Ausmerzung von → Ladenhütern und zum Erkennen aller sich schnell umsetzenden Produkte. Daraus werden, je nach Zielsetzungen der Unternehmenspolitik, unterschiedliche Konsequenzen für die Sortimentspolitik (listen oder streichen), die Preispolitik (hohe oder niedrige Aufschläge) und die Kommunikationspolitik (werbliche Herausstellung in Medien oder im Regal) abgeleitet.

Umschlagsnachlass – *Count and Recount Allowance;* Maßnahme der → Verkaufsförderung. Zeitlich befristetes Angebot eines Herstellers, dem Großhandel für jede Verkaufseinheit, die innerhalb eines bestimmten Zeitraums sein Lager verlässt (die Ware „umschlägt"), einen Rückerstattungsbetrag (Nachlass) zu gewähren. – *Ziel:* Förderung des Abverkaufs für ein neues Folgeprodukt.

Umweltschutz-Marketing → Ökomarketing.

Underreporting – bes. Form des → Paneleffekts, bei den Produktkäufe nicht genannt werden, die stattgefunden haben, weil sie vergessen oder als zu mühsam erachtet wurden oder als sozial nicht wünschenswert angesehen werden (z.B. Alkoholika, Tabakwaren). Underreporting tritt bes. bei Warengruppen auf, die unterwegs gekauft werden (z.B. Coladosen).

Underspending → Share of Advertising.

Unfolding-Technik → Coombs-Skalierung.

Unique Selling Proposition (USP) – *Unique Value Proposition;* einzigartiges Verkaufsversprechen bei der Positionierung einer Leistung. Der USP soll durch Herausstellen eines einzigartigen Nutzens das eigene Produkt von den Konkurrenzprodukten abheben und den Konsumenten zum Kauf anregen. Durch Marktsättigung und objektiver Austauschbarkeit der Produkte erlangt der USP zunehmend an Bedeutung.

Unique Value Proposition → Unique Selling Proposition.

univariate Analysemethoden – Methoden der statistischen Datenanalyse, die nur eine Variable zum Gegenstand haben. Bezieht sich diese eine Variable nur auf einen *Zeitpunkt,* werden Häufigkeitsanalysen (absolute Häufigkeit, relative Häufigkeit, Häufigkeitsverteilung) verwandt. Darüber hinaus können Maßzahlen für die Lage wie der Median (Wert, für den 50 Prozent der Merkmalsträger und 50 Prozent darüber liegen) oder das arithmetische Mittel, und Maßzahlen für die Streuung wie der Interquartilsabstand (Abstand zwischen den Werten bei dem 25 Prozent bzw. 75 Prozent kleiner sind) und die Standardabweichung, ermittelt werden. – Erstreckt sich die Variable über einen *Zeitraum,* spricht man von Zeitreihenanalyse. – *Anders:* → bivariate Analysemethoden, → multivariate Analysemethoden.

unlautere Werbung – gemäß UWG unzulässige Werbung (unlauterer Wettbewerb). Zur Sicherung des Wettbewerbs sowie zum Schutze der Mitbewerber und Verbraucher werden Werbeaktivitäten Beschränkungen des UWG unterworfen. V.a. die Generalklausel des § 3 UWG (sittenwidrige Werbung) sowie die §§ 5, 6 UWG (→ irreführende Werbung und vergleichende Werbung) sind für die Werbung relevant.

Unterkundengeschäft – Kaufscheinhandel.

Unternehmensidentität → Corporate Identity.

Unternehmensphilosophie – Unternehmensleitbild, → Corporate Identity.

Unternehmensverfassung – Um ihre Aktivitäten auf die Unternehmensziele ausrichten zu können, benötigen die Unternehmen ein festgelegte innere Ordnung. In ihr kommt zum Ausdruck, wodurch das Handeln der Unternehmung bestimmt wird und welche Regelungen existieren, um die Aktivitäten auf die Ziele auszurichten.

I. Begriff: Unter Unternehmensverfassung kann die Gesamtheit der konstitutiven und langfristig angelegten Regelungen für Unternehmen verstanden werden. Der Begriff ist seit Ende der 1960er-Jahre bes. im Zusammenhang mit der Diskussion um die Mitbestimmung und um die Weiterentwicklung des geltenden Gesellschaftsrechts zu einem Unternehmensrecht aktuell geworden. Die Unternehmensverfassung ergibt sich aus *gesetzlichen Regelungen,* bes. dem Wettbewerbs-, Kapitalmarkt-, Verbraucherschutz-, Gesellschafts-, Arbeits- und Mitbestimmungsrecht, aus *kollektivvertraglichen Vereinbarungen* wie Firmentarifverträgen und Betriebsvereinbarungen sowie *privatautonomen Rechtssetzungen* wie dem Gesellschaftsvertrag, der Satzung, den Geschäftsordnungen oder Unternehmensverträgen. Konkretisierend können *höchstrichterliche Entscheidungen* hinzutreten. Unternehmensverfassung umfasst also die *interne* formale Machtverteilung zwischen den involvierten Interessengruppen und die sie ergänzenden *extern* ansetzenden Regelungen zum Schutz von verfassungsrelevanten Interessen. Scharf davon zu trennen ist die *faktische Einflussverteilung* in Unternehmensverfassungen (Modell und Wirklichkeit), wenngleich dieses bes. für die Entwicklung und Reform der Unternehmensverfassung von höchster Bedeutung ist. – Vgl. auch internationale Unternehmensverfassung.

II. Grundfragen: Bei Analyse, Vergleich oder Gestaltung von Unternehmensverfassungen stehen immer zwei grundlegende Fragen zur Diskussion: 1. Welche *Interessen* sollen die Zielsetzung und Politik der Unternehmung bestimmen bzw. bestimmen sie? Bei der Beantwortung dieser Frage geht es darum, welche Interessen aus dem Kreis der prinzipiell verfassungs*relevanten* Interessengruppen der Konsumenten, der Arbeitnehmer, der Kapitaleigner und dem öffentlichen Interesse die Unternehmensverfassung konstituieren bzw. konstituieren sollen (verfassungs*konstituierende* Interessen). Rein formal kann man dann zwischen interessenmonistischen, interessendualistischen und interessenpluralistischen Unternehmensverfassungen unterscheiden. Interessenmonistische Varianten bilden die kapitalistische Unternehmensverfassung, wie sie in den handelsrechtlichen Kodifikationen des 19. Jh. ihren Niederschlag gefunden hat und noch heute die ökonomische Realität der westlichen Industrienationen prägt, und die (frühere) laboristische Unternehmensverfassung Jugoslawiens, die als Modell der Arbeiterselbstverwaltung allein auf den Arbeitnehmerinteressen gründete. Als interessendualistisch darf die Mitbestimmte Unternehmung gelten. Interessenpluralistische Verfassungen ergeben sich, wenn zusätzlich das öffentliche Interesse und/oder (partiell) Interessen der Konsumenten Verfassungsrang erhalten. – 2. Welche *institutionellen Vorkehrungen* sind geeignet bzw. getroffen, die Unternehmensaktivitäten auf die verfassungskonstituierenden Interessen auszurichten? Bei der institutionellen Ausgestaltung (→ Organisationsverfassung) müssen Regelungen über Entscheidungsgremien (Art, Zusammensetzung, Wahl, Kompetenzen), über den Ablauf der Entscheidungsprozesse in den Gremien (Vorsitz, Ausschüsse, Teilnahme und Beschlussmodalitäten) und über ihre Information im Rahmen der Entscheidungsvorbereitung (Planungsinformationen) und zur Kontrolle der Resultate der getroffenen Entscheidungen (Kontrollinformation) getroffen werden. Zur Debatte stehen hier (für Großunternehmen) i.d.R. die dreigliedrige

Verfassungsstruktur mit Hauptversammlung, Aufsichtsrat und Vorstand oder die zweistufige Lösung mit Hauptversammlung und Verwaltungsrat bzw. Board.

III. Wirtschaftsordnung und Unternehmensverfassung: Sowohl für das Verständnis von existierenden Verfassungen als auch für ihre Reform ist von zentraler Bedeutung, wie das Verhältnis von Wirtschaftsordnung und Unternehmensverfassung interpretiert wird. – 1. In der Sicht der klassischen *liberalen Wirtschaftstheorie determiniert* die Wirtschaftsordnung bzw. der Markt die Unternehmensverfassung (kapitalistische Unternehmensverfassung). Nach diesem Modell vollzieht sich der Interessenausgleich grundsätzlich im Markt. Das Unternehmen reduziert sich auf ein System von Vertragsbeziehungen zwischen den Produktionsmitteleigentümern und Abnehmern, Lieferanten, Arbeitnehmern und Fremdkapitalgebern. Übrig bleibt die Gesellschaft als Vertragsverbund der Kapitaleigner, die dann folgerichtig interessenmonistisch sein muss. Die Auszeichnung der Kapitaleignerinteressen ist insofern nicht willkürlich, sondern funktional für die Wohlfahrt aller. Die theoretische Begründung für diesen Zweck-Mittel-Zusammenhang lieferte die mikroökonomische allg. Gleichgewichtstheorie mit dem Marktmodell der vollkommenen Konkurrenz. – 2. Im Lichte der neueren *Industrieökonomik* erscheint diese Interpretation des Verhältnisses von Markt und Unternehmensverfassung jedoch fragwürdig. V.a. Großunternehmen verfügen über (nicht-triviale) Handlungsspielräume im Wettbewerbsprozess und vermögen durch unternehmensstrategisches Handeln die Marktstruktur selbst erfolgreich zu beeinflussen. Daraus folgt, dass die Unternehmung neben dem Markt ein eigenständiges Entscheidungs- und Interessenkoordinationszentrum darstellt und in ihrer verfassungsmäßigen Ausgestaltung nicht dem blanken Marktdiktat unterliegt. Die Dependenz zwischen Wirtschaftsordnung und Unternehmensverfassung hat sich so zu einer *Interdependenz* gewandelt. Genau an diesen Handlungsspielraum und Sachverhalt knüpft die Diskussion um die Weiterentwicklung der Unternehmensverfassung an. – 3. Arbeiterselbstverwaltung.

IV. Sonderfall: Verfassung internationaler Unternehmungen: 1. *Problematik* (Spannungsfeld): Für internationale Unternehmungen ist die Entfaltung von Geschäftsaktivitäten in mehreren Ländern, unter globalen Gesichtspunkten und über nationale Grenzen und alle Unternehmensteile hinweg *(keine ökonomische Einheit)* problematisch. Rechtlich existieren nur nationale Gesellschaften. Wegen der *Vielfalt der nationalen Rechtskreise* existiert eine Unternehmensverfassung typischerweise *nicht*. Internationale Gesellschaften bzw. Unternehmen mit Internationaler Unternehmensverfassung sind eine atypische Rarität; sie kommen durch Staatsverträge zustande und stehen auf internationaler Rechtsgrundlage. – 2. *Rechtliche Voraussetzungen* von internationalen Unternehmungen: Zum Aufbau und zur Lenkung von internationalen Unternehmungen müssen gewährleistet sein: a) *Niederlassungsfreiheit* und *wechselseitige Anerkennung* juristischer Personen (innerhalb der EU: Art. 52, 58, 220 EG-Vertrag). – b) *Rechtliche Möglichkeiten zentraler Leitung:* (1) Leitungsbefugnis aus *Eigentum*, wenn die Zentrale der internationalen Unternehmungen selbst Eigentümer eines Unternehmensteils im Ausland ist (Niederlassungen): Im Rahmen des Gastlandrechts kann die Zentrale von ihrer Weisungsbefugnis Gebrauch machen. (2) Leitungsbefugnis durch direkte oder indirekte (mehrheitliche) *Beteiligung* (faktischer Konzern) an einer ausländischen Gesellschaft. Instrumente zur Durchsetzung der einheitlichen Leitung: Beschlüsse der Gesellschaftermehrheit in zentralen wirtschaftlichen Belangen mit Bindungswirkung für das Management; Recht zur Auswahl und Abberufung der Mitglieder der Geschäftsführung (Personalhoheit); Entsendung von Stammhausdelegierten; entsprechende Gestaltung der Unternehmensstatuten

(Geschäftsordnung, Geschäftsverteilungsplan, Bestellung des Vorsitzenden der Geschäftsführung). (3) Leitungsbefugnis aus *Vertrag:* Unternehmensverträge (§§ 291, 292 AktG) zwischen Mutter- und Tochtergesellschaften: (a) Beherrschungsvertrag: Die Konzernmutter kann dem Vorstand der Tochter direkt Weisungen erteilen, auch gegen Widerstand durchsetzen (§ 308 AktG). (b) Konsortialverträge: Vertragliche Abmachungen zwischen den Gesellschaftern eines Unternehmens, um den Einfluss auf Unternehmenspolitik, Geschäftsführung und personelle Zusammensetzung zu sichern. (4) *Schranken der Leitungsmacht:* Durch nationale Rechte zum Schutz von Tochtergesellschaften, aus divergenten nationalen Rechnungslegungsvorschriften und aus der Vielfalt der nationalen Steuersysteme. – 3. *Entwicklungstendenzen:* Konflikte mit den Interessen der Arbeitnehmer, Gläubiger, Aktionäre, Verbraucher oder sonstigen öffentlichen Interessen in Herkunfts- und Gastländern bestimmen die Diskussion über die Unternehmensverfassung von internationaler Unternehmungen Ansätze zur Überbrückung der Diskrepanz zwischen internationaler Wirtschaftstätigkeit von internationalen Unternehmungen und nationaler Interessenkoordination und Konfliktregelung: (1) Internationale Unternehmensverfassung; (2) Angleichung der nationalen verfassungsrelevanten Rechtsgebiete (Europäisches Gesellschaftsrecht); (3) Vereinbarung internationaler Verhaltenskodizes für internationale Unternehmungen.

V. Entwicklungsperspektiven: 1. Als grundsätzliche *Strategiealternativen* zur Weiterentwicklung der Unternehmensverfassung werden sowohl der gesetzliche als auch der vertragliche Weg verfolgt. Neben der *Gesetzesstrategie,* wie sie v.a. in der Bundesrepublik Deutschland mit der Mitbestimmungsgesetzgebung verfolgt wurde und in EG-Richtlinien zur Vereinheitlichung des Gesellschaftsrechts ihren Ausdruck findet (Europäisches Gesellschaftsrecht), gewinnt die *Vertragsstrategie,* nicht nur im europäischen Ausland,

zunehmend an Bedeutung. – *Beispiele:* Tarifvertragliche Vereinbarung von Mitbestimmungsregelungen in Schweden, Dänemark, Belgien und der Schweiz sowie entsprechende rechtspolitische Vorschläge im Entwurf der Fünften EG-Richtlinie zur Struktur der Aktiengesellschaft und im DGB-Entwurf eines Mitbestimmungsgesetzes von 1982. Vertragliche Entwürfe zur Unternehmensverfassung bilden weiter die Partnerschaftsmodelle. Als weiteres für die Zukunft prägendes Entwicklungsmuster darf die *„Internationalisierung"* der Unternehmensverfassung durch Rechtsangleichung gelten, wie sie bes. im Rahmen der Europäischen Gemeinschaft durch Schaffung von Gesellschaftsformen wie der Societas Europaea (SE), der Societas Cooperativa Europaea (SCE) und der Europäische Wirtschaftliche Interessenvereinigung (EWIV) betrieben wird. – Vgl. auch Europäisches Gesellschaftsrecht und internationale Unternehmensverfassung. – 2. Hinsichtlich der *Interessenbezüge* der Unternehmensverfassung lässt sich ein klarer Trend hin zu *pluralistischen Strukturen* erkennen. Zahlreiche europäische Unternehmensverfassungen erfuhren eine interessendualistische Öffnung durch die Einführung der Mitbestimmung der Arbeitnehmer in Großunternehmen, die jedoch nach Intensität, Rechtsquelle und organisatorischer Ausformung eine erhebliche Bandbreite aufweist. Außer den Interessen von Kapitaleignern und Arbeitnehmern ist in einzelnen nationalen Unternehmensverfassungen (Schweden, Montan-Mitbestimmung) und Richtlinien (Europäische Aktiengesellschaft) das öffentliche Interesse als eigenständiger Einflussfaktor vertreten. Auf faktischer Ebene hat sich seit Ende der 1960er-Jahre auch in den USA durch die selektive Repräsentanz von ethnischen Minoritäten, Konsumenten, Frauen und vereinzelt von Arbeitnehmern als Outside-Directors im Board eine interessenpluralistische Unternehmensverfassung in Ansätzen herausgebildet. – 3. Einen zentralen Diskussionspunkt zur *Organisationsverfassung* bildet die Frage, ob sie wie bisher nach Rechtsformen ausdifferenziert werden soll, oder ob nicht eine einheitliche, für alle Großunternehmen *rechtsformunabhängige* Lösung wünschenswert ist. Die dt. Mitbestimmungsgesetzgebung hat an der Rechtsformabhängigkeit festgehalten, obwohl Bedenken bestehen, ob so ein produktives Interessen-Clearing zustande kommt und eine effiziente Führungsorganisation für Großunternehmen zur Verfügung steht. Bei *Rechnungslegung und Publizität* hingegen hat der dt. Gesetzgeber bei Umsetzung einschlägigen EU-Rechts eine rechtsformunabhängige Lösung gewählt (Bilanzrichtlinien-Gesetz). Für die klassische Frage der *Organisation von Geschäftsführung und Kontrolle* werden weiterhin das Board System und das Aufsichtsratssystem als Alternative diskutiert. Für das Board System wird eine binnenorganisatorische Aufspaltung in einen „Management Board" und einen „Supervisory Board" empfohlen. Die Vorschläge zum Aufsichtsratssystem hingegen favorisieren Ansätze (Pflichtkatalog zustimmungspflichtiger Geschäfte), die auf eine verstärkte interessen- und sachbezogene Interaktion zwischen Vorstand und Aufsichtsrat hinauslaufen. Schließlich gewinnen Fragen des *Konzerns* durch die immer weiter fortschreitende kapitalmäßige Verflechtung der Unternehmen und der zunehmenden Zahl und Bedeutung von international tätigen Firmen an Bedeutung. Der Trend – zumindest in Europa – geht dahin, nach dt. Vorbild die nationalen Aktienrechte durch konzernrechtliche Regelungen zu erweitern, wobei zusätzlich der Schutz der abhängigen Gesellschaft deutlich verstärkt werden soll. – 4. Neben den strategischen, interessenmäßigen und organisatorischen Überlegungen zur Weiterentwicklung der Unternehmensverfassung wurde in letzter Zeit die Forderung nach einer Ergänzung der Unternehmensverfassung durch eine *Unternehmensethik* (Corporate-Governance-Kodex) erhoben. Der Sinn dieser Forderung ergibt sich aus der gesellschaftlichen Verantwortung der Unternehmensführung

sowie aus der Einsicht, dass nicht alle interessenrelevanten Problemfälle verfassungsmäßig vorregelbar sind und insofern Verhaltenskodizes für Manager und Unternehmen entwickelt werden müssen, die zu einer Selbstbindung des Handelns führen. Bes. Bedeutung haben in diesem Zusammenhang die Verhaltenskodizes für multinationale Unternehmen erhalten.

unterschwellige Werbung – Werbung, die dadurch gekennzeichnet ist, dass Werbetexte, Slogans u.Ä. so kurzzeitig (z.B. 1/3.000 Sekunde) dargeboten werden, dass sie die Wahrnehmungsschwelle nicht übersteigen (→ Wahrnehmung). Man geht davon aus, dass Sprach- und Bildelemente, die ohne Bewusstsein (unterschwellig) aufgenommen werden, erhebliche Beeinflussungswirkungen erzielen können. Die Wirkungsweise unterschwelliger Werbung ist weitestgehend unbekannt, deshalb ist es vorteilhafter überschwellige Beeinflussungstechniken (→ Sozialtechniken) wie Bildkommunikation zu verwenden. – *Rechtliche Beurteilung*: Kundenfang. Nach § 7 RfStV darf in der Werbung und im → Teleshopping bei Fernsehen und Hörfunk keine unterschwellige Werbung eingesetzt werden.

Unterversorgung – *regionale Unterversorgung*; im Handel Bezeichnung für ein unzureichendes Angebot von Produkten des kurzfristigen, lebensnotwendigen Bedarfs an einem bestimmten Ort, z.B. in einem Dorf, einer Vorstadtsiedlung. Unterversorgung kann auftreten, wenn die regionale Kaufkraft für die Existenz eines Einzelhandelsgeschäfts nicht ausreicht (z.B. wegen zu geringer Einwohnerzahl oder zu großer Abwanderung der Kaufkraft). – *Messung* von Unterversorgung mittels objektiver (z.B. Vorhandensein von Läden, Entfernung zum nächstliegenden Geschäft, alternative Versorgungsmöglichkeiten; → Fahrverkauf) und subjektiver Kriterien (Anspruchsniveau hinsichtlich des Warenangebots und der Wegezeiten). – *Gegensatz:* → Übersetzung, → Overstoring.

Upgrade – 1. *Informatik:* Aufrüstung von → Hardware oder Software zu höherer Leistungsfähigkeit, ohne dass ein neues Modell erworben werden muss. – 2. *Marketing:* Ausweitung des Leistungsangebots durch den Verkäufer im persönlichen Verkauf, nachdem sich der Kunde bereits für den Kauf entschieden hat. Dies geschieht etwa durch das Angebot komplementärer Leistungen (→ Cross Selling) oder durch Aufwertung.

Urproduktenhandel – Handel mit Grundstoffen, die Rohwaren sind, bes. Handel mit Erzeugnissen der Land- und Forstwirtschaft, der Fischerei und des Bergbaus. – Vgl. auch → Rohstoffhandel, → Produktionsverbindungshandel.

Usage & Attitude-Studie – Verbraucherbefragung (→ Abnehmerbefragung) zur Einstellung und zur Verwendung von Produkten eines oder mehrerer Produktbereiche. Usage & Attitude-Studien ergänzen die reinen Kaufdaten aus einem Verbraucherpanel, indem sie sich auf die Nutzung der Produkte beziehen. Sie dienen der → Marktanalyse, der → Marktsegmentierung und der Ermittlung sog. „White Spots", das sind bisher noch wenig bediente Marktbereiche.

USP – Abk. für → Unique Selling Proposition.

V

Validität – *Gültigkeit*. 1. *Begriff*: eines der → Gütekriterien: Ausmaß, in dem eine Messmethode tatsächlich das Konstrukt misst, das gemessen werden soll (misst z.B. die durch → Befragung gemessene Kaufabsicht das tatsächliche Kaufverhalten?). Bes. Relevanz bei der Messung von nicht direkt beobachtbaren theoretischen Konstruktionen (Motivation, Einstellung, Preisbereitschaft etc.; vgl. → intervenierende Variable). – 2. *Arten*: a) *Inhalts-Validität (Content Validity)*: bezieht sich auf die Gültigkeit des Inferenz-/Induktionsschlusses und gibt an, inwieweit die beobachtete Wirkung auch für die relevante → Grundgesamtheit gilt. – b) *Kriterien-Validität (Criterion Validity)*: Die Validität wird durch einen Vergleich mit einem beobachtbaren Kriterium (z.B. Kaufverhalten) überprüft. Korreliert man beobachtetes Verhalten mit dem Verhalten, das aus der Messung von → Einstellung prognostiziert wurde, spricht man von *Vorhersage-Validität (Predictive Validity)*. Werden Einstellung und Verhalten gleichzeitig gemessen, handelt es sich um *Übereinstimmungs-Validität (Concurrent Validity)*. – c) *Konstrukt-Validität (Construct Validity)*: liegt vor, wenn man die Ergebnisse aus mehreren Messungen eines theoretischen Konstrukts bei Verwendung verschiedener Methoden korreliert *(Convergent Validity)* oder die Ergebnisse aus mehreren Messungen verschiedener Konstrukte korreliert *(Discriminant Validity)*. – d) *Interne Validität*: Maß für die Sicherheit, mit der die beobachtete Wirkung tatsächlich der experimentell veränderten Variablen zugeschrieben werden kann. – e) *Externe Validität*: Die Zusammenfassung der Inhalts- und Vorhersage-Validität. – f) Im Unterschied zu der bisher behandelten wissenschaftlichen Validität versteht man unter *Anschauungs-Validität (Face Validity)* die Übereinstimmung der Ergebnisse mit den subjektiven Einschätzungen von Experten (→ Expertenbefragung).

Value Added Marketing – Schaffen eines für den Kunden nachvollziehbaren und akzeptierten Mehrwerts, der über die originären Produkteigenschaften hinausgeht, um bei homogenen Konkurrenzangeboten einen Wettbewerbsvorteil zu erreichen. Als wichtigstes Instrument dazu dient der → Value Added Service.

Value Added Service – Dienstleistungen, die im Rahmen eines → Value Added Marketing die Kernleistung eines Angebots wertsteigernd anreichern.

Value Delivery – Wert, den der Kunde durch die Unternehmensleistung erhält.

Value Extraction – *Value Capture, Value Appropriation*; Ansatz, wie ein Unternehmen den Wert realisiert, der einem Kunden geliefert wurde (→ Value Delivery). Die Value Extraction ist damit eine zentrale Fragestellung für das Preismanagement.

Value Measurement – Ermittlung des Nutzens, den ein Produkt oder eine Dienstleistung für einen Kunden darstellt. Value Measurement ist die Grundlage für eine nutzenorientierte Preissetzung. Methoden des Value Measurement sind → Conjoint Measurement, Discrete Choice Analysis etc.

Value-to-Customer – Wert, der dem Kunden als Gegenwert für den gezahlten Preis geboten wird. Der Value-to-Customer wird durch Angebots-, Kommunikations- und/oder Distributionspolitik geschaffen. – Vgl. auch → Value Measurement.

Vampireffekt – Ablenkung von der eigentlichen Werbebotschaft eines Werbemittels durch eine bes. auffällige Gestaltung oder durch die Vermittlung von Schlüsselreizen, die zu stark in den optischen Mittelpunkt gerückt werden. – Vgl. auch → Ablenkungseffekt.

Van-Westendorp-Methode – Verfahren zur direkten Messung der Preisbereitschaft und der Preissensibilität eines Kunden, das auf Peter H. van Westendorp (1976) zurückgeht. Dabei bekommen Probanden vier Fragen über ein Produkt gestellt: (1) Zu welchem Preis wäre das Produkt zu teuer, sodass Sie es nicht kaufen würden? (zu teuer) (2) Zu welchem Preis würden Sie das Produkt als teuer bezeichnen, aber dennoch geneigt sein, es zu kaufen? (teuer) (3) Zu welchem Preis würden Sie es als akzeptabel bezeichnen, sodass Ihnen ein guter Gegenwert für Ihr Geld geboten wird? (akzeptabel) (4) Welcher Preis wäre zu niedrig, sodass Sie eine mangelnde Qualität erwarten und das Produkt nicht kaufen würden? (zu günstig) – Diese Methode zur Preisfindung kann in der Praxis im Sinne einer Multimethodenstrategie zur Erhöhung der Validität parallel zu anderen Methoden eingesetzt werden.

Vebleneffekt – *Demonstrativkonsum, Prestigeeffekt;* in der Haushaltstheorie eine Nachfrageinterdependenz, die aufgrund eines Bestrebens nach auffälligem und zugleich aufwendigem Konsum zu einer steigenden Nachfrage nach einem → Gut führt, wenn dessen Preis zunimmt.

Veiling – *Versteigerung auf* → Abschlag, Versteigerung auf Abstrich, *holländische Auktion;* Methode der → Versteigerung von Fischen, Blumen, Obst, Gemüse u.a. rasch verderblichen Erzeugnissen: Auf einer Versteigerungsuhr läuft ein Zeiger langsam über eine fallende Preisskala, bis er durch das erste (somit höchste) Käuferangebot angehalten wird.

Veranstaltungsmarketing → Event Marketing.

Verbraucher – I. Wirtschaftswissenschaften: → Konsument (Endverbraucher), Verbrauch, → Verbrauchsgüter, → Verbrauchsforschung.

II. Lebensmittel- und Futtermittelgesetzbuch: derjenige, an den Lebensmittel, Tabakerzeugnisse, kosmetische Mittel oder Bedarfsgegenstände zur persönlichen Verwendung oder zur Verwendung im eigenen Haushalt abgegeben werden. Dem Verbraucher stehen gleich Gaststätten, Einrichtungen zur Gemeinschaftsverpflegung und Gewerbetreibende, soweit sie die genannten Erzeugnisse zum Verbrauch innerhalb ihrer Betriebsstätte beziehen (§ 3 Nr. 4 LFGB).

III. Bürgerliches Recht: natürliche Person, die ein Rechtsgeschäft zu einem Zweck abschließt, der weder ihrer gewerblichen noch ihrer selbstständigen beruflichen Tätigkeit zugerechnet werden kann (§ 13 BGB). Die Bestimmung des Begriffs des Verbrauchers ist wichtig für eine Reihe von Verbraucherschutzvorschriften bes. im Bereich der Allgemeinen Geschäftsbedingungen (vgl. § 310 III BGB), beim Verbrauchsgüterkauf (§ 474 BGB) oder beim Darlehensvermittlungsvertrag (§ 655a BGB).

Verbraucherbefragung → Abnehmerbefragung.

Verbrauchermarkt – *SB-Center;* → Betriebsformen des Handels (Einzelhandels); Angebot eines breiten Sortiments an Nahrungs- und Genussmitteln sowie weiteren Non-Food-Artikeln des Haushalts- und Freizeitbedarfs auf einer Verkaufsfläche von 1.000 bis 5.000 m in → Selbstbedienung (SB). – *Kennzeichen:* Verbrauchermärkte verzichten auf aufwendige Ladenausstattung und Warenpräsentation, beschränken Beratung und sonstige Serviceleistungen auf ein Mindestmaß, bevorzugen kostengünstige Stadtrandlagen, sodass eine niedrige Kalkulation der Preise möglich ist. Wöchentliche Sonderangebote mit herausragend niedrigen Preisen bestimmen die Medienwerbung. – *Hauptkonkurrenten* sind → Selbstbedienungswarenhäuser sowie → Discountgeschäfte und → Supermärkte.

Verbraucherpanel → Panel zur Untersuchung der Kaufgewohnheiten von

Einzelpersonen (Individual-Panel) oder Haushalten (→ Haushaltspanel).

Verbraucherpreisempfehlung → Preisempfehlung.

Verbrauchsforschung – 1. *Begriff:* wissenschaftliche Disziplin, die das Verhalten der Haushalte am Markt (als Verbraucher) zum Gegenstand hat (im Sinn einer engen Definition des → Konsumentenverhaltens). – 2. *Arten:* a) *Theoretische* Verbrauchsforschung, die als Teildisziplin der Wirtschaftstheorie zu generellen Aussagen über die Verhaltensweisen und Einstellungen der Verbraucher gelangen möchte. – b) *Praktische* Verbrauchsforschung, von Bedeutung u.a. im Hinblick auf ihre Nutzanwendung. Sie kann sowohl gesamtwirtschaftlichen als auch einzelwirtschaftlichen Zwecken dienen; in letzterem Fall ist die Verbrauchsforschung ein Bereich der → Marktforschung, nämlich die systematische Untersuchung des Verbrauchs bzw. absatzrelevanter Daten über die Verbraucher. Verbrauchsforschung in diesem Sinn umfasst: die Untersuchung der → Bedürfnisse der Konsumenten und deren Neigung zur Bedürfnisbefriedigung sowie die → Motive zur Aufnahme oder Ablehnung eines bestimmten Angebots, Feststellung der Kauf- und → Verbrauchsgewohnheiten; Untersuchungen über Marktgerechtigkeit der Fabrikate, Angemessenheit der Preise, Aufnahmefähigkeit des Marktes für ein bestimmtes Produkt; Erforschung der Reaktion der Konsumenten auf bestimmte Werbemittel und auf verschiedene Verkaufsmethoden (Bedienung, Selbstbedienung etc.) und sonstige Marketingmaßnahmen.

Verbrauchsgewohnheiten – *Konsumgewohnheiten;* Verhalten des Verbrauchers (→ Konsumenten) in Bezug auf ein am Markt angebotenes Erzeugnis, Gegenstand der → Marktanalyse. – Die *eigentlichen* bzw. *ursprünglichen* Verbrauchsgewohnheiten sind: der bes. Verwendungszweck, die Eigenart der Handhabung bei Ge- und Verbrauch. Daraus leiten sich die *mittelbaren*

Verbrauchsgewohnheiten ab: Häufigkeit und Menge des Verbrauchs sowie die Vorliebe für bestimmte Qualitäten; diese bestimmen zusammen mit anderen Faktoren die am Markt wirksam werdenden, empirisch beobachteten Kaufgewohnheiten. Entsprechend können unterschieden werden: → Convenience Goods, → Shopping Goods und → Speciality Goods.

Verbrauchsgüter – 1. Bei *produktionsorientierter Betrachtung:* Güter, die (abgesehen von Rest- und Abfallstoffen) in andere Güter eingehen bzw. in qualitativ andere Substanzen übergehen (z.B. bei chemischen Umwandlungsprozessen) oder zum Prozessablauf beitragen (z.B. Antriebsenergie). – 2. Bei *konsumorientierter Betrachtung:* Güter, die durch den Konsummarkt vernichtet werden (z.B. Nahrungsmittel). – *Gegensatz:* → Gebrauchsgüter.

Verbundmessung → Conjoint Measurement.

Verbundwerbung → kooperative Werbung.

Verhaltensforschung – interdisziplinäre Forschungsrichtung; der Methodik nach Naturwissenschaft, inhaltlich aber Symbiose aus Natur- und Geisteswissenschaften. Die Verhaltensforschung befasst sich mit der Erforschung des menschlichen Verhaltens; Forschungsgrundlage ist das beobachtbare Verhalten, das bis auf physiologische, bes. neurophysiologische, Basiselemente analysiert wird. – *Teildisziplinen:* Psychologie, Soziologie, vergleichende Verhaltensforschung/ Verhaltensbiologie, physiologische Verhaltensforschung, Anthropologie, Arbeitswissenschaft u.a. – *Strömungen:* (1) *Biologische Ansätze:* Erfassung biologischer und physiologischer Gesetzmäßigkeiten des menschlichen Verhaltens mit objektiven Messmethoden (z.B. → Blickregistrierung, Beobachtung nonverbalen Verhaltens). – (2) *Kognitive Ansätze:* Messung menschlicher Intelligenz, Lerntheorien. – (3) *Motivationale/emotionale Ansätze:* Einbeziehung kaum bewusster und kognitiv wenig kontrollierter Verhaltensweisen.

Verhältnisskala – *Ratioskala*; Skala, auf der alternative Ausprägungen bezüglich Verschiedenheit, Rangordnung und Abstand bewertbar sind und auch ein Verhältnis von Ausprägungen sinnvoll interpretiert werden kann. – *Beispiele:* Länge, Einkommen, Einwohnerzahl. – Vgl. auch → Skalenniveau.

Verkauf → Vertrieb, → Marketingpolitik, → Marketing, Kaufvertrag.

Verkäufermarkt – Marktsituation steigender Preise. Ursache eines Verkäufermarkts ist ein Angebotsdefizit, das sich bei sinkendem Angebot und konstanter Nachfrage ergibt, bzw. ein Nachfrageüberschuss, der sich bei steigender Nachfrage und konstantem Angebot ergibt. – *Gegensatz:* → Käufermarkt.

Verkäuferschulung → Verkaufsgespräch.

Verkaufsabteilung → Vertriebsabteilung.

Verkaufsagent – Handelsvertreter, dessen Tätigkeit in der Vermittlung oder im Abschließen von Verkäufen besteht. – Vgl. auch Kommissionsagent.

Verkaufsanalyse → Marketingforschung, → Absatzstatistik.

Verkaufsbezirke – nach der Absatzmöglichkeit angemessen abgegrenzte Bereiche, denen ein bestimmtes Umsatzziel (Absatzsoll) zugewiesen wird. Dadurch wird u.a. die Leistungskontrolle von Verkaufskräften ermöglicht.

Verkaufsbüro – räumlich ausgegliederte → Vertriebsabteilung.

Verkaufsdemonstration – Einsatz von Demonstrationsmaterial im persönlichen Verkauf, um den Kaufentscheidungsprozess gezielt in Richtung des Leistungsangebots zu lenken. Mithilfe der Verkaufsdemonstration ist es möglich, Kundeneinwände auszuräumen.

Verkaufsfläche – zum Warenverkauf genutzte Fläche eines Handelsbetriebs einschließlich Gängen, Treppen, Standflächen für Einrichtungsgegenstände, Schaufenster sowie Freiflächen. Verkaufsfläche ist ein Teil der → Geschäftsfläche. – Verkaufsflächen werden oft als Basis für die Bildung von → Kennzahlen im Handel genutzt.

Verkaufsförderung – *Sales Promotion, Absatzförderung.* 1. *Begriff:* Instrument der → Kommunikationspolitik; zeitlich begrenzte Aktionen, die zum Ziel haben, bei nachgelagerten Vertriebsstufen und Letztabnehmern von Produkten und Dienstleistungen durch zusätzliche Anreize Absatzsteigerungen zu bewirken. Je nach Markttyp und Zielgruppe(n) bzw. Marktsegmenten (→ Marktsegmentierung) lassen sich unterscheiden: Handels-/Absatzmittlerorientierung, Verkaufspersonalorientierung (eigenes Verkaufspersonal oder/und das der Absatzmittler) und Endnachfrageorientierung (Konsumenten etc.). – 2. *Handels-/Absatzmittlerorientierte Verkaufsförderung-Maßnahmen:* a) Konferenzen mit Absatzmittlern (Händlerkonferenzen), b) Messen, Verkaufsausstellungen, Musterschau-Veranstaltungen u.Ä., c) Beratungsangebot in geschäftlichen Problemen am Wiederverkäufer, d) Laden- und Dekorationshilfen, e) Gemeinschaftswerbung (→ kooperative Werbung), f) Entwicklung und Umsetzung von Merchandising-Systemen (→ Merchandising), g) Erweiterung/Verbesserung der Bestell- und Beschaffungsmöglichkeiten für Absatzmittler, h) Aktionsangebote mit Werbe- und Verpackungsmaterial, i) kostenlose Produkte (Naturalrabatte), j) zeitlich begrenzte Kaufnachlässe etc. – 3. *Verkaufspersonalorientierte Verkaufsförderung-Maßnahmen:* a) Schulung des Verkaufspersonal der Hersteller oder Absatzmittler, b) Verkaufswettbewerbe, c) Bonus- Prämiensystem für bes. Verkaufsleistungen, d) permanente Information über wesentliche Vorgänge in relevanten Märkten. – 4. *Endnachfrageorientierte Verkaufsförderung-Maßnahmen:* a) *konsumentenorientierte Verkaufsförderung.Maßnahmen:* (1) kostenlose Proben, (2) Gutscheine, (3) Rückerstattungsangebot, (4) Sonderpreisangebot etc. – b) *Auf gewerbliche Verbraucher* *gerichtete Verkaufsförderung-Maßnahmen:* (1) Produktdemonstration bei Interessenten „vor Ort", (2) Erweiterung/Verbesserung der Bestell- und Beschaffungsmöglichkeiten für gewerbliche Ge- und Verbraucher etc.

Verkaufsgespräch – vom Verkäufer mit Kunden geführtes Gespräch, in dem der Verkäufer versucht, den Interessenten zum Kauf zu bewegen. Das Verkaufsgespräch unterscheidet sich vom reinen Beratungsgespräch durch seine Orientierung am Abschluss. – Verkäuferschulungen sollen dem Verkaufsgespräch durch psychologische und soziologische Unterrichtung der Verkäufer zu bes. Wirksamkeit verhelfen. – Vgl. auch → persönlicher Verkauf.

Verkaufskontor – 1. Rechtlich *selbstständige Vertriebsabteilung* zur Durchführung des → direkten Vertriebes für Industriebetriebe (→ Werkshandelsunternehmen). – 2. Vertriebsorgan von *Syndikaten,* das im Eigentum aller Syndikatsmitglieder steht und deren Vertriebsabteilung ersetzt, wobei es zugleich die Mengenkontingentierung durchführt. – *Vorstufe* des Verkaufskontors: „Abhängiger Handel", eine Vertriebsform, bei der gegen die Verpflichtung, ausschließlich oder in bestimmten Gebieten nur Kartellware zu verkaufen, günstige Bezugs- und Preisbedingungen eingeräumt werden.

Verkaufskosten → Vertriebskosten.

Verkaufslokal → Laden.

Verkaufsmethode – der Absatzmethode industrieller Hersteller entsprechendes Marketinginstrument der Handelsbetriebe. – Vgl. auch → Bedienungsformen.

Verkaufsmusterlager → Musterlager, → Exportmusterlager.

Verkaufsniederlassungen – regionale oder nationale Zweigbetriebe von Hersteller- oder Handelsbetrieben im In- oder Ausland, geführt in Form von dezentralen → Vertriebsabteilungen oder Tochtergesellschaften. Verkaufsniederlassungen dienen der Verbesserung der Kundennähe (Beratung und Betreuung), der Marktbearbeitung und des → Lieferservice.

Verkaufsorganisation → Vertriebsorganisation.

Verkaufspreis – *Verkaufsrechnungspreis;* der dem Abnehmer in Rechnung gestellte Preis. Preisstellungsklauseln (z.B. „ab Lager des Lieferanten", „frei Lager des Abnehmers" und „frei Haus") werden ausdrücklich oder stillschweigend einbezogen.

Verkaufsprogramm → Absatzprogramm.

Verkaufsrechnungspreis → Verkaufspreis.

Verkaufsrundfahrt – Form des → Fahrverkaufs. Die potenziellen Kunden (meist ältere Personen) werden zu Ausflugsfahrten eingeladen, auf denen im Bus den in Ausflugslokalen ausgewählte Produkte angeboten werden. – *Spezielle Formen:* 1. *Butterfahrten,* bei denen den Kunden auf hoher See Waren (Spirituosen, Kosmetika, Lebensmittel) zollfrei angeboten wurden, sind nicht mehr erlaubt. – *Ausnahme:* Fahrten nach Helgoland (allerdings mit detaillierten Mengenbegrenzungen). – 2. *Gruppenreisen in Feriengebiete* (Italien, Spanien) mit (oft kostenloser) Unterbringung in Ferienwohnungen (Ferienhaus), die gleichzeitig zum Kauf angeboten werden.

Verkaufsveranstaltungen – organisierte, zeitlich und inhaltlich abgegrenzte, auf eine große Zahl von Nachfragern ausgerichtete Absatzveranstaltungen, z.B. → Wochenmärkte, → Jahrmärkte, → Marktveranstaltungen, Sonderveranstaltungen des Verkaufs.

Verkaufswagen – Beim → Fahrverkauf eingesetzte Fahrzeuge *(rollende Läden).*

Verkaufswettbewerb – *Sales-Force Contest;* Maßnahmen zur → Verkaufsförderung; sie stellen einen Anreiz für Einzelhändler und deren Verkäufer dar. Durch entsprechende Gewinnchancen wird eine große Teilnahme erreicht, was zu einer Umsatzsteigerung führt. Diese deckt die Kosten für den Wettbewerb und erbringt u.U. Gewinn.

Verkaufszentrale – gemeinsame Verkaufsstelle (Verkaufssyndikat) von Kartellunternehmungen.

Verkehrsmittelwerbung → Außenwerbung.

Verlosung → Auslosung.

Vermarktung – häufig verwendeter Begriff für die Verwertung von Erzeugnissen am Markt.

Vermittlungsgeschäft → Empfehlungsgeschäft.

Verpackung – I. Allgemein: 1. *Begriff:* Unter Verpackung wird die ein- oder mehrfach vorgenommene Umhüllung eines Packgutes zum Zweck des Schutzes (der Umgebung, des Packgutes), der Portionierung (bei Produktion, Verwendung) sowie der Lagerung, des Transports, der physischen Manipulation sowie der Vermarktung verstanden. Die Verpackung bildet eine Einheit aus den Komponenten Packmittel, Packstoff und Packhilfsmittel. Aus dem Packstoff, d.h. dem Werkstoff der Verpackung, wird das Packmittel hergestellt, das dazu bestimmt ist, das Packgut zu umschließen oder zusammenzuhalten. Die Packhilfsmittel ermöglichen zusammen mit dem Packmittel das Verpacken, Verschließen und die Versandvorbereitung eines Packgutes. – 2. *Arten:* Die Wahl der Verpackungsart innerhalb des Verpackungssystems hängt von den wahrzunehmenden Verpackungsfunktionen ab. Es kann zwischen Transport- und Verkaufsverpackung unterschieden. Wegen der Wiedererkennungsform der Verkaufsverpackung ergeben sich direkte Zusammenhänge zur Markengestaltung (z.B. Toblerone). Die Lösung des Verpackungsproblems obliegt einem Verpackungsteam, das zunächst die Anforderungen analysiert, die an die Verpackung gestellt werden. Die Konkurrenz verschiedener Anforderungen erfordert eine Prioritätensetzung bei der Verpackungsgestaltung. Die Dominanz bestimmter Anforderungen aufgrund einer solchen Prioritätensetzung kann als Kriterium für die Zurechnung der Verpackungskosten zu den

einzelnen Funktionsbereichen herangezogen werden. – *Rechtliche Regelung der* Verpackungs-*Rücknahme:* Verpackungsverordnung (VerpackV).

II. Versicherungswesen: Vom Standpunkt des Versicherers aus soll die Verpackung den gewöhnlichen Ereignissen des Transportes, die vorauszusehen sind, widerstehen können, weshalb Schäden als Folge mangelhafter Verpackung i.Allg. ausgeschlossen werden, es sei denn, die mangelhafte Verpackung ist handelsüblich. Erstklassige (z.B. „seemäßige" oder „beanspruchungsgerechte") Verpackung führt zu Prämiennachlässen. Für Wertsendungen (Valorenversicherung), Kunstgegenstände, Umzugsgut und Maschinentransporte gelten Sonderbedingungen mit verschärften Anforderungen an die Verpackung

Verpackungstest – *Packungstest;* Test der Anmutung der Verpackung (Packung) einer Ware. Bes. Form des → Produkttests. Auch Messung des assoziierten Preis-/Leistungsverhältnisses. – *Hilfsmittel zur Messung:* → Schnellgreifbühne, → Tachistoskop.

Verrechnungsgeschäft → Zentralregulierungsgeschäft.

Versandhandel – 1. *Begriff:* Betriebsform des Einzelhandels: Angebot von Waren nach dem Distanzprinzip (auch Versandprinzip). – 2. *Funktionsweise:* Kontakt zwischen Verkäufer und Käufer über unpersönliche Kommunikationsmittel wie Anzeigen, Werbebriefe, Preislisten, Telefonanrufe, Kataloge, Websites oder Fernsehsendungen. Der Käufer kann in häuslicher Umgebung, ungestört und ohne zeitliche Begrenzung durch Ladenschlusszeiten seine Warenauswahlentscheidungen treffen mit dem Nachteil, dass körperliche Inspektion und Prüfung der Waren nicht möglich ist. Es fehlen die Attraktionswirkung des Warenangebots im Laden und die damit verbundenen Anreize zu → Impulskäufen. Dem Kunden steht bei Versandgeschäften ein Widerrufsrecht (§ 355 BGB) oder ein Rückgaberecht (§ 356 BGB) zu. Die

→ Warenpräsentation wird durch Fotos, Bilder, Filme und ausführliche Beschreibungen ersetzt. Manche Versandhändler haben deswegen Vertreter im Nebenberuf (Sammelbesteller), die das Katalogangebot erläutern und Bestellungen entgegennehmen. Die Ware wird nach Bestellung möglichst kurzfristig angeliefert (Bringprinzip). Übergänge zum → Fahrverkauf sind fließend. – 3. Formen: Großversandhäuser mit einem breiten Sortiment (Universalversender); Spezialversender mit schmalem Sortiment (Kaffee, Wein, Fisch, Textilien, Lederwaren, Jagdbedarf und -mode, Briefmarken, Kunstgegenstände etc.). Auch Kombinationen sind üblich: Universalversender haben zur genaueren Zielgruppenansprache und zur Reduzierung der Katalogkosten Fachversandabteilungen, z.B. für Fotoartikel, Fertighäuser oder preiswerte Sonderangebote. Weiter gibt es Versender mit stationären Servicestationen (eigenen Filialen, → Katalogschauräumen). – 4. Steuerliche Behandlung (Umsatzsteuer, Verbrauchsteuer): Für Versandhandel innerhalb eines Staates gelten die normalen steuerlichen Regelungen. Bei Versandhandel von einem Mitgliedsstaat der EU in einen anderen wird der Verkäufer im Bestimmungsland steuerpflichtig, wenn der Käufer eine Privatperson ist (sog. Lieferschwelle und Erwerbsschwelle).

Versioning – Sonderform der → Preisdifferenzierung. Verschiedene Versionen eines Produkts werden zu unterschiedlichen Preisen verkauft. Einfachste Form des Versioning ist es, eine Basis-, Standard- und eine Premium-Version des Produktes anzubieten.

Versorgungshandel – Angebotskonzept des Handels, das die reine Versorgung der Kunden in den Mittelpunkt stellt und auf die emotionale Anreicherung des gesamten Erscheinungsbildes mittels Erlebniswerten bewusst verzichtet. – Merkmale: Standardisierte Produkte des Grundbedarfs, hoher Lagerumschlag, Kosteneinsparungen durch Reduzierung von zusätzlichen Handelsleistungen, Rationalisierung bei Beschaffung,

Warenanlieferung, Lagerung, Kassieren, niedrige Miet- und Personalkosten, Niedrigpreisstrategien, leichte Erreichbarkeit. – Gegensatz: → Erlebnishandel.

Versteigerung – 1. Begriff: Form der → Marktveranstaltung, die im Weg des öffentlichen Aufrufs durch den Versteigerer an bestimmten Orten und zu bestimmten Zeiten stattfindet und bei der nicht fungible (nicht vertretbare) Waren an den Meistbietenden verkauft werden. Zwecks Information der Teilnehmer muss die Versteigerungsware meist am Versteigerungsort oder zumindest in dessen Nähe präsent sein. – 2. Formen: Bei der verdeckten Auktion geben die Teilnehmer ihre Gebote ohne Wissen der Gebote der anderen Teilnehmer ab. Bei der offenen Auktion, die als klassische Form der Versteigerung gilt, sind die teilnehmenden Bieter hingegen über sämtliche abgegebenen Gebote informiert. Im Falle der klassischen Versteigerung versuchen die am Erwerb/Angebot des Produkts Interessierten, sich gegenseitig zu über-/unterbieten. Das höchste/niedrigste Gebot erhält den Zuschlag. Hinsichtlich der Entwicklung des Preises herrscht bei Anbieter und Nachfragern völlige Transparenz. Beim → Veiling entwickelt sich der Preis in entgegengesetzter Richtung, d.h. von oben nach unten. Derjenige Teilnehmer, der zuerst bietet, erhält den Zuschlag. Im Gegensatz zur Versteigerung herrscht hier bei den Nachfragern höchste Unsicherheit, da niemand weiß, zu welchem Preis die anderen ein Gebot abgeben. – 3. Freiwillige Versteigerung (→ Auktion): a) Das Gebot ist ein Vertragsangebot, das durch Abgabe eines Übergebots oder Beendigung der Versteigerung ohne Erteilung des Zuschlags erlischt. Vertragsabschluss kommt durch Zuschlag zustande (§ 156 BGB). – b) Dient die Versteigerung der Aufgabe des Geschäftsbetriebs, ist sie meist als Ausverkauf (Räumungsverkauf) anzusehen. – 4. Die Versteigerung aufgrund gesetzlicher Vorschriften zur Befriedigung Berechtigter: a) öffentliche Versteigerung nach privatrechtlichen Grundsätzen), z.B. beim

Pfandverkauf, Selbsthilfeverkauf. – b) *Behördliche Versteigerung:* Zwangsvollstreckung; Zwangsversteigerung. – 5. *Versteigerungsgewerbe:* Die gewerbsmäßige Versteigerung fremder Gegenstände bedarf der Erlaubnis, die bei Unzuverlässigkeit oder bei ungeordneten Vermögensverhältnissen des Versteigerers zu versagen ist. Bei der Versteigerung sind die Beschränkungen des § 34b GewO (Versteigerungsgewerbe) zu beachten; Einzelheiten über das bei den Versteigerungen einzuhaltende Verfahren und die Versteigerungsbedingungen regeln die Versteigerungsvorschriften. – Vgl. → eBay-Auktion.

vertikale Preisbindung → Preisbindung zweiter Hand.

vertikales Marketing – 1. *Begriff:* Mehrstufige → Marketingpolitik mit dem Ziel, über alle Stufen der → Absatzkette hinweg ein durchgängiges Konzept zu realisieren. Letztlich der Versuch, die unterschiedlichen Formen des Marketings im → Absatzkanal aufeinander abzustimmen (→ Efficient Consumer Response (ECR)). – 2. *Pull-Strategien:* Die jeweiligen Glieder der Absatzkette sollen durch Marketingmaßnahmen bewegt werden,

bei der jeweils vorgelagerten Stufe die Waren nachzufragen. Anders: → Push-Strategien. – 3. *Kooperatives vertikales Marketing:* Ein Glied der Absatzkette verpflichtet durch Kooperationsabsprachen nachfolgende Glieder zu einheitlichem Marktauftritt. – Vgl. auch → Absatzbindung. – 4. *Elemente des vertikalen Marketings:* vgl. Abbildung „vertikales Marketing".

vertikale Werbung → kooperative Werbung.

Vertragshändler – selbstständiger Gewerbetreibender, der aufgrund eines Vertrages ständig damit betraut ist, im eigenen Namen und auf eigene Rechnung (→ Eigengeschäft) Waren zu vertreiben, und der verpflichtet ist, sich für deren Absatz nach der Konzeption des Herstellers einzusetzen. Vertragshändler sind meist wirtschaftlich stark abhängig vom Hersteller. Üblich sind → Absatzbindungen, wie z.B. die Abnahme von Mindestmengen, die Unterhaltung eines (Ersatzteil-)Lagers, die Bereitstellung von Servicemaßnahmen (Wartung, Reparatur), die Durchführung bestimmter Werbemaßnahmen sowie die Verpflichtung, keine Konkurrenzgüter zu führen

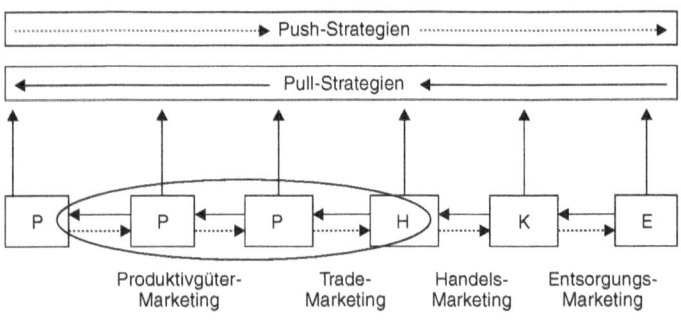

vertikales Marketing

Vertikales – kooperatives Marketing

bzw. ausschließlich für den Kontraktgeber tätig zu sein (→ Ausschließlichkeitsbindung, Exklusivvertrieb). Der Vertragshändler benutzt den Namen und die Marke(n) des Kontraktgebers; ihm wird i.d.R. → Gebietsschutz eingeräumt (Alleinvertriebsrecht). Ausnahmsweise kann sich der Kontraktgeber das Recht vorbehalten, bestimmte Abnehmer im Verkaufsgebiet des Vertragshändlers direkt zu beliefern, z.B. Behörden oder überregional tätige Großabnehmer. Vertragshandelssysteme können den Wettbewerb einschränken und stehen daher unter bes. Beobachtung durch die Wettbewerbsbehörden. – *Beispiele*: Automobilvertrieb, Benzinabsatz. – Vgl. auch → Kontraktmarketing.

Vertrieb – häufig synonym mit dem Begriff → Absatz verwendet. Vertrieb beinhaltet v.a. den Verkauf von Waren; Warenverteilung (Logistik, → Marketinglogistik), Steuerung der Außendienstorganisation und Pflege der Beziehungen eines Herstellers zum Handel bzw. beim Direktvertrieb (→ direkter Vertrieb) zum Endkunden. Neuere Ansätze betonen die hohe Bedeutung des Kundenmanagements im Rahmen des Vertriebs.

Vertriebsabteilung – *Verkaufsabteilung*; die für den → Vertrieb zuständige Abteilung eines Industriebetriebes (Funktion des → Verkaufskontors von Syndikaten). – *Aufgaben*: Hereinnahme und Abwicklung von Bestellungen, → Akquisition, → Kundendienst, Terminwesen, Versand und Verkaufsabrechnung etc.

Vertriebsbindung – 1. *Begriff*: vertragliche Begrenzung des Absatzes von Waren, die dem Bindenden (z.B. einem Hersteller) und dem Gebundenen (z.B. einem Großhändler) bestimmte Rechte und Pflichten auferlegt. – 2. *Formen*: a) *Vertriebsbindung räumlicher Art*: Den Abnehmern wird ein bestimmtes Gebiet zugewiesen, in dem sie die Ware vertreiben sollen (Gebietsbindungen oder Gebietsschutz-Klauseln; → Gebietsschutz). (1) Im *Inland*: starre oder flexible Gebietsklauseln (oft mit Kompensationszahlungen).

(2) Im *Ausland*: Exportverbote für Inländer, Reimportverbote für inländische Exporteure, Reexportverbote für ausländische Abnehmer. b) *Vertriebsbindung personeller Art*: Der Absatz wird auf bestimmte Abnehmer beschränkt (Kundenbeschränkungsklauseln). Einschränkung des horizontalen Warenaustauschs durch Querlieferungsverbote. Einschränkung der vertikalen Warenbewegungen entweder auf bestimmte Absatzstufen (Direktlieferungs-, Rücklieferungsverbot, Vorbehaltsklauseln) oder auf bestimmte Abnehmer der nachfolgenden Stufe. Üblich sind hier Selektionsklauseln, nach denen nur Abnehmer beliefert werden, die den Anforderungen einer bestimmten Marketingkonzeption, z.B. hinsichtlich Größe und Ausstattung des Ladens, der Qualifikation des Personals, des Sortiments, des Kundendienstes entsprechen (→ Fachhandelsbindung, → Vertragshändler). c) *Vertriebsbindung zeitlicher Art*: Der Warenabsatz wird zeitlich differenziert oder begrenzt, z.B. Klauseln über die Vertriebszeit neuer bzw. auslaufender Modelle, Beschränkungen über die maximale Lagerungsdauer verderblicher Waren (Arzneimittel, Lebensmittel). – 3. Vertriebsbindungen können als → Absatzbindung und/oder als → Bezugsbindung *abgeschlossen* werden. – 4. *Wettbewerbsrechtliche Beurteilung*: Vertriebsbindungen, die zu einer spürbaren Beeinträchtigung des Wettbewerbs führen, verstoßen potenziell gegen das Verbot des § 1 GWB und des Art. 101 I AEUV. Sie sind daher insbesondere nach § 2 GWB und Art. 101 III AEUV i.V. mit der Vertikal-GVO zu beurteilen.

Vertriebskooperation – freiwillige Vereinbarung mind. zweier Unternehmungen, in einzelnen oder mehreren Bereichen oder Teilbereichen ihrer Vertriebsaktivitäten zusammenzuarbeiten. – *Zweck*: Steigerung der Vertriebseffizienz und/oder Senkung der Vertriebskosten. – *Formen*: Z.B. Messegemeinschaften, Anschlussabsatz, Vertriebs- und Exportgemeinschaften.

Vertriebskosten – *Verkaufskosten.* 1. *I.e.S.:* Alle im Vertriebsbereich anfallenden Kosten, z.b. Personalkosten, Provisionen, Frachten, Rollgeld, Werbeausgaben, Messe- und Reisekosten sowie Verpackungskosten. – Zu *unterscheiden* sind: Sondereinzelkosten des Vertriebs und Vertriebsgemeinkosten. – Vgl. auch → Absatzsegmentrechnung (Vertriebskostenrechnung). – Bei den Herstellungskosten sind Vertriebskosten nicht einzubeziehen. – 2. *I.w.S.:* → Distributionskosten.

Vertriebslizenz – Art der Lizenz. Vertriebslizenzen können (je nach Inhalt bzw. Gegenstand) eine unterschiedlich starke Bindung zwischen Hersteller und Lizenzpartner (Handel, Verarbeitendes Gewerbe) begründen. Erscheinungsformen sind v.a. Vertragsvertrieb und Vertriebshändler.

Vertriebsorganisation – *Absatzorganisation;* Teilbereichsorganisation für den Teilbereich „Vertrieb" bzw. „Absatz". Die Hierarchieebene unterhalb der Vertriebs- bzw. Absatzleitung kann z. B. nach Absatzmärkten, -kanälen oder -produkten gegliedert werden. – Zu *unterscheiden:* (1) *Innenorganisation:* Zweckmäßige Gliederung und Zuordnung der Tätigkeiten im Unternehmen zur Steuerung und Unterstützung der Außenorganisation im Hinblick auf die Auftragserlangung. (2) *Außenorganisation:* Alle Absatzorgane einer Unternehmung, die im → direkten Vertrieb oder beim → indirekten Vertrieb der akquisitorischen und physischen → Distribution dienen. – Vgl. auch → Marketingorganisation.

Vertriebspolitik → Marketingpolitik.

Vertriebsweg → Absatzweg.

Viewtime – Dauer, während der das jeweilige Werbeelement einer Website (z.B. → Banner) wahrgenommen wird. – *Anders:* → Session Length.

VIP-Modell – VIP ist die Abk. für *Vergleichsindex für Preiswürdigkeit,* ein im Rahmen der Rangreihenverfahren (→ Mediaselektionsmodelle) angesiedeltes Verfahren, entwickelt

auf der Grundlage der Kosten pro 1.000 Kontakte. – Vgl. auch → Tausenderpreis.

virale Markenkommunikation – Virale Markenkommunikation beschreibt die kommunikative Seite des viralen Marketings und ist von Aspekten, wie z.b. viraler Produktgestaltung, abzugrenzen. Anders als bei reiner Mundpropaganda (→ Word-of-Mouth), werden die Inhalte der Botschaft vom Unternehmen zur Verfügung gestellt und von den Konsumenten zur Verbreitung übernommen. – Vgl. auch → Viral Marketing.

Viral Marketing – *Propagation, Aggregation Marketing, Organic Marketing, V-Marketing, Virus Marketing*; 1. *Begriff*: Konzept der Kommunikations- bzw. Vertriebspolitik im Marketing, das eine Vielzahl von Techniken und Methoden beinhaltet, die die Kunden animieren sollen, Werbekommunikation über Produkte und Dienstleistungen in elektronischer Form aus eigenen Stücken weiter zu verbreiten. – 2. *Merkmale*: Viral Marketing basiert auf dem Grundprinzip der Mundpropaganda (→ Word-of-Mouth), das sich primär auf die persönliche Weitergabe der Informationen von Konsumenten untereinander über Leistungen und Produkte eines Unternehmens bezieht. Die digitalen Botschaften sollen sich effizient und rasant wie ein „Virus" über moderne Kommunikationsnetze verbreiten. Eine große Bedeutung kommt dem Inhalt der Botschaft zu, welche sowohl für Sender und Empfänger emotional ansprechend oder nutzenstiftend sein muss. – 3. *Ziel*: ist eine exponentielle Verbreitung von Werbeinformationen zwischen den Kunden. – 4. *Übertragungskanäle*: E-Mails, Webseiten, Blogs, Foren, Chat-Rooms oder Short Message Service (SMS). – Vgl. auch → virale Markenkommunikation.

virtuelle Marktplätze – *elektronische Marktplätze, E-Hubs.* Bündelung und Koordination von Angebot und Nachfrage mit informationstechnischen Systemen. Die vollständig elektronische Mediatisierung von Markttransaktionen, einschließlich der

Preisbildung, ist bislang die Ausnahme. I.d.R. spricht man bereits von virtuellen Marktplätzen, wenn einzelne Phasen der Marktprozesse (Anbahnung, Aushandlung, Abwicklung) elektronisch unterstützt werden. – *Merkmale von idealtypischen virtuellen Marktplätzen:* Virtueller Begegnungsraum, in dem sich Anbieter und Nachfrager treffen und austauschen können; räumliche und zeitliche Unabhängigkeit durch Telekommunikationsmedien; Erhöhung der Markttransparenz; Senkung der Transaktionskosten. – *Beispiele:* Finanzmärkte, Agrarmärkte, Gebrauchtwarenbörsen, Onlineauktionen, Reservierungssysteme im Luftverkehr.

Virus-Marketing → Viral Marketing.

Visit – zusammenhängender Nutzungsvorgang von mehreren einzelnen Seiten auf einer Website. Ein Visit umfasst mehrere → Page Impressions (PI) und ist für Werbetreibende ein wichtiges Kriterium für die Reichweitenanalyse von Onlineangeboten.

Visual Merchandising – Form der → Warenpräsentation im → Einzelhandel, bei der die Ware dem Kunden so dargeboten wird, dass sie sich selbst ohne Unterstützung durch Verkäufer anbietet. Visuelle Stimuli (z.B. Bilder) haben die Aufgabe, den gesamten Nutzen, den das Angebot dem Käufer bietet, visuell darzustellen.

Vollerhebung – *Totalerhebung, Zensus;* in der Statistik eine → Erhebung, in die sämtliche Elemente der → Grundgesamtheit
.

einbezogen sind. Die Verfahren der Statistik beschränken sich in diesem Fall auf Deskription (deskriptive Statistik); die Inferenzstatistik steht im Hintergrund. In vielen Fällen ist Vollerhebung nicht möglich oder zu aufwendig. Vollerhebungen sind bes. die Volkszählungen. – *Gegensatz:* → Teilerhebung.

Vorgabe – I. Organisation: teilweise Synonym für *Weisung.*

II. Betriebsorganisation: Setzung eines Leistungszieles als integrierender Bestandteil der Planung, die in der Stufenfolge: Schätzung, Vorgabe, Kontrolle vorgeht. (1) Zeitvorgabe im Zeitakkord; (2) Ausbringungssätze, Energieverbrauchssätze etc.; (3) im Rahmen der Planung und Budgetierung; Ausgaben-, Einnahmen-, Kosten- und Erfolgswerte.

III. Markt- und Meinungsforschung: *Standardvorgabe, Check List;* bei einer → Umfrage wird eine Auswahl möglicher Antworten in → Fragebogen nummeriert aufgeführt. Die Vorgabe erübrigt die (bei der Auswertung der rücklaufenden Fragebogen sonst für die verschiedenen Antwortmerkmale notwendig werdende) Klassenbildung. Andererseits entsteht die Gefahr der Beeinflussung des Befragten.

Vorlauf-Studie → Pilot-Studie.

Vorwahl → Selbstauswahl.

Vorwärtsintegration – Übernahme einer oder mehrerer nachfolgender Fertigungsstufe(n). – *Gegensatz:* → Rückwärtsintegration.

W

Wachstumsstrategie → Marketingstrategie. Ausrichtung der → Marketingpolitik einer Unternehmung an einer bestimmten Produkt-/Marktkonstellation. Nach Kombination vorliegender gegenwärtiger und neuer (zu entwickelnder) Produkte und Märkte können vier *Grundrichtungen* einer Wachstumsstrategie unterschieden werden: (1) Strategie der *Marktdurchdringung*: verstärkter Absatz der vorliegenden Produkte auf gegenwärtigen Märkten durch Anreiz zum Mehrverbrauch, z.B. über → Push-Strategie und → Pull-Strategie. (2) Strategie der *Marktentwicklung*: Absatz der gegenwärtigen Produkte auf national oder international neuen Märkten oder in neuen Verwender-/Käufergruppen (→ Marktsegmente); Problematik der Markteintrittsschranken. (3) Strategie der *Produktentwicklung*: Entwicklung neuer oder verbesserter Produkte für gleiche oder komplementäre Bedürfnisse auf den vorliegenden Märkten und Marktsegmenten (→ Produktinnovation, Innovation, → Produktdifferenzierung). (4) Strategie der → Diversifikation: Aufnahme neuer Produkte, die in mehr oder weniger engem Bezug zum bisherigen Verkaufsprogramm stehen, um neue Märkte/Marktsegmente zu erschließen.

wahrgenommene Instrumentalität – in der Theorie des → Konsumentenverhaltens Bezeichnung für das Image eines Produkts (oder einer Unternehmung). Dies äußert sich in der Hypothese, dass ein Objekt ein umso besseres → Image habe, je mehr dieses Objekt dem Verbraucher geeignet erscheint, damit die persönlich gesteckten Ziele zu erreichen. – Vgl. auch → Einstellung.

Wahrnehmung – I. Begriffsvarianten: 1. *Behavioristisch-verhaltenspsychologischer Wahrnehmungsbegriff*: Prozess der → Informationsverarbeitung, durch den aufgenommene Umweltreize (→ Informationsaufnahme) entschlüsselt und gedeutet werden. In Kombination mit anderen Informationen erfolgt die Verarbeitung zu subjektiven, inneren Bildern. – Wesentliche Kriterien sind (1) Subjektivität, (2) Aktivität (aktiver Prozess der Informationsaufnahme und -verarbeitung) und (3) Selektivität (zur Vermeidung von Informationsüberlastung). – 2. *Dialektisch-bewusstseinspsychologischer Wahrnehmungsbegriff*: Prozess der aktiven Bewusstwerdung, wobei die Wahrnehmung als Abbildung der objektiven Realität im Bewusstsein dargestellt wird. – 3. *Kognitiver Wahrnehmungsbegriff*: in der kognitiven Psychologie kein eigenständiger Begriff, sondern Teilbegriff der kognitiven Informationsverarbeitung.

II. Marketing und Werbung: Entscheidend ist die bes. Bedeutung von subjektiver Aktivität und Selektivität, da nicht das objektive Angebot, sondern die subjektive Wahrnehmung des Angebots das Verhalten der Konsumenten bestimmt. Objektive Leistungen allein reichen daher nicht aus, sie müssen erst von den Konsumenten als solche wahrgenommen werden (Aktivierung). – Vgl. auch evolutionäre Erkenntnistheorie, Kognition, Konstruktivismus.

Wahrnehmungspsychologie – psychologische Theorie, die die Selektion, Organisation und Beurteilung von physischen Reizen der Umwelt auf ein Individuum zu erklären versucht. Als Reiz wird jede Einheit einer bestimmten Energie bezeichnet, die auf die Sinnesorgane einwirkt; im Zusammenhang mit der Werbung handelt es sich v.a. um → Werbemittel. – *Wahrnehmungspsychologische Theorien*: → Gestaltpsychologie. – Vgl. auch → Wahrnehmung.

Wahrscheinlichkeitsauswahl → Zufallsauswahl.

Wandergewerbe – Form des → ambulanten Handels, die durch Umherziehen von Ort zu

Ort und Haus zu Haus ausgeübt wird. – *Erscheinungsformen:* Schaustellung, Schießbuden, Karussellbetriebe, Achterbahn u.a.

Warehouse Club – Großflächen-Discount-Konzept, das Elemente des Groß- bzw. Einzelhandels mit exklusiver Clubmitgliedschaft verbindet. In lagerhallenartigen Märkten an Stadtrandlagen werden vornehmlich Non-Food-Artikel direkt aus Kartons oder von der Palette verkauft. Aggressive Dauerniedrigpreise, völliger Verzicht auf Service. Zutritt haben nur Mitglieder (Kleinbetriebe, Gewerbetreibende, Großabnehmer, auch Privatpersonen), die einen jährlichen Clubbeitrag (20 bis 30 US-Dollar pro Jahr) bezahlen. – Vgl. auch → Cash-and-Carry-Großhandel (CC), → Kundenclub.

Warenautomat → automatisierter Absatz, → Automatenladen, Automatenmissbrauch.

Warenbruttogewinn → Warenrohgewinn.

Wareneinsatz – zur Erzielung eines bestimmten Umsatzes erforderliche Menge an Waren, bewertet mit den Einstandspreisen (Anschaffungskosten). – Zur *Ermittlung der Warenmenge* vgl. Abbildung „Wareneinsatz".

Wareneinsatz

+	Warenanfangsbestand
+	Warenzugänge
−	Warenendbestand
=	Wareneinsatzmenge
·	Einstandspreis(e)
=	Wareneinsatz

Wareneinstandspreis – 1. *Begriff:* Einstandspreis (Anschaffungskosten) in Unternehmungen des Warenhandels (vgl. Abbildung „Wareneinstandspreis"). – 2. *Zurechnungs- und Bewertungsprobleme* bei der konkreten Umsetzung dieses Berechnungsmodells: a) Als *Bezugspreis* wird oft der Rechnungspreis angesehen, der vom Listenpreis um die eingeräumten Mengenrabatte gemindert ist. Werden gleiche Waren aufgrund unterschiedlicher Aufträge zu differierenden Preisen zu gleichen oder unterschiedlichen Zeitpunkten

Wareneinstandspreis

−	Bezugspreis einer Ware (ohne Vorsteuer) Preisnachlässe
=	Einkaufspreis
+	(direkt zurechenbare) Bezugs-Nebenkosten
=	Wareneinstandspreis

geliefert, sind einfache oder mit Mengen gewichtete Durchschnittspreise zu bilden. Werden Wareneinstandspreise nicht für einen Zeitpunkt, sondern für einen Zeitraum ermittelt, z.B. zur Errechnung der → Betriebshandelsspanne, sind Korrekturen um Wertminderungen und Schwund/Verderb vorzunehmen. – b) Unproblematisch ist die Zurechnung produkt- bzw. auftragsbezogener *Preisnachlässe* wie Skonti oder für einen Auftrag eingeräumter Gesamtumsatzrabatte bzw. die pro Auftrag aufgerechneten Warenrücknahmen. Wesentlich schwieriger ist die Verteilung aller einmaligen Preisnachlässe wie Jahresrückvergütungen, Jahrestreueboni, Jahresgesamtumsatzrabatte, Steigerungsvergütungen und aller für einen Zeitraum gewährten Zuwendungen wie Verkaufsförderungsvergütungen (z.B. Werbe- und Aktionskostenzuschüsse). Diese umsatzbezogenen Vergütungen und zweckgebundenen Zahlungen müssen zur Ermittlung eines „*ständigen*"Wareneinstandspreises auf einen längeren Zeitraum verteilt werden. Unzulässig wäre danach eine Verteilung lediglich auf die Warenmengen, die in einer Aktion abgesetzt wurden. Dadurch würde der Wareneinstandspreis so stark gemindert, dass eine kartellrechtliche Prüfung wegen Verkaufs unter Einstandspreis nahezu unmöglich würde. – c) Ähnliche Zurechnungsprobleme können bei der Ermittlung und Verteilung von *Bezugs-Nebenkosten* auftreten. Unberücksichtigt bleiben alle einem Produkt oder einem Auftrag nicht direkt zurechenbaren Beschaffungskosten wie Löhne der Einkäufer. Direkt zurechenbar sind Frachten und

Lagerkosten, Maklergebühren, öffentliche Prüf- und Überwachungsgebühren, Zölle.

Warengruppenmanagement → Category Management.

Warengruppenspanne – Zusammenfassung von → Stückspannen für eine Warengruppe, meist eine → Durchschnittsspanne.

Warenhandel – Hauptzweig des → Handels. Warenhandelsbetriebe erzielen ihren Umsatz mit beweglichen Gütern (Waren) im *Gegensatz* zum Handel mit Grundstücken und Häusern (Immobilienhandel) und zum Handel mit Rechten und Dienstleistungen (z.B. Patentvermittler, Software-Büro).

Warenhandelsbetrieb – Betrieb des Binnen- oder Außenhandels, der sich mit dem → Warenhandel befasst.

Warenhandelsgenossenschaften – Genossenschaften, die für ihre Mitglieder (Einzelhändler, Großhändler, Handwerker u.a.) Handelsfunktionen der Beschaffung, der Lagerung und des Absatzes wahrnehmen. Sie sind Bezugs- und Absatzgenossenschaften, welche grundsätzlich die allg. Handelsfunktionen (Informations-, Beratungs-, Marketing-, Mengenaufteilungsfunktion u.a.) übernommen haben, jedoch nicht in der Produktion tätig sind.

Warenhaus – *Department Store;* → Betriebsform des Handels (Einzelhandel); Angebot eines branchenübergreifenden, breiten Sortiments (Hauptrichtung Bekleidung, Textilien, Hausrat, Wohnbedarf) einschließlich Lebensmitteln („Alles unter einem Dach"). – *Kennzeichen:* Überwiegend mehrgeschossiger Einzelhandelsgroßbetrieb in zentraler Lage, häufig eigenes Parkhaus angegliedert, offene Warenpräsentation, partielle Selbstbedienung (→ Selbstauswahl), Barzahlung. – *Entwicklung:* Langsames → Trading-up ließ aus manchen Warenhäusern Einkaufspaläste werden mit äußerst reichhaltigem, internationalem, aufwendig präsentiertem Sortiment. Warenhäuser sind starker Konkurrenz durch → Selbstbedienungswarenhäuser ausgesetzt:

Neben gezielten Anpassungsmaßnahmen zur Erhöhung der standortspezifischen Attraktivität wurde auch die Schließung mancher Filiale erforderlich (→ Dynamik der Betriebsformen im Handel). – *Typische Vertreter:* Arcandor (Karstadt), Kaufhof, (ehemals) Hertie. – *Anders:* → Kaufhaus.

Warenkennzeichnung – 1. Begriff: warenbegleitende Information über Eigenschaften von Produkten mit dem Ziel einer erhöhten Qualitätstransparenz. – 2. *Formen:* a) *Klassifizierende Warenkennzeichnung* mittels → Handelsklassen, DIN-Normen. – b) *Warenkennzeichnung mittels* → Sicherheitszeichen bzw. Gütezeichen: RAL-Gütezeichen oder RAL-Testat (RAL = Ausschuss für Lieferbedingungen und Gütesicherung), VDE-Sicherheitszeichen (VDE = Verband Deutscher Elektroniker), TÜV-geprüft-Zeichen (TÜV = Technischer Überwachungsverein), GS-geprüfte Sicherheit der Trägergemeinschaft Sicherheitszeichen e.V., CE-Kennzeichnung (Communauté Européene; belegt, dass die Produkte die Bestimmungen aller EU-Richtlinien erfüllen), Gütezeichen der Stiftung Warentest, Wollsiegel, Weinsiegel. – c) *Warenkennzeichnung aufgrund gesetzlicher Normen:* Lebensmittelkennzeichnungs-VO (z.B. → Mindesthaltbarkeitsdatum); Textilkennzeichnungs-VO. – d) *Ökolabel:* Mit dem zunehmenden Umweltbewusstsein der Bevölkerung haben eine Vielzahl an Ökolabeln den Weg auf die Produkte bzw. deren Verpackungen gefunden. Darunter sind solche Produktkennzeichnungen zu verstehen, bei deren Vergabe zumindest auch ökologische Qualitätsmerkmale eine Rolle gespielt haben. Zu derartigen Zeichen zählen z.B. der Umweltengel, das Biosiegel des Verbraucherschutzministeriums, das Textilzeichen Öko-Tex-Standard 100 oder das Europäische Energielabel. Die Schwierigkeiten bei einer Orientierung an derartigen Gütezeichen bestehen darin, dass diese eine höchst unterschiedliche Aussagekraft und häufig einen nur geringen Verbreitungsgrad besitzen.

Warenmuster – 1. *Begriff*: in Form, Art, Aussehen (also im Gesamtcharakter), selten aber in der Größe der angebotenen Ware entsprechende Gegenstände, die mögliche Käufer von der Beschaffenheit etc. der Ware überzeugen sollen. – Vgl. auch → Warenprobe. – 2. Warenmuster sind gewöhnlich so teuer, dass man sie als → Werbemittel nur in sorgfältiger → Streuung, also dort verwenden kann, wo starkes Kaufinteresse vermutet wird. Warenmuster von Stoffen, Papier, Leder und ähnlich folienartigen Stoffen lassen sich auch in Werbedrucke und Fachzeitschriften mit bestimmtem Leserkreis einkleben oder einheften. – 3. Der *grenzüberschreitende Verkehr* von Warenmustern und Warenproben wird in allen Ländern begünstigt: a) In der Bundesrepublik Deutschland entfallen bei der *Ausfuhr* von Warenmustern Ausfuhrgenehmigung und Ausfuhrabfertigung, wenn die Warenmuster auf ein Carnet ATA abgefertigt worden sind (§ 19 I, 28 AWV). – b) Bei der *Einfuhr* sind Warenmuster von Waren der gewerblichen Wirtschaft im Wert bis zu 250 Euro und von Agrarerzeugnissen (ausgenommen Saatgut) bis zu 50 Euro genehmigungsfrei (§ 32 I 4 AWV). Zollfrei sind Warenmuster, die so beschaffen sind oder unter Zollaufsicht so hergerichtet werden, dass sie erkennbar nur zum Gebrauch als Muster oder Probe geeignet sind, und wenn sie nur in Mengen eingeführt werden, die für die Kennzeichnung oder Prüfung erforderlich sind. Die Zollfreiheit für Warenmuster von Rohkaffee, Tee und alkoholischen Getränken ist auf bestimmte Mengen begrenzt. Für gerösteten Kaffee, Auszüge oder Essenzen aus Kaffee oder Tee, Spirituosen, Tabakwaren und Zigarettenpapier ist Zollfreiheit ausgeschlossen. – 4. Wird ein *Kaufvertrag* nach dem Warenmuster abgeschlossen (Kauf nach Probe), so gelten die Eigenschaften des Warenmusters als zugesichert (§ 494 BGB). Die Beweislast für Probewidrigkeit trifft den Käufer, wenn er die Ware als Erfüllung angenommen hat (Sachmängelhaftung). Zur Aufbewahrung des Warenmusters sind die Vertragsschließenden nicht verpflichtet, ggf. aber der Handelsmakler (§ 96 HGB).

Warenpräsentation – Wichtiges Marketinginstrument im → Handel; Bezeichnung für die Art, wie der Kontakt zwischen Ware und potenziellem Käufer hergestellt wird. – 1. Bei der Warenpräsentation auf *materiellem* Weg kann der Konsument die Ware im Original oder anhand von Mustern oder Proben besichtigen. – 2. Bei der *immateriellen* Warenpräsentation werden die Waren mittels Abbildungen, Beschreibungen, → Anzeigen in → Katalogen, → Fernsehspots, Videos, Filmen oder mittels CD-ROM bzw. Internet dem Kunden nahe gebracht.

Warenprobe – 1. *Marketing*: kleine Menge einer Ware, die möglichen Käufern kostenlos zu bestimmungsgemäßem Gebrauch gegeben werden. Warenproben sind häufig eingesetzte Werbemittel beim Absatz z.B. von Wein, Sekt, Spirituosen, Parfümeriewaren sowie bei der Einführung neuer Produkte (Marken). – Vgl. auch → Warenmuster. – 2. *Wettbewerbsrecht*: vgl. Kundenfang.

Warenrohgewinn – *Warenbruttogewinn, Rohgewinn*; im Handelsbetrieb durch Warenumsätze erzielter → Rohertrag → zur Deckung der Handlungskosten und zur Erzielung eines Gewinns. Der Warenrohgewinn wird durch Gegenüberstellung von → Sollspanne und Istspanne kontrolliert.

Warensystematik → Warentypologisierung.

Warentypologisierung – *Warensystematik*; Klassifikation von → Waren nach Merkmalen, die der Ware selbst anhaften und ihre stoffliche Beschaffenheit und physische Gestaltung betreffen *(Eigenmerkmale)* sowie nach Merkmalen, die aus dem Verhalten von Personen im Umgang mit den Waren resultieren *(Relationsmerkmale)*. – *Beispiele*: Gasförmige, flüssige, feste Waren; verderbliche, nicht verderbliche Waren oder markierte, anonyme Ware; preisgebundene, frei kalkulierbare Ware; neue, alteingeführte, unmoderne Produkte; → problemlose, erklärungsbedürftige Produkte; Waren des täglichen, des aperiodischen Bedarfs etc. – Ein systematisch aufgestellter *Merkmalskatalog* ist Grundvoraussetzung für die *Anwendung* der Warentypologisierung als wichtigem methodischem Ansatz des → Handelsmarketing und der → Handelsbetriebslehre.

Warenwirtschaftssystem (WWS) – 1. *Begriffe:* Warenwirtschaft ist die Summe aller Tätigkeiten in einem Handelsbetrieb, die zur Steuerung des Warendurchflusses dienen, d.h. aller physischen Warenbewegungen nach Menge und Wert sowie aller auf die Durchführung dieser Warenbewegungen ausgerichteten personalen und finanziellen Prozesse, inkl. der dazu erforderlichen Sachmittel. Ein Warenwirtschaftssystem (WWS) ist die informationstechnische Abbildung der Warenprozesse und die zielorientierte Verarbeitung aller warenbegleitenden Daten. – 2. *Elemente des WWS:* Vgl. Abbildung „Warenwirtschaftssystem". – 3. *Aufgaben:* Steuerung des Warenflusses, Bereitstellung waren- und kundenbezogener Daten zur Realisierung von Konzepten des → Handelsmarketing sowie zur Rechnungslegung, Inventur und Statistik. – 4. *Weiterentwicklungen:* a) Das → Kundendatenmanagement wird mit Data

Warehouse zu einem umfassenden Management-Informations-System verknüpft, b) durch → Electronic Data Interchange (EDI), Vendor Managed Inventory (= lieferantengeführte Bestände) sowie über die Wertschöpfungsstufen hinweg integrierte Warenwirtschaftssysteme werden eine rationelle Datenerhebung und -übertragung in der Wertschöpfungskette angestrebt, um auch die überbetrieblichen Prozesse im gemeinsamen Interesse zu rationalisieren (→ Efficient Consumer Response (ECR)).

Wasserfallstrategie – spezifische Form der Timingstrategie zur Erschließung ausländischer Absatzmärkte (Internationales Marketing). Nach einer intensiven Analyse der Auslandsmärkte erfolgt der Markteintritt nacheinander. Für die Festlegung der Bearbeitungsreihenfolge können Kriterien wie Marktpotenziale, Verbraucherverhalten, Wettbewerbsintensität, Marktrisiken u.a. herangezogen werden. Vielfach werden jene Ländermärkte zuerst erschlossen, die dem Heimatmarkt am ähnlichsten sind. – *Gegensatz:* → Sprinklerstrategie.

Wear-out-Effekt → Abnutzungseffekt.

Warenwirtschaftssystem

Warenwirtschaftssystem		
Einkaufssystem • Angebotsverwaltung • Bestellwesen • Disposition • Reklamation	**Verkaufssystem** • Kundendatenmanagement • Aktionsplanung/-überwachung • Erfassung sonst. verkaufsrelevanter Daten • Verkäuferdatenmanagement • Retouren	
Wareneingangssystem • Rechnungsprüfung • Warenannahme • Warenkontrolle • Antransport	**Lagerwirtschaft** • Warenauszeichnung • Lagerplatzverwaltung • Lagebestandsführung • Umlagerungen • Inventurabwicklung	**Warenausgangssystem** • Warenausgangskontrolle • Auftragsbearbeitung • Kommissionierung • Versandabwicklung
Warenprozesssystem		

Webvertising – Einsatz des Internet als Kommunikationsmedium und als → Werbeträger, z.B. mittels Bannerwerbung (→ Banner).

weiße Produkte – No-Name-Produkte, vgl. → No Names.

Wellenbefragung – wechselnde Stichproben werden wiederholt zu den gleichen Themen mit der gleichen Methode und zu den gleichen Zeitpunkten angewendet. Dient zur Messung von Veränderungen, wenn → Panels nicht geeignet sind. – *Beispiel:* → Werbetracking.

Weltmarke → Marke, die zentral und einheitlich auf den gesamten Weltmarkt ausgerichtet ist. Die regionalen bzw. örtlichen Marktgegebenheiten bleiben unberücksichtigt, da von einer zunehmenden Homogenisierung der Bedürfnisse bestimmter Zielgruppen ausgegangen wird. Die damit verbundene Standardisierung von Produktion und Marketinginstrumentarium führt zu Kostendegressionen.

Werbeagentur – 1. *Begriff:* Dienstleistungsunternehmen, das im Auftrag eines Kunden a) Beratungsleistungen, b) Mittlungsleistungen sowie c) die Planung, Gestaltung oder Durchführung von Marketing-Mix-Maßnahmen übernimmt. Eine *Full-Service*-Werbeagentur übernimmt die Aufgaben in allen drei Bereichen und ist entweder nach Abteilungen gegliedert oder bearbeitet die Aufträge im Rahmen des Projektmanagement. – 2. *Leistungen:* a) *Beratungsleistungen:* Beratung in Marketing-, Media-, Marktforschungs- und Werbeforschungsfragen u.a. – b) *Mittlungsleistung:* Mediaeinkauf und -abwicklung u.a. – c) *Planung, Gestaltung und Durchführung:* Erstellung und Gestaltung von Werbe- und Verkaufsförderungsaktionen u.a. – 3. *Vergütung:* a) *Provisionssystem:* Die Werbeagentur erhält von dem Eigentümer des benutzten → Werbeträgers Provision für die Tätigkeit als Werbemittler, die sie einbehält. – b) *Service-Fee-System:* Die Werbeagentur tritt alle ihr zufließenden Rabatte und Provisionen an den Kunden ab. Stattdessen verrechnet sie eine Pauschalvergütung für die von ihr erbrachte Leistung. – c) Leistungs- und ergebnisorientierte Verrechnungssysteme sind zunehmend in der Diskussion. – 4. *Hauptabteilungen:* a) *Werbevorbereitung:* Sekundärstatistisches Material erhält die Werbeagentur von den Abteilungen Dokumentation, Archiv, Bibliothek und Information. Der Service-Abteilung ist die Markt- und Motivforschung zugeordnet, die hauptsächlich primärstatistische, qualitative und quantitative Untersuchungen durchführt (Marktforschung) sowie die Marketingberatung (Beratung von Kunden hinsichtlich der Marketing-Probleme in preis-, produkt- und absatzpolitischer Hinsicht) und die Personal-Marketingberatung (Aufgaben bez. des Personal-Beschaffungsmarkts der Auftraggeber). – b) *Kundenberatung:* Leitung durch mehrere Etatdirektoren (Account Supervisor); diesen sind mehrere Kontakter unterstellt, die Verbindung zum Auftraggeber haben. Nach Auftragserteilung werden die einzelnen Stufen der → Werbekampagne vom Kontakter und der Marketing-Abteilung des Werbetreibenden diskutiert bzw. modifiziert. Außerdem überwacht der Kontakter die termin- und sachgerechte Durchführung der Kundenaufträge. – c) *Gestaltung* (Kreativ-Abteilung, Kreativ-Service; Leitung dieser Abteilung durch Kreativ-Direktor): Hauptaufgaben sind die eigentlichen Gestaltungsfunktionen (Konzeption und Ausführung) sowie die Durchführung der Produktionsfunktionen (Herstellung bzw. Herstellungsüberwachung der konzipierten Werbemittel bis zu ihrer Einsatzbarkeit). – d) *Media:* Die Abteilung untersteht einem Media-Direktor. Wichtigste Unterabteilungen sind die Media-Forschung bzw. Streuplanung (→ Mediaplanung; Auswahl der Werbeträger, Erstellen der Media-Kosten- und → Streupläne), der Media-Einkauf und die Media-Abwicklung. – e) *Verwaltung:* Ihr obliegen alle üblichen administrativen Tätigkeiten (Buchhaltung, Registratur etc.). – 4. *Berufliche Spezifikation:* → Werbeberufe.

Werbebanner → Banner.

Werbebartering – Form des Bartering, bei der werbungtreibende Unternehmen bzw. Werbeagenturen Unterhaltungsfilme produzieren, die sie (privaten) Fernsehanstalten gegen Überlassung von Werbezeit zur Verfügung stellen.

Werbeberufe – I. In der Werbeagentur: Entsprechend den Hauptfunktionen einer → Werbeagentur (Kundenberatung, Werbevorbereitung, Gestaltung und Media) ergeben sich vollkommen unterschiedliche Berufe mit unterschiedlichen Aufgaben, wobei die Berufsbilder einem ständigen Wechsel unterworfen sind: 1. *Kundenberatung (Account-, Kontakt-Service):* a) *Der Kundenberater (Kontakter, Account Manager)* nimmt als Vermittler zwischen Kunden und Agentur die Kundenwünsche und -aufträge entgegen (→ Briefing) und leitet diese in der Agentur an die zuständige Stelle weiter; er koordiniert das gesamte Projekt bis zur Präsentation der Ergebnisse beim Kunden. – b) Vorstufe zum Kontakter ist der *Junior-Kontakter (Kontakt-Assistent).* Dieser ist dem Kontaktgruppenleiter oder dem Etatdirektor (Account Supervisor) organisatorisch unterstellt. – 2. *Werbevorbereitung* (Dienstleistungen für die anderen Abteilungen innerhalb einer Werbeagentur): a) Der *Marketingberater* berät den Kontakter bei kundenseitig anfallenden Marketingfragen hinsichtlich Preis-, Produkt- und Vertriebspolitik; er unterstützt die Geschäftsleitung aufgrund seines Marketing-Know-how bei ihrer Neugeschäftsakquisition. – b) Der *Marktforscher* stellt seine speziellen Kenntnisse und Fähigkeiten (z.B. Datenerhebungs- und Datenauswertungskenntnisse) dem Kontakt- und dem Kreativbereich (Gestaltungsabteilung) zur Verfügung; er führt Untersuchungen (z.B. Packungstest, → Pretest) selbst durch, plant und überwacht von Marktforschungsinstituten durchgeführte Feldprojekte. – 3. *Gestaltung* (Creativ-Abteilung, -Service): a) Der Zuständigkeitsbereich des Art Directors

umfasst die bildliche, textliche sowie typografische Umsetzung der Werbekonzeption, die er mit dem Kontakter und Texter zusammen erarbeitet hat, in einzelne → Werbemittel; er entwickelt Gestaltungsvorschläge für Verkaufsförderungsaktionen (→ Verkaufsförderung). – b) Der *Texter* erarbeitet den Werbetext von der → Headline über den → Fließtext bis zur → Baseline; seine Arbeit ergänzt den Gestaltungsteil des *Grafik-Designers,* der häufig auch freiberuflich (Free-Lancer) tätig ist. Gemeinsam erstellen sie das Layout, bei dem Text und Bild zum Endprodukt zusammengefügt werden *(Layouter).* – c) Der *Produktioner (Producer)* sorgt für die Realisation (Produktion) von Werbemitteln; er veranlasst über den Kontakt zu Reproanstalten und Druckereien die Herstellung von Druckvorlagen (Mater, Klischee, Lithographie) und nimmt Reinzeichnungen und Andrucke ab. – d) Der *Traffic-Manager* unterstützt den Produktioner bei der Terminplanung und -überwachung (Timing) und sorgt des Weiteren für die Rechnungslegung während bzw. nach Abschluss eines Auftrags. – 4. *Media:* Der *Medialeiter (Media-Director)* übernimmt den gesamten Mediaprozess von der → Mediaanalyse über die → Mediaplanung, die → Mediaselektion, den Einsatz bis zur Kontrolle der → Medien.

II. In Industrie- und Dienstleistungsunternehmen: 1. *Werbeabteilung:* Speziell im Investitionsgüter- und Dienstleistungssektor existiert der *Werbeleiter,* da in diesen Bereichen entweder kein Produktmanagement besteht bzw. typische Werbeagenturaufgaben Freelancern (Freiberuflern) übertragen oder in Eigenregie durchgeführt werden. Unternehmungsbezogene (→ institutionelle Werbung, → Corporate Identity) wie produktbezogene Werbung fallen in sein Ressort. – 2. *Produktmanagement:* V.a. in der Markenartikelindustrie wird der (klassische) Werbeleiter zunehmend aufgrund von Reorganisationsmaßnahmen durch den *Produktmanager* ersetzt. Seine Aufgabe ist dabei weiter gespannt als die des Werbeleiters, da er für die

Planung, Koordination und Kontrolle all seiner Produkte bzw. -gruppe betreffenden Marketing-Maßnahmen zuständig ist. – Vgl. auch Produktmanagementorganisation.

Werbebeschränkungen – ergeben sich aus dem Gesetz gegen den unlauteren Wettbewerb (UWG, unlauterer Wettbewerb) sowie aus einer Reihe von Spezialgesetzen, v.a. aus Vorschriften des Gesundheitsschutzes wie dem Heilmittelwerbegesetz, dem Arzneimittelgesetz, dem Medizinproduktegesetz, dem Lebensmittel-, Bedarfsgegenstände- und Futtermittelgesetzbuch, dem Jugendschutzrecht, aus dem Berufsrecht der freien Berufe (Berufsordnung) sowie einer Reihe weiterer Spezialnormen. Die Werbebeschränkungen reichen von Vorschriften der Landesbauverordnung (z.B. bei → Außenwerbung) über Einschränkungen (z.B. Ausschluss bestimmter → Werbeträger) bis hin zu Verboten (z.B. Versprechen über die Beseitigung von Krankheiten). Bedeutsam ferner die gesetzlichen Vorschriften über → Fernsehwerbung.

Werbebriefe → Direct Mailing.

Werbebriefing → Briefing.

Werbebudget – *Werbeetat;* die Summe der für einen bestimmten Zeitraum (i.d.R. Geschäftsjahr) oder für eine bestimmte Aktion im Rahmen der Finanzplanung für die Werbung zur Verfügung stehenden Mittel. Das Werbebudget bestimmt oder begrenzt die Selektion der → Werbemittel und Werbeträger (→ Media) und damit deren → Streuung. Bestimmung und Aufteilung des Werbebudgets wird sukzessiv oder iterativ bestimmt (Belegungsmodus). Die Probleme der Festlegung des Werbebudgets, d.h. der zulässigen Werbekosten, entstehen primär durch die Schwierigkeiten in der Beurteilung von → Werbewirkungen und der Feststellung von Zielerreichungsgraden. – Vgl. auch → Werbebudgetierungsverfahren, → Mediaselektion, → Streuung, → Streuplan, → Tausenderpreis.

Werbebudgetierungsverfahren – 1. *Begriff:* Verfahren zur Festlegung des

→ Werbebudgets, das für die Werbung während eines bestimmten Zeitraumes zur Verfügung steht. – 2. *Heuristische Verfahren:* a) *Umsatzbezogene Methoden:* Von der Marketingabteilung wird ein bestimmter Prozentsatz des Planumsatzes für Werbeaufwendungen zur Verfügung gestellt; in der Praxis die häufigste Methode. – b) *Prozent-vom-Gewinn-Methode:* Budgetbestimmung analog zur umsatzbezogenen Methode: als Bezugsbasis gilt jedoch der Gewinn. – c) „*Was-können-wir-uns-leisten"-Methode:* Budgetbestimmung auf der Basis des zur Verfügung stehenden finanziellen Leistungspotenzials. – d) *Wettbewerbs-Paritäts-Methode:* Die geplanten Werbeausgaben orientieren sich an den entsprechenden Aufwendungen der Konkurrenz. – e) *Werbeanteil-Marktanteils-Methode:* Festsetzung der Werbeausgaben in Beziehung zum Marktanteil. – f) *Methode der Werbekosten je Verkaufseinheit:* Festsetzung des erforderlichen Werbevolumens je Produkteinheit; das Budget ergibt sich durch Multiplikation mit der Zahl der zu erstellenden Einheiten. Anwendung hauptsächlich in Unternehmen mit homogener Produktionsstruktur und stabilem Nachfrageverlauf. – *Verfahrensbeurteilung:* Keine Methode entspricht den Anforderungen der instrumentellen Marketingtheorie, bei der mittels modellanalytischer Werbebudgetplanung optimal entschieden werden sollte. – 3. *Ansätze zu einer Theorie des optimalen Werbebudgets:* a) *Annahme:* Die Unternehmung verfügt über die drei Parameter Preis (p), Menge (x) und Werbekosten (S). – b) *Modellbeschreibung:* Bei den mithilfe der sog. Marginalanalysen durchgeführten mathematischen Ansätzen wird eine Aussage hinsichtlich der gewinnmaximalen Höhe des Werbebudgets gemacht. Dies geschieht durch die angenommene funktionale Beziehung der drei Parameter $x = k(p,S)$, wobei die Fixierung von zwei unabhängigen Variablen die dritte Größe automatisch festlegt. Wählt man z.B. die Absatzmenge und die Werbekosten als Aktionsparameter, den Preis als

Erwartungsparameter, lautet die Nachfrage-funktion: $p = f(x,S)$; unterstellt man außerdem eine Kostenfunktion von der Form $C = g(x)$ und geht davon aus, dass der Gewinn (G) als Differenz zwischen dem Gesamterlös und den gesamten Kosten determiniert ist, also: $G = p \cdot x - C - S$, so gilt unter Berücksichtigung aller obigen Funktionsbeziehungen: $G = f(x,S) \cdot x - g(x) - S$. Der Unternehmer wird nun Absatzmenge und Werbekosten so bestimmen, dass sein Gewinn ein Maximum ergibt. Die Gewinnfunktion hat an der Stelle ihr Maximum, wo die beiden partiellen Ableitungen nach x und S gleich Null und die zweiten Ableitungen negativ sind. – c) *Interpretation:* Der Unternehmer wird seine Werbeanstrengungen solange forcieren, wie die aufgrund der Werbeintensivierung erreichbare Umsatzerhöhung die Steigerung der zusätzlichen Werbekosten (über-)kompensiert.

Werbeerfolg → Werbewirkung.

Werbeerfolgskontrolle – *Werbewirkungskontrolle;* Überprüfung der Effektivität und Effizienz der eingesetzten → Werbemittel und → Medien. Diese können vor oder nach ihrem Einsatz getestet werden (→ Pretest, → Posttest). Der Werbeerfolg kann im Hinblick auf psychische und ökonomische Wirkungen (→ Werbewirkung, → Werbeziele) kontrolliert werden. Zur Erfassung der psychischen Werbewirkung gehören die Kontrolle der Aktivierungswirkung (z.B. → Hautwiderstandsmessung), des Verständnisses (z.B. mittels Lückentext), der Akzeptanz (→ Befragung), der Erinnerung (Recall, Recognition) sowie der Einstellung und der inneren Bilder der Probanden. Zur Erfassung der ökonomischen Werbewirkung werden Verbraucherpanels und Handelspanels eingesetzt.

Werbeerfolgsprognose – *Werbewirkungsprognose;* Überprüfung der potenziellen Durchsetzungskraft der geplanten Werbemittel (→ Copy-Test). Werbeerfolgsprognose hat vorwiegend diagnostischen Charakter. Formale und inhaltliche Mängel von Werbemitteln sollen entdeckt und beseitigt werden. Evaluatives Ziel ist die Prüfung der Beeinflussungswirkung der Werbemittel. – *Methoden:* Die Werbeerfolgsprognose wird immer als → Pretest durchgeführt, entweder als Labor- oder als Feldtest. Vorwiegend werden Befragungsverfahren eingesetzt, zunehmend auch apparative Verfahren (→ Tachistoskop, → Blickregistrierung).

Werbeetat → Werbebudget.

Werbeforschung – Teilgebiet der → Marktforschung. Die Werbeforschung hat die Aufgabe den Einsatz der Werbung, Werbewirkung und Kommunikationsprozesse zu analysieren, um diese zu verbessern. – Vgl. auch → Mediaanalyse, → Werbewirkungsfunktion, → Werbeerfolgskontrolle, → Werbeerfolgsprognose.

Werbegeschenk – *Free Advertising Item;* unentgeltliche Zuwendung im geschäftlichen Bereich, Maßnahme der → Verkaufsförderung. Unterschied zur Zugabe ist die Unentgeltlichkeit, zur → Warenprobe mangelnder Erprobungszweck. – *Rechtliche Zulässigkeit:* Kundenfang, Zugabe.

Werbekampagne – Gesamtheit aller gestalteten → Werbemittel und deren Einsatz in ausgewählten Werbeträgern (→ Media), Werbegebieten und in einem bestimmten Werbezeitraum. – Die *inhaltlichen Ziele* einer Werbekampagne sollen mit einer zielgruppengerechten Ansprache vereinbar sein. Nach Erreichen der Werbeziele oder nach Ablauf des geplanten Werbezeitraums ist die Werbekampagne beendet. – *Mögliche Erscheinungsformen:* Plakate, Druckschriften, → Anzeigen, → Fernsehspots und → Funkspots, → Werbegeschenke etc.

Werbekodex – von der Internationalen Handelskammer (ICC) 1979 festgelegte Verhaltensregeln für die Werbepraxis. – *Hauptgrundsätze:* (1) Vereinbarkeit mit guten Sitten, (2) Redlichkeit und (3) Wahrheit. Werbeaussagen sollen von sozialer Verantwortung geprägt und mit Wettbewerbsgesetzen vereinbar sein (→ unlautere Werbung).

Werbekonkurrenz – Art der Konkurrenz, die sich auf die Werbung für die Produkte bezieht. – Vgl. auch → Preiskonkurrenz.

Werbekostenzuschuss – Geldbetrag, der Handelsunternehmungen vonseiten der Hersteller überlassen wird. Der Werbekostenzuschuss wird in der Handelskalkulation zu Preisreduzierungen genutzt oder dient zur Finanzierung von Werbe- und Verkaufsförderungsmaßnahmen, bei denen die Produkte und Leistungen der betreffenden Hersteller bes. Beachtung finden. Heute häufig als Sammelbegriff für die Zusammenfassung von unterschiedlichen → Rabatten und Konditionen genutzt. – Vgl. auch → Handelswerbung. – *Wettbewerbsrechtlich:* Werbekostenzuschuss gilt als den Leistungswettbewerb im Handel gefährdende Praktik.

Werbeleiter → Werbeberufe.

Werbemittel – Ausdrucksmittel der Werbung, in dem die aus den → Werbezielen abgeleitete Werbebotschaft gebündelt und dargestellt wird. – *Arten:* (1) *gedruckte Werbemittel:* → Printwerbung; (2) *elektronische Werbemittel:* → elektronische Werbung; (3) *sonstige Werbemittel:* → Werbegeschenke, Sponsoring.

Werbemittelanalyse → Ad-Rem-Verfahren, → Folder-Test, → Copy-Test.

Werbemittler → Mediaagentur.

Werbenachlass → Händlernachlass.

Werbeplanung – Planung des Einsatzes von → Werbemitteln und Werbeträgern (→ Media), ausgerichtet an den in der Werbekonzeption niedergelegten → Werbezielen. – *Planungsschritte:* a) *Bestimmung des Werbeziels;* b) *Eigentliche Werbeplanung:* (1) Werbekonzeption, die die Werbestrategie (→ Copy-Strategie) enthält, sich mit den wesentlichen, werblichen Aussagen befasst und die kreative Umsetzung bestimmt; (2) Werbeträgerplanung (→ Mediaplanung), die sich mit Auswahl und Einsatz der Werbeträger, der Werbeintensität und Werbefrequenz, dem Einsatzgebiet und -zeitraum befasst; als

Entscheidungshilfen dienen → Mediaanalysen (→ Streuplan); c) *Werbefinanzplanung:* Kalkulation der gesamten Kosten.

Werbepsychologie – Teilgebiet der Marktpsychologie (Konsum- und Marktpsychologie). – 1. *Begriff:* Disziplin, die die Bedingungen und Konsequenzen von Kommunikationsstrategien sowie die Informationen darüber bereitstellt. Vorwiegend experimentell bzw. empirisch ausgerichtet. – 2. *Fragestellungen:* Wesentliche Fragestellungen der Werbepsychologie reichen von der Identifizierung der relevanten Verhaltensebenen und Kategorien über inhaltliche und formale Gestaltung von Werbung bis hin zu Kommunikationsprozessen. – Vgl. auch → Werbeforschung.

Werbetest – Methoden zur Ermittlung der Wirkung von Werbung. Je nach Realisation als → Beobachtung oder → Befragung werden bes. Aufmerksamkeits- und Kommunikationsleistung, Einstellungsänderungen und Bevorzugung oder Kauf gemessen. – Vgl. auch → Recalltest, → Recognitiontest, → Persuasion-Test.

Werbetexter → Werbeberufe.

Werbetracking – Häufig eingesetzte Form des → Posttests von Werbung. Dabei werden in regelmäßigen Abständen (z.B. monatlich) wechselnde Stichproben von Verbrauchern der Zielgruppe (z.B. 400 Personen) befragt zur Werbeerinnerung (ungestützte Bekanntheit, gestützte Bekanntheit, erinnerte Werbeinhalte, Sloganzuordnung etc.) und Einstellung zum beworbenen Produkt (→ Image, Kauf bzw. Kaufabsicht etc.). Die dabei erzielten Werte (z.B. Anteil der Personen, die sich gestützt an die Werbung erinnern) werden im Zeitverlauf der Erhöhung bzw. Verminderung des Werbebudgets (als Ausdruck des Werbedrucks) gegenübergestellt. Eine funktionierende Kamapgne zeichnet sich dadurch aus, dass die Leistungswerte auf Erhöhungen des Werbedrucks reagieren, dass der Trend der Leistungswerte positiv und ihr Niveau nicht zu niedrig ist. Ist der Trend der

Leistungswerte trotz gleich bleibender oder erhöhter Werbeausgaben negativ und/oder das Niveau niedrig, so sollte die Kampagne durch eine neue ersetzt werden.

Werbeträger → Medien, die geeignet sind, werbliche Informationen zu tragen. Werbeträger werden unterschieden in: Printmedien (Zeitungen, Zeitschriften, → Anzeigenblätter, → Supplements, Adressbücher), Elektronische Medien (Fernsehen, Hörfunk, Filmtheater, Onlinedienste), Medien der → Außenwerbung (Plakatanschlagstellen, Litfasssäulen, Lichtwerbung, Verkehrsmittel), Medien der → Direktwerbung (Werbebriefe, Kataloge, Telefon, Telefax, E-Mail).

Werbeträgeranalyse → Mediaanalyse.

Werbeträgerplanung → Mediaplanung.

Werbeverbot → Werbebeschränkungen.

Werbewirkung – *Werbeerfolg.* 1. *Ökonomische Werbewirkung:* Werbewirkung, die an Absatz- und Umsatzgrößen gemessen wird. Problematisch ist die Zurechenbarkeit einer Werbemaßnahme auf diese Größen, da auch noch andere Einflussfaktoren wirksam werden (z.B. Aktivitäten der Konkurrenz, saisonale und konjunkturelle Einflüsse). – 2. *Psychische Werbewirkung:* Die psychische Werbewirkung kann anhand verschiedener verhaltenswissenschaftlicher Größen gemessen werden, wie → Markenkenntnis (Markenbekanntheit), Erinnerung an Werbebotschaft, → Einstellung zu Marke/Unternehmen, → Image der Marke, Kaufabsicht etc. Aufgrund des deutlicheren Zusammenhangs mit den Werbemaßnahmen eignen sich diese Größen besser als Zielvorgaben und Kontrolle der Werbewirkung.

Werbewirkungsfunktion – *Kontaktbewertungskurve, Response Function.* 1. *Begriff:* formaler Zusammenhang zwischen Werbewirkung und Kontaktdosis (→ Reichweite). Entspricht dem Verhältnis von Ziel- und Mitteleinsatz: Eine bestimmte Menge Geld (Mittel) soll bei der zu umwerbenden Zielgruppe so viel → Werbewirkung wie möglich

(Ziel) erzeugen oder eine bestimmte Werbewirkung soll mit möglichst geringem Mitteleinsatz realisiert werden. – 2. *Probleme:* a) Werbewirkung ist auch von anderen Marketingaktivitäten abhängig; b) Werbeaktivitäten reagieren mit einer zeitlichen Verzögerung; c) Werbewirkungen sind nicht nur von monetären Mitteln abhängig, sondern auch von der Gestaltung der Werbemittel. – 3. *Darstellung:* Der Verlauf der Werbewirkungsfunktion lässt sich mithilfe von mathematischen Funktionen (linear, konvex oder s-förmig) darstellen. Er hängt von der Wahl der Variablen bzw. Ziele (→ Werbeziele) ab. – 4. *Bedeutung:* Werbewirkungsfunktionen werden bei Streuplänen verwendet, um eine wirtschaftliche Mediaplanung zu gewährleisten. – Vgl. auch → Media, → Mediaselektion, → Mediaselektionsmodelle, → Pretest, → Tausenderpreis, → VIP-Modell, → Werbeziele, → Tracking-Forschung.

Werbewirkungskontrolle → Werbeerfolgskontrolle.

Werbewirkungsprognose → Werbeerfolgsprognose.

Werbeziele – 1. *Begriff:* Werbeziele sind zukünftig angestrebte Zustände innerhalb des Marketingbereichs, die durch Kommunikationsmittel erreicht werden sollen. Die Werbeziele sind aus dem Zielsystem der Gesamtunternehmung (Unternehmungsziele) über die Marketingziele (Bereichsziele wie Absatzmengen- oder Marktanteilsmaximierung) abzuleiten. – 2. *Arten:* a) *Generelle* Werbeziele können sich entsprechend dem Produktlebenszyklus auf die Einführung neuer Produkte (→ Einführungswerbung), auf die Erweiterung von Umsatz, Absatz oder Marktanteilen (→ Expansionswerbung), Erhaltung und Sicherung des Absatzes (→ Erhaltungswerbung, → Erinnerungswerbung) sowie auf den gezielten Abbau von Umsatz beziehen (→ Reduktionswerbung). – b) *Ökonomische* Werbeziele sind solche Zielinhalte, die monetäre Größen (z.B. Gewinn, Umsatz) umfassen. Ökonomische Zielgrößen sind jedoch als

Werbeziele ungeeignet, da diese Größen nicht nur von Werbung, sondern von vielen weiteren Faktoren abhängen. – c) *Kommunikative* Werbeziele sind Verhaltensziele, die hinter den ökonomischen Werbezielen stehen bzw. diese bedingen und sich aufgrund ihrer besseren Zurechenbarkeit zur Kommunikation besser als Werbeziele eignen. Sie können sich z.B. auf → Markenkenntnis, Einstellung oder Kaufabsicht beziehen. Zur *Operationalisierung der Werbeziele* sind die Beeinflussungstechniken anzugeben, mit denen die Ziele erreicht werden sollen. Daraus resultieren für die Werbung drei Beeinflussungsziele: (1) *Aktualität*, die zur Bekanntmachung des Angebots dient, (2) *Vermittlung von Emotionen*, die z.B. dazu verwendet werden können einem Angebot ein unverwechselbares Erlebnisprofil zuzuordnen und (3) *Vermittlung von Informationen* für z.B. bes. erklärungsbedürftige oder innovative Produkte. Diese Werbeziele können auch kombiniert zum Einsatz kommen. – d) *Strategische und taktische Ziele*: (1) Strategische Werbeziele sind die wesentlichen Ziele, die mittel- oder langfristig im Dienste des Markterfolges stehen. (2) Taktische Ziele sind untergeordnete Ziele und solche, die nur kurzfristig umgesetzt werden, i.Allg., um vorübergehende Engpässe und Schwächen auf dem Markt auszugleichen. Jedes der angegebenen Beeinflussungsziele kann strategischen oder taktischen Zwecken dienen. – 3. *Vorraussetzungen für kommunikative Werbeziele*: (1) Die Verhaltensdisposition (wie die Einstellung zur Marke) kann durch die Werbung beeinflusst werden. (2) Die Beeinflussung durch die Werbung ist mithilfe von Messungen nachweisbar. (3) Die beeinflusste Verhaltensdisposition zieht tatsächlich die angestrebte Verhaltensänderung nach sich.

Werkshandel – Verkauf von Produkten des eigenen Sortiments bzw. der eigenen Produktpalette an Betriebsangehörige; Form des → Belegschaftshandels.

Werkshandelsgesellschaft → Werkshandelsunternehmung.

Werkshandelsunternehmung – rechtlich selbstständige Handelsunternehmung, die ihre Waren überwiegend von einem oder mehreren Produzenten bezieht, die gemeinsam zu mehr als 50 Prozent am Kapital der Werkshandelsunternehmung beteiligt sind. Verbreitet im Handel mit Eisen und Stahl. – Vgl. auch → Verkaufskontor. – *Ähnlich:* → Vertragshändler.

Wertskalaverfahren → Profilverfahren.

Wertwerbung – Einsatz von Werten (Zugaben, Vergünstigungen) in Gestalt von Sachgütern, Dienstleistungen, Rechten oder Geld zum Zwecke der Werbung mit dem Ziel, ein Gefühl der Dankbarkeit oder des Verpflichtetseins zu bewirken. – *Wichtigste Erscheinungsformen:* → Werbegeschenk, -zugabe, -rabatt, -prämie, (unentgeltliche) -bewirtung, -proben, -preisausschreiben sowie Lockvogelangebote. – *Zulässigkeit:* Kundenfang.

Wettbewerbsanalyse → Konkurrenzanalyse.

Wettbewerbspricing – Preisbildungsstrategie, bei der sich ein Anbieter bei der Preissetzung hauptsächlich an den Preisen der Konkurrenten orientiert. Insbesondere in Märkten mit sehr homogenen Produkten (z.B. Öl, Gas, Strom) trifft man häufig auf diese Preisbildungsform.

Wettbewerbsstrategie – I. Charakterisierung: 1. *Theoretisch* leitet sich der Ansatz aus einer Zusammenführung des mehr volkswirtschaftlichen Konzepts der Industrieökonomik und der betriebswirtschaftlichen Führungsphilosophie eines strategischen Managements ab. – 2. *Tragende Säulen* des Konzepts: (1) die *Wettbewerbskräfte* zur Bestimmung der Branchenstruktur, (2) die *generischen Strategien* als grundlegende Alternativen zur Erlangung von Wettbewerbsvorteilen und (3) die *Wertschöpfungskette* als Heuristik zur Vertiefung der generischen Strategien.

II. Strategieauswahl: Über Strategien positioniert sich das Unternehmen (mit seinen Geschäften) in Bezug zu seinem Umfeld. Die

Branche ist ein für das Unternehmen bes. wichtiges Teilsystem dieses Umfelds (z.B. neben den Märkten oder dem Gesellschaftssystem). Damit lenkt er den Blick auf Strategien zur Positionierung des Unternehmens in Bezug zu seinen Wettbewerbern. Wettbewerbsstrategien sollten darauf abzielen, eine profitable, haltbare Position in der Wettbewerbsarena zu sichern. Bestimmend sind die Fragen nach (1) der Branchenattraktivität und (2) der Wettbewerbsposition.

III. Die Strategieauswahl bestimmende Faktoren: 1. *Attraktivität der Branche:* a) *Kennen- und Verstehenlernen der Spielregeln,* denen der Wettbewerb *in diesem Zweig* gehorcht, d.h. wie attraktiv ist auf lange Sicht die Branche, in der die Unternehmung tätig ist, und welche Faktoren beeinflussen diese Attraktivität. Die Spielregeln werden von der Struktur der Branche bestimmt, wobei diese durch fünf *Wettbewerbskräfte*

festgelegt ist: Verhandlungsmacht der Lieferanten, Verhandlungsmacht der Käufer, Bedrohung durch Eintritt potenzieller neuer Konkurrenten, Bedrohung durch Substitute sowie die Rivalität unter den existierenden Konkurrenten. Jede dieser Kräfte unterliegt mehreren Einflussfaktoren (z.B. Differenzierungsgrad und Substituierbarkeit von Einsatzgütern bei der Verhandlungsmacht der Lieferanten). – b) Die Struktur ist immer *branchenspezifisch ausgeprägt.* Man unterscheidet Branchenstrukturen nach der Phase im Lebenszyklus (junge, reifende, schrumpfende) und nach der Wettbewerbsausdehnung (fragmentierte, weltweite). Die jeweilige Struktur bestimmt, welche Unternehmen in welchem Umfang Rentabilitätspotenziale realisieren: Käufer- und Lieferantenmacht haben Einfluss auf Preise, Umsatz und Kosten; Konkurrenzdruck ist für den Kapitalbedarf mit ausschlaggebend; die Struktur unterliegt auch einem dynamischen Prozess

Wettbewerbsstrategie – Generische Strategietypen

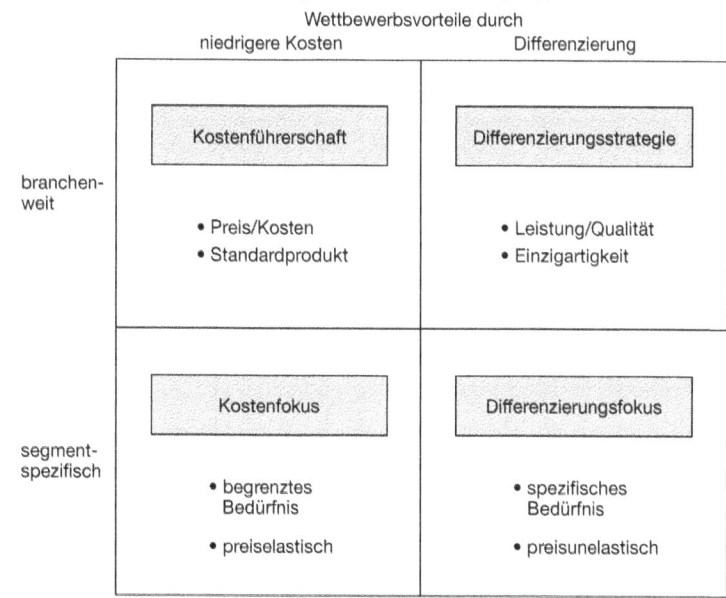

und ist prinzipiell gestaltbar (z.B. durch einen „guten" Branchenführer). Bei der Auswahl von Wettbewerbsstrategien entsteht damit auch die Aufgabe, zu untersuchen, inwieweit Strukturveränderungen zugunsten des eigenen Unternehmens erzeugt oder genutzt werden können. Im Zusammenhang mit der Analyse der Branchenstruktur ist auch das Konzept der strategischen Gruppen zu sehen; Zusammenfassung von Unternehmen einer Branche zu einer Gruppe, die entlang ausgewählter strategischer Dimensionen ähnliche Strategien verfolgt. – 2. *Bestimmung der relativen Wettbewerbsposition des Unternehmens in der Branche,* d.h. welche Position hat die Unternehmung in dieser Branche inne, und worauf ist diese Position zurückzuführen. Eine gute Wettbewerbsposition wird durch *Wettbewerbsvorteile* erreicht, die ein besseres Verstehen und Handhaben der Branchenstruktur durch das Unternehmen als durch die Wettbewerber bedeuten. – *Strategiealternativen:* a) Nach der *Art der Erreichung der Wettbewerbsvorteile:* (1) *Kostenführerschaft:* Es gibt nur einen Kostenführer je Geschäft, eine eindeutige Strategie. Verfolgen sie mehrere Wettbewerber, so wird i.Allg. eine immer unprofitabler werdende Konkurrenz die Folge sein. (2) *Differenzierung:*

Diese Strategien sind vielfältigen Ursprungs. Für ihren Erfolg ist es von Bedeutung, dass die aufgebauten Wettbewerbsvorteile auch vom Kunden wahrgenommen werden können. – b) Nach dem *Ort der Erreichung der Wettbewerbsvorteile:* (1) *segmentspezifische Strategien:* nach Kundengruppen, Produktlinien etc. spezifizierte Strategien; durch eine Differenzierung auf Bedürfnisse, die bislang nur unzureichend befriedigt wurden, oder durch Befriedigung bereits angesprochener, aber nicht befriedigter Bedürfnisse möglich. (2) *branchenweite Strategien.* – Zusammenfassend können vier *generische Strategietypen* abgeleitet werden (vgl. Abbildung „Generische Strategietypen"); das Unternehmen muss sich kompromisslos für einen davon entscheiden. – c) Auf einer ähnlichen Argumentation aufbaubende *Matrizen* wurden von verschiedenen Beratungsunternehmen entwickelt, z.B. die Wettbewerbsvorteils-Matrix der Boston Consulting Group oder das strategische Spielbrett von McKinsey.

IV. Wertschöpfungskette: *Leistungskette, Geschäftssystem, Value Chain;* die durch ein Unternehmen in einem bestimmten Geschäft erzielbaren Wettbewerbsvorteile werden durch unterschiedliche, strategisch relevante Tätigkeiten verursacht. Jede von ihnen

Wettbewerbsstrategie – Wertschöpfungskette

stellt einen Ansatz zur Differenzierung dar und leistet einen Beitrag zur relativen Kostenstellung des Unternehmens im Wettbewerb. Grundsätzlich lassen sich neun solcher *generischen Aktivitäten* unterscheiden: Fünf Primäraktivitäten, die den eigentlichen Wertschöpfungsprozess beschreiben, und vier Unterstützungsaktivitäten, die den Wertschöpfungsprozess ergänzen. Sie werden zu einer Wertschöpfungskette verknüpft (vgl. Abbildung „Wertschöpfungskette"). – *Beurteilung:* Vorteile können sich auch aus der Verkettung interdependenter Aktivitäten ergeben (Multifaktor-Matrix). Wichtig ist auch die Beurteilung der Einflüsse anderer Wertschöpfungsketten auf die eigene: die Ketten der Lieferanten, Absatzkanalträger und Kunden. Die Gesamtheit aller in der Branche vorhandenen Wertschöpfungsketten ergibt letztlich die obige Branchenstruktur.

White Paper – 1. *Begriff:* Unter einem White Paper (dt. Weißbuch) wird eine Sammlung von Ratschlägen und Empfehlungen zu einem bestimmten Vorgehen verstanden. – 2. *Bedeutung:* a) *In der Politik,* etwa auf Ebene der EU, werden in regelmäßigen Abständen White Paper zu bestimmten Themen und Bereichen vorgestellt. – b) *Unternehmenskommunikation:* White Paper werden als Instrument der Public Relations (PR) eines Unternehmens eingesetzt. Sachverhalte werden objektiv formuliert, dem Leser kann ein White Paper somit als Entscheidungshilfe dienen oder eine Lösung oder Erklärung liefern. Mit dieser Werbeform lässt sich auch eine → Lead-Generierung erzeugen.

Wholesale Club – Form der → Warehouse Clubs auf Großhandelsebene.

Wiedererkennungsverfahren → Recognitiontest.

Wiederverkäuferrabatt → Rabatt.

Wiederverkaufsnachlass – *Buy Back Allowance;* Maßnahme der → Verkaufsförderung.

Wirkungsfunktion → Responsefunktion.

Wirtschaftsgut – I. Wirtschaftswissenschaften: knappes Gut.

II. Steuerrecht: Nicht im Gesetz definierter *Begriff* des Einkommensteuer- und Bewertungsrechts (vgl. §§ 5 II, 6 I EStG; §§ 2, 98a BewG), das steuerliche Synonym für Vermögensgegenstand. Nach der Rechtsprechung sind Wirtschaftsgüter sowohl Sachen (§ 90 BGB), Tiere (§ 90a BGB) und nicht körperliche Gegenstände i.S.d. BGB, sofern sie am Bilanzstichtag bereits als realisierbarer Vermögenswert angesehen werden können, als auch bloße vermögenswerte Vorteile einschließlich tatsächlicher Zustände und konkreter Möglichkeiten, soweit diese derart sind, dass sich der Kaufmann ihre Erlangung etwas kosten lässt, sie nach der Verkehrsauffassung einer selbstständigen Bewertung zugänglich sind und i.d.R. einen Nutzen für mehrere Wirtschaftsjahre erbringen. – 1. *Einkommensteuerlich* zählen auch Schulden zu den (dann negativen) Wirtschaftsgüter. Nur (positive und negative) Wirtschaftsgüter (und Rechnungsabgrenzungsposten) können in die Steuerbilanz aufgenommen werden; die Erfüllung der Wirtschaftsgüter-Eigenschaften ist folglich im Regelfall Grundvoraussetzung für die Bilanzierung eines Objekts oder Vorgangs. – 2. *Bewertungsrechtlich* gibt es nur positive Wirtschaftsgüter; sie stellen die kleinste Bewertungseinheit dar (§ 2 III BewG).

III. Handelsbetriebslehre: Handelsgut.

Wochenmarkt – Form des → Markthandels. Auf einer am gleichen Ort regelmäßig abgehaltenen, zeitlich begrenzten Veranstaltung bietet eine Vielzahl von Anbietern Lebensmittel (ohne alkoholische Getränke), Produkte des Obst- und Gartenbaus, der Land- und Forstwirtschaft und der Fischerei sowie sonstige Naturerzeugnisse mit Ausnahme von Großvieh an (§ 67 GewO).

Word-of-Mouth – *Word-of-Mouth-Kommunikation, Mund-zu-Mund-Kommunikation, Empfehlungsmarketing, Mund-zu-Mund-Propaganda, Mund-Propaganda;* 1. *Begriff:* Form der direkten persönlichen Kommunikation (sprichwörtlich: von Mund zu Mund) zwischen Konsumenten innerhalb eines sozialen Umfeldes. Im Marketing wird Word-of-Mouth als eine informelle, wertende Meinungsäußerung über Marken, Produkte, Services und Unternehmen zwischen Konsumenten verstanden. Diese kann sowohl positiv als auch negativer Art sein. – 2. *Überlegenheit persönlicher Kommunikation*: (1) größere Glaubwürdigkeit und stärkere soziale Kontrolle; (2) bessere selektive Informationsaufnahme; (3) größere Flexibilität durch laufende Rückkopplungen bei den Kommunikaten; (4) Fehlen von rechtlichen Vorschriften. Meinungsführer können als Multiplikatoren in einem Word-of-Mouth-Prozess dienen. – Vgl. auch → Buzz Marketing, → Viral Marketing.

Wortassoziationstest – projektiver Test (→ projektive Verfahren), bei dem der Versuchsperson Worte vorgegeben werden, zu denen sie die damit assoziierten Gedanken wiedergeben soll, z.B. Assoziation zu bestimmten Markennamen. Weitere Anwendungen in den Bereichen der Werbepretests, der Imageforschung und der Produktnamensgebung.

Wortmarke – sind Marken, die aus Wörtern, Buchstaben, Zahlen und/oder sonstigen Schriftzeichen bestehen. Eine Marke muss zur Unterscheidungskraft die konkrete Eignung haben, als Unterscheidungsmittel für die von der → Marke erfassten Waren oder Dienstleistungen eines Unternehmens gegenüber solchen anderer Unternehmen aufgefasst zu werden. Unterscheidungskraft fehlt bei rein beschreibenden Worten.

Z

Zapping – Vermeiden der Wahrnehmung von Werbesendungen durch die Konsumenten. – *Erscheinungsformen:* (1) Kanalwechsel beim Fernsehen zu Beginn oder während der Werbung; (2) Ausblenden von → Fernsehspots bei Videoaufnahmen z.B. durch Betätigen des Schnellvorlaufs; (3) geistige Abwesenheit bei Werbeeinblendungen; (4) Verlassen des Raumes während der → Fernsehwerbung. – *Bedeutung:* Ursache des Zappings ist eine negative Einstellung zur Werbung allg. bzw. Missfallen bestimmter Fernsehspots. Zapping führt zu erheblicher Reduktion der → Reichweite von Fernsehwerbung.

ZAW – Abk. für → Zentralverband der deutschen Werbewirtschaft e. V.

Zeitdruck – knappes Verhältnis von für eine Handlung benötigter Zeit zu der dafür vorgesehenen Zeit. – *Theorie des Konsumentenverhaltens:* Zeitdruck beeinflusst die aktive Informationsbeschaffung und die → Kaufabsicht. Er wird zur Erklärung der Produktwahl (bzw. Markenwahl) herangezogen.

Zensus → Vollerhebung, Volkszählung, Zensus 2011.

Zentraleinkauf – Wareneinkauf der Zentralen der → Filialunternehmungen und → kooperativen Gruppen sowie der → Einkaufskontore des Großhandels. – *Vorteile:* Durch Auftragsbündelung höhere → Mengenrabatte und günstigere sonstige Beschaffungskonditionen; durch Großaufträge genauere Fertigungsplanung und Förderung der Standardisierung; ggf. Verminderung bzw. Verlagerung der Lagerhaltung. – *Nachteile:* Gefahr einer zunehmenden Bürokratisierung und Schematisierung der Beschaffung, v.a. dann, wenn sich der Zentraleinkauf auf das gesamte Sortiment erstreckt und die Filialleiter bzw. Mitglieder wegen der Begrenzung ihrer Entscheidungsfreiheit demotiviert werden. Gegensteuerung durch Begrenzung des Zentraleinkaufes auf das Kernsortiment und Beteiligung von Filialleitern oder Einzelhändlern an den Auswahlentscheidungen der Beschaffung, z.B. in Sortimentsausschüssen und eigenständige Beschaffung von Artikeln des Zusatzsortimentes für den lokalen Bedarf.

Zentralitätseffekt – Störeffekt bei der Einstellungs- und Imagemessung. Die Testpersonen vermeiden extreme Beurteilungen von Untersuchungsobjekten (bes., wenn sie ihnen nicht bekannt sind) zugunsten gemäßigter Einschätzungen.

Zentralregulierungsgeschäft – *Verrechnungsgeschäft;* Form des → Fremdgeschäfts im Handel: Übernahme der Bezahlung (Regulierung) aller Einkäufe der Mitglieder durch die → Einkaufskontore des Großhandels bzw. die Zentralen → kooperativer Gruppen des Handels; meist auf der Basis zentral ausgehandelter Preise und Konditionen bei gleichzeitiger Übernahme des Delkredere (→ Delkredergeschäft). Da die Mengen, die die Mitglieder während einer Periode beschaffen werden, erst am Ende der Periode feststehen, sind die Preiszugeständnisse begrenzt und/oder werden durch nachträglich gewährte Jahresboni oder Gutschriften aufgebessert (→ Abschlussgeschäft). – Für die Leistung der Rechnungssammlung und Zahlung in einer Überweisung wird eine *Zentralregulierungsprovision* fällig.

Zentralverband der deutschen Werbewirtschaft e. V. (ZAW) – Arbeitsgemeinschaft von Organisationen der Werbewirtschaft; Sitz in Berlin. Ziel ist es, eine staatliche Werbeaufsicht entbehrlich zu machen. – *Mitglieder* entstammen allen Bereichen der Werbewirtschaft; Mitgliedsorganisationen sind (1) Werbetreibende, (2) Werbeberufe und Marktforschung, (3) Werbedurchführende und Werbemittelhersteller sowie (4) Werbeagenturen und Werbemittlungen. – *Aufgabenfeld:*

Alle Angelegenheiten der Wirtschaftswerbung, die über die angeschlossenen Organisationen hinaus Bedeutung erlangen, u.a. die freie Entfaltung der Werbewirtschaft im Rahmen ihrer Anwendungsmöglichkeiten, Selbstdisziplin in den eigenen Reihen, die gesetzliche Vertretung nach außen und die Vermeidung missbräuchlicher Werbung.

Zielgruppe – *Adressaten;* Gesamtheit aller effektiven oder potenziellen Personen, die mit einer bestimmten Marketingaktivität angesprochen werden sollen. – Grundlage zur Zielgruppenfindung nach jeweils relevanten Merkmalen ist die → Marktsegmentierung; Hauptproblem ist die zeitliche Instabilität (Dynamik). – Zur Vermeidung von → Streuverlusten werden in der → Mediaplanung nur die zielgruppenspezifischen → Medien ausgewählt. – *Arten:* (1) Soziodemographische Zielgruppe (z.B. Alter, Geschlecht, Bildung); (2) Zielgruppe aufgrund von verhaltensorientierten Merkmalen (z.B. Intensivverwender, Erstkäufer); (3) Zielgruppe aufgrund psychologischer Merkmale (z.B. innovationsfreudig, sicherheitsorientiert); (4) Zielgruppe aufgrund medienorientierter Merkmale (Nutzer bestimmter Medien).

Zielgruppenerweiterungsstrategie → Wachstumsstrategie.

Zielpreis – Preis, der für ein Produkt am Markt erzielt werden soll. Dieser wird in der Preissetzung bestimmt. Durch Rabatte kann es zu einer Abweichung von Zielpreis und realisiertem Preis kommen. Im Sinne des Target Costings kann der Zielpreis auch für die Entwicklung des Produktes relevant sein. Gibt es z.B. aufgrund einer eindeutigen Preisschwelle einen Zielpreis der genau unter dieser liegen soll, so muss die Leistung des Produktes und dessen Kosten etc. hierfür angepasst werden.

Zufallsauswahl – Verfahren der Auswahl von Stichproben, bei dem jedes Element der → Grundgesamtheit eine vorab bekannte Chance besitzt, in die Stichprobe zu gelangen. – 1. *Verfahren:* bekanntestes Verfahren ist die einfache Zufallsauswahl, bei

der jedes Element die gleiche Wahrscheinlichkeit hat. Komplexere Verfahren gehen von einer Unterteilung der Grundgesamtheit in Teilgesamtheiten aus, wobei jedes Element der Grundgesamtheit zu genau einer Teilgesamtheit gehört. Bei der geschichteten Zufallsstichprobe werden aus allen Teilgesamtheiten einfache Zufallsstichproben gezogen. Bei der Clusterauswahl werden zufällig Teilgesamtheiten gezogen, die dann vollständig erhoben werden. Bei der zweistufigen Auswahl werden zunächst zufällig Teilgesamtheiten gezogen, in denen dann durch einfache Zufallsauswahl wiederum Einheiten gezogen werden. Diese Grundformen lassen sich kombinieren und erweitern. So kann die Auswahl der Cluster mit einer geschichteten Stichprobe erfolgen. – 2. *Zufallsstichproben in der Praxis:* In der Praxis sind bes. zufällige Telefonstichproben und Stichproben für persönliche Befragungen relevant. Bei ersteren werden beim *Gabler-Häder-Verfahren* von den in Telefonbüchern bekannten Telefonnummern die letzten beiden Ziffern gestrichen und alle möglich Ziffern von 00 bis 99 wieder angehängt. Dadurch werden auch solche Haushalte erreicht, die nicht in den Telefonbüchern verzeichnet sind. Bei Stichproben zur persönlichen Befragung werden zunächst lokale Einheiten von ca. 1500 Einwohnern (sog. Sample Points) ausgewählt, aus denen dann nach einem Zufallsverfahren Haushalte ausgewählt werden. Bei beiden Verfahren erfolgt dann die Auswahl der zu befragenden Person z.b. nach dem Last-Birthday-Verfahren, bei dem die Zielperson befragt wird, welche zuletzt Geburtstag hatte. – *Anders:* → Bewusste Auswahl.

Zufallsfehler – Stichprobenzufallsfehler.

Zufriedenheit – 1. *Begriff:* Zufriedenheit wird in der Konsumentenverhaltenstheorie als hypothetisches Konstrukt (Käufer- und Konsumentenverhalten) verwendet, um das Kauf- und Informationsverhalten von Konsumenten zu erklären. Zufriedenheit wird definiert als das Ergebnis eines Vergleichs: a) zwischen einer erwarteten und einer eingetretenen Bedürfnisbefriedigung (→ Bedürfnis); b) zwischen einer erwarteten und einer tatsächlich beobachteten Eigenschaftsausprägung eines Guts; c) zwischen einer idealen und einer tatsächlich beobachteten Eigenschaftsausprägung eines Guts. Zufriedenheit kann sich auf gesamte Systeme (z.B. Unternehmungen) oder auf einzelne Leistungen von Organisationen beziehen. – 2. *Messung:* a) eindimensionale Messung; b) mehrdimensionale Messung, bei der davon ausgegangen wird, dass die Zufriedenheit sich aus der gewichteten Summe einzelner Beurteilungsdimensionen zusammensetzt. – 3. *Bezug zu anderen Variablen des Käuferverhaltens:* Die Zufriedenheit wird in Form eines Rückkopplungsprozesses von früheren → Kaufentscheidungen beeinflusst; sie wirkt sich auf die → Markenkenntnis und damit auf zukünftige Kaufentscheidungen aus.

Zuliefergeschäft – 1. *Begriff:* bezeichnet eine längerfristige Geschäftsbeziehung im B2B-Bereich, bei der ein Anbieter Produkte und Dienstleistungen für ein beschaffendes Unternehmen erstellt. Das Zuliefergeschäft kann die Erstausstattung, Nachrüstung und/oder Ersatzteilversorgung umfassen. – 2. *Merkmale:* Beim Lieferanten weicht das Absatzprogramm vom Produktionsprogramm ab. Produkte, die durch den Lieferanten gefertigt werden, werden nicht durch diesen abgesetzt, sondern beim Abnehmer in Produkte eingebaut oder weiterverarbeitet. Das Absatzprogramm ist damit flacher als das Produktionsprogramm.

Zuliefermarketing – geschäftsspezifisches → Marketing, das auf die bes. Stellung des Zulieferunternehmens in der Zulieferer-Abnehmer-Beziehung aufbaut. Der Zulieferer hat i.d.R. keinen Einfluss darauf, dass die Endprodukte, in die seine Zulieferleistungen eingehen, auch in der vom Montagebetrieb vorgesehenen Anzahl abgesetzt werden. Damit ist der Zulieferer auf ein erfolgreiches Marketing seiner Abnehmer angewiesen,

was seine wirtschaftliche Abhängigkeit verdeutlicht. – Beim Zuliefermarketing handelt es sich um *Investitionsgütermarketing* im weitesten Sinn. Die Erkenntnisse zum organisationalen Beschaffungsverhalten (→ organisationales Kaufverhalten; bes. die Interaktionsansätze) spielen daher auch für die Entwicklung eine wesentliche Rolle. – Daneben können aber auch Erkenntnisse aus dem *allg. Marketing* (z.B. über Marktsegmentierung), aus Grenzbereichen zwischen Investstitions- und Konsumgütermarketing sowie aus dem Konsumgütermarketing (z.B. Konzepte mehrstufigen Marketings (→ vertikales Marketing) als Gestaltungshilfen herangezogen werden. – *Mögliche Ansatzpunkte* für ein Zuliefermarketing liegen in einer ausgesprochenen Abnehmerorientierung, der Wertkette der Abnehmer, im Push/Pull-Konzept (→ Push-Strategie, → Pull-Strategie) und im organisationalen Kaufverhalten.

Zusatznutzen – Teil des Nutzens, der ergänzend zum → Grundnutzen eines Produktes hinzutritt. Der Zusatznutzen zielt auf die Befriedigung seelisch-geistiger Bedürfnisse (bspw. soziale Bedeutung, Prestige, Selbstbestätigung und -achtung) oder individuelle Wertschätzung des Produktes durch den Käufer bzw. Verwender.

Zusatzsortiment → Sortiment.

Zuschauerforschung – *Teleskopie;* Teilgebiet der → Marktforschung zur Ermittlung von Einschaltquoten beim täglichen Fernsehen sowie zur Feststellung der individuellen Sehbeteiligung einzelner Haushaltsmitglieder. Aufzeichnung der relevanten Informationen durch Audimeter und Tammeter, die auf mechanischem oder elektronischem Wege die eingestellten Sender und die Empfangsdauer registrieren.

Zustellgroßhandel → Großhandel, der für seine Abnehmer die Transportfunktion übernimmt, d.h. die Waren zustellt. – *Gegensatz:* → Cash-and-Carry-Großhandel (CC).

zweigleisiger Vertrieb – Vertrieb einer Ware gleicher Güte (1) als Markenware und (2) gleichzeitig ohne Marke oder mit Handelsmarke zu geringerem Preis. Ein zweigleisiger Vertrieb ist wettbewerbsrechtlich bedenklich: Der Käufer wird irregeführt (→ irreführende Werbung), indem er mit der Markenware höhere Wertvorstellungen verbindet.

zweiseitige Kommunikation – Kommunikationstechnik (Argumentationsstil, Kommunikation), bei der nicht nur Argumente im Sinn der Beeinflussung verwendet werden, sondern auch (wohldosierte, abgeschwächte) Gegenargumente mit dem Ziel, eine Beeinflussungsabsicht zu verdecken. Gedankliche Gegenargumente und psychischer Widerstand (→ Reaktanz) lassen sich durch zweiseitige Kommunikation erheblich verringern. – *Einflussfaktoren:* Die Wirkung der zweiseitigen Kommunikation ist bes. stark, wenn Kommunikationsempfänger grundsätzlich anderer oder indifferenter Meinung sind und ein relativ hohes Bildungsniveau haben. Bes. wirksam ist zweiseitige Kommunikation wenn Werbebotschaften, die überwiegend auf Informationsübermittlung mittels rationalem Argumentationsstil basieren, auf Empfänger mit hohem → Involvement treffen.

zweistufige Kommunikation – Kommunikationstechnik (Kommunikation), die → Meinungsführer in den Kommunikationsprozess einbezieht. Basiert auf der Annahme eines zweistufigen Kommunikationsflusses: Zuerst beeinflusst die → Massenkommunikation die Meinungsführer, dann wirken die Meinungsführer auf das übrige Publikum ein, das von der Massenkommunikation nicht erreicht wurde. Die Meinungsführer übernehmen (1) eine Relaisfunktion (persönliche Übermittler für andere) und (2) eine Verstärkerfunktion (Beeinflussungswirkung durch persönlichen Kontakt ist größer als bei Massenkommunikation).

Zweitdisplay → Zweitplatzierung.

Zweitmarke – Form eines → Markenartikels. Hersteller oder Händler setzen im Rahmen ihrer Produktpolitik neben der Hauptmarke für das gleiche Produkt weitere Marken, sog. Zweitmarken – meist für andere Absatzwege – ein, um zusätzliche Marktsegmente zu erschließen (z.B. über Verbrauchermärkte statt über Fachgeschäfte) und die Kapazität besser auszulasten.

Zweitplatzierung – *Zweitdisplay;* neben der laufenden Belegung von Regalfläche wird bes. für Produkte, die sich durch einen → Impulskauf auszeichnen, am Point of Sale eine zweite Regalfläche belegt. – Vgl. auch → Aktion.

Zwischenhandel → Produktionsverbindungshandel.

Zyklus – Konjunkturzyklus, → Lebenszyklus.

The manufacturer's authorised representative in the EU is Springer
Nature Customer Service Centre GmbH, Europaplatz 3, 69115 Heidelberg,
Germany. If you have any concerns regarding our products, please
contact ProductSafety@springernature.com

Printed and bound by CPI Group (UK) Ltd, Croydon, CR0 4YY
23/04/2026
02095641-0001